Z 35792

Paris
1861

Goethe, Johann Wolfgang von

Ouevres complètes

Tome 1

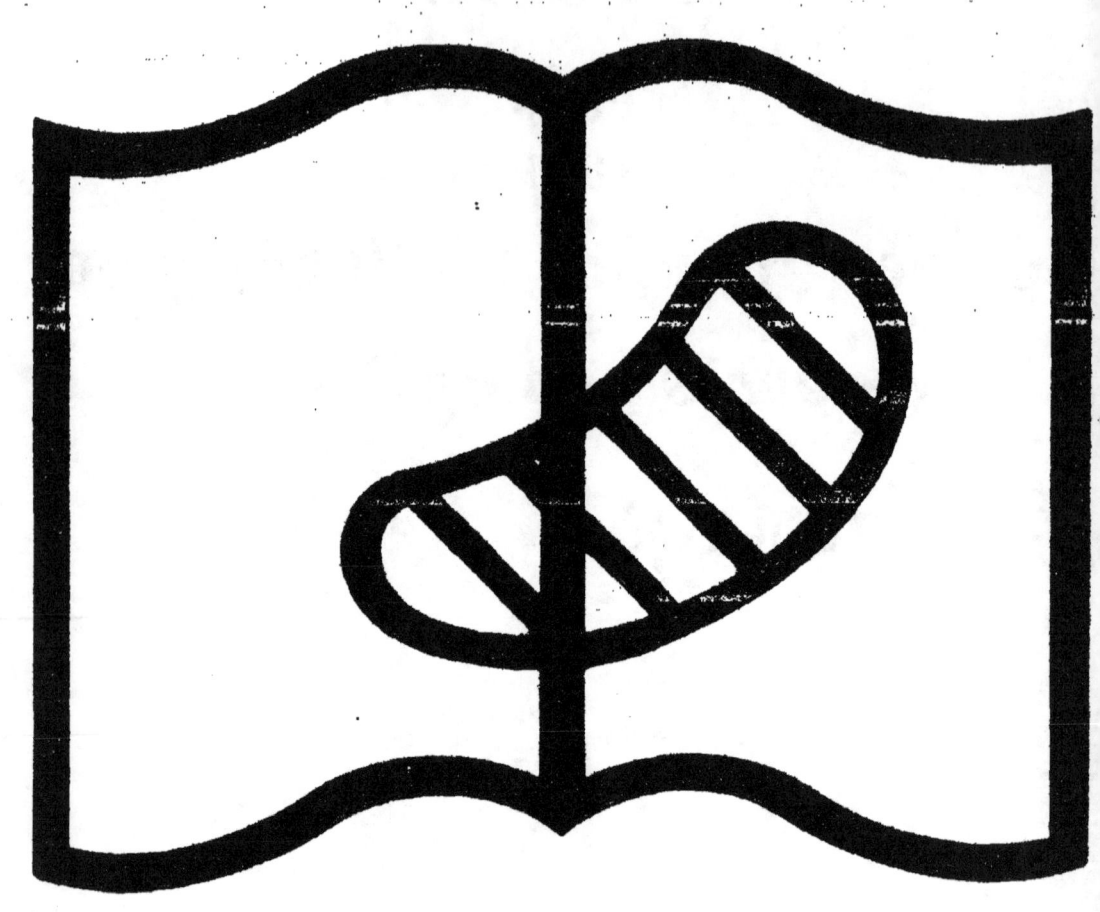

**Symbole applicable
pour tout, ou partie
des documents microfilmés**

Original illisible

NF Z 43-120-10

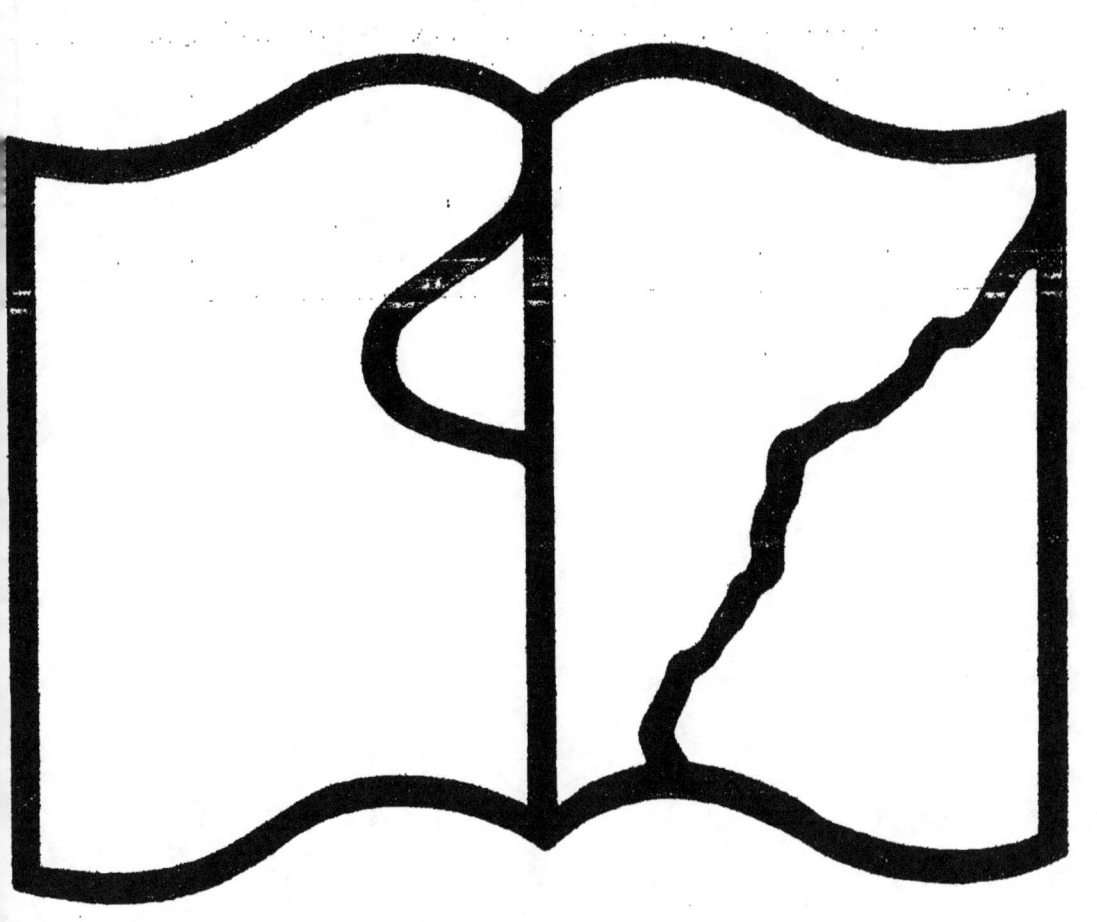

Symbole applicable
pour tout, ou partie
des documents microfilmés

Texte détérioré — reliure défectueuse

NF Z 43-120-11

ŒUVRES

DE GOETHE

I

PREMIÈRE PARTIE

PARIS. — IMPRIMERIE DE CH. LAHURE ET Cie
Rues de Fleurus, 9, et de l'Ouest, 21.

POÉSIES DIVERSES
PENSÉES
DIVAN ORIENTAL-OCCIDENTAL
AVEC LE COMMENTAIRE

PAR GOETHE

TRADUCTION NOUVELLE

PAR JACQUES PORCHAT

PARIS
LIBRAIRIE DE L. HACHETTE ET Cie
RUE PIERRE-SARRAZIN, N° 14

1861

PRÉFACE.

La France veut connaître les peuples étrangers; et ce désir, de jour en jour plus prononcé chez elle, a peut-être sa source principale dans le sentiment du rôle social qu'elle est appelée à remplir. En effet, s'il est un peuple qui doive servir de lien entre tous les autres, et les disposer de plus en plus à mettre en commun, pour le bien de tous, leur expérience et leurs lumières, c'est assurément le peuple français. Mais, pour exercer sur les autres nations cette heureuse influence, il faut qu'il apprenne à les connaître parfaitement, qu'il se rapproche d'elles, comme il désire qu'elles viennent à lui. Ainsi disparaissent les préjugés hostiles, pour faire place à une confiance mutuelle, condition nécessaire et garantie certaine d'une mutuelle affection.

Or il n'est pas de meilleur moyen d'approfondir la culture et la vie d'un peuple étranger que de faire connaissance avec ses grands écrivains. De là vient la faveur croissante avec laquelle sont accueillies les traductions qui les mettent à notre portée. Les ouvrages de Goethe devaient fixer tout particulièrement l'attention de la France.

Plusieurs furent traduits du vivant même de l'auteur, et, depuis sa mort, on s'est montré, de ce côté du Rhin, toujours plus empressé de connaître le grand génie qui, pendant un demi-siècle, a gouverné les esprits en Allemagne, et dont l'influence, encore toute-puissante chez nos voisins, s'est depuis étendue dans le monde entier. Cependant une traduction complète de ses Œuvres manquait encore à notre langue[1]. MM. L. Hachette et Cie ont voulu combler cette lacune. Appelé par M. Ad. Regnier, membre de l'Institut, à prendre, sous sa libérale direction, une certaine part à la traduction des Œuvres de Schiller[2], j'ai été conduit de ce premier travail à celui dont je présente aujourd'hui les résultats au public.

Le conseil d'Horace peut être fort bon : « Essayez longtemps ce que vos épaules suffisent ou se refusent à porter. » Mais, dans les grandes entreprises, quelque témérité est souvent nécessaire au début. Cette pensée m'est revenue à l'esprit plus d'une fois dans la longue et difficile carrière où je me suis si hardiment engagé, et, maintenant que j'achève ma tâche, je m'étonne encore plus d'avoir osé l'entreprendre.

Si quelque chose peut me servir d'excuse, c'est le mérite extraordinaire de l'écrivain dans la société duquel on m'appelait à vivre. Je fus séduit, je l'avoue, par la perspective de suivre dans son magnifique développement un auteur qui m'avait toujours captivé, et, depuis la première heure jusqu'à celle-ci, frappé, au début même de mon travail, par le coup le plus douloureux, j'ai trouvé dans mon office d'interprète mieux qu'une distraction littéraire : il m'a fortifié, il a élevé ma pensée dans les sphères supérieures, où la paix réside et parfois même la consolation.

Goethe exerce en effet une action bienfaisante sur toute personne qui le pratique longtemps et qui veut sincèrement le comprendre; on cède au charme vivifiant d'un commerce familier avec ce grand

---

1. J'ai connu toutes les traductions partielles qui ont paru jusqu'à ces derniers temps; mais il ne m'appartient pas de porter un jugement sur le mérite absolu ou comparatif de ces divers travaux, dont plusieurs sont fort estimables. Sans me permettre sur le mien aucune réflexion qui sente l'apologie, j'oserai dire seulement que ma traduction est, d'un bout à l'autre, une œuvre individuelle et indépendante : on n'y reconnaîtra nulle part le travail de mes devanciers.

2. J'ai traduit, et soumis à la révision de M. Ad. Regnier, la *Guerre de Trente ans*, la *Révolte des Pays-Bas*, le *Siége d'Anvers* et le *Visionnaire*.

génie. Il produit sur nous une impression comparable à celle de l'immense nature. Il nous laisse rarement mesurer les bornes de sa pensée, et nous fait rêver autant que réfléchir. Il ouvre à la méditation des perspectives sans limites, et, tout en faisant jaillir de chaque sujet des flots de pensées fécondes, il paraît se plaire à nous le présenter comme inépuisable; nul écrivain ne réveille chez nous avec plus de puissance le sentiment de l'infini.

Il a un autre mérite, qui n'est pas sans liaison avec celui-là : il est toujours sincère, toujours vrai. Il est du petit nombre des auteurs chez lesquels l'homme ne craint pas de se montrer à découvert; il admet ses lecteurs, sinon dans son intimité, du moins dans sa familiarité, comme un bon prince; et, parce qu'il respecte la nature humaine, en lui comme en nous, il ne s'abaisse jamais à dissimuler : rare et précieuse qualité, qui, par une réaction naturelle, élève aussi notre courage et nous communique la même indépendance. Ses hardiesses les plus grandes en sont bien moins dangereuses, si même elles n'en deviennent pas salutaires. Elles ont puissamment concouru à nous ouvrir une ère nouvelle, où toutes les opinions peuvent se produire sans réticence, comme si la race humaine fût enfin parvenue à l'âge de virilité.

Dans une époque pareille, on doit se sentir plus d'attrait pour le libre penseur qui marcha toujours en avant, sans trouble et sans crainte, et qui mérite une place éminente parmi les initiateurs du genre humain. Goethe ne vieillira jamais, parce qu'il n'emprisonne sa pensée dans aucune doctrine étroite et prédestinée à vieillir. Il nous ouvre les portes d'un vaste avenir, dont il n'a pu sonder lui-même l'étendue, mais dont il a le pressentiment, et dans lequel il nous presse d'entrer avec une joyeuse confiance. Et quelle sympathie ne montre-t-il pas pour tout véritable mérite! quelle admiration sincère pour les génies inventeurs! Toute son existence à lui-même fut recherche et travail; chacun de ses ouvrages était l'expression d'un progrès nouveau de son être, un acte de sa vie en même temps qu'une œuvre d'art. De là vient qu'ils offrent, dans leur ensemble et dans chaque genre, une merveilleuse variété. Ils sont à eux seuls une bibliothèque, et, s'ils ne disent pas tout, ils mettent sur la voie de tout.

Je n'ai pu résister au plaisir de présenter ici quelques-unes des réflexions que me suggérait tous les jours l'étude de mon auteur, mais il serait superflu de les étendre davantage, après tant de travaux critiques dont il a été l'objet jusqu'à ce jour. D'ailleurs, c'est chez lui, c'est dans ses propres ouvrages, qu'il faut chercher la plus judicieuse et peut-être la plus impartiale appréciation de ses mérites. Avec cette imperturbable objectivité, qu'on a justement signalée comme le caractère fondamental de son génie, il s'observe et se juge ainsi que pourrait le faire un témoin étranger. C'est là, entre autres causes, ce qui donne à ses écrits autobiographiques une si grande valeur. Après les avoir traduits, j'ai dû renoncer au dessein que j'avais d'abord de placer en tête de notre publication une notice sur sa vie. On trouvera bien plus et bien mieux dans nos volumes VIII, IX et X, où son histoire se mêle si heureusement à celle des mœurs, des arts et de la littérature. Seulement, quelques lacunes seront comblées par des notes supplémentaires, et les lecteurs me sauront gré de n'avoir pas enlevé à ces récits intimes, par une anticipation indiscrète, une grande partie de leur intérêt.

La traduction des œuvres de Goethe forme dix volumes. Cette traduction est complète, car les omissions ne portent que sur des productions de circonstance dont l'intérêt a disparu avec les occasions qui les ont fait naître. La nécessité de grouper dans un nombre de tomes plus limité ce qui est séparé dans les éditions allemandes ne nous a pas empêché de suivre assez fidèlement l'ordre adopté dans l'édition en trente volumes in-8° (Cotta, Stuttgart et Tubingen, 1850-1851), qui nous a servi de base, sans nous empêcher d'en consulter d'autres. Notre publication, dans l'ordre où nous l'avons disposée, présentera, nous osons l'espérer, un ensemble de nature à satisfaire les amis de l'illustre poëte. On voit d'ailleurs que MM. L. Hachette et C*e* n'ont rien négligé pour la rendre digne de son objet; et, à la distance où je suis des habiles typographes qu'ils ont chargés de l'impression, je leur ai des obligations très-particulières pour les soins assidus qu'ils ont pris, afin qu'un ouvrage si important offrît toute la correction désirable.

Notre premier volume comprend les *Poésies diverses*, les *Pensées* et le *Divan oriental-occidental*, avec son *Commentaire*, qui est aussi l'ouvrage de Goethe. Ce sont les quatre premiers tomes de l'édition allemande, traduits au complet pour la première fois. L'abondance des matières a obligé les Éditeurs de diviser ce volume en deux parties : la première comprend les *Poésies diverses*; la seconde, les *Pensées*, le *Divan* et son *Commentaire*.

Les œuvres lyriques m'ont offert des difficultés que je ne m'étais point dissimulées; j'ai dû souvent, selon le précepte de mon auteur, « aborder même l'intraduisible. » Que l'on veuille bien se représenter ce que deviendraient en prose allemande les plus gracieuses, les plus suaves inspirations des lyriques français, et l'on aura l'idée de ce que les *Poésies diverses* et le *Divan* devaient perdre nécessairement dans ma traduction. Pour que je puisse espérer qu'elle ne paraîtra pas sans charme et sans effet, j'ai besoin de compter sur le concours du lecteur. Que j'obtienne son intelligente sympathie, et, par une sorte de divination littéraire, il verra ces fleurs du génie allemand se produire à ses yeux dans leur fraîcheur et leur grâce natives. S'il trouve dans la traduction l'idée, le mouvement, l'émotion secrète, il recomposera par la pensée l'œuvre poétique, à laquelle il prendra peut-être d'autant plus de plaisir qu'elle sera en grande partie sa propre création.

Les *Pensées* présentaient des difficultés d'un autre genre, mais qui n'étaient pas absolument insurmontables. Je me suis efforcé de rendre avec une exactitude sévère l'idée, qui, par le fond ou la forme, est quelquefois difficile à saisir, plus difficile à reproduire. Çà et là, quand la pensée offrait une véritable obscurité, préférant le rôle de traducteur fidèle à celui d'interprète téméraire, je m'en suis tenu à la version littérale.

Dans ce premier volume est résumée, on peut le dire, toute la vie de l'auteur : les *Poésies diverses* reflètent les sentiments, les passions, qui l'ont agité dès sa première jeunesse; le philosophe se montre ensuite dans les *Pensées*, qui sont le fruit d'une expérience consommée et de méditations profondes; enfin le poëte sexagénaire nous offre dans le *Divan* l'exemple rare d'une imagination que les années n'ont pas refroidie; il retrouve dans le pur souffle de l'Orient une jeunesse nouvelle, et nous fait rêver avec lui les délices d'un éternel printemps.

Nos volumes II, III et IV comprennent le *Théâtre* et *Faust*. Du *Théâtre*, nous n'avons exclu que certaines pièces de circonstance, oubliées aujourd'hui; mais tout ce qui avait quelque intérêt pour l'histoire de l'art ou du poëte a été soigneusement conservé. L'ordre est, en général, le même que dans les volumes VII,

VIII, IX, X, XI, XII et XIII de l'édition allemande : seulement, comme nous ne pouvions placer *Faust* dans un volume à part, nous l'avons mis à la suite du *Théâtre*, et c'est uniquement pour égaliser les tomes, que nous avons un peu reculé la place d'*Iphigénie*.

C'est dans ces trois volumes que le génie de Goethe se montre avec le plus d'éclat. On admire la distance qu'il a parcourue du *Caprice de l'amant* jusqu'à *Iphigénie* : mais ces évolutions ou plutôt ces transformations de sa pensée ne peuvent s'expliquer que par l'histoire de sa vie.

La deuxième partie de *Faust* n'avait pas encore été donnée en français sans coupures. Elle offre de grandes difficultés au traducteur, mais de bien plus grandes encore au commentateur et au critique. Je me suis, en général, borné à la traduction, sans me charger du commentaire. Et peut-être le mieux serait-il de laisser le lecteur à ses impressions particulières dans cette œuvre, où règne si librement la fantaisie. Ne pressons pas trop ces figures aériennes : elles en perdraient leur charme, et souvent même elles en seraient anéanties. « N'est-ce rien que de faire un beau rêve ? » Livrons-nous à l'enchanteur avec une volonté docile : quand nous l'aurons suivi jusqu'au bout dans son merveilleux domaine, il nous restera sans doute bien des énigmes à résoudre, mais nous aurons trouvé un plaisir véritable dans ces poétiques mensonges et ces inconcevables mystères, qu'une critique aventureuse nous gâte plus souvent qu'elle ne les éclaircit.

Le Vᵉ volume de la traduction renferme *Hermann et Dorothée*, l'*Achilléide* et le *Roman du Renard*. Ces trois poëmes narratifs sont aussi groupés dans le Vᵉ tome de l'édition allemande. Pour compléter le nôtre, nous y avons ajouté *Werther* et les *Affinités électives*, qui sont réunis dans le quatorzième du texte. Ainsi composé, le cinquième volume nous semble offrir le double avantage d'une certaine harmonie et d'une grande variété : les trois poëmes, traduits en prose, ont pris quelque chose de l'aspect du roman, et le lecteur trouve, à la suite les uns des autres, cinq récits, qui, certes, ne manquent pas de diversité.

Notre tome VI est rempli par les *Années d'apprentissage de Wilhelm Meister*. C'est aussi la première fois que ce roman célèbre est donné en français dans une parfaite intégrité. Le nouveau traducteur a observé pour cet ouvrage la règle, qu'il s'était d'ailleurs imposée pour tout son travail, de rendre exactement son auteur, sans se permettre ni changements, ni adoucissements, ni coupures. Notre sixième volume est donc la reproduction complète et fidèle du quinzième de l'original.

Nous pouvons en dire autant du VIIe de la traduction, qui donne intégralement le seizième du texte : il comprend les *Années de voyage de Wilhelm Meister*, les *Entretiens d'émigrés allemands*, les *Bonnes femmes* et une *Nouvelle*.

Le VIIIe renferme *Vérité et poésie*. Sous ce titre significatif, Goethe raconte avec détail son enfance et sa jeunesse et les premières expériences de sa vie. C'est la matière des volumes XVII et XVIII de l'édition allemande.

Le tome IX comprend les *Voyages en Suisse et en Italie* (tomes XIV et XIX de l'original).

Le tome X renferme la *Campagne de France*, les *Annales*, de 1794 à 1822, et plusieurs pièces détachées, d'un intérêt tout particulier (tomes XX et suivants du texte).

Ici s'arrête mon travail, qui peut être considéré comme complet. Il est évident que je n'ai pas eu à m'occuper des traductions que Goethe a données lui-même de quelques ouvrages modernes. La Correspondance, les Mélanges divers, pourront donner lieu quelque jour à une publication intéressante, mais ils ne font pas une partie essentielle des Œuvres. Quant aux travaux scientifiques, on sait que Goethe n'a jamais voulu les réunir à ses ouvrages littéraires. Ils ont subi le sort de tous les livres de science, ils ont vieilli, par suite du progrès rapide des connaissances humaines ; mais, comme on y retrouve quelques-unes de ces conceptions fondamentales dont l'influence sera toujours sentie, mes Éditeurs ont pensé qu'il serait intéressant d'offrir dans un volume à part l'analyse des idées scientifiques de Goethe.

Quand je commençai ma grande entreprise, j'avais l'espoir d'y associer mon fils, et cette analyse était un des travaux que je lui réservais. A son défaut, un jeune savant, qui fut son confrère[1], M. Ernest Faivre, honorablement connu par une très-belle étude sur Goethe[2],

---

1. Dans la Société de biologie, dont M. Rayer est le président. Mon fils en était secrétaire.
2. Voyez, dans la *Revue contemporaine*, les années VII et VIII.

actuellement professeur à la Faculté des sciences de Lyon, a bien voulu se charger de ce travail, qui est achevé et qui formera le complément de notre publication.

En terminant ma tâche, je dois remercier les hommes obligeants qui me l'ont souvent rendue plus facile. Quoique mon pays natal confine aux terres allemandes, je n'en suis pas moins de race latine; je n'ai jamais écrit ni parlé que la langue française; Lausanne est aussi loin de Weimar que Paris peut l'être, et Goethe devait me présenter parfois des difficultés que je n'aurais pas surmontées, même avec le secours des commentateurs, qui m'ont rendu toutefois de nombreux services: mais j'ai trouvé des secours plus précieux encore dans les lumières de quelques littérateurs allemands, placés à ma portée, et toujours prêts à répondre aux questions que je leur avais soumises.

Un homme dévoué, un ami, m'a secondé jusqu'à ce jour, avec un zèle soutenu, dans toute la suite de mon travail, c'est M. Henri Wehrli, auteur d'une grammaire estimée et professeur de langue et de littérature allemandes. Chaque semaine, nous passions quelques moments ensemble, pour éclaircir les passages obscurs ou difficiles, et ces utiles conférences étaient en même temps pour moi un agréable délassement. Je dois en outre à M. Wehrli plusieurs notes précieuses. Cet homme, aussi modeste que savant, ne trouvera jamais trop petite l'idée qu'on voudra se faire de son obligeant concours, et mon amitié ne la trouvera jamais trop grande.

Le premier volume présentait des difficultés particulières. Pour aplanir celles que je n'avais pu soumettre à M. Wehrli, dont tous les moments étaient alors occupés, j'ai recouru à M. Wilhelm Neumann, ancien professeur de théologie aux universités de Berlin et de Breslau, savant orientaliste, auteur de plusieurs ouvrages remarqués. Il a bien voulu entendre la lecture du premier volume tout entier, et j'aime à reconnaître ici que ses conseils m'ont engagé souvent à faire de précieuses retouches. M. Hermann Wiener, professeur de littérature grecque à l'Académie de Lausanne, m'a donné, avec le plus aimable empressement, la solution ingénieuse de plusieurs difficultés, ainsi que l'avait fait son confrère, M. Frédéric Nessler, quand je m'occupais de la part qui m'était échue dans la traduction de Schiller. Je regrette de ne pouvoir nommer ici toutes les personnes auxquelles j'ai recouru, au besoin, pour obtenir d'elles les renseignements et les explications que leur position ou leurs connaissances spéciales les mettaient en état de me donner. Il n'est pas un seul de ces emprunts faits aux lumières de bienveillants amis dont je ne conserve un affectueux souvenir.

Mais quels témoignages de reconnaissance ne dois-je pas à mes honorables Éditeurs, qui m'ont donné la marque de confiance la plus signalée, en me chargeant d'une entreprise à tous égards si considérable et en me remettant le soin de réaliser leur généreuse pensée! Nul ne peut s'y méprendre : les vues les plus élevées du patriotisme et le noble désir de rapprocher l'une de l'autre deux grandes nations sont les premiers mobiles de publications pareilles, et, si elles n'inspiraient pas aux hommes éclairés de tous les pays une vive reconnaissance, il faudrait désespérer des progrès de la haute et saine littérature.

Il n'a pas tenu à mes éditeurs que cette belle tâche ne fût partagée entre mon fils et moi, et ne devînt pour nous deux une source de pures et durables jouissances. Puisque Dieu ne l'a pas voulu, qu'il me soit permis de consacrer ici quelques lignes à la mémoire du collaborateur que j'ai vu succomber dès les premières pages, et qui n'a pu, selon son pieux désir, me rendre léger le fardeau que j'ai dû porter sans lui, soutenu par la pensée de payer sa dette à la France en même temps que la mienne.

Après neuf ans d'études dans la Faculté de médecine et dans les hôpitaux de Paris, mon fils, qui avait obtenu les modestes couronnes, présage ordinaire de plus glorieux succès, lauréat des hôpitaux, lauréat de la Faculté de médecine, fut contraint par la maladie d'interrompre sa pratique commencée dans la capitale, et d'aller chercher la santé dans le midi. Cependant j'avais dit adieu comme lui à ce Paris, qui nous avait fait un accueil si favorable, et qui nous était toujours si cher. Retiré à la campagne, près de Lausanne, je vis arriver en même temps, d'Italie, mon fils, toujours souffrant, et, de Paris, les Œuvres de Goethe, dont la traduction nous était demandée. Le malade jeta sur les volumes un regard où je crus voir briller l'espérance; il en feuilleta quelques-uns, et moi, avec l'illusion qui nous trompe jusqu'au dernier moment, je me figurai qu'il me serait donné d'accomplir avec lui cette grande tâche. Avec lui, je le savais bien, le travail de la révision devait m'être facile. Déjà nous avions fait les deux parts, et je venais à peine d'achever *Egmont* (le premier ouvrage qui m'ait occupé), je traduisais *Goetz de Berlichingen*, quand je me vis réduit à mes seules forces par le plus rude coup dont un homme puisse être frappé.

Que les lecteurs veuillent me pardonner, si, dans le moment solennel où je leur présente le fruit des longues et tristes années qui ont suivi ce jour, je laisse échapper devant eux cette plainte; qu'ils me permettent de nommer ici mon fils unique et bien-aimé, et d'assurer du moins à sa mémoire la durée du travail de son père. La vie d'Albert Porchat fut courte, mais elle ne fut pas inutile. Il fit partie de cette jeune et courageuse élite que nous avons vue, en quelques années, braver, dans leurs plus redoutables foyers, trois épidémies de choléra, et secourir, avec un zèle infatigable, les victimes des guerres civiles. Il eut le bonheur de porter à bien des malheureux assistance et consolation. Chéri de ses pauvres clients pour sa douceur et son humeur compatissante, aimable et bon camarade, disciple affectionné et docile, il a laissé dans bien des cœurs de précieux souvenirs.

Dirai-je que, dans mes travaux, c'était, depuis longtemps, son suffrage que je souhaitais avant tout autre; que, si j'obtenais quelque marque d'estime, j'en étais encore plus touché pour lui que pour moi? Et maintenant il n'est plus là, dans la circonstance la plus importante de ma vie littéraire, pour attendre avec moi l'arrêt de la critique; il n'est plus là pour me féliciter ou pour me consoler.

Ces épanchements, auxquels je me suis livré avec un abandon qu'une indulgente pitié excusera sans doute, je voudrais qu'ils ne fussent pas stériles pour autrui; je voudrais que mon malheur pût servir à plusieurs d'exemple et d'avertissement. Je dirai donc à tous les parents dont les fils consacrent leurs belles années à des études longues et fatigantes : « Ne souffrez jamais qu'elles compromettent leurs forces corporelles; soignez l'éducation physique avec la même vigilance que l'éducation intellectuelle. » Je dirai encore aux pères qui sont libres de choisir la carrière où ils appelleront leurs fils : « Autant qu'il se pourra, faites-leur suivre celle que vous parcourez vous-mêmes, et dont vous connaissez les conditions, les difficultés, les périls. Outre que, vivant de la même vie, occupés des mêmes intérêts, vos fils seront plus à vous pendant que vous serez ensemble sur la terre, vous aurez plus de chances de les y laisser florissants après vous, ce qui est le vœu suprême d'un père. »

Il est bien souvent trompé de nos jours, ce désir, qui féconde comme il enchante la vie! La civilisation moderne, avec sa marche audacieuse et ses dures exigences, moissonne bien des printemps! Elles sont toujours plus vraies, ces douloureuses paroles de notre poëte, qui sait prêter tant de force et de charme aux accents de la divine pitié : « Ce n'est pas toujours le père, satisfait de mourir, qui, du bord de la fosse, salue avec tendresse son digne fils florissant ; ces paupières, qui volontiers s'abaissent, le plus jeune ne les ferme pas toujours au plus vieux, l'homme robuste à l'infirme. Plus souvent, hélas! la destinée renverse l'ordre des jours : un vieillard sans appui pleure en vain ses fils et ses petits-fils; il reste comme un tronc mutilé, autour duquel la grêle orageuse a jonché la terre de rameaux fracassés. »

Et pourtant il faut remplir les devoirs de la vie. Je touche au terme de mon travail, mais la nuit aussi s'approche, « pendant laquelle on ne peut plus travailler. » Sans me ralentir un moment, je consacre à l'œuvre qui s'achève les dernières veilles, avec autant d'ardeur et de persévérance que si un heureux succès pouvait encore me donner le bonheur.

Lausanne, 12 novembre 1861.

POÉSIES

DÉDICACE[1].

Le matin approchait : ses pas effarouchèrent le léger sommeil qui m'enchaînait doucement, si bien que, m'étant réveillé, je sortis de ma tranquille cabane et je gravis la montagne, l'âme épanouie. A chaque pas, je jouissais de voir la fleur nouvelle qui s'inclinait, pleine de rosée; l'aurore naissante se

---

[1]. Les poésies lyriques de Goethe, dont la forme est variée avec un art admirable, sont écrites la plupart en vers rimés; un certain nombre le sont en vers rhythmiques : mais, dans celles même du premier genre, le rhythme est toujours soigneusement approprié au caractère du sujet et à la nature des sentiments.

Les poésies de Goethe furent presque toutes inspirées par la réalité; elles se lient aux événements de sa vie; elles sont l'histoire de son cœur; mais elles ne sont point ici rangées dans l'ordre des temps. Elles permettraient, elles appelleraient peut-être de longs commentaires. Cependant nous avons cru devoir faire un usage très-sobre et très-réservé des sources auxquelles il nous eût été facile d'emprunter des annotations détaillées. Beaucoup de choses s'expliqueront par les *Mémoires* et la *Correspondance* de Goethe. On ne trouvera ici que les notes indispensables à la clarté, et peut-être ces gracieuses poésies gagneront-elles quelque chose à se présenter sans l'appareil scientifique dont les entoure à l'excès, en Allemagne, le zèle des commentateurs.

montrait avec enchantement, et tout était rafraîchi pour me rafraîchir.

Et comme je montais, une vapeur lentement s'élevait en longs replis du fleuve des prairies. Elle s'abaissa et changea sa course pour m'envelopper, et déploya ses ailes autour de ma tête : je ne pouvais plus jouir du beau spectacle ; un voile grisâtre me dérobait la contrée ; bientôt je me vis comme plongé dans les nuages, et, seul avec moi-même, enfermé dans le crépuscule.

Tout à coup le soleil sembla percer : une clarté se fit voir dans le brouillard ; ici, il s'abaissait, pour s'écouler doucement vers la plaine ; là, s'élevant, il se divisait autour des bois et des hauteurs. Qu'il me tardait d'adresser au soleil le premier salut ! J'espérais le voir doublement beau après la brume. La lutte aérienne fut longtemps indécise : enfin une vive lumière m'environne et je reste ébloui.

Bientôt un secret mouvement du cœur me rendit le courage d'ouvrir les yeux ; je ne pus hasarder que des regards furtifs, car tout semblait brûler et flamboyer. Alors, portée sur les nuages, une femme divine vola devant mes yeux. De mes jours je ne vis une plus belle figure : elle me regarda et suspendit sa course flottante.

« Ne me connais-tu pas ? dit-elle, d'une bouche d'où s'exhalaient des accents pleins d'amour et de candeur ? me reconnais-tu, moi qui versai maintes fois le baume le plus pur dans les blessures de ta vie ? Tu dois connaître celle à qui ton âme ardente s'attacha de nœuds de plus en plus étroits, pour une alliance éternelle. Ne t'ai-je pas vu, avec les larmes brûlantes du cœur, encore enfant, languir et soupirer après moi ?

— Oui, m'écriai-je, en me prosternant avec une joie céleste ; longtemps j'ai senti ta présence : tu me donnais le repos, quand la passion se déchaînait sans relâche dans mes jeunes membres. Comme avec une aile divine, dans l'ardeur du jour, tu as rafraîchi doucement mon front ; tu m'as dispensé les meilleurs dons de la terre, et je veux que tout bonheur ne me vienne que par toi.

« Je ne te nomme point. J'entends, il est vrai, bien des voix qui te nomment sans cesse, et chacun t'appelle sienne ; tous les yeux croient se diriger vers toi ; presque tous en sont punis par tes rayons. Ah! quand je m'égarais, j'avais beaucoup de compagnons : depuis que je te connais, je suis presque seul ; il me faut jouir de mon bonheur avec moi-même, et couvrir et cacher la douce lumière. »

Elle sourit, et dit : « Tu vois comme il fut sage, comme il fut nécessaire de vous dévoiler peu de chose ! A peine es-tu préservé de la plus grossière imposture, à peine es-tu maître du premier désir d'enfant, que déjà tu te crois un être surhumain ; tu négliges de remplir le devoir de l'homme ! A quel degré es-tu différent des autres ? Sache te connaître et vivre en paix avec le monde.

— Pardonne-moi, m'écriai-je, mes intentions étaient bonnes. Est-ce en vain que j'aurai les yeux ouverts ? Une joyeuse ardeur circule dans mes veines ; je connais toute la valeur de tes dons. C'est pour d'autres que s'amasse en moi ce noble trésor ; je ne puis, je ne veux plus, enfouir le talent. Pourquoi chercherais-je avec tant d'ardeur le chemin, si je ne dois pas le montrer à mes frères ? »

Et comme je parlais, l'auguste créature jeta sur moi un regard de compatissante indulgence ; je pouvais me lire dans ses yeux, voir ce que j'avais fait de mal et de bien. Elle sourit, et déjà j'étais sauvé ; mon esprit s'élevait à des joies nouvelles ; je pouvais désormais, avec une intime confiance, m'approcher d'elle et la contempler de près.

Alors elle étendit la main vers les couches de vapeurs légères et de brume qui l'entouraient : dès que sa main les presse, elles se laissent saisir, elles se laissent entraîner, et les nuages disparaissent. Mon œil pouvait de nouveau se promener dans la vallée ; je regardai le ciel : il était clair et sublime. Je la vis elle seule porter encore le voile le plus pur ; il glissait autour d'elle à mille plis ondoyants.

« Je te connais, je connais tes faiblesses ; je sais quelles vertus vivent et couvent dans ton cœur. » Tel fut son langage : je l'entends toujours me dire : « Reçois ici ce que je t'ai depuis longtemps destiné : il ne peut manquer rien à l'homme heureux qui reçoit ce don avec une âme tranquille, ce brillant tissu des vapeurs matinales et des rayons du soleil, le voile de la poésie, que te présente la main de la Vérité.

« Et s'il vous arrive, à toi et à tes amis, de sentir au milieu du jour une chaleur suffocante, déployez le voile dans l'air : soudain un vent frais comme la brise du soir vous entoure de son murmure, et les émanations embaumées des fleurs vous caressent de leur haleine. Il expire, le souffle des soucis terrestres ; le sépulcre se transforme en un lit de nuages ; chaque flot de la vie est apaisé ; le jour devient riant, la nuit lumineuse. »

Venez donc, mes amis : soit que le fardeau de la vie pèse sur vos sentiers de plus en plus ; soit qu'une bénédiction nouvelle embellisse de fleurs votre carrière, la décore de fruits dorés : nous irons ensemble au-devant du lendemain ! Ainsi nous vivrons, ainsi nous passerons d'heureux jours, et, lorsque nos descendants porteront notre deuil, notre amitié subsistera toujours pour leur joie.

CHANSONS[1].

Le soir répète les chants du matin : bonheur et malheur deviennent mélodie.

Scrupule[2].

Que les bégaiements de l'amour, mis par écrit, ont l'air étrange! Et maintenant, il faut même que je recueille de maison en maison toutes ces feuilles éparses.

Ce qui était séparé dans la vie par de longs intervalles arrive aujourd'hui, sous une seule couverture, dans la main du bon lecteur.

Mais ne rougis pas de ces défauts; achève promptement le petit ouvrage[3] : le monde est plein de contradictions, et un livre ne devrait pas se contredire?...

Aux lecteurs bienveillants.

Les poëtes n'aiment pas à se taire; ils veulent se montrer à la foule. Il faut bien qu'on loue et qu'on blâme! Nul ne se confesse

---

1. *Lied* et, au pluriel, *Lieder*, n'a proprement point d'équivalent en français; c'est un court poëme lyrique, où domine la grâce, et qui est destiné à être chanté : on voit du moins qu'il peut avoir beaucoup de rapport avec la chanson. Plusieurs de celles de Béranger : *Si j'étais petit oiseau*, *l'Exilé*, *ma Nacelle*, etc., etc., et bien d'autres chansons et chansonnettes françaises, seraient des *Lieder* en Allemagne.

2. Littéralement, « avant-plainte, » comme nous disons « avant-propos. »

3. Les LIEDER, publiés séparément, ne formaient en effet qu'un très-petit volume.

en prose volontiers : mais souvent on s'épanche sous la rose, dans le secret bocage des Muses.

Mes erreurs, mes désirs, mes souffrances et ma vie ne sont ici que des fleurs en bouquet; et la vieillesse comme le jeune âge, et les défauts comme les vertus, ont bonne grâce en chansons.

Le nouvel Amadis.

Quand j'étais encore un enfant, on me tenait renfermé, et je passai de la sorte plusieurs années replié sur moi-même, comme dans le sein de ma mère.

Mais tu fus mon passe-temps, brillante fantaisie, et je devins un bouillant héros, un prince Bébé, et je courais le monde.

Je bâtissais maint château de cristal, et le renversais aussi ; je lançais ma javeline étincelante à travers le ventre des dragons; oui, j'étais un homme!

Puis, en vrai chevalier, je délivrais la princesse Ninette. Elle était trop obligeante, me faisait asseoir à sa table, et j'étais galant.

Et son baiser était le pain des dieux, brûlant comme le vin. Ah! je l'aimais presque à mourir. Les feux du soleil émaillaient sa couronne.

Ah! qui me l'a ravie? Aucun lien magique n'a-t-il arrêté sa fuite rapide? Parlez, où est son pays? Quel chemin faut-il prendre?

Le renard mort, la fourrure a du prix.

Après midi, jeune compagnie, nous étions assis au frais : Amour vint, et il voulut jouer avec nous au RENARD MORT [1].

Chacun de mes camarades était assis gaiement auprès de sa bonne amie. Amour souffla son flambeau et dit : « Voici la chandelle ! »

Et comme le flambeau fumait, on le fit courir vivement; chacun le poussait vite dans la main du voisin.

Et Dorilis me le passa, moqueuse et badine ; à peine mes doigts l'ont-ils touché, qu'il jette une flamme claire.

---

1. C'est notre *Petit bonhomme vit encore*. Le titre de cette pièce forme le premier vers du petit couplet que les joueurs se récitent l'un à l'autre, aussi vite que possible, en se passant la bûchette ou la bougie éteinte, mais où le charbon brûle encore.

Il me brûle les yeux et le visage; il met ma poitrine en feu; il flamboyait, peu s'en faut, par-dessus ma tête.

Je voulus l'éteindre, je marchai dessus, mais il brûlait sans cesse : au lieu de mourir, le renard était devenu chez moi plein de vie.

La rose de la bruyère [1].

Un jeune garçon vit une petite rose, une petite rose dans la bruyère; elle était fraîche et belle comme le matin; il accourut pour la voir de près; il la vit avec grande joie. Rosette, rosette, rosette vermeille, rosette de la bruyère.

Le jeune garçon dit : « Je te cueillerai, rosette de la bruyère! » La rosette répondit : « Je te piquerai si bien, que toujours tu penseras à moi, et je ne veux pas souffrir d'être cueillie. » Rosette, rosette, rosette vermeille, rosette de la bruyère.

Et le bouillant garçon cueillit la rosette de la bruyère; la rosette se défendit et le piqua, mais, elle eut beau dire « hélas! hélas! » elle dut le souffrir. Rosette, rosette, rosette vermeille, rosette de la bruyère.

Colin-Maillard [2].

O charmante Thérèse, comme ton œil ouvert prend vite un air méchant! Les yeux bandés, tu m'as trouvé soudain, et pourquoi me prenais-tu, moi justement?

Tu me pressais au mieux et me tenais si ferme.... Je tombai doucement sur ton sein. A peine étais-tu déliée, tout plaisir avait disparu : tu as lâché l'aveugle froidement.

Il tâtonnait par-ci par-là, se tordait, peu s'en faut, les membres, et chacun se riait de lui. Si tu ne veux pas m'aimer, je marcherai toujours dans les ténèbres, comme les yeux bandés.

Christine.

J'ai souvent l'humeur sombre et morose, une affreuse mélancolie : quand je suis près de ma Christine, tout change, tout est bien. Je la vois là-bas, je la vois ici, et ne sais pas au monde

---

1. Chanson populaire, à laquelle Goethe a fait quelques changements.
2. On croit que cette pièce, de même que le Renard mort, fut composée pour une jeune Strasbourgeoise, qui avait inspiré à notre poëte un amour passager. Dorilis serait donc la même que Thérèse.

comment, pourquoi, quand elle a su me plaire, d'où vient qu'elle me plaît.

Cet œil noir, fripon, qui me guette, ce sourcil noir par-dessus, si je les regarde une seule fois, mon âme s'épanouit. En est-il une qui ait une bouche si mignonne, de si jolies joues rondelettes? Et puis il est encore certaines choses rondes : l'œil ne se lasse pas de les voir.

Et quand je puis la presser dans mes bras, pour danser la vive allemande, cela tourne, cela tourbillonne : alors je me sens vivre! Et quand je la vois chancelante, échauffée, je la berce aussitôt contre mon cœur, dans mes bras : pour moi c'est un royaume!

Et lorsqu'elle me regarde avec amour, et qu'elle oublie tout à la ronde, et qu'elle se presse sur mon cœur, et me donne un ardent baiser, cela me court de veine en veine et jusqu'au bout des pieds! Ah! je suis faible, je suis fort, je sens un délice, un martyre.

J'en voudrais davantage et toujours davantage; le jour ne me semble pas long; même la nuit, quand je serais près d'elle, je n'aurais point de peur. Je me dis que, si je la tiens une fois et que j'assouvisse mon désir, et que mon tourment ne se puisse apaiser, je mourrai dans ses bras!

La prude.

Par une brillante matinée de printemps, la bergère allait et chantait, jeune et belle et sans soucis, et, à travers les campagnes, résonnait : La la! le ralla!

Tircis lui offrit, pour un baiser, deux, trois agneaux sur l'heure : elle le regarda un instant, d'un air moqueur, mais elle continua de rire et de chanter : La la! le ralla!

Et un autre lui offrit des rubans, et le troisième offrit son cœur; mais du cœur et des rubans, comme des agneaux, elle se moqua, chantant toujours! La la! le ralla!

La convertie.

Aux derniers rayons du soir, je passais en silence le long du bois : Damon était assis et jouait de la flûte, et les rochers répondaient : La la! le ralla!

Et il me fit asseoir près de lui; il me donna un baiser doux et tendre. Et je dis : « Joue encore ! » Et le bon jeune homme joua : La la ! le ralla !

Et maintenant mon repos est perdu, ma joie s'est envolée, et j'entends à mes oreilles toujours la même chanson : La la ! le ralla !

Délivrance.

Ma bien-aimée me devint infidèle ; cela me rendit ennemi de toute joie ; je courus à une eau rapide, l'eau passait, courait devant moi.

Là je restai désespéré, muet ; j'avais la tête comme troublée par l'ivresse ; j'étais sur le point de glisser dans la rivière ; le monde autour de moi tournait.

Tout à coup j'entends pousser un cri.... justement derrière moi.... C'était une petite voix ravissante : « Prends garde à toi, la rivière est profonde. »

Alors quelque chose me courut de veine en veine. Je regarde : c'est une charmante jeune fille. Je lui dis : « Quel est ton nom ? — Catherine ! — O belle Catherine ! Tu es bonne.

« Tu me retires de la mort ; je te dois la vie pour toujours. Mais c'est me donner peu de chose : sois aussi le bonheur de ma vie ! »

Alors je lui contai ma peine ; elle baissa les yeux avec grâce ; je lui donnai un baiser, elle me le rendit, et.... pour l'heure, on ne parla plus de mourir.

Le fils des Muses.

Courir les bois et les campagnes, fredonner ma chansonnette, telle est, de lieux en lieux, ma vie, et devant moi tout passe et s'ébranle en mesure et s'agite en cadence.

Je puis l'attendre à peine, la première fleur du jardin, le premier bouton de l'arbre : mes chansons les saluent, et, quand revient l'hiver, je chante encore le songe évanoui.

Je le chante au loin sur la vaste plaine de glace : là fleurit l'hiver dans sa beauté. Cette fleur aussi disparaît, et une joie nouvelle se montre sur les fertiles collines.

Car, si je trouve sous le tilleul la jeunesse assemblée, aussitôt je l'éveille ; le gros garçon se rengorge, la gauche fillette valse à ma mélodie.

Vous donnez des ailes aux pieds, et vous entraînez, à travers vallons et collines, votre favori loin de la maison : ô chères, ô douces Muses, quand serai-je encore auprès d'elle, en repos sur son cœur ?

Trouvée.

Dans le bois j'allais rêvant, et ne chercher rien était ma fantaisie.

Je vis à l'ombre une fleurette, brillante comme les étoiles, belle comme les yeux.

Je voulus la cueillir, elle me dit gentiment : « Dois-je, pour me flétrir, être cueillie ? »

Je l'arrachai avec toutes ses racines ; je la portai dans le jardin, auprès de la jolie maison ;

Et je la replantai dans un lieu paisible : maintenant elle verdoie, elle fleurit toujours.

Les pareilles.

Une campanule avait poussé hors de terre sa tige précoce, couverte d'aimables fleurs ; survint une petite abeille, qui suça le doux nectar.... L'une pour l'autre sans doute elles sont faites.

Chant alterné pour la danse.

LES INDIFFÉRENTS. Viens, ô jeune beauté, viens danser avec moi : la danse convient dans le jour de fête. Si tu n'es pas mon trésor, tu peux le devenir ; si tu ne le deviens jamais, dansons toujours ! Viens, ô jeune beauté, viens danser avec moi : la danse embellit le jour de fête.

LES AMOUREUX. Sans toi, ma bien-aimée, que seraient les fêtes ? Sans toi, ma douce amie, que serait la danse ? Si tu n'étais pas mon trésor, je ne saurais danser ; si tu l'es constamment, vivre est une fête. Sans toi, ma bien-aimée, que seraient les fêtes ? Sans toi, ma douce amie, que serait la danse ?

LES INDIFFÉRENTS. Laissons-les aimer et dansons ! L'amour langoureux évite la danse. Quand nous entrelaçons gaiement la ronde tournoyante, les autres se glissent dans le bois sombre. Laissons-les aimer et dansons ! L'amour langoureux évite la danse.

LES AMOUREUX. Laissons-les valser et allons nous promener !

La promenade est pour l'amour une danse céleste. L'amour, qui les guette, entend leurs moqueries : un jour il se vengera et il se vengera bientôt. Laissons-les valser et allons nous promener! La promenade est pour l'amour une danse céleste.

Illusion.

Le rideau flotte deçà et delà chez ma voisine. Sans doute elle observe, du coin de l'œil, si je suis à la maison;

Et si la jalouse colère que j'ai nourrie pendant le jour, justement vaincue et pour jamais, s'apaise au fond de mon cœur.

Mais, hélas! la belle enfant n'a rien senti de pareil : je le vois, c'est le vent du soir qui joue avec le rideau.

Déclaration de guerre.

Si pourtant j'étais aussi belle que les filles des champs! Elles portent chapeau de paille avec ruban rose.

Croire que l'on est belle, il me semble, est permis. A la ville, hélas! j'en ai cru le jeune cavalier.

Et, au printemps, c'en est fait de mes plaisirs : elles l'attirent, les filles du village!

Et la taille et la robe traînante, je quitte tout sur l'heure; le corsage est plus long, la jupe est courte et ronde.

Je porte chapeau de paille et corset blanc comme neige, et je coupe, avec les autres, la luzerne fleurie.

S'il aperçoit dans la troupe quelque tournure élégante, le fripon me fait signe de le suivre chez lui.

Je l'accompagne confuse, et il ne me reconnaît pas encore; il me pince les joues.... et voit mon visage.

O paysannes, la demoiselle vous déclare la guerre, et les charmes, doublés, remporteront la victoire.

Amant sous toutes les formes.

Je voudrais être un poisson bien leste et frétillant; et, si tu venais pêcher à la ligne, je ne serais pas défaut. Je voudrais être un poisson bien leste et frétillant.

Je voudrais être un coursier : alors je te serais précieux. Oh! si j'étais une voiture, pour te porter commodément! Je voudrais être un coursier : alors je te serais précieux.

Je voudrais être une pièce d'or, toujours à ton service. Aurais-tu fait quelque emplette, je reviendrais courant. Je voudrais être une pièce d'or, toujours à ton service.

Je voudrais être fidèle, et que ma mie fût nouvelle toujours; je voudrais m'engager à toi; je voudrais ne partir jamais. Je voudrais être fidèle, et que ma mie fût nouvelle toujours.

Je voudrais être vieux et ridé et glacé : quand tu me rebuterais, cela ne pourrait me mettre en peine. Je voudrais être vieux et ridé et glacé.

Je voudrais être un singe à l'instant, plein de moqueuse espièglerie! Si quelque chose te chagrinait, je ferais pour toi des gambades. Je voudrais être un singe à l'instant, plein de moqueuse espièglerie!

Si j'étais doux comme un agneau, brave comme un lion; si j'avais les yeux du lynx et les ruses du renard Si j'étais doux comme un agneau, brave comme un lion;

Tout ce que je serais, je t'en ferais hommage; avec des présents de prince, je me donnerais à toi; tout ce que je serais, je t'en ferais hommage.

Mais je suis tel que je suis : prends-moi comme cela. En veux-tu de meilleurs, fais-les tailler à ta guise. Je suis enfin tel que je suis : prends-moi comme cela.

L'ouvrier orfévre.

Ma voisine est vraiment une toute charmante fille! Aussitôt que je suis à l'atelier, je lorgne sa petite boutique.

Puis en chaînes, en anneaux, mon marteau façonne les légers fils d'or. Et je me dis lequel, je dis encore lequel de ces anneaux enfin sera pour Catherine?

A peine ouvre-t-elle ses volets, que voici toute la bourgade, et l'on marchande et l'on demande en foule mille choses dans la petite boutique.

Alors je lime, et quelquefois je lime jusqu'à le rompre, plus d'un fil d'or. Le maître gronde, il est terrible! il voit bien que c'était la petite boutique....

Et zest! quand le débit s'arrête, elle prend soudain son rouet. Je sais bien ce qu'elle veut filer! Elle espère, la chère fillette....

Il va, il va, le petit pied; et moi, je pense à la jambe arrondie; à la jarretière aussi je pense; c'est moi qui l'ai donnée à la chère fillette.

Et la mignonne porte à ses lèvres le fil délié : oh! si j'étais à la place du fil, quel baiser je donnerais à la fillette!

Plaisir et peine.

Jeune pêcheur, j'étais assis sur le rocher noir dans la mer, et, préparant des dons perfides, je chantais, guettant alentour; l'hameçon se balançait, amorçait au fond de l'eau. Vite un petit poisson passe et le gobe. Et, tout joyeux, je chante avec malice, et le petit poisson est attrapé.

Hélas! sur le bord, à travers les campagnes, au fond du bocage où soufflait la brise, je suivis la trace d'un soulier.... et la bergère était seule. On baisse les yeux, la parole manque.... Comme se ferme un couteau, elle me saisit par les cheveux, et voilà le petit drôle attrapé!

Dieu sait pourtant avec quel berger elle se promène encore! Il faut mettre ma ceinture pour descendre à la mer, si fort que le vent souffle et gronde. Souvent, si je plains les poissons, petits et gros, qui dans le filet frétillent, ah! je voudrais bien encore, encore, être enlacé dans ses bras!

Mars.

Il est tombé de la neige, car ce n'est pas le temps encore où par toutes les fleurettes, où par toutes les fleurettes, nous serons réjouis.

Le soleil nous abuse d'un éclat doux et trompeur; l'hirondelle même est menteuse, l'hirondelle même est menteuse. Pourquoi donc?... Seule elle vient!

Devrais-je seul me réjouir, quand même le printemps approche? Mais, si nous venons à deux, mais, si nous venons à deux, l'été sera bientôt là.

Réponses à des questions faites dans un jeu de société[1].

LA DAME. Dites ce qui réjouit un cœur de femme dans le

---

1. Ces couplets devaient faire partie d'un opéra, et les questions, qui auraient précédé les réponses, les auraient rendues plus claires. La question à laquelle

grand monde et le petit? — Assurément c'est la nouveauté, dont la fleur charme toujours : mais bien plus précieuse est la fidélité, qui, même en la saison des fruits, a des fleurs encore pour nous plaire.

Le jeune cavalier. Dans les grottes et les bocages, Pâris avait bien appris à connaître les Nymphes; mais Jupiter, pour le mettre à la gêne, lui envoya trois des beautés célestes, et jamais homme des temps anciens et nouveaux n'éprouva davantage l'embarras de choisir.

L'homme expérimenté. Qui montre aux femmes une tendre prévenance les gagnera, sur ma parole; et qui est brusque, téméraire, réussit peut-être mieux encore : pour celui qui semble peu se soucier de toucher et de plaire, il blesse, il séduit.

L'homme satisfait. Ils sont divers, les travaux des hommes, leurs soucis, leurs chagrins; maintes faveurs leur sont aussi dispensées, maintes douces jouissances, mais le plus grand bonheur de la vie, le plus riche trésor, c'est une bonne et joyeuse humeur.

Le fou de cour. Qui voit, chaque jour, et chaque jour condamne la folle conduite des hommes, et, quand les autres demeurent insensés, passe pour un insensé lui-même, porte un plus lourd fardeau que la bête de somme qui porte sa charge au moulin; et, je le sens dans mon âme, en vérité, c'est ce qui m'arrive à moi.

Sensations diverses en un même lieu.

La jeune fille. Je l'ai vu! Qu'ai-je éprouvé? O regard céleste! Il vient à moi; je m'éloigne troublée; je balance, je recule, je m'égare, je rêve!... Vous, arbres, vous, rochers, cachez ma joie, cachez mon bonheur!

Le jeune homme. Ici je dois la trouver. Je l'ai vue disparaître,

répond la deuxième strophe est celle-ci : « Quel fut l'homme du monde le plus embarrassé? » Pour la troisième : « Comment gagne-t-on les femmes? » Pour la quatrième : « Quel est le plus grand bonheur de la vie? » Pour la cinquième : « Qui porte le plus lourd fardeau? »

1. Ces strophes ont fait partie d'un opéra. Les entrées étaient justifiées : ce lien manque naturellement ici.

mon regard l'a suivie. Elle venait à moi, puis elle a reculé, troublée et rougissante. Puis-je espérer? Sont-ce des rêves? Vous, arbres, vous, rochers, découvrez-moi celle que j'aime, découvrez-moi mon bonheur!

Le langoureux. Ici caché, je me plains à l'humide aurore de mon sort solitaire. Méconnu de la foule, que doucement je me retire en cet étroit asile! Ame tendre, oh! dissimule, oh! dérobe tes éternelles souffrances, dérobe ton bonheur!

Le chasseur. Aujourd'hui un heureux sort m'enrichit d'une double proie : mon fidèle serviteur revient chargé de lièvres et de perdrix, et je trouve ici des oiseaux encore pendants au filet. Bon chasseur! qu'il vive! vive son bonheur!

Qui veut acheter des amours?

De toutes les belles choses amenées au marché, il n'en est point de préférable à celle que nous vous apportons des pays étrangers. Écoutez ce que nous chantons, et voyez ces jolis oiseaux : ils sont à vendre.

Voyez d'abord ce grand, ce joyeux, ce fripon! Léger, riant, il saute à bas de l'arbre et du buisson et remonte soudain. Nous ne voulons point le vanter : oh! voyez le riant oiseau! voyez, il est à vendre.

Observez maintenant ce petit : il veut sembler circonspect, et pourtant il est fripon, aussi bien que le grand. Il montre le plus souvent, en silence, la meilleure volonté. Ce petit oiseau fripon, voyez, il est à vendre.

Oh! voyez la petite colombe, la chère petite tourterelle! Les jeunes filles sont délicates, fines et polies. Elle saura s'ajuster volontiers et profiter de votre amour. Ce tendre petit oiseau, voyez, il est à vendre.

Nous ne voulons point les vanter; on peut les mettre à toutes les épreuves. Ils aiment le nouveau; mais, pour garants de leur fidélité, ne demandez ni lettre ni sceau : ils ont tous des ailes. Qu'ils sont jolis ces oiseaux! Que l'emplette en est séduisante!

Le misanthrope.

D'abord il est assis quelques moments, le front dégagé de nuages; soudain toute sa figure prend le sérieux grimaçant de la chouette. Vous demandez pourquoi? Est-ce l'amour ou l'ennui? Hélas! c'est l'un et l'autre.

L'amoureux malgré lui.

Je le sais bien et je m'en moque fort : jeunes filles, vous êtes pleines d'inconstance! Vous aimez, comme au jeu de cartes, David et Alexandre : ensemble ils sont forts, ensemble ils sont bons.

Cependant je suis misérable comme auparavant, avec un visage de misanthrope; l'esclave de l'amour, un pauvre fou!... Que volontiers je m'affranchirais de ces souffrances! Mais elles ont pénétré trop avant dans mon cœur, et la moquerie ne chasse point l'amour.

Vraie jouissance.

C'est vainement que, pour gouverner un cœur, tu remplis d'or le giron d'une jeune fille : fais-toi donner les plaisirs de l'amour, si tu veux vraiment les sentir. L'or achète les suffrages de la foule, il ne te gagnera jamais un cœur : mais, veux-tu acheter une jeune fille, va, et te donne toi-même en échange.

Si de saints nœuds ne te doivent pas enchaîner, ô jeune homme, sache toi-même te restreindre. On peut vivre dans une liberté véritable et pourtant n'être pas sans lien. Brûle pour une seule femme, et, quand son cœur est plein d'amour, souffre que la tendresse t'enchaîne, si le devoir ne peut t'enchaîner.

Ouvre ton cœur, jeune homme, et te choisis une jeune fille; qu'elle te choisisse; que sa personne, que son âme, soit belle, et tu seras heureux comme moi. Moi, qui connais cette science, je me suis choisi une amie, et, pour le bonheur du plus beau mariage, à part la bénédiction du prêtre, il ne nous manque rien.

N'ayant souci que de ma joie, pour moi seul voulant être belle; voluptueuse à mon côté seulement, et modeste quand le monde la voit; pour que le temps ne nuise pas à notre ardeur, elle ne cède aucun droit par faiblesse; et ses faveurs demeurent toujours une grâce, et il me faut toujours être reconnaissant.

Aisément satisfait, je jouis aussitôt qu'elle me sourit avec tendresse; lorsqu'à table elle se fait des pieds de son amant un appui pour les siens, me présente la pomme qu'elle a mordue, le verre où elle a bu, et à mes baisers demi-furtifs ouvre son sein, d'ordinaire voilé.

Et si, dans une heure d'épanchement paisible, elle cause avec moi d'amour, je ne demande que les paroles de sa bouche, les paroles, je ne demande pas les baisers. Comme l'esprit qui l'anime l'entoure d'un charme toujours nouveau! Elle est parfaite et n'a qu'une faiblesse, c'est de m'aimer.

Le respect m'entraîne à ses pieds; le désir sur son cœur. O jeune homme, voilà ce qui s'appelle jouir. Sois sage et cherche ces délices. La mort un jour t'élèvera loin d'elle, parmi les chœurs des anges, dans la joie du paradis, et tu ne sentiras point le passage.

L'adieu[1].

Laisse mon œil te dire l'adieu que ma bouche ne saurait prononcer! Qu'il est pénible, pénible à souffrir! Et pourtant, d'ordinaire, je suis homme!

Il est triste, à cette heure, le gage même le plus doux de l'amour; il est froid, le baiser de ta bouche; elle est languissante, l'étreinte de ta main.

Autrefois, oh! que j'étais ravi, quand mes lèvres, par un larcin facile, effleuraient seulement les tiennes! Ainsi nous charme une violette, cueillie aux premiers jours de mars.

Mais je ne cueillerai plus de couronnes, plus de roses pour toi. Voici le printemps, Françoise chérie : hélas! c'est l'automne pour moi.

La belle nuit.

Je quitte la cabane, asile de ma bien-aimée; je chemine, à pas mystérieux, dans le bois désert et sombre; la lune perce à travers les chênes et les buissons; les zéphyrs annoncent sa course, et les bouleaux, qui s'inclinent, lui versent le plus doux encens.

Que je trouve de charme à la fraîcheur de cette belle nuit d'été! Oh! dans ce lieu, quel silence, pour sentir ce qui rend l'âme heureuse! Cette volupté se peut concevoir à peine, et cependant, ô ciel, je te tiendrais quitte de mille nuits pareilles, pour une que me donnerait mon amie.

---

1. Avant cette pièce, il s'en trouve une, intitulée le *Berger*, qui figure dans *Jéry et Baetely*. Voy. t. II, p. 109.

Bonheur et Songe.

Souvent tu nous a vus, en songe, aller ensemble à l'autel, et toi comme épouse, et moi comme époux : souvent, pendant la veille, dans une heure d'oubli, j'ai cueilli sur ta bouche autant de baisers que l'on en peut cueillir.

Le bonheur pur que nous avons senti, la volupté de maintes belles heures s'est envolée, comme le temps, avec la jouissance : que me sert-il de jouir? Comme songes s'envolent les baisers les plus tendres, et toutes les joies comme un baiser.

Souvenir vivant.

Dérober à son amie un nœud, un ruban, qu'elle s'en fâche à demi, à demi le permette, pour vous c'est beaucoup, je veux le croire, et je vous laisse volontiers cette illusion. Un voile, un mouchoir, une jarretière, un anneau, ne sont point certes peu de chose : mais pour moi ce n'est pas assez.

C'est une part vivante de sa vie, qu'après une faible résistance, mon amante m'a donnée, et vos magnificences ne sont plus rien. Comme je ris de toutes ces friperies! Elle m'a donné de ses beaux cheveux, la parure du plus beau visage.

Quand même tu es loin de moi, bien-aimée, tu ne m'es pas tout à fait ravie. A mes regards, à mes baisers, à mes caresses, est laissée de toi cette relique.... La destinée de ces cheveux est pareille à la mienne : autrefois, avec le même bonheur, nous lui faisions la cour; maintenant nous sommes loin d'elle.

Nous lui étions fermement attachés; nous caressions ses rondes joues; un tendre désir nous séduisait, nous attirait, nous nous glissions jusqu'à son beau sein. O rival exempt de jalousie, doux présent, belle proie, rappelle-moi mon bonheur et mes plaisirs.

Le bonheur de l'absence.

O jeune homme, puise, tout le jour, une sainte ivresse dans les regards de ton amie! Que, la nuit, son image t'environne de prestiges; que nul amant ne soit plus heureux que toi : mais le bonheur est toujours plus grand loin de la bien-aimée.

Deux puissances éternelles, la durée et la distance, secrètement, comme l'influence des astres, pour l'endormir bercent mon sang ; mes sentiments deviennent toujours plus tendres, cependant mon cœur est allégé sans cesse et mon bonheur toujours s'accroît.

Nulle part je ne puis l'oublier, et pourtant je prends en repos ma nourriture : mon esprit est libre et serein ; et une secrète ivresse change l'amour en adoration, le désir en rêverie.

Attiré par le soleil, jamais le plus léger nuage ne se berce au souffle des délices éthérées comme mon cœur dans la paix et la joie. Libre de crainte, trop grand pour être jaloux, je l'aime, je l'aimerai toujours.

A la lune.

Sœur de la clarté première, image de la tendresse en deuil, un nuage frissonne en vagues argentées autour de ton charmant visage ; la course de ton pied léger éveille, et fait sortir des grottes fermées au jour, les tristes âmes des morts, les oiseaux nocturnes et moi.

Ton regard curieux plane sur une immense étendue. Élève-moi à ton côté ! accorde à la rêverie ce bonheur ! Et que, dans un voluptueux repos, le chevalier, repoussé au loin, observe, à travers les vitraux, les nuits de son amante.

Le délicieux plaisir de la contemplation adoucit les tourments d'une pareille distance, et je rassemble tes rayons et j'aiguise mon regard : toujours plus vive, la lumière entoure ses membres non voilés, et puis là-bas elle m'attire, comme toi-même, un jour, Endymion.

La nuit nuptiale.

Dans la chambre à coucher, loin de la fête, l'amour veille, à tes vœux fidèle, et tremble que la ruse de malins convives ne trouble la paix du lit nuptial. Devant lui brille, d'une mystique et sainte lueur, une flamme aux pâles rayons. Un nuage d'encens remplit la chambre, afin que votre volupté soit entière.

Comme ton cœur bat, quand l'heure sonne, qui chasse tes bruyants convives ! comme tu brûles pour cette bouche ravissante, qui bientôt sera muette et ne refusera rien ! Pour tout accomplir, tu cours avec elle dans le sanctuaire ; le flambeau, dans les mains du garde, le flambeau devient calme et petit comme un lumignon.

Comme palpitent, sous tes baisers sans nombre, son sein et ses belles joues! Sa rigueur devient tremblement, car ton audace devient un devoir. Vite l'amour t'aide à la déshabiller, et il n'est pas de moitié aussi prompt que toi; puis, malicieux et modeste, il se couvre vivement les yeux avec la main.

Maligne joie.

Sous la forme d'un papillon, je voltige, après mon dernier soupir, vers les places bien-aimées, témoins de plaisirs célestes, dans les prairies, au bord des sources, autour de la colline, à travers la forêt.

Je guette un couple amoureux; posé sur la tête de la belle jeune fille, des fleurs de sa couronne, je regarde en bas : tout ce que la mort m'a ravi, ici je le revois en image; je suis aussi heureux que je l'étais.

Elle embrasse son amant avec un muet sourire; et lui, il met à profit l'heure que lui envoient les dieux propices; ses lèvres courent du sein à la bouche, de la bouche aux mains, et moi, je voltige autour de lui.

Et elle voit le papillon. Tremblante, aux instances de son ami, elle se lève en sursaut, comme je m'envole. « Mon bien-aimé, viens le prendre! viens, je serais si contente de l'avoir, ce brillant petit bijou! »

Innocence.

O la plus belle vertu de l'âme, source la plus pure de la tendresse, plus que Byron, que Paméla, idéal et merveille! Lorsque brûle une autre flamme, ta faible et douce lumière s'enfuit : celui-là seul te sent, qui ne te connaît pas; qui te connaît ne te sent plus.

Déesse, dans le paradis avec nous tu vivais unie; tu te montres encore dans mainte prairie, le matin, avant que le soleil paraisse; le tendre poëte seul te voit passer dans ta robe vaporeuse : Phébus vient, le nuage fuit et tu te perds dans le nuage.

Léthargie.

Pleurez, jeunes filles, pleurez ici, au tombeau de l'Amour : ici un rien, un hasard, l'ont fait succomber. Mais est-il vraiment mort? Je ne voudrais pas en jurer. Un rien, un hasard, souvent le réveillent.

Près de toi.

Que de fois, ô mon amie, il arrive, je ne sais comment, que tu m'es étrangère! Quand nous sommes dans le tourbillon du monde, cela fait mourir chez moi toute joie! Mais, quand le silence et la nuit nous environnent, je te reconnais à tes baisers.

Chanson de novembre.

A l'archer, mais non pas au vieux, chez lequel le soleil s'enfuit, et qui nous voile de vapeurs la face de l'astre lointain;

A l'enfant soit consacrée cette chanson, à l'enfant qui joue parmi les roses, nous écoute, et, au bon moment, vise les jeunes cœurs!

Par lui, la nuit de l'hiver, d'ailleurs triste et sauvage, nous amène de chers amis et d'aimables femmes.

Que désormais sa belle image brille dans le ciel étoilé, et qu'à jamais il se lève et se couche pour nous, favorable et propice!

A celle que j'ai choisie [1].

La main dans la main, les lèvres sur les lèvres, je t'en prie, ô bien-aimée, reste-moi fidèle! Adieu! ton amant doit voguer encore devant maint écueil; mais, si quelque jour, après l'orage, il salue de nouveau le port, puissent les dieux le punir, s'il jouit sans toi de la vie!

Risquer hardiment, c'est déjà gagner; déjà mon œuvre est à demi terminée; les étoiles me luisent comme des soleils : c'est pour le lâche qu'il fait nuit. Si j'étais oisif à ton côté, le chagrin m'oppresserait encore; mais, dans tous ces pays lointains, je travaille avec ardeur et ne travaille que pour toi.

Déjà j'ai trouvé la vallée où nous irons ensemble un jour; où, dans les heures du soir, nous verrons la rivière couler doucement. Ces peupliers dans les prairies, ces hêtres dans la forêt.... Et derrière tous ces ombrages, ah! sans doute une cabane aussi se trouvera.

---

1. Cette pièce fut composée pour Frédérique Brion (de Sesenheim). Frédérique inspira aussi à Goethe plusieurs des poésies qui suivent celle-ci. Elles sont au nombre des plus suaves et des plus tendres.

Première perte.

Ah! qui me rendra les jours, les jours heureux du premier amour! Ah! qui me rendra une heure seulement de ce temps fortuné!

Solitaire, je nourris ma blessure, et, d'une plainte toujours nouvelle, je pleure mon bonheur perdu. Ah! qui me rendra ces beaux jours, ce temps fortuné!

Ressouvenir.

Quand les pampres refleurissent, dans le tonneau le vin s'agite; quand les roses renaissent, je ne sais ce que j'éprouve.

Des larmes coulent sur mes joues, dans le travail, dans le loisir; je ne sens qu'un vague désir, qui consume mon cœur.

Puis enfin je dois me dire, quand je me souviens et me recueille, que, dans une saison aussi belle, un jour elle brûla pour moi!

Approche du bien-aimé.

Je pense à toi, lorsque à mes yeux la clarté du soleil rayonne sur la mer; je pense à toi, quand la lueur de la lune se reflète dans les fontaines.

Je te vois, quand sur la route s'élève au loin la poussière; dans la profonde nuit, quand sur l'étroite planche tremble le voyageur.

C'est toi que j'entends, lorsque avec un sourd murmure le flot monte là-bas; dans le bois tranquille je vais souvent prêter l'oreille, quand tout se tait.

Je suis avec toi : si loin que tu puisses être, tu es près de moi. Le soleil décline, bientôt me luiront les étoiles : oh! si tu étais là!

Présence.

Toute chose t'annonce! le brillant soleil vient-il à paraître, bientôt, je l'espère, tu le suivras.

Parais-tu dans le jardin, tu es à la fois la rose des roses, le lis des lis.

Si tu tournoies à la danse, tous les astres tournent avec toi, autour de toi.

La nuit ! (oh ! bonheur, il serait donc nuit !...) la lune voit pâlir devant toi son aimable, son engageante lumière.

Tu es engageante, aimable, et les fleurs, la lune et les étoiles, ô soleil, à toi seule rendent hommage.

Soleil, sois donc aussi pour moi la source des beaux jours ! C'est la vie et l'éternité.

A l'amie absente.

Ainsi je t'ai vraiment perdue ! O belle amie, as-tu fui loin de moi ? Dans mon oreille accoutumée résonne encore chaque parole, chaque son.

Comme, le matin, le regard du voyageur vainement plonge dans les airs, lorsque, perdue dans l'espace azuré, là-haut chante l'alouette :

Ainsi mon regard çà et là parcourt avec angoisse les champs, les buissons, les bocages ; toutes mes chansons t'appellent : ô mon amante, reviens à moi.

Au bord du fleuve.

Coulez, chansons bien-aimées, coulez dans la mer de l'oubli ! Qu'aucun amant ne vous répète avec délices, aucune amante, dans la saison des fleurs.

Vous ne chantiez que ma maîtresse ; maintenant elle se rit de ma fidélité : vous fûtes écrites sur l'onde, écoulez-vous avec elle.

Mélancolie[1].

Vous passez, douces roses, mon amie ne vous a point portées ; vous fleurissez, hélas ! pour l'amant sans espoir, à qui le chagrin brise le cœur.

Je me souviens avec tristesse de ces jours, ô mon ange, où tu me tenais dans ta chaîne, où je guettais le premier bouton, et, de bonne heure, je courais à mon jardin.

Toutes les fleurs, tous les fruits encore, je les portais à tes pieds et devant tes yeux ; mon cœur battait d'espérance.

Vous passez, douces roses, mon amie ne vous a point por-

---

1. Ces strophes, tirées d'un opéra de Goethe, expriment, nous dit-il, les sentiments qu'il éprouva après s'être séparé d'Élisabeth Schœnemann, qu'il a souvent célébrée sous les noms de *Lili* et de *Bélinde*.

tées ; vous fleurissez, hélas ! pour l'amant sans espoir, à qui le chagrin brise le cœur.

Rupture.

Il est trop doux de trahir sa parole, trop difficile d'être fidèle au devoir ; hélas ! et nous ne pouvons promettre ce qui répugne à notre cœur.

Tu mets en œuvre les anciens chants magiques ; et lui, qui à peine était tranquille, tu l'attires encore dans la chancelante nacelle de la douce folie ; tu renouvelles, tu redoubles le danger.

Pourquoi veux-tu dissimuler avec moi ! Sois franche, n'évite pas mon regard. Tôt ou tard je devais tout découvrir, et je te rends ici ta parole.

Ce que j'ai dû faire, je l'ai fait : que désormais nul obstacle ne te vienne de moi : mais pardonne à l'ami qui se détourne de toi maintenant, et se replie sur lui-même en silence.

Le changement.

Couché sur le sable, dans le ruisseau limpide, j'ouvre les bras au flot qui s'approche ; il presse amoureusement mon sein consumé de désirs ; puis l'inconstance l'entraîne dans le courant ; un flot nouveau s'approche ; il me caresse à son tour, et je goûte les plaisirs de la volupté changeante.

Et pourtant tu traînes sans fruit dans la tristesse les heures précieuses de la vie fugitive, parce que la bien-aimée t'oublie. Oh ! rappelle-les, ces temps écoulés ! Il a tant de saveur, le baiser cueilli sur les lèvres de la seconde, qu'à peine celui de la première était aussi doux.

Délibération[1].

Ah ! que faut-il que l'homme désire ? Fera-t-il mieux de rester en repos ? de s'attacher fermement et se cramponner ? Vaut-il mieux se pousser en avant ?

Doit-il se bâtir une maisonnette ? Doit-il vivre sous les tentes ?

---

[1]. Dans cette pièce et dans quelques autres (Courage, Espérance, Souci etc.) le poëte laisse entrevoir les inquiétudes qui l'agitent dans la vie de cour, à la pensée que les affaires et la faveur pourraient le détourner de sa véritable destination.

Doit-il se fier aux rochers? Les solides rochers eux-mêmes chancellent.

Un même parti ne convient pas à tous. Que chacun voie comme il doit vivre; que chacun voie où il veut se fixer: et celui qui est debout, qu'il prenne garde de tomber.

Même sujet.

Lâches pensées, timides incertitudes, craintes de femme, plaintes inquiètes, n'écartent aucune souffrance, ne te délivrent pas.

Malgré toutes les puissances, se maintenir, ne fléchir jamais, se montrer ferme, appelle à notre aide le bras des dieux.

Mer calme.

Un calme profond règne sur les eaux; la mer sans mouvement repose, et le nocher soucieux contemple de toutes parts la surface unie. Aucun souffle d'aucun côté! Un affreux silence de mort! Dans l'immense étendue pas un flot ne s'éveille.

Heureux voyage.

Les nuages se déchirent, le ciel est clair, Éole délie la chaîne inquiète, les vents murmurent, le matelot s'empresse. Vite! vite! Les flots se partagent, le lointain s'approche: déjà je vois le bord.

Courage.

Tranquille, au loin, à travers la plaine, où tu ne vois pas le chemin que t'a frayé le plus hardi, toi même fais ton chemin! Sois en paix, ma chère âme! si le navire craque, il ne se brise pas; s'il se brise, il ne se brisera pas avec toi.

Avertissement.

Veux-tu toujours t'égarer plus loin? Vois, le bien est tout près: apprends seulement à saisir le bonheur, car le bonheur est toujours là.

Bienvenue et adieu.

Le cœur me battait: vite à cheval! A peine résolue, la chose était faite. Déjà le soir berçait la terre, et la nuit était suspendue aux flancs des montagnes; déjà le chêne, dans son vêtement de brume, se dressait comme un géant, tandis que, du buisson, l'obscurité regardait avec cent yeux noirs.

D'une montagne de nuages, la lune à travers le brouillard tristement se montrait; les vents balançaient doucement leurs ailes, et frémissaient à mon oreille; la nuit enfantait mille monstres : cependant mon courage était vif et joyeux. Dans mes veines, quelle ardeur! Dans mon cœur, quelle flamme!

Je te vis, et la paisible joie s'épancha sur moi de ton doux regard; mon cœur était avec toi tout entier, et je ne respirais que pour toi; un air de printemps vermeil entourait l'aimable figure.... Et sa tendresse pour moi.... O Dieux! je ne l'espérais pas; je ne le méritais pas!

Mais, hélas! dès le premier rayon du soleil, l'adieu oppresse mon cœur. Dans tes baisers, quelles délices! Dans ton œil, quelle douleur! Je partis et tu restas, les yeux baissés, et tu me suivis d'un regard humide. Et pourtant, être aimé, quel bonheur! Ô dieux! et quel bonheur d'aimer!

Nouvel amour, nouvelle vie.

Mon cœur, mon cœur, quel est ce mystère? Quel mal si vivement te presse? Quelle étrange et nouvelle vie! Je ne te reconnais plus. Tout ce que tu aimais est bien loin; bien loin, l'objet de ta tristesse; bien loin, ton travail et ton repos.... Ah! comment donc en es-tu venu là?

Cette fleur de jeunesse, cette aimable figure, ce regard plein de candeur et de bonté, ils t'enchaînent avec une puissance infinie. Si je veux brusquement me séparer d'elle, m'évertuer, la fuir, hélas! au même instant, mon sentier me ramène auprès d'elle.

Et avec ce fil enchanté, qui ne se laisse pas rompre, l'aimable et folle jeune fille m'arrête malgré moi. Il faut que désormais je vive à sa guise, dans son cercle magique. Quel changement! hélas! Amour, Amour, brise ma chaîne!

A Bélinde.

Hélas! pourquoi m'entraîner absolument dans cette brillante assemblée? Le bon jeune homme n'était-il pas heureux dans la nuit solitaire?

Secrètement reclus dans ma chambrette, j'étais couché au clair de lune, tout enveloppé de sa mystérieuse lumière, et je commençais à sommeiller.

Là je rêvais les heures dorées d'un bonheur sans mélange; j'avais senti ta chère image tout entière au fond de mon cœur.

Est-ce bien moi que tu enchaînes, devant mille bougies, à la table de jeu? Est-ce moi que tu fais asseoir en face de visages souvent insupportables?

Viens, la fleur du printemps n'est pas pour moi plus ravissante dans les campagnes. Où tu es, mon ange, est l'amour, la bonté; où tu es, la nature.

Chant de mai.

Qu'avec magnificence brille à mes yeux la nature! Comme le soleil rayonne! Comme sourit la campagne!

Les fleurs éclosent de chaque rameau, et mille voix du buisson;

Et la joie et l'allégresse, de chaque poitrine. O terre! ô soleil! ô bonheur! ô joie!

Amour, amour, aussi brillant et beau que les nuées matinales sur ces collines!

Tu bénis richement les fraîches campagnes et la terre féconde, de fleurs embaumée.

O jeune fille, jeune fille, comme je t'aime! comme ton regard est doux! comme tu m'aimes!

Ainsi que l'alouette aime le chant et l'espace, et la fleur matinale la vapeur du ciel,

Ainsi je t'aime avec ardeur, toi qui me donnes jeunesse et joie et courage

Pour des chansons et des danses nouvelles. Sois heureuse toujours comme tu m'aimes!

Avec un ruban orné de dessins.

Pour moi, d'une main facile, les aimables jeunes dieux du printemps, en se jouant, ont semé petites fleurs, petites feuilles, sur un ruban léger.

Zéphire, prends-le sur tes ailes, va le ceindre autour du vêtement de mon amie, et qu'elle se regarde au miroir avec tout son enjouement.

Elle se verra de roses entourée, jeune elle-même comme une rose. Un regard, ô ma chère vie, et je suis bien récompensé!

Partage les sentiments de mon cœur, donne-moi librement ta main, et que la chaîne qui nous lie ne soit pas une faible chaîne de roses!

Avec un petit collier d'or.

Cette feuille ose te porter une chaînette qui, tout accoutumée à la souplesse, aspire à se plier autour de ton col avec mille petits enlacements.

Accorde à la follette son désir; il est plein d'innocence, il n'est point téméraire : le jour, c'est une petite parure, et, le soir, tu la jettes à l'écart.

Mais, si quelqu'un t'apporte une autre chaîne, qui pèse davantage et serre plus étroitement, je ne saurais te blâmer, Lisette, de balancer un peu.

A Charlotte.

Au milieu du tumulte des plaisirs, des soucis et des peines, je pense à toi, Charlotte; ils pensent à toi, les deux amis; ils songent comme, à la paisible clarté du soir, tu nous tendis la main avec grâce, lorsque, dans les fertiles campagnes, au sein d'une magnifique nature, tu nous laissas paraître, légèrement voilés, les traits d'une belle âme.

Je suis heureux de ne t'avoir pas méconnue, et, dès la première heure, avec le pur langage du cœur, de t'avoir nommée une enfant bonne et sincère.

Élevés dans le silence, la retraite et la paix, nous sommes jetés tout à coup dans le monde; mille et mille flots se jouent autour de nous; tout nous séduit, divers objets nous plaisent, nous rebutent, et d'heure en heure le cœur balance, facile à se troubler; nous sentons, et, ce que nous avons senti, le tourbillon du monde le rejette au loin.

Alors, je le sais, peut se glisser en nous mainte douleur, mainte espérance. Charlotte, qui connaît nos sentiments? Charlotte, qui connaît notre cœur? Ah! il voudrait bien être connu, se répandre dans une âme sympathique, et, par ses épanchements, se nourrir deux fois de toutes ses joies et de toutes ses peines.

Et bien souvent l'œil cherche en vain autour de lui et trouve tout fermé; c'est ainsi que l'on dissipe avec agitation la plus belle part de la vie, sans orage et sans repos; et, pour notre malaise éternel, ce qui nous attirait la veille nous repousse le lendemain. Peux-tu n'avoir que sympathie pour le monde, qui te trompa si souvent, et, devant tes souffrances, devant ton bonheur, demeura dans un repos capricieux, obstiné! Ah! l'esprit se replie alors sur lui-même, et le cœur, le cœur ne s'ouvre plus.

Telle je te trouvai, et j'allai librement au-devant de toi. « Elle est digne d'être aimée! » m'écriai-je, et j'implorai du ciel pour toi la plus pure faveur, qu'il te donne aujourd'hui dans ton amie.

Sur le lac.

Et je puise une vive nourriture, un sang nouveau, dans la libre étendue. Qu'elle est gracieuse et bonne, la nature, qui me presse dans ses bras! Le flot berce notre nacelle, aux coups mesurés de la rame, et les montagnes nuageuses, sublimes, viennent au-devant de notre course.

O mes yeux, pourquoi vous baisser? Rêves dorés, revenez-vous? Rêves, fuyez, tout brillants que vous êtes : dans ces lieux aussi sont l'amour et la vie.

Sur les vagues scintillent mille étoiles flottantes; de légères vapeurs abreuvent à la ronde les cimes lointaines; le vent matinal voltige autour de la rive ombreuse, et dans le lac se reflète la moisson jaunissante.

De la montagne.

Chère Lili, si je ne t'aimais pas, quelle volupté je goûterais à ce spectacle! Et pourtant, Lili, si je ne t'aimais pas, trouverais-je ici, et trouverais-je là-bas mon bonheur?

Le salut des fleurs.

Ce bouquet, que j'ai cueilli, qu'il te salue mille fois! Je me suis baissé souvent, oh! bien mille fois, et je l'ai pressé sur mon cœur, mille, cent mille fois.

En été.

Comme champs et prairies brillent dans la rosée! Comme

les plantes sont chargées de perles alentour! Comme, à travers les buissons, la brise est fraîche! Comme, aux brillants rayons du soleil, les gentils oiseaux gazouillent tous ensemble!

Mais ici, où je vis mon amie, dans la chambrette basse et petite et bien close, au soleil cachée, qui songeait au vaste univers, avec toute sa magnificence?

Chanson de mai.

Parmi le seigle et le froment, parmi les buissons et les épines, parmi les arbres et le gazon, où va ma bien-aimée? Dis-le moi.

Je n'ai pas trouvé ma mignonne chez elle; le petit ange est dehors sans doute. Il verdoie et fleurit, le beau mois de mai : ma mie est aux champs, libre et joyeuse.

Près du rocher, au bord de la rivière, où elle me donna le baiser, le premier baiser sur le gazon, je vois quelque chose! N'est-ce pas elle?...

Printemps précoce.

Jours de la volupté, venez-vous sitôt? Le soleil me rend-il les collines et les bois?

Plus abondants, les ruisselets coulent de toutes parts. Vois-je les prairies? Est-ce le vallon?

Fraîcheur azurée! Ciel et montagnes! Les poissons dorés dans le lac foisonnent.

Les oiseaux bigarrés gazouillent dans le bocage; des chants célestes y résonnent.

Sous la florissante verdure, les abeilles murmurantes dérobent le nectar.

Un doux frémissement dans l'air s'agite; émotion charmante! haleine assoupie!

Bientôt, plus puissant, un souffle s'éveille, puis il se perd aussitôt dans le buisson.

Mais dans mon cœur il se retire. O Muses, aidez-moi, de grâce, à porter le bonheur!

Dites-moi depuis hier ce que j'éprouve. Aimables sœurs, celle que j'aime est là!

Impression d'automne.

Élève-toi, feuillage, et te déploie sur la treille jusqu'à ma fenêtre! Baies jumelles, gonflez-vous plus serrées et mûrissez plus promptes et plus vermeilles! Il vous couvre de ses derniers regards, le soleil, votre père; autour de vous murmure la fertile abondance du ciel propice; la lune vous rafraîchit de sa magique et caressante haleine; hélas! et de ces yeux pleuvent sur vous, à flots, les larmes de l'amour, source éternelle de vie.

Amour sans trêve.

Contre la neige, la pluie et le vent, dans le brouillard des abîmes, à travers les brumes, en avant, en avant, sans trêve ni repos!

A travers les souffrances j'aimerais mieux me frayer un chemin, que supporter tant de joies de la vie : toute la sympathie du cœur pour le cœur, ah! qu'elle enfante des douleurs étranges!

Comment fuirai-je? Comment me cacher dans les bois? Tout serait inutile! Amour, tu es la couronne de la vie, le bonheur sans repos!

Plainte du berger.

Là-haut, sur cette montagne, je m'arrête mille fois, penché sur mon bâton, et je regarde en bas dans la vallée.

Et je suis mon troupeau paissant; mon chien pour moi le garde : je suis descendu et, moi-même, je ne sais pas comment.

Ici toute la prairie est pleine de belles fleurs : je les cueille sans savoir à qui je les donnerai.

Et sous l'arbre j'endure la pluie, le vent et l'orage; la porte là-bas reste close : hélas! tout n'est qu'un songe.

Un arc-en-ciel sur le toit s'élève, mais elle s'en est allée bien loin dans le pays.

Bien loin dans le pays et plus loin encore! Peut-être même elle a traversé la mer. Passez, brebis, passez, votre berger est bien à plaindre!

Consolation dans les larmes.

« D'où vient que tu es si triste, quand tout paraît joyeux? On voit à tes yeux, assurément, que tu as pleuré.

— Si j'ai pleuré solitaire, eh bien, ma douleur est toute à moi; et mes larmes coulent doucement : elles soulagent mon cœur.

— Tes joyeux amis te convient : oh! viens dans nos bras! Et quelque bien que tu aies perdu, cesse de pleurer ta perte.

— Vous faites vacarme et tapage, et ne soupçonnez pas ce qui tourmente l'infortuné. Non, ce trésor, je ne l'ai pas perdu, si fort qu'il me manque.

— Eh bien, relève-toi promptement; tu es jeune : à ton âge, on a la force, on a le courage de conquérir.

— Non, non, je ne puis le conquérir : il est trop loin de moi. Aussi haute est sa demeure, aussi belle sa clarté, que celle de l'étoile.

— Les étoiles, on ne les désire point; on jouit de leur éclat, et on lève les yeux avec ravissement dans chaque nuit sereine.

— Et je lève les yeux avec ravissement pendant des jours et des jours. Laissez-moi passer les nuits à pleurer, tant que j'aurai des larmes. »

Chant nocturne[1].

Oh! de tes moelleux coussins, daigne, en rêvant, prêter l'oreille un peu! Aux sons de ma guitare, sommeille!... Que veux-tu davantage?

Aux sons de ma guitare, l'armée des étoiles bénit les sentiments éternels. Sommeille!... Que veux-tu davantage?

Les sentiments éternels m'exaltent, m'entraînent loin du terrestre tourbillon. Sommeille!... Que veux-tu davantage?

Le terrestre tourbillon, tu ne m'en sépares que trop : tu me relègues dans cette froide nuit. Sommeille!... Que veux-tu davantage?

Tu me relègues dans cette froide nuit; tu ne m'écoutes qu'en songe. Hélas! sur tes moelleux coussins, sommeille!... Que veux-tu davantage?

---

1. Imitation d'un chant populaire italien, dont voici la première strophe :

> Tu sei quel dolce fuoco,
> L'anima mia sei tu,
> E degli affetti miei...
> Dormi, che vuoi di più?

Désir.

Quelle force entraîne ainsi mon cœur? Au dehors qui m'entraîne, et me lie et m'arrache de ma chambre et de la maison? Comme les nuages là-bas se dispersent autour des rochers! Là je voudrais passer; là je voudrais courir.

Les corbeaux ensemble se bercent dans l'air; je me mêle avec eux et je suis leur course; nous volons autour des monts et des murailles. Là-bas elle demeure : je la cherche des yeux.

Elle vient, elle se promène; aussitôt j'accours, oiseau chantant, à la forêt touffue. Elle s'arrête, elle écoute et pour elle sourit : « Comme il chante gentiment, et c'est pour moi qu'il chante ! »

Le soleil couchant dore les collines; la beauté rêveuse le laisse passer. Elle côtoie le ruisseau le long des prairies, et sombre et plus sombre, se voile le sentier.

Soudain je parais, étoile scintillante. « Qui brille là-haut, si près et si loin? » Et lorsque avec surprise tu as aperçu la clarté, à tes pieds je tombe, je suis heureux.

A Mignon.

Emporté par-dessus fleuves et vallées, le char du soleil passe radieux : hélas! au fond de nos cœurs il réveille, dans sa course, tes douleurs et les miennes chaque matin.

A peine la nuit me soulage-t-elle encore, car les rêves mêmes viennent sous des formes lugubres; et, dans le silence du cœur, je sens ces douleurs déployer leur force secrète.

Déjà depuis maintes belles années, je vois descendre les navires! A son but chacun arrive : mais, hélas! les douleurs cruelles, dans le cœur fixées, le courant du fleuve ne les emporte pas.

Il me faut paraître avec mes beaux habits; je les ai tirés de l'armoire, parce que c'est fête aujourd'hui. Nul ne soupçonne quelle douleur torture, déchire, tout mon cœur.

En secret il me faut pleurer sans cesse; mais je puis sembler gracieux et même sain et vermeil. Si ces douleurs étaient mortelles pour mon cœur, hélas! dès longtemps je serais mort.

Le château sur la montagne.

Là-haut, sur cette montagne, s'élève un vieux château, où, derrière portes et poternes, veillaient jadis chevalier et palefroi.

Poternes et portes sont brûlées, et partout règne le silence; aux vieilles murailles ruinées, je grimpe comme je veux.

Là, près, était une cave, pleine d'excellent vin : aujourd'hui la joyeuse sommelière avec des cruches n'y descend plus.

On ne la voit plus dans la salle distribuer aux convives les coupes à la ronde; on ne la voit plus remplir, pour la cène, le flacon du capucin.

Elle ne verse plus dans le corridor un coup de vin à l'avide écuyer, et, pour la faveur de passage, ne reçoit plus, au passage, un merci.

Car toutes les poutres et les toitures sont dès longtemps consumées; escaliers, corridors, chapelle, en décombres, en ruines sont changés.

Mais, lorsque avec la guitare et la bouteille, je vis, par le jour le plus serein, mon amie gravir ces rochers, ces collines;

Alors, de la retraite désolée s'élança le joyeux plaisir, et tout reprit un air de fête, comme dans les anciens jours;

Comme si les plus vastes salles étaient prêtes pour des convives imposants; comme s'il était survenu un jeune couple de ce bon temps;

Comme si, dans sa chapelle, le digne prêtre officiait et s'il demandait : « Voulez-vous être unis? » et que, souriant, nous eussions prononcé le oui !

Et des chants émurent le fond de notre cœur; et notre témoin, au lieu de la foule, ce fut l'écho sonore.

Et lorsque, vers le soir, tout se perdit dans le silence, le soleil enflammé brilla sur la cime escarpée.

Et l'écuyer et la sommelière brillent au loin comme seigneurs; elle prend son temps pour servir à boire et lui pour rendre grâces [1].

La salutation du spectre.

Au sommet de la vieille tour, se dresse le noble fantôme

---

[1] Allusion à la cinquième strophe et contraste.

du héros, et, lorsque passe la nacelle, il lui souhaite un bon voyage.

« Vois, ces muscles étaient nerveux; ce cœur, ferme et farouche; ces ossements, pleins de moelle guerrière; cette coupe était pleine.

« Je passai dans les orages la moitié de ma vie; je donnai l'autre moitié au repos, et toi, là-bas, nacelle des hommes, vogue, vogue toujours! »

À un cœur d'or, qu'il portait à son cou.

Souvenir de joies évanouies, ô toi, que je porte toujours à mon col, nous enchaînes-tu tous deux plus longtemps que le lien des âmes? Prolonges-tu les jours fugitifs de l'amour?

Lili, j'ai pu te fuir! et il me faut encore, avec ton lien, courir les pays étrangers, les forêts, les vallées lointaines! Ah! le cœur de Lili ne pouvait sitôt se détacher de mon cœur.

Comme un oiseau, qui rompt le lacet et retourne au bois, traîne après lui un bout de fil, signal de l'esclavage; il n'est plus l'oiseau d'autrefois, l'oiseau né libre; il a connu un maître.

Délices de la mélancolie.

Ne tarissez pas, ne tarissez pas, larmes de l'amour éternel! Ah! comme à l'œil encore humide le monde semble mort et désert! Ne tarissez pas, ne tarissez pas, larmes de l'amour malheureux!

Chant de nuit du voyageur.

Toi qui viens du ciel, toi qui apaises toute peine et toute douleur, qui verses double mesure de rafraîchissement à qui est doublement malheureux, hélas! je suis fatigué de ma vie agitée; que me veulent et la douleur et la joie? Douce paix, viens, ah! viens dans mon cœur!

Même sujet.

Sur tous les sommets est le repos; dans tous les feuillages tu sens un souffle à peine; les oiselets se taisent dans le bois: attends un peu, bientôt tu reposeras aussi!

Chant du soir du chasseur.

Je me traîne dans les campagnes, silencieux et farouche, mon fusil tout armé : et ta chère image, ta douce image, flotte radieuse devant moi.

Tu te promènes maintenant, silencieuse et sereine, à travers les campagnes et l'aimable vallée, hélas! et mon image, soudain disparue, ne s'offre-t-elle pas une fois à ta pensée?

L'image de l'homme qui court le monde, plein de tristesse et d'ennui ; qui s'égare au levant et au couchant, parce qu'il doit te quitter.

Aussitôt que je pense à toi, il me semble que l'astre des nuits s'offre à ma vue; sur moi descend une paix secrète, et je ne sais ce que j'éprouve.

A la lune.

Tu remplis de nouveau forêts et vallons de ta lumière vaporeuse et tranquille ; une fois enfin tu délivres aussi mon âme tout entière.

Tu promènes sur mes campagnes ton regard consolant, comme l'œil bienveillant d'un ami s'arrête sur mon sort.

Mon cœur s'éveille à tous les échos des jours sereins et sombres; je chemine, entre la joie et la douleur, dans la solitude.

Coule, coule, aimable ruisseau! Jamais je ne serai joyeux. Ainsi s'évanouirent les jeux et les caresses, ainsi, la fidélité.

Une fois pourtant je le possédai, ce bien précieux! Faut-il que, pour son tourment, jamais on ne l'oublie!

Ruisseau, murmure le long de la vallée sans repos et sans trêve ; murmure, inspire à mon chant des mélodies.

Soit que, dans la nuit d'hiver, tu débordes avec fureur, ou que tu jaillisses autour des jeunes boutons, parure du printemps.

Heureux qui sans haine se cache au monde; qui presse un ami contre son sein et goûte avec lui le bonheur!

Ce que le monde ignore ou qu'il oublie, à travers le labyrinthe du cœur, chemine dans la nuit.

Justes bornes.

Je ne sais ce qui me plaît ici, ni, dans ce petit monde borné, ce qui m'arrête par un aimable et magique lien[1]. J'oublie du moins, j'oublie volontiers comme étrangement le sort me mène. Hélas! et je le sens, près et loin, bien des choses me sont encore préparées. Oh! si la juste mesure était trouvée! Que me reste-t-il désormais, sinon que, revêtu, rempli d'une heureuse force de vie, dans un présent tranquille, j'attende l'avenir?

Espérance.

Souveraine destinée, cette œuvre de mes mains, fais que je l'accomplisse! Ne me laisse pas, oh! ne me laisse pas succomber! Non, ce ne sont pas de vains songes : maintenant faibles tiges, ces arbres donneront un jour de l'ombre et des fruits.

Souci.

Ne reviens pas dans ce cercle nouveau et toujours nouveau; laisse, laisse-moi mon allure; accorde, accorde-moi mon bonheur! Dois-je fuir? Dois-je le saisir? C'est flotter assez longtemps. Si tu ne veux pas que je sois heureux, souci, rends-moi sage!

Propriété.

Je sais que rien ne m'appartient que la pensée qui veut couler sans trouble de mon âme, et chaque instant favorable dont un sort propice me laisse jouir pleinement.

A Lina[2].

Mon amie, si jamais ces chansons reviennent dans ta main, assieds-toi au clavecin, où ton ami se tenait près de toi.

Fais résonner vivement les cordes, et puis regarde dans le livre; mais ne lis pas : chante toujours, et chaque feuille est à toi!

Ah! qu'elle me semble triste, imprimée, noir sur blanc, la chanson qui, dans ta bouche, peut ravir, peut déchirer un cœur!

---

1. Goethe veut parler de Weimar. Il écrit dans le sentiment de la vie nouvelle qu'il mène chez son prince et du temps qu'il perd pour les lettres.
2. On suppose que cette pièce est adressée à Charlotte (Caroline, Lina).

CHANSONS DE SOCIÉTÉ[1].

*Ce que nous chantons en société pénètre
du cœur dans les cœurs.*

Pour la nouvelle année.

Entre la vieille et la nouvelle, le sort nous donne de nous réjouir ensemble ; et le passé nous invite à regarder en avant, à regarder en arrière, avec confiance.

Les heures de tourment, hélas ! séparent la fidélité de la souffrance, l'amour du plaisir ; des jours meilleurs nous rassemblent : de joyeux chants fortifient le cœur.

Peines et plaisirs évanouis laissent aux amis de joyeux souvenirs. O de la destinée étranges retours ! Vieille amitié, nouveau don !

Rendez-en grâce à la fortune mobile, flottante ; rendez grâce au sort des biens dispensés à chacun : aimez l'alternative des joyeux désirs, de l'amour avoué, de l'ardeur secrète.

D'autres observent avec tristesse et crainte le voile étendu sur l'année expirante, mais pour nous brille l'aimable fidélité : voyez ! la nouvelle nous trouve nouveaux.

Comme à la danse tour à tour se quitte et se retrouve un cou-

---

[1]. Ces chansons furent la plupart composées pour des soirées d'hommes et de dames qui se réunissaient chez Goethe. Schiller en faisait partie. Il s'y trouvait plusieurs femmes fort aimables. Chacun devait être le chevalier d'une dame. Goethe était celui de la baronne d'Einsiedlen.

ple amoureux, à travers le tourbillon de la vie, que l'amitié nous mène dans l'année !

Chant d'installation[1].

Pourquoi, belle voisine, aller ainsi seule au jardin ? Quand tu soignes les champs et la maison, je veux être ton serviteur.

Mon frère s'est glissé chez la sommelière et ne lui a laissé aucun repos. Elle lui a donné un coup à boire, et un baiser par-dessus.

Mon cousin est un drôle habile : il fait la cour à la cuisinière ; il tourne la broche incessamment, pour un doux salaire d'amour.

Et les six personnes faisaient ensemble un bon repas, et, en chantant, un quatrième couple s'élança dans la salle.

Bienvenus !.. et bienvenu aussi, le cinquième couple alerte, qui était fourni de contes et de nouvelles et de vives gaudrioles.

Il restait de la place pour les énigmes, l'esprit, les saillies et les jeux amusants : un sixième petit couple survint, le trésor était trouvé.

Mais un couple manquait et manquait beaucoup, c'était celui qui fait le mieux : un tendre couple survint, un couple fidèle.... Alors il ne manqua plus rien.

Ensemble célébrez, prolongez le paisible repas, et que l'un fête avec l'autre le saint nombre deux.

L'oracle du printemps.

Oiseau prophétique, chantre des fleurs, ô coucou, dans la plus belle saison de l'année, cher oiseau, écoute la prière d'un couple amoureux. S'il peut espérer, adresse-lui ton coucou, ton coucou, et toujours coucou, coucou.

Entends-tu, un couple amoureux soupire vivement après l'autel, et il est, dans sa jeunesse, plein de foi, plein de vertu. L'heure n'est-elle donc pas venue ? Dis, combien doit-il attendre encore ? Écoutez : coucou ! Écoutez : coucou ! Silence complet !... Rien de plus !...

---

1. M. Viehoff prétend reconnaître presque tous ces couples. Goethe et la comtesse d'Einsiedlen seraient le premier. Le poëte lui seul aurait pu nous donner la clef.

Ce n'est pourtant pas notre faute! Eh bien, encore deux années de patience! Mais, quand nous serons unis, les pa... pa... pa... pa... viendront-ils? Sache que tu nous réjouiras, si tu en prédis beaucoup. Un : coucou ! deux : coucou! Et toujours coucou, coucou, cou....

Si nous avons bien compté, il s'en manque peu de la demi-douzaine. Si nous te donnons de bonnes paroles, nous diras-tu peut-être combien de temps nous vivrons? Franchement, nous te l'avouons, nous irons volontiers aussi loin qu'il se pourra. Cou, coucou, cou, coucou, cou, cou, cou, cou, cou, cou, cou, cou, cou.

La vie est une grande fête, si l'on ne peut en faire le compte. Ensemble quand nous aurons vécu, le fidèle amour vivra-t-il encore? S'il pouvait prendre fin, plus rien au monde ne serait beau. Cou, coucou, cou, coucou, cou, coucou, cou, cou, cou, cou, cou, cou, cou, cou, cou.

(*On continue avec grâce* IN INFINITUM.)

Les heureux époux.

Après cette pluie de printemps, que nos prières ont si ardemment demandée, petite femme, vois la bénédiction qui plane sur nos campagnes. Le regard se perd au loin dans l'azur vaporeux. Ici l'amour séjourne encore; ici habite encore le bonheur.

Ce couple de blanches colombes, tu le vois, il vole là-bas où les doubles violettes fleurissent autour du bocage doré par le soleil : là nous fîmes le premier de nos bouquets, là, pour la première fois, éclatèrent nos flammes.

Mais, lorsqu'après le doux serment, le prêtre nous vit quitter vivement l'autel avec maint jeune couple, de nouveaux soleils et des lunes nouvelles passèrent, et le monde s'ouvrit à notre course.

Et mille et mille gages confirmèrent l'alliance, dans le bosquet de la colline, dans les buissons qui bordent la prairie, dans les grottes, dans les ruines, sur la roche escarpée, et l'amour porta ses feux même dans les roseaux de la rive.

Nos jours s'écoulaient dans la joie, et nous pensions être deux, mais il en était décidé autrement, et voilà que nous fûmes trois et quatre et cinq et six : ils étaient assis autour de la soupière, et maintenant ces rejetons nous ont presque tous dépassés.

Et là-bas, dans la belle plaine, les ruisseaux, bordés de peupliers, entourent la maison neuve : agréable tableau ! Qui s'est bâti sur l'autre bord cette riante demeure ? N'est-ce pas, avec sa bien-aimée, notre brave Frédéric ?

Et là, dans le creux des rochers, où la rivière, encaissée, tombe, écumante, du chenal sur les roues.... On parle de meunières, et comme elles sont belles, mais celle de là-bas, notre enfant, l'emportera toujours.

A la place où le feuillage est si touffu autour de l'église et du gazon, où l'antique sapin seul se balance dans le ciel, là reposent nos morts, moisson prématurée, qui de la terre élève nos regards vers le ciel.

Les armes, à flots étincelants, descendent la colline, d'un pas balancé : voici, voici l'armée qui nous a donné la paix ! Qui marche en tête fièrement, avec l'écharpe de l'honneur ? Il ressemble à notre enfant ! Voilà comme Charles revient à la maison !

La fiancée accueille aujourd'hui le plus chéri de tous les hôtes ; aux fêtes de la paix, elle épouse son fidèle ; chacun se presse à la danse joyeuse, et tu couronnes de guirlandes nos trois plus jeunes enfants.

Au son des flûtes et des chalumeaux, le temps se renouvelle où, parmi les danseurs, nous aussi, jeune couple, nous prenions nos ébats, et, dans le cours de l'année (je sens déjà cette joie), nous accompagnerons au baptême le petit-fils et le fils.

Chant d'alliance.

Dans toutes les bonnes heures, exaltés par l'amour et le vin, unissons nos voix pour dire cette chanson. Il nous lie, le dieu qui nous amène ici ; il ranime nos flammes, que ses mains allumèrent.

Soyez aujourd'hui brûlants d'allégresse ; ne soyez qu'un même cœur. Amis, buvez à la joie renaissante ce verre de vin généreux. Amis, dans cette heure charmante, trinquez, et qu'à chaque nouvelle alliance, par un baiser fidèle les anciens soient rajeunis !

Qui vit dans notre cercle et n'y vit pas heureux ? Jouissez d'un libre commerce et d'une fraternité fidèle ! Ainsi demeure en tout temps le cœur au cœur enchaîné. Point de vétilles qui troublent notre accord.

Un dieu propice nous a donné de jeter sur la vie un libre regard, et tout ce qui survient renouvelle notre bonheur. Jamais, troublé par des caprices, ne s'altère notre plaisir ; affranchi de vaines façons, notre cœur bat plus librement.

A chaque pas, s'élargit la rapide carrière de la vie, et, toujours, toujours sereins, nos regards s'adressent plus haut ; nous n'éprouvons jamais d'alarmes, quand tout s'élève et tombe ; et nous resterons unis longtemps, longtemps, toujours !...

Durée dans le changement.

Ah ! si cette richesse printanière durait une heure seulement ! Mais déjà le tiède zéphyre secoue et fait pleuvoir les fleurs. Prendrai-je plaisir à la verdure, qui m'a donné ses précoces ombrages ? Bientôt l'orage aussi la dispersera, lorsqu'en automne elle se bercera flétrie.

Veux-tu cueillir des fruits, hâte-toi d'en prendre ta part ! Les uns commencent à mûrir, et les autres déjà naissent. A chaque averse de pluie, se transforme soudain ta douce vallée ; hélas ! et tu ne nages pas deux fois dans le même courant.

Et toi-même !... Ce qui s'offre à ta vue avec la force des rochers, ces murailles, ces palais, tu les vois sans cesse avec d'autres yeux ; tu les chercherais en vain, ces lèvres où tu cueillis le baiser, ces pieds légers qui défiaient sur la roche l'audace des chamois.

Cette main qui, si volontiers, si doucement, se portait à faire le bien, ces formes délicates, tout est changé maintenant, et ce qui, à cette place, se nomme aujourd'hui de ton nom, est venu comme une onde, et s'en va de même à la mer.

Laisse le commencement se relier avec la fin ; plus vite que les choses, toi-même, laisse-toi passer. Bénis le ciel, que la faveur des Muses promette des biens impérissables : le fond dans ton cœur et la forme dans ton esprit.

Chanson de table.

Je suis saisi, je ne sais comment, d'une céleste joie. Veut-elle peut-être m'élever jusqu'aux astres ? Mais j'aime mieux rester ici, je le dis d'un cœur sincère, à chanter, à boire, en frappant sur la table.

Amis, ne vous étonnez pas de mon allégresse : vraiment tout est pour le mieux sur la terre charmante. Aussi, je le jure solennellement, et sans aucune feinte, jamais lâchement je ne veux déserter.

Mais, puisque tous ensemble nous sommes attablés, je voudrais entendre la coupe retentir aux chants du poëte. De bons amis s'en vont, peut-être à cent lieues : il nous faut donc ici vite choquer nos verres.

Vive celui qui fait vivre ! C'est ma philosophie. Donc, à notre roi les prémices ! À lui revient l'honneur. Il se met en défense contre les ennemis intérieurs, étrangers ; il songe à maintenir sans doute, mais plus encore aux moyens d'agrandir.

Maintenant je la salue, la seule, l'unique ! Que chacun galamment songe en même temps à la sienne. Si une belle enfant s'aperçoit à qui je songe en ce moment, que, d'un signe, elle me dise : « Vive aussi le mien ! »

Aux amis, le troisième verre ! Aux deux ou trois amis, qui avec nous, en ce bon jour, sans bruit se réjouissent, et doucement, aisément, dissipent les sombres nuages. Pour eux donc, vieux ou nouveaux, qu'un vivat soit porté !

Plus large maintenant, le fleuve roule des eaux plus abondantes : un éclatant vivat aux compagnons fidèles, qui, les rangs serrés, bravement s'unissent sous le soleil de la prospérité et dans les mauvais jours !

Comme ensemble nous voilà, bien d'autres sont ensemble. A leurs jeux ils prennent plaisir, comme nous aux nôtres. De la source jusqu'à la mer, plus d'un moulin travaille, et le bien du monde entier est le but où j'aspire.

Coutume devient nature.

J'ai connu l'amour, aujourd'hui j'aime enfin tout de bon ! Autrefois j'étais le serviteur, à présent je suis l'esclave ; autrefois j'étais le serviteur de chacune, à présent elle m'enchaîne, cette personne charmante ; elle fait tout aussi pour l'amour de moi, pour ma récompense. Seule au monde elle peut me plaire.

J'ai cru, aujourd'hui je crois enfin tout de bon. Et quoi qu'il arrive d'étrange ou de funeste, je demeure dans l'ordre des croyants. Si sombre, si ténébreuse que fût souvent la nuit, dans la détresse pressante, dans le péril voisin, soudain le ciel s'est éclairci.

J'ai mangé, aujourd'hui je mange enfin tout de bon. Avec un cœur joyeux, avec une humeur enjouée, à table tout s'oublie. La jeunesse dévore à la hâte, et puis elle chuchote sans trêve : j'aime à tabler dans un aimable lieu ; je goûte et je savoure ce que je mange.

J'ai bu, aujourd'hui je bois enfin avec délices. Le vin nous exalte, il fait de nous des rois et délie les langues esclaves. Oui, n'épargnez pas la bienfaisante liqueur ; car, si le vin le plus vieux s'écoule des tonneaux, les jeunes gens, de leur côté, vieillissent.

J'ai dansé et j'ai fêté la danse, et, sans glisser, sans valser avec furie, nous savons nous tirer d'une danse modeste. Et si vous avez tressé sur vos fronts bien des fleurs, quand même çà et là quelqu'une tombe, il vous reste une gentille couronne.

Courage donc, courage encore ! Point de réflexions ! Celui qui se fait un bouquet de roses fleuries, les épines ne font, à vrai dire, que le chatouiller. Aujourd'hui comme hier l'étoile brille ; évite seulement les têtes baissées, et va toujours le front levé.

Confession générale.

Que la noble assemblée écoute aujourd'hui ma remontrance. Mettez à profit mon humeur sérieuse, car elle se montre rarement. Vous avez fait mainte entreprise, vous avez essuyé maint échec, et il faut que je vous gronde.

Il faut bien, une fois dans la vie, être touché de repentir ! Eh bien, confessez, d'un cœur pieux et sincère, vos plus grands péchés. Retirez-vous des fausses voies de l'erreur et tâchez de reprendre à propos le bon chemin.

Oui, nous avons, osons le dire, souvent songé en veillant ;

nous n'avons pas vidé hardiment le verre, quand le vin écumait; souvent l'heure du berger, l'heure fugitive, souvent le volage baiser de lèvres chéries, furent par nous négligés.

Nous sommes restés silencieux et la langue glacée, quand les philistins[1] bavardaient, et prisaient leur caquet plus que le chant divin, et, pour d'heureux moments, dont il serait permis de tirer gloire, venaient nous quereller.

— Si tu veux donner l'absolution à tes fidèles, tu nous verras, dociles à tes avis, travailler sans relâche à nous corriger de nos faiblesses, et, en toutes choses bonnes et belles, vivre résolûment;

Rire gaiement de tous les philistins du monde; non pas effleurer seulement ce vin aux perles écumantes, non pas coqueter avec de légères œillades, mais nous attacher constamment à des lèvres chéries.

Chanson cophte [2].

Laissez les savants débattre et disputer, les docteurs aussi se montrer circonspects et sévères! Les plus sages de tous les temps sourient et s'entendent et s'accordent à dire : « C'est folie de s'arrêter à guérir les fous! Enfants de la sagesse, tenez les fous pour ce qu'ils sont : on ne saurait mieux faire. »

Le vieux Merlin, dans son brillant tombeau, où, jeune encore, je lui parlai, me répondit par la même leçon : « C'est folie de s'arrêter à guérir les fous! Enfants de la sagesse, tenez les fous pour ce qu'ils sont : on ne saurait mieux faire. »

Et sur les hauteurs du ciel indien, et dans les profondeurs des tombes égyptiennes, je n'ai entendu que cette sainte parole : « C'est folie de s'arrêter à guérir les fous! Enfants de la sagesse, tenez les fous pour ce qu'ils sont : on ne saurait mieux faire. »

---

1. C'est ainsi qu'on appelle, dans les villes d'université, ceux qui ne sont ni professeurs, ni étudiants; les bourgeois, les béotiens.
2. Goethe avait songé d'abord à faire de *Cagliostro* et de l'histoire du *Collier* un opéra. Ces strophes, ainsi que les suivantes, en sont détachées. Le grand Cophte les chantait à ses adeptes. Voy. dans cette comédie, acte III, scène v, les principes égoïstes que le Chanoine, déjà instruit, veut inculquer au Chevalier.

Chanson cophte.

Va, écoute mes avis, mets à profit ta jeunesse; apprends de bonne heure à être sage : dans la grande balance du sort l'aiguille est rarement stable; il faut monter ou descendre; il faut régner et s'agrandir ou servir et déchoir, souffrir ou triompher, être l'enclume ou le marteau.

Vanitas vanitatum vanitas!

Je ne veux plus compter sur rien, ô gué! C'est pourquoi je me trouve si bien dans le monde, ô gué! Qui veut être mon camarade, qu'il trinque avec moi, qu'il chante avec moi, en buvant ce reste de vin!

J'avais compté sur l'argent et le bien, ô gué! J'en perdis courage et gaieté. Hélas! les espèces couraient par-ci par-là; et, si je les attrapais d'un côté, de l'autre elles s'échappaient.

Sur les femmes j'avais compté, ô gué! Il m'en revint mille tourments. Hélas! la trompeuse chercha un autre lot; la fidèle m'ennuya; la meilleure n'était pas à vendre.

J'avais compté sur les courses et les voyages, ô gué! Et je quittai les coutumes de chez nous. Hélas! nulle part je ne me trouvai bien : la table était étrangère, le lit était mauvais, personne ne m'entendait bien.

J'avais compté sur l'honneur et la gloire, ô gué! Et zest! voyez-vous, un autre en eut davantage. Hélas! quand je me fus distingué, on me regarda de travers : ce que j'avais fait n'agréait à personne.

J'avais compté sur la guerre et les combats, ô gué! Et nous remportâmes mainte victoire, ô gué! Nous entrâmes dans le pays ennemi : l'ami ne s'en trouva pas beaucoup mieux, et je perdis une jambe en chemin.

Désormais je ne compte sur rien, ô gué! Et le monde entier est à moi, ô gué! Chants et festins, tout passe : buvez-moi donc tous ces restes, jusqu'à la dernière goutte, buvez!

Joyeux et hardi.

Avec les femmes s'arranger, avec les hommes batailler, et plus de crédit que d'argent : voilà comme on fait son chemin.

Avec beaucoup d'argent, on fait grande chère ; avec peu d'argent, on vit de ménage : afin que peu soit beaucoup, amenez seulement la joie.

Ne veut-elle pas se montrer facile, usez de force avec elle. Quelqu'un ne veut-il pas déguerpir, qu'on le mette à la porte.

Laissez les gens envier ce qu'ils ne peuvent prendre, et soyez de joyeuse humeur : c'est l'alpha et l'oméga.

Continuez à rêver de la sorte, à suivre le train du monde ; dans le bonheur et la disgrâce, rappelez-vous ce précieux ABC.

Bonheur en guerre.

Je ne connais rien de plus fatal en guerre que de n'être pas blessé ; on marche hardiment de victoire en victoire, accoutumé au péril ; on a déballé, on a plié bagage, et l'on n'a rien gagné que des marches accablantes et les ennuis du camp.

Puis vient le cantonnement, aux paysans onéreux, fâcheux au gentilhomme, au bourgeois odieux. Soyez honnête, on vous sert mal ; le grossier, on le sert à grand'peine ; et, si l'on se fait justice aux dépens de son hôte, on mange le pain du prévôt.

Mais, lorsqu'enfin le canon gronde, que la fusillade fait tapage, que les tambours, les chevaux et les trompettes s'éveillent, alors cela va bien ! Et, comme le veut la bataille, on cède, on recommence, on recule, on avance, et toujours sans croix d'honneur !

Enfin siffle une balle, et, Dieu le veut, elle blesse la jambe. Alors, adieu tous les ennuis ! On nous voiture aussitôt dans la petite ville, que couvre le vainqueur, où l'on était entré avec furie ; les femmes, auxquelles on avait fait peur d'abord, sont aimables, apprivoisées.

Alors s'ouvrent le cœur et la cave ; la cuisine ne chôme plus. Sur le duvet de lits bien mous, on peut se donner du bon temps. Le petit dieu ailé sautille, l'hôtesse n'a point de repos ; elle parfile même sa chemise : en voilà de la charpie !

Une dame est-elle, par ses soins, sur le point de gagner le héros, la voisine, assidue auprès de lui, ne se donne point de relâche ; une troisième arrive empressée ; à la fin aucune n'y manque, et il se voit au milieu de tout le cercle.

Le roi apprend, de bonne main, que vous êtes plein d'ardeur

guerrière, et rubans et croix viennent bien vite parer l'habit et la poitrine. Dites-moi si, pour un fils de Mars, il est quelque chose de mieux? Enfin, l'œil en pleurs, vous partez, honoré autant que chéri.

Table ouverte.

Je souhaite voir aujourd'hui de nombreux convives à ma table. Les mets sont prêts en suffisance : volaille, gibier et poisson. Ils sont conviés, ils ont accepté.

Jeannot, va, informe-toi, regarde s'ils viennent.

J'espère de jolis tendrons, qui ne savent rien au monde, qui ne savent pas que c'est chose gentille de baiser un ami. Tous, ils sont conviés, ils ont accepté.

Jeannot, va, informe-toi, regarde s'ils viennent.

J'espère aussi voir des femmes qui, plus leur époux était maussade, plus elles l'aimaient. On les a conviées, elles ont accepté.

Jeannot, va, informe-toi, regarde si elles viennent.

J'ai aussi prié de jeunes seigneurs, qui ne sont pas vains le moins du monde; qui sont même réservés, avec la bourse pleine. Je les ai priés particulièrement, ils ont accepté.

Jeannot, va, informe-toi, regarde s'ils viennent.

J'ai convié avec respect des maris qui ne regardent que leurs femmes, et non, à côté, la plus jolie. Ils ont répondu à mon appel, ils ont accepté.

Jeannot, va, informe-toi, regarde s'ils viennent.

J'ai aussi prié, pour augmenter notre plaisir, des poëtes qui écoutent beaucoup plus volontiers d'autres chansons que celles qu'ils ont faites. Tous ont promis, ils ont accepté.

Jeannot, va, informe-toi, regarde s'ils viennent.

Mais je ne vois venir personne, je ne vois personne accourir! La soupe cuit, elle est ébouillie, le rôt va brûler. Ah! je le crains, nous avons été trop exigeants.

Jeannot, dis-moi, qu'en penses-tu? Il ne viendra personne.

Cours, Jeannot, ne tarde pas ; appelle-moi d'autres convives! Que chacun vienne comme il est : c'est le mieux, je pense. Déjà la ville est informée; le message est bien reçu.

Ouvre les portes, Jeannot! Vois-tu comme ils viennent!

Compte rendu.

Le maître. Courage ! que le vin coule largement ! Que nul chagrin ne nous assiége ! Parle, si tu veux jouir avec nous, as-tu fait ton devoir ?

Un serviteur. Deux bons jeunes cœurs ne s'aimaient que trop vivement, hier avec tendresse, avec fureur aujourd'hui, demain peut-être plus encore ; elle baissait la tête, il s'arrachait les cheveux : j'ai tout arrangé, et j'en ai fait un couple heureux.

Chœur. Je ne veux pas, buveur, que tu languisses : vite, vite, le verre plein ! Car les soupirs, les déplaisirs, par toi dans ce jour ont cessé.

Un serviteur. Pourquoi pleurer, jeune orpheline ? « O Dieu, je voudrais être dans la tombe, car mon tuteur, doucement, doucement, me réduit à la mendicité. » Et je démasquai le drôle ; je traînai le larron devant la justice : nos juges sont probes et sévères, et la jeune fille ne mendie pas.

Chœur. Je ne veux pas, buveur, que tu languisses : vite, vite, le verre plein ! Car les soupirs, les déplaisirs, par toi dans ce jour ont cessé.

Un serviteur. Un pauvre petit nabot, qui n'était pas trop alerte, s'était vu traité grossièrement par un énorme rustre : et je me sentis un homme, je me souvins de mon devoir, et je fis sur l'heure au grand imbécile une balafre à travers le visage.

Chœur. Je ne veux pas, buveur, que tu languisses : vite, vite, le verre plein ! Car les soupirs, les déplaisirs, par toi dans ce jour ont cessé.

Un serviteur. Je n'ai que peu de chose à dire, car je n'ai rien fait : sans souci, sans embarras, je me suis occupé du ménage, mais je n'ai rien oublié, je me suis souvenu de mon devoir ; chacun voulait repaître, et la pâture ne manquait pas.

Chœur. Je ne veux pas, buveur, que tu languisses : vite, vite, le verre plein ! Car les soupirs, les déplaisirs, par toi dans ce jour ont cessé.

Un serviteur. Un quidam voulait me transformer : il s'y prit mal, Dieu me pardonne. Il haussait les épaules, il me vexait ; et il se nommait patriote : je maudis son verbiage, je suivis mon vieux train. Insensé, quand il brûle, sache éteindre le feu; quand il a brûlé, rebâtis.

Chœur. Je ne veux pas, buveur, que tu languisses : vite, vite, le verre plein! Car les soupirs, les déplaisirs, par toi dans ce jour ont cessé.

Le maître. Que chacun de même publie le bien qu'il a su faire aujourd'hui. C'est la véritable étincelle pour enflammer le chant. Qu'ici l'ordre soit à jamais de ne souffrir aucun sournois. Les pleutres seuls sont modestes; les braves se complaisent dans leurs actions.

Chœur. Ne laisse pas les buveurs languir : vite, vite, le verre plein! Car les soupirs, les déplaisirs, par nous dans ce jour ont cessé.

Trois voix. Que tout chanteur entre dans la salle, joyeux et bienvenu! C'est au songe-creux seulement que nous ne faisons pas fête : nous craignons, derrière ces caprices, cette douleur de parade, ces sombres sourcils, un cœur vide ou mauvais.

Chœur. Il ne faut pas qu'aucun buveur languisse! Mais ici point de poëte, qui n'ait pas fait cesser d'abord les soupirs et les déplaisirs!

Ergo bibamus.

Ici nous sommes assemblés pour une action louable, chers frères, ERGO BIBAMUS! Les verres tintent, les causeries cessent : avec courage ERGO BIBAMUS. C'est là toujours une vieille et bonne parole. Elle convient d'abord et convient sans cesse, et un écho retentit de la joyeuse salle, un magnifique ERGO BIBAMUS!

J'avais vu ma charmante amie, et je me dis : ERGO BIBAMUS; et je m'approchai d'un air gracieux : elle me laissa planté là. Je pris courage et me dis : BIBAMUS! Que, radoucie, elle vous baise et vous caresse, ou que vous n'obteniez caresses ni baisers, tenez-vous-en, jusqu'à meilleure fortune, au consolant ERGO BIBAMUS.

Loin de vous, mes amis, le sort m'appelle : âmes loyales, ERGO BIBAMUS. Je pars avec un léger bagage : eh bien, deux fois ERGO BIBAMUS! Que l'avare se refuse tout ce qu'il voudra, le bon vivant est toujours bien pourvu, parce que les joyeux camarades entre eux se font toujours crédit. Courage, frères, ERGO BIBAMUS!

Que dirons-nous pour le jour qui nous luit? Je ne saurais que dire ERGO BIBAMUS! C'est un jour qui marque entre tous : ainsi donc, sans trêve et sans cesse, BIBAMUS! Il ouvre la porte à la joie, qui marche sur ses pas; les nuages brillent, le voile se lève, une image nous apparaît, une image divine! nous trinquons et chantons : BIBAMUS!

Les Muses et les Grâces dans la Marche[1].

Oh! que la ville est peu de chose! Laissez désormais reposer les maçons! Nos bourgeois, notre monarque, pourraient faire de meilleur ouvrage. Le bal et l'opéra nous tueront. Mignonne, viens dans mes campagnes, car les poètes surtout nous gâtent la nature.

Oh! qu'il m'est doux, mignonne, de te voir si naturelle! A l'avenir, nos fillettes, nos garçonnets, prendront leurs ébats sur le fumier. Et, dans nos promenades, enfin paraîtra la force de l'amour. O ma mie, pataugeons, pataugeons à travers ce bourbier!

Puis perdons-nous dans le sable, qui ne nous ferme aucun chemin. Viens, suivons cette lisière, où l'épine tiraille le jupon. Gagnons pays, jusqu'au petit village où tu vois ce clocher pointu. Quelle auberge sans égale! De la bière aigre et du pain sec!

Ne me parlez pas d'un sol fertile, des campagnes de Magdebourg! Nos semences, nos morts, reposent dans le sable léger. La science elle-même ne perd rien à sa marche rapide : chez nous, tout ce qui végète pousse un germe desséché.

Cela ne va-t-il pas dans notre cour comme dans le paradis? Au lieu de la princesse, au lieu de la suivante, la poule fait glou, glou, glou. Ce ne sont pas les faits et gestes des paons qui nous occupent, mais ceux des oies seulement. Ma mère élève les grises, ma femme les blanches.

Laissons les beaux esprits nous persifler. Heureux le loyal Allemand qui peut hanter le cher cousin Michel et lui souhaiter

---

1. Dans cette pièce, Goethe persifle agréablement Auguste Schmidt et son *Almanach des Muses et des Grâces*, publié à Berlin en 1802. Schmidt emprunte, sans beaucoup de discernement, la plupart de ses sujets à la vie champêtre, et, en voulant être sentimental, il reste trivial et prosaïque.

le bonsoir. Quel réconfort, de pouvoir songer qu'un être si noble est notre voisin! On se dit tous les jours : « Hier au soir, le cousin Michel était pourtant là! »

Et, dans nos chansons, une syllabe germe après une autre, un mot après un autre mot. Quoique rien ne rime avec *deutsch*[1], le *Deutsche* rime sans cesse. Si c'est avec force, avec grâce, c'est ce qui nous inquiète assez peu. Nous sommes honnêtes et naturels, et cela doit suffire.

Épiphanie[2].

Ces trois rois pieux, avec leur étoile, ils mangent, ils boivent et ne payent pas volontiers; ils mangent volontiers, ils boivent volontiers, ils mangent, ils boivent et ne payent pas volontiers.

Ces trois rois pieux ici sont venus; ils sont trois et ne sont pas quatre; et, si à ces trois s'en ajoutait un quatrième, il y aurait un pieux trois rois de plus.

Moi, le premier, je suis le blanc et aussi le beau. Il vous faudrait me voir au grand jour! Mais, hélas! avec tous mes aromates, je ne charmerai plus jamais aucune belle.

Moi, je suis le brun, je suis le grand, bien connu chez les femmes et aux lieux où l'on chante. J'apporte de l'or, au lieu d'aromates, et je serai partout le bienvenu.

Et moi, je suis le noir, je suis le petit, et j'aime aussi parfois à rire. Je mange volontiers, je bois volontiers; je mange et bois et remercie volontiers.

Les trois rois pieux sont bien disposés; ils cherchent la mère et l'enfant; l'honnête Joseph est assis auprès; le bœuf et l'âne sont couchés sur la paille.

Nous apportons de la myrrhe, nous apportons de l'or : les dames respirent l'encens volontiers, et, quand nous avons du vin d'un bon cru, nous buvons, à nous trois, autant que six autres.

Mais, comme nous voyons ici de beaux messieurs et de belles

---

1. *Allemand.* Deutsch n'a en effet aucune rime.
2. C'est la coutume en Allemagne, que, le jour de l'Épiphanie, de jeunes garçons déguisés, figurant les trois rois, chantent de porte en porte, et demandent quelque monnaie. L'idée de cette pièce avait pris d'abord la forme d'une scène de carnaval, puis elle fut réduite en strophes.

dames, et point d'ânes et point de bœufs, nous ne sommes pas à notre place et nous passons notre chemin.

Les bons vivants de Weimar.

Le jeudi, on se rend au Belvéder; le vendredi, à Iéna, car, sur mon honneur, c'est un lieu des plus charmants. Le samedi est le jour souhaité; le dimanche, on roule à la campagne : Zwaezen, Burgau, Schneidemuhlen[1], nous sont tous bien connus.

Lundi, le théâtre nous attire; mardi doucement arrive, mais il amène, pour secrète pénitence, une bonne petite débauche; mercredi ne manque pas de mouvement, car on donne une bonne pièce; le jeudi, la tentation nous ramène au Belvéder.

Et il s'enchaîne sans cesse, le cercle des plaisirs, pendant les cinquante-deux semaines, si l'on sait bien le conduire. Le jeu et la danse, les assemblées et le théâtre, nous rafraîchissent le sang. Laissons aux Viennois leur Prater : Weimar, Iéna... c'est là qu'il fait bon !

Chanson sicilienne.

Jolis yeux noirs, au moindre signe que vous faites, les maisons, les villes s'écroulent, et ce mur d'argile, qui défend mon cœur (que l'on y songe de grâce !), il ne devrait pas s'écrouler ?

Chanson suisse[2].

Sur la montagne j'étais assise, et les oiseaux j'ai regardé : ils ont chanté, ils ont sauté, ils ont bâti leurs nids.

Dans un jardin je me trouvais, et les abeilles j'ai regardé : elles ont murmuré, elles ont bourdonné, elles ont bâti leurs cellules.

Dans la prairie je suis allée; j'ai regardé les papillons : ils ont sucé, ils ont volé. C'était trop joli comme ils faisaient !

Et voici Hansel justement, et je lui montre, toute joyeuse, comme ils font, et nous rions, et nous faisons comme eux.

---

1. Villages aux environs de Weimar.
2. Dans cette chanson, Goethe a imité le dialecte suisse. Cet effet gracieux est nécessairement perdu, ainsi que bien d'autres.

Chanson finlandaise.

S'il revenait, l'ami que je connais si bien, s'il revenait tel qu'il est parti, mon baiser résonnerait sur ses lèvres, le sang du loup les eût-elles rougies ; je presserais sa main dans la mienne, ses doigts fussent-ils des serpents.

O vent, si tu avais l'intelligence, tu saurais porter et rapporter les paroles de deux amants éloignés l'un de l'autre, quelques-unes dussent-elles se perdre dans les airs.

Je me passerais volontiers de bonne chère, j'oublierais les viandes de la table du prêtre, avant de renoncer à l'ami que je saurais, après l'avoir pris brusquement pendant l'été, apprivoiser lentement pendant l'hiver.

Chanson bohémienne.

Dans la brume ruisselante, dans la neige profonde, dans le bois sauvage, dans la nuit d'hiver, j'entendais les hurlements des loups affamés, j'entendais le cri des chouettes :

Wille vau vau vau! Wille wo wo wo! Wito hou!

Un jour je tirai une chatte dans la haie, la chatte noire, favorite de Jeanne la sorcière : la nuit, sept loups-garous vinrent à moi ; c'étaient sept femmes du village.

Wille wau wau vau! Wille wo wo wo! Wito hou!

Je les reconnus toutes, je les reconnus bien, la Jeanne, l'Ursule, la Catau, la Lise, la Barbe, l'Eva, la Betty. Elles hurlaient en cercle autour de moi :

Wille wau wau wau! Wille wo wo wo! Wito hou!

Je les nommai toutes à haute voix par leur nom. Que veux-tu, Jeanne? Que veux-tu, Betty? Alors elles s'agitèrent, alors elles se secouèrent, et s'enfuirent en hurlant :

Wille wau wau wau! Wille wo wo wo! Wite hou[1]!

---

1. La *Chanson bohémienne*, telle à peu près qu'on la trouve ici, ouvrait le cinquième acte de *Gœtz de Berlichingen*, dans sa plus ancienne forme.
Après cette pièce, le texte allemand donne une suite de poésies qui figurent dans les *Années d'apprentissage de Wilhelm Meister*. Elles se trouvent dans notre sixième volume, savoir, trois pièces, intitulées MIGNON, aux pages 342, 229, 495 ; trois pièces, intitulées LE JOUEUR DE HARPE, aux pages 129, 321, 128 ; une pièce, intitulée PHILINE, à la page 305. On a jugé superflu de les reproduire ici. Nous donnons, en revanche, la *Chanson des soldats*, qui manque dans les

Chanson des soldats.

Vive les soldats ! Le laboureur donne le rôti, le vigneron donne le vin : c'est la table des soldats.

Tra da ra la la la la.

Le bourgeois fait cuire pour nous ; la noblesse, il faut la plumer ; son valet est notre valet : c'est le droit des soldats.

Tra da ra la la la la.

Aujourd'hui, nos serments à Jeanne, et, demain, à Suzanne ; amour nouveau sans cesse : c'est la foi des soldats.

Tra da ra la la la la.

Nous festinons comme des princes ; le lendemain, il faut jeûner : riches le matin, pauvres le soir, c'est le sort des soldats.

Tra da ra la la la la.

Riches, avec nous partagez, et vive celui qui n'a rien ! Le mari a la femme, et nous, le passe-temps.

Tra da ra la la la la.

Nous disons dans nos fêtes : « Morceaux volés ont meilleur goût, bien mal acquis engraisse. » C'est la prière des soldats.

Tra da ra la la la la.

Œuvres de Goethe. Elle se chantait au lever du rideau du *Camp de Wallenstein* de Schiller. Ces couplets sont de Goethe, à la réserve de deux, les derniers peut-être, que Hofmeister attribue à Schiller.

BALLADES.

*Si merveilleux que soient les contes,
l'art du poëte les rend véritables.*

Ballade du comte exilé et revenu [1].

Entrez, bon vieillard, entrez! ici! dans cette salle basse, nous serons seuls; nous fermerons la porte. Notre mère prie, notre père est allé au bois, à la chasse des loups. Oh! chantez-nous une histoire, chantez-nous-la souvent, afin que nous l'apprenions, mon frère et moi. Il y a longtemps que nous désirons un chanteur. Les enfants avec plaisir écoutent.

Dans une nuit d'épouvante, dans l'horreur de la mêlée, il abandonne sa haute et superbe demeure; il a enterré ses trésors. Le comte, qui s'enfuit par la poterne, que peut-il donc porter dans ses bras? Que dérobe-t-il sous le manteau? Que porte-t-il si vite au loin? C'est une petite fille. Elle dort, l'enfant à cette heure.... Les enfants avec plaisir écoutent.

Le jour commence à luire; le monde est grand; dans les vallons et les bois, la demeure est prête; dans les villages, on nourrit le chanteur; ainsi il chemine et mendie bien longtemps; sa barbe croît plus longue, plus longue toujours; mais

---

[1]. Avant cette ballade, il s'en trouve deux autres dans le texte allemand. La première, intitulée *Mignon*, figure dans notre t. VI, p. 136; la seconde, intitulée le *Chanteur*, p. 121; seulement, à l'avant-dernière strophe, il faut lire *Kehle* au lieu de *Seele*, et *Glase* au lieu de *Golde*.

elle croît dans ses bras, la gentille enfant, comme sous la plus heureuse étoile, abritée, sous le manteau, contre la pluie et le vent.... *Les enfants avec plaisir écoutent.*

Et les années ont marché toujours; le manteau se décolore, le manteau se déchire; il ne pourrait la couvrir plus longtemps. Le père la regarde : comme il est heureux! De joie, il ne peut la quitter. Si belle et si noble, tout ensemble, elle paraît, rejeton d'une tige excellente. Qu'il est riche avec elle, son tendre père! *Les enfants avec plaisir écoutent.*

Un jour, passe à cheval un seigneur, un prince : elle tend la main pour recevoir l'offrande. Il ne veut pas donner l'aumône; il saisit vivement la petite main. « C'est elle, dit-il, que je veux pour la vie! — Si tu sais, répond le vieillard, apprécier ce trésor, volontiers tu la feras princesse.... Qu'elle te soit fiancée sur la verte pelouse.... » *Les enfants avec plaisir écoutent.*

Le prêtre les bénit dans le saint lieu; avec plaisir et déplaisir ensuite elle s'éloigne; elle voudrait ne pas quitter son père. Le vieillard de lieux en lieux poursuit sa course; il porte en joie sa souffrance. C'est ainsi que, durant des années, j'ai rêvé à ma fille, à mes petits-fils, dans le lointain. Je les bénis le jour, je les bénis la nuit.... *Les enfants avec plaisir écoutent.*

Il bénit les enfants; on heurte à la porte : c'est le père. Ils s'esquivent; ils ne peuvent cacher le vieillard.... « Pourquoi séduire ces enfants, mendiant, vieux fou? Qu'on le saisisse! Archers bardés de fer, jetez le téméraire dans le plus profond souterrain. » La mère apprend la chose à l'écart; elle accourt; elle prie, d'une voix caressante.... *Les enfants avec plaisir écoutent.*

Les archers respectent l'homme vénérable, et la mère et les enfants font des prières touchantes; le prince orgueilleux dévore sa fureur; les prières l'indignent; il rompt le silence à la fin : « Vile engeance, race de mendiant, éclipse de l'étoile princière! Vous êtes ma ruine. Mais justice sera faite.... » *Les enfants avec douleur écoutent.*

Le vieillard est toujours là, le front levé, le regard imposant; les archers bardés de fer reculent devant lui; la rage et la furie ne font que s'accroître. « Dès longtemps je maudissais mon bonheur conjugal : voilà maintenant les fruits des fleurs! On a toujours nié et l'on nie à bon droit, que jamais noblesse s'apprenne : la mendiante m'a enfanté une race de mendiants.... » Les enfants avec douleur écoutent.

« Eh bien! si l'époux, si le père, vous repousse, s'il brise téméraitement les plus sacrés liens, venez à votre père, à votre aïeul! Le mendiant peut encore, si vieilli, si dépouillé qu'il soit, vous ouvrir de glorieux chemins. Le château est à moi! Tu l'avais pris de force; ta race m'avait banni; je m'appuie sur des titres précieux.... » Les enfants avec plaisir écoutent.

« Le roi légitime revient; il rend à ses fidèles les biens ravis. Je brise les sceaux des trésors. » Et le vieillard les regarde avec bienveillance et s'écrie : « Je vous annonce les douces lois. Reviens à toi, mon fils! Tout finit bien. D'heureuses étoiles s'unissent aujourd'hui. La princesse t'a donné une race de princes.... » Les enfants avec plaisir écoutent.

La violette.

Une violette, dans la prairie, était repliée sur elle-même et inconnue : c'était une aimable violette. Une jeune bergère survint, d'un pas léger, d'un cœur joyeux; elle venait, venait dans la prairie et chantait.

« Ah! se dit la violette, si je pouvais être la plus belle fleur du monde, du moins un instant, et que la mignonne me cueillît et me pressât, flétrie, sur son cœur, seulement, seulement un petit quart d'heure! »

Mais, hélas! hélas! la fillette vient, sans prendre garde à la violette, et sous son pied foule la pauvre fleur. Elle succombe et meurt et se réjouit encore : « Oui, si je meurs, du moins je meurs par elle, par elle, je meurs à ses pieds. »

Un infidèle.

Il était un gars assez hardi; il revenait de France; il avait pris souvent dans ses bras une pauvre jeune fille, l'avait cajolée, caressée, amusée, comme fiancé, et puis enfin l'avait laissée.

La brune fillette l'apprit : elle en fut troublée. Elle riait, pleurait, et priait et jurait : ainsi son âme s'exhala. Au moment qu'elle meurt, le jeune homme s'inquiète, ses cheveux frissonnent, il s'enfuit à cheval.

Il pique des deux, court au hasard, et galope de tous côtés, par ici, par là, il va, il vient; le cavalier ne trouve aucun repos; sept jours et sept nuits, il chevauche; la foudre brille, il tonne, l'orage éclate, les flots débordent.

Et il court, à la lueur des éclairs, pour gagner des murailles; il attache dehors son cheval et rampe au dedans, et s'abrite contre la pluie, et comme il tâtonne et comme il cherche, la terre s'enfonce sous lui; il tombe bien de cent toises.

Et quand il s'est remis de sa chute, il voit glisser trois petites lumières. Il se relève et se traîne après; les lumières s'éloignent, l'égarent en tout sens, le font monter, descendre les degrés par d'étroits passages, en des caveaux ruinés, déserts.

Tout à coup il se trouve dans une haute salle; il voit cent convives à table; les yeux caves, ils ricanent tous ensemble, et, par gestes, le convient à la fête. Il voit là bas son petit trésor, vêtue de blancs linceuls; elle tourne la tête....

Le roi des Aunes[1].

Qui chevauche si tard à travers le vent et la nuit? C'est le père avec son enfant. Il porte l'enfant dans ses bras, il le tient ferme, il le réchauffe.

« Mon fils, pourquoi cette peur, pourquoi te cacher ainsi le visage?

— Père, ne vois-tu pas le roi des aunes, le roi des aunes, avec sa couronne et ses longs cheveux? — Mon fils, c'est un brouillard qui traîne.

— Viens, cher enfant, viens avec moi! Nous jouerons ensemble à de si jolis jeux! Maintes fleurs émaillées brillent sur la rive; ma mère a maintes robes d'or.

— Mon père, mon père, et tu n'entends pas ce que le roi des aunes doucement me promet? — Sois tranquille, reste tranquille, mon enfant : c'est le vent, qui murmure dans les feuilles sèches.

— Gentil enfant, veux-tu me suivre? Mes filles auront grand

---

[1]. Le titre de cette pièce célèbre que, selon Viehoff, il faudrait traduire par le *Roi des Sylphes*, a été le sujet de savants commentaires que nous ne pouvons reproduire ici. Quelle que soit l'étymologie du mot *Erl*, Goethe paraît avoir eu en vue les *aunes*, arbres sacrés chez les Germains.

soin de toi ; mes filles mènent la danse nocturne. Elles te berceront, elles t'endormiront, à leur danse, à leur chant.

— Mon père, mon père, et ne vois-tu pas là-bas les filles du roi des aunes à cette place sombre ? — Mon fils, mon fils, je le vois bien : ce sont les vieux saules qui paraissent grisâtres.

— Je t'aime, ta beauté me charme, et, si tu ne veux pas céder, j'userai de violence. — Mon père, mon père, voilà qu'il me saisit ! Le roi des aunes m'a fait mal ! »

Le père frémit, il presse son cheval, il tient dans ses bras l'enfant qui gémit ; il arrive à sa maison avec peine, avec angoisse : l'enfant dans ses bras était mort.

Jeanne Sébus.

A la mémoire de cette bonne et belle jeune fille du village de Brienen. Elle périt, à l'âge de dix-sept ans, le 13 janvier 1809, en portant des secours, lors de la débâcle du Rhin et de la grande rupture de la digue à Cleverham.

La digue est rompue ; la campagne mugit, les flots se répandent, la plaine gémit.

« Mère, je te porte à travers les eaux ; elles ne sont pas hautes encore : je marche aisément. « Pense à nous aussi, dans « la détresse où nous sommes ; la voisine, trois pauvres en- « fants ! La femme infirme.... Tu t'en vas ! » Déjà elle a porté sa mère à travers les eaux. « Retirez-vous sur la colline. « Restez-y en attendant. Je reviendrai bientôt ; nous serons tous « sauvés. Le chemin de la colline est encore à sec ; quelques « pas seulement : mais emmenez aussi ma chèvre. »

La digue s'écroule, la campagne mugit, les flots ravagent, la plaine gémit.

Elle dépose sa mère en lieu sûr. La belle Suzette retourne au fleuve soudain. « Où vas-tu ? où vas-tu ? Les vagues se sont enflées ; deçà, delà, tout est plein d'eau. Veux-tu, téméraire, te plonger dans l'abîme ! — Je veux, il faut que ces gens soient sauvés. »

La digue disparaît, les flots mugissent, une mer orageuse se balance et gémit.

La belle Suzette passe la planche accoutumée ; des vagues

entourée, elle ne glisse pas du chemin; elle atteint la hauteur et la voisine : pour elle et ses enfants, secours inutile!

La digue a disparu, une mer gronde, elle mugit autour de la petite colline.

Il s'ouvre et tourbillonne, le gouffre écumeux, et il engloutit la femme avec ses enfants; l'un d'eux tient la corne de la chèvre. Ils devaient donc tous périr! La belle Suzette est encore debout et tient ferme. Qui sauvera la noble jeune fille? La belle Suzette se lève encore, comme un astre : mais tous les amants sont bien loin. Autour d'elle l'eau présente un passage : nul esquif ne vogue à son secours. Elle lève encore une fois les yeux au ciel, et les flots caressants l'emportent.

Plus de digue, plus de campagnes; seulement, çà et là un arbre, une tour, indiquent le village.

Tout est couvert par les eaux débordées; mais l'image de Suzette plane en tous lieux.... L'eau baisse, la contrée reparaît, et partout la belle Suzette est pleurée; et qui ne la chante et ne la célèbre, qu'on ne s'enquière de lui ni dans la vie ni dans la mort!

Le pêcheur.

L'onde murmurait, l'onde s'enflait; un pêcheur était assis au bord, et, tranquille, tout saisi d'une fraîcheur pénétrante, observait l'hameçon. Et comme il est assis, et comme il guette, le flot s'élève et se divise; du sein de l'onde émue, une nymphe humide sort avec bruit.

Elle lui chante, elle lui dit : « Pourquoi, avec les pièges et les artifices de l'homme, attirer là-haut mon peuple dans cette fournaise mortelle? Ah! si tu savais comme le petit poisson se trouve bien là-bas, tu y descendrais, tel que te voilà, et c'est alors que tu serais dispos!

« Ne vois-tu pas le beau soleil, la lune, se rafraîchir dans la mer? Leur face, baignée de vapeurs, ne revient-elle pas deux fois plus belle? N'es-tu pas attiré par ce ciel profond, cet azur humide et brillant? N'es-tu pas attiré par ta propre image dans l'éternelle rosée? »

L'onde murmurait, l'onde s'enflait, elle mouillait son pied nu; son cœur se gonfle de désir, comme au bonjour de la bien-aimée. Elle lui parle, elle lui chante : c'en est fait de lui;

un peu qu'elle l'entraîne, un peu qu'il s'abandonne, et il ne reparut jamais[1].

La fleurette belle à ravir.
(Chanson du comte captif[2].)

Le comte. Je sais une fleurette belle à ravir, et je soupire après elle; volontiers j'irais la chercher, mais je suis prisonnier. Mes douleurs ne sont pas légères, car, lorsque je marchais en liberté, je l'avais près de moi.

De ce manoir, à l'enceinte escarpée, je promène ma vue aux environs, et, de la haute tour, mes regards ne peuvent saisir la fleurette, et qui l'offrirait à mes yeux, qu'il fût page ou chevalier, resterait mon ami.

La rose. Je suis belle et fleurie, et j'entends ce discours ici sous tes barreaux. C'est moi sans doute, c'est la rose, que tu veux dire, noble et malheureux chevalier. Tu nourris une haute pensée : la reine des fleurs sans doute règne aussi dans ton âme.

Le comte. La pourpre est digne de tous les honneurs dans sa tunique verte; aussi la jeune fille te recherche-t-elle comme l'or et les bijoux; ta couronne relève le plus beau visage, mais tu n'es pas la fleurette que j'honore en secret.

Le lis. La petite rose a des manières superbes et toujours aspire à s'élever; mais une douce amie vantera aussi la parure du lis. Qui sent battre dans son sein un cœur fidèle, et qui se sent pur, ainsi que moi, m'estime plus que toute autre fleur.

Le comte. Je puis me dire chaste et pur, et pur de mauvais penchants : cependant je me vois ici prisonnier; je me consume solitaire. Tu es, il est vrai, pour moi la belle image de mainte vierge douce et pure, mais je sais pourtant quelque chose de plus aimable encore.

L'œillet. C'est moi peut-être, moi, l'œillet, ici, dans le jardin du geôlier. D'où viendrait sans cela que le vieillard me

---

1. Après le *Pêcheur*, se trouve, dans le texte allemand, le *Roi de Thulé*. Voy. au tome IV, page 200, cette ballade, que chante Marguerite.
2. Tschoudi parle dans sa Chronique d'un comte de Habsbourg Rapperswyl, qui s'engagea, en 1350, dans une conspiration contre Zuric, et fut enfermé dans le château de Wellenberg. Il composa dans sa prison une chanson : « Je sais une fleurette bleue, » qui n'est pas parvenue jusqu'à nous, mais qui a donné au poète l'idée de la sienne.

cultive avec tant de soin, avec ma belle corolle de feuilles pressées, et le parfum que j'exhale toute ma vie, et mes mille couleurs?

Le comte. Il ne faut pas mépriser l'œillet; il fait les délices du jardinier, qui tantôt doit l'exposer à la lumière, tantôt le préserve du soleil; mais ce qui rend heureux le comte, ce n'est pas une magnificence recherchée, c'est une humble petite fleur.

La violette. Je me tiens cachée et je penche la tête, et je n'aime pas à parler, mais je veux, puisqu'il en est ainsi, rompre mon profond silence : si c'est moi, bon chevalier, combien je regrette de ne pouvoir t'envoyer là-haut tous mes parfums!

Le comte. J'estime fort l'aimable violette : elle est si modeste et son parfum si doux! Mais il me faut davantage dans mes dures souffrances. Je veux pourtant vous l'avouer : ma fleur chérie ne se trouve point sur ces rochers arides.

Elle se promène là-bas le long du ruisseau, la femme la plus fidèle de la terre; et doucement elle soupire en attendant ma délivrance. Si elle vient à cueillir une fleurette bleue et dit toujours : « Ne m'oublie pas, » j'en ai de loin le sentiment.

Oui, on le sent de loin, le pouvoir qui lie deux cœurs fidèles : dans la nuit du cachot, lui seul a soutenu ma vie jusqu'à ce jour; si mon cœur est près de se briser, je m'écrie : « Ne m'oublie pas, » et je me sens renaître.

Le chevalier Conrad, se rendant chez sa fiancée.

Avec la joie du fiancé, le chevalier Conrad s'élance sur le coursier qui doit le porter, pour le mariage, au château de sa noble amie. Tout à coup, au milieu de rochers déserts, s'approche un menaçant adversaire : sans délai, sans paroles, ils en viennent d'abord aux coups.

Longtemps la fortune du combat flotte incertaine : enfin l'heureux Conrad remporte la victoire. Il s'éloigne de la place, triomphant et meurtri. Mais que voit-il bientôt, à la tremblante clarté du bocage! Le nourrisson sur les bras, une maîtresse se glisse à travers la forêt.

Elle lui fait signe et l'attire dans un petit coin : « Mon doux seigneur, pas si vite! N'avez-vous rien pour votre mignonne?

N'avez-vous rien pour votre enfant? » Une douce flamme embrase le chevalier, si bien qu'il ne sent aucun désir d'aller plus loin, et, comme autrefois la vierge, il trouve aimable la nourrice.

Mais il entend les serviteurs, qui sonnent du cor; il songe alors à la noble fiancée; et puis, sur sa route, voici le marché et la foire bruyante. Il choisit dans les boutiques des gages d'amour et de fidélité. Mais, hélas! arrivent les juifs, avec la reconnaissance de vieilles dettes.

Et voilà que la justice arrête le chevalier impatient. O maudite aventure! héroïque carrière! Dois-je me résigner aujourd'hui? L'embarras est grand. Adversaires, maîtresses, créanciers.... hélas! point de chevalier qui s'en démêle.

Chant de noces.

Nous aimons à chanter et à célébrer le comte qui résida dans ce château, où vous fêtez, à table, le fiancé du jour, le petit-fils du bienheureux seigneur. L'aïeul s'était signalé par des victoires héroïques dans la guerre sainte, et lorsque, arrivé chez lui, il descendit de son petit cheval, il trouva là-haut son petit manoir, mais serviteurs et trésors avaient disparu.

Te voilà, pauvre comte, te voilà chez toi. Tu trouves ton ménage en piteux état. Les vents soufflent à travers les fenêtres; ils parcourent toutes les chambres. Que faire en cette nuit d'automne? Mais j'en ai passé souvent de plus mauvaises : le matin venait tout réparer. Ainsi donc, vite, au clair de lune, je me couche sur la paille, dans le châlit.

Et comme il était plongé dans un agréable sommeil, quelque chose remue sous le lit. Le rat furette tant qu'il veut. S'il avait seulement quelques miettes! Mais voici qu'un tout petit drôle, un nain joli, avec une lampe allumée, avec des gestes oratoires, avec la gravité d'un harangueur, se présente aux pieds du comte fatigué, qui, s'il ne dort pas, voudrait bien dormir.

« Nous avons pris nos ébats dans ta haute demeure, depuis que tu as quitté les appartements, et, comme nous te croyions encore loin d'ici, notre dessein était justement de faire tapage. Et si tu le permets, et si tu n'as pas peur, les nains vont banqueter à leur aise, à grand bruit, en l'honneur de la riche et

jolie fiancée. » Le comte, doucement bercé par le songe :
« Allez toujours, dit-il, la place est à vous ! »

Alors s'élancent trois cavaliers, qui s'étaient tenus sous le lit; puis un chœur sonnant et chantant de petites figures bouffonnes; puis carrosses sur carrosses, avec tout l'attirail, tellement qu'on en perdrait l'ouïe et la vue, et comme on ne le rencontre que dans les châteaux des rois : enfin, dans un équipage doré, la fiancée et les convives.

Puis tout cela court au grand galop, et se choisit dans la salle sa petite place. Pour valser et tourner et sauter gaiement, chacun se choisit une belle. Puis cela siffle et violonne et tinte et fracasse; cela pirouette et glisse et frôle et tourbillonne; cela chuchote et babille et résonne et bourdonne : le pauvre comte regarde tout à ses pieds; il croit avoir la fièvre.

Alors, c'est dans la salle un tapage, un tracas, un fracas de bancs, de siéges et de tables; chacun veut, dans le banquet de fête, se rafraîchir auprès de sa mignonne; on apporte petits saucissons et jambons, rôtis, poissons et volailles; sans relâche circulent les vins délicieux; longtemps on fracasse, on embrasse, enfin tout disparaît en chantant.

Et s'il nous faut chanter ce qui depuis arriva, cessez donc de fracasser et d'embrasser. Car, ce qu'il avait vu si charmant en petit, il l'éprouva, il en jouit en grand. Trompettes, chansons, instruments et carroses et cavaliers, et cortége de noces !... Ils viennent tous, ils se produisent, ils font la révérence, foule innombrable, gens heureux ! Ainsi en allait-il jadis, ainsi en va-t-il aujourd'hui.

Le chercheur de trésors.

La bourse vide, le cœur malade, je traînais des jours languissants. La pauvreté est la plus grande plaie; la richesse est le bien suprême! Et, pour mettre un terme à mes douleurs, je me mis à chercher en terre un trésor.... « Je te donnerai mon âme! » Je l'écrivis avec mon propre sang.

Et je traçai un cercle et d'autres alentour, et j'assemblai de merveilleuses flammes, des herbes et des ossements : le charme était accompli. Et, selon que je l'avais appris, je fouillai la terre, cherchant l'antique trésor à la place signalée : la nuit était orageuse et noire.

Et je vis une lumière lointaine; elle vint, comme une étoile, des espaces les plus reculés, juste au coup de minuit. Je n'eus pas le temps de me reconnaître. Une flamme plus vive jaillit soudain de la coupe rayonnante et pleine qu'un bel enfant portait.

Je voyais ses doux yeux briller sous la riche couronne de fleurs. A la clarté céleste du breuvage, il entra dans le cercle et m'invita gracieusement à boire, et je me dis : « Assurément, avec son offrande lumineuse et belle, cet enfant ne saurait être l'Esprit malin. »

« Viens, me dit-il, bois le courage de la vie pure! Alors tu comprendras la leçon. Avec des conjurations inquiètes, tu ne reviendras pas dans ce lieu. Ne fouille plus ici en vain. Le jour au travail, le soir aux convives; pénibles semaines, joyeuses fêtes!... Telles soient désormais tes paroles magiques.

Le preneur de rats[1].

Je suis le chanteur bien connu, le grand voyageur, le preneur de rats, bien nécessaire sans doute à cette vieille et célèbre cité. Et quand les rats seraient sans nombre, quand les belettes seraient de la partie, j'en nettoierai ce lieu parfaitement; ils délogeront tous ensemble.

Puis le chanteur, d'humeur joyeuse, est parfois aussi un preneur d'enfants, qui dompte même les plus rebelles, lorsqu'il chante ses beaux contes. Et quand les garçons seraient mutins, quand les fillettes seraient obstinées, si je fais vibrer ma harpe, il faut qu'ils me suivent tous.

Puis l'industrieux chanteur est, dans l'occasion, un preneur de belles. Il n'arrive dans aucun bourg, qu'il ne tourne la tête à quelqu'une. Et quand les fillettes seraient timides, quand les femmes seraient prudes, toutes sont prises du mal d'amour, à mes sons magiques, à mon chant.

---

1. Comme pour plusieurs autres pièces, le point de départ est ici un chant populaire.

La fileuse.

Comme je filais, paisible et tranquille, sans m'arrêter seulement, un beau jeune homme survint auprès de ma quenouille.

Il loua ce qui était louable (cela pouvait-il nuire?), mes cheveux au lin pareils et mon fil toujours égal.

Il ne s'en tint pas à cela; il changea de manières, et il se rompit, le fil que j'avais maintenu longtemps.

Et il y avait encore bien des livres de lin à filer; mais ce reste, hélas! je n'en pouvais plus être fière!

Quand je le portai au tisserand, je sentis se remuer quelque chose, et mon pauvre cœur battit, battit plus vite.

A présent, par un ardent soleil, je porte la toile à la blancherie, et je me baisse avec peine vers l'étang prochain.

Ce que, dans la chambrette, j'ai filé sans bruit, finement, paraît (cela peut-il aller d'autre sorte?), paraît enfin au soleil.

Devant la Justice.

De qui je l'ai conçu, je ne vous le dirai pas, l'enfant que je porte dans mon sein. « Fi! dites-vous avec mépris, fi! la catin! » Je suis pourtant une honnête femme.

A qui je me suis unie, je ne vous le dirai pas. Mon galant est aimable et bon, qu'il porte au cou une chaîne d'or, qu'il porte un chapeau de paille.

S'il faut souffrir la moquerie et l'injure, seule je les souffrirai. Je le connais bien, il me connaît bien, et Dieu sait aussi notre secret.

Monsieur le pasteur et monsieur le bailli, je vous prie, laissez-moi en paix. L'enfant est mien; il sera mien; il ne vous en coûtera pas un sou.

Le page et la meunière.

LE PAGE. Où vas-tu, où vas-tu, belle meunière? Quel est ton nom?

LA MEUNIÈRE. Lise.

LE PAGE. Où vas-tu donc? Où vas-tu, le râteau à la main?

LA MEUNIÈRE. Au champ de mon père, au pré de mon père.

LE PAGE. Et tu vas seule ainsi?

LA MEUNIÈRE. On doit rentrer le foin, le râteau l'annonce; et, dans le jardin tout près, les poires mûrissent : je veux les cueillir.

LE PAGE. Ne s'y trouve-t-il pas un berceau tranquille?

LA MEUNIÈRE. Et deux même! aux deux coins!

LE PAGE. Je te suis, et, sur le midi brûlant, nous irons nous cacher, n'est-ce pas, dans la maison verte, discrète....

LA MEUNIÈRE. Cela ferait des histoires.

LE PAGE. Reposeras-tu dans mes bras?

LA MEUNIÈRE. Nenni! Qui caresse la gentille meunière, sur l'heure est trahi. Votre bel habit noir, je serais fâchée de le blanchir. Au pareil, sa pareille! Il n'y a que cela de bon. C'est ainsi que je veux vivre et mourir. Le garçon meunier est mon fait, à moi; à lui, on ne peut gâter rien.

Le jeune garçon et le ruisseau du moulin.

LE GARÇON. Où vas-tu si gaiement, ruisselet limpide? Tu cours là-bas, d'humeur joyeuse et légère. Que cherches-tu si vite dans le vallon? Écoute donc et parlons ensemble une fois.

LE RUISSEAU. Mon ami, j'étais un petit ruisseau. Ils m'ont ainsi emprisonné, afin que, dans le canal, vite au moulin je descende, et que je sois toujours plein et rapide.

LE GARÇON. Sans inquiétude, tu cours au moulin, et tu ne sais pas ce que mon jeune cœur éprouve ici. Parfois, sans doute, la belle meunière te regarde en souriant?

LE RUISSEAU. Au point du jour, elle ouvre son volet, et vient baigner chez moi son doux visage. Sa gorge est si belle et si blanche! Aussitôt je m'enflamme et je fume.

LE GARÇON. Si elle peut allumer dans l'onde l'ardeur de l'amour, lorsqu'on est de chair et de sang, comment trouver le repos? Quand on l'a vue une fois seulement, ah! il faut courir sans cesse après elle.

LE RUISSEAU. Puis je me précipite sur les roues avec fracas, et tous les ailerons tournent bruyamment. Depuis que la belle meunière s'en mêle, l'eau même a plus de vigueur.

LE GARÇON. Pauvre ruisseau, ne sens-tu pas la douleur comme les autres? Elle te rit et dit avec raillerie : « Passe ton chemin ! » Elle te retiendrait, je pense, toi-même, avec un doux regard d'amour?

Le ruisseau. Pour moi quelle peine, quelle peine, de quitter ce lieu ! Je serpente doucement, doucement, à travers les prairies ; et, si j'en étais le maître, j'aurais bientôt rebroussé chemin.

Le garçon. Compagnon de mon amoureuse peine, je pars. Un jour, peut-être, tu me feras entendre un murmure de joie. Va, dis-lui d'abord, et dis-lui souvent, ce que désire, ce qu'espère en secret le jeune garçon.

La trahison de la meunière[1].

D'où vient notre ami, si vite et si tôt, quand le jour blanchit à peine au levant? A-t-il fait ses dévotions dans la chapelle de la forêt, malgré la piquante froidure? Il trouve devant ses pas le ruisseau gelé. Est-ce volontairement qu'il va nu-pieds? Pourquoi fait-il en blasphémant sa prière du matin à travers les monts neigeux et sauvages?

Ah! fort bien, il vient du lit chaud, où il se promettait d'autres plaisirs. S'il n'avait pas son manteau, que sa honte serait affreuse! La friponne l'a trompé et l'a débarrassé de ses habits. Le pauvre ami s'en est allé, peu s'en faut, comme Adam, nu et dépouillé.

Mais aussi, pourquoi courir après cette couple de pommes, qui étaient, je l'avoue, aussi belles dans l'enclos du moulin qu'autrefois dans le paradis? Il ne sera guère tenté de recommencer le même jeu. Il s'est esquivé bien vite de la maison, et, une fois en plein air, il éclate en plaintes amères.

« Je ne lisais pas dans ses regards de flamme un mot de trahison; elle semblait ravie d'être avec moi, et elle méditait une action si noire! Pouvais-je supposer dans ses bras que la perfidie faisait battre son cœur? Elle enchaînait le tendre amour, qui nous était assez favorable.

---

1. Cette pièce, librement traduite du français, se retrouve, avec quelques variantes, dans les *Années de voyage de Wilhelm Meister*. Voy. t. VII. p. 51. Nous l'avons donnée ici, parce qu'elle se lie avec d'autres. La nouvelle de la *Folle voyageuse*, où Goethe l'a insérée, n'est elle-même qu'une imitation libre de la *Folle en pèlerinage* (Paris, Cahiers de lecture, 1789, vol. I. p. 121).

« Prendre plaisir à mes transports, à cette nuit, qui ne voulait pas finir!... et n'appeler sa mère qu'à l'approche du matin! Alors une douzaine de parents entrent avec fracas : un vrai torrent!... Les cousins arrivent, les tantes lorgnent par derrière, un frère paraît, puis un oncle.

« Ce fut un vacarme, une rage! On aurait dit autant de bêtes féroces. Avec des cris épouvantables, ils me redemandaient la fleur de la jeune fille.... Pourquoi donc assaillir comme des extravagants un innocent jeune homme? Pour attraper de pareils trésors, il faut être bien plus alerte.

« L'amour, à son jeu charmant, sait toujours prendre l'avance. Certes, il ne laisse pas les fleurs attendre seize ans au moulin.... Ils volèrent donc mes habits, et voulaient aussi le manteau. Mais comment toute cette canaille maudite s'est-elle fourrée dans l'étroite maison?

« Alors je me lève en sursaut; je tempête et je jure, résolu à me faire passage. Je regarde encore une fois la perfide : hélas! elle était toujours belle! Ils reculent tous devant ma fureur, mais bien des menaces s'exhalent encore; enfin, en poussant une voix de tonnerre, je m'élance hors de cette caverne.

« Jeunes beautés du village, il faut vous fuir comme les beautés de la ville. Laissez donc aux nobles dames le plaisir de dépouiller leurs serviteurs. Et, si vous êtes aussi des rusées, si vous ne connaissez aucun tendre lien, soit! changez d'amoureux, mais ne les trahissez pas. »

Ainsi chante le malheureux dans la saison d'hiver, où ne verdit pas un pauvre brin d'herbe. Je ris de sa profonde blessure, car elle est bien méritée. Tel soit le sort de tout volage qui, le jour, abuse effrontément sa noble amie, et, la nuit, se glisse, à grand risque, dans le moulin trompeur de l'amour!

Le repentir de la meunière.

LE JEUNE HOMME. Va-t'en noire sorcière, va-t'en de ma maison purifiée, de peur (je le dis tout de bon) que je ne te prenne aux cheveux. Quelle imposture, viens-tu me chanter d'amour, de jeune fille discrète et fidèle? Puis-je écouter de pareils contes?

LA BOHÉMIENNE. Je chante le repentir de la belle et ses longs et brûlants désirs; car l'humeur légère s'est changée en larmes et en fidélité. Elle ne craint plus les menaces de sa mère, elle ne craint plus le poing de son frère, autant que la haine de son cher amant.

Le jeune homme Chante l'égoïsme et la trahison, le meurtre et le pillage : toutes les actions perfides, tu les feras croire. Qu'elle partage le butin, les habits et l'argent, plus méchamment que vous ne faites, vous autres bohémiennes : ce sont là de ses traits ordinaires.

La bohémienne. Malheur! Malheur! Qu'ai-je fait? Que me sert-il maintenant d'avoir guetté sa venue?... Je l'entends se glisser vers ma chambre.... Le cœur me battait, je me disais : « Oh! si tu n'avais pas livré à ta mère le secret de cette nuit « d'amour! »

Le jeune homme. Hélas! une fois aussi j'entrai, et, séduit, j'avançai en silence. Ah! ma chère, laisse-moi, de bon cœur, chez toi me glisser! Mais tout à coup éclate un vacarme, des cris! Les parents accourent furieux. Mon sang bouillonne encore dans mes veines.

La bohémienne. Quand elle revient, cette même heure, quelle est ma peine et ma douleur secrète! Je touchais au bonheur, au bonheur unique, et je l'ai sacrifié! Pauvre fille, j'étais trop jeune! Mon frère fut assez scélérat pour maltraiter mon amant.

Le poète. C'est ainsi que la femme noire vint à la maison, dans la cour, à la source jaillissante. Elle se lave vivement les yeux; et les yeux et le visage deviennent brillants; et la belle meunière, blanche et pure, se présente au jeune homme courroucé et surpris.

La meunière. Je crains, je l'avoue, ton visage irrité, ô bien-aimé, charmant, fidèle : je ne crains pas les coups et les poignards. C'est la pure douleur, c'est l'amour, qui te parle, et, à tes pieds, ici je veux vivre ou, s'il le faut, mourir.

Le jeune homme. O tendresse! dis-moi, comment as-tu pénétré si avant dans mon cœur? Qui t'éveille, quand tu dormais cachée? Amour, tu es immortel sans doute. Ni la trahison ni la ruse perfide ne sauraient détruire ta vie céleste.

La meunière. Si tu m'aimes encore avec autant d'ardeur que

tu me le jurais naguère, nous n'avons rien perdu tous deux. Reçois la femme bien-aimée, le jeune corps toujours pur. Il est désormais à toi sans réserve.

Tous deux. Maintenant, soleil, tu peux monter et descendre ; étoiles, vous pouvez luire et vous obscurcir : un astre d'amour se lève et resplendit pour moi. Aussi longtemps que jaillira la source ruisselante, aussi longtemps nous resterons unis, son cœur sur mon cœur.

Le voyageur et la fermière.

Lui. Belle fermière, sans pareille, sous ce tilleul au vaste ombrage, où le voyageur se repose un moment, peux-tu apaiser par quelques dons ma soif et ma faim?

Elle. Si tu veux, ô voyageur, chez nous te rafraîchir, le caillé et le pain et les fruits mûrs, les plus simples mets, te seront offerts, en abondance, à la source.

Lui. Est-ce une illusion? Je crois te connaître, ornement inoublié d'aimables heures! J'ai trouvé souvent des ressemblances, mais celle-ci, je dois la nommer un prodige.

Elle. Sans prodige se rencontre souvent chez les voyageurs une surprise très-explicable. Oui, la blonde ressemble souvent à la brune; l'une charme justement comme les autres.

Lui. Non certes, ce n'est pas aujourd'hui la première fois que cette figure m'a gagné le cœur. Alors elle était le soleil des soleils, dans la salle décorée pour la fête.

Elle. Si cela t'amuse, il est facile d'achever ta fable badine : de sa taille descendait à longs flots la soie pourprée, quand tu la vis pour la première fois.

Lui. Non certes, tu ne l'as pas imaginé! Si les esprits ont pu t'en instruire, tu sais aussi quelque chose des bijoux et des perles que son regard faisait pâlir?...

Elle. Une seule chose me fut confiée, c'est que la belle, qui rougit de l'avouer, dans l'espérance de te revoir, a bâti dans l'air maints châteaux.

Lui. Ballotté par tous les orages, j'ai cherché l'honneur et la fortune par toutes les voies, heureux cependant, si, à la fin de mes courses, je retrouve la noble image!

Elle. Ce n'est pas une image : tu vois, en vérité, la noble

fille d'un sang persécuté; Hélène et son frère sont maintenant les heureux fermiers d'une terre abandonnée.

Lui. Mais ces campagnes magnifiques, le maître lui-même peut-il bien les fuir? Champs féconds, vastes prairies et pâturages, sources puissantes, ciel clément et doux!

Elle. Et cependant il est allé courir le monde. Mon frère et moi, nous avons beaucoup amassé : si, comme on l'assure, le bon maître est mort, nous achèterons l'héritage.

Lui. Oui, il est à vendre, ma belle, et j'ai su du maître les conditions. Mais le prix n'est pas peu de chose, car, le dernier mot, c'est Hélène!

Elle. La fortune et la grandeur ne purent nous unir : l'amour a-t-il pris ce chemin?... Je vois venir mon digne frère : quand il saura ces choses, que va-t-il se dire?

Effet à distance.

La reine est dans la grande salle, où brûlent mille bougies. Elle dit au page : « Va, cours, apporte-moi ma bourse pour le jeu. Tu la trouveras, à portée de la main, sur le bord de ma table. » L'enfant court d'un pas agile : il est bien vite au bout du château.

Et près de la reine, en ce moment, la plus belle de ses femmes prend un sorbet. La tasse se brise soudain près de ses lèvres. C'était affreux à voir. Quel embarras! quelle confusion! C'en est fait de la robe magnifique! La dame court, elle fuit, d'un pas agile, vers le bout du château.

Le page revenait en courant et rencontra la belle éplorée. Personne n'en savait rien, mais chacun d'eux portait l'autre dans son cœur. O bonheur! ô sort favorable! Ils s'embrassent, et l'un contre l'autre se pressent.... Caresses, baisers à plaisir!...

Mais enfin ils s'arrachent à ces douces étreintes. Elle court dans son appartement; le page s'avance vers l'auguste reine, à travers les épées et les éventails. La princesse remarque le pourpoint taché. Pour elle, rien d'inaperçu : c'était une autre reine de Saba.

Elle fait appeler la grande maîtresse. « Nous avons disputé naguère, et vous avez soutenu obstinément que l'esprit ne peut rien à distance; que la seule présence laisse des traces; que rien n'agit de loin, pas même les astres du ciel :

« Voyez pourtant! Tout à l'heure, à mes côtés, la douce liqueur est répandue, et aussitôt, bien loin d'ici, elle a gâté le pourpoint du page. Songe à t'en procurer un neuf, et, parce que je suis charmée qu'il m'ait servi de preuve, je le payerai : sans cela, quelle remontrance! »

La cloche qui chemine.

Il était un enfant qui ne voulait jamais se rendre à l'église, et, le dimanche, il trouvait toujours une excuse pour prendre le chemin des champs.

Sa mère lui dit : « La cloche sonne : c'est un ordre qui t'est donné, et, si tu ne veux pas t'y soumettre, elle viendra te chercher. »

L'enfant se dit : « La cloche est là-haut pendue au beffroi. » Déjà il a pris le chemin de la campagne, comme s'il fuyait de l'école.

La cloche, la cloche ne sonne plus; la mère a radoté. Mais, là derrière, quelle horreur! la cloche vient branlante!

Elle branle vivement; il peut le croire à peine. Le pauvre enfant, saisi de frayeur, va, vient, comme dans un rêve : la cloche le couvrira.

Mais il prend tout droit son élan, et, d'un pas agile, il court, à travers champs, buissons et bois, à l'église, à la chapelle.

Et chaque dimanche et chaque jour de fête, il se souvient de sa mésaventure, et n'attend pas que le premier coup de cloche l'invite en personne.

Le fidèle Eckart [1].

« Oh! si nous étions plus avant! Oh! si j'étais à la maison! Elles viennent, voici déjà la nuit horrible. Ce sont elles, ce sont les méchantes sœurs! Elles se glissent, elles approchent, et nous trouveront ici. Elles boiront la bière que nous avons été

---

1. « Le fidèle Eckart avertit tout le monde, » dit le proverbe allemand, commenté dans le livre que Sébastien Frank a consacré à l'explication des proverbes de son pays. Et la chronique de Thuringe de J. H. de Falkenstein rapporte la tradition qui sert de fond à ce petit poëme.

querir à grand'peine, et ne nous laisseront que les cruches vides. »

Ainsi parlent les enfants, et ils pressent le pas. Tout à coup se montre devant eux un bon vieillard. « Silence, mes enfants! mes petits enfants, silence! Les bonnes sœurs arrivent, altérées de la chasse, et, si vous les laissez boire, chacune à son gré, les malveillantes seront bienveillantes pour vous. »

Il dit, on obéit, et la troupe horrible s'approche, et, toute sombre et toute noire qu'elle est, elle boit, elle avale au mieux. La bière a disparu, les cruches sont vides; puis elle murmure et gronde, la furieuse armée, au loin dans la vallée et les montagnes.

Les enfants avec angoisse courent à la maison; le pieux compagnon s'attache à leurs pas. « Petits mignons, ne soyez pas tristes. — Nous serons grondés à présent et fouettés jusqu'au sang. — Non, non, tout ira pour le mieux : seulement taisez-vous, écoutez, comme des souriceaux.

« Et celui qui vous le conseille et qui le commande, c'est celui qui volontiers joue avec les petits enfants, c'est le vieux, le fidèle Eckart. On vous a parlé toujours de l'homme merveilleux, mais à chacun la preuve manquait : vous l'avez maintenant dans les mains, cette précieuse assurance. »

Ils arrivent à la maison; chacun, d'un air timide, présente la cruche aux parents, et ils attendent les reproches et les coups. Mais, voyez-vous! on goûte... « Quelle excellente bière! » Déjà l'on a bu trois et quatre fois à la ronde, et la cruche ne tire pas encore à sa fin.

Le prodige continue jusqu'au lendemain, et tous ceux qui le peuvent demandent ce qui est arrivé aux cruches. Les souriceaux, secrètement réjouis, sourient; ils bégayent, hésitent et jasent enfin, et aussitôt les cruches sont taries.

Enfants, enfants, lorsque, d'un air sincère, un père, un maître, un ancien, vous parle, écoutez, obéissez ponctuellement; quand même votre petite langue a de la peine à se tenir, jaser est nuisible, se taire est bon : c'est ainsi que la bière emplit les cruches.

Bonhomme et bonne femme.

C'est demain que tombe la Saint-Martin ; bonne femme aime son mari ; elle lui pétrit des poudings et les cuit dans la poêle.

A présent, ils sont tous deux couchés ; un vent orageux gronde ; et bonhomme dit à sa bonne femme : « Mets donc le verrou à la porte ! — C'est à peine si je commence à me reprendre et à me réchauffer : comment trouverais-je le repos ? Quand la porte battrait cent ans, je ne la verrouillerais pas. »

Là-dessus, se parlant tout bas à l'oreille, ils font une gageure : celui qui dira le premier petit mot ira pousser le verrou.

Deux voyageurs arrivent vers minuit et ne savent où ils sont ; la lampe est éteinte, au foyer plus de flamme ; on n'entend rien, on ne voit rien.

« Quel est ce taudis de sorcière ? La patience nous échappe. » Mais ils n'entendaient pas souffler un mot ; c'était la faute de la porte.

Ils mangèrent le pouding blanc ; ils mangèrent le noir tout à leur aise. Bonne femme se disait bien des choses à elle-même, mais sans faire entendre une syllabe.

Puis l'un des passants dit à l'autre : « Comme j'ai le gosier sec ! L'armoire est entr'ouverte et l'on sent la liqueur : nous trouverons quelque chose à tout hasard.

« J'attrape un petit flacon de schnick ! Cela se trouve à merveille ! Je bois à ta santé, tu bois à la mienne, et nous serons bientôt refaits. »

Mais bonhomme se lève en sursaut et s'écrie avec menace : « Il le payera cher, celui qui boira mon schnick ! »

Et bonne femme vous fait trois sauts de joie, comme si elle était assez riche : « Bonhomme, tu as dit le premier mot, va pousser le verrou ! »

La danse des morts.

Le guetteur, au milieu de la nuit, regarde là-bas les tombes à la file rangées. La lune éclaire tout de sa lumière ; le cimetière se voit comme en plein jour. Soudain une tombe s'ébranle et puis une autre. Il se montre ici une femme, là un homme, en blancs et traînants linceuls.

Et l'on veut se réjouir soudain ; on lève le pied pour le branle, pour la ronde ; pauvres et riches, jeunes et vieux. Mais les linceuls gênent la danse ; et, comme ici la pudeur ne règne plus, chacun se secoue, et voilà les suaires épars sur les tombes.

Et la cuisse se lève, et la jambe gigotte ; ce sont des gestes bizarres. Puis cela cliquette et craquète par-ci par-là, comme si l'on battait des baguettes en mesure. Le guetteur trouve la chose risible, et le malin, le tentateur, lui souffle à l'oreille : « Va, dérobe un des linceuls. »

Aussitôt fait que dit, puis il s'esquive promptement derrière les portes sacrées. Et toujours la lune brille vivement pour la danse horrible qu'ils poursuivent. Mais enfin celui-ci, celui-là, s'éclipse ; l'un après l'autre se promène enveloppé, et zest ! il est sous le gazon.

Un seul piétine et trébuche le dernier, et tâtonne et fouille le long des fosses ; mais ce n'est pas un confrère qui l'a si gravement offensé : il flaire le linceul dans les airs. Il secoue la porte de la tour : elle le repousse, ornée et bénie, heureusement pour le guetteur ; elle brille de croix métalliques.

Il faut qu'il ait sa chemise ; il n'a point de relâche ; il ne saurait non plus longtemps réfléchir. Le drôle s'accroche aux ornements gothiques et grimpe de saillie en saillie. C'en est fait du pauvre guetteur. Le fantôme s'approche de volute en volute, semblable à l'araignée aux longues pattes.

Le guetteur pâlit, le guetteur chancelle, il rendrait volontiers le drap. Mais une griffe (c'en est fait, il a cessé de vivre), une griffe de fer accroche le bout du linceul. Déjà s'obscurcit la lune pâlissante ; la cloche sonne un coup, un coup de tonnerre, et le squelette tombe là-bas en débris.

L'apprenti sorcier[1].

Le vieux maître sorcier s'est donc une fois absenté ! Et maintenant ses esprits vivront aussi à ma guise ; ses paroles, ses actions et ses pratiques, j'ai tout observé, et, avec la puissance de l'esprit, je ferai aussi des miracles.

---

1 L'idée est empruntée au *φιλοψευδής* de Lucien.

Allez, allez, cheminez ; que pour mon service l'eau coule, et, à flots larges, abondants, qu'elle s'épanche pour le bain !

Et viens maintenant, vieux balai, prends ces méchantes guenilles. Tu as été longtemps valet : accomplis ma volonté. Pose-toi sur deux jambes, une tête par-dessus, et vite, vite, cours avec le pot à eau.

Allez, allez, cheminez ; que pour mon service l'eau coule, et, à flots larges, abondants, qu'elle s'épanche pour le bain !

Voyez, il court, il descend sur la grève. Vraiment, il est déjà à la rivière, et, aussi prompt que l'éclair, le revoici avec une cruche pleine. Déjà pour la seconde fois ! Comme l'eau monte dans la cuve ! comme chaque vase se remplit !

Arrête, arrête, nous avons de tes dons pleine mesure.... Ah ! j'y songe.... malheur ! malheur !.... Le mot, je l'ai oublié.

Ah ! le mot par lequel enfin il devient ce qu'il était ! Ciel, il court et se hâte de porter ! Que n'es-tu le vieux balai ! Toujours il apporte nouvelle potée. Hélas ! et cent fleuves s'élancent sur moi !

Non, je ne puis le souffrir plus longtemps. Je vais le saisir : c'est de la malice. Ah ! toujours mon angoisse augmente. Quelle mine ! Quels regards !

Ô rejeton de l'enfer ! Veut-il noyer toute la maison ? Je vois déjà par chaque porte courir des torrents. Un maudit balai, qui ne veut pas entendre ! Souche que tu étais, reste donc tranquille !

Ne veux-tu pas cesser enfin ? Je te prendrai, je te saisirai, et, le vieux bois, avec la hache tranchante, vite je le couperai.

Fort bien ! voilà le traîneur qui revient ! Que seulement sur toi je tombe, ô lutin, tu seras terrassé ! Le tranchant poli à grand bruit le frappe. Vraiment, c'est bien ajusté ! Le voilà en deux morceaux ! Maintenant je puis espérer, et je respire librement.

Malheur ! malheur ! Les deux parts déjà se dressent, comme des serviteurs tout prêts. A mon secours, puissances supérieures !

Et ils courent ! L'eau gagne de plus en plus dans la salle et l'escalier. Quel effroyable déluge ! Seigneur et maître, entends mes cris !... Ah ! voici le maître ! Seigneur, la détresse est grande. Les esprits que j'évoquai, je ne puis m'en défaire.

LE MAITRE. Dans le coin, balai, balai! Que cela finisse! car lui seul, pour son service, comme esprits, le vieux maître vous appelle.

La fiancée de Corinthe[1].

Un jeune homme était venu d'Athènes à Corinthe, encore inconnu dans ce lieu. Il comptait sur la bienveillance d'un citoyen. L'hospitalité unissait les deux pères, et ils avaient, dès le jeune âge, fiancé la fille et le fils.

Mais sera-t-il bienvenu, s'il n'achète pas chèrement la faveur? Il est encore païen avec les siens, et ses hôtes sont déjà chrétiens et baptisés. Vient-il à germer une croyance nouvelle, souvent l'amour et la fidélité sont arrachés comme méchante ivraie.

Déjà toute la maison reposait en silence, et le père et la fille; la mère seule veille encore; elle reçoit l'hôte avec la plus grande bienveillance. Aussitôt il est mené dans la chambre de parade. Prévenant ses désirs, elle étale devant lui le vin et la nourriture, et, après avoir ainsi pourvu à ses besoins, elle lui souhaite une bonne nuit.

Mais devant cette table bien servie ne s'éveille point le désir de la nourriture; la fatigue fait oublier le boire et le manger, si bien que, tout habillé, il se couche sur le lit; et il est sur le point de s'endormir, lorsqu'un étrange convive ouvre la porte et s'avance.

A la lueur de sa lampe, il voit une jeune fille, vêtue et voilée de blanc, entrer dans la chambre avec un modeste silence; un bandeau noir et or entoure son front. En le voyant, saisie d'effroi, elle lève avec surprise une main blanche.

« Suis-je, s'écrie-t-elle, si étrangère dans la maison, qu'on ne m'ait rien dit de notre hôte! Ah! voilà comme on me retient dans ma cellule! Et maintenant ici la honte me saisit soudain. Poursuis ton sommeil sur cette couche; je m'en vais bien vite comme je suis venue.

— Reste, belle vierge! s'écrie le jeune homme, qui s'élance de sa couche. Voici les dons de Cérès et de Bacchus, et tu

---

[1]. Le sujet est emprunté à Phlégon de Tralles, et se trouve dans son recueil *Des choses merveilleuses.*

amènes l'Amour, chère enfant. Tu es pâle de frayeur : viens, mon amie, et voyons si les dieux sont propices.

— Éloigne-toi, jeune homme, arrête. Je n'appartiens pas à la joie. Déjà le dernier pas est fait, hélas! par une illusion maladive de ma bonne mère, qui, dans sa convalescence, jura que jeunesse et nature seraient désormais asservies au ciel.

« Aussitôt la foule bigarrée des anciens dieux déserta la maison devenue tranquille. Un seul, invisible, dans le ciel et un sauveur, sur la croix, sont adorés. Ici ne tombent, comme victimes, ni le bœuf ni l'agneau, mais, chose inouïe! des victimes humaines. »

Et il la questionne, et il pèse toutes ses paroles, dont aucune n'échappe à son esprit. « Est-ce possible? dans ce lieu tranquille, ma chère fiancée est devant mes yeux! Eh bien, sois à moi! Les serments de nos pères nous ont obtenu la faveur du ciel.

— Tu ne me posséderas point, âme généreuse! On te donne à ma jeune sœur. Tandis que je languirai dans ma cellule secrète, hélas! dans ses bras pense à moi, à moi, dont tu seras l'unique pensée, à moi, qui me consume d'amour, qui bientôt me cacherai dans la terre.

— Non, j'en atteste cette flamme : sa clarté propice nous annonce l'hyménée; tu n'es point perdue pour le bonheur et pour moi; tu me suivras dans la maison de mon père. Ma bien-aimée, reste ici; célèbre avec moi sur-le-champ, célèbre sans apprêts notre festin de noces. »

Et déjà ils échangent les gages de fidélité; elle lui présente la chaîne d'or, et il veut lui offrir une coupe d'argent d'un travail incomparable. « Elle n'est pas pour moi, mais donne-moi, je te prie, une boucle de tes cheveux. »

A cet instant sonna l'heure funèbre des esprits : alors seulement elle parut être à l'aise. De ses lèvres pâles, elle but avidement le vin couleur de sang; mais le pain de froment, qu'il lui présentait avec amitié, elle n'en voulut pas le plus petit morceau.

Puis elle présenta la coupe au jeune homme, qui la but, comme elle, avec ardeur, avec empressement. Il invite l'amour à ce repas secret. Hélas! son pauvre cœur était malade d'amour.

Mais elle résiste, si vivement qu'il la prie, jusqu'à ce qu'il tombe éploré sur le lit.

Elle s'avance et se couche auprès de lui. « Ah! qu'avec douleur je vois tes angoisses! Mais, hélas! si tu touches mes membres, tu sentiras avec horreur ce que je t'ai caché! Elle est blanche comme la neige, mais froide comme la glace, l'amante que tu t'es choisie. »

Il la saisit avec ardeur de ses bras vigoureux, animé par la force de la jeunesse et de l'amour : « Espère encore de te réchauffer auprès de moi, quand même tu me serais envoyée du sépulcre! Échange de soupirs et de baisers! Torrent d'amour! N'es-tu pas embrasée, quand tu me sens brûler? »

L'amour les enchaîne de nœuds plus étroits; les larmes se mêlent à leurs transports; elle aspire avidement les flammes de sa bouche; chacun ne se sent plus vivre que dans l'autre; l'amant réchauffe par son ardeur le sang glacé de son amante, mais il ne sent point de cœur battre dans la poitrine.

Cependant la mère, attardée aux soins du ménage, vient encore à passer dans le corridor; elle écoute à la porte, elle écoute longtemps quel étrange bruit ce peut être : accents plaintifs et voluptueux du fiancé et de la fiancée, voix entrecoupées du délire amoureux.

Elle demeure immobile à la porte, car elle veut d'abord se convaincre; elle entend avec colère les serments suprêmes de l'amour, paroles tendres et caressantes. « Silence! le coq s'éveille!... mais, la nuit prochaine, reviendras-tu? » Et baisers sur baisers!

La mère ne contient pas plus longtemps son courroux; elle ouvre soudain la serrure bien connue. « Est-il dans la maison de pareilles prostituées, qui d'abord se prêtent aux désirs de l'étranger?... » Elle franchit le seuil, et, à la lueur de la lampe, elle voit.... ô Dieu! elle voit son enfant.

Et le jeune homme, dans la première frayeur, veut, avec le voile de la jeune fille, avec le tapis, couvrir sa bien-aimée. Mais elle-même se dégage soudain. Comme par la force de l'esprit, la figure se lève et grandit lentement sur la couche.

« Mère, mère! dit-elle d'une voix sépulcrale, ainsi donc vous m'enviez cette belle nuit! Vous me chassez de la tiède couche! Ne me suis-je éveillée que pour le désespoir? N'est-ce pas assez pour vous de m'avoir portée si jeune dans le linceul, dans la tombe?

« Mais un arrêt particulier me pousse hors de mon étroit asile, pesamment couvert; les sourdes hymnes de vos prêtres et leurs bénédictions sont impuissantes; l'eau et le sel ne peuvent refroidir un cœur où la jeunesse respire. Ah! la terre ne refroidit point l'amour.

« Ce jeune homme me fut promis dans le temps où le temple gracieux de Vénus subsistait encore. Mère, vous avez enfreint votre parole, parce qu'un vœu étranger, un vœu trompeur, vous enchaînait; mais aucun dieu n'exauce la mère qui jure de refuser la main de sa fille.

« Je suis poussée hors de la tombe pour chercher encore le bien qui me fut ravi, pour aimer encore l'homme déjà perdu et sucer le sang de son cœur. Quand c'est fait de lui, je dois passer à d'autres, et les jeunes gens succombent à ma fureur.

« Beau jeune homme, tu ne peux vivre plus longtemps; tu languiras désormais à cette place. Je t'ai donné ma chaîne; j'emporte une boucle de tes cheveux. Regarde-la bien; demain tu auras blanchi, et tu ne redeviendras brun que là-bas.

« Mère, écoute maintenant ma prière suprême : élève un bûcher; ouvre mon étroite, inquiète cellule, rends au repos l'amante dans les flammes. Quand l'étincelle jaillit, quand la cendre s'embrase, nous volons dans le sein des dieux antiques. »

Le dieu et la bayadère.
(Légende indienne.)

Mahadéva, le maître de la terre, descend, pour la sixième fois, afin de se rendre semblable à nous, et de sentir avec nous plaisir et peine. Il consent à séjourner ici-bas; il se résigne à tout. Qu'il doive épargner ou punir, il faut qu'il voie les hommes avec des yeux humains. A-t-il observé la ville en voyageur, épié les grands, considéré les petits, il la quitte, le soir, pour aller plus loin.

Et lorsqu'il arrive hors de la ville, et qu'il touche aux dernières maisons, il voit une belle enfant aux joues peintes, une enfant perdue. « Je te salue, ô vierge! — Merci de l'honneur!

Attends, je vais sortir. — Et qui es-tu? — Une bayadère, et c'est ici la maison de l'amour. » Elle s'anime, pour faire sonner en dansant les cymbales; elle sait tourner avec grâce, elle se penche et se ploie et lui présente le bouquet.

Caressante, elle l'attire vers le seuil, et l'entraîne vivement dans la maison. « Bel étranger, ma cabane sera bientôt illuminée. Es-tu fatigué, je te soulagerai; j'aurai soin de tes pieds souffrants. Ce que tu veux, tu l'auras, repos, plaisir ou badinage. » Elle apaise avec empressement des douleurs mensongères. Le dieu sourit, il observe avec joie, sous la dégradation profonde, un cœur humain.

Il exige des services d'esclave: elle n'en est que plus riante, et les artifices de la jeune fille deviennent peu à peu nature. Ainsi le fruit succède par degrés à la fleur. Si l'obéissance est dans le cœur, l'amour n'est pas loin. Mais, pour l'éprouver toujours plus durement, celui qui connaît les hauteurs et les profondeurs choisit le plaisir et l'épouvante et la douleur cruelle.

Il baise les joues peintes, elle éprouve le tourment de l'amour; la jeune fille est éprise; elle pleure pour la première fois. A ses pieds elle tombe, non pour l'or et la volupté. Hélas! et ses membres flexibles refusent tout service. Et, pour les douces fêtes de la couche, les heures nocturnes disposent le beau tissu, le voile sombre et favorable.

Bien tard endormie parmi les jeux, tôt éveillée, après un court sommeil, elle trouve mort sur son cœur l'hôte bien-aimé. Elle s'écrie et se jette sur lui; mais elle ne le réveille pas, et bientôt l'on porte à la fosse enflammée les membres glacés. Elle entend les prêtres, les chants funéraires. Elle se trouble et court et fend la presse. « Qui es-tu? Qui te pousse vers la fosse? »

Elle se prosterne auprès du cercueil; ses cris fendent les airs : « Je redemande mon époux, et je le cherche dans la tombe. Les verrai-je réduits en cendres, ces membres divins? Il fut à moi, à moi plus qu'à toute autre, hélas! une seule douce nuit. » Les prêtres chantent : « Nous portons les vieillards, après une longue fatigue et un tardif engourdissement; nous portons la jeunesse avant qu'elle y songe.

« Entends la leçon de tes prêtres : cet homme n'était point

ton époux. Tu vis en bayadère, et tu n'as aucun devoir. L'ombre seule suit le corps dans le silencieux empire des morts ; l'épouse seule suit l'époux : c'est à la fois son devoir et sa gloire. Sonnez, trompettes, la plainte sacrée ! Recevez, ô dieux, l'ornement des jours ; recevez auprès de vous le jeune homme dans la flamme. »

Ainsi chante le chœur, qui redouble sans pitié l'angoisse de son âme, et, les bras étendus, elle s'élance dans le mortel brasier ; mais le jeune dieu l'enlève de la flamme, et la bien-aimée s'envole entre ses bras. La divinité met sa joie dans les pécheurs pénitents ; avec leurs bras de feu, les immortels emportent dans le ciel les âmes perdues !

Le paria.
PRIÈRE DU PARIA.

Sublime Brahma, maître des puissances, toutes choses sont émanées de toi, et tu es le juste. N'as-tu donc créé que les brahmines, les rajahs et les riches ? Ou bien est-ce toi encore qui donnas l'être aux singes et à nos pareils ?

On ne peut nous dire nobles, car le pire est notre partage, et, ce que les autres déclarent mortel, cela seul nous multiplie. Qu'il en soit ainsi des hommes ; qu'ils nous méprisent, s'il leur plaît ; mais toi, tu dois nous estimer, car tu pourrais fouler aux pieds toutes les créatures.

C'est pourquoi, Seigneur, selon ma prière, veuille me bénir comme ton enfant, ou daigne produire un être qui me lie à mon tour avec toi ! Tu as suscité, même pour les bayadères, une divinité : nous aussi, pour te célébrer, nous réclamons un pareil prodige.

LÉGENDE.

Elle va puiser de l'eau, la belle et chaste épouse du brahmine illustre, vénéré, intègre, de la plus austère justice. Chaque jour, elle apporte du fleuve sacré le précieux breuvage. Mais où donc est la cruche, le seau ? Elle n'en a pas besoin. Pour le cœur innocent, pour les mains pieuses, l'onde émue se cristallise en un globe magnifique. Le cœur joyeux, l'âme pure, avec une gracieuse démarche, elle le porte aux pieds de son époux.

Aujourd'hui elle vient, matinale, prier auprès des flots du

Gange; elle s'incline vers la claire surface : tout à coup, des plus hauts espaces du ciel, passant, volant sur sa tête, se réfléchit à ses regards surpris la tout aimable figure d'un jeune homme auguste, que la pensée divine, dans sa primitive beauté, a tirée de son sein éternel. A la contempler, elle sent le fond de son être saisi de mouvements tumultueux; elle veut persister dans cette contemplation; elle la repousse; l'objet revient; et, troublée, elle court vers le fleuve, elle puise, d'une main mal assurée : mais, hélas! elle ne puise plus; car le flot sacré semble fuir et s'éloigner; elle ne voit sous ses pieds que l'affreux abîme, qui se creuse en tourbillons.

Ses bras tombent, ses pas chancellent. Est-ce donc là le sentier qui mène à la maison? Doit-elle hésiter? doit-elle fuir? Veut-elle réfléchir, quand la réflexion lui refuse à la fois conseil et secours? C'est ainsi qu'elle paraît devant son époux. Il la regarde : ce regard est un arrêt. Avec une altière pensée, il saisit le glaive, la traîne à la colline des morts, où les malfaiteurs expient leurs crimes dans leur sang. Pourrait-elle résister? Pourrait-elle s'excuser d'une faute qu'elle ignore?

Et avec son épée sanglante, il revient pensif à sa demeure silencieuse : là il rencontre son fils : « Quel est ce sang, mon père, mon père? — Le sang de la coupable. — Nullement, car il ne se fige pas au glaive comme un sang criminel. Il coule à flots, comme d'une blessure. Ma mère, ma mère, viens ici, sors de la maison! Mon père ne fut jamais injuste, dis-moi ce qu'il vient de faire. — Silence, silence, c'est le sien! — De qui? — Silence, silence! — Serait-ce le sang de ma mère? Qu'est-il arrivé? quel fut son crime? A moi le glaive!... Je le tiens. Tu peux tuer ta femme, mais non pas ma mère! L'épouse suit dans les flammes son époux chéri, et le tendre fils meurt de la même épée que sa mère uniquement chérie.

— Arrête, arrête, s'écrie le père : il en est temps encore; hâte-toi, hâte-toi! Replace la tête sur le tronc, touche-la de l'épée, et, vivante, elle te suivra. »

Il accourt, hors d'haleine; il voit avec surprise les corps de deux femmes l'un sur l'autre croisés et puis les têtes. Quelle épouvante! Quel choix va-t-il faire? Il prend la tête de sa mère; il ne la baise point, cette tête d'une pâleur mortelle. Sur la plaie du cadavre voisin il la place à la hâte; avec le glaive, il consacre sa pieuse action.

Et une colossale figure se lève soudain.... Les lèvres chéries de la mère, ces lèvres, dont la douceur divine est toujours la même, prononcent ces affreuses paroles : « Mon fils, ô mon fils, quelle méprise! Là, le cadavre de ta mère; à côté, la tête criminelle de la coupable, immolée par la souveraine justice! Tu m'as greffée sur son corps pour l'éternité. Avec une volonté sage, avec une conduite violente, je vivrai parmi les dieux. Oui, l'image du divin adolescent flotte, pure et belle, devant mon front et mes yeux. Descend-elle dans mon cœur, elle éveille une ardeur insensée.

« Toujours elle doit revenir, toujours monter, toujours descendre, s'obscurcir, s'illuminer; ainsi Brahma le voulut. Il ordonna aux ailes diaprées, au clair visage, aux membres délicats, à la vision unique et divine, de m'éprouver, de me séduire; car la séduction vient d'en haut, lorsqu'il plaît aux dieux. Ainsi, moi, brahmine, qui porte ma tête dans les cieux, je dois, comme paria, sentir la puissance terrestre, qui m'entraîne ici-bas.

« Mon fils, je t'envoie vers ton père. Va le consoler. Qu'une triste pénitence, une morne attente, un mérite orgueilleux, ne vous arrêtent pas dans la solitude. Voyagez à travers tous les mondes, passez à travers tous les âges, et annoncez, même au plus chétif, que là-haut Brahma l'entend!

« Nul pour lui n'est le plus chétif; quiconque, avec des membres paralysés, l'esprit affreusement troublé, sombre, sans secours, sans espérance, qu'il soit brahmine, qu'il soit paria, tourne ses regards vers le ciel, éprouvera, apprendra, que là-haut des yeux sans nombre étincellent, que des oreilles sans nombre sont attentives, auxquelles rien ne reste caché.

« Si je m'élève vers son trône, s'il me regarde, moi, l'horrible créature, qu'il a transformée affreusement; s'il doit à jamais avoir pitié de moi, que cela tourne à votre avantage! Et je l'avertirai doucement, et je lui parlerai avec furie, selon que l'esprit me l'ordonnera, selon les mouvements de mon cœur. Ce que je pense, ce que je sens.... que cela demeure un mystère. »

ACTIONS DE GRACES DU PARIA.

Sublime Brahma, maintenant je reconnais que tu es le créateur des mondes ! Je te proclame mon seigneur, car tu laisses tout vivre.

Et, même au dernier, tu ne fermes aucune de tes oreilles sans nombre ; nous, abaissés profondément, tu nous as tous régénérés.

Tournez-vous vers cette femme, que la douleur change en divinité ; désormais je contemplerai sans cesse le créateur, la providence unique.

Complainte de la noble femme de Asan aga
(Imitée du morlaque.)

Que vois-je de blanc là-bas près de la forêt verte ? Est-ce peut-être de la neige ou sont-ce des cygnes ? De la neige, elle serait fondue ; des cygnes, ils seraient envolés. Non, ce n'est pas de la neige, ce ne sont pas des cygnes : ce qui brille, ce sont les tentes de Asan aga. Là il est gisant, il est blessé. Sa mère et sa sœur le visitent ; la pudeur empêche sa femme de se rendre auprès de lui.

Quand la douleur de sa blessure fut calmée, il fit dire à son épouse fidèle : « Ne m'attends plus à ma cour, à ma cour et chez les miens. »

A ces dures paroles, la fidèle épouse demeure immobile et saisie de douleur ; elle entend les chevaux piaffer devant la porte, elle se figure que c'est Asan, son époux ; elle monte à la tour pour se précipiter. Avec angoisse la suivent ses deux filles chéries, qui l'appellent et versent des larmes amères. « Ce ne sont pas les chevaux d'Asan, notre père ; c'est ton frère Pintorowich qui est venu. »

Et l'épouse d'Asan revient sur ses pas ; elle presse en gémissant son frère dans ses bras. « Vois, ô mon frère, la honte de ta sœur ! Moi, répudiée, moi, la mère de ces cinq enfants ! »

Le frère se tait ; il tire de sa poche, enveloppée dans la soie rouge, la lettre de divorce toute prête ; afin que l'épouse retourne dans la maison de sa mère, pour se donner à un autre librement.

Quand la femme vit la lettre de divorce et de deuil, elle baisa au front ses deux fils, elle baisa à la joue ses deux filles, mais, hélas! le nourrisson au berceau, dans sa douleur amère, elle ne peut s'en séparer! Le frère, impatient, l'entraîne, la jette sur le coursier ardent et prompt, et puis il court, avec la femme affligée, droit à la haute demeure de son père.

Il se passa peu de temps, bien peu de temps, sept jours à peine : la dame, durant son deuil de veuve, la dame fut demandée en mariage par de nombreux seigneurs.

Et le plus illustre était le cadi d'Imoski, et la dame suppliait son frère en pleurant : « Je t'en conjure par ta vie, ne me donne pour femme à aucun autre, afin qu'à revoir mes pauvres enfants chéris, mon cœur ne se brise pas. »

Le frère n'a point égard à ses paroles, résolu de la marier au cadi d'Imoski. Mais la bonne mère le conjure avec une ardeur extrême : « Envoie du moins, ô mon frère, au cadi d'Imoski une lettre avec ces mots : « La jeune veuve te salue amica- « lement, et, par cette lettre, elle t'adresse cette instante prière : « Quand les Suates te suivront ici, veuille m'apporter un long « voile, afin que je m'en couvre quand je passerai devant la mai- « son d'Asan, et que je ne voie pas mes chers orphelins. »

A peine le cadi a-t-il vu cette lettre, qu'il rassemble tous ses Suates, et se dispose à se rendre chez la fiancée, portant avec lui le voile qu'elle a demandé.

Ils arrivèrent heureusement chez la princesse; ils revenaient heureusement avec elle; mais, comme ils approchaient de la maison d'Asan, les enfants voient d'en haut leur mère et s'écrient : « Reviens dans ta demeure, viens souper avec tes enfants. » L'épouse d'Asan les entendit avec tristesse; elle se tourna vers le prince des Suates : « Je t'en prie, fais arrêter un peu les Suates et les chevaux devant la porte chérie, afin que je fasse encore un cadeau à mes enfants. »

Et ils s'arrêtèrent devant la porte chérie, et elle fit des cadeaux à ses pauvres enfants; elle donna aux garçons des bottines brodées d'or; elle donna aux filles de longs et riches vêtements, et au faible nourrisson, dans le berceau, elle donna aussi, pour l'avenir, une petite robe.

Asan aga, leur père, voit la chose à l'écart, et, saisi de douleur, il crie à ses chers enfants : « Revenez à moi, pauvres petits. Il est de fer désormais le cœur de votre mère; il est fermé étroitement et ne peut sentir la pitié. »

Quand la femme d'Asan entendit ces paroles, elle tomba par terre, pâle et tremblante, et son âme s'envola de son sein oppressé, lorsqu'elle vit ses enfants fuir devant elle.

IMITATIONS

DE LA FORME ANTIQUE[1].

> Cette robe flottante nous sied-elle
> comme aux anciens?

Le duc Léopold de Brunswick[2].
(1785.)

Il s'est emparé de toi, l'antique dieu du fleuve; il te garde et partage avec toi, pour jamais, son royaume rapide. Tu sommeilles doucement, au murmure plus tranquille de l'urne, jusqu'au jour où l'onde orageuse te réveillera pour les exploits. Sois secourable au peuple, comme tu voulus l'être dans ta vie mortelle, et que le dieu accomplisse l'œuvre où l'homme échoua.

---

1. Goethe a écrit une partie de ces poésies en distiques (hexamètre et pentamètre, le reste en hexamètres purs. La traduction exacte du titre serait : *Poésies qui approchent de la forme antique*. Par ce titre et par la question qu'il adresse au lecteur dans l'épigraphe, Goethe a voulu faire entendre que cette forme de versification était encore nouvelle pour lui. En effet, quelques-unes de ces petites pièces remontent à l'année 1782. Une partie servit d'inscriptions pour les monuments, les tables de pierre, les retraites du parc de Weimar, où l'on peut en lire encore quelques-unes.

2. Léopold de Brunswick, frère de la duchesse Amélie, se noya dans l'Oder, au printemps de 1785, en voulant sauver des malheureux.

Au laboureur.

Ami, il couvre légèrement de sa surface la semence dorée, le sillon qui, plus profondément enfin, couvrira les ossements endormis. Laboure et sème avec joie : ici germe une nourriture vivante, et l'espérance ne s'éloigne pas même du tombeau.

Le tombeau d'Anacréon.

Ici, où la rose fleurit, où la vigne s'enlace autour du laurier, où les colombes s'appellent, où le grillon se réjouit, quel est ce tombeau, où tous les dieux ont semé avec grâce la parure de la vie? Là repose Anacréon. Il a joui du printemps, de l'été et de l'automne, l'heureux poëte, et cette colline enfin l'a préservé de l'hiver.

Les deux frères.

L'assoupissement et le sommeil, deux frères, consacrés au service des dieux, furent accordés aux prières de Prométhée pour le soulagement de sa race ; mais, pour les dieux fardeau léger, ils sont pour l'homme une charge pesante : leur assoupissement devint pour nous le sommeil, leur sommeil devint la mort.

La mesure du temps.

Amour, comment te vois-je ici? Dans chaque menotte un sablier? Eh quoi, dieu léger, est-ce que tu mesures deux fois le temps? — Lentement de celui-ci coulent pour les amants les heures de l'absence : lorsqu'ils sont réunis, de celui-là elles se précipitent.

Avertissement.

N'éveille pas l'Amour ! Il sommeille encore, l'aimable enfant : vite, achève ton œuvre, comme le jour te l'ordonne. Ainsi la soigneuse mère met le temps à profit, tandis que son enfant s'endort ; car il ne s'éveille que trop tôt.

Heureux soucis.

Soucis, éloignez-vous de moi !... Mais, hélas ! le souci ne quitte pas l'homme mortel avant que la vie ne l'ait quitté. Eh bien, s'il en doit être ainsi, venez, soucis de l'amour, chassez vos frères, prenez et possédez mon cœur.

Solitude.

Vous qui habitez les arbres et les rochers, ô nymphes salutaires, accordez à chacun ce qu'il demande en secret. Donnez à l'affligé la consolation, à celui qui doute, la science, et faites que l'amant rencontre son bonheur. Car les dieux vous ont accordé ce qu'ils ont refusé à l'homme, d'être propices et secourables à quiconque se confie en vous.

Bonheur éprouvé.

Ce que la nature partage d'ordinaire avec mesure entre plusieurs, elle le donna tout à ELLE seule, d'une main libérale, et celle qui est si magnifiquement douée, celle que tant de gens honorent du fond de leur âme, un sort propice l'a gracieusement donnée à l'homme heureux, à moi !

De loin.

On dit que la nature donna aux rois, par préférence aux autres mortels, des bras plus longs, pour saisir au loin ; mais à moi aussi, tout chétif que je suis, elle accorda le privilége des princes, car je te saisis de loin [1], Lida, et je te presse sur mon cœur.

Le rocher choisi.

Ici l'amant rêvait en silence à sa bien-aimée ; il me dit avec joie : « O rocher, sois-moi témoin ! mais ne t'enorgueillis pas, tu as beaucoup de pareils : à chaque rocher de la campagne qui me nourrit, mortel fortuné ; à chaque arbre de la forêt, autour duquel je me promène, je crie, en le consacrant avec joie : « Sois toujours le monument de mon bonheur ! » Mais je te prête, à toi seul, un langage, comme, parmi la foule, la Muse se choisit un favori, et dépose sur ses lèvres un gracieux baiser. »

Bonheur champêtre.

O déités du bocage, ô nymphes du fleuve, songez à vos amis

---

1. On doit entendre ces mots dans le sens figuré, comme exprimant la distance des rangs. On a lieu de supposer que Lida était d'une condition très supérieure à celle de Goethe. Heureux Soucis, Solitude, Bonheur éprouvé, le Rocher choisi, etc., furent aussi écrits pour Lida

absents ; soyez propices à vos amis présents ; les premiers ont consacré et célébré paisiblement les fêtes champêtres, et nous, suivant les sentiers ouverts, nous dérobons le bonheur. Que l'Amour demeure avec nous ! L'enfant céleste nous fait chérir les amis présents, et, les absents, il les rapproche.

Philomèle.

O chanteuse, Amour t'éleva sans doute et te donna la pâture. Le dieu, dans ses jeux enfantins, te présenta la becquée avec sa flèche : ainsi pénétré de poison, le gosier de Philomèle, qui respire la joie paisible, blesse le cœur désormais avec la puissance de l'amour.

Place consacrée.

Si, de l'Olympe descendues, les Grâces se mêlent en secret aux chœurs des Nymphes, réunies à la clarté de la lune sacrée, le poëte ici les épie ; il entend leurs belles chansons ; il voit les mystérieux mouvements des danses discrètes. Ce que le ciel enferme de magnifique, ce que la terre fortunée produisit jamais d'enchanteur, apparaît au rêveur qui veille. Il redit tout aux Muses, et, pour prévenir la colère des dieux, les Muses l'instruisent d'abord à parler de ces mystères avec modestie.

Le parc[1].

Quel jardin céleste surgit du désert et du chaos, et prend naissance et s'anime et brille devant moi, dans une lumière magnifique? Vous imitez bien le créateur, vous autres dieux de la terre! Rochers et lacs et buissons, oiseaux et poissons et gibier! Pour que votre résidence devienne un Éden accompli, il ne manque ici qu'un heureux, il ne manque à votre sabbat que le repos.

Les docteurs.

Lorsque Diogène, dans sa tonne, se chauffait au soleil, et lorsque Calanus montait avec joie sur le bûcher en flammes, quelle admirable leçon pour le bouillant fils de Philippe, si le

---

1. Il s'agit du parc de Weimar, et, les travaux que le poëte célèbre, c'est lui-même qui les avait dirigés. Wieland écrivait à Merk, au mois d'octobre 1778 : « Les poésies que Goethe a composées sur les deux rives de l'Ilm coûtent assez cher au trésor, mais elles ont fait de ce lieu un Tempé et un Élysée. »

maître du monde n'avait pas été trop grand même pour la leçon !

Tentation.

Un jour, Ève, notre mère, présenta à son époux la pomme fatale. Hélas ! il en goûta follement, et toute sa postérité languit. Maintenant, Lydie, enfant pieuse, aimable pénitente, tu goûtes du pain sacré qui nourrit et sauve les âmes ! C'est pourquoi je t'envoie bien vite le fruit plein de douceur terrestre, de peur que le ciel ne te dérobe à ton amant.

Mariage mal assorti.

Ce couple céleste, après le mariage, se trouva lui-même mal assorti : Psyché vieillit et devint sage, Amour est toujours un enfant.

Une sainte famille.

O le doux enfant ! ô l'heureuse mère ! Comme elle trouve en lui toute sa joie ! comme il la trouve en elle ! Quelle volupté je goûterais à jeter un regard sur cette image ravissante, si je n'étais là, pauvre diable, planté devant elle, dévotement comme Joseph !

Excuse.

Tu reproches à la femme de flotter de l'un à l'autre ? Ne la blâme point : elle cherche un homme constant.

Un camp.
(1790.)

Il est vert, le plancher de notre demeure ; le soleil brille à travers les murailles, et l'oiseau chante sur le toit de lin ; nous faisons à cheval des promenades guerrières ; nous gravissons les montagnes de la Silésie ; nous portons des regards avides vers la Bohême : mais il ne se montre aucun ennemi.... aucune ennemie. Oh ! si Mars trompe notre attente, Cupidon, déclare-nous la guerre !

Au corps des mineurs.
(A Tarnowitz, le 4 septembre 1790.)

Loin des hommes cultivés, à l'extrémité de l'Empire, qui vous aide à trouver des trésors et à les mettre heureusement en lumière? L'intelligence et la probité seules vous secondent : elles ont ensemble la clef de tout trésor que recèle la terre.

Sakontala.
(1792.)

Veux-tu les fleurs du printemps, les fruits de l'automne; veux-tu ce qui charme et ravit; veux-tu ce qui nourrit et satisfait; veux-tu, dans un seul nom, embrasser le ciel et la terre? je te nomme Sakontala [1] et j'ai tout dit.

Le Chinois à Rome.

Je vis à Rome un Chinois : tous ces édifices, antiques et modernes, lui semblaient lourds et massifs. « Ah! les pauvres gens, soupirait-il, ils comprendront, je l'espère, que des colonnettes de bois portent bien le pavillon de la toiture; que les lattes et le carton, les découpures, les dorures bariolées, ont seuls du charme pour l'œil délicat du connaisseur. »

Je croyais voir dans cet emblème l'enthousiaste qui compare ses gazes légères avec le tapis éternel de la puissante nature : qui appelle malades les gens valides et robustes, afin que lui, malade, on le dise seul bien portant.

Voyages physiognomoniques [2].

LES PHYSIOGNOMONISTES. Serait-il vrai, comme nous l'annonce le rustique voyageur, que, de toutes les choses visibles, la forme humaine soit la seule qui nous trompe; que, si nous cherchons dans la physionomie quelque chose de noble ou de niais, quelque chose d'étroit ou de grand, nous sommes des fous ridicules, des fous trompés et trompeurs? Ah! nous sommes repoussés dans les sentiers obscurs de la vie troublée; la lumière se change en ténèbres.

LE POËTE. Relevez vos fronts inquiets, mes amis! Et, pour ne pas mériter qu'on vous abuse, n'écoutez pas tantôt l'un tantôt

---

1. Ou *Sacountala*, drame du poëte indien Kalidasa.
2. C'est le titre d'un ouvrage que Musæus publia, en 1778, contre la physiognomonie. Une sorte de Don Quichotte, un rustique voyageur, détrompé par l'expérience, finit par renoncer à ce vain savoir. Goethe, qui ne trouvait déjà plus dans les travaux de Lavater une base scientifique, les défend toutefois, au nom de l'inspiration poétique, contre les attaques de Musæus.

l'autre. Avez-vous oublié vos maîtres? Courage! retournez au Pinde; interrogez les neuf sœurs, les plus proches parentes des Grâces! Elles seules ont reçu le don de présider à la méditation noble et secrète. Adonnez-vous de bon cœur à leurs saintes leçons; recueillez modestement ce qu'elles disent tout bas. Je puis vous le garantir : autre est le langage des Muses, autre est celui de Musæus.

Le miroir de la Muse.

La Muse, voulant se parer, suivait, un matin, le cours de l'onde ruisselante; elle cherchait la place la plus calme. Mais, sans cesse courant et grondant, la surface flottante défigurait l'image mobile : la déesse se détourna en colère. Et le ruisseau s'écria derrière elle, d'un ton railleur : « Sans doute tu n'aimes pas à voir la vérité pure, comme te la montre mon miroir. » Mais elle était déjà loin, cachée au bord du lac, où elle jouissait de sa beauté et arrangeait sa couronne.

Phébus et Hermès.

L'auguste maître de Délos et le rusé fils de Maïa disputaient vivement; chacun réclamait le prix magnifique. Hermès demandait la lyre, Apollon la demandait aussi; mais c'est en vain que l'espérance les anime tous deux : Arès, l'impétueux, s'avance et, décidant violemment la querelle, le barbare frappe la lyre d'or et la partage avec le fer. Le malicieux Hermès rit aux éclats : mais une douleur profonde saisit le cœur de Phébus et des Muses.

Le nouvel amour.

Amour, non pas l'enfant, mais le jeune homme, qui séduisit Psyché, promenait dans l'Olympe ses regards audacieux, accoutumés à la victoire. Il vit une déesse plus belle que toutes les autres : c'était Vénus Uranie, et il brûla pour elle. Hélas! la sainte elle-même ne résista pas à sa poursuite, et le téméraire la pressa dans ses bras. Ainsi prit naissance un nouvel, un charmant amour, qui a l'ardeur de son père et la pudeur de sa mère. Vous le trouvez toujours dans la société des douces Muses, et sa flèche stimulante communique l'amour des arts

La nouvelle Sirène.

Avez-vous ouï parler des Sirènes?... Filles de Melpomène, elles montraient fièrement leurs têtes couronnées de belles tresses, leurs figures sereines, radieuses; oiseaux, cependant, dès le milieu du corps, dangereuses coquettes, dont la bouche amoureuse exhalait un chant séducteur. Il en est une, leur sœur, beauté grecque jusqu'à la ceinture, et, avec la modestie du Nord, enveloppée jusqu'aux pieds; elle parle aussi, elle chante, aux navigateurs de l'Orient et de l'Occident: Hélène sait tenir captifs leurs esprits enchantés.

Les couronnes.

Klopstock veut nous éloigner du Pinde; nous ne devons plus aspirer au laurier; le chêne germain doit nous suffire; et lui-même il conduit cependant la croisade épique au sommet du Golgotha, pour honorer des dieux étrangers! Mais, qu'il rassemble les anges sur la colline qu'il voudra; qu'il fasse pleurer sur la tombe du bon Maître les justes abandonnés; là où le saint et le héros succombèrent, où le poëte chanta, pour nous laisser, dans la vie et la mort, un exemple de sublime courage, de grandeur humaine : tous les peuples s'agenouillent à bon droit dans une extase pieuse; ils vénèrent la couronne d'épines et celle de laurier, et tout ce qui fut pour l'homme parure et souffrance.

L'Alpe suisse.
(Ouri, 1er octobre 1797.)

Hier encore je voyais ta tête aussi brune que les boucles de la bien-aimée, dont le gracieux visage me souriait doucement de loin; ce matin, ta cime est argentée par la neige, qui, dans la nuit orageuse, s'est répandue sur ton front. Ah! dans la vie, le bel âge s'enchaîne à la vieillesse, aussi étroitement qu'un songe mobile unit le soir au lendemain.

ÉLÉGIES[1].

LIVRE I.

> Combien nous fûmes heureux un jour.... c'est à vous maintenant de l'apprendre au monde.

I. — O pierres, instruisez-moi ; parlez, augustes palais ; rues, dites un mot ! Génie, ne t'éveilles-tu pas ? Oui, tout est animé dans tes saintes murailles, Rome éternelle. Pour moi seul tout garde encore le silence. Oh ! qui me dira tout bas à quelle fenêtre un jour je verrai la douce créature qui en me consumant me vivifie ? Ne puis-je encore deviner la voie sur laquelle je dissiperai sans cesse un temps précieux à me rendre chez elle, à en revenir ? Jusqu'ici j'ai observé les églises et les palais, les ruines et les colonnes, en homme réfléchi, qui profite habilement de son voyage. Mais bientôt je laisserai tout cela, et un seul temple, le temple de l'Amour, recevra l'initié ! O Rome, tu es un monde sans doute, mais, sans l'amour, le monde ne serait pas le monde, et Rome non plus ne serait pas Rome.

II. — Honorez qui il vous plaira ! Enfin je suis en sûreté. Belles dames, et vous, messieurs du monde poli, demandez des

---

1. Goethe a écrit les Élégies en distiques (hexamètre et pentamètre).

nouvelles de l'oncle et du cousin, des vieilles cousines et des tantes, et qu'à la conversation guindée succède le triste jeu. Bon voyage, aussi, à vous autres habitués des grandes et des petites assemblées, qui avez souvent failli me réduire au désespoir! Renouvelez toutes ces vaines discussions politiques, qui poursuivent avec acharnement le voyageur à travers l'Europe. Ainsi la chanson de Malbrough poursuivit le voyageur anglais de Paris à Livourne, puis de Livourne à Rome, et, jusqu'à Naples encore, et, eût-il fait voile pour Smyrne, Malbrough, la chanson de Malbrough, l'aurait accueilli dans le port. Ainsi, jusqu'à ce jour, j'ai dû, dans toutes mes courses, entendre blâmer le peuple, blâmer les conseils des rois. Maintenant vous ne me découvrirez pas de sitôt, dans l'asile qu'Amour, le souverain, m'a octroyé par sa royale faveur. Il me couvre ici de son aile ; ma bien-aimée, Romaine dans le cœur, ne craint point les furieux Gaulois ; elle ne s'enquiert jamais d'histoires nouvelles ; elle épie avec soin les désirs de l'homme à qui elle s'est donnée. Elle met son plaisir en lui, le libre et robuste étranger, qui lui parle de montagnes et de neige et de maisons de bois ; elle partage les flammes qu'elle allume dans son sein ; elle aime à voir qu'il ne ménage pas l'or comme le Romain. Sa table est à présent mieux servie ; elle ne manque ni d'habits ni de voiture pour la mener à l'Opéra. La mère et la fille se complaisent dans leur hôte du Nord, et le barbare règne sur le cœur et la personne de la Romaine.

III. — Ne regrette pas, ma bien-aimée, de t'être sitôt livrée à moi! Crois-le bien, nulle pensée chez moi, qui t'offense ou te rabaisse. Les traits de l'amour ont des effets divers : quelques-uns nous effleurent, et, du poison qui s'insinue, le cœur est malade longtemps ; mais les autres, aux ailes puissantes, à la pointe vivement acérée, pénètrent dans la moelle, embrasent soudain le sang. Dans l'âge héroïque, où les dieux et les déesses aimaient, le désir suivait le regard, la jouissance suivait le désir. Crois-tu que la déesse de l'amour ait longtemps réfléchi, lorsque, dans les bois de l'Ida, un jour, Anchise lui plut? Si Diane avait tardé à couvrir de baisers le beau pâtre endormi, l'Aurore jalouse l'aurait bien vite éveillé ! Héro aperçut Léandre dans une fête bruyante, et soudain l'amant embrasé s'élança dans le flot nocturne. Rhéa Sylvia, la vierge royale, descend puiser de l'eau dans le Tibre, et le dieu la saisit dans ses bras. C'est ainsi que Mars devint père.... Une louve allaite les jumeaux, et Rome s'appelle la reine du monde.

IV. — Nous sommes pieux, nous autres amants, nous adorons en secret toutes les divinités ; nous désirons nous rendre propices chaque dieu, chaque déesse ; et, par là, nous vous ressemblons, ô Romains victorieux ! Vous offrez des demeures aux dieux de tous les peuples du monde ; que l'Égyptien les ait formés, noirs et sévères, d'antique basalte, ou le Grec, blancs et gracieux, de marbre pentélique. Mais cela n'offense pas les immortels, si nous offrons, de préférence, à l'une des divinités le plus précieux encens. Oui, nous vous le confessons volontiers, nos prières, notre culte de chaque jour, restent voués particulièrement à une seule déesse. Enjoués et graves, nous célébrons des fêtes secrètes, et le silence sied bien à tous les initiés. Nous attirerons nous-mêmes sur nos traces, par d'horribles forfaits, les Euménides ; nous oserons subir, sur la roue tournoyante et au pied du rocher, la sévère sentence de Jupiter, plutôt que de soustraire notre cœur à ce culte charmant. Cette déesse se nomme l'Occasion : apprenez à la connaître ! Elle vous apparaît souvent, toujours sous une forme nouvelle. On la dirait fille de Thétis et de Protée, dont les subtiles métamorphoses trompèrent maint héros. Ainsi leur fille trompe maintenant le novice, le timide ; elle lutine sans cesse les mortels assoupis ; elle passe à tire-d'aile devant ceux qui veillent ; elle ne se donne volontiers qu'à l'homme actif et prompt ; pour lui, il la trouve docile, enjouée et douce et tendre. Un jour elle m'apparut aussi, brune jeune fille ; sa riche et noire chevelure descendait sur son front, des boucles légères se roulaient autour de son cou charmant, et sur sa tête s'élevait une libre frisure. Je ne la méconnus point, je la saisis dans sa course ; bientôt, docile, elle me rendit avec amour embrassements et baisers. Oh ! que je fus heureux !.... Mais silence ! Ce temps est passé, et c'est vous qui m'enchaînez aujourd'hui, belles tresses romaines !

V. — J'éprouve désormais un joyeux enthousiasme sur la terre classique ; les âges passés et l'âge contemporain me parlent avec plus de force et de charme. Ici je suis le conseil des anciens, et, d'une main diligente, je feuillette chaque jour leurs ouvrages avec une jouissance nouvelle. Mais, durant les nuits, Amour m'occupe autrement. Quand même je ne serais instruit qu'à demi, je suis heureux doublement. Et n'est-ce pas m'instruire que d'observer les formes d'un beau sein, de promener ma main sur le torse? Alors seulement je comprends bien le marbre; je médite et je compare; je vois d'un œil qui touche; je touche d'une main qui voit. Si ma maîtresse me dérobe quelques heures du jour, elle me dédommage en me donnant les heures de la nuit. On ne s'embrasse pas toujours; on cause sensément. Est-elle surprise par le sommeil, couché près d'elle, je me livre à mille pensées; souvent même j'ai poétisé dans ses bras, et, d'un doigt musical, j'ai compté doucement sur ses épaules la mesure de l'hexamètre. Elle respire dans son aimable sommeil, et son haleine m'embrase jusqu'au fond du cœur. Cependant Amour entretient la lampe, et songe aux temps où il remplissait le même office pour ses triumvirs.

VI. — « Peux-tu bien, cruel, m'affliger par de semblables discours? Chez vous, les amants parlent-ils avec tant d'amertume et de rudesse? Si le peuple m'accuse, je dois le souffrir, et ne suis-je point coupable peut-être? Mais, hélas! je ne suis coupable qu'avec toi. Ces habits, ils témoignent à la jalouse voisine que la veuve ne pleure plus son époux dans la solitude. Souvent n'es-tu pas venu sans précaution, par le clair de lune, vêtu de gris, en manteau sombre, les cheveux roulés par derrière? N'as-tu pas même, en te jouant, choisi, pour te déguiser, l'habit du prêtre? Eh bien, si ce doit être un prélat, à la bonne heure: le prélat, c'est toi! Dans la Rome cléricale, cela semble à peine croyable, mais, je le jure, jamais un prêtre n'a joui de mes embrassements. J'étais pauvre, hélas! et jeune et bien connue des suborneurs; Falconieri m'a souvent mangée des yeux, et un entremetteur d'Albani a voulu m'attirer par des lettres, pleines de belles promesses, soit à Ostie soit aux quatre fontaines. Mais qui ne vint pas? ce fut la jeune fille. Tant je fus toujours la franche ennemie des bas rouges et des bas violets aussi.

« Car, après tout, c'est vous, jeunes filles, qui finissez par être
« trompées, » disait mon père, bien que ma mère prît la chose plus légèrement. Et moi aussi, je suis donc enfin trompée! Tu ne me fais voir qu'une feinte colère, parce que tu songes à

fuir. Va! vous n'êtes pas dignes des femmes! Nous portons les enfants sous le cœur, et nous y portons aussi la foi. Mais, vous autres hommes, en même temps que votre vigueur et vos désirs, vous dissipez votre amour dans les embrassements. »

Ainsi parla ma maîtresse, puis elle enleva l'enfant de sa chaise, le pressa sur son cœur en le baisant, et des larmes coulèrent de ses yeux. Oh! comme je restai confus, à la pensée que les discours d'hommes méchants avaient pu me flétrir cette aimable figure! Le feu ne jette que par moments une lueur sombre, et puis il fume, quand l'eau, qui se précipite, enveloppe soudain le brasier; mais la flamme brillante se dégage bientôt; elle repousse les vapeurs qui l'obscurcissent, et s'élance dans les airs avec une force nouvelle.

VII. — Oh! que je me sens heureux dans Rome, quand je songe aux temps où un jour grisâtre m'accueillait au fond du Nord; où le ciel, sombre et pesant, s'abaissait sur ma tête; où, dans ma lassitude, je voyais le monde sans couleur et sans forme autour de moi, et, pour observer les noirs labyrinthes de mon esprit mécontent, je retombais sur moi-même dans une silencieuse rêverie. Maintenant l'éclat de l'éther, plus brillant, illumine mon front; le divin Phébus évoque les formes et les couleurs; la nuit brille étoilée; elle résonne de chants voluptueux, et la lune me luit plus claire que le jour du Nord. Pour moi, mortel, quelle félicité! Est-ce un rêve? Jupiter, ô mon père, ton palais d'ambroisie s'ouvre-t-il à l'étranger? Je me prosterne et je lève vers tes genoux des mains suppliantes. O Jupiter hospitalier, écoute-moi! Comment je suis entré, je ne puis le dire : Hébé a pris le voyageur par la main et m'a entraîné dans les salles. Lui as-tu ordonné d'amener un héros dans ces hautes demeures? La belle déesse s'est-elle trompée? Pardonne! laisse-moi profiter de l'erreur! Ta fille, la Fortune, elle aussi, distribue les dons les plus beaux à la manière des jeunes filles, comme le veut son caprice. Es-tu le dieu hospitalier? Alors ne repousse pas un hôte, un ami, de ton Olympe sur la terre! « Poëte, où vas-tu t'égarer? » Pardonne-moi, le sublime Capitole est pour toi un second Olympe. Souffre-moi ici, Jupiter, et que, plus tard, sous la conduite d'Hermès, je passe devant le tombeau de Cestius[1], pour descendre doucement chez les ombres.

VIII. — Quand tu me dis, ô ma maîtresse, que, dans ton enfance, tu ne plaisais pas aux gens, et que ta mère te dédaigna jusqu'au temps où tu devins grande et te développas insensiblement, je le crois; je me plais à te voir, par la pensée, comme une enfant extraordinaire. Bien que la forme et la couleur manquent à la fleur de la vigne, quand la grappe est mûre, elle ravit les hommes et les dieux.

IX. — En ces jours d'automne, la flamme luit sur le foyer rustique, hospitalier; elle pétille, éclate et s'élance des broutilles en frémissant. Ce soir, elle me réjouit davantage; car, avant que le fagot se réduise en charbons et disparaisse sous la cendre, celle que j'aime viendra. Alors tisons et broutilles flamberont, et la nuit, réchauffée, sera pour nous une brillante fête. Demain, de bonne heure empressée, elle quittera la couche amoureuse, et se hâtera de réveiller la flamme assoupie; car l'Amour donna, par excellence, à l'enchanteresse de réveiller le plaisir, à peine éteint comme la cendre.

X. — Alexandre et César, Henri et Frédéric, tous ces grands hommes, volontiers me donneraient la moitié de leur gloire[2], si je pouvais, pour une seule nuit, leur céder cette couche : mais, les infortunés! l'austère puissance d'Orcus les enchaîne. Toi donc, qui jouis de la vie, goûte le bonheur à cette place, que l'Amour échauffa de sa flamme, avant que ton pied fugitif se baigne avec horreur aux flots du Léthé.

XI. — O Grâces, pour vous un poëte dépose quelques feuillets sur l'autel pur, avec des boutons de rose, et il apporte son offrande avec confiance. L'artiste se complaît dans son atelier, qui toujours semble autour de lui un Panthéon. Jupiter baisse son front divin et Junon lève le sien; Phébus marche en avant; il secoue son ondoyante chevelure; Minerve regarde à ses pieds, d'un œil austère, et le léger Mercure jette de côté un regard malin et tendre à la fois. Mais vers Bacchus, voluptueux, ré-

---

1. Auprès de la pyramide de Cestius est le cimetière protestant.
2. Frédéric le Grand écrivait à Voltaire, le 9 octobre 1757 :

Un instant de bonheur vaut mille ans dans l'histoire.

veur, Cythérée lève ses yeux pleins d'amoureux désirs, humides encore, même dans le marbre. Elle se souvient avec délices de ses embrassements et semble lui dire : « Notre divin fils ne devrait-il pas être à notre côté ! »

XII. — Entends-tu, ma belle, ces cris joyeux sur la voie Flaminienne? Ce sont des moissonneurs : ils retournent chez eux bien loin. Ils ont achevé la moisson du Romain, qui dédaigne de tresser lui-même la couronne de Cérès. Nulles fêtes ne sont plus consacrées à la grande déesse, qui, au lieu de glands, dispensa, pour nourriture, le froment doré. Célébrons, nous deux, en secret la joyeuse fête. Deux amants sont l'un pour l'autre un peuple entier. As-tu peut-être ouï parler de la fête mystique, qui, d'Éleusis, suivit autrefois le vainqueur en ces lieux? Les Grecs l'instituèrent et, même dans les murs de Rome, les Grecs seuls criaient toujours : « Venez à la nuit sacrée! » Le profane s'éloignait; le novice attendait, tremblant, vêtu de la robe blanche, symbole de pureté. Puis l'initié s'avançait, avec de bizarres détours, à travers des cercles de figures étranges; il se croyait ballotté par un songe : car, ici, des serpents se roulaient sur le sol autour de lui; là, des jeunes filles passaient, couronnées d'épis d'or, portant des cassettes fermées; d'un air mystérieux, les prêtres gesticulaient et murmuraient; impatient, inquiet, le disciple attendait la lumière. Enfin, après des épreuves et des expériences diverses, on lui révélait ce que le cercle sacré cachait sous les figures bizarres. Et quel était ce secret? Qu'un jour la Grande Mère des dieux céda elle-même aux désirs d'un héros, lorsqu'elle livra les charmes secrets de son corps immortel à Jasion, le vaillant roi de Crète. Alors la Crète fut heureuse. Le lit nuptial de la déesse était jonché d'épis, et la moisson couvrit les campagnes de son riche fardeau. Mais le reste de la terre languit; car, au sein des plaisirs de l'amour, Cérès négligea sa belle mission. L'initié écoutait la légende avec étonnement, et faisait un signe à son amie.... Ce signe, le comprends-tu, ma bien-aimée? Le myrte touffu ombrage une place sacrée, et le monde ne souffrira point de nos plaisirs.

XIII. — Amour est toujours un fripon, et qui se fie à lui est trompé. Il vint à moi, l'hypocrite. « Une seule fois encore, donne-moi ta confiance. Je te veux du bien; tu as consacré, je l'avoue avec reconnaissance, ta vie et tes vers à ma gloire. Tu le vois, je t'ai suivi jusqu'à Rome: je voudrais faire sur ce bord étranger quelque chose pour te complaire. Chaque voyageur se plaint qu'il trouve de mauvais gîtes : celui que l'Amour recommande est gîté délicatement. Tu considères avec étonnement les ruines des antiques édifices, et tu parcours avec recueillement cette enceinte sacrée; tu vénères plus encore les précieux restes du travail de ces admirables artistes, que je visitais constamment dans leur atelier : ces figures, c'est moi-même qui les ai formées. Pardonne-moi, ce n'est point vanterie cette fois; tu l'avoueras, ce que je dis est véritable. Maintenant tu me sers plus mollement. Où sont les belles formes, où sont les couleurs, l'éclat de tes inventions? O mon ami, songes-tu à modeler encore? L'école des Grecs est restée ouverte; les ans n'en ont point fermé la porte. Moi, le maître, je suis jeune éternellement, et j'aime la jeunesse. Je ne t'aime pas sage comme un vieillard. Courage! comprends-moi bien. L'antique était nouveau, quand vivaient ces heureux mortels. Sache vivre heureux, et qu'ainsi vive en toi l'antiquité! La matière de tes chants, où la prendras-tu? Je veux te la fournir et l'Amour seul t'enseignera le style sublime. » Ainsi parla le sophiste. Qui l'aurait contredit? Hélas! et j'ai coutume d'obéir, quand le maître commande.... Aujourd'hui le traître me tient sa parole; il me fournit le sujet des chants, hélas! et il me ravit en même temps le loisir, la force et la pensée. Un couple amoureux échange regards et serrements de mains, baisers, douces paroles, syllabes d'un sens délicieux; le chuchotement devient causerie; le bégaiement, aimable discours : un hymne pareil expire sans prosodie. Aurore, comment pouvais-je te croire autrefois l'amie des Muses? Aurore, es-tu aussi séduite par ce fripon d'Amour? Tu m'apparais maintenant comme son amie, et tu me réveilles à son autel pour un jour de fête. Je trouve sur mon sein les flots de la chevelure; la jolie tête repose et s'appuie sur mon bras, qui s'enlace autour de son cou. Qu'il fut délicieux, votre réveil, heures paisibles! Il m'offrit le souvenir des voluptés qui nous avaient bercés dans le sommeil.... Encore endormie, elle s'agite, retombe sur la couche en se détournant de moi, et cependant elle laisse sa main dans la mienne. Le tendre amour, la fidèle ardeur, sans cesse nous lient, et le désir ne s'est réservé que le changement de caresses. Un serrement de main, et je vois ouverts ses yeux célestes.... Oh! non, laissez mon regard se reposer sur ces formes! Fermez-vous encore. Vous me troublez et m'enivrez; vous me ravissez trop tôt la paisible jouissance de la pure contemplation. Dans ces formes, quelle grandeur! Que de noblesse dans ces contours! Si Ariane endormie était aussi belle, Thésée, pouvais-tu fuir? A ces lèvres, un seul baiser! O Thésée, pars maintenant!... Arrête tes yeux sur les siens.... Elle s'éveille!... Elle t'enchaîne pour jamais.

XIV. — Petit serviteur, allume le flambeau! — Il fait jour encore. Vous brûlerez inutilement l'huile et la mèche. Ne fermez donc pas les volets. Le soleil a disparu derrière les maisons et non derrière la montagne. Encore une demi-heure, avant qu'on entende la cloche du soir. — Va, importun, obéis. J'attends ma maîtresse. Cependant console-moi, petite lampe, aimable messagère de la nuit.

XV. — Je n'aurais, je pense, jamais suivi César chez les Bretons lointains; Florus[1] m'aurait sans peine entraîné dans les tavernes; car les tristes brouillards du Nord me seront toujours beaucoup plus odieux qu'une multitude affairée de puces méridionales. Et, dès ce jour, je vous salue avec plus de joie que jamais, ô cabarets, hôtelleries[2], comme vous appelle si bien le Romain; car vous m'avez fait voir aujourd'hui ma maîtresse, accompagnée de son oncle, que cette bonne amie trompe si souvent pour me posséder. Ici était notre table, entourée d'Allemands, réunis en cercle intime. Vis-à-vis, la belle chercha une place à côté de sa mère; elle remua vingt fois le banc, et sut faire si bien, que je pus voir à demi son visage et son col tout entier. Elle parlait plus haut qu'il n'est d'usage chez les Romaines; elle fit l'essai, se tourna, pour me jeter un coup d'œil, servit à boire et manqua le verre. Le vin coula sur la table, et, de son joli doigt, elle y traça des cercles humides; elle enlaça mon nom avec le sien. Curieux, je ne cessais de suivre le doigt mignon; elle m'observait bien : enfin elle dessina vivement un

---

1. On attribue à Florus le *Pervigilium Veneris*; c'est peut-être à cela que le poète fait allusion. — 2. Osterie.

cinq romain avec un petit trait devant. Puis, aussitôt que je l'ai vu, elle entrelace cercles sur cercles, pour effacer les lettres et les chiffres; mais, le quatre chéri, je le voyais toujours devant mes yeux. J'étais resté muet, et je mordais jusqu'au sang ma lèvre brûlante, moitié par plaisir et malice, moitié par désir. Que de temps encore jusqu'à la nuit! Et, de là, quatre heures encore d'attente [1]! Soleil, tu t'arrêtes là-haut à contempler ta Rome. Tu n'as rien vu et tu ne verras rien de plus grand, comme l'a promis, dans son enthousiasme, ton prêtre Horace. Mais aujourd'hui ne t'arrête pas, je t'en prie, et détourne plus tôt et plus volontiers ton regard des sept collines! En faveur d'un poète, abrége ces belles heures, les délices du peintre qui les contemple de son regard avide. Que le tien enflamme encore un moment ces hautes façades, ces coupoles, ces colonnes enfin et ces obélisques, et plonge-toi vite dans la mer, pour voir plus tôt, demain, ce qui depuis des siècles te procure un plaisir divin : ces humides rivages, si longtemps couverts de roseaux, ces sombres collines, ombragées d'arbres et de buissons. De rares cabanes d'abord se montrèrent, et tout à coup tu les vis animées par un peuple innombrable d'heureux brigands. Ils traînaient tout à cette place; à peine le reste du globe fut-il encore digne de ton attention. Ici tu vis naître un monde; ici tu vis ensuite un monde en ruines, et, de ces ruines, surgir un monde nouveau, plus grand peut-être. Pour que je le voie longtemps encore éclairé de tes feux, puisse la Parque me dévider le fil avec une sage lenteur; mais qu'elle précipite l'heure gentiment désignée!... O bonheur! ne l'ai-je pas entendue? Non, mais déjà trois heures sonnent. Ainsi, Muses chéries, vous avez encore trompé la longueur de l'intervalle qui me séparait de ma maîtresse. Adieu! Je cours maintenant, et je ne crains pas de vous offenser, car toujours, ô fières déesses, vous cédez le pas à l'Amour.

XVI. — Pourquoi, mon bien-aimé, n'es-tu pas venu à la vigne aujourd'hui? Seule, comme je l'avais promis, je t'attendais en haut. — Ma chère, j'étais déjà entré, quand j'ai vu, par bon-

---

[1]. A Rome, on compte les heures depuis le coucher du soleil. Quatre heures répond à neuf ou dix heures du soir.

heur, près des ceps ton oncle, qui se fatiguait à tourner çà et là. Je me suis esquivé bien vite. — Oh! quelle méprise! C'est un épouvantail qui t'a chassé. Nous avons fabriqué ensemble ce mannequin avec de vieux habits et des roseaux : j'ai pris part à ce travail avec zèle, moi-même à me nuire empressée. Eh bien, le désir du vieillard est satisfait : il a fait peur aujourd'hui au plus fripon des oiseaux, qui lui vole son jardin et sa nièce.

XVII. — Plusieurs bruits me sont odieux, mais c'est l'aboiement du chien que surtout je déteste; ses cris me déchirent l'oreille. Il en est un seul que bien souvent j'entends avec joie aboyer et glapir, c'est celui de mon voisin. Car, un jour, il aboya après ma maîtresse, comme elle se glissait en secret chez moi, et il faillit trahir notre mystère. Maintenant, si je l'entends crier, je me dis toujours qu'elle vient peut-être, ou bien je songe au temps où venait la belle attendue.

XVIII. — Il est une chose que je trouve odieuse par-dessus tout; il en est une autre que je trouve abominable, et dont la seule pensée révolte tout mon être. Je vous l'avouerai, mes amis, elle m'est odieuse, la couche solitaire; mais c'est pour moi une chose abominable, de redouter des serpents sur le chemin de l'amour et le poison sous les roses du plaisir, lorsque, dans le plus beau moment du voluptueux abandon, le souci murmurant s'approche de ma tête penchante. C'est pourquoi Faustine fait mon bonheur; elle partage volontiers sa couche avec moi et garde une parfaite fidélité à son amant fidèle. La bouillante jeunesse veut des obstacles qui l'irritent; moi, j'aime à jouir à mon aise, longtemps, d'un bien assuré. Quelle félicité! Nous échangeons des baisers tranquilles; nous buvons et nous inspirons sans crainte le souffle et la vie. Nous savourons ce bonheur des nuits entières; pressés sein contre sein, nous prêtons l'oreille à la pluie, à l'orage. Ainsi s'approche la lueur matinale; les heures apportent de nouvelles fleurs, elles donnent au jour une parure de fête. O Quirites, ne m'enviez pas ce bonheur, et que Dieu accorde à chacun le premier, le suprême bien de ce monde!

XIX. — Il nous est difficile de conserver l'estime publique, car la Renommée, je le sais, est en guerre avec l'Amour, mon maître. Et savez-vous d'où vient qu'ils se haïssent tous deux?

C'est une vieille histoire, et je puis vous la conter. La Renommée était toujours la puissante déesse, mais elle était insupportable dans le commerce de la vie, car elle aime à faire dominer sa parole. Aussi, depuis longtemps, dans tous les banquets des dieux se rendait-elle, avec sa voix d'airain, odieuse aux grands et aux petits. Un jour, la superbe osa se vanter qu'elle avait réduit en esclavage le noble fils de Jupiter. « Mon Hercule, s'écriat-elle d'une voix triomphante, ô père des dieux, un jour je te l'amènerai transformé. Ce n'est plus ton Hercule, ce n'est plus le fils d'Alcmène : son respect pour moi en fait un dieu sur la terre. S'il regarde vers l'Olympe, tu crois qu'il regarde à tes puissants genoux : pardonne, c'est, dans l'éther, moi seule que cherchent les yeux du premier des humains ; c'est seulement pour me mériter, que, de son pied puissant, il parcourt sans fatigue des chemins tout nouveaux. Mais aussi je me présente sur sa route, et je célèbre son nom, avant même qu'il commence l'entreprise. Un jour tu nous uniras tous deux. Que le vainqueur des Amazones soit aussi le mien, et je le nommerai avec joie mon époux ! » Tous les dieux gardèrent le silence ; ils n'aimaient pas à provoquer la fanfaronne ; car, dans sa colère, elle invente aisément quelque noirceur. Elle n'observait pas l'Amour: il se glisse à l'écart ; à peu de frais, il soumet le héros à l'empire de la plus belle. Puis il déguise son couple d'amants ; il attache la peau du lion sur les épaules de la reine, et, avec effort, il les charge encore de la massue. Ensuite il entremêle de fleurs la chevelure hérissée du héros, lui met la quenouille au poing, qui se prête à ce badinage. Il achève bientôt le groupe amusant, puis il accourt et crie par tout l'Olympe : « Voici de merveilleuses choses ! Jamais la terre ni le ciel, jamais le soleil infatigable, n'a vu, dans sa course éternelle, un semblable prodige. » Tous accoururent ; ils en croyaient l'enfant malin, car il avait parlé d'un ton sérieux, et la Renommée non plus ne resta pas en arrière. Qui fut charmé de voir le héros si profondément abaissé, vous le devinez, ce fut Junon. L'Amour en obtint un gracieux sourire. Mais la Renommée, comme elle fut confuse, interdite, désespérée ! D'abord elle ne fit qu'en rire. « O dieux, ce sont là des masques ! Mon héros, je le connais trop bien ! Les tragédiens se moquent de nous. » Mais bientôt elle vit avec douleur que c'était lui.... Vulcain fut mille fois moins affligé, lorsqu'il vit sa femme sous les mailles avec son ardent ami; quand le filet intelligent les enveloppa dans le moment propice, enlaça soudain leurs membres enlacés, enchaîna le couple amoureux. Quel plaisir pour les jeunes dieux, Mercure et Bacchus!... Tous deux avouèrent que c'était une belle chose, de reposer sur le sein de cette femme divine. « O Vulcain! disaient-ils, nous t'en prions, ne les délie pas sitôt. Laisse-nous les voir encore. » Et le vieillard fut assez sot pour tenir les amants toujours plus serrés.... Mais la Renommée quitta la place brusquement, et pleine de courroux. Depuis ce temps, entre elle et l'Amour, point de trêve aux querelles. Dès qu'elle se choisit un héros, voilà l'enfant à sa piste. Celui qui la révère le plus, il sait l'enchaîner le mieux, et c'est au plus sage que l'Amour livre ses plus dangereux assauts. Quelqu'un lui veut-il échapper, il l'entraîne de l'erreur dans le crime. Il offre des jeunes filles: qui les dédaigne follement doit subir alors l'atteinte de flèches cruelles; il enflamme l'homme pour l'homme; il pousse les désirs jusqu'à la brute. Qui rougit de soi-même doit commencer par souffrir; pour l'hypocrite, il sème d'amères jouissances parmi le crime et l'angoisse. Mais, de son côté, la déesse suit l'Amour des yeux et des oreilles. Le voit-elle une fois auprès de vous, soudain elle est votre ennemie; elle vous effraye de son regard sévère, de ses airs dédaigneux; violente et rigide, elle diffame la maison qu'il fréquente. Tel est aussi mon sort; déjà je souffre un peu; la déesse jalouse s'enquiert de mon secret. Mais c'est une antique loi; je me tais et la révère; car les Grecs ont expié les querelles des rois, comme je les expie.

XX. — Ah! si la force et le libre courage sont l'ornement de l'homme, le profond secret lui fait peut-être plus d'honneur encore. O toi, qui forces les villes, discrétion, reine des peuples, chère divinité, qui m'as conduit, d'un pas sûr, à travers la vie, quel sort est-ce que j'éprouve! La Muse, en se jouant, l'Amour espiègle, me délient la langue. Hélas! il est déjà si difficile de cacher la honte des rois! Ni la couronne, ni le bonnet phrygien, ne cachent les oreilles allongées de Midas; le plus familier serviteur les découvre, et soudain le secret oppresse et tourmente son cœur. Il voudrait l'enfouir dans la terre pour se soulager, mais la terre ne garde point de pareils secrets. Des roseaux poussent et sont aux écoutes et murmurent aux vents : « Midas, le roi Midas a des oreilles d'âne ! » Il me devient plus difficile maintenant de garder un doux secret. Ah ! l'abondance du cœur si aisément déborde des lèvres ! Je ne puis le confier à aucune amie : elle pourrait me gronder ; à aucun ami : peut-être l'ami me serait-il dangereux. Pour dire mon extase à la forêt, au rocher sonore, je ne suis pas assez jeune, pas assez solitaire. A toi, hexamètre, à toi, pentamètre, de recevoir mes confidences, d'apprendre comme elle me charme le jour, comme elle m'enchante la nuit. Elle, recherchée par tant d'adorateurs, elle évite les piéges que l'audacieux lui dresse avec insolence et le perfide en secret. Adroite et gentille, elle s'esquive et passe, et connaît le chemin où l'amant, qui la guette avec impatience, sans faute l'accueillera. O lune, elle vient : ne te montre pas encore, afin que le voisin ne la voie pas ; brises légères, murmurez dans le feuillage : que nul n'entende son approche ; et vous, croissez et fleurissez, chansons aimées ; bercez-vous dans les plus douces haleines de l'air tiède et caressant, et, indiscrètes comme ces roseaux, révélez enfin aux Quirites le doux mystère d'un couple heureux.

LIVRE II.

*Les tableaux, tout comme les passions,
s'unissent volontiers avec le chant.*

Alexis et Dora.

Hélas! le navire poursuit incessamment sa course irrésistible à travers les flots écumants. Au loin la trace de la quille creuse un sillon, où les dauphins le suivent en bondissant, comme si la proie s'enfuyait devant eux. Tout présage une heureuse traversée; le tranquille nautonier manœuvre doucement la voile, qui travaille pour tous. La pensée des navigateurs se porte en avant, comme les pavillons et les banderoles. Un seul, debout au pied du mât, se tourne tristement en arrière; il voit déjà se teindre d'azur les montagnes fugitives, il les voit disparaître dans la mer : toute joie disparaît devant lui. Il est aussi dérobé à ta vue, ô Dora, le navire qui t'enlève ton Alexis, ton ami, hélas! ton fiancé! Toi aussi, tu me cherches vainement du regard. Les cœurs battent l'un pour l'autre encore, mais non plus, hélas! l'un sur l'autre appuyés. Moment unique, pendant lequel j'ai vécu, tu pèses plus dans la balance que tous mes jours, jusqu'alors froidement écoulés. Ah! dans ce seul instant, le dernier, une vie soudaine m'est venue de toi, comme de chez les dieux. C'est en vain que tu fais resplendir l'éther de ta lumière, ô Phébus, ton jour, qui éclaire toutes choses, m'est odieux. Je me replie sur moi-même; je veux y repasser en silence le temps où elle paraissait chaque jour à ma vue. Ai-je pu voir la beauté et ne pas la sentir? Le charme céleste n'agissait-il pas sur mon cœur émoussé? Malheureux, ne t'accuse pas! Ainsi le poëte propose souvent à l'oreille de l'assemblée une énigme artistement enveloppée dans l'expression. Chacun admire le rare enchaînement des élégantes images, mais il manque toujours le mot qui renferme le sens. Est-il enfin révélé, tous les cœurs s'épanouissent, et découvrent dans les vers un sens doublement agréable. Hélas! pourquoi si tard, Amour, pourquoi l'as-tu levé trop tard, le bandeau que tu avais attaché sur mes yeux! Dès longtemps le navire, équipé, attendait un vent favorable; enfin la brise souffla heureusement du rivage à la mer. Vaines années de la jeunesse et vains songes de l'avenir, vous disparaissez; cette heure unique me reste! Oui, elle reste; il me reste le bonheur; Dora, je te possède, et l'espérance, Dora, me montre ta seule image. Souvent je te vis aller au temple, modeste et parée, et ta bonne mère marchait gravement à ton côté. Tu étais vive et pressée, quand tu portais les fruits au marché; et, quand tu revenais de la fontaine, comme l'amphore se balançait hardiment sur ta tête! Alors ton col, alors tes épaules, paraissaient incomparables, et incomparable la juste mesure de tes mouvements. Souvent j'ai craint que ta cruche ne tombât, mais elle se tenait ferme sur le mouchoir enroulé. Belle voisine, oui, j'étais accoutumé à te voir, comme on voit les étoiles, comme on contemple la lune, comme on y prend plaisir, sans que le moindre désir de les posséder s'éveille dans le cœur tranquille. Ainsi les années s'écoulèrent; vingt pas seulement séparaient nos maisons, et je ne touchai jamais le seuil. Et maintenant l'horrible mer nous sépare! O mer, tu n'es qu'une menteuse image du ciel; ton azur magnifique est pour moi la couleur de la nuit. Déjà tout se mettait en mouvement; un jeune garçon accourut à la maison de mon père; il m'appela au rivage. « Déjà l'on hisse la voile, me dit-il; elle flotte au vent; et, soulevée avec force, l'ancre se détache du sable. Viens, Alexis, viens. » Alors mon bon père, posant avec dignité sa main sur mes cheveux bouclés, me donna sa bénédiction; ma mère me remit avec précaution un paquet tardivement préparé. « Reviens heureux, s'écrièrent-ils, heureux et riche! » Et je m'élançai hors de la maison, mon petit paquet sous le bras. Comme je descendais le long de la muraille, je te trouvai à la porte de ton jardin. Tu me dis avec un sourire. « Alexis, ces gens, qui font tant de bruit là-bas, sont-ils tes compagnons de voyage? Tu vas visiter des côtes étrangères et tu achèteras de précieuses marchandises et des joyaux pour les riches dames de la ville : apporte-moi aussi une chaîne légère, je la payerai avec reconnaissance. J'ai souvent désiré cette parure. » Je m'étais arrêté, et, à la manière des marchands, je demandais exactement la forme et le poids de la chaîne commandée : tu fixas un prix bien modeste. Cependant je regardais ces épaules dignes des joyaux de notre reine. Des cris plus violents partirent du vaisseau ; tu me dis avec amitié : « Emporte quelques fruits de mon jardin ; prends les oranges les plus mûres, les blanches figues : la mer ne donne aucun fruit ; tout pays n'en donne pas. » Alors j'entrai. Tu cueillais les fruits avec empressement, et la charge dorée pesait sur ta robe relevée. Je te dis plusieurs fois, avec prière, que c'était assez comme cela, et toujours un fruit plus beau, touché légèrement, tombait dans ta main. Enfin tu entras sous la treille ; là se trouvait un petit panier. Et le myrte fleuri se courbait sur nous ; et, gardant le silence, tu rangeas les fruits avec adresse ; d'abord l'orange, fixée par son poids, comme un globe d'or, puis la figue molle, que toute pression défigure ; et le cadeau fut couvert et décoré de myrte. Mais je ne le prenais point, je restais immobile. Nos yeux se rencontrèrent ; un voile se répandit sur ma vue ! Je sentis ton cœur sur le mien. Mon bras entoura tes belles épaules ; je couvris ton cou de mille baisers. Ta tête se pencha sur mon sein ; et tes bras caressants formèrent aussi une chaîne autour de l'heureux Alexis. Je sentis les mains de l'Amour ; il nous pressa, nous unit avec force, et le tonnerre gronda trois fois dans le ciel serein. Mes larmes coulèrent en abondance ; tu pleuras, je pleurai ; et, de douleur et d'ivresse, il nous sembla que le monde passait. Les cris redoublaient sur le rivage ; mes pieds refusaient de me porter ; je m'écriai : « Dora, n'es-tu pas à moi ? Pour toujours, » dis-tu doucement. Alors, comme par un souffle divin, nos larmes semblèrent doucement essuyées de nos yeux. On cria de plus près : « Alexis ! » Et l'enfant, qui me cherchait, regarda par la porte. Comment il reçut la corbeille, comment il m'entraîna, comment je te pressai encore une fois la main, comment j'arrivai au navire !... Je sais que je paraissais ivre. Ainsi en jugèrent mes compagnons ; ils épargnèrent le malade. Et déjà la vapeur d'un lointain obscur couvrait la ville. « Pour toujours ! » Dora, as-tu murmuré. Cette parole retentit à mon oreille avec le tonnerre de Jupiter. Elle était à côté de son trône, sa fille, la déesse de l'amour ; les Grâces étaient auprès d'elle ; notre union est confirmée par les dieux. Hâte donc ta course, ô navire, avec tous les vents favorables ! Avance, quille puissante, partage les flots écumants. Mène-moi au port étranger, afin que, en son atelier, l'orfèvre me prépare sans délai le céleste gage. Dora, je le jure, la chaînette deviendra une chaîne ; elle fera neuf fois, à larges replis, le tour de ton col. Puis je te donnerai encore les joyaux les plus variés ; je veux que ta main soit parée de riches anneaux d'or, où le rubis rivalise avec l'émeraude, où l'aimable saphir se montre en regard de l'hyacinthe ; où l'or enchâsse la pierre précieuse dans une belle monture. Oh ! quelle joie pour le fiancé, de parer sa fiancée des plus rares bijoux ! Si je vois des perles, je pense à toi ; chaque bague rappelle à mon esprit la belle image de ta main délicate. Je veux échanger et acheter : dans tout mon trésor, tu choisiras ce que j'aurai de plus beau ; je voudrais te consacrer à toi seule toute la cargaison. Mais ton amant ne se bornera pas à t'offrir des joyaux et des pierreries ; ce qui fait plaisir à une bonne ménagère, il te l'apportera aussi : de fines couvertures de laine à broderie de pourpre, afin de préparer un lit qui nous offre un coucher moelleux et doux ; des pièces de toile fine. Je te vois assise, occupée à coudre, et tu habilles, toi, moi, et, je pense, un troisième encore ! Images de l'espérance, abusez mon cœur ! Modérez, ô dieux, cette ardeur violente qui se déchaîne dans mon sein ! Mais je la regrette aussi, cette joie douloureuse, quand le souci s'approche de moi avec une froide, une horrible tranquillité. Le flambeau des Euménides, les aboiements des chiens infernaux, effrayent moins le coupable dans les champs du désespoir, que ne m'effraye le fantôme tranquille qui me montre de loin la belle Dora. Je vois encore ouverte la porte du jardin, et un autre arrive !... Pour lui, à son tour, les fruits tombent, et la figue lui dispense son miel nourrissant. Est-ce que Dora l'attire aussi vers le berceau ? Marche-t-il sur ses pas ? O dieux, aveuglez-moi, effacez en moi l'image de tout souvenir. Oui, elle est femme, et celle qui se donne à l'un promptement se tourne aussi vers l'autre en un clin d'œil. O Jupiter, ne ris pas cette fois de l'audacieux parjure ! Que tes carreaux éclatent, plus terribles ! Frappe !... Retiens tes foudres ! Envoie sur ma trace les nuages flottants. Que, dans la nuit ténébreuse, tes brillants éclairs foudroient ce malheureux navire ! Disperse les bordages, abandonne ces marchandises aux vagues furieuses et moi-même aux dauphins !

Et maintenant, Muses, faites silence !... Vainement vous tâchez de peindre comme la douleur et la joie se succèdent dans le cœur d'un amant. Vous ne pouvez guérir les blessures que l'amour a faites ; mais de vous seules, secourables déesses, vient le soulagement.

Le nouveau Pausias et sa Bouquetière.

Le peintre Pausias, de Sicyone, fut, dans sa jeunesse, amoureux de Glycère, sa compatriote, très-habile à tresser des couronnes de fleurs. Ils rivalisaient ensemble, et Pausias déploya, dans l'imitation des fleurs, la plus grande variété. Enfin il représenta son amante assise, occupée à tresser une couronne. Ce tableau passa pour être un de ses meilleurs ouvrages et fut appelé la Tresseuse ou la Marchande de couronnes, parce que Glycère, qui était pauvre, avait gagné sa vie à ce travail. Lucullus acheta, dans Athènes, une copie de ce tableau, qu'il paya deux talents. Pline, liv. XXXV, c. XI.

ELLE. Répands les fleurs à mes pieds et aux tiens ! Quel gracieux désordre, dans cette image confuse, de tes mains échappée !

LUI. Tu apparais comme l'amour, pour enchaîner les éléments : aussitôt que tu les unis, ils s'animent, ils vivent.

ELLE. Doucement touche la rose ; qu'elle reste cachée dans la corbeille. En quelque lieu que tu paraisses à mes yeux, mon ami, je te l'offre publiquement.

LUI. Et je fais comme si tu m'étais inconnue, et je te remercie amicalement ; mais celle qui fait le don en évite le salaire.

ELLE. Donne-moi l'hyacinthe maintenant et donne-moi l'œillet ; que la fleur précoce se trouve auprès de la fleur tardive.

LUI. Laisse-moi, dans ce cercle de fleurs, m'asseoir à tes pieds, et je remplirai ton giron de cette aimable troupe.

ELLE. Passe-moi d'abord le fil ; et les sœurs, qui, dans le jardin, ne se voyaient que de loin, seront charmées de se trouver unies.

Lui. Que dois-je admirer d'abord, admirer enfin, ces fleurs magnifiques ou l'adresse de la main ou le goût qui choisit?

Elle. Donne aussi des feuilles, pour adoucir l'éclat des fleurs éblouissantes : la vie demande aussi des feuilles paisibles dans sa couronne.

Lui. Dis-moi, d'où vient que tu choisis si longtemps pour composer ce bouquet? Assurément, il est réservé pour quelqu'un à qui tu veux faire une part plus belle.

Elle. Je distribue, dans le jour, cent bouquets et des couronnes en foule, mais, la plus belle, c'est à toi, le soir, que je l'apporte.

Lui. Ah! qu'il serait heureux, l'artiste qui peindrait ces guirlandes, ce champ fleuri, et d'abord la déesse!

Elle. Cependant il est assez heureux, ce me semble, celui qui est assis à mes pieds, et à qui je suis plus heureuse encore d'offrir un baiser.

Lui. Ah! mon amie, encore un! Les jalouses brises du matin ont dérobé soudain le premier sur mes lèvres.

Elle. Comme le printemps me donne les fleurs, je donne volontiers les baisers à mon amant, et voici, avec le baiser, la couronne!

Lui. Si, par bonheur, j'avais eu en partage le sublime talent de Pausias, reproduire cette couronne serait, le jour, mon ouvrage.

Elle. Elle est belle, en vérité. Vois, les plus charmantes filles de Flore forment alentour leur danse aimable et changeante.

Lui. Je me plongerais ensuite dans les calices, et j'épuiserais le doux enchantement que la nature a répandu sur les corolles.

Elle. Et, le soir, je trouverais ici la couronne encore fraîche : sans se flétrir jamais, elle nous parlerait dans le tableau.

Lui. Ah! comme je me sens pauvre et impuissant! Comme je souhaiterais d'enchaîner le bonheur dont mes yeux sont éblouis!

Elle. Homme insatiable! Poëte, tu envies le talent de l'ancien artiste? Fais donc usage du tien!

Lui. Et le poëte peut-il reproduire l'émail des fleurs brillantes? Auprès de ta figure, sa parole n'est toujours qu'une ombre.

Elle. Mais le peintre peut-il exprimer : « Je t'aime! Je n'aime que toi, mon ami! je vis pour toi seul! »

Lui. Hélas! et le poëte lui-même, divine enfant, ne peut dire : « Je t'aime » comme ta voix caressante le soupire à mon oreille.

Elle. Ils peuvent beaucoup tous deux, mais le langage du baiser, le langage des yeux, ne sont donnés qu'aux amants.

Lui. Tu réunis tout; tu es peintre et poëte avec les fleurs : pour toi les filles de Flore sont à la fois des couleurs et un langage.

Elle. L'œuvre qui s'échappe, tous les matins, des mains de la jeune fille est chose passagère : la beauté en est déjà flétrie avant le soir.

Lui. Les dieux aussi nous dispensent des faveurs passagères, et ils séduisent sans cesse les mortels avec de nouveaux présents.

Elle. Cependant ni bouquet ni couronne ne t'ont manqué chaque jour, depuis la première, qui nous unit si tendrement tous deux.

Lui. Oui, elle est encore chez moi, suspendue dans ma chambre, la première couronne que tu m'offris, en faisant avec grâce le tour de la table de fête.

Elle. Comme je couronnais ta coupe, le bouton de rose y tomba, et, buvant soudain, tu t'écrias : « Jeune fille, les fleurs sont un poison. »

Lui. Et tu répondis : « Les fleurs sont pleines de miel, mais l'abeille seule sait trouver la douce liqueur. »

Elle. Et le sauvage Timanthe me saisit et dit : « Les bourdons ne peuvent-ils pénétrer les doux secrets du beau calice? »

Lui. Et tu détournas la tête; tu voulais fuir, et, devant l'homme grossier, la corbeille et les fleurs tombèrent.

Elle. Et tu lui crias d'un ton impérieux : « Laisse la jeune fille! Les bouquets, comme la jeune fille elle-même, sont pour des sens plus délicats. »

Lui. Mais son étreinte n'en était que plus forte; il ricanait, le drôle, et ta robe fut déchirée du col en bas.

Elle. Et, transporté de fureur, tu lui lanças ta coupe, qui, versant ses flots noirs, retentit contre sa tête.

Lui. Le vin et la colère m'aveuglaient; cependant j'aperçus soudain les blanches épaules et le beau sein, que tu couvrais.

Elle. Quel tumulte et quel désordre éclatèrent! A flots de pourpre, le sang, mêlé avec le vin, ruisselait affreusement du front de ton adversaire.

Lui. Je ne voyais que toi, toi seule, à genoux, affligée; d'une main, tu relevais ton vêtement.

Elle. Hélas! et les assiettes volaient contre toi! Je tremblais que le choc du métal, lancé en tournoyant, n'atteignît le noble étranger.

Lui. Cependant je ne voyais que toi, et comme, avec vitesse, tu ramassais, de l'autre main, sous le siège, corbeille, fleurs et couronnes.

Elle. Tu t'avanças, pour me protéger contre les suites de l'accident ou la colère de l'hôte, dont j'avais troublé le festin.

Lui. Oui, je m'en souviens encore : je pris le tapis, comme fait le combattant, qui l'agite sur le bras gauche au devant du taureau.

Elle. L'hôte et de sages amis imposèrent la paix. Je m'esquivai doucement. Je tournais toujours les yeux vers toi.

Lui. Hélas! tu avais disparu. Je cherchai vainement dans tous les coins de la maison, comme dans les rues et la place.

Elle. La honte me retenait cachée. La jeune fille sans tache, jusqu'alors aimée des citoyens, était devenue la fable du jour.

Lui. Je voyais assez de fleurs, et des bouquets, des couronnes en foule, mais tu me manquais, mais tu manquais à la ville.

Elle. Je demeurai chez moi dans la retraite; mainte rose s'effeuillait sur la branche; l'œillet aussi se desséchait.

Lui. Plus d'un jeune homme disait sur la place : « Voilà les fleurs! mais elle manque, l'aimable enfant qui les eût tressées en couronnes. »

Elle. Cependant je tressais, à la maison, des couronnes, que je laissais se flétrir. Vois-tu? elles sont encore suspendues près du foyer pour toi.

Lui. Ainsi se flétrissait la couronne, ton premier présent. Je ne l'oubliai point dans le tumulte; je la suspendis à côté de mon lit.

Elle. Le soir, je les regardais, mes couronnes fanées, je restais assise et je pleurais, jusqu'à ce que, dans la nuit sombre, couleur après couleur s'évanouît.

Lui. J'allais errant de tous côtés et m'enquérais de ta demeure : aucun, même des plus vains, ne pouvait m'en instruire.

Elle. Nul ne m'a jamais visitée, et nul ne connaît mon asile écarté : la grandeur de la cité cache aisément la pauvre fille.

Lui. Je courais de toutes parts, et j'implorais le soleil, à qui rien n'échappe : « Montre-moi, dieu puissant, la retraite où tu brilles pour elle. »

Elle. Les grands dieux ne t'exaucèrent point; mais la Pauvreté t'exauça : enfin la nécessité me pressa de reprendre mon métier.

Lui. Un autre dieu ne te pressa-t-il pas encore de chercher ton protecteur? Amour ne nous avait-il pas frappés tour à tour de ses flèches?

Elle. Mes regards te cherchaient dans la foule sur la place, et je te vis.

Lui. Et la foule n'arrêta ni l'un ni l'autre amant.

Elle. Vite nous fendîmes la presse; nous nous rapprochâmes; tu étais....

Lui. Et tu étais devant moi; oui! et nous étions seuls!...

Elle. Au milieu des hommes. Ils ne semblaient que des arbres et des buissons.

Lui. Et leur vacarme ne me paraissait que le murmure d'un ruisseau.

Elle. Les amants sont toujours seuls dans la plus grande assemblée; mais, lorsqu'ils sont deux, le troisième survient aussi.

Lui. Oui, l'Amour!... Il se pare de ces belles couronnes. Épanche maintenant de ton giron les fleurs qui restent.

Elle. Je les secoue ces belles fleurs. Ami, c'est dans tes bras, c'est aujourd'hui seulement, que le soleil recommence à luire pour moi.

Euphrosyne[1].

La lumière pourprée du soleil, qui s'enfuit, s'efface même sur les cimes aiguës et glacées de la plus haute montagne; dès

---

1. Fille du comédien Neumann, restée orpheline à quatorze ans. Élève de Goethe. Elle épousa le comédien Becker, et mourut à l'âge de dix-neuf ans. Goethe voyageait en Suisse, lorsqu'il apprit la nouvelle de sa mort.

longtemps la nuit enveloppe la vallée et les sentiers du voyageur, qui, au bord du torrent sauvage, soupire après sa haute retraite, après le terme de sa journée et sa tranquille demeure pastorale; et, devant ses pas, marche avec empressement le divin sommeil, ce doux compagnon du voyageur. Puisse-t-il, encore aujourd'hui, me bénir et couronner ma tête du pavot sacré! Mais quelle lumière rayonne vers moi de ce rocher là-bas, et illumine, d'un si gracieux reflet, la vapeur des torrents écumeux? Le soleil rayonne-t-il peut-être à travers les déchirures et les crevasses secrètes? Car ce n'est pas une flamme terrestre que je vois là-bas errante. La nue se roule et s'approche, elle s'embrase.... O prodige! Le rayon rosé ne devient-il pas une figure animée? Quelle déesse vient à moi? Et laquelle des Muses cherche son ami fidèle jusque dans cet affreux abîme? Belle déesse, révèle-toi, et n'abuse pas, en te dérobant à mes yeux, mon esprit inspiré, mon cœur ému. Prononce, si cela t'est permis devant un mortel, prononce ton nom divin, si non daigne m'avertir par quelque signe, afin que je devine laquelle tu peux être des filles immortelles de Jupiter, et que le poëte d'abord te célèbre dans un chant digne de toi.

« Ami, est-ce que tu ne me connais plus? Et ces traits, que tu aimas autrefois, déjà te seraient-ils devenus une image étrangère? A la vérité, je n'appartiens plus à la terre, et déjà mon âme frémissante s'est dérobée avec douleur aux plaisirs de la jeunesse; mais j'espérais que mon image était encore profondément gravée dans le souvenir de mon ami et encore brillamment transfigurée par l'amour. Oui, déjà je le vois à ton regard ému, je le vois à tes pleurs, Euphrosyne est connue encore de celui qui l'aima. Tu le vois, la morte s'avance à travers les forêts et les sauvages montagnes; elle cherche le voyageur, hélas! jusque dans les pays lointains; elle cherche le maître, l'ami, le père; elle jette encore un regard en arrière sur le léger échafaudage des joies terrestres. Laisse-moi les rappeler, ces jours où tu me préparais, enfant, aux jeux de la scène, à cet art prestigieux des Muses charmantes; laisse-moi rappeler ces heures et toutes les moindres circonstances. Ah! qui n'évoque pas avec amour ce qui ne saurait renaître! La foule charmante de nos jours les plus doux, ah! qui l'estime à son prix, ce trésor fugitif! Il semble petit, mais il ne l'est pas pour le cœur. L'amour, les arts, agrandissent les petites choses. Te souvient-il encore de cette heure où, sur les planches du théâtre, tu me fis gravir les degrés plus sérieux de l'art sublime? Je parus en jeune garçon, touchant enfant; tu me nommais Arthur, et tu animas en moi la poétique figure du Breton[1]; tu menaçais, avec un furieux transport, mes pauvres yeux, et, sous l'empire d'une illusion secrète, tu détournas toi-même tes yeux en pleurs. Ah! tu te montras propice et tu protégeas une triste vie, qu'une fuite téméraire enfin ravit à l'enfant. Tu pris dans tes bras secourables le corps brisé; tu m'emportas, et longtemps sur ton sein je feignis la mort. Enfin j'ouvris les yeux, et je te vis plongé dans une grave et silencieuse méditation, penché sur ton favori. Je m'élevai vers toi comme un enfant, et, de mes lèvres, je pressai tes mains avec reconnaissance; je te présentai, pour un baiser pur, ma bouche complaisante. Je te dis : « Pourquoi es-tu si sérieux, mon père? Oh! si j'ai failli, « enseigne-moi comment je pourrai mieux réussir. Nul effort « ne m'est pénible auprès de toi; et l'ensemble et chaque dé- « tail, je répète tout volontiers, quand tu me diriges et m'en- « seignes. » Mais tu me saisis avec force, et tu me pressas plus vivement dans tes bras, et mon cœur frémit au fond de ma poitrine. Tu t'écrias : « Non, mon aimable enfant; l'ensemble « et chaque détail, comme tu les as présentés aujourd'hui, pré- « sente-les demain à la ville; remue tous les cœurs comme tu « m'as remué, et, pour t'applaudir, couleront des yeux les plus « secs de précieuses larmes. Mais tu m'as saisi plus profon- « dément encore, moi, ton ami, qui te tiens dans mes bras, « moi, troublé par la seule apparence de ta mort prématurée. « O nature, qu'en toutes choses tu te montres sûre et grande! « Le ciel et la terre suivent une loi immuable, éternelle; les « ans suivent les ans; l'été donne la main au printemps, et le « sociable hiver au riche automne; les rochers demeurent « fermes sur leur base; l'onde éternelle se précipite, écumeuse

---

[1] Pour l'intelligence des détails de ce passage, nous renvoyons le lecteur au drame le *Roi Jean* de Shakspeare. Dans l'étude de la pièce, Goethe jouait le rôle d'Hubert, qui est chargé de faire aveugler Arthur. Le jeune prince se tue en se précipitant du haut d'une tour, pour échapper à la prison.

« et mugissante; les pins verdoient sans cesse; que dis-je? les
« bois défeuillés nourrissent, même au sein de l'hiver, de se-
« crets bourgeons à leurs branches. Tout naît et meurt selon sa
« loi; mais, sur la vie de l'homme, ce précieux trésor, règne
« une flottante destinée. Ce n'est pas toujours le père, satisfait
« de mourir, qui, du bord de la fosse, salue avec tendresse son
« digne fils florissant; ces paupières qui, volontiers s'abaissent,
« le plus jeune ne les ferme pas toujours au plus vieux, l'homme
« robuste à l'infirme. Plus souvent, hélas! la destinée renverse
« l'ordre des jours. Un vieillard sans appui pleure en vain ses
« fils et ses petits-fils; il reste comme un tronc mutilé, autour
« duquel la grêle orageuse a jonché la terre de rameaux fra-
« cassés. C'est pourquoi, chère enfant, je fus plongé dans cette
« méditation profonde, lorsque, avec l'apparence d'un cadavre
« défiguré, tu fus couchée dans mes bras. Mais, je te vois avec
« joie, dans l'éclat de la jeunesse, ô créature chérie, revivre sur
« mon cœur. Va courir gaiement, garçon déguisé! La jeune
« fille grandit pour la joie du monde, pour mon enchantement.
« Poursuis toujours de même, et qu'à chaque pas de ta vie
« ascendante, l'art cultive tes dons naturels. Sois longtemps
« mon plaisir; avant que mes yeux soient fermés, je souhaite
« de voir ton beau talent heureusement accompli.... » Tel fut
ton langage, et je n'oubliai jamais cette heure solennelle. En les
interprétant, je me développai par tes leçons sublimes. Oh!
qu'avec bonheur je répétais au peuple les paroles touchantes et
fortes que tu avais confiées à mes lèvres enfantines! Oh! comme
je me formais sous tes regards, et te cherchais dans la foule
serrée des spectateurs étonnés! Et tu retourneras désormais, tu
assisteras à ces jeux, et jamais Euphrosyne ne paraîtra pour
charmer ta vue. Tu ne l'entendras plus, la voix de l'élève ado-
lescente que tu formas, bien jeune encore, aux accents des
douleurs de l'amour. D'autres viendront et passeront, d'autres
sauront te plaire; le grand talent lui-même est bientôt remplacé
par un plus grand. Mais, toi, ne m'oublie pas! S'il en est une
quelque jour, qui, au milieu des occupations qui t'assiégent,
vienne à toi d'un air serein, obéisse à ton clin d'œil, mette sa
joie dans ton sourire, et ne se plaise qu'à la place que tu lui
auras destinée; si elle n'épargne ni les efforts ni l'étude; si,

avec ardeur, jusqu'à la porte même du tombeau, elle fait le joyeux sacrifice de ses forces : alors, ami, tu te souviendras de moi, et bien tard tu t'écrieras encore : « Euphrosyne!... Je la « vois revivre devant moi! » Volontiers je dirais encore beaucoup de choses ; mais, hélas! celle qui s'en va ne s'arrête pas comme elle voudrait ; une divinité souveraine, inexorable, me guide. Adieu, déjà je suis entraînée, d'une course incertaine. Entends mon unique vœu ; que ton amitié l'exauce! Ne me laisse pas descendre sans gloire chez les ombres. La muse seule donne quelque vie à la mort. Car, dans le royaume de Proserpine, flottent çà et là sans forme, multitude confuse, les ombres déchues de leur nom ; mais celle que le poëte a célébrée s'avance à part, avec une forme distincte, et se joint au chœur des héros de tous les temps. Je m'avance avec joie, annoncée par tes chants, et le regard de la déesse s'arrête sur moi avec bienveillance. Elle m'accueille avec bonté, et m'appelle par mon nom ; elles me saluent, les femmes illustres, divines, qui sans cesse entourent son trône. Pénélope me parle, Pénélope, la plus fidèle des femmes ; Évadné aussi, appuyée sur son époux aimé. De plus jeunes s'approchent ensuite, descendues avant l'âge aux sombres bords ; elles déplorent avec moi notre commune destinée. Si Antigone survient, Antigone, la plus fraternelle des âmes, et Polyxène, encore troublée de sa mort nuptiale, je les regarde comme des sœurs et les aborde comme leur digne compagne ; car elles sont les nobles créations de l'art tragique. Un poëte aussi me forma, et ses chants achèveront en moi ce que m'a refusé la vie. » Ainsi dit-elle, et ses lèvres charmantes essayaient de parler encore, mais la voix expira murmurante. Car le divin Hermès, calme et radieux, sortit de la nue pourprée, flottante, toujours agitée ; il leva doucement le caducée et donna le signal ; les nuages, balancés, s'amoncelèrent, et ils engloutirent, dans leur course, les deux figures devant moi. La nuit m'environne plus profonde ; le torrent gronde avec plus de fureur à côté du sentier glissant ; une invincible tristesse, une douleur accablante, me saisit, et une roche moussue est le seul appui de mon corps chancelant. La mélancolie déchire toutes les fibres de mon sein ; la nuit voit couler mes pleurs, et l'aurore s'annonce sur les cimes de la forêt.

Le revoir.

Lui. Douce amie, permets encore un baiser, un seul baiser à ces lèvres ! Pourquoi te trouvé-je si avare aujourd'hui ? Hier, comme aujourd'hui, l'arbre fleurissait ; nous échangeâmes mille baisers : tu les comparais même à l'essaim des abeilles qui s'approche des fleurs et les suce, voltige et les suce encore, si bien que l'agréable chant de leurs douces voluptés résonne alentour. Toutes poursuivent encore leur aimable travail : le printemps se serait-il envolé pour nous, avant que les fleurs se fussent dispersées ?

Elle. Rêve toujours, mon doux ami ; parle d'hier encore. Je t'écoute volontiers ; je te presse fidèlement sur mon cœur. « Hier, » dis-tu ?... Il fut, je le sais, il fut délicieux ; une parole venait mourir dans l'autre ; le baiser suivait de près le baiser ; il fut douloureux de se quitter le soir ; elle fut triste, la longue nuit d'hier à ce matin, cette nuit qui s'imposait aux amants séparés. Mais le matin est revenu. Hélas ! faut-il que, dans l'intervalle, j'aie vu l'arbre porter dix fois des fleurs et des fruits !

Amyntas.

Nicias, homme excellent, médecin du corps et de l'âme, je suis malade, il est vrai, mais ton remède est rigoureux. Ah ! mes forces épuisées se refusent à suivre ton conseil. Déjà même l'ami me semble être un adversaire. Je ne puis contester avec toi, je me dis tout, je me dis même la parole, plus dure, que tu ne prononces pas. Mais, hélas ! l'onde se précipite de la roche escarpée, et les chants n'arrêtent pas le flot du ruisseau. La fureur de l'orage n'est-elle pas irrésistible ? Et le soleil ne roule-t-il pas du haut des cieux dans les ondes ?... Et voilà comme de toutes parts la nature me dit : « Amyntas, tu es aussi courbé sous la loi sévère des puissances inflexibles. » Que ton front, mon ami, ne se rembrunisse pas davantage ; écoute de bonne grâce ce qu'un arbre m'enseignait hier là-bas, près du ruisseau. Il me rapporte à peine quelques pommes, lui, si chargé autrefois ; tu le vois, la faute en est au lierre qui l'entoure et le presse. Et je pris la serpe courbée, tranchante ; je coupais, j'arrachais, rameau après rameau ; mais je frémis soudain, lorsque, avec un profond et douloureux soupir, descendit de la cime jusqu'à moi ce plaintif murmure : « Oh ! ne me blesse pas, moi, l'hôte fidèle du jardin, à qui, dès ton plus jeune âge, tu fus redevable de mainte jouissance ! Oh ! ne me blesse pas ! Avec ces rameaux entrelacés, que brise ta violence, tu m'arraches cruellement la vie. Cette plante, ne l'ai-je pas nourrie moi-même et doucement élevée pour moi ? Sa verdure ne m'est-elle pas unie comme mon propre feuillage ? Ne dois-je pas la chérir, elle qui, n'ayant besoin que de moi, avec une force secrète, passionnée, s'enlace autour de mon flanc ? Mille rameaux se sont enracinés ; avec mille et mille fibres, elle s'attache aux bases de ma vie ; elle tire de moi la nourriture ; ce qui m'était nécessaire, elle en jouit ; elle suce ma moelle, elle suce mon âme. C'est en vain que je me nourris encore ; mes puissantes racines ne font, hélas ! monter jusqu'à moi que la moitié de la sève vitale ; car l'hôte dangereux, bien-aimé, s'approprie avidement, au passage, la substance des fruits d'automne. Rien n'arrive à ma couronne ; le haut de la cime se dessèche ; elle se dessèche même, la branche sur le ruisseau. Oui, c'est la trompeuse, c'est elle, qui, par ses caresses, dérobe mes trésors et ma vie, elle, qui dérobe ma force active, mon espérance. Je ne sens qu'elle seule, elle seule, qui m'enlace ; je ne me plais qu'à ces liens, à cette mortelle parure, à ce feuillage étranger. » Éloigne ta serpe, ô Nicias ! épargne le malheureux qui se consume, esclave volontaire, dans le plaisir d'aimer. Toute dissipation est douce ; oh ! laisse-moi jouir de la plus belle ! Qui se livre à l'amour tient-il compte de sa vie ?

Hermann et Dorothée.

Ainsi donc, il y avait du crime à m'inspirer un jour de Properce ; à m'associer au téméraire Martial ; à ne pas laisser derrière moi les anciens garder l'école ; à les voir avec plaisir me suivre dans le Latium au sein de la vie ; à m'efforcer avec zèle d'observer la nature et l'art ; à n'être ébloui par aucun nom, enchaîné par aucun dogme ; à ne pas souffrir que, chez moi, l'homme fût déguisé par les importunes convenances de la vie ; à dédaigner le misérable masque de l'hypocrisie ? Ces torts, ô Muse, que tu as soigneusement cultivés, le peuple me les reproche ; il ne voit en moi que le peuple ; l'honnête homme lui-même, bienveillant et loyal, me désire autrement : mais c'est toi seule, ô Muse, qui règnes sur moi, car toi seule encore tu renouvelles, tu ravives la jeunesse dans mon cœur, et tu me la promets jusqu'à la fin. Redouble désormais, ô déesse, ta sainte vigilance ! Hélas ! une abondante chevelure ne flotte plus autour de ma tête : c'est maintenant qu'on a besoin de couronnes, pour abuser et soi-même et les autres. César ne couronna non plus sa tête que par nécessité. Si tu m'as destiné un rameau de laurier, laisse-le verdir encore sur la branche pour le donner un jour au plus digne. Cependant tresse à plaisir les roses en couronne familière : bientôt des boucles argentées s'y entrelaceront comme des lis. Que ma femme attise le feu pour préparer les aliments sur le foyer pur ; que mon fils, en jouant, s'occupe d'y jeter le branchage ; fais que le vin ne manque pas dans la coupe. Amis affables et sympathiques, entrez ! Les couronnes vous attendent. D'abord, la santé de l'homme[1] dont l'audace nous délivre enfin du glorieux Homère, et nous appelle aussi dans la carrière agrandie ! Qui oserait en effet lutter avec les dieux, et qui, avec l'homme unique ?... Mais, d'être un Homéride, fût-ce même le dernier, c'est une belle chose. Écoutez donc mon nouveau poëme ! Buvons encore un coup ! Que le vin, l'amitié et l'amour séduisent votre oreille. Je vous produis les Allemands eux-mêmes, dans le séjour plus tranquille, où, près de la nature, l'homme s'élève encore humainement. Qu'il nous accompagne, le génie du poëte qui, pour nous charmer, unit soudainement sa Louise à l'ami digne d'elle[2]. Je ferai aussi passer sous vos yeux les tristes images du temps, mais le courage triomphera dans la race vigoureuse. Si mes vers savent tirer des larmes de vos yeux et répandre la joie dans votre

---

1. Fréd. Aug. Wolf. Goethe estimait beaucoup son profond savoir, sans adopter cependant ses idées paradoxales sur les poëmes d'Homère.
2. Allusion à la Louise de Voss. Ces mots rappellent, soit la manière imprévue dont le père de Louise bénit son mariage, soit la retraite précipitée des nouveaux époux. Louise a été surprise par son fiancé, au moment où elle essaye sa parure nuptiale. Ravi de la beauté de son épouse, il la mène à ses parents pour la leur faire admirer, et le vieux pasteur procède aussitôt à la bénédiction. Les gens de la maison, réunis à table, manifestent leur sympathie par des chants et des toasts, auxquels les époux se dérobent, assez brusquement pour exciter la maligne curiosité des convives.

âme, venez, pressez-moi sur votre cœur avec tendresse ! Que l'entretien soit sage. Le siècle, qui touche à sa fin, nous enseigne la sagesse. En est-il un seul que le sort n'ait pas éprouvé ? Désormais vous jetterez en arrière un regard plus serein sur les douleurs passées, si un joyeux sentiment vous dit qu'il est bien des choses dont on peut se passer. Nous avons appris à connaître les hommes et les peuples : apprenons à connaître notre propre cœur et jouissons de nous-mêmes.

ÉPITRES[1].

J'aurais continué volontiers, mais la chose en est demeurée là.

ÉPITRE I.

Aujourd'hui que chacun lit, et que bien des lecteurs se contentent de feuilleter le livre avec impatience, et, prenant eux-mêmes la plume, greffent, avec une rare habileté, un gros livre sur un petit, tu veux, mon ami, que, t'écrivant sur l'art d'écrire, j'augmente la foule et publie mon opinion, afin que d'autres disent là-dessus leur avis à leur tour, et que, toujours de même jusqu'à l'infini, se roule la vague flottante. Mais c'est ainsi que le pêcheur s'avance dans la haute mer, aussitôt que le vent et la matinée lui semblent favorables. Il fait son métier, quand même cent confrères sillonnent la plaine brillante.

Noble ami, tu désires le bonheur du genre humain, de nos Allemands surtout, et, d'une façon toute particulière, de tes plus proches concitoyens, et tu crains les effets des livres dangereux. Nous les avons, hélas! remarqués souvent. Que faire? Que pourraient les honnêtes gens réunis? Que pourraient les princes? La question me paraît grave et importante, mais elle me trouve justement de joyeuse humeur. Par une température chaude et sereine, brille la fertile contrée; les airs caressants

---

1. Les épitres sont écrites en vers hexamètres.

m'apportent, par-dessus les vagues émues, une fraîcheur doucement embaumée ; à l'âme sereine, le monde aussi paraît serein, et le souci ne se montre à moi que de loin, comme de légers nuages qui passent.

Ce que ma touche aisément esquisse s'efface aisément ; elle ne se grave pas beaucoup plus avant, l'impression des lettres, qui, dit-on, bravent l'éternité. Il est vrai qu'elle parle à beaucoup de gens, la page imprimée ; mais bientôt, comme chacun oublie son visage, ses traits, qu'il a vus avec complaisance dans le miroir, il oublie les mots, quoique gravés par l'airain.

Les paroles flottent légèrement dans un sens et dans l'autre, lorsque beaucoup de gens discourent, et que chacun n'entend que soi-même dans ses propres paroles, et même n'entend que soi encore dans les paroles qu'un autre a prononcées. Il n'en est pas autrement des livres. Dans sa lecture, chacun ne démêle que soi, et, si l'on est fort, on se lit dans le livre, et l'on s'amalgame l'élément étranger. C'est donc bien vainement que l'on s'efforce de changer par des écrits les inclinations de l'homme et ses penchants déjà décidés ; mais tu peux l'affermir dans ses sentiments, ou, s'il est neuf encore, le tremper dans celui-ci ou celui-là.

Je le dis comme je le pense, il me semble absolument vrai que la vie seule façonne les hommes, et que les mots ont peu d'effet. Car, si nous écoutons avec plaisir ce qui confirme notre sentiment, ce n'est pas d'écouter qui le détermine : ce qui nous répugnerait, nous en croirions peut-être l'orateur habile, mais notre âme, affranchie, s'empresse de chercher ses voies accoutumées. Voulez-vous qu'on vous écoute avec joie et qu'on vous obéisse volontiers, il faut vous résoudre à flatter. Que vous parliez au peuple, aux princes, aux rois, à tous il vous faut conter des histoires, où paraisse vivre ce qu'ils désirent et ce qu'ils voudraient éprouver eux-mêmes.

Homère se ferait-il écouter et lire par tout le monde, s'il ne s'insinuait dans l'esprit de l'auditeur quel qu'il soit, et l'*Iliade* ne sonne-t-elle pas toujours admirablement pour le héros, dans le palais auguste, dans la tente du roi ? A son tour, la sagesse errante d'Ulysse n'est-elle pas mieux écoutée sur la place, où les citoyens se rassemblent ? Dans l'*Iliade*, chaque héros se voit ennobli sous le casque et le harnais ; dans l'*Odyssée*, le mendiant, même sous ses guenilles.

Sur la rive bien pavée de la cité neptunienne où l'on rend les honneurs divins à des lions ailés, j'entendis un jour faire un conte. Le peuple attentif faisait cercle, et se pressait autour du rhapsode en guenilles. « Un jour, dit-il, l'orage me jeta sur le rivage de l'île qu'on nomme Utopie. Je ne sais si quelque autre personne de la société la visita jamais. Elle est située dans la mer, à gauche des colonnes d'Hercule. Je fus accueilli d'une manière très-amicale ; on me conduisit dans une hôtellerie, où je trouvai la chère et le vin excellents, un lit mou et des soins délicats. Un mois passa bien vite. J'avais oublié tout à fait mes chagrins et mes souffrances. Mais je commençai à me dire tout bas avec souci : « Hélas ! après le repas, que vas-tu dire de « l'écot ? » Car la bourse était vide. « De grâce, moins de bonnes « choses, » disais-je à l'hôte. Il m'en servit plus encore. Mon angoisse augmentait ; l'inquiétude m'ôtait toute envie de manger, et je dis enfin : « Monsieur l'hôte, je vous prie de me faire une « note raisonnable ; » mais lui, me regardant de travers, d'un air sombre, il prit un gourdin, le balança sur moi impitoyablement, et me frotta les épaules, me frotta la tête, et faillit m'assommer. Je m'enfuis et courus chez le juge. On manda sur-le-champ mon hôte, qui se présenta tranquillement et répondit d'un ton mesuré : « On en devrait faire autant à tous ceux qui « violent la sainte hospitalité de notre île, et, d'une manière in-« décente, impie, demandent la note à l'homme qui les a hon-« nêtement hébergés. Devais-je endurer une pareille offense « dans ma propre maison ? Non, en vérité, je n'aurais eu qu'une « éponge à la place du cœur, si j'avais supporté cela. » Là-dessus le juge me dit : « Oubliez les coups, car vous avez mérité ce « châtiment et un plus sévère encore. Cependant, voulez-vous « rester dans cette île et l'habiter avec nous, il faut d'abord « vous montrer digne et bon citoyen. — Hélas ! répliquai-je, « monseigneur, je n'ai jamais pu me faire au travail ; aussi « n'ai-je aucun de ces talents qui nourrissent aisément leur « homme : on m'appelait toujours, par raillerie, Jean Sans-Souci, « et l'on m'a chassé de la maison. — Oh ! sois donc le bienvenu, « répondit le juge ; tu prendras à table le haut bout ; quand la

« commune se rassemblera, nous te donnerons au conseil la
« place que tu mérites. Mais garde bien qu'une honteuse re-
« chute ne t'entraîne au travail, qu'on ne trouve peut-être chez
« toi la bêche ou la rame : tu serais aussitôt perdu pour jamais et
« sans nourriture et sans honneur. Rester assis dans la place, les
« bras croisés sur ta panse rebondie, écouter les joyeux airs de
« nos chanteurs, regarder les danses des jeunes filles, les
« jeux des enfants : voilà les devoirs que tu vas promettre et
« jurer de remplir. »

Tel fut le récit de l'homme. Les fronts de tous les auditeurs
étaient devenus sereins, et tous souhaitaient de se voir un jour
hébergés et même battus comme lui.

EPITRE II.

Digne ami, tu fronces le sourcil ; ces badinages ne te semblent pas être à leur place : la question était sérieuse, et tu
demandes une réponse réfléchie. Je ne sais, par le ciel, d'où
vient que la malice s'est éveillée chez moi tout à coup. Mais je
poursuis avec plus de réserve. Tu me dis : « Je veux bien que
la foule règle comme elle pourra sa vie et ses lectures : mais
songe à mes filles, que le poète suborneur initie à tous les
désordres. »

Je réplique : Il est plus facile d'y remédier qu'on ne pourrait
le croire. Les jeunes filles sont bonnes et se mettent volontiers
à faire quelque chose. Donne à l'une les clefs de la cave.
Qu'elle soigne les vins de son père, aussitôt que, livrés par le
vigneron ou le marchand, ils enrichissent les vastes caveaux.
Une jeune fille a beaucoup à faire, pour tenir en bon ordre les
nombreux tonneaux, les futailles et les bouteilles vides. Souvent
aussi elle observe le travail du moût écumant ; ajoute ce qui
manque pour que les bulles flottantes atteignent aisément l'ori-

lice du tonneau, et que la noble liqueur, buvable et limpide, se mûrisse enfin pour les années suivantes. Alors elle est infatigable à remplir, à puiser, afin que la boisson, toujours spiritueuse et pure, anime le repas.

Donne à l'autre la cuisine pour son empire. Là, certes, elle trouve assez d'ouvrage, pour préparer, l'été comme l'hiver, le repas quotidien, toujours appétissant, et sans trop saigner la bourse. Dès le printemps, elle a soin d'élever des poulets dans la basse-cour, d'engraisser des canards qui barbotent. Tout ce que la saison lui donne, elle le fait paraître en son temps sur la table ; elle sait, chaque jour, varier habilement les mets ; l'été mûrit les fruits à peine, qu'elle pense déjà aux provisions pour l'hiver. Dans la cave fraîche fermente le chou succulent, et le cornichon se confit dans le vinaigre ; mais la chambre aérée lui garde les dons de Pomone. Elle est sensible aux éloges de son père et de ses frères, et, si quelque chose lui réussit mal, c'est un plus grand chagrin pour elle que pour toi la fuite d'un débiteur, qui part sans payer son billet. Ainsi la jeune fille est incessamment occupée, et se forme en silence aux vertus domestiques, pour le bonheur d'un homme sage. Enfin, lui prend-il envie de lire, elle choisit, n'en doute pas, un de ces livres de cuisine, que la presse diligente nous a déjà donnés par centaines.

Une sœur se charge du jardin, qu'il ne faut pas condamner à n'être qu'un lieu sauvage, qui entoure ta demeure d'une ombre humide et romantique ; mais qui, divisé en planches élégantes, comme vestibule de la cuisine, nourrit des herbes utiles et des fruits, délices de l'enfance. Sache toi-même te former ainsi, comme un patriarche, un petit royaume, et peuple ta maison de fidèles serviteurs. As-tu d'autres filles encore, qui préfèrent rester assises, doucement occupées d'ouvrages de femme, c'est mieux encore : l'aiguille ne chôme guère de toute l'année, car, si occupées qu'elles soient à la maison, elles aiment à paraître au dehors en dames désœuvrées. Combien la couture et le ravaudage et le blanchissage et le repassage n'ont-ils pas augmenté de cent façons depuis que la jeune fille aime à se voir en blanche toilette arcadienne, avec de longues robes traînantes, balaye les rues et les jardins et soulève la poussière dans la salle de bal ! En vérité, quand j'aurais seulement une douzaine de filles dans la maison, jamais je ne serais embarrassé pour le travail. Elles s'en créent assez à elles-mêmes. Pas un livre, envoyé du cabinet de lecture, ne franchirait, de toute l'année, le seuil de ma porte.

ÉPIGRAMMES[1].

(VENISE 1790.)

> Comment on a dissipé son temps et son argent,
> ce petit livre gaiement le dira.

1. — Le païen, pour décorer les urnes et les sarcophages, y répandait la vie : les faunes dansent alentour ; avec le chœur des bacchantes, ils forment une ronde variée ; le chèvre-pieds joufflu fait sortir des sons rauques et sauvages de la corne retentissante ; les cymbales, les tambours, résonnent ; nous voyons et nous entendons le marbre. Oiseaux voltigeants, que votre bec trouve à ces fruits un goût délicieux ! Le vacarme ne vous effraye point ; moins encore effraye-t-il l'Amour, qui n'aime à porter son flambeau que dans le tourbillon de la foule. Ainsi l'affluence triomphe de la mort, et, sous ce marbre, dans la muette enceinte, la cendre paraît jouir encore de la vie. Oh ! puisse bien tard le sarcophage du poëte être ainsi couronné de ces pages où il a répandu richement la vie !

2. — A peine, dans l'azur plus foncé, s'offraient à mes yeux le soleil éclatant et les touffes de lierre suspendues au rocher en élégantes couronnes, que je vis le diligent vigneron attacher la vigne au peuplier. Un vent tiède venait à moi par-dessus le berceau de Virgile : soudain les Muses rejoignent leur ami, et

---

[1]. Les épigrammes de Goethe sont écrites en distiques, à la manière des anciens.

nous tenons ensemble des discours sans suite, comme les aime le voyageur.

3. — Toujours je tiens mon amante avec ardeur dans mes bras enlacée; toujours mon cœur se presse sur son cœur; toujours ma tête s'appuie sur ses genoux; mon regard se lève vers sa bouche et ses yeux charmants. « Efféminé, dira quelque censeur; c'est donc ainsi que tu passes les jours? — Ah ! je les passe bien mal !... Apprends ce qui m'arrive : malheureux que je suis, je tourne le dos à l'unique joie de ma vie : voilà déjà la vingtième journée que la voiture m'entraîne. Les voiturins me bravent, le garçon d'auberge me flatte et le valet de place invente mensonges et tromperies. Si je veux leur échapper, le maître de poste s'empare de moi; les postillons en font à leur tête : puis viennent les douanes ! — Je ne te comprends pas; tu te contredis : tu semblais goûter le repos du paradis, au comble du bonheur, comme Renaud. — Ah! je me comprends bien : mon corps est en voyage, et mon âme repose toujours dans les bras de mon amante. »

4. — Voilà toujours l'Italie, à laquelle j'ai dit adieu. Les chemins sont encore poudreux; l'étranger est encore dupé, qu'il s'y prenne comme il voudra. Vainement tu cherches de toutes parts la probité allemande : ici règnent le mouvement et la vie, mais non l'ordre et la règle. On ne pense qu'à soi; on se défie des autres; on est vain : à leur tour, les maîtres de l'État ne songent qu'à eux-mêmes. Le pays est beau; mais, hélas ! je cherche en vain Faustine.... Ce n'est plus là l'Italie que j'ai quittée avec douleur.

5. — J'étais couché dans la gondole, et je passais à travers les navires qui sont chargés en nombre dans le grand canal. Vous trouvez là diverses marchandises pour divers besoins, blé, vin, légumes, bois, broutilles; nous passions au travers comme la flèche; soudain un laurier perdu me frappa rudement la joue. Je m'écriai : « Daphné, peux-tu bien me blesser?... J'attendais plutôt une récompense! » La nymphe dit tout bas, avec un sourire : « Péchés de poëte ne sont pas graves : la peine est légère. Passe ton chemin. »

6. — Quand je vois un pèlerin, je ne puis jamais retenir mes larmes. Pauvres humains, comme une erreur nous rend heureux!

7. — J'avais une amante ; elle m'était plus chère que tout au monde. Mais je ne l'ai plus ! Silence : résigne-toi à ta perte.

8. — Je compare cette gondole au berceau qui doucement balance, et la caisse, là-haut, semble un large cercueil. Bien ! entre le berceau et le cercueil on flotte et l'on se berce avec insouciance, sur le grand canal, à travers la vie.

9. — Nous voyons, à côté du doge, le nonce marcher d'un pas solennel ; ils ensevelissent le Seigneur : l'un d'eux scelle la pierre. Ce que pense le doge, je l'ignore ; mais l'autre rit sans doute de ce sérieux appareil.

10. — D'où vient que le peuple se presse et crie de la sorte ? Il veut se nourrir, faire des enfants et les nourrir aussi bien qu'il pourra. Observe ces choses, voyageur, et fais de même chez toi. Nul n'en fait davantage, qu'il s'y prenne comme il voudra.

11. — « Comme ils carillonnent, ces prêtres ! Que de peine ils se donnent pour que l'on vienne, que l'on bavarde seulement aujourd'hui comme hier ! » Ne glosez pas sur les prêtres ; ils connaissent les besoins de l'homme : combien il est heureux en effet, s'il bavarde demain comme aujourd'hui !

12. — Que le fanatique se fasse des disciples sans nombre, comme le sable de la mer ! Le sable n'est que du sable ; mais toi, la perle, toi, sage ami, sois mon partage.

13. — Il est doux, au printemps, de fouler d'un pied délicat le trèfle nouveau, et de toucher la toison de l'agneau d'une main caressante ; il est doux de voir couverts de fleurs les rameaux renaissants et d'appeler avec le regard du désir le tendre feuillage : mais il est plus doux de parer de fleurs le sein de la bergère, et, ce bonheur plein de charmes, le mois de mai ne me l'accorde pas.

14. — Je compare le pays à cette enclume, le prince au marteau, et le peuple à la feuille de cuivre qui se courbe entre deux. Malheur à la pauvre feuille, si elle ne reçoit que des coups incertains, capricieux, et si la chaudière ne semble jamais achevée !

15. — Le fanatique se fait des disciples en foule et il ébranle la multitude, tandis que l'homme sage ne compte que de rares amis. Les images miraculeuses ne sont, le plus souvent, que de

méchants tableaux : les œuvres de l'esprit et de l'art ne sont pas faites pour le peuple.

16. — Qu'il se rende le maître, celui qui entend son intérêt ! Et pourtant notre choix appellerait celui qui entend le nôtre.

17. — La misère enseigne à prier, dit-on. Si quelqu'un veut s'en convaincre, qu'il visite l'Italie : l'étranger y trouvera certainement la misère.

18. Quelle presse à cette boutique ! Comme, sans relâche, on pèse, on reçoit l'argent, on livre la marchandise ! Ici l'on vend du tabac à priser. C'est là se connaître soi-même ! Le peuple se pourvoit d'ellébore [1], sans ordonnance du médecin.

19. — Tout noble de Venise peut devenir doge : cela lui donne, dès l'enfance, l'air distingué, indépendant, circonspect et fier. De là vient aussi que les oublies sont si délicates chez les welches catholiques, parce que, de la même pâte, le prêtre consacre Dieu.

20. — A l'Arsenal reposent deux lions grecs antiques. Auprès de ce couple, la porte et la tour et le canal sont petits. Si la mère des dieux venait du ciel, ils se courberaient tous deux devant son char, et elle serait fière de son attelage. Mais aujourd'hui ils languissent dans un triste repos ; le matou moderne déploie ses ailes ; en tous lieux il file, et Venise le nomme son patron.

21. — Le pèlerin chemine sans cesse. Et trouvera-t-il le saint ? Entendra-t-il et verra-t-il l'homme qui a fait les miracles ? Non ! le temps l'a emporté ; tu ne trouveras que des reliques, son crâne, une couple de ses ossements conservés. Nous sommes tous des pèlerins, nous qui cherchons l'Italie : ce sont des os dispersés que nous honorons, joyeux et croyants.

22. — Jupiter *pluvius*, tu te montres aujourd'hui une divinité propice, car tu fais plus d'une largesse en un seul moment : tu donnes de l'eau à Venise, à la campagne une verdure nouvelle et à ce livret maint petit poëme.

23. — Verse encore, baigne encore les grenouilles au manteau rouge, arrose la campagne altérée, afin qu'elle nous en-

---

1. Nieswurz, racine sternutatoire et aussi *ellébore*. Jeu de mots intraduisible.

voie des brocolis : mais ne va pas transpercer mon petit livre. Que j'aie un flacon d'arak pur, et que chacun se fasse du punch à sa guise.

24. — « Saint-Jean-dans-la-Boue » est le nom de cette église : aujourd'hui, à double titre, j'appelle Venise « Saint-Marc-dans-la-Boue. »

25. — As-tu vu Baies, tu connais la mer et les poissons. Voici Venise : tu connais aussi désormais la vase et les grenouilles.

26. — Dormez-vous encore ? — Paix, laissez-moi reposer. Si je m'éveille, que faire ici maintenant? Le lit est large, mais il est vide. Où l'on dort solitaire, c'est toujours la Sardaigne; c'est toujours Tibur, où notre amie nous réveille.

27. — Toute la Neuvaine (je veux dire les Muses) me faisait des signes souvent ; mais je n'y prenais pas garde ; je tenais ma maîtresse dans mes bras. Maintenant j'ai quitté ma belle ; les Muses m'ont quitté, et, dans mon trouble, je cherchais du coin de l'œil une corde et un couteau. Mais l'Olympe est rempli de divinités : Lassitude, tu vins me sauver! Je te salue! mère des Muses!

28. — Quelle jeune fille je souhaite posséder?... Vous le demandez? Je la possède comme je la souhaite, c'est-à-dire, il me semble, beaucoup avec peu. Je marchais au bord de la mer, et je cherchais des coquillages : dans l'un je trouvai une petite perle. Dès ce jour, je la gardai sur mon cœur.

29. — J'ai beaucoup essayé, dessiné, gravé sur cuivre, peint à l'huile ; maintes fois aussi, j'ai pétri l'argile, mais avec inconstance, et je n'ai rien appris, rien produit : il n'est qu'un seul talent où je sois devenu presque maître, l'art d'écrire en allemand ; et, poëte malheureux, je dissipe dans la plus ingrate matière ma vie et mon art.

30. — Vous portez dans vos bras de beaux enfants, et vous restez la figure voilée ; vous mendiez : c'est là parler avec force au cœur humain. Chacun désire avoir un petit garçon comme le pauvret que vous montrez, et une maîtresse telle qu'on se l'imagine sous le voile.

31. — Ce n'est pas ton véritable enfant, celui pour lequel tu mendies, et néanmoins tu me touches.... Oh! combien me touchera celle qui m'apportera le mien!

32. — Pourquoi lèches-tu ta bouche mignonne, quand tu me rencontres en courant? Fort bien! ta petite langue me dit comme elle sait jaser.

33. — L'Allemand apprend et cultive tous les arts, et, dans chacun, il montre un beau talent, quand il s'y adonne sérieusement. Il n'est qu'un art qu'il cultive sans le vouloir apprendre, c'est la poésie : de là vient qu'il bousille de la sorte. Amis, nous en savons quelque chose!

34. — Souvent, ô dieux, vous vous êtes déclarés les amis du poëte : donnez-lui donc aussi ce dont il a besoin. Il lui faut peu de chose et pourtant beaucoup. D'abord une agréable demeure, puis une table suffisante et de bon vin. Comme vous, l'Allemand se connaît en nectar. Puis des habits décents, des amis, pour deviser familièrement, et, la nuit, une maîtresse dont l'amour le réclame. Voilà les bienfaits de nature que je demande avant tout. Donnez-moi encore les langues anciennes et modernes, afin que j'apprenne à connaître la vie des peuples et leur histoire; donnez-moi un sentiment pur de ce qu'ils ont fait dans les arts; donnez-moi de la considération parmi le peuple, de l'influence chez les puissants, et tout ce qui peut s'offrir encore d'agréable chez les humains. Fort bien! O dieux, je vous rends grâces, vous aurez bientôt fait de moi le plus heureux des hommes, car je tiens déjà de votre faveur la plupart de ces biens.

35. — Entre les princes de la Germanie, le mien est petit sans doute; ses États ont d'étroites limites, sa puissance est bornée : mais, si chacun employait comme lui ses forces au dedans, ses forces au dehors, que l'on serait heureux d'être Allemand avec les Allemands! Eh! que servent mes louanges à celui que ses actions et ses œuvres proclament? Et mon hommage peut-être semblerait suborné; car il m'a donné ce que les grands ne donnent guère : affection, loisir, confiance, terres, jardin, maison. Je n'ai d'obligation qu'à lui seul, et bien des choses m'étaient nécessaires, à moi, poëte, qui entendais mal le soin de ma fortune. L'Europe m'a loué : l'Europe, que m'a-t-elle donné? Rien! J'ai payé bien cher mes poésies! L'Allemagne m'a imité et la France a pu me lire. Angleterre, tu fis un accueil gracieux à ton hôte défi-

guré[1]. Mais en suis-je plus avancé, si le Chinois lui-même s'applique à peindre sur verre, d'une main soigneuse, Werther et Charlotte? Jamais empereur n'a daigné s'enquérir de moi; aucun roi n'en a pris souci : et lui, il a été pour moi Auguste et Mécène.

36. — La vie d'un homme qu'est-elle? Cependant mille voix peuvent discourir sur un homme, sur ce qu'il a fait et comment il l'a fait. Un poëme est moins encore : et pourtant mille peuvent s'y plaire, mille le critiquer. N'importe, mon ami : vivez, chantez toujours!

37. — Je m'étais fatigué à ne voir jamais que des tableaux, magnifiques trésors de l'art, tels que Venise les conserve : car cette jouissance elle-même exige du relâche et du loisir. Mes yeux lassés cherchaient des charmes vivants. Jongleuse, je reconnus en toi le type des bambins ravissants que le pinceau de Jean Bellin nous offre avec des ailes; que Paul Véronèse envoie, la coupe à la main, au fiancé dont les convives trompés, boivent l'eau pour du vin.

38. — Comme taillée par la main d'un artiste, l'aimable figurine, souple et sans ossements, nage, à la façon du mollusque : tout est liaison, tout est jointure, tout est charmant, tout, assemblé avec harmonie, et tout se meut à volonté. J'ai vu des hommes et des animaux, des oiseaux, des poissons, certains reptiles particuliers, prodiges de la grande nature, et cependant je t'admire, Bettine, prodige charmant, qui es toutes choses à toi seule et un ange encore par-dessus.

39. — Aimable enfant, ne tourne pas tes petites jambes vers le ciel : Jupiter te voit, le fripon, et Ganymède s'inquiète.

40. — Va, tourne sans crainte tes petits pieds vers le ciel! Nous levons les bras dans la prière, mais sans être innocents comme toi.

41. — Ton joli cou se penche : est-ce merveille? Il te porte souvent tout entière. Tu es légère, mais trop pesante pour ce col délicat. Elle ne me déplaît nullement, cette inclinaison de ta jolie tête : jamais un cou ne fléchit sous un plus gracieux fardeau.

---

1. Goethe était mécontent des traductions qu'on avait faites de ses œuvres en anglais, et ce vers y fait allusion.

42. — Comme Breughel, avec des formes confuses, que son caprice enchaîne, avec son génie infernal et sombre, trouble nos regards vacillants; comme Durer, avec ses images apocalyptiques, hommes et chimères tout ensemble, ébranle notre raison; comme un poëte, chantant avec puissance les Sphinx, les Sirènes et les Centaures, éveille la curiosité dans l'oreille étonnée; comme un songe émeut l'homme inquiet, lorsqu'il croit saisir, courir en avant, et que tout flotte et change.... ainsi nous trouble Bettine, en donnant mille formes à ses membres gracieux; mais elle nous charme, aussitôt que ses pieds touchent la terre.

43. — Volontiers je franchis les limites tracées avec une large craie. Fait-elle *bottega*[1], l'enfant me repousse avec gentillesse.

44. — « Hélas! que fait-il de ces âmes? Jésus Maria! ce sont paquets de linge, comme on en porte à la fontaine. Cette fois, elle tombe! Je ne puis y tenir! Venez, partons!... Que c'est joli! Voyez donc comme elle se tient debout! Quelle aisance! Tout cela en riant, en badinant! » Vieille femme, avec raison tu admires Bettine. Tu me sembles belle et rajeunie, depuis que ma mignonne te ravit.

45. — De toi tout me plaît, mais j'aime surtout à voir comme ton père te fait vivement pirouetter sur toi-même: tu fais la culbute dans ton élan, et, après le saut périlleux, sur tes pieds tu retombes, et tu cours, comme si de rien n'était.

46. — Déjà chaque visage se déride; les sillons du travail, les soucis et la pauvreté disparaissent; on croit voir des heureux. Pour toi le marin s'adoucit et te donne une tape sur la joue; pour toi la bourse s'ouvre, chichement, il est vrai, mais elle s'ouvre pourtant; l'habitant de Venise déploie son manteau et te donne son offrande, comme si tu l'implorais par les miracles de saint Antoine, par les cinq plaies du Seigneur, par le cœur de la bienheureuse Vierge, par les tourments du feu qui purifie les âmes. Chaque petit garçon, le marin, le revendeur, le mendiant, se presse, et, près de toi, jouit d'être un enfant comme toi.

---

[1] C'est-à-dire : « Ouvre-t-elle le spectacle. »

47. — Le métier de poëte est charmant, mais je le trouve cher : à mesure que s'accroît ce petit livre, les sequins s'en vont.

48. — « Quelle démence t'a saisie dans ton loisir ? Ne cesseras-tu point ? Cette fillette deviendra-t-elle un livre ? Faisnous entendre un chant plus sage. » Laissez, je chanterai bientôt les rois, les grands de la terre, si je comprends un jour leur métier mieux qu'aujourd'hui. Cependant je chante Bettine : car les histrions et les poëtes sont très-proches parents ; ils se cherchent et se rencontrent volontiers.

49. — « A ma gauche les boucs ! » Ainsi dira le juge au dernier jour. « Et vous, brebis, rangez-vous paisiblement à ma droite. » Bien ! Mais il est une chose encore que l'on peut espérer de lui ; il dira ensuite : « Vous, sages, placez-vous devant moi. »

50. — Voulez-vous que je fasse infailliblement des épigrammes par centaines ? Menez-moi loin de ma maîtresse.

51. — Tous les apôtres de liberté me furent toujours odieux : chacun ne cherchait au fond que l'arbitraire pour soi. Veux-tu délivrer le peuple ? Ose le servir. Veux-tu savoir combien cela est dangereux ? Fais-en l'épreuve.

52. — Les rois veulent le bien, les démagogues aussi, dit-on ; mais ils se trompent. Ils sont, hélas ! des hommes ainsi que nous. La multitude ne gagne jamais à vouloir pour elle-même. Nous le savons, mais, qui sait vouloir pour nous tous, qu'il le montre !

53. — Que l'on mette en croix chaque enthousiaste à sa trentième année ! S'il connaît le monde une fois, de dupe il deviendra fripon.

54. — Le triste sort de la France donne à penser aux grands, toutefois il doit plus encore faire réfléchir les petits. Les grands ont péri, mais qui a protégé le peuple contre le peuple ? Le peuple a trouvé dans le peuple son tyran.

55. — J'ai traversé des temps bien fous, et je n'ai pas manqué non plus d'être fou moi-même, comme le temps le voulait.

56. — « Parle, ne faisons-nous pas bien ? Il nous faut tromper la populace. Vois comme elle se montre inepte, comme elle se montre farouche ! » Ineptes et farouches sont tous les igno-

rants trompés : soyez seulement honnêtes, et vous amènerez la populace à l'humanité.

57. — Les princes gravent souvent sur le cuivre, à peine argenté, leur auguste image; longtemps le peuple s'y trompe; les fanatiques gravent l'empreinte de l'esprit sur le mensonge et la déraison : qui n'a pas la pierre de touche les tient pour de l'or pur.

58. — Ces hommes sont fous, dites-vous des violents énergumènes que nous entendons pérorer en France dans les rues et les places? A moi aussi, ils me semblent fous : mais un fou en liberté débite de sages maximes, tandis que la sagesse, hélas! devient muette dans l'esclave.

59. — Les grands ont parlé longtemps la langue des Français; ils estimaient peu l'homme à qui elle n'était pas familière; maintenant tout le peuple ravi bégaye la langue des Francs : hommes puissants, ne vous fâchez pas, ce qui arrive, vous l'avez désiré.

60. — « Épigrammes, ne soyez pas si hardies. » Pourquoi pas? Nous ne sommes que des titres; le monde a les chapitres du livre.

61. — Comme au grand apôtre fut montré un drap plein d'animaux purs et impurs, ami, mon petit livre se montre à toi.

62. — Une épigramme est-elle bonne peut-être?... Comment pourrais-tu en décider?... On ne sait pas au juste toujours ce que se voulait la friponne.

63. — Plus il est commun et plus il est près de l'envie, de la malveillance, plus vite, assurément, tu comprends le petit poëme.

64. — Chloé jure qu'elle m'aime; je n'en crois rien. Mais elle t'aime, me dit un connaisseur : fort bien! si je le croyais, tout serait perdu.

65. — Tu n'aimes personne, Philarque[1], et moi, tu m'aimes si passionnément!... N'est-il donc pas d'autre voie pour m'enchaîner?

66. — Est-ce donc un si grand secret de savoir ce que c'est

---

1. Qui aime le pouvoir.

que Dieu et l'homme et le monde? Non, mais personne n'aime à l'entendre, et la chose reste secrète.

67. — Je puis beaucoup endurer. La plupart des choses désagréables, je les souffre avec un courage tranquille, comme un dieu me l'ordonne. Il en est cependant quelques-unes, il en est quatre, qui me sont aussi odieuses que le poison et les serpents : la fumée du tabac, les punaises, l'ail et †[1].

68. — Dès longtemps je me serais plu à vous parler de ces petits animaux, qui, gentiment et vite, passent deçà, delà. Ils ressemblent à de petits serpents, mais ils ont quatre pieds. Ils courent, ils rampent, et glissent et traînent légèrement leur petite queue. Voyez, ils sont ici, ils sont là! A présent, ils ont disparu! Où sont-ils? Quelle crevasse, quelle herbe, a recueilli les fugitifs? Si vous me le permettez désormais, j'appellerai ces bestioles des lézards, car je m'en servirai souvent encore, comme d'une agréable image.

69. — Qui a vu des lézards peut se représenter ces gentilles fillettes, qui vont et viennent sur la place. Elles sont vives et mobiles, et se glissent, s'arrêtent et babillent, et, dans leur marche rapide, leur vêtement frémit derrière elles. Vois, elle est ici! elle est là! Si tu perds une fois sa trace, tu la chercheras en vain : elle ne reparaîtra pas de sitôt. Mais, si tu ne crains pas les taudis, les ruelles, les petits escaliers, va, cours, tandis qu'elle t'amorce, entre après elle dans sa caverne.

70. — Ces cavernes, que sont-elles?... Si vous demandez à le savoir, ce livre d'épigrammes deviendra, peu s'en faut, un lexique. Ce sont de noires maisons dans d'étroites ruelles. La belle vous mène au café, et se montre empressée, mais non pas vous.

71. — Deux des plus fins lézards se tenaient toujours ensemble : l'une presque trop grande, l'autre presque trop petite. Les voyez-vous toutes deux en même temps, le choix vous est impossible : chacune, prise à part, vous semblerait la plus belle.

72. — Les saints avaient, dit-on, une bienveillance particu-

---

[1] Il faut donc lire : *et la croix!* Mais Goethe n'a ici en vue que l'ascétisme : il a rendu plus d'une fois hommage au doux et sublime Crucifié.

lière pour le pêcheur et la pêcheresse : c'est justement aussi ce que j'éprouve.

73. — « Si j'étais mère de famille, et si j'avais le nécessaire, je voudrais être joyeuse et fidèle, caresser, embrasser mon mari. » Voilà, parmi ses chansons ordinaires, ce qu'une donzelle me chantait à Venise, et je n'entendis jamais de plus touchante prière.

74. — Je ne puis m'étonner que les hommes aiment tant les chiens, car l'homme, ainsi que le chien, est un misérable gueux.

75. — Je suis peut-être devenu téméraire : ce n'est pas merveille. O dieux, vous savez, et vous ne savez pas seuls, que, moi aussi, je suis pieux et fidèle.

76. — « N'as-tu pas vu la bonne compagnie ? Ton petit livre ne nous montre guère que les bateleurs et le peuple, et même quelque chose de plus vil encore. » J'ai vu la bonne compagnie. On l'appelle bonne, quand elle ne fournit pas matière au plus petit poëme.

77. — Que voulait faire de moi la destinée ? Il serait téméraire de le demander, car, le plus souvent, elle ne veut pas faire grand'chose du grand nombre. Un poëte peut-être ?... Elle y serait parvenue, si la langue ne se fût pas montrée absolument rebelle.

78. — « Tu te mêles de botanique, d'optique ?... Que fais-tu ? N'est-ce pas un plus beau succès de toucher un tendre cœur ? » Ah! les tendres cœurs!... Un charlatan peut les toucher.... Que mon seul bonheur soit de t'effleurer [1], ô nature!

79. — De toutes les couleurs, Newton a formé le blanc : il vous a fait bien d'autres tours de magie blanche, que vous croyez depuis un siècle [2].

80. — « Tout s'explique bien, me dit un écolier, par ces théories que le maître nous a sagement enseignées. » Si vous avez une fois charpenté une bonne croix de bois, il se trouvera bien un corps vivant pour y subir le supplice.

1. *Toucher, effleurer,* ne peuvent rendre la vivacité de l'allemand BERÜHREN.

2. L'ingénieuse théorie des couleurs que Goethe a proposée détruirait celle de Newton.

81. — Si, par de pénibles détours, un jeune homme se glisse chez son amie, qu'il prenne ce petit livre : il est à la fois amusant et consolatif; et, si, un jour, quelque jeune fille attend le bien-aimé, qu'elle prenne en main ce petit livre, et puis le jette de côté quand son amant viendra.

82. — Comme les signes de la vive jeune fille, qui, furtivement, au passage, se borne à frôler doucement mon bras, Muses, vous accordez au voyageur de petits poëmes : oh! réservez encore à votre ami de plus grandes faveurs.

83. — Lorsque, enveloppé de vapeurs et de nuages, le soleil ne nous envoie que des heures sombres, comme nous suivons sans bruit notre sentier! Lorsque la pluie fatigue le voyageur, comme l'abri du toit champêtre nous est agréable! Comme on repose doucement durant la nuit orageuse! Mais le dieu revient : écarte bien vite les nuages de ton front; imite la nature, notre mère.

84. — Veux-tu goûter, avec un pur sentiment, les joies de l'amour, éloigne de ton cœur l'audace et l'humeur sévère. Celle-ci veut chasser l'amour, celle-là songe à l'enchaîner : à l'une et à l'autre, le dieu malin répond par un sourire.

85. — Divin Morphée, vainement tu secoues tes aimables pavots : mes yeux veillent toujours, si l'amour ne les ferme pas.

86. — Tu m'inspires l'amour et le désir; je le sens et je brûle : aimable femme, inspire-moi maintenant la confiance.

87. — Ah! je te connais, Amour, aussi bien que personne! Tu portes ton flambeau, et il brille devant nous dans l'obscurité; mais bientôt tu nous mènes par des routes confuses : c'est alors que ton flambeau nous serait bien nécessaire, hélas! et le traître s'éteint!

88. — Une seule nuit sur ton cœur! et tout ira bien.... Amour nous sépare encore dans la brume et la nuit. Oui, je le verrai le jour où l'aurore guettera les amants dans les bras l'un de l'autre, où le matinal Phébus les éveillera.

89. — Est-ce ta sérieuse résolution, n'hésite pas plus longtemps : fais mon bonheur : voulais-tu badiner, ma belle? assez de badinage!

90. — Mon silence t'afflige? Que dirais-je? Tu ne remarques pas la muette éloquence des soupirs, du regard. Une déesse peut lever le sceau de mes lèvres, c'est l'Aurore seulement, si quelque jour elle m'éveille sur ton sein. Oui, qu'alors mon hymne retentisse à l'approche des divinités matinales, comme la statue de Memnon doucement chantait ses mystères.

91. — Quel agréable jeu! Le disque, échappé de la main, revient vite au fil s'enrouler! C'est ainsi que je semble jeter mon cœur tour à tour à chaque belle, mais il revole aussitôt sur ses pas.

92. — Oh! comme j'observais autrefois toutes les saisons de l'année! Comme je saluais la venue du printemps et soupirais après l'automne! mais l'été ni l'hiver ne sont plus : depuis que l'aile de l'amour abrite mon bonheur, un éternel printemps m'environne.

93. — « Parle, comment vis-tu? » Je vis, et quand des siècles et des siècles seraient donnés à l'homme, je souhaiterais que demain fût pour moi tel qu'aujourd'hui.

94. — O dieux, comment vous remercier? Vous m'avez donné tout ce que l'homme implore, mais presque rien selon la règle.

95. — Dans le crépuscule du matin, gravir la plus haute cime, te saluer dès l'aurore, messagère du jour, étoile charmante, attendre avec impatience les regards du roi des cieux.... délices du jeune homme, que de fois, la nuit, vous m'avez attiré hors de ma demeure! Maintenant vous m'apparaissez, messagers du jour, célestes regards de ma bien-aimée, et toujours trop tôt paraît le soleil.

96. — Avec un air de surprise, tu me montres la mer : elle paraît en feu. Comme la vague enflammée roule autour du navire en sa course nocturne! Cela ne m'étonne point : les flots enfantèrent Aphrodite, et, pour nous, du sein de la déesse ne s'est-il pas élancé une flamme, son fils!

97. — Je voyais briller la mer et scintiller la vague amoureuse; les voiles fuyaient vivement avec un vent favorable; mon cœur n'éprouvait aucun regret; bientôt, vers la neige des montagnes se retourna mon regard languissant : au midi, que de trésors je laisse! Mais il en est un dans le nord, un grand aimant, qui me rappelle avec une force irrésistible.

98. — Ah ! mon amie va partir! Elle s'embarque!.. Éole, mon roi, puissant prince, enchaîne les tempêtes ! « Insensé, me crie le dieu, ne crains pas les furieuses tempêtes : crains le souffle des ailes de l'Amour doucement balancées. »

99. — Elle était pauvre et sans habits, la jeune fille, quand je fis sa conquête : alors elle me plaisait nue, comme elle me plaît encore aujourd'hui.

100. — Souvent je me suis égaré, et j'ai retrouvé ma route; mais ce ne fut jamais plus heureusement. Maintenant cette jeune folle est mon bonheur : si c'est une erreur encore, dieux sages, épargnez-moi, et ne me l'ôtez que là-bas sur le froid rivage.

101. — Midas, il fut triste ton sort : dans tes mains tremblantes, tu sentais, vieillard affamé, la nourriture transformée en métal pesant. En pareil cas, les choses se passent pour moi plus gaiement : ce que je touche devient d'abord sous ma main une vive poésie. Douces Muses, je ne résiste point : seulement, quand je presse ma mignonne contre mon cœur, ne me la changez pas en fable.

102. — « Ah ! ma gorge s'est un peu enflée, » disait ma mie avec angoisse. Tais-toi, mon enfant, tais-toi! et retiens cette parole : la main de Vénus t'a touchée ; elle t'annonce sans bruit que bientôt, hélas! irrésistiblement, elle déformera ton joli corps. Bientôt elle gâtera cette taille élégante, cette charmante gorgerette ; tout enflera ; la robe la plus nouvelle n'ira plus. Mais sois tranquille, la fleur qui tombe annonce au jardinier que le doux fruit se gonfle pour mûrir en automne.

103. — C'est un délice de tenir dans ses bras amoureux la bien-aimée, quand son cœur palpitant nous fait le premier aveu de tendresse; c'est un délice plus grand encore, de sentir les battements de l'être nouveau qui se nourrit et s'agite dans le sein bien-aimé. Déjà il essaye les élans de la vive jeunesse; déjà il frappe à la porte avec impatience; il aspire à la lumière du ciel. Attends quelques jours encore! Les heures te feront suivre avec rigueur tous les sentiers de la vie, comme le destin l'ordonne. Quelque obstacle que tu rencontres, ô trésor naissant, l'amour t'a formé, que l'amour soit ton partage!

104. — C'est ainsi que, séparé de tous mes amis, je m'amusais, laissant couler les jours comme des heures dans la cité neptunienne. Tout ce que j'éprouvais, je l'assaisonnais de doux souvenirs, de douces espérances : ce sont les assaisonnements les plus aimables du monde.

PROPHÉTIES DE BACIS[1].

Étranges sont les chants des prophètes ;
doublement étranges, les événements.

1. — On criait folie à Calchas et l'on criait folie à Cassandre, avant de partir pour Ilion et lorsqu'on en revint. Qui est capable d'écouter le lendemain et le surlendemain? Personne. Et ce que la veille et l'avant-veille ont dit.... qui l'écoute ?

2. — Longue, étroite, est la route[2]. Aussitôt que tu es en marche, elle s'élargit ; mais tu traînes derrière toi des serpents entrelacés. Es-tu arrivé au terme, que le nœud terrible pour toi se change en fleur, et que ta main l'abandonne à l'humanité !

3. — Non-seulement Bacis annonce l'avenir ; comme initié, il révèle encore ce qui est maintenant secret et caché. Voici des baguettes divinatoires : lorsqu'elles sont encore sur la tige,

---

1. Bacis, devin de Béotie, mentionné par Cicéron, *de Divinatione*, I, 18, 34. Goethe affecte ici le langage des oracles, et il est souvent obscur, quelquefois impénétrable. Cependant nous avons cru convenable de faire connaître ces singuliers petits poëmes, dont plusieurs ont figuré dans les *Xénies*. Chacune de ces prophéties est renfermée dans un quatrain formé de deux distiques. Goethe se proposait de composer autant de prophéties qu'il y a de jours dans l'année, et, du recueil, on aurait fait des *sorts*, à la manière des *Sortes homericæ et virgilianæ*.

2. Le chemin de la vie. Les serpents sont les soucis et les chagrins qui accompagnent l'expérience. La fleur est le fruit de l'expérience, qui doit profiter à nos semblables.

elles n'indiquent pas les trésors ; c'est seulement dans les mains intelligentes que se remue le magique rameau.

4. — Si le col du cygne se raccourcit, et si, avec une figure humaine, l'hôte prophétique s'avance sur le miroir liquide, la beauté laisse tomber de la nacelle le voile argenté, et soudain les flots dorés courent sur la trace de l'oiseau qui nage [1].

5. — J'en vois deux ! Je vois le grand, je vois le plus grand ! Tous deux, avec des forces ennemies, se détruisent l'un l'autre. Ici des rochers et la terre, et là des rochers et les flots ! Lequel est le plus grand ? La Parque seule nous le dira [2].

6. — Un prince voyageur vient dormir sur le seuil glacé. Que Cérès le ceigne d'une couronne tressée sans bruit : alors les chiens feront silence ; un vautour l'éveillera, et un peuple laborieux jouira d'un nouveau sort [3].

7. — Sept marchent voilés et sept le visage découvert. Ceux-là, le peuple les craint, les grands du monde les craignent. Mais les autres.... les traîtres !... nul ne les pénètre, car leur propre visage déguise, comme un masque, le fourbe [4].

8. — Hier la chose n'était pas encore ; elle ne sera ni aujourd'hui ni demain, et déjà chacun la promet aux voisins et aux amis. Même on la promet aux ennemis. C'est ainsi que nous entrons noblement dans le nouveau siècle, et la bouche et la main restent vides [5].

9. — Les souris accourent en foule sur la place publique : le voyageur survient, sur pied de bois, quadruple et bruyant. Au même instant, les colombes volent et passent devant la moisson. Alors, Tola, la fortune t'est propice sous la terre [6].

10. — Chez elle, solitaire, la vierge se pare de soie et d'or ; sans être conseillée par le miroir, elle devine le vêtement con-

---

1. Comme Viehoff, nous renonçons à chercher le mot de cette énigme.
2. Ces deux pourraient bien être la France et l'Angleterre.
3. Ceci paraît faire allusion à une restauration future en France.
4. Sans attacher un sens particulier au nombre sept, on peut voir dans les deux classes d'hommes ici désignées, d'une part, les conspirateurs secrets, de l'autre, les égoïstes, qui marchent à visage découvert, mais qui sont plus réellement dangereux.
5. Ces belles promesses sont la liberté et l'égalité, annoncées par les Français aux voisins, aux amis, même aux ennemis, auxquels on veut les imposer. Chimères ! dit le poëte. En attendant, le bonheur matériel s'évanouit.
6. Énigme insoluble pour nous.

venable. Paraît-elle en public, elle ressemble à la servante. Un seul d'entre tous la connaît : son œil montre à la vierge sa parfaite image[1].

11. — Oui, flots puissants, poussés par Jupiter, vous roulez par-dessus digues et rivages ; vous emportez champs et jardins. Je vois un homme. Il est assis, et sa harpe salue ce désastre ; mais le flot ravissant emporte aussi les chansons[2].

12. — Tu as le pouvoir, tu as aussi la culture, et tous s'inclinent, lorsque, avec une suite magnifique, tu traverses la place. Enfin il est passé ! Alors chacun demande tout bas si la justice était aussi dans le cortége des vertus[3].

13. — Je vois des murailles détruites et je vois des murailles bâties : ici des prisonniers en foule, là des prisonniers encore. Le monde n'est-il peut-être qu'une grande prison ? Et l'insensé est-il bien libre, qui se fait une couronne avec des chaînes ?

14. — Laisse-moi en repos : je dors. — Mais moi, je veille. — Nullement. — Est-ce que tu rêves ? — Je suis aimé. — Assurément tu parles en songe ! — O toi qui veilles, qu'as-tu donc ? — Vois tous ces trésors ! — Que je les voie ? Un trésor se voit-il avec les yeux ?

15. — Les clefs sont éparses dans le livre pour résoudre l'énigme[4] : car l'esprit prophétique s'adresse aux intelligents. Je déclare les plus sages ceux qui se laissent aisément instruire par le temps : le temps amène à la fois l'énigme et le mot.

16. — Bacis vous révèle aussi le passé : car souvent, ô monde aveugle, le passé lui-même demeure une énigme devant toi. Qui connaîtrait le passé saurait l'avenir : l'un et l'autre s'unissent au présent en un tout accompli.

17. — Les cieux s'ouvrent et versent la pluie ; l'eau dégoutte sur les rochers et les gazons, les murs et les arbres à la fois. Le soleil revient-il, le bienfait s'évapore de la pierre : la vie garde seule les dons du ciel.

---

1. Cette vierge est la liberté, que les lois et les convenances enchaînent, dès qu'elle se produit en public. L'homme privilégié qui la connaît, c'est le poëte.
2. Jupiter est peut-être Napoléon ; l'homme serait le poëte.
3. « Tu traverses la place, » c'est-à-dire « tu te produis sur le théâtre du monde. » On ne peut s'empêcher de songer ici à Napoléon.
4. Les prophéties de Bacis devaient être au nombre de trois cent soixante-cinq, et elles se seraient expliquées les unes les autres.

18. — Parle, qu'est-ce que tu comptes ? — Je compte, afin de comprendre la dizaine, puis une autre dizaine, et cent et mille ensuite. — Tu arriveras plus tôt, dès que tu voudras me suivre. — Comment donc? — Dis à la dizaine : « Sois dix ! » Puis les mille seront à toi.

19. — As-tu observé le flot qui s'est brisé sur le rivage? Vois le deuxième, il vient ; déjà il roule jaillissant. Aussitôt le troisième se soulève. Crois-moi, tu attendras en vain que le dernier vienne aujourd'hui mourir à tes pieds.

20. — « Si je pouvais plaire à celui-là ! dit en son cœur la jeune fille. Je trouve le deuxième noble et bon, mais il ne m'attire point. Si le troisième était sûr, il serait mon préféré.... » Ah ! faut-il que l'inconstance soit toujours le suprême plaisir !

21. — Tu te montres pâle et morte à mes yeux : comment, de ta force intérieure, fais-tu surgir une sainte vie? « Si l'œil me voyait accomplie, tu pourrais jouir en repos : c'est le besoin seulement qui t'élève au-dessus de toi-même[1]. »

22. — Les cheveux changent deux fois de couleur: d'abord du blond au brun, puis le brun se montre ensuite argent pur. Devine la moitié de l'énigme, l'autre moitié est entièrement à tes ordres pour triompher de la première[3].

23. — Pourquoi t'effrayer? « Loin de moi, loin de moi ces fantômes! Montre-moi donc la fleur, montre-moi une figure humaine! Bien! maintenant je vois les fleurs, je vois les visages humains. » Mais toi-même, je te vois comme un fantôme trompé[4].

24. — L'une approche en roulant ; les neuf se tiennent immobiles. Après la course accomplie, quatre sont renversées. Les

---

1. Ceci est dirigé contre les amis d'une analyse minutieuse. Même observation sur le n° 19.

2. Cette pensée révèle peut-être l'effet mystérieux de la sculpture : la statue paraît aux yeux pâle et morte, et cependant elle développe chez l'observateur l'idée de la vie.

3. Nous avouons avec Viehoff que l'énigme n'est pas claire pour nous. On sent bien que le changement dans la couleur des cheveux correspond à un changement dans l'état intérieur de l'homme : mais les derniers mots ne nous offrent aucun sens distinct; seulement « l'argent pur » fait sans doute allusion à la sagesse de l'âge.

4. Ceci s'adressait probablement aux dames, qui n'aimaient pas à voir Goethe approfondir les mystères de la nature, dans ses études de botanique et d'anatomie.

héros trouvent glorieux d'agir, de frapper violemment ; car il n'appartient qu'à un dieu d'être boule et quille à la fois.

25. — Combien de pommes veux-tu pour ces fleurs? — Mille ; car il y a bien ici vingt mille fleurs, et, pour vingt, une seulement, je le trouve raisonnable. — Sois content, si tu en conserves un jour une sur mille.

26. — « Parle, comment me délivrer des moineaux? disait le jardinier. Et des chenilles encore, puis des scarabées, taupes, mordelles, guêpes, vers, engeance infernale? » Laisse-les tous vivre, l'un mangera l'autre.

27. — « J'entends sonner : c'est le joyeux tintement des traîneaux. Comme la folie s'agite encore, même pendant la froidure! » Tu entends sonner?... Il me semble que c'est ton bonnet[1], qui, près du poêle, s'agite doucement autour de tes oreilles.

28. — Voyez l'oiseau : il vole d'un arbre à un autre, il va goûtant les fruits, tour à tour, de son bec infatigable. Interrogez-le : il jase aussi volontiers ; il vous dira naïvement qu'il ouvre à coups de bec les magnifiques profondeurs de l'auguste nature[2].

29. — Je connais une chose honorée, adorée même, quand elle est sur ses pieds ; plantée sur sa tête, elle est maudite de chacun. Je connais une chose que la lèvre presse avec force, avec amour, mais, un moment après, elle est l'horreur du monde[3].

30. — C'est la chose la plus sublime, en même temps que la plus commune, c'est la plus belle et la plus abominable. Ne la savoure que du bout des lèvres, et ne la goûte pas plus avant, sous l'écume séduisante, la lie s'amasse au fond du calice[4].

31. — Il est un corps mobile qui me charme, sans cesse tourné vers le nord premièrement, et puis tout de bon vers la profondeur ; mais il en est un autre qui ne me plaît pas autant : il obéit aux vents, et tout son talent se résume en révérences[5].

---

1. Le bonnet à grelots de la folie.
2. Les hommes sont aussi vains : ils effleurent à peine quelques détails, et ils croient tout approfondir.
3. Problème insoluble pour nous.
4. Goethe donne peut-être ici la même leçon que Schiller dans la *Poésie de la vie* : il faut se contenter d'en effleurer les jouissances, sinon l'illusion s'évanouit, et l'affreuse vérité se montre dans toute son horreur.
5. Il s'agit ici de l'aiguille aimantée et de la girouette.

32. — Il sera éternellement pour vous l'unité, qui se partage en plusieurs, et reste néanmoins unité, éternellement unique. Vous trouvez dans l'unité la multitude; vous sentez la multitude comme unité, et vous avez le principe, vous avez la fin de l'art[1].

1. Comparer cette pièce avec l'*Ame du monde*. Dans l'une et dans l'autre on retrouve les idées de Schelling, qui répondaient à celles de Goethe.

LES QUATRE SAISONS[1].

Toutes les quatre, plus ou moins, nous lutinent, comme les jolies fillettes.

Le Printemps.

1. — A moi, distiques[2], hâtez-vous ! Enfants joyeux, éveillés ! Riche est le jardin, riche la campagne ! Ici des fleurs pour les couronnes !

2. — La campagne est riche en fleurs ; mais quelques-unes ne sont belles qu'aux yeux ; d'autres le sont pour le cœur seulement : lecteur, choisis toi-même.

3. — Bouton de rose, tu es consacré à la florissante jeune fille, qui se montre à la fois la plus belle, la plus modeste.

4. — Beaucoup de violettes attachées ensemble, et le petit bouquet ne paraît encore qu'une fleur : jeune ménagère, c'est ton emblème.

5. — J'en connaissais une qui était svelte comme un lis, et son orgueil était innocence. Salomon n'en vit jamais de plus belle.

6. — Déjà se lève l'ancolie, et sa jolie tête s'incline. Est-ce sentiment, est-ce caprice ? Vous ne devinez pas.

---

1. Ces épigrammes sont tirées de quatre recueils différents, que Goethe et Schiller avaient publiés en commun. La propriété de quelques-unes est incertaine.
2. Chacune de ces petites pièces se compose en effet d'un hexamètre et d'un pentamètre.

7. — O jacinthe, tu balances tes nombreuses cloches odorantes; mais les cloches n'attirent pas comme les parfums.

8. — Violette de nuit[1], on passe devant toi quand le jour brille; mais, au chant du rossignol, tu exhales une précieuse senteur.

9. — Tubéreuse, qui triomphes et qui charmes en plein air, demeure loin de ma tête, demeure loin de mon cœur.

10. — Je vois de loin le pavot : il brille. Si je m'approche, ah! je m'aperçois trop tôt qu'il n'est qu'une rose menteuse.

11. — Tulipes, dédaignées par le connaisseur sentimental, un joyeux esprit aime aussi vos joyeuses corolles.

12. — OEillets, que je vous trouve beaux! Mais l'un ressemble à l'autre, on vous distingue à peine, et je ne puis me décider.

13. — Brillez des couleurs de l'aurore, renoncules, tulipes, asters : voici une feuille sombre, dont le parfum vous fait honte.

14. — Renoncules, aucune de vous ne m'attire et je n'en souhaite aucune : mais, entremêlées dans le parterre, l'œil vous voit avec plaisir.

15. — Dites-moi, qu'est-ce qui remplit la chambre d'un suave parfum? Le réséda, sans couleur, sans forme, herbe discrète et modeste.

16. — Tu serais l'honneur des jardiniers, mais, où tu te montres, tu dis : « Cérès m'a semée elle-même, avec sa graine dorée. »

17. — Ton aimable petitesse, ton œil charmant, disent toujours : « Ne m'oubliez pas ! » toujours : « N'allez pas m'oublier. »

18. — Quand les images de toutes les fleurs disparaîtraient aux yeux de l'âme, Éléonore, le cœur se représenterait ton image.

L'ÉTÉ.

19. — L'amour se montre cruel avec moi. O Muses, jouez avec les douleurs qu'en se jouant il éveille dans mon sein.

20. — Je possède des manuscrits comme aucun savant, aucun roi, n'en possède ; car ma maîtresse écrit pour moi ce que j'ai composé pour elle.

---

1. C'est le géranium triste.

21. — Comme, en hiver, la semence ne germe qu'avec lenteur ; comme, en été, elle croît et mûrit promptement, ainsi fut-il de mon affection pour toi.

22. — Les champs et les bois et les rochers et les jardins ne furent jamais pour moi qu'un espace, ô mon amie, et tu m'en fais un séjour.

23. — L'espace et le temps, je le vois bien, sont de simples formes de la pensée, puisque, avec toi, mon amie, ce petit coin me semble infini.

24. — Le souci, il monte à cheval avec toi, il monte sur le vaisseau : l'amour s'empare de nous avec bien plus de tyrannie encore.

25. — L'inclination est difficile à vaincre ; mais, si l'habitude, prenant racine, s'y joint insensiblement, elle est insurmontable.

26. — Quelle est cette feuille, que je lis deux et trois fois de suite? Une lettre bonne et tendre, que m'écrit ma bien-aimée.

27. — Elle me ravit et m'abuse peut-être. O poëtes et chanteurs, ô mimes, ma bien-aimée pourrait vous en remontrer.

28. — Toute la joie du poëte, de produire de bons vers, qu'elle la ressente avec moi, l'aimable enfant qui les inspira!

29. — « Une épigramme serait trop courte pour me dire quelque chose de tendre?... Eh quoi, mon bien-aimé, le tendre baiser n'est-il pas plus court? »

30. — Connais-tu l'admirable poison de l'amour non satisfait? Il consume et restaure, il dévore la moelle et la renouvelle.

31. — Connais-tu l'effet admirable de l'amour enfin satisfait? Il enchaîne doucement les corps, s'il délivre les âmes.

32. — C'est l'amour véritable qui reste toujours, toujours égal à lui-même, soit qu'on lui accorde tout, soit qu'on lui refuse tout.

33. — Je voudrais tout avoir, pour tout partager avec elle : je sacrifierais tout, pour qu'elle seule fût à moi.

34. — Affliger un cœur aimant et devoir se taire : les supplices qu'imagine Rhadamante ne sauraient être plus cruels.

35. — « O Jupiter! pourquoi suis-je passagère? » demandait la beauté. Le Dieu répondit : « Je n'ai donné la beauté qu'aux choses passagères. »

36. — Et l'Amour, les fleurs, la rosée et la jeunesse l'en-

tendirent, et tous s'éloignèrent en pleurant du trône de Jupiter.

37. — Il faut vivre, il faut aimer ; la vie et l'amour finissent : ô Parque ! si du moins tu coupais les deux fils en même temps !

L'Automne.

38. — La vie produit des fruits pour l'homme : mais rarement ils pendent, riants et vermeils, à la branche, comme une pomme nous salue.

39. — Que le bâton de commandement règle la vie et les affaires, et laissez du moins l'Amour, aimable dieu, jouer avec la Muse.

40. — Enseignez ! Cela vous sied bien, et nous respectons l'usage : mais la Muse ne se laisse pas régenter par vous.

41. — Emprunte à Prométhée son flambeau ; Muse, anime les hommes ! Emprunte à l'Amour le sien, et hâte-toi de les torturer et de les ravir comme lui.

42. — Toute la création est l'œuvre de la nature. Du trône de Jupiter jaillit l'éclair tout-puissant qui féconde et qui ébranle l'univers.

43. — Amis, ne faites rien qu'avec amour et sincérité : l'un et l'autre vont si bien aux Allemands, auxquels tant de choses, hélas ! vont si mal !

44. — Les enfants jettent la balle au mur et la ressaisissent : moi, j'aime ce jeu, lorsqu'un ami me la renvoie.

45. — Aspirez sans cesse au tout, et, si devenir vous-même un tout vous est impossible, attachez-vous à un tout comme membre utile.

46. — Il est beau d'être inventeur soi-même, mais l'heureuse invention d'un autre, si tu la reconnais et l'apprécies avec joie, est-elle moins à toi ?

47. — Ce qui saisit l'adolescent, et captive l'homme et récrée encore le vieillard, aimable enfant, puisse-t-il rester ton heureux partage.

48. — La vieillesse se rapproche volontiers du jeune âge et le jeune âge de la vieillesse : mais les pareils se recherchent plus volontiers encore.

49. — Garde fidèlement l'image des nobles cœurs : comme des astres lumineux, la nature les sema dans l'espace infini.

50. — Quel est l'homme le plus heureux? Celui qui sait sentir le mérite étranger et jouir du bonheur étranger comme du sien propre.

51. — Le temps nous donne beaucoup et nous ôte beaucoup aussi; mais que l'amitié des meilleurs te soit toujours une douce jouissance.

52. — Fanatiques, si vous étiez capable de saisir l'idéal, oh! vous sauriez aussi, comme de raison, honorer la nature.

53. — Qui nous devons croire, loyal ami ? Je puis vous le dire : croyez la vie. Elle instruit mieux que les orateurs et les livres.

54. — Toutes les fleurs doivent passer, pour que les fruits succèdent : vous seules, ô Muses, vous donnez à la fois les fleurs et les fruits.

55. — Je préfère la vérité nuisible à l'erreur utile : la vérité guérit la douleur que peut-être elle nous cause.

56. — Une erreur est-elle nuisible vraiment? Pas toujours, mais errer est toujours nuisible. A quel point, on le voit au bout du chemin.

57. — Nous n'aimons jamais les enfants étrangers autant que les nôtres : l'erreur, notre propre enfant, nous tient au cœur.

58. — L'erreur ne nous quitte jamais; mais sans cesse un besoin supérieur élève doucement à la vérité l'esprit qui la cherche.

59. — Que nul ne soit égal à un autre, mais que chacun soit égal au plus grand. Comment y réussir? Que chacun soit complet en lui-même.

60. — Pourquoi le goût et le génie veulent-ils si rarement s'unir? Celui-là craint la force, celui-ci dédaigne le frein.

61. — Tous les sages discours sont impuissants à propager le monde; ils ne sauraient non plus produire aucune œuvre d'art.

62. — Quel lecteur je désire?... Le lecteur non prévenu, qui m'oublie, qui oublie et lui-même et le monde, et vit tout entier dans le livre.

63. — Celui-là est mon ami, qui chemine avec moi, quand

je m'évertue : s'il m'invite à m'asseoir, je me dérobe pour l'heure.

64. — Comme je déplore profondément que cette grande âme, digne de marcher au but avec moi, ne sache voir en moi qu'un moyen !

65. — Vante à l'enfant les poupées, pour lesquelles il jette avec passion ses petits sous : en vérité, tu seras un dieu pour les marchands et les enfants.

66. — Comment la nature s'y prend-elle pour unir dans l'homme les hautes et les basses inclinations ? Elle loge entre deux la vanité.

67. — Je n'ai jamais estimé la race sentimentale : vienne l'occasion, ces gens se montrent toujours de mauvais compères.

68. — La gallomanie, dans notre époque troublée, comme autrefois la luthéromanie [1], fait reculer la paisible culture.

69. — Ce qui est passé de mode en France, les Allemands le jouent encore, car l'homme le plus orgueilleux flatte la populace et rampe.

70. — « La populace, oses-tu dire ? Où est la populace ? » Si les affaires allaient à votre guise, vous changeriez volontiers les peuples en populace.

71. — Où naissent les partis, chacun se tient de ce côté-ci ou de celui-là : bien des années se passent avant que le milieu les unisse.

72. — « Ces gens-là forment un parti : quelle entreprise criminelle ! Mais *notre* parti, à la bonne heure ! c'est une chose toute simple. »

73. — Veux-tu rester libre, mon fils, apprends quelque chose de bon, modère tes désirs, et ne regarde jamais au-dessus de toi.

74. — « Quel est, dans chaque condition, l'homme le plus noble ? » Celui qui incline toujours vers l'équilibre, quelles que soient ses prérogatives.

75. — Savez-vous comment les petits eux-mêmes pourront avoir quelque valeur ? Qu'ils fassent bien les petites choses :

---

1. Proprement le *luthéranisme*, mais il fallait une expression symétrique et qui dût se prendre en mauvaise part.

c'est justement ainsi que les grands souhaitent de faire les grandes.

76. — « Qu'est-ce que sainteté? » Ce qui unit beaucoup d'âmes ensemble, fût-ce même d'un lien léger, comme le jonc unit la couronne.

77. — « Quelle est la sainteté suprême ? » Ce qui, maintenant et à jamais, de plus en plus profondément senti, unit toujours plus intimement les âmes.

78. — « Quel est le plus digne membre de l'État ? » Un bon citoyen : sous toute forme, il est toujours la plus noble matière.

79. — « Qui donc est véritablement prince? » J'ai toujours vu que celui-là est véritablement prince, qui est capable de l'être.

80. — Si l'intelligence manque en haut et la bonne volonté en bas, aussitôt la force mène, ou bien elle termine la querelle.

81. — J'ai vu des républiques : la meilleure est celle qui procure aux gouvernants des charges et non des avantages.

82. — Que l'on connaisse son propre avantage, qu'on laisse à chacun le sien, et la paix éternelle sera faite.

83. — Nul ne s'en tient volontiers à la part qui lui revient, et voilà le sujet de guerres perpétuelles.

84. — Il y a deux manières de dire la franche vérité : toujours publiquement au peuple, toujours en secret au prince.

85. — Si vous blâmez un homme avec éclat, il s'obstinera, comme la multitude s'obstine, quand vous la louez en masse.

86. — Tu es roi et chevalier : tu peux commander et combattre; mais, pour chaque traité, appelle ton chancelier.

87. — Habile et ferme et actif, connaissant tout, adroit avec les supérieurs et les inférieurs !... qu'il soit et qu'il reste ministre.

88. — Quel courtisan j'estime?... Le plus clairvoyant et le plus fin. Les autres qualités qu'il a peut-être encore, c'est à l'homme que j'en tiens compte.

89. — De savoir si tu es le plus habile, cela n'importe guère mais sois le plus honnête, chez toi comme au conseil.

90. — Je ne m'inquiète point de savoir si tu veilles, pourvu seulement que tu chantes. Chante, guetteur, ta chanson en dormant, comme font bien d'autres.

91. — Automne, tu ne répands aujourd'hui que de légères feuilles flétries : une autre fois donne plutôt des fruits mûrs.

L'Hiver.

92. — L'eau est solide et le fleuve est un plancher. Le plus nouveau théâtre s'ouvre, à la clarté du soleil, entre les rives.

93. — En vérité, on dirait un songe ! Des images expressives de la vie voltigent, riantes et sérieuses, sur la plaine de glace.

94. — Nous avons vu des siècles rester ainsi engourdis et gelés : l'humanité et la raison ne faisaient que ramper au fond secrètement.

95. — La surface toute seule détermine les chemins où tourbillonne la vie : la surface est-elle polie, nous oublions le danger voisin.

96. — Tout le monde s'efforce et s'empresse ; on se cherche et l'on s'évite : mais la route plus unie les renferme tous dans sa gracieuse barrière.

97. — Je vois glisser pêle-mêle les écoliers et les maîtres, et le commun peuple, qui se tient au milieu.

98. — Là chacun montre ce qu'il sait ; ni louange ni blâme n'arrêteraient celui-ci, ne pousseraient celui-là vers le but.

99. — Prôneurs du charlatan, frondeurs du maître, je voudrais vous voir ici muets sur la rive, avec une rage impuissante.

100. — Apprenti, tu chancelles, tu hésites et tu crains la surface polie : du courage !... tu brilleras un jour dans la carrière.

101. — Tu veux déjà paraître élégant et tu n'es pas ferme ? Peine inutile ! La force accomplie produit seule la grâce.

102. — Tomber est le sort des mortels. Ici l'écolier tombe comme le maître : mais celui-ci tombe avec plus de péril.

103. — Que le plus agile coureur de la carrière vienne à tomber, on rit sur le bord : comme, la pipe à la bouche et le verre à la main, on triomphe des vaincus.

104. — Glisse joyeusement, donne des conseils à l'écolier qui se forme, prends plaisir à voir le maître, et jouis du moment.

105. — Vois, déjà le printemps s'approche : par-dessous, l'eau ruisselante, et, par-dessus, le regard plus doux du soleil, consument la glace.

106. — Ce peuple s'est retiré, cette société bigarrée est disparue; aux mariniers et aux pêcheurs appartient de nouveau l'onde flottante.

107. — Poursuis ta course, nage, glaçon puissant, et, si tu n'arrives pas au terme comme glaçon, tu arriveras du moins comme goutte d'eau dans la mer.

SONNETS[1].

Je veux louer l'amour en aimant
Toute forme vient d'en haut.

I. — Violente surprise.

De la grotte rocheuse, entourée de nuages, s'élance avec fracas un fleuve pressé de s'unir à l'Océan; quelque objet qui se reflète dans ses eaux de ravins en ravins, il poursuit vers la vallée sa marche irrésistible.

Mais tout à coup, entraînant après elle en tourbillons montagne et forêt, une Oréade se précipite avec furie pour trouver là-bas le repos. Elle arrête le courant; elle forme une barrière au vaste bassin.

L'onde jaillit et s'étonne et recule, elle s'enfle et s'élève, pour s'absorber elle-même sans cesse. Il est arrêté désormais, son élan vers le père des fleuves.

Elle se balance et repose, refoulée en lac par le barrage. Les étoiles, en se reflétant, contemplent le scintillement des vagues qui battent le rocher, nouvelle scène de vie.

II. — Agréable rencontre.

Enveloppé jusqu'au menton dans mon large manteau, je suivais la route rocheuse, escarpée, obscure, puis je descendais

---

1. Les Sonnets de Goethe sont versifiés et rimés suivant les règles propres à ce genre de poésie.

vers les froids pâturages, l'esprit inquiet, méditant une fuite rapide.

Tout à coup le nouveau jour se montra sans voiles ; une jeune fille survint, une figure céleste, aussi accomplie que les charmantes femmes du monde poétique d'autrefois : mon impatience s'était calmée.

Cependant je me détourne et je la laisse passer, et je me serre plus étroitement dans les plis de mon manteau, comme si je voulais fièrement me réchauffer en moi-même.

Je la suivais pourtant. Elle s'arrêta. Adieu ma résolution ! Je ne pus durer dans mon enveloppe ; je la rejetai : la belle était dans mes bras.

III. — Sans balancer !

Devrais-je tant m'accoutumer à sa vue ? Mais ce serait enfin pour moi une pure souffrance ! Aussi, je veux l'essayer dès ce jour, je n'approcherai pas du charmant objet auquel l'habitude m'enchaîne.

Mais, ô mon cœur, comment obtiendrai-je que tu me pardonnes de ne pas te consulter dans cette importante affaire ? Viens, nous exprimerons notre plainte en d'aimables chants, tristes et doux.

Vois-tu, cela nous réussit : attentive au signal du poëte, la lyre résonne sous mes doigts avec mélodie, pour offrir en secret un sacrifice d'amour.

A peine y songes-tu, et voilà notre chanson achevée ! Que faire maintenant ? Si tu m'en crois, courons, dans le premier feu, courons la chanter devant elle.

IV. — La jeune fille parle.

Que ton visage est sérieux, mon bien-aimé ! Je pourrais te comparer à ce marbre, ton image. Comme lui, tu ne me donnes aucun signe de vie ; comparée à toi, la pierre se montre sensible.

L'ennemi se cache derrière son bouclier : l'ami doit s'offrir à nous, le front découvert. Je te cherche, tu cherches à m'éviter : du moins arrête-toi, comme cette figure que l'art a formée.

Auquel faut-il maintenant que je m'adresse ? Devrai-je essuyer la froideur de tous deux, de lui, que l'on dit sans vie, et de toi, qu'on appelle vivant ?

Eh bien, sans plus prodiguer de paroles, je veux couvrir de baisers cette pierre, jusqu'à ce que ta jalousie vienne m'en arracher.

V. — Croissance.

Gentille petite enfant, tu courais avec moi aux champs et aux prairies, dans mainte journée de printemps. « Une fillette, mignonne comme toi, je voudrais, avec de tendres soins, la bénir comme père, et lui bâtir une maison. »

Et lorsque tu commenças à observer le monde, ton plaisir fut le soin du ménage. « Une sœur pareille et je serais tranquille! Comme je pourrais me fier en elle, elle en moi! »

Rien ne peut désormais arrêter sa belle croissance; je sens dans mon cœur les brûlants transports de l'amour.... La presserai-je dans mes bras, pour calmer mes douleurs?

Mais, hélas! il me faut maintenant voir en toi une princesse; tu te montres à mes yeux imposante, inaccessible : je m'incline devant ton regard qui m'effleure.

VI. — Provision de voyage.

Il fallut me désaccoutumer du feu de ses regards; ils ne devaient plus embellir ma vie. Ce qu'on appelle destin ne se laisse pas attendrir : je le sais bien, et je m'éloignai troublé.

Dès lors aussi je ne connus plus aucun bonheur; je commençai d'abord à me désaccoutumer de telle et telle chose, jusqu'alors nécessaire : rien ne me semblait nécessaire que ses regards.

Vins généreux, chère variée et délicate, le confort et le sommeil et les autres jouissances, la compagnie même, je l'écartai, en sorte qu'il me restât peu de chose.

Et maintenant je puis en paix courir le monde : ce qu'il me faut, on le trouve partout, et je porte avec moi l'indispensable..., l'amour!

VII. — Le départ.

J'étais insatiable après mille baisers, et, avec un seul, je dus enfin m'éloigner d'elle; après les douleurs, profondément senties, d'une séparation cruelle, le rivage auquel je m'étais arraché,

Avec ses maisons, ses montagnes, ses collines, ses fleuves, aussi longtemps que je le vis distinctement, me fut un trésor de jouissances. Enfin dans le ciel bleu resta le ravissant spectacle des ombres lumineuses, qui s'effaçaient au loin.

Et lorsqu'une fois la mer borna le regard, mon désir brûlant retomba sur mon cœur : vivement affligé, je cherchais mon bien perdu.

Soudain le ciel me parut resplendir ; il me sembla que rien, rien ne m'avait échappé, et que j'avais encore tout ce qui fut jamais mon partage.

VIII. — Lettre de l'amante.

Un regard de tes yeux dans les miens, un baiser de ta bouche sur ma bouche.... Qui a connu, comme moi, cette volupté, autre chose lui peut-elle bien sembler aimable ?

Éloignée de toi, devenue étrangère aux miens, je promène sans cesse mes pensées à la ronde, et toujours elles rencontrent cette heure, cette heure unique.... Alors je commence à pleurer.

Et puis insensiblement les larmes s'essuient. Je me dis : « Il aime sans doute ! Il sait me trouver ici, dans cette solitude Et ne devrais-tu pas atteindre au loin ?

Écoute le murmure de ce souffle d'amour. Mon unique bonheur sur la terre est ton affectueux souvenir : qu'il m'en vienne un signe de toi !

IX. — Deuxième lettre de l'amante.

Pourquoi cette lettre nouvelle ? Ami, ne le demande pas expressément ; car, au fond, je n'ai rien à te dire ; mais enfin cette feuille parviendra dans tes mains chéries.

Comme je ne puis aller, ce que j'envoie te portera mon cœur sans partage, avec ses joies, ses espérances, ses extases, ses tourments : tout cela n'a point de commencement et n'aura point de fin.

Le jour présent, je ne veux rien t'en dire, ni t'avouer comme, dans ses pensées, ses désirs, ses rêves, ses volontés, mon cœur fidèle vole et se tourne vers toi.

Ainsi j'étais un jour en ta présence, à te contempler, et je ne disais rien. A quoi bon le langage ? Je sentais mon être accompli.

X. — Elle ne peut finir.

Si je t'envoyais d'abord cette feuille blanche, au lieu de la couvrir de mon écriture, peut-être tu la remplirais par passe-temps, et tu me l'adresserais, à moi, bienheureuse.

Et quand je verrais l'enveloppe azurée, curieuse aussitôt, comme il sied aux femmes, je la déchirerais, pour que rien ne restât caché ; et je lirais les mots qui, sortant de ta bouche, me ravissaient autrefois :

Chère enfant ! mon petit cœur ! mon unique bien ! Ainsi que tu apaisais doucement mon ardeur avec des paroles caressantes, et me faisais goûter trop de délices.

Je croirais même encore lire ton chuchotement, avec lequel tu remplissais mon âme de tes feux, et m'embellissais à mes yeux pour toujours.

XI. — Némésis.

Quand la peste furieuse exerce ses ravages parmi le peuple, on doit prudemment fuir la société : de même, pour avoir su tarder et m'abstenir, je me suis souvent garanti de maintes influences.

Et, bien que l'amour m'ait souvent favorisé, à la fin, je n'ai pas voulu me commettre avec lui. Ainsi en fut-il encore de ces poëtes larmoyants, lorsqu'ils couvaient leurs quadruples et triples rimes [1].

Mais aujourd'hui le châtiment suit le contempteur, comme si les serpents de feu des Euménides le poussaient des monts aux vallées, de la terre sur les flots.

J'entends le ricanement des génies, mais toute réflexion m'est ravie par la fureur des sonnets et le délire de l'amour.

XII. — Présent de Noël.

Ma mignonne, voici, dans une boîte, des douceurs de formes diverses. Ce sont les fruits des saints jours de Noël, de simples pâtisseries à distribuer aux enfants.

Je voudrais maintenant, par un savant et doux langage, apprêter, pour la fête, de poétiques confitures ; mais à quoi bon

---

1. Allusion à la forme du sonnet.

de pareilles vanités? N'allons pas essayer d'éblouir par la flatterie !

Toutefois il est une douceur encore, qui du cœur parle au cœur ; qu'on peut savourer de loin : celle-là, c'est jusqu'à toi seulement qu'elle peut voler.

Et si tu éprouves alors un aimable souvenir, pareil au sourire brillant de l'étoile bien connue, tu ne dédaigneras point cet humble présent.

XIII. — Avertissement.

Au dernier jour, quand résonneront les trompettes et que toute vie terrestre aura cessé, nous serons tenus à rendre compte de toute parole inutile, échappée de nos lèvres.

Qu'arrivera-t-il alors de toutes les paroles par lesquelles, avec tant d'amour, je t'ai manifesté mon désir de te plaire, si elles ne font que se perdre à ton oreille?

C'est pourquoi, ô ma bien-aimée, que ta conscience réfléchisse sérieusement, combien de temps tu as balancé, afin que le monde ne souffre pas à son tour une pareille douleur.

S'il faut que je suppute et que j'excuse tout ce que j'aurai inutilement débité devant toi, le dernier jour durera toute une année.

XIV. — Les sceptiques.

Vous aimez les sonnets et vous en écrivez! Misérable fantaisie! La force du cœur, pour se manifester, doit chercher des rimes et les accoupler! Enfants, croyez-le, votre volonté reste impuissante.

Libre de tous liens, l'abondance du cœur s'exprime encore à peine; elle veut se concentrer, puis, semblable aux orages, éclater sur tous les tons, puis se replonger dans la nuit et le silence.

Pourquoi tourmenter et vous et nous-mêmes à rouler pas à pas, sur le rapide sentier, la pierre incommode qui pèse en arrière, pour causer toujours une fatigue nouvelle?

Les amoureux.

Au contraire, nous sommes dans le bon chemin! Pour fondre heureusement les corps les plus durs, il faut que le feu de l'amour brûle avec une extrême puissance.

XV. — La Jeune fille.

Je doute qu'elles soient sérieuses, les lignes entrelacées. A la vérité, j'observe avec plaisir tes jeux de syllabes; mais, si je m'en crois, ce que les cœurs sentent véritablement, mon doux ami, on ne doit pas le polir.

Le poëte, pour échapper à l'ennui, a coutume de fouiller jusqu'au fond de son âme; mais il sait rafraîchir ses blessures; il sait, avec des mots magiques, guérir les plus profondes.

Le poëte.

Regarde là-bas, ma chère! Qu'arrive-t-il à l'artificier? Instruit dans l'art de faire éclater le tonnerre, selon des règles certaines, il creuse habilement ses mines en zigzag;

Mais la puissance de l'élément est la plus forte, et, avant qu'il ait pris ses mesures, il vole dans les airs, brisé avec tous ses artifices.

XVI. — Époque.

En traits de flammes, était profondément gravé dans le cœur de Pétrarque, plus que tous les autres jours, le Vendredi-Saint : il en est de même pour moi, j'ose le dire, de l'Avent de mil huit cent sept.

Je ne commençai pas, je continuai seulement d'aimer celle que de bonne heure j'avais déjà portée dans mon cœur, qu'ensuite j'avais sagement bannie de ma pensée, et qui maintenant me ramène dans ses bras.

L'amour de Pétrarque, infini, sublime, resta sans récompense, hélas! et, triste à l'excès, fut un martyre, un éternel Vendredi-Saint.

Mais qu'à l'avenir la joyeuse et douce approche de ma maîtresse ne cesse de me paraître, parmi les palmes triomphantes et les frémissements de joie, comme un éternel jour de mai!

XVII. — Charade.

Ce sont deux mots, courts et faciles à dire, que nous prononçons souvent avec une douce joie; mais nous ne connaissons point clairement les choses dont ils portent l'empreinte particulière.

C'est une grande jouissance, dans la jeunesse et les vieux jours, d'embraser hardiment l'un par l'autre ; et, si l'on peut les dire unis ensemble, on exprime un délicieux contentement.

Mais aujourd'hui je cherche à leur plaire, et je les prie de faire par eux-mêmes mon bonheur; j'espère en silence, et pourtant j'espère obtenir

De les bégayer comme le nom de ma bien-aimée, de les contempler tous deux dans une seule image, de les embrasser tous deux dans un seul être [1].

---

1. Le mot paraît être HERZLIEBE (cœur, amour) : c'était le nom d'une jeune fille aimée de Goethe.

POÉSIES DIVERSES[1].

> Pour qu'on juge combien étaient diverses les marchandises, voici une carte d'échantillons.

Le Parnasse allemand.

Parmi ces bosquets de lauriers, dans les prairies, au bord des fraîches cascades, heureux enfant, je reçus d'Apollon la faveur de couler ma vie : ainsi, selon la haute volonté du dieu, les vénérables Muses m'ont nourri dans le silence, m'ont abreuvé aux sources claires, argentées, du Parnasse ; et ont gravé sur mes lèvres leur chaste et pure empreinte.

Et le rossignol voltige autour de moi, de son aile discrète. Ici, dans les buissons, là, sur les arbres, il convie la multitude fraternelle, et les chants célestes m'instruisent à rêver d'amour.

Et dans le cœur se développe l'abondance des nobles inclinations sociales ; l'amitié se nourrit, l'amour s'empresse d'éclore, et Apollon anime le silence de ses vallées, de ses collines. Des vents doux et tièdes soupirent. Tous les génies auxquels le dieu est propice sont attirés puissamment, et, l'un après l'autre, s'avancent les nobles esprits.

L'un se présente, l'air joyeux, le regard ouvert et serein ; je vois l'autre marcher plus sérieux ; et un autre, à peine rétabli, rappelle ses premières forces ; car la douce et funeste flamme a

---

[1]. Goethe a écrit ces poésies en vers de différente mesure : la plupart sont rimées.

pénétré jusqu'à la moelle et à la vie, et, ce qu'Amour lui déroba, Apollon seul peut le lui rendre : le repos et la joie et l'harmonie et une ardeur puissante et pure.

Courage, frères! Honorez les chants! Ils égalent les bonnes actions. Qui, mieux que le poëte, peut conseiller l'ami qui s'égare? Faites le bien, et vous le ferez plus longtemps que cela n'est donné au reste des hommes.

Oui, je les entends de loin; oui, ils font vibrer la lyre; de leurs puissants et divins accords, ils appellent à la justice et au devoir, et leurs chants et leurs vers excitent aux plus nobles travaux, à l'exercice de toutes les forces. Les douces fantaisies elles-mêmes fleurissent alentour sur toutes les branches, qui bientôt, comme dans l'aimable forêt enchantée, se courbent, chargées de pommes d'or.

Ce que nous sentons, ce que nous voyons dans le pays des suprêmes délices, ces campagnes, ce soleil, invitent aussi les plus aimables femmes; et le souffle des Muses chéries éveille le tendre sein de la jeune fille, dispose au chant son gosier; les joues animées du plus beau coloris, elle module déjà de nobles airs; elle s'assied auprès de ses sœurs, et, d'une voix toujours plus tendre, la belle phalange chante à l'envi.

Mais il en est une qui chemine seule au pied des hêtres, sous les tilleuls, pour y chercher, pour y trouver ce qu'un matin, dans le bois secret, l'Amour fripon lui déroba : la douce paix de son cœur, la première ivresse de son sein. Elle porte sous l'ombrage des vertes forêts ce que les hommes ne méritent pas, ses tendres sentiments; elle ne craint point la chaleur du jour, elle ne prend pas garde à la fraîcheur du soir, et s'égare dans les campagnes. Ne la troublez point dans ses sentiers. Muse, va sans bruit au-devant de ses pas.

Mais qu'entends-je? Quel fracas couvre le mugissement de la cascade, et gronde à travers le bocage? Quel vacarme, quels cris! Est-il possible? Ai-je bien vu? Une audacieuse engeance force l'entrée du sanctuaire.

Ici un chœur déborde! La fureur de l'amour, l'ardeur du vin, enflamment leurs regards farouches, hérissent leur chevelure. Et la troupe, hommes et femmes, avec une peau de tigre flottante, sans pudeur se montre nue; l'airain, de son bruit rauque, déchire l'oreille. Qui les entend se sent troublé. Ici le chœur s'élance ; qui les voit prend la fuite.

Ah! les arbrisseaux sont foulés! Ah! les fleurs sont écrasées sous les pieds de cette race maudite! Qui s'opposera à sa fureur?

Frères, osons tout braver! Vos nobles visages s'enflamment. Phébus nous aidera à les chasser, s'il voit nos douleurs. Pour nous procurer des armes, il ébranle la cime de la montagne, et, du sommet, roulent les pierres à travers les forêts. Frères, saisissez-les d'une main puissante. Qu'une averse de grêlons fonde sur cette engeance, et chasse de nos douces et délicieuses campagnes[1], pures comme le ciel, ces étrangers, ces sauvages!

Mais que vois-je? Est-il possible? Une insupportable douleur s'empare de tous mes membres, et, levée pour frapper, ma main retombe. Est-il possible? Ce ne sont pas des étrangers! Nos frères eux-mêmes leur montrent les chemins! Oh! les impies! Comme, avec leurs sistres, ils marchent eux-mêmes en cadence à leur tête! O bons frères, fuyons! Une parole, un mot, cependant, à ces téméraires. Oui, une parole vous atteindra, puissante comme un coup de tonnerre. Les paroles sont les armes du poëte; si le dieu veut venger son injure, ses flèches viendront après.

Avez-vous pu oublier votre divin caractère? Le thyrse rude et pesant n'est-il pas un fardeau pour la main accoutumée à glisser sur les tendres cordes de la lyre? Aux limpides cascades, aux ondes légères du ruisseau, vous abreuvez même l'ignoble monture de Silène! Là-bas il profane Aganippe avec ses lèvres épaisses, grossières, et, de ses pieds pesants, il la foule jusqu'à troubler ses flots.

Oh! que je voudrais me tromper! Mais mon oreille est blessée; des chastes et sacrés ombrages s'élance un bruit odieux; des rires sauvages remplacent les doux rêves de l'amour; les ennemis et contempteurs des femmes entonnent un chant de triomphe; le rossignol et la tourterelle fuient le nid chastement réchauffé; avec une ardeur furieuse, le faune presse la nymphe

---

1. Nous lisons *Lustgefilden* et non *Luftgefilden*.

dans ses bras; ici une robe est déchirée; l'insulte suit la jouissance, et le dieu éclaire à regret leurs baisers effrontés.

Oui, déjà je vois au loin des flots de nuages, de vapeur et de fumée. La lyre n'a pas seule des cordes, les arcs en ont aussi. Le sein même de l'adorateur fidèle tressaille, à l'approche violente; car la flamme du dévastateur l'annonce de loin. Oh! écoutez ma voix encore, écoutez les paroles d'un frère qui vous aime. Fuyez devant la colère du dieu; vite sortez de nos domaines. Pour qu'ils redeviennent une terre sacrée, emmenez cette bande sauvage. La terre est grande, elle a bien assez de lieux profanes. Nous, des astres purs nous éclairent; ici, ce qui est noble a seul du prix.

Mais, si vous désirez nous revenir quelque jour de votre exil sauvage; si rien ne vous charme comme ce que vous avez senti parmi nous; si vous ne faites plus vos délices d'un jeu qui franchit avec fureur les bornes : revenez comme bons pèlerins; gravissez, joyeux, la montagne; des chants de pénitence, profondément sentis, nous annoncent nos frères, et une couronne nouvelle, une couronne de fête, entoure votre front. Quand l'homme égaré se retrouve, tous les dieux se réjouissent. Plus vite encore que les flots du Léthé n'entourent la demeure silencieuse des morts, la coupe de l'amour efface chez les bons le souvenir de toutes les fautes. Tout s'empresse au-devant de vos pas; vous revenez transfigurés, et l'on implore votre bénédiction : à double titre vous êtes à nous!

Le monument de Gellert, par Œser[1].

Lorsque Gellert, le bien-aimé, mourut, les bons cœurs pleurèrent en silence, et maint poème languissant, mal tourné, s'unit avec la douleur pure; et tout écolier vint, d'un air triomphant, déposer sur sa tombe une fleurette pour la couronne d'honneur, une obole pour la récompense du noble esprit. Œser se tint à l'écart et comprit celui qui n'était plus; il conçut un monument durable, un gracieux souvenir, à la mémoire du digne poète disparu, et, avec l'essor du génie, il rassembla dans le marbre tous les bégaiements de la louange, comme

---

1. On trouvera des détails sur cet artiste dans les mémoires de Goethe

nous rassemblons dans l'urne étroite les cendres de celui que nous aimons.

Ilmenau [1].
(Le 3 septembre 1783.)

Agréable vallon, bois toujours vert, mon cœur vous salue de nouveau avec tendresse. Déployez pour moi vos branches touffues; recevez-moi comme un ami sous vos ombrages; que, dans ce jour donné à l'amour et au plaisir, de vos collines descendent dans mon sein un air frais et des senteurs qui le restaurent!

Que de fois, montagne sublime, je revins à ton pied avec des fortunes diverses! Oh! laisse-moi, dans ce jour, voir en tes douces collines un jeune, un nouvel Éden! Moi aussi, je l'ai bien mérité de vous : le souci m'occupe en silence, tandis que vous verdoyez en paix.

Laissez-moi oublier qu'ici même le monde enchaîne à la terre mainte créature : le paysan confie au sable léger la semence et cultive ses choux pour le gibier hardi; le mineur cherche son pauvre pain dans les abîmes; le charbonnier tremble quand le chasseur jure. Rajeunissez-vous pour moi, ainsi que vous l'avez fait souvent, comme si j'entrais aujourd'hui dans une vie nouvelle.

Vous m'êtes propices, vous me permettez ces rêves; ils me séduisent et réveillent mes chants d'autrefois. Rendu à moi-même, loin de tous les humains, qu'avec plaisir je me baigne dans vos parfums! Le haut sapin murmure encore avec mélodie; avec mélodie la cascade se précipite; la nue s'abaisse, le brouillard s'enfonce dans la vallée, et la nuit et le crépuscule arrivent en même temps.

Dans la forêt sombre, à l'amoureuse clarté des étoiles, où donc est mon sentier, que j'ai perdu avec insouciance? Quelles étranges voix entends-je dans le lointain? Elles retentissent tour à tour sur le flanc du rocher. J'accours en silence pour

---

1. Ilmenau est une ville du grand-duché de Saxe-Weimar, sur les bords de l'Ilm. Les campagnes et le parc célébrés dans cette pièce avaient été, plusieurs années auparavant, témoins et théâtre des chasses du grand-duc, auxquelles Goethe avait assisté souvent : la scène fantastique qu'il retrace plus loin en est un souvenir.

observer ce mystère, comme, à l'appel du cerf, le chasseur s'approche sans bruit.

Où suis-je? Est-ce un pays de fables et de magie? Quel est ce nocturne festin au pied de la roche escarpée? Auprès de petites cabanes, couvertes de branchages touffus, je les vois joyeusement couchés autour du feu; la clarté s'élève sous les portiques de sapins; sur l'humble foyer s'apprête un repas sauvage; ils folâtrent bruyamment, tandis que, promptement vidée, la bouteille se remplit et passe à la ronde.

Dites, à qui dois-je comparer cette joyeuse troupe? D'où vient-elle? Où va-t-elle? Comme en elle tout est singulier! Dois-je les saluer? dois-je les fuir? Est-ce la troupe fantastique et sauvage des chasseurs? Sont-ce des Gnomes occupés de magie? Je vois briller dans la forêt mille petites flammes. Je frémis, j'ose à peine demeurer. Est-ce le repaire suspect des Égyptiens? Est ce un prince fugitif, comme dans la forêt des Ardennes? Égaré dans ces ravins tortueux, y trouverai-je incarnés les esprits de Shakspeare? Oui, cette idée me conduit au vrai chemin : ce sont eux-mêmes, ou du moins c'est une race pareille! Un esprit s'agite et se démène au milieu de la troupe : à travers sa rudesse, je devine de nobles habitudes.

Comment le nommez-vous? Quel est celui qui, là-bas, courbé avec la nonchalance de la force, plie ses larges épaules[1]? Il est assis tranquille, tout près de la flamme, robuste figure d'une souche antique de héros. Il aspire avidement, du tuyau chéri, la fumée qui s'élève à son front. Bienveillant et froid, il sait faire éclater le rire et la joie dans tout le cercle, lorsque, d'un visage sérieux, il parle, avec une bigarrure barbare, son idiome étranger.

Quel est cet autre[2], qui s'appuie sur un débris du vieux arbre, et, dans une extase indolente, étend de tous côtés ses membres sveltes et délicats, et, sans que les buveurs l'écoutent, prenant son essor dans l'espace avec les ailes de l'esprit, chante, avec une grande ferveur, sur la danse des sphères célestes, un hymne monotone?

---

1. Ch. L. de Knebel.
2. L!o de Seckendorf Telle est du moins l'opinion de Lewes.

Cependant quelque chose semble leur manquer à tous. Je les entends soudain parler à voix basse, de peur d'interrompre le sommeil du jeune homme qui là-bas, où finit le vallon, dans une cabane légèrement bâtie, devant laquelle une dernière lueur du petit feu vacille, bercé par le murmure de la cascade, goûte un paisible repos. Un désir de mon cœur me porte vers ce ravin ; je passe sans bruit et je m'éloigne de la troupe.

« Je te salue, ô toi [1] qui, à cette heure avancée de la nuit, livré à tes pensées, veilles près de ce seuil ! Pourquoi rester à l'écart loin de tes amis ? Tu me parais livré à de graves méditations. D'où vient que tu t'égares dans tes pensées, et que tu n'attises pas même ton petit feu ?

— Oh ! ne m'interroge pas, car je ne suis pas disposé à satisfaire légèrement la curiosité de l'étranger ; je te prie même de m'épargner ta bienveillance : voici le moment de se taire et de souffrir. Je ne saurais moi-même te dire d'où je suis, qui m'a envoyé ici. Je suis égaré dans ces lieux de régions étrangères et enchaîné par la magie de l'amitié.

« Qui se connaît soi-même ? Qui sait ce qu'il peut ? Le vaillant n'a-t-il jamais fait d'entreprise téméraire ? Et, les choses que tu fais, c'est demain qui seul dira si elles étaient nuisibles ou profitables. Prométhée lui-même n'a-t-il pas fait descendre la pure flamme du ciel sur l'argile nouvelle pour la diviniser ? Et pouvait-il répandre mieux que du sang terrestre dans les veines animées ? J'apportais un feu pur de l'autel : ce que j'ai allumé n'est pas une flamme pure. L'orage augmente l'embrasement et le péril : je ne balance pas à me condamner.

« Et si j'ai chanté imprudemment le courage et la liberté, et la droiture et la liberté sans frein, l'orgueil de soi-même et le contentement du cœur, je me suis acquis la glorieuse faveur des hommes : mais, hélas ! un dieu m'a refusé le talent, le misérable talent de me conduire avec artifice. Et maintenant me voici en même temps élevé et abaissé, innocent et puni, innocent et heureux.

« Mais parle bas, car sous ce toit repose toute ma joie et toute

---

1. Ce personnage est Goethe lui-même. Ses pensées se portent avec inquiétude sur les effets que ses ouvrages ont pu produire.

ma peine : un noble cœur[1], détourné du chemin de la nature par un destin rigoureux ; qui, plein de pressentiments, désormais sur la bonne voie, combat tour à tour avec lui-même et avec des ombres prestigieuses, et, ce que le sort lui donna par naissance, songe à le conquérir d'abord par la sueur et le travail. Aucune parole amie ne saurait délivrer son esprit de ses voiles, aucun chant, calmer les flots émus.

« Qui peut parler de sa coque future à la chenille qui rampe sur la branche ; et qui peut aider la chrysalide, sur le sol gisante, à percer sa tendre enveloppe ? Le temps vient, elle se dégage elle-même, et s'envole dans le sein de la rose.

« Assurément les années donneront aussi à ce jeune homme la bonne direction de ses forces. Avec un profond amour de la vérité, il éprouve encore la passion de l'erreur. Une curiosité téméraire l'entraîne au loin ; pour lui, point de roche trop escarpée, point de sentier trop étroit ; la mauvaise fortune veille à son côté, et le précipite dans les bras de la souffrance. Alors une exaltation douloureuse le pousse violemment çà et là, puis à une agitation inquiète succède un repos inquiet. Et, sombre et farouche aux jours sereins, indomptable, sans être joyeux, il sommeille, l'âme et le corps blessés et brisés, sur une couche dure. Ici cependant, silencieux et respirant à peine, je lève les yeux vers les libres étoiles, et, veillant à demi, à demi plongé dans un songe pénible, je me défends à peine contre l'importune vision. »

Songe, dissipe-toi !

O Muses, que je vous remercie de m'avoir placé aujourd'hui dans un sentier où un seul mot suffit, pour que la contrée tout entière brille sur-le-champ du plus beau jour ! Le nuage fuit, le brouillard tombe, les ombres disparaissent. O dieux, nous vous bénissons avec joie ! Il me luit, le vrai soleil ; un plus bel univers s'anime pour moi : la pénible vision s'est dissipée dans l'air ; c'est une vie nouvelle ; elle est dès longtemps commencée.

Je vois ici, de même qu'après un long voyage on se reconnaît dans la patrie, un peuple tranquille utiliser, dans un labeur pai-

---

1. Le grand-duc de Saxe-Weimar, âgé de vingt ans à l'époque où nous reporte la vision du poète.

sible, les dons que lui dispensa la nature. Je vois le fil courir de la quenouille au métier rapide du tisserand ; et la corde et la tonne oisives ne chômeront pas plus longtemps au bord du puits ouvert : la tromperie est découverte, l'ordre est revenu ; la prospérité et la fortune fidèle marchent sur ses pas.

Ainsi puisse, ô prince, ce coin de tes États être une image de ta vie! Tu connais dès longtemps les devoirs du rang suprême, et tu imposes par degrés des bornes à ton âme libre. Il peut s'accorder mainte jouissance, celui qui vit doucement pour lui-même et pour son bon plaisir ; mais qui s'efforce de bien conduire les autres doit être capable d'un grand renoncement.

Marche donc.... la récompense n'est pas futile.... marche, non pas en chancelant, comme ce semeur marchait, en sorte que le grain, vain jouet du hasard, tombait, ici, dans le chemin, là, parmi les épines : non, sème sagement comme abondamment, d'une main ferme et constante, la bénédiction sur une terre labourée ; puis laisse-la reposer : la moisson paraîtra pour ton bonheur et le bonheur des tiens.

Odes à mon ami Behrisch[1].
(1767.)

I

Transplante ce bel arbre, jardinier! J'ai pitié de lui. Cette tige avait mérité une terre plus féconde.

Jusqu'ici, comme un contre-poison, la force de sa nature a résisté à la desséchante avarice de la terre, à la funeste impureté de l'air.

Vois comme, au printemps, il pousse des feuilles d'un vert tendre ; leur parfum d'oranger est mortel à la vermine.

La dent perfide de la chenille s'émousse sur elles ; leur éclat argenté brille aux rayons du soleil.

La jeune fille souhaite de ses rameaux dans sa couronne de fiancée ; les jeunes gens espèrent de ses fruits.

---

1. Goethe, alors étudiant, le connut à Leipzig. Plus âgé de quelques années que notre poète, il était gouverneur du fils du comte de Lindenau, avec lequel il se brouilla. Behrisch quitta Leipzig, et devint gouverneur du prince de Dessau.

Mais voici l'automne ! la chenille s'en va ; elle se plaint à l'artificieuse araignée de l'arbre qui ne peut se flétrir.

Et l'ennemie de la magnificence, dans l'air balancée, s'élance de l'if, sa demeure, vers l'arbre bienfaisant.

Elle ne saurait nuire, mais la rusée couvre d'une souillure grisâtre les feuilles argentées.

Puis elle triomphe de voir comme la jeune fille passe avec horreur, le jeune homme avec compassion.

Transplante ce bel arbre, jardinier : j'ai pitié de lui. Arbre, rends grâce au jardinier qui te transplante !

II

Tu pars ! Je murmure.... Va, laisse-moi murmurer. Homme honorable, déserte ce pays.

Marais meurtriers, brumeuses vapeurs d'octobre, ici confondent leurs émanations inséparables.

Berceau d'insectes nuisibles, repaire de leur malignité !

Dans les roseaux de la rive est couché le voluptueux serpent à la langue de flamme, caressé par les rayons du soleil.

Fuis les douces promenades nocturnes à la faible clarté de la lune : là-bas les crapauds palpitants tiennent leurs assemblées dans les carrefours.

S'ils ne nuisent pas, ils effrayent du moins.... Homme honorable, déserte ce pays.

III

Sois insensible ! un cœur aisément ému est un misérable don sur cette terre chancelante.

Behrisch, que jamais le sourire du printemps n'éclaircisse ton front, et jamais l'orageuse tristesse de l'hiver n'y répandra les ombres du chagrin.

Jamais ne t'appuie sur le sein de la jeune fille qui berce nos soucis ; jamais sur le bras de l'ami qui porte nos misères.

Déjà, de son rocher, l'envie, qui te guette, concentre sur toi tous ses regards de lynx.

Elle étend ses griffes, elle fond sur toi, et traîtreusement te les enfonce dans les épaules.

POÉSIES.

Ses bras maigres sont forts comme les bras de la panthère ; elle te secoue et te déchire.

La séparation est la mort! C'est une triple mort que la séparation sans l'espérance du revoir.

Tu quitterais volontiers ce pays détesté, si l'amitié ne t'enchaînait à moi par des liens de fleurs.

Ose les rompre! Je ne me plaindrai point. Jamais un généreux ami ne retient son compagnon d'esclavage, qui est libre de fuir.

La pensée que son ami goûte la liberté est la liberté pour lui dans le cachot.

Tu pars, je reste ; mais déjà les rayons de la dernière année se meuvent autour de l'axe fumant ;

Je compte les coups de la roue tournante ; je bénis le dernier ; les verrous se brisent ; je suis libre comme toi!

Élysée [1], à Uranie.

Les dieux nous ont donné l'Élysée sur la terre. Lorsque, pour la première fois, comme un présage d'amour, tu vins au-devant de l'étranger, et lui présentas la main, il pressentit toute la félicité qui naissait pour lui.

Lorsque ton bras amoureux enlaça ton ami ; que le cœur de Lila battit à son approche ; que vos mutuelles étreintes vous berçaient dans une sainte volupté, et que moi-même, heureux à ce spectacle, sans terrestre envie, j'étais à vos côtés!

Lorsque dans les vallons sacrés, nous avançâmes, les mains dans les mains, et que l'étranger vous eut engagé sa foi, en sorte qu'à celui qui aimait, qui brûlait d'une langueur secrète, tu présentas la joue pour le céleste baiser!

Quand tu te promènes au loin vers le bosquet de la colline, des images d'amour avec toi se promènent, suivant le cours du ruisseau ; quand pour moi le soleil se couche sur le rocher, je vois des images caressantes m'appeler à travers les branches émues de la forêt où se meurt la lumière ;

Égaré sur les rives désertes d'un affreux climat, je vois

---

[1]. Viehoff estime que cette pièce et la suivante ont été composées pour Charlotte. Le Chant matinal du pèlerin serait le départ de Goethe quittant Wetzlar, résidence de Charlotte.

sous les myrtes verts, dans l'ombre dorée du passé, Lila te donner la main; je me vois prendre vos mains d'un air timide, les baiser, vous regarder en suppliant; je vois vos yeux se rencontrer, se porter sur moi; je lève sur Lila un regard d'espérance; elle s'approche de moi.... Lèvres divines!... Et je chancelle, j'avance, je regarde et soupire et chancelle.... Volupté! volupté suprême! J'ai senti un baiser!

Les dieux m'ont donné l'Élysée sur la terre. Ah! pourquoi l'Élysée seulement?

Chant matinal du pèlerin à Lila.

Lila, les brumes matinales enveloppent ton manoir. Je ne le verrai donc pas une dernière fois! Cependant les images sans nombre d'un bienheureux souvenir voltigent comme une sainte flamme autour de mon cœur. Comme il était là témoin de mon ivresse, lorsque, pour la première fois, tendre et craintive, tu apparus à l'étranger, et que tu allumas soudain dans son âme des ardeurs éternelles! Orages du Nord, faites siffler les langues de mille serpents autour de ma tête : vous ne la courberez pas! Vous pouvez courber la tête des jeunes rameaux privés de la présence de l'astre paternel : Amour, que je trouve en tous lieux, tu m'embrases tout entier; tu opposes à l'orage le front, aux dangers la poitrine; tu as répandu dans mon cœur, qui se flétrissait avant l'âge, une double vie : le bonheur de vivre et le courage!

Chant de Mahomet[1].

Voyez le ruisseau des montagnes, brillant de joie, comme un regard des étoiles! Au-dessus des nuages, de bons génies ont nourri son enfance parmi les roches buissonneuses.

Jeune, ardent, il s'élance de la nue sur les parois de marbre, et il pousse encore vers le ciel des cris d'allégresse.

Le long de ses sentiers sublimes, il pourchasse les cailloux bigarrés, et, comme un guide empressé, il entraîne à sa suite les sources fraternelles.

Là-bas, dans la vallée, les fleurs naissent sous ses pas et la

---

1. Ce chant allégorique devait trouver place dans le drame de *Mahomet*

prairie s'anime de son haleine. Mais rien ne l'arrête, ni la vallée ombreuse, ni les fleurs qui s'enlacent autour de ses genoux, et le caressent de leurs regards amoureux : il précipite vers la plaine sa course tortueuse.

Les fontaines unissent leurs flots aux siens. Fier de ses ondes argentées, il entre dans la plaine; et la plaine est fière de lui, et les rivières des campagnes et les ruisseaux des monts le saluent avec allégresse et s'écrient : « Mon frère, mon frère, prends tes frères avec toi, et les emmène vers ton vieux père, l'éternel océan, qui, les bras ouverts, nous appelle. Hélas! ils s'ouvrent en vain pour recueillir ses enfants qui soupirent; car, dans l'aride désert, le sable altéré nous dévore; là-haut le soleil absorbe notre sang ; une colline nous arrête en nappe immobile. O frère, prends tes frères de la plaine, prends tes frères des montagnes et les emmène vers ton père!

Venez tous!... Et maintenant il s'enfle plus magnifique ; toute une nation porte le prince au faîte des grandeurs. Et, dans le cours de son triomphe, il nomme les contrées; les cités naissent sous ses pas; irrésistible, il marche avec fracas; il laisse derrière lui les tours aux sommets étincelants, les palais de marbre, créations de sa fécondité.

L'Atlas porte des maisons de cèdre sur ses épaules de géant : sur sa tête frémissent dans les airs mille étendards, témoins de son empire.

Ainsi, mugissant de joie, il porte ses frères, ses enfants, ses trésors, dans le sein du père, qui les attend.

Chant des Esprits sur les eaux.

L'esprit de l'homme ressemble à l'onde : elle vient du ciel, elle monte au ciel et retombe encore sur la terre, changeant sans cesse.

Il jaillit de la haute roche escarpée, le flot limpide, puis avec grâce il poudroie en ondes vaporeuses sur la roche polie, et, doucement accueilli, enveloppé d'un nuage, avec un léger murmure il roule dans la profondeur.

Si des rochers se dressent au devant de sa chute, furieux, il écume et fond par degrés dans l'abîme.

Dans un lit peu profond, il chemine lentement vers la vallée herbeuse, et, dans le lac tranquille, tous les astres se repaissent de leur image.

Le vent est l'amant gracieux des ondes; le vent mêle, jusqu'au fond, les vagues écumantes.

Esprit de l'homme, que tu ressembles à l'onde! destinée de l'homme, que tu ressembles au vent!

Ma Déesse.

Dites-moi l'immortelle à qui revient la première couronne? Je ne conteste avec personne, mais je la décerne à celle qui est toujours mobile, toujours nouvelle, à la merveilleuse fille de Jupiter, son enfant chéri, la Fantaisie.

Car il l'a dotée de tous les caprices qu'il se réserve d'ordinaire pour lui seul, et dans la folle il met sa joie.

Soit que, couronnée de roses, une branche de lis à la main, elle parcoure les vallons fleuris, règne sur les papillons, et, de ses lèvres d'abeille, suce dans les fleurs la rosée, nourriture légère; soit que, les cheveux épars et le regard sombre, elle murmure avec le vent autour des rochers, et qu'avec mille couleurs, comme le matin et le soir, toujours changeante, comme les aspects de la lune, elle apparaisse aux mortels.

Tous ensemble, célébrons l'antique, l'auguste père, qui voulut donner cette belle, impérissable épouse à l'homme mortel.

Car à nous seuls il l'a enchaînée par de célestes nœuds, et lui a commandé de s'attacher pour jamais à nous, comme une compagne fidèle, dans la joie et la douleur.

Toutes les autres races, pauvres enfants de la terre vivante et féconde, vont se repaissant des obscures jouissances et des tristes douleurs de la vie éphémère et bornée, courbées sous le joug de la nécessité.

Mais, réjouissez-vous, il nous a donné sa fille la plus leste, son enfant gâté. Accueillez-la avec faveur comme une bien-aimée; laissez-lui la dignité de maîtresse du logis.

Et que la Sagesse, vieille marâtre, n'offense point la bonne petite âme!

Mais je connais sa sœur, plus âgée, plus posée, ma secrète amie. Oh! qu'elle ne m'abandonne qu'avec le flambeau de la vie, ma noble patronne, ma consolatrice, l'Espérance!

Voyage dans le Harz en hiver [1].

Semblable au vautour, qui, sur les pesantes nuées du matin reposant son aile légère, épie sa proie, que ma chanson plane dans les airs!

Car un dieu a tracé à chacun sa route, que l'homme heureux franchit d'une course rapide jusqu'au but joyeux, tandis que celui dont l'infortune a serré le cœur lutte vainement contre les barrières du fil d'airain, que le ciseau cruel ne tranche pourtant qu'une fois.

Dans le hallier sombre se presse le gibier sauvage, et, avec les bruants, les hérons se sont depuis longtemps plongés dans leurs marais.

Il est facile de suivre le char que la fortune conduit, comme les équipages commodes suivent, sur les routes réparées, l'entrée du prince. Mais qui vois-je à l'écart? Sa trace se perd dans le fourré; derrière lui les buissons battent leurs branches, le gazon se relève, la solitude l'engloutit.

Ah! comment guérir les douleurs de celui pour qui le baume est devenu un poison, qui dans les flots de l'amour s'est abreuvé de misanthropie! Méprisé des hommes, qu'il méprise à son tour, il dévore secrètement son mérite propre dans un égoïsme insatiable.

S'il est sur ta lyre, ô père de l'amour, des sons accessibles à son oreille, apaise son cœur! Découvre à son regard enveloppé de nuages les mille sources qui jaillissent dans le désert auprès de l'homme altéré.

Toi qui verses à chacun une mesure surabondante de plaisirs, bénis les frères chasseurs, qui suivent la piste du gibier avec les jeunes transports d'une joyeuse ardeur sanguinaire, vengeurs tardifs du monstre contre lequel le paysan se défend en vain, depuis des années, avec le bâton. Mais enveloppe le solitaire dans tes nuages dorés! En attendant que la rose refleu-

---

[1]. Dans les derniers jours de novembre 1777, Goethe monte à cheval de grand matin, et brave la neige pour escalader le Harz, tandis que ses amis affrontent, de leur côté, le mauvais temps pour aller à la chasse. Goethe avait particulièrement le dessein de voir, sans se faire connaître, un jeune homme atteint d'hypocondrie, qui l'avait accablé de ses lettres après la publication de *Werther*.

risse, Amour, couronne de feuilles hivernales l'humide chevelure de ton poëte!

A la lueur de ton flambeau, tu l'éclaires, la nuit, à travers les ruisseaux dans les routes impraticables et les campagnes désertes; avec l'aurore aux mille couleurs, tu souris à son âme; avec la furieuse tempête, tu l'emportes sur les hauteurs; les torrents de l'hiver se précipitent du rocher et répondent à ses cantiques; elle devient pour lui l'autel de la plus tendre reconnaissance, la tête neigeuse du sommet redouté[1], que les peuples crédules ont couronnée de rondes fantastiques.

Montagne, aux flancs inexplorés, tu te lèves mystérieuse et dévoilée sur le monde étonné, et tu contemples, des nuages, ses royaumes et leur gloire, où tu verses les flots que tes sœurs voisines épanchent de leurs veines.

Au postillon Kronos[2].

Vite, vite, Kronos! Poursuis ta course bruyante. A la descente, le chemin glisse; tes lenteurs attardent devant mes yeux le vertige pénible. Courage! bien que la route soit raboteuse, à travers souches et cailloux, lance-toi dans la vie!

Et maintenant, d'une marche haletante, gravis péniblement la montagne. Courage! point de paresse! avec effort, avec espoir, en avant!

Elle est vaste, sublime, magnifique de toutes parts, la perspective dans les champs de la vie! De montagne en montagne, plane l'esprit éternel, dans le pressentiment d'une éternelle vie.

A l'écart elle t'invite, l'ombre de l'avant-toit, avec un regard qui promet le rafraîchissement sur le seuil de la jeune fille. Goûte ce réconfort.... A moi aussi, jeune fille, ce breuvage écumant, ce vif regard de santé!

Eh bien, descends, descends plus vite! Vois, le soleil décline! Avant qu'il disparaisse, avant que la vapeur brumeuse enveloppe ma vieillesse dans le marais, avant que tremblotent mes mâchoires édentées et mes membres vacillants;

Entraîne-moi, ivre du dernier rayon, les yeux étincelants de

---

1. Le Brocken, point culminant du Harz. Voy. dans Faust la Nuit du sabbat; IV, p. 340. — 2. Le Temps.

mille flammes, entraîne-moi, chancelant, ébloui, vers la porte ténébreuse de l'enfer.

Postillon, sonne du cor, fais retentir le trot du coursier sonore, afin que Pluton entende notre arrivée, et que, sur le seuil de la porte, l'hôte nous fasse un gracieux accueil.

Chant d'orage du pèlerin.

O Génie, celui que tu n'abandonnes pas, ni la pluie ni la tempête ne lui soufflent le frisson dans le cœur. Génie, celui que tu n'abandonnes pas opposera ses chants aux nuages pluvieux, à la grêle orageuse, comme l'alouette là-haut.

Génie, celui que tu n'abandonnes pas, tu l'élèveras avec des ailes de flamme au-dessus du sentier limoneux; il marchera comme par des chemins de fleurs, sur la fange de Deucalion, vainqueur de Python, léger et grand, véritable Apollon pythien.

Génie, celui que tu n'abandonnes pas, tu étendras sous lui des ailes moelleuses, s'il dort sur le rocher; tu le couvriras de leur ombre tutélaire dans les ténèbres de la forêt.

Génie, celui que tu n'abandonnes pas, tu l'envelopperas chaudement dans le tourbillon de neige; la chaleur attire les Muses, la chaleur attire les Grâces. O Muses, ô Grâces, planez autour de moi! Voici l'eau, voici la terre, et le fils de l'eau et de la terre, sur lequel je marche pareil aux dieux.

Vous êtes pures comme le sein de l'onde; vous êtes pures comme la moelle de la terre; vous planez autour de moi, et je plane sur les eaux, sur la terre, pareil aux dieux.

Eh quoi, il retourne chez lui, le paysan chétif, noir, plein d'ardeur, il retourne chez lui, sans rien attendre que tes faveurs paternelles, ô Bacchus, avec un feu brillant, réchauffant; il s'en retourne avec courage.... et moi que vous accompagnez, Muses et Grâces, moi qu'attendent toutes les couronnes de félicité dont vous avez embelli la vie, Muses et Grâces, je reviendrais découragé?

O père Bacchus, tu es le génie, le génie du siècle; tu es ce que la flamme intérieure était pour Pindare, ce que Phébus Apollon est pour l'univers.

Malheur, malheur! Flamme intérieure, chaleur de l'âme, centre de vie! Brûle, à l'approche de Phébus Apollon, sinon son regard de prince glissera sur toi froidement; il s'arrêtera avec jalousie sur le cèdre vigoureux qui, pour verdir, ne l'attend pas.

Pourquoi ma chanson te nomme-t-elle le dernier, toi par qui elle a commencé, toi avec qui elle s'achève, toi dont elle découle, ô Jupiter, père des orages! C'est toi, c'est toi, que verse à flots ma chanson; et la source de Castalie coule, affluent modeste, coule pour les oisifs, les heureux mortels, bien loin de toi, qui me saisis et me couvres, ô Jupiter, père des orages!

Divinité, qui souffles les tempêtes, tu ne l'as point visité sous l'ormeau, ce frivole Anacréon, l'ami des fleurs, qui porte dans ses bras caressants un couple de colombes, et qui se couronne d'aimables roses!

Dans la forêt de peupliers, sur la rive du Sibaris, sur le front de la montagne éclairée par le soleil, tu ne l'as pas surpris, ce Théocrite, le chantre des fleurs, au suave langage, au gracieux sourire.

Lorsque les chars, avec fracas, roue contre roue, tournaient, rapides, autour de la borne; que volait dans les airs le bruit du fouet des jeunes gens enflammés par la victoire, et que roulait la poussière, comme de la montagne une pluie de gravier roule dans la vallée, ô Pindare, ton âme courageuse brûlait pour les dangers.... Elle brûlait?... Pauvre cœur!... Là-haut sur la colline, céleste puissance, assez d'ardeur seulement.... là-haut est ma cabane.... assez d'ardeur, pour passer à gué jusque-là!

Navigation.

Depuis de longs jours et de longues nuits, mon navire était équipé; j'étais assis, attendant des vents favorables, avec de fidèles amis dans le port, prenant patience et bon courage, le verre à la main.

Et ils sentaient une double impatience. « De bon cœur nous te souhaitons le plus prompt voyage; de bon cœur, une heureuse traversée; tu trouveras la richesse sur d'autres plages, et, au retour, dans nos bras, l'estime et l'amitié. »

Et de grand matin il se fait un tumulte; le matelot nous arrache au sommeil par ses cris joyeux; tout fourmille, tout s'anime et travaille, afin de partir au premier souffle favorable.

Et les voiles se gonflent au vent, et le soleil nous attire par ses feux caressants; les voiles filent, les nuages filent; sur le rivage, tous les amis nous accompagnent avec des chants d'espérance, imaginant, dans l'ivresse de la joie, des plaisirs de voyage pareils à ceux du jour d'embarquement et des premières nuits étoilées.

Mais des vents variables, envoyés de Dieu, l'écartent de la route projetée, et il semble s'abandonner à leur caprice; il lutte, pour les surmonter doucement par la ruse, fidèle à son but, même dans sa marche oblique.

Bientôt, du lointain nébuleux, avec un sourd murmure, s'annonce la tempête, qui lentement chemine, refoule les oiseaux à la surface des ondes, oppresse les cœurs des hommes haletants, et puis éclate enfin. Devant sa fureur inflexible, le prudent nautonier serre les voiles; le vent et les flots jouent avec le ballon tourmenté.

Et là-bas sur le rivage sont les amis fidèles; ils tremblent sur la terre ferme. « Ah! pourquoi n'est-il pas resté? Ah! la tempête!... Banni, loin du bonheur!... Ce bon ami va-t-il périr? Ah! il devrait!... Ah! il pourrait!... Dieux!... »

Cependant il tient ferme au gouvernail; le vent et les flots jouent avec le navire, le vent et les flots ne jouent pas avec son cœur; son regard impérieux mesure l'abîme en fureur, et, qu'il échoue ou qu'il aborde, il se fie à ses dieux.

L'aigle et la colombe.

Un jeune aigle déployait ses ailes pour voler au butin : la flèche du chasseur l'atteignit et coupa le nerf de l'aile droite. Il tomba dans un bosquet de myrtes, dévora sa souffrance pendant trois jours, et palpita de douleur pendant trois longues, longues nuits : enfin il est guéri par le baume, toujours prêt, de la nature, qui guérit toutes les douleurs. Il se traîne hors du bois et il étend les ailes.... Hélas! la force du vol est retranchée.... Il s'élève à peine sur le sol avec effort, poursuivant une indigne pâture, et, dans une profonde tristesse, il repose sur l'humble roche près du ruisseau; il lève les yeux là-haut vers le chêne, là-haut vers le ciel, et une larme baigne son œil fier.

Et voici gaiement, à travers les myrtes qui frémissent, un

couple de ramiers; il se pose et se promène, hochant la tête, sur le sable doré au bord du ruisseau ; ils se rapprochent l'un de l'autre ; leurs yeux roses lancent des œillades alentour, et ils aperçoivent celui qui souffre en secret. Le mâle, curieux, s'approche, s'élance sur le buisson voisin, et se rengorge et regarde l'aigle avec amitié ! « Tu es triste, lui dit-il d'une voix caressante. Bon courage, mon ami ! N'as-tu pas tout ici pour une félicité tranquille ? Ne peux-tu jouir du rameau doré, qui te protége contre l'ardeur du jour ? Ne peux-tu, sur la mousse tendre, au bord du ruisseau, étaler ta gorge aux rayons du soleil couchant ? Tu te promènes à travers la fraîche rosée des fleurs ; tu trouves en abondance dans la forêt une facile nourriture ; tu étanches aisément ta soif à la source argentée.... O mon ami, le vrai bonheur est la modération, et la modération trouve partout sa mesure. — O sage ! dit l'aigle, et il rentre plus profondément en lui-même ; ô sagesse ! tu parles comme une colombe ! »

Ganymède[1].

Dans la splendeur du matin, comme tu m'entoures de tes feux, printemps bien-aimé ! Avec toutes les délices de l'amour, pénètre au fond de mon âme le sentiment sacré de ta flamme éternelle, beauté infinie !

Si je pouvais te serrer dans mes bras !

Ah ! je repose sur ton sein, je languis, et tes fleurs, tes gazons, se pressent sur mon cœur. Tu apaises la soif brûlante de ma poitrine, aimable brise matinale. Le rossignol amoureux m'appelle de la nébuleuse vallée. Je vais, je vais ! Où donc, où donc suis-je emporté ?...

Là-haut !... Là-haut l'essor m'entraîne. Ils flottent, les nuages, ils s'abaissent ; les nuages descendent au-devant de l'ardent amour ! A moi, à moi, dans votre sein, là-haut ! Mutuelles étreintes ! là-haut, sur ton cœur, ô Père, qui es tout amour !

Les bornes de l'humanité.

Quand l'éternel, le céleste Père, d'une main facile, sème, du

---

1. Le morceau lyrique intitulé *Prométhée*, qui précède celui-ci, se trouve aussi dans le drame de *Prométhée* et en forme le troisième acte. Voy. t. II, p. 98.

sein des nuages roulants, les éclairs féconds sur la terre, je baise le bord de sa robe, avec une frayeur enfantine dans mon cœur fidèle.

Car un mortel ne doit jamais se mesurer avec les dieux. S'il s'élève au ciel, et touche de son front les étoiles, nulle part ne s'appuient ses pieds mal assurés; il devient le jouet des nuages et des vents.

Si, avec ses membres fermes et vigoureux, il reste debout sur la terre stable et permanente, il ne parvient pas seulement à s'égaler au chêne ou bien au pampre.

Qu'est-ce qui distingue les dieux des hommes? C'est que devant les dieux passent des flots nombreux, fleuve éternel, tandis que le flot nous élève, le flot nous engloutit, et nous sommes submergés.

Un cercle étroit limite notre vie, et mille générations se succèdent sans cesse, à la chaîne infinie de leur existence.

Le divin.

Que l'homme soit noble, secourable et bon, car cela seul le distingue de tous les êtres que nous connaissons.

Gloire aux êtres inconnus, plus sublimes, que nous soupçonnons! Que son exemple nous enseigne à croire en eux.

Car la nature est insensible : le soleil brille sur les méchants et les bons, et pour le criminel, comme pour le juste, luisent la lune et les étoiles.

Le vent et les torrents, le tonnerre et la grêle, volent en mugissant, et, dans leur passage rapide, emportent chacun à son tour.

La fortune aussi tâtonne dans la foule, et saisit parfois la tête bouclée de la tendre innocence, parfois le front chauve et coupable.

Selon des lois grandes, éternelles, inflexibles, nous devons tous accomplir les cercles de notre existence.

L'homme seul peut l'impossible; il distingue, il choisit, il juge; il peut donner à l'instant la durée.

Lui seul, il peut récompenser les bons, punir les méchants, guérir et sauver, relier utilement tout ce qui se trompe, ce qui s'égare.

Et nous honorons les immortels comme s'ils étaient des hommes, et faisaient en grand ce que le juste fait en petit ou voudrait faire.

Que l'homme noble soit secourable et bon; qu'il fasse sans relâche ce qui est utile et juste, et qu'il soit pour nous, par avance, une image de ces êtres que nous soupçonnons!

Prière royale.

Ah! je suis le roi du monde; je suis aimé des nobles cœurs qui me servent. Ah! je suis le roi du monde; j'aime les nobles cœurs auxquels je commande. O Dieu du ciel, ne permets pas que je m'enorgueillisse de la grandeur et de l'amour!

Sentiment humain.

O vous, dieux, grands dieux, habitants du vaste ciel, donnez-nous sur la terre bon courage et ferme raison, et nous vous laisserons, bons dieux, votre vaste ciel.

Le parc de Lili [1].

Il n'est point de ménagerie aussi variée que celle de ma Lili! Elle y possède les plus étranges bêtes, et les y attire, sans savoir elle-même comment. Oh! comme ils sautent, courent, piétinent, se débattent, avec leurs ailes écourtées, les pauvres princes, tous ensemble, dans un tourment d'amour jamais apaisé!

Comment se nomme la fée Lili?... Ne demandez pas après elle! Si vous ne la connaissez pas, rendez-en grâce aux dieux.

Quel vacarme, quel caquetage, lorsqu'elle se montre à la porte, tenant à la main la corbeille au grain! Quelle piaillerie! quelle criaillerie! Tous les arbres, tous les buissons, semblent s'animer: des troupes entières s'abattent à ses pieds; les poissons mêmes frétillent dans le bassin avec impatience, la tête hors de l'eau; puis elle distribue la pâture, avec un regard.... à ravir les dieux, pour ne rien dire des bêtes. Alors on commence à becqueter, avaler, barboter; ils montent sur le dos les uns des autres; ils se pressent, se poussent, s'arrachent les morceaux,

---

[1]. Expression badine de l'amour et de la jalousie de Goethe. Lili (Elisabeth Schœnemann) est une autre Circé.

se chassent, se tourmentent, se mordent, et tout cela pour une croustille de pain sec, qui, donnée de ses belles mains, est aussi savoureuse que si elle avait trempé dans l'ambroisie.

Et ses regards encore, sa voix, quand elle appelle petit! petit! attirerait l'aigle du trône de Jupiter ; les deux colombes de Vénus, le paon superbe lui-même, viendraient, je le jure, si seulement ils entendaient de loin cette voix.

Car elle a tiré ainsi du bois ténébreux un ours mal léché et mal appris ; elle a su le séduire, le mettre sous sa clef, le mêler à sa compagnie apprivoisée, l'apprivoiser avec les autres, jusqu'à un certain point, s'entend! Qu'elle était belle!... hélas! et qu'elle paraissait bonne! J'aurais donné mon sang pour arroser ses fleurs.

« J'aurais, dites-vous ? Comment ? Qui ? » Eh oui, messieurs, franchement, je suis l'ours, pris dans un filet, retenu à ses pieds par un fil de soie. Mais comment tout s'est passé, je vous le conterai une autre fois : je suis pour cela trop furieux aujourd'hui.

Car, si je reste ici dans le coin, et si j'entends de loin le caquet, si je vois voleter, voltiger, je me retourne et je gronde, et m'éloigne quelque peu, et me retourne et gronde, et je cours encore quelques pas, puis enfin je reviens pourtant.

Alors j'éclate et vais entrer en furie ; un souffle puissant sort avec bruit de mes naseaux ; mon cœur devient farouche.... « Eh ! mais, tu n'es qu'un fou, tu n'es qu'un petit lièvre, un oisillon, un petit écureuil, bon à croquer des noisettes!... » Je dresse ma nuque hérissée, qui ne sait pas servir. Chaque arbuste taillé artistement se raille de moi. Je fuis du boulingrin, de la pelouse, si joliment tondue ; le buis me fait un pied de nez ; je fuis dans le plus épais du bocage, pour franchir la clôture, enjamber les palissades. Je ne puis ni grimper ni sauter ; un charme, lourd comme le plomb, m'accable ; un charme me ressaisit ; je me travaille et me fatigue ; je tombe épuisé auprès des cascades artificielles ; je mâchonne et je pleure et me roule à demi mort. Hélas! et ma détresse ne va qu'aux oreilles des Oréades de porcelaine.

Tout à coup un délicieux sentiment parcourt toutes mes veines. C'est elle qui chante là-bas sous son berceau. J'entends encore sa voix, sa voix chérie ; l'air est tiède aux alentours, est embaumé de fleurs. Ah! peut-être elle chante pour que je l'entende? J'accours, je foule tous les buissons, le feuillage s'écarte, les arbres me font place, et puis à ses pieds est couché l'habitant des forêts.

Elle le voit. « Un monstre! mais drôle!... Trop doux pour un ours; pour un barbet, trop sauvage, velu, lourd et grossier. » De son joli pied, elle lui caresse le dos, il croit être en paradis. Comme les sept sens lui démangent! Elle l'observe d'un air tranquille. Je baise ses souliers, je mordille ses semelles, aussi délicatement que le sait faire un ours. Tout doucement je me lève, et me glisse à la dérobée jusqu'à ses genoux. Aux bons jours, elle me laisse faire et me gratte autour des oreilles, et m'applique en se jouant un bon soufflet. Je grogne et me sens renaître de plaisir, puis, avec une douce et légère moquerie, elle me dit : « Allons, tout doux! Eh! la menotte! Et faites serviteur, comme un joli seigneur[1]. » Elle poursuit de la sorte en jouant et riant. Il espère, le fou souvent trompé; mais, veut-il faire un peu le mauvais, elle l'arrête court, comme devant.

Elle possède aussi une fiole de baume enflammé, auquel n'est comparable aucun miel de la terre. Quelquefois, touchée de mon amour et de ma fidélité, elle en frotte, avec le bout du doigt, une gouttelette autour des lèvres brûlantes de son ours; puis elle s'échappe et m'abandonne à moi-même, et moi, laissé libre, je suis enchaîné par magie; je cours sans cesse après elle; je la cherche, je frissonne, je fuis encore. C'est ainsi qu'elle laisse courir le malheureux déchiré; elle ne s'inquiète ni de ses plaisirs, ni de ses douleurs.... Bon! quelquefois elle me laisse la porte entr'ouverte, regardant avec malice, du coin de l'œil, si je ne fuirai pas.

Et moi!.. Dieux, s'il est en votre pouvoir de faire cesser ce pénible enchantement, que je vous bénirai de me rendre la liberté! Mais ne m'envoyez du ciel aucun secours.... Ce n'est pas tout à fait en vain que j'étends ainsi mes membres : je le sens, je le jure, j'ai des forces toujours.

Besoin d'amour.

Qui m'entendra? Hélas! à qui dois-je me plaindre? Celui qui

---

[1]. Ces mots sont en français dans l'original.

m'entendrait aurait-il pitié de moi? Ah! cette lèvre, qui naguère a goûté, a donné tant de plaisir, elle est fendue et souffre cruellement; et, si elle est blessée, ce n'est point que ma maîtresse m'ait saisi trop brusquement, qu'elle m'ait fait une amoureuse morsure, pour jouir plus entièrement de son ami, en s'assurant de lui : non, ma lèvre délicate est fendue, parce que, avec la gelée et les frimas, les vents rigoureux me traitent sans pitié.

Et maintenant le suc de la noble grappe, mêlé au suc des abeilles sur le feu de mon foyer, doit me donner du soulagement : mais que servira ce remède, si l'amour n'y verse pas une goutte de son baume?

A sa cruelle.

Vois-tu cette orange? Elle est encore pendue à l'arbre; déjà mars est passé, et voici de nouvelles fleurs. Je vais à l'arbre et je dis : « Orange, orange mûre, douce orange, je secoue : le sens-tu? je secoue.... Oh! tombe dans mon sein! »

Désir.

O belle jeune fille, jeune fille aux cheveux noirs, qui t'approches de la fenêtre et parais au balcon, serais-tu là sans sujet? Oh! si tu étais là pour moi, et si tu levais le loquet, que je serais heureux! Je ne ferais qu'un saut jusque chez toi.

Les Musagètes[1].

Souvent, dans les ténébreuses nuits d'hiver, j'ai dit aux douces Muses : « Nulle aurore ne brille, le jour ne veut pas luire, eh bien, à l'heure propice, apportez-moi la lampe aux pieuses clartés, et qu'à la place de l'Aurore et de Phébus, elle anime mon travail silencieux! » Mais elles me laissèrent plongé dans un lourd et pénible sommeil, et chaque tardive matinée était suivie de jours stériles.

Et, quand le printemps s'éveilla, je dis aux rossignols : « Rossignols chéris, chantez, le matin, de grand matin, devant ma

1. *Musagète*, chef *des Muses*, guide *des Muses*, est proprement un surnom d'Apollon. C'est aussi le titre d'un journal que publiait Hennings. Comparer, t. IV, p. 254.

fenêtre, éveillez-moi du sommeil profond, qui puissamment enchaîne le jeune homme. » Mais les amoureux chanteurs prolongeaient, la nuit, devant ma fenêtre leurs douces mélodies; ils tenaient mon âme éveillée, excitaient de nouveaux désirs d'amour dans mon cœur agité.

Ainsi se passait la nuit, et l'aurore me trouvait dormant, et le soleil à peine m'éveillait.

Enfin l'été est venu, et, à la première lueur du matin, la mouche matinale, agissante, m'arrache au doux repos. Impitoyable, elle revient, quoique souvent, à demi réveillé, je la chasse avec impatience; elle appelle ses sœurs impudentes, et il faut que le doux sommeil s'envole de mes paupières. Je saute vivement à bas du lit; je cherche les Muses chéries; je les trouve dans le bois de hêtres, prêtes à m'accueillir avec bienveillance, et je dois aux insectes fâcheux bien des heures fortunées. Soyez donc, ô mouches importunes, soyez célébrées par le poëte, comme les véritables Musagètes.

Plaintes du matin.

O volage, malicieuse et chère enfant, dis-moi, de quoi suis-je coupable, pour que tu me tiennes ainsi à la torture, et pour violer la parole donnée?

Tu me serrais les mains hier au soir avec tant d'amitié, et me disais tout bas si tendrement : « Oui, certainement, j'irai, j'irai, vers le matin, mon ami, dans ta chambre. »

J'avais laissé la porte entr'ouverte; j'avais d'abord essayé les gonds, et m'étais réjoui de ce qu'ils ne criaient pas.

Quelle nuit d'attente j'ai passée! Je veillais, et je comptais tous les quarts d'heure; si je m'endormais pour quelques instants, mon cœur demeurait toujours éveillé, et me tirait de mon léger sommeil.

Je bénissais alors les ténèbres qui, si paisiblement, couvraient toutes choses; j'étais ravi du silence universel, et, sans cesse aux aguets, j'écoutais dans le silence, si quelque bruit ne se faisait pas.

« Si ses pensées étaient les miennes, si elle sentait ce que j'éprouve, elle n'attendrait pas le matin, elle viendrait maintenant. »

Un chat bondissait-il là-haut sur le plancher, la souris rongeait-elle dans le coin, se faisait-il je ne sais quel mouvement dans la maison, j'espérais toujours entendre tes pas, je croyais toujours entendre ton approche.

Et je restai longtemps ainsi et toujours plus longtemps, et déjà le jour commençait à blanchir, et il se faisait du bruit par ici, du bruit par là.

« Est-ce sa porte? Serait-ce la mienne? » Je m'asseyais, accoudé sur mon lit; j'observais si la porte à demi éclairée peut-être ne viendrait pas à remuer. Les deux battants restaient appuyés, suspendus, immobiles, sur les gonds légers.

Et le jour brillait de plus en plus : déjà j'entendais s'ouvrir la porte du voisin, qui courait gagner sa journée; bientôt j'entends les voitures rouler; puis la porte de la ville s'ouvre à son tour, et toute la cohue du marché se croise et tourbillonne.

Alors le va-et-vient commence dans la maison; on monte, on descend les degrés, çà et là les portes crient, les pas résonnent, et, comme à une belle vie, je ne pouvais renoncer à mon espérance.

Enfin, quand le soleil maudit frappa mes fenêtres et mes cloisons, je sautai à bas du lit, et courus au jardin, pour mêler mon haleine, brûlante de désir, à la fraîche brise matinale, peut-être aussi te rencontrer dans le jardin : et maintenant, ni dans le berceau ni dans la grande allée de tilleuls, je ne puis te découvrir.

La visite.

Je voulus aujourd'hui me glisser chez ma bien-aimée, mais sa porte était close Eh bien, j'ai la clef dans ma poche! J'ouvre doucement la porte chérie.

Je ne trouvai pas la belle dans le salon; je ne trouvai pas la belle dans sa chambre; enfin j'ouvre sans bruit son boudoir, et je la trouve, en ses atours, gracieusement endormie sur le sofa.

Pendant son travail elle s'était assoupie; son ouvrage, avec les aiguilles, reposait dans ses blanches mains pliées. Je m'assis à côté d'elle, et, rêvant à la chose, je me demandai si je devais l'éveiller.

J'observais le calme enchanteur qui reposait sur ses paupières; sur ses lèvres régnait la foi paisible; sur ses joues la grâce résidait, et l'innocence d'un bon cœur animait doucement son sein. Tous ses membres reposaient mollement, assouplis par le baume délicieux, divin. J'étais assis joyeux, et la contemplation enchaînait de plus en plus, par de secrets liens, mon désir de la réveiller.

« O bien-aimée, pensai-je, le sommeil, qui trahit chaque défaut, ne saurait te nuire, ni rien découvrir qui puisse altérer la tendre estime de ton ami.

« Ils sont fermés, tes beaux yeux, qui, tout seuls, quand ils sont ouverts, font mon enchantement; tes douces lèvres ne se meuvent ni pour la parole ni pour le baiser: ils sont relâchés, les magiques liens de tes bras, qui m'ont enlacé souvent, et ta main, la charmante compagne des douces caresses, est immobile. Si c'était une erreur que mes sentiments pour toi; si c'était une illusion que ma tendresse, je devrais le découvrir à cette heure, que l'amour s'est montré sans bandeau près de moi. »

Je restai longtemps ainsi, jouissant avec tendresse de son mérite et de mon amour; endormie, elle m'avait si bien charmé, que je n'eus pas le courage de la réveiller.

Je pose doucement deux oranges et deux roses sur la petite table; sans bruit, sans bruit, je retourne sur mes pas.

En ouvrant les yeux, ma douce amie apercevra d'abord le double cadeau, sans s'expliquer comment, les portes étant closes, ce don gracieux peut se trouver là.

Et si je revois mon ange cette nuit, oh! comme elle sera charmée, et me payera avec usure ce sacrifice de mon tendre amour!

Filet magique, pour le 1ᵉʳ mai 1802.

Sont-ce des combats que je vois, ou des jeux et des prodiges? Cinq jeunes garçons, tout aimables, luttant contre cinq jeunes sœurs, en mesure, en cadence, sous les ordres d'une enchanteresse!

Ceux-là portent de brillantes javelines, celles-ci tressent des fils rapides, en sorte qu'il semble que le fer doive se prendre dans leurs nœuds. Les javelots sont bientôt pris, mais, dans la vive danse guerrière, l'un après l'autre se dérobe à la chaîne légère, qui attrape aussitôt le fugitif, si elle délie le prisonnier.

Ainsi la lutte, le combat, la victoire, la fuite mutuelle et le retour forment un filet magique, pareil en blancheur aux vapeurs floconneuses qui, d'abord légères, et par degrés plus épaisses, dessinent des bandes parfaites, comme les couleurs le pourraient faire à peine.

Or, qui recevra le plus souhaité des vêtements[1]? Qui sera favorisé de notre bien-aimée souveraine[2] comme le serviteur éprouvé? C'est moi qui ai le bonheur de l'obtenir, le signe que désire en secret le cœur fidèle, le signe du sort propice, et je me sens enchaîné, voué au service de ma princesse.

Mais, tandis que, joyeux et satisfait, avec ma parure je marche fièrement, soudain ces fripons se hâtent sans bruit, sans combat, de nouer d'autres filets, toujours plus déliés, entrelaçant les fils du crépuscule, les rayons de la lune, les parfums de la giroflée.

Avant même que nos yeux aperçoivent le piége, un heureux est fait prisonnier, que nous autres, nous tous, nous félicitons, nous saluons avec envie.

La coupe.

Je pressais dans mes mains une coupe bien ciselée, une coupe pleine ; mes lèvres aspiraient avidement le vin délicieux, pour noyer tout d'un coup chagrins et soucis.

Amour survient et me trouve assis, et il sourit discrètement, comme touché de mon erreur.

« Ami, je connais une plus belle coupe, digne que l'on y plonge son âme tout entière : que promets-tu, si je te la donne, si je la remplis pour toi d'un autre nectar? »

Oh! Lida, comme il a bien tenu parole, lorsqu'il t'a donnée, douce et bienveillante, à moi, qui dès longtemps languissais d'amour.

Lorsque j'entoure de mes bras cette taille chérie, et que, sur tes lèvres uniquement fidèles, je savoure le baume de l'amour longtemps réservé, je dis alors à mon âme avec enchantement:

« Non, jamais un autre dieu que l'Amour n'a fait, n'a pos-

---

[1]. C'est-à-dire : « Qui sera enveloppé du filet magique ? »
[2]. La grande-duchesse.

sédé une coupe pareille ; jamais Vulcain, avec ses marteaux ingénieux, intelligents, ne produit des formes semblables. Que, sur les vertes collines, Bacchus fasse presser par les plus vieux, les plus habiles de ses faunes, des grappes choisies ; qu'il préside lui-même à la mystérieuse fermentation, aucuns soins ne lui donneront un pareil breuvage.

Pensée de nuit.

Je vous plains, malheureuses étoiles, qui êtes belles et brillez avec tant d'éclat, qui volontiers éclairez le navigateur en détresse, sans récompense ni des dieux ni des hommes ; car vous n'aimez point, vous n'avez jamais connu l'amour. Sans relâche, les heures éternelles mènent vos légions à travers le vaste ciel. Quel voyage n'avez-vous pas accompli, depuis que je repose dans les bras de ma bien-aimée, oubliant et vous et minuit ?

A Lida.

Le seul que tu peux aimer, ô Lida, tu le veux pour toi tout entier, et avec raison. Il est aussi le tien uniquement, car, depuis que je suis loin de toi, le bruyant tourbillon de la vie ne me semble qu'une gaze légère, à travers laquelle je vois incessamment ta figure comme dans les nuages. Elle brille pour moi, gracieuse et fidèle, comme, à travers les rayons mobiles de l'aurore boréale, scintillent les étoiles éternelles.

Pour jamais.

Car ce bien suprême, que l'homme, dans sa prison terrestre, appelle de noms divins ; l'harmonie de la fidélité qui ne connaît nulle inconstance ; de l'amitié, étrangère au doute inquiet ; la lumière qui ne luit pour les sages que dans les méditations solitaires, et, pour les poëtes, en de belles images : tout cela, dans mes plus belles heures, je l'avais découvert en elle et trouvé pour moi.

Entre les deux mondes.

Appartenir à une seule femme, révérer un seul homme, quelle harmonie pour le cœur et l'esprit ! Lida, bonheur de la plus intime union, William, étoile du plus beau ciel, je vous dois tout ce que je suis. Les jours et les ans se sont évanouis, et pourtant sur ces heures passées repose tout ce que je vaux.

Extrait d'un album de 1804[1].

L'espérance donne l'essor à la pensée, l'amour à l'espérance. Bien-aimée, dans la nuit brillante, lève les yeux vers Cynthie, et tu diras : « Comme elle se transforme là-haut, ainsi sur la terre diminue et croît mon bonheur. » Et discrètement dis-lui tout bas à l'oreille comme souvent le doute courba la tête, comme la fidélité pleura. Et vous, pensées, disposées à la défiance, si la bien-aimée vous querelle à ce sujet, dites-lui que vous variez sans doute, mais que vous ne changez pas, tout comme Cynthie reste la même et varie toujours. Si la défiance entre dans le cœur, elle ne l'empoisonne pas, car l'amour est plus doux, assaisonné par le soupçon. Et si elle voile tristement ses yeux de nuages, si elle dérobe sous d'affreuses ténèbres la clarté du ciel, bientôt le vent des soupirs dissipe les nuées ; elle pleure pour les résoudre en pluie. Pensées, espérance, amour, s'envolent aussitôt que brille Cynthie, comme elle m'a fait autrefois.

A la pleine lune, qui se levait.

Dornbourg[2], 25 août 1828.

Veux-tu sitôt m'abandonner ? Tu étais si près tout à l'heure ! Des masses de nuages t'obscurcissent, et maintenant te voilà disparue.

Tu sens toutefois comme je suis affligé ; le bord de ton disque regarde par-dessus, comme une étoile. Tu m'attestes que je suis aimé, si éloignées que soient mes amours.

Poursuis donc ta course, de plus en plus brillante, dans la carrière pure, avec une pleine magnificence ! Bien que mon cœur souffrant batte plus vite, bienheureuse est cette nuit !

Le fiancé.

Vers minuit, je dormais, et mon cœur amoureux veillait

---

1. Goethe improvisa cette poésie chez des amis, à Francfort, le 13 novembre 1774, par une nuit orageuse. Un vieil album, qu'on tira de la poussière, recueillit les vers du poëte.
2. Château dans le duché d'Anhalt-Coethen.

comme en plein jour ; le jour parut : ce fut pour moi comme s'il faisait nuit. Que sont pour moi tous les biens qu'il m'apporte ?

Elle était absente : mon travail et mes efforts assidus, c'est pour elle seule que je les supportais pendant l'ardeur des heures brûlantes. Comme je me sentis renaître, aux fraîches heures du soir ! C'était délice et récompense.

Le soleil se coucha, et, la main dans la main, nous saluâmes ensemble son dernier rayon béni, et nos yeux pleins de flamme se regardèrent et se dirent : « Espérance ! à l'orient il reviendra. »

Vers minuit la clarté des étoiles m'accompagne, bercé par un doux songe, au seuil où elle repose. Oh ! qu'il me soit réservé d'y reposer aussi, et, quelle que soit la vie, elle comble mes vœux.

Dornbourg.
Septembre 1828.

Le matin, lorsque vallée, montagne et jardin se dépouillent de leurs voiles nébuleux, et que, dans la plus vive attente, les brillants calices des fleurs se baignent de rosée ;

Lorsque l'éther chargé de nuages lutte avec le jour éclatant, et qu'un souffle de l'orient, qui les chasse, prépare au soleil sa route azurée ;

Si, te repaissant de ce spectacle, tu rends grâce, d'un cœur pur, à l'astre grand et propice, tu verras le soleil, se couchant dans la pourpre, dorer tout l'horizon.

Et, le jour, quand l'azur des montagnes lointaines m'appelle, éveille mon désir ; la nuit, quand les innombrables étoiles brillent sur ma tête avec magnificence ;

Tous les jours et toutes les nuits, je célèbre la destinée de l'homme ; si sa pensée est juste à jamais, il est à jamais grand et beau.

A minuit.

A minuit, j'allais peu volontiers, tout petit enfant, le long du cimetière, à la maison de mon père, le pasteur ; et pourtant les étoiles rivales brillaient toutes si belles à minuit !

Lorsque ensuite, plus avancé dans la vie, il fallut courir à ma bien-aimée.... il fallut ! car elle m'attirait .... les étoiles et l'aurore boréale luisaient à l'envi sur ma tête : et moi, allant et venant, je m'enivrais de délices à minuit.

Enfin la pleine clarté de la lune a percé, vive et pure, jusqu'à moi dans l'obscurité, et la pensée libre, rêveuse et prompte, s'est promenée dans le passé et l'avenir à minuit.

Méditation devant le crâne de Schiller.

C'était dans le lugubre ossuaire, où j'observais comme les crânes étaient rangés avec ordre auprès des crânes ; je rêvais au temps antique, au vieux temps passé. Ils sont là serrés à la file, ceux qui se haïssaient jadis, et, les durs ossements qui se portaient des coups mortels, ils sont couchés en croix, afin de dormir ici apaisés tous ensemble. Omoplates déplacées, personne ne demande plus quels fardeaux elles portèrent.... Et ces membres qui agissaient avec grâce, cette main, ce pied, séparés de leurs jointures vivantes.... Mortels fatigués, c'est donc en vain que vous vous êtes couchés : on ne vous a pas laissé le repos dans la fosse ; vous êtes malgré vous ramenés au grand jour, et nul ne peut aimer la sèche enveloppe, si noble que fût le noyau précieux qu'elle protégeait. Mais ils furent écrits pour l'adepte, pour moi, les caractères qui ne révélaient pas à chacun leur signification sacrée : lorsqu'au milieu de cette foule immobile, je contemplais une image glorieuse, inestimable, en sorte que, dans l'étroite enceinte, poudreuse et glacée, je me ranimais librement, éprouvant une chaleur secrète, comme si de la mort jaillissait une source de vie. Quel charme inexplicable elle avait pour moi, cette forme, cette trace, conception divine, qui s'est conservée! Ce spectacle me transportait vers la mer lointaine dont les flots roulent des formes plus parfaites. Vase mystérieux, qui répands des oracles, comment serai-je digne de te porter dans ma main?... Il faut pour cela que ma piété te délivre de la pourriture, ô précieux trésor ; il faut qu'avec recueillement je me tourne à l'air libre, vers les libres pensées, vers la lumière du soleil. L'homme n'a-t-il pas obtenu tout ce qu'il peut espérer dans la vie, si Dieu-nature[1] lui révèle comment il

---

1. Terme employé par Goethe pour exprimer la tendance philosophique de son ami.

laisse s'exhaler en esprit la substance, comment il maintient en substance la création de l'esprit !

Des souffrances du jeune Werther[1].
(1775.)

Tout jeune homme souhaite avec ardeur d'aimer ainsi, toute jeune fille, d'être ainsi aimée. Ah! du plus saint de nos penchants pourquoi découle la peine cruelle ?

Tu l'aimes, tu le pleures, ma chère âme; tu sauves sa mémoire de l'opprobre. Vois, son esprit semble te dire de sa tombe : « Sois homme et ne suis pas mon exemple. »

Trilogie de la passion.
A WERTHER.

Une fois encore, ombre tant pleurée, tu te hasardes à la clarté du jour ; tu me rencontres dans les prés nouvellement fleuris, et tu ne crains pas ma présence. C'est comme si tu avais vécu aux heures matinales, où dans le même champ nous restaure la rosée, et, après les pénibles labeurs du jour, nous charme le dernier rayon du soleil couchant. Mon sort fut de rester, le tien de partir; tu pris les devants.... tu n'as pas beaucoup perdu.

La vie de l'homme semble un lot magnifique. Que le jour est aimable! Que la nuit est sublime! Et nous, entourés des joies du paradis, nous jouissons à peine du radieux soleil, qu'aussitôt nos efforts aveugles luttent tantôt avec nous-mêmes, tantôt avec ce qui nous environne; jamais l'un n'est complété par l'autre à souhait; au dehors s'étendent les ténèbres, quand le jour brille au dedans; et les splendeurs du dehors sont voilées pour mon regard troublé; le bonheur est proche et on le méconnaît.

Et nous croyons le connaître ! La beauté de la femme, aimable enchantement, nous saisit avec puissance; le jeune homme, joyeux comme dans la fleur de l'enfance, s'avance au milieu du printemps, comme un printemps lui-même; ravi, et ne pouvant comprendre d'où lui viennent ces transports. Il

---

1. La première de ces strophes se trouve placée en tête de la première partie de Werther, l'autre, en tête de la seconde, dans l'édition de 1775.

regarde autour de lui : le monde lui appartient. Une ardeur naïve l'entraîne au loin; rien ne l'arrête, ni murailles, ni palais; comme une volée d'oiseaux effleure les cimes des forêts, ainsi l'amant s'égare sur la trace de la bien-aimée; de la plaine éthérée, qu'il délaisse volontiers, il cherche le regard fidèle et ce regard l'enchaîne.

averti, trop tôt d'abord, et puis trop tard, il sent son
té, il se sent pris au filet; se revoir est charmant, se
est pénible; se retrouver de nouveau enchante plus
les années perdues sont réparées en un moment; mais
enfin l'adieu, l'adieu perfide, vous attend.

Tu souris avec sentiment, comme cela doit être : ami, un adieu terrible te rendit fameux; nous célébrâmes ta déplorable infortune; tu nous laissas après toi pour les biens et les maux; puis la carrière trompeuse des passions nous attira de nouveau dans ses labyrinthes; et nous, enchaînés par mille souffrances, séparés enfin.... La séparation est la mort. Qu'elle est touchante la voix du poète, lorsqu'elle nous presse d'éviter la mort que la séparation nous amène! Est-il enchaîné dans ces tourments à demi mérités, puisse un dieu lui donner d'exprimer ce qu'il endure!

ÉLÉGIE.

*Et tandis que l'homme reste muet dans sa souffrance,
un dieu m'a donné de pouvoir dire ce que je souffre*[1].

Que dois-je espérer du revoir? de la fleur de ce jour encore fermée? Le paradis, l'enfer, sont ouverts devant toi : quels mouvements incertains s'éveillent dans ton âme!... Plus de doute! Elle s'avance à la porte du ciel, elle t'enlève dans ses bras.

Tu fus donc ainsi reçu dans le paradis, comme si tu étais digne du bonheur éternel. Pour toi plus de désirs, d'espérances, de vœux à former; c'était là le terme de tes plus secrets efforts, et, dans la contemplation de cette unique beauté, tarirent soudain les larmes du désir.

Comme le jour agitait ses ailes rapides! Comme il semblait chasser les minutes devant lui! Le baiser du soir, gage d'union

---

1. Torquato Tasso. Voy. t. III, p. 375, avec une variante.

fidèle, le sera encore pour le prochain soleil. Dans leur marche légère, les heures se ressemblaient comme des sœurs, toutefois aucune n'était absolument pareille aux autres.

Le dernier baiser, cruel et doux, déchire un tissu délicieux de tendresses enchaînées. Puis le pied se hâte, il hésite, évitant le seuil, comme si un chérubin flamboyant le chassait de ces lieux. L'œil s'arrête avec douleur sur le sentier ténébreux; il regarde en arrière : il voit la porte fermée.

Et maintenant ce cœur se renferme en lui-même, comme s'il ne se fût jamais ouvert, et qu'auprès d'elle, aussi resplendissant que les étoiles des cieux, il n'eût pas goûté des heures fortunées; et le chagrin, le repentir, le reproche, le souci pesant, l'oppressent désormais dans une atmosphère brûlante.

Eh quoi, ne lui reste-t-il pas l'univers? Les pentes des rochers ne sont-elles plus couronnées d'ombrages sacrés? Ne voit-il pas la moisson mûrir et une verte contrée s'étendre le long du fleuve, à travers les bois et les prairies? Et l'immensité, qui embrasse les mondes, ne se courbe-t-elle pas en voûte, ici, dépourvue, là, peuplée de formes?

Comme, avec sa trame gracieuse et légère, délicate et brillante, semblable à un séraphin, semblable à elle-même, s'élève du sein des nuages sombres, et plane dans le ciel bleu, une svelte figure de vapeur lumineuse! C'est ainsi que tu la voyais briller à la danse joyeuse, la plus charmante des plus charmantes beautés.

Mais tu ne saurais te permettre qu'un moment de prendre pour elle une image aérienne; redescends dans ton cœur : là tu la trouveras mieux; là elle s'éveille en formes changeantes : unique beauté, sous mille métamorphoses, et toujours, toujours plus aimable.

Comme elle s'arrêta vers les portes pour m'accueillir, et puis de degrés en degrés me rendit heureux; même après le dernier baiser, courut encore à moi, et imprima sur mes lèvres le dernier des derniers : ainsi l'image de la bien-aimée reste lumineuse, vivante, gravée en traits de feu dans mon cœur fidèle.

Dans ce cœur, aussi ferme qu'une muraille crénelée, et qui se garde pour elle et la garde en lui; pour elle se réjouit de sa propre durée; ne se connaît lui-même qu'alors qu'elle se montre, se sent plus libre en des liens si chers, et ne veut battre encore que pour la bénir de toute chose!

La faculté d'aimer, le besoin d'un tendre retour, avait disparu, s'était évanoui : soudain s'est retrouvée l'ardeur de l'espérance, pour les joyeux projets, les résolutions, l'action rapide. Si jamais l'amour inspira un amant, cela me fut donné avec une grâce infinie....

Et ce fut par elle!... Une inquiétude secrète, importun fardeau, pesait sur mon corps et sur mon âme; mon regard ne voyait de tous côtés que d'horribles images dans les abîmes d'un cœur vide, angoissé : maintenant l'espérance me luit d'un seuil bien connu; elle-même apparaît dans un doux rayon de soleil.

A la paix de Dieu, qui, selon sa parole, vous rend plus heureux ici-bas que la raison, j'oserai comparer la joyeuse paix de l'amour en présence de l'être chéri. Là, le cœur se repose, et rien ne peut troubler le sentiment profond, le sentiment de lui appartenir.

Dans le plus pur de notre âme flotte un désir de s'abandonner, par une libre reconnaissance, à un être plus élevé, plus pur, inconnu, en s'expliquant à soi-même l'éternel inconnu : cela s'appelle être pieux.... Ce ravissement sublime, je sens qu'il est mon partage, quand je suis devant elle.

Devant son regard, comme sous l'influence du soleil; à son haleine, comme aux souffles du printemps, se fondent les glaces de l'égoïsme, si longtemps enchaînées dans les profondes cavernes de l'hiver. Ni l'intérêt ni le caprice ne durent; à son approche, ils s'enfuient frémissants.

C'est comme si elle disait : « Heure par heure, la vie nous est dispensée doucement; la veille nous a laissé peu d'enseignements; le lendemain, il nous est refusé de le connaître, et, s'il m'arrivait de m'effrayer à l'approche du soir, le soleil déclinait et voyait paraître pour moi de nouveaux plaisirs.

« Fais donc comme moi, et, avec une joyeuse sagesse, regarde en face le moment. Point de lenteurs. Hâte-toi d'aller au-devant de lui, avec ardeur comme avec bienveillance : mais, où tu seras, sois tout, toujours plein de candeur; ainsi tu seras accompli, tu seras invincible. »

Tu peux en parler à l'aise, dis-je en moi-même : un dieu te donna pour compagne la faveur du moment; et chacun, en ton aimable présence, se sent aussitôt le favori du destin. Moi, je redoute le signal qui m'ordonnera de te fuir : que me sert-il d'apprendre une si haute sagesse?

Maintenant je suis loin de toi; et ce qui convient à l'heure présente, je ne saurais le dire. Elle m'offre des choses bonnes et belles, qui ne font que me peser. Il faut que je m'en délivre. Un désir invincible m'égare : plus de ressource que des pleurs éternels.

Coulez donc, coulez sans relâche!... Mais ils ne pourraient jamais éteindre la flamme qui me brûle. Déjà il est furieux, il est déchiré, ce cœur, où la mort et la vie se livrent un horrible combat. Il se trouverait peut-être des plantes salutaires, pour apaiser les souffrances du corps, mais l'esprit manque de résolution et de volonté.

Il succombe, à cette pensée : « Comment pourrais-je me passer d'elle? » Il se représente mille fois son image, qui tantôt tarde à paraître, tantôt est emportée au loin, parfois confuse, parfois dans la plus pure lumière. Comment pourraient-ils m'offrir la plus faible consolation, ce flux et ce reflux, ces approches et ces retraites?

Laissez-moi ici, fidèles compagnons ! Laissez-moi seul au pied du rocher, dans le marais et la mousse. Allez, le monde vous est ouvert; la terre est vaste, le ciel majestueux et grand; contemplez, fouillez, rassemblez chaque détail, bégayez les mystères de la nature.

Pour moi, l'univers est perdu, je suis perdu pour moi-même, qui naguère encore étais le favori des dieux; ils m'ont éprouvé, ils m'ont prêté Pandore, si riche en trésors, plus riche en dangereuses séductions; ils m'ont enivré des baisers de sa bouche qui donne avec délices; ils m'arrachent de ses bras et me frappent de mort.

RÉCONCILIATION.

La passion amène la souffrance[1]... Quelle puissance calmera le cœur oppressé qui a tout perdu? Où sont les heures si vite

---

1. Littéralement : « La passion amène le pâtir. »

envolées? Vainement tu avais eu en partage le sort le plus beau : ton âme est troublée, ta résolution confuse. Ce monde sublime, comme il échappe à tes sens!

Soudain s'élève et se balance une musique aux ailes d'ange; elle entremêle des mélodies sans nombre, pour pénétrer le cœur de l'homme, pour le remplir de l'éternelle beauté : les yeux se mouillent; ils sentent, dans une plus haute aspiration, le mérite divin des chants comme des larmes.

Et le cœur, ainsi soulagé, s'aperçoit bientôt qu'il vit encore, qu'il bat, et voudrait battre, pour se donner lui-même, à son tour, avec joie, en pure reconnaissance de cette magnifique largesse. Alors se fit sentir (oh! que ce fût pour jamais!) la double ivresse de la mélodie et de l'amour.

Harpes éoliennes.

Lui. Il me semblait n'éprouver point de douleur, et pourtant j'avais le cœur plein d'angoisse; je me sentais le front serré, la tête vide : enfin mes larmes coulent en abondance, elles épanchent l'adieu jusque-là retenu. Le sien fut calme et serein, et peut-être elle pleure maintenant comme toi.

Elle. Oui, il est parti, il faut me résigner : mais laissez-moi seule, ô mes amis. Si peut-être je vous semblais bizarre, cela ne sera pas toujours. Maintenant je ne puis endurer son absence, et il faut que je pleure.

Lui. Je ne suis pas disposé à la tristesse et je ne puis non plus goûter la joie. Qu'ai-je à faire de ces fruits mûrs, que l'on cueille à chaque arbre? Le jour me pèse; l'ennui me prend, lorsque s'allument les feux de la nuit; ma seule jouissance est de me rappeler sans cesse ta douce image, et, si tu sentais le désir de cette félicité, tu ferais la moitié du chemin pour venir à moi.

Elle. Tu t'affliges de ne pas me voir paraître, de ce qu'éloignée de toi, je suis peut-être moins fidèle : sans cela, dis-tu, mon esprit serait en image devant toi.... Iris vient-elle parer l'azur du ciel? Fais qu'il pleuve : elle reparaît soudain. Tu pleures, tu me revois.

Lui. Oui, sans doute, Iris est bien ton image! Tu es un aimable prodige, tu as la souplesse et la magnificence, la diversité, l'harmonie, et tu es nouvelle toujours et toujours la même comme elle.

Partout et toujours.

Pénètre dans les profondes cavernes des montagnes ; suis les nuages au haut des airs ; la Muse t'appelle vers les ruisseaux et les vallons mille et mille fois.

Sitôt qu'un frais calice est fleuri, il demande de nouvelles chansons, et, si le temps en murmurant s'envole, les saisons reviennent.

Avril.

Beaux yeux, dites-moi, dites, que dites-vous ? Car vous dites de belles choses, avec le plus délicieux langage, et vous interrogez dans le même sentiment.

Mais je crois vous comprendre, derrière ces yeux limpides, repose, en amour et en vérité, un cœur, aujourd'hui abandonné à lui-même,

Auquel il pourrait plaire, parmi tant de regards aveugles, émoussés, d'en trouver un enfin qui sût l'estimer à son tour.

Et tandis que je m'épuise à étudier ces chiffres, laissez-vous engager aussi à déchiffrer mes regards.

Mai.

De légers nuages argentés flottent dans les airs enfin attiédis ; rayonnant d'une douce clarté, le soleil luit à travers les vapeurs ; la vague doucement se balance et se presse vers la rive féconde ; et comme brillante et nettement lavée, deçà delà flottante, se mire la jeune verdure !

L'air est paisible et paisible la brise. Qui donc agite les rameaux ? C'est l'amoureuse ardeur de cette multitude qui vole des arbres à travers les buissons. Mon regard soudain s'éclaircit. Vois, la troupe volage des bambins vivement s'éveille et s'agite, comme le matin les a produits, ailés, voltigeant deux à deux.

Ils commencent à tresser le toit de branchages.... Qui avait besoin de cette cabane ?... Et, comme des vrais charpentiers, ils placent un banc, une table au milieu !... Et je m'extasie encore ; le soleil décline, à peine je m'en aperçois. Et maintenant, par centaines, ils amènent à moi ma bien-aimée dans cet asile jour et nuit.... Rêve charmant !

Juin.

Derrière cette montagne elle demeure, celle qui répond à mon amour. Dis-moi, montagne, ce que cela signifie? Il me semble que tu es de verre,

Et que je ne suis pas loin d'elle; car elle vient; déjà je la vois : triste, car je ne suis pas là ; riante, oui, elle devine ma présence.

Mais entre deux se déploie un frais vallon, avec de légers ombrages, des ruisseaux, des prairies et choses pareilles, moulins et roues, le signe le plus beau qu'il va paraître une plaine, de vastes champs tout ouverts, et toujours ainsi, toujours, jusqu'à mon jardin et ma maison.

Mais comment la chose arrive-t-elle? Tout cela ne me charme point.... J'étais charmé de son visage, de ses jolis yeux brillants; charmé de sa démarche légère, et comme je la vois de la tête aux pieds! Elle est partie, je suis ici; je suis parti, je suis chez elle.

Se promène-t-elle sur les âpres collines, va-t-elle courant dans la vallée, on entend comme un bruit d'ailes, il s'éveille comme un chant; et ces trésors de jeunesse, cette beauté fraîche et brillante, il les attend dans le silence, celui qu'elle rend uniquement heureux.

Que l'amour est bien fait pour elle! Je ne vis jamais rien de si beau. Une moisson de fleurs doucement s'épanche de son sein.

Si je me dis : « Il en doit être ainsi! » cela me rafraîchit le sang. Rêvé-je peut-être, si elle m'aime, qu'il existe encore quelque chose de mieux?

Et plus belle encore est la fiancée, lorsqu'elle s'abandonne à moi sans réserve, lorsqu'elle parle, et me conte ce qui la réjouit et ce qui l'afflige, ce qu'elle éprouve et ce qu'elle a éprouvé. Et pourtant je la connais parfaitement. Oh! qui posséderait, corps et âme, une pareille enfant, une femme pareille!

Le printemps prochain.

Déjà la plate-bande s'élève labourée; les clochettes s'y balancent, blanches comme la neige; le crocus déploie sa flamme éblouissante; il germe des émeraudes, il germe comme du sang;

la primevère se pavane, indiscrète; la violette rusée se dérobe avec soin. Et que ne voit-on pas encore s'éveiller et s'animer! Bref, je vois le printemps agir et vivre.

Mais, dans le jardin, ce qui fleurit surtout, c'est l'aimable esprit de ma belle. Là ses regards de flamme me brûlent sans cesse; vives chansonnettes, propos enjoués, un cœur toujours ouvert, fleuri, un cœur caressant dans le sérieux et pur dans le badinage. Quand l'été apportera les roses et les lis, il cédera la victoire à ma belle.

La veille de la Saint-Népomucène [1].

Carlsbad, le 15 mai 1820.

De petits flambeaux nagent sur le fleuve, des enfants chantent sur le pont, et, de la tour, cloche et clochette s'associent à la prière, au ravissement.

Les flambeaux s'évanouissent, les étoiles s'évanouissent: ainsi s'éteignit l'âme de notre saint; il ne voulut pas publier les fautes confessées.

Petits flambeaux, nagez; jouez, enfants: chœur des enfants, chantez, chantez, et ne vous lassez pas de publier ce qui porte l'étoile aux étoiles.

En passant.

Dans la campagne j'allais rêvant, et ne chercher rien était ma pensée.

Soudain une fleurette se montra tout près: je n'avais, de ma vie, rien vu de plus charmant.

Je voulus la cueillir; elle me dit soudain : « J'ai des racines, des racines secrètes.

« Dans la terre profonde je suis plantée ; c'est pourquoi mes fleurs ont des corolles si jolies.

« Je ne puis coqueter, je ne puis faire l'amour. Il ne faut pas me cueillir, il faut me transplanter. »

Dans la forêt j'allais rêvant, j'étais joyeux, je voulais aller toujours plus avant.... C'était là ma pensée.

---

1. Saint Népomucène, aumônier de l'empereur Wenceslas, refusa de lui révéler la confession de l'impératrice Jeanne, dont la fidélité était soupçonnée. Il fut mis à la torture et noyé dans la Moldau. Il est le saint de la Bohême, le patron des rivières. Il porte un diadème de cinq étoiles, qui s'envolèrent au ciel, quand il fut plongé dans la Moldau.

Pentecôte.

Sous des couronnes à moitié flétries, notre ami sommeille doucement. Oh! combien le réjouira ce que je veux lui confier! Sans racines, ce rameau se dessèche, jeune plant; mais l'amour, comme M. Dreissig[1], sait nourrir ses rejetons.

Réciproque.

Que fait là ma mignonne assise? Quel sujet la rend si joyeuse? Elle berce celui qui est venu de loin; elle le tient sur ses genoux;

Dans une jolie cage, elle garde un petit oiseau; elle le laisse sortir autant qu'elle veut.

A-t-il becqueté sur son doigt, sur ses lèvres, il prend l'essor et voltige et revient.

Bien, retourne dans ton asile : c'est l'usage maintenant, et, si tu possèdes la fillette, elle te possède à son tour.

Le brigand.
(Chanson patoise.)

Ma maison n'a point de porte; ma porte n'a point de maison; et, à toute heure, avec ma mignonne j'entre et je sors.

Ma cuisine n'a point de foyer, mon foyer n'a point de cuisine, on y fait rôtir et bouillir pour soi et pour moi.

Ma paillasse n'a point de lit, mon lit n'a point de paillasse, mais je ne connais personne qui mène plus joyeuse vie.

Ma cave est en haut, ma grange est en bas, sens dessus dessous.... et je me couche et je dors.

Et suis-je éveillé, c'est toujours de même: mon séjour n'a point de demeure, ma demeure point de séjour.

Le nouveau Copernic.

J'ai une gentille maisonnette, et, dedans caché, je suis très-commodément à l'abri du soleil.

Car il s'y trouve petites fermetures, petits ressorts, petits volets. Je me sens aussi bien tout seul qu'avec de jolies fillettes.

Car, ô merveille! pour mon plaisir, les bois se meuvent, les champs éloignés s'approchent de moi;

---

1. Jardinier pépiniériste, à Tonndorf, près de Weimar.

Et les montagnes, grandies, passent aussi en dansant : il n'y manque que les cris de joie des nains éveillés.

Mais ces choses courent devant moi dans un parfait silence, la plupart tout droit, souvent aussi en tournant, et, comme cela, j'y prends plus de plaisir.

Si je veux le bien considérer et sérieusement l'observer, tout cela peut-être demeure immobile, et c'est moi qui chemine.

Voilà le héros qui me plaît.
(Une jeune fille parle.)

Fuis, colombe, fuis ; il n'est pas ici, celui qui, par un beau jour de printemps, te trouva dans le bosquet où tu étais cachée. Fuis, colombe, fuis ; il n'est pas ici ! Les pieds des méchants espions jamais ne reposent.

Écoute ! Les sons de la flûte, les chants d'amour, volent ici dans les airs aux oreilles de la bien-aimée et trouvent le sensible cœur ouvert. Écoute ! les sons de la flûte, les chants d'amour ! Écoute.... Pour la tendresse, c'est trop de tourment.

Sa démarche est fière, son pas assuré ; des cheveux noirs flottent sur l'ovale de son front ; sur ses joues fleurit un éternel printemps. Sa démarche est fière, son pas assuré ; de nobles Allemands marchent avec lui.

Joyeux est son cœur, chaste son désir ; ses yeux noirs, sous deux arcs arrondis, sont encadrés si bien de plis gracieux ! Son cœur est joyeux, chaste son désir : il ne faut que le voir pour l'aimer.

Elle est vermeille sa bouche, qui m'a blessée ; ses lèvres exhalent les parfums du matin ; sur ses lèvres murmurent de frais zéphyrs. Elle est vermeille sa bouche, qui m'a blessée : un regard de lui peut seul me guérir.

Fidèle est son sang, ferme son courage ; la force protectrice réside en ses bras délicats, la noble pitié, sur son visage. Fidèle est son sang, ferme son courage ; heureuse qui repose dans ses bras !

Impatience.

Toujours, ô fantaisies, vous revolez au loin de pays en pays jusqu'à la mer ; vous planez çà et là sur le rivage. L'épreuve est toujours nouvelle; le cœur est toujours inquiet; les douleurs sont l'aliment de la jeunesse; les larmes, l'hymne du bonheur.

Avec les années de voyage [1].

Les années de voyage sont commencées, et chaque pas du voyageur est circonspect; à la vérité, il n'a pas coutume de chanter et de prier, mais, aussitôt que le sentier est trompeur, si les nuages l'entourent de leurs voiles, il jette un regard sérieux dans son cœur et dans le cœur de son amante.

Ainsi je découvre d'antiques trésors, et, pour le coup, c'est merveilleux. Ce n'est pas de l'or sans doute, mais enfin c'est du métal. On peut le fondre, on peut le tailler. Il est pur, il se laisse peser. Puissent de nombreux amis avec joie le modeler à leur image!

A peine saurais-je dire si je suis le même encore. Qu'en somme on me le demande, je réponds : « Oui, tel est mon sentiment, » un sentiment qui tour à tour nous oppresse, nous enchante, et, dans ces lignes sans nombre, retrouve son équilibre enfin [2].

Hans Sachs [3].

(Explication d'une ancienne gravure sur bois représentant sa mission poétique.)

Dans son atelier, le dimanche matin, voici notre cher maître. Il a posé le sale tablier de cuir; il porte un décent pourpoint

---

1. Voy. le vol. VII.

2. Après cette pièce viennent le *Chant du voyageur* et le *Chant des émigrants*, pour lesquels nous renvoyons le lecteur au t. VII, p. 280, 281, 282 et 374.

3. Hans Sachs, le plus remarquable des *Meistersaenger* (maîtres chanteurs), naquit à Nuremberg en 1494 et y mourut en 1576. Il était cordonnier, et la poésie ne fut pour lui qu'un délassement. Cependant il a laissé un nombre prodigieux de poëmes en divers genres, qui attestent l'originalité autant que la fécondité de son génie. Il a composé plus de deux cents drames et dix-sept cents contes et fabliaux. C'est dans ce dernier genre qu'il déploie le plus de talent. *Saint Pierre et la chèvre*, cité par Goethe, est une légende charmante par l'heureux mélange du sérieux et du comique. D'ailleurs H. Sachs était animé d'une piété naïve et d'un chaud patriotisme. Partisan de Luther, il contribua beaucoup, par ses poésies religieuses et satiriques, au succès de la réforme dans sa ville natale, et, en général, dans les rangs populaires. Au dix-septième siècle, le pédantisme littéraire osa dédaigner le vénérable meistersaenger. Wieland et Goethe, indignés de l'injuste oubli où il était tombé, firent valoir ses titres à la reconnaissance et à l'amour du peuple allemand. Tel est l'objet que Goethe se propose dans ce petit poëme, écrit dans le style et la manière de Hans Sachs, et qui fut publié d'abord, en 1776, dans le *Mercure*, journal littéraire de Wieland.

de fête ; il laisse dormir le ligneul, le marteau et la pince ; l'alène est plantée sur la botte à ouvrage : lui aussi, il se repose, le septième jour, de maint coup d'aiguille et de marteau.

Aussitôt qu'il sent le soleil printanier, le repos lui suscite un nouveau travail ; il sent qu'un petit monde couve dans son cerveau ; que ce monde commence à travailler et à vivre, et que volontiers il lui donnerait l'essor.

Son regard est sincère et pénétrant ; il est aussi fort bienveillant, pour voir clairement mainte chose et tout s'approprier ; il a aussi une langue, qui sait verser à flots les paroles fines et légères ; les Muses mettent en lui leur joie : elles veulent le proclamer maître chanteur.

Alors entre une jeune femme, à la gorge pleine, au corps potelé ; son attitude est celle de la force ; elle marche droit devant elle avec noblesse, sans se tortiller avec robe traînante ou lancer des œillades autour d'elle. Elle porte une règle à la main ; sa ceinture est un ruban d'or ; elle a sur la tête une couronne d'épis, son œil a l'éclat du jour pur. On la nomme l'active Honnêteté, ou bien aussi Grandeur d'âme, Droiture.

Elle entre et le salue avec amitié. Il ne s'en étonne point, car, telle qu'elle est, bonne et belle, il croit l'avoir vue dès longtemps.

Elle dit : « Je t'ai choisi entre mille dans le chaos du monde, pour te donner une claire intelligence. Tu ne feras nulle entreprise déraisonnable. Quand les autres iront courant pêle-mêle, tu le verras d'un œil sûr ; quand les autres se plaindront pitoyablement, tu conteras plaisamment ton histoire ; tu tiendras pour l'honneur et la justice ; en toute chose tu seras simple et droit ; tu sauras estimer loyalement la piété et la vertu, appeler le mal par son nom. Rien de mitigé et rien de subtilisé ; rien d'enjolivé et rien de grimaçant ; tel que l'a vu Albert Durer, le monde sera devant toi, dans sa vie puissante et sa virilité, sa force intérieure et sa stabilité. Le génie de la nature te mènera par la main en tout pays, te montrera la vie tout entière, l'étrange conduite des hommes ; tu les verras brouiller, chercher, heurter et presser, pousser, arracher, percer et frotter ; comme confusément extravague l'hôtellerie ; comme la fourmilière grouille pêle-mêle ; mais enfin ce sera pour toi comme si tu voyais une lanterne magique. Écris ces choses pour les habitants de la terre, et puissent-elles leur servir de leçon ! »

Alors elle ouvre une fenêtre, lui montre au dehors la foule bigarrée, et, sous le ciel, toute sorte de gens, comme vous le pouvez lire dans ses écrits.

Et comme le cher maître se délecte à contempler la nature, voyez, de l'autre côté, une petite vieille se glisser vers lui. On la nomme Historia, Mythologia, Fabula ; chancelante, essoufflée, elle traîne un grand tableau gravé sur bois. Vous y voyez, avec de larges manches et une robe à plis, Dieu le père, qui catéchise les enfants, Adam, Ève, le paradis et le serpent, la ruine de Sodome et de Gomorrhe ; vous pouvez y voir aussi, dans un miroir d'honneur, les douze femmes illustres[1] ; puis toute espèce de carnages, d'horreurs et de meurtres, le port de la honte des douze tyrans[2], avec toute sorte de sentences et de bonnes chansons. Vous pouvez voir saint Pierre avec la chèvre, mécontent du gouvernement de ce monde, et redressé par Notre-Seigneur ; et, sur les vastes pans de leurs robes traînantes, et jusque sur les bords, était peinte l'histoire des vertus et des vices du monde.

Notre maître voit tout cela et s'en réjouit merveilleusement, car cela profite beaucoup à son industrie ; il en recueille de bons exemples et de bonnes leçons ; il en fait le récit exact et fidèle, comme si lui-même s'y fût trouvé. Son esprit était plongé dans ce travail, il n'en aurait pas détourné les yeux, s'il n'avait pas ouï derrière son dos un vacarme de crécelles et de sonnettes.

Alors il voit venir un fou qui lui fait sa cour avec des sauts de bouc et de singe, et lui prépare, avec des folies et des extravagances, un joyeux intermède. Il traîne derrière lui, à un cordeau, tous les fous, grands et petits, gras et maigres, droits et tortus, trop spirituels et trop bêtes. Avec un grand nerf de bœuf, il les gouverne comme des singes dansants ; il raille la figure de chacun, les pousse au bain, leur coupe le ver et leur

---

1. Ève, Sara, Rebecca, Rachel, Léa, Jaël, Ruth, Michol, Abigaïl, Judith, Esther et Susanne.
2. Le premier est Pharaon, le dernier, Antiochus.

cause mille tourments amers, sans que pour cela leur nombre diminue[1].

Lorsqu'il se voit ainsi enveloppé, cela lui tourne, peu s'en faut, la tête. Comment trouverait-il des paroles pour tout cela? Comment pourrait-il enchaîner un pareil débordement? Comment rester de bonne humeur, pour chanter toujours et pour écrire? Alors s'élève, sur la frange d'un nuage, dans le cadre de la haute fenêtre, la Muse, sainte figure, comme une image de Notre-Dame chérie. Elle l'environne de sa clarté, de sa vérité sans cesse agissante.

« Je viens pour te consacrer, dit-elle. Reçois ma bénédiction et ma faveur! Que le feu sacré qui sommeille en toi jaillisse en flamme haute et claire! Mais, afin que la vie qui t'aiguillonne garde toujours sa force heureuse, j'ai choisi pour ton cœur le baume et la nourriture, en sorte que ton âme nage dans les délices comme un bouton dans la rosée. »

Alors elle lui montre derrière sa maison, secrètement, par la porte dérobée, dans le jardin à l'étroite clôture, une gracieuse jeune fille, assise dans l'attente, au bord du ruisselet, près du buisson de sureau; la tête et les yeux baissés, elle est assise sous un pommier, et remarque à peine le monde autour d'elle; elle a cueilli des roses dans son giron, et tresse de ses mains habiles une petite couronne, entremêlée de boutons vermeils et de feuillage. Pour qui sera-t-elle, la petite couronne?... Elle est donc assise, pensive et recueillie; son sein se gonfle d'espérance; elle est pleine de pressentiments, ne sait ce qu'elle doit désirer, et, parmi tant de rêveries, s'exhale peut-être un soupir.

Pourquoi ton front est-il si sombre? Ce qui oppresse ton cœur, douce bien-aimée, c'est une abondance de joie et de félicité, pour toi toute prête chez un ami, qui se consolera dans tes yeux de maintes fortunes contraires; que mille baisers délicieux rappelleront à la vie. Qu'il presse un jour dans ses bras ton corps souple et charmant, il goûtera l'oubli de toutes ses peines; qu'il s'abandonne à tes étreintes, il y puisera une vie et

---

1. Ce passage renferme diverses allusions aux farces de carnaval de Hans Sachs.

des forces nouvelles; et il t'en reviendra un nouveau bonheur de jeunesse; elle reviendra, ton humeur friponne. Par des œillades, par mainte espièglerie, tu le provoques et tu l'amuses tour à tour. Ainsi l'amour n'est jamais vieux et le poëte n'est jamais froid.

Tandis qu'il passe sa vie dans ce bonheur secret, là-haut se balance dans les nues une couronne de chêne aux feuilles toujours vertes, que la postérité posera sur sa tête, repoussant dans la mare coassante toute cette multitude qui méconnaît son maître.

Sur la mort de Mieding [1].

Quel tumulte remplit la maison de Thalie? Quelle est cette foule empressée qui entre et qui sort? Le marteau retentit sur les planchers vides, le dimanche ne chôme pas, la nuit devient jour; ce que l'esprit inventa finement en silence occupe à grand bruit le rude charpentier. Je vois Hauenschild [2] rêveur. Est-ce un Turc, est-ce un païen qu'il doit habiller? Voilà Schoumann [3], joyeux, comme s'il était déjà payé, parce qu'il peut enfin peindre à pleine pâte. Je vois s'avancer, d'une marche légère, Thiel [4], qui est d'autant plus gai qu'il vous a plus mal taillé. Elcan [5], l'infatigable, court avec les coupons qui lui restent, et cette fermentation présage une fête.

Mais combien de gens ai-je passés en revue, et je ne nomme pas l'homme qui ne manqua jamais, l'homme ingénieux et prompt, quand le chagrin pesait sur son cœur, habile à disposer l'édifice de lattes, l'échafaudage de planches, qui, cessant d'être animé par lui, flotte comme un squelette suspendu aux fils de fer sans vie. Où est-il? dites-moi.... L'art lui était si cher, que ni catarrhes ni douleurs d'entrailles ne l'arrêtaient. « Il est malade; il ne fut jamais si mal. » Ah! mes amis.... Malheur! Je devine le danger. Si la maladie l'arrête, le cas est désespéré. Il n'est pas malade, non, enfants, il est mort.

Eh quoi, Mieding est mort? La maison vide retentit jusque sous les combles, l'écho répond par un hélas! L'ouvrage s'arrête, toutes les mains sont engourdies, la colle se refroidit, la

---

1. Jean Martin Mieding, directeur du théâtre de Weimar. — 2. Valet de chambre et tailleur du grand-duc. — 3. Peintre de la cour. — 4. Tailleur de la cour. — 5. Juif de la cour.

couleur ne coule plus; chacun reste confondu à sa place, et le mercredi seulement, le travail continue.

Oui, Mieding est mort! Oh! n'enterrez pas ingratement ses restes comme tant d'autres! Laissez son cercueil ouvert; approchez, pleurez tout citoyen qui a vécu comme lui, et, au bord de la fosse où nous sommes arrêtés, méditons nos douleurs.

O Weimar, un sort étrange fut ton partage : comme Bethléem, dans Juda, petit et grand! La voix de l'Europe te célèbre au loin, tantôt pour l'esprit et le génie, tantôt pour la sottise. Le sage observe en silence et voit d'abord comme les extrêmes se touchent de près. Toi qui prends à ce qui est bon un singulier plaisir, ouvre ton cœur à l'émotion.

Et toi, Muse, proclame haut et loin le nom qui nous édifie en silence aujourd'hui. Par un heureux hasard, ta main propice sauva de la nuit éternelle plus d'un nom digne et indigne ; ne souffre pas non plus que le nom de Mieding périsse; fais-le toujours briller à l'horizon.

Nomme-le au monde, qui, politique ou guerrier, est l'esclave du sort, et se croit maître de lui-même, vainement résiste aux conseils du temps, s'agite affairé, confus et troublé; le monde, où chacun, assez tourmenté pour lui-même, s'enquiert si rarement du plus proche voisin, mais volontiers prend l'essor en esprit vers les climats lointains, et s'associe au bonheur, aux souffrances de l'étranger. Répète bien haut et dis en tout lieu : « Dans la chute d'un seul, que chacun voie sa propre chute. »

Approche, homme d'État! Ici repose l'homme qui entreprit comme toi une tâche difficile. Avec plus de goût pour le travail que pour le gain, il élevait, d'un esprit léger, un léger échafaudage, merveilleux édifice, qui enchante par dehors, tandis que l'enchanteur se tapit dans un coin. Il était homme à perdre négligemment mainte journée, si vivement que l'auteur, que l'acteur le conjurât, et, lorsque enfin venait l'heure du combat, le succès de la pièce était suspendu à un fil léger.

Que de fois, nos princes faisaient déjà leur entrée, on donnait le signal, la symphonie commençait, qu'il grimpait encore, portait les perches, tirait les cordes et plantait quelque clou.

Cela lui réussit souvent; il se jouait hardiment du danger. Mais une bévue ne lui faisait pas non plus des cheveux gris.

Qui les appréciait dignement, ses mains habiles, lorsqu'il tressait avec du fil d'archal des ressorts élastiques; qu'il fixait sur les lattes des cartons de toute sorte, disposait le rouleau qui portait le char; qu'on le voyait assis, entouré de taffetas, de tôle, de verre, de papier peint, et sourire à l'événement. Ainsi, fidèle à son emploi, toujours infatigable, il créait aisément le héros et le berger; tout ce qui émeut les tendres et belles âmes, il savait le produire par une imitation fidèle : le vert gazon, la cascade argentée, le chant des oiseaux, les éclats du tonnerre, l'ombre du feuillage et le clair de lune.... un monstre même ne l'effrayait pas.

Comme la nature dompte en les unissant les forces ennemies, et en luttant produit les corps, il domptait chaque métier, chaque industrie; à son commandement, naissait le monde du poëte, et c'est à bon droit que la Muse le proclame lui seul le DIRECTEUR DE LA NATURE [1].

Après lui, quel homme plein d'esprit et d'audace tiendra toutes les rênes d'une seule main? Ici, où chacun poursuit son sentier, où un factotum est indispensable, où même le poëte, plein d'un chagrin secret, en cas de nécessité, doit moucher les chandelles!

Oh! ne craignez rien : sa mort donne l'éveil à beaucoup de gens. On ne peut hériter de son génie, mais bien de son pain; et tel brave homme, qui ne lui ressemble guère, se dit : « Ne le mérité-je pas, si je puis le manger? » Qu'est-ce qui vous étonne? Vous voyez le cercueil mal décoré; le cortége aussi vous semble chétif et mesquin. « Eh quoi! dites-vous, celui qui fut si ingénieux et si fin, si plein d'activité, doit être mort opulent! Pourquoi lui refuser tout appareil de deuil, toute bienséance extérieure des honneurs suprêmes? »

Pas si vite! La fortune égalise tout, le paresseux et le diligent, le pauvre et le riche. Il n'était pas homme à thésauriser; le jour consumait ce que le jour gagnait. Plaignez-le, lui qui, jusqu'à la tombe, travaillant pour son art et non pour le gain,

---

[1] Goethe lui avait déjà donné ce titre de son vivant.

vit de jour en jour diminuer ses espérances, vécut abusé et mourut abusé.

Maintenant sonnez les cloches, et qu'enfin le glas retentisse pour sa sépulture. Qui prononcera son éloge au bord de la fosse, avant que la terre y retombe, avant que les chants aient cessé?

O vous, jeunes sœurs, qui, tantôt sur le char de Thespis, traînées par des ânes, applaudies par des fous, à peine préservées de la faim, jamais de la honte, roulez de village en village pour vous offrir aux acheteurs; et tantôt, comblées de la faveur des hommes, enchantez le monde, au sein de ses magnificences : vos pareilles sont rarement avares, venez, offrez à ce cercueil les plus belles couronnes; unissez vos douleurs à la nôtre; payez-lui, payez-nous un juste tribut. Lorsqu'un affreux embrasement[1] dévora votre temple, en fûtes-vous moins entourées de nos hommages? Combien d'autels s'élevèrent devant vous! Combien d'encens y fut brûlé en votre honneur! En combien de lieux, incliné devant vous, un public difficile à satisfaire ne fut-il pas ravi! Dans les étroites cabanes et dans les riches salons, sur les collines d'Ettersbourg, dans la vallée de Tiefurt[2], dans la tente légère, sur les tapis magnifiques et sous la voûte de la nuit sublime, vous paraissez sous mille formes, un jour en habit de cheval, un jour en habits de fête.

Et ce cortége, autour de vous répandu, à qui le goût ferme la porte avec dédain, cette troupe légère, folle, bigarrée, elle accourait en foule et toujours bienvenue.

Sur la muraille blanche, là-bas, la baguette magique fait sortir le peuple des ombres du mythologique tombeau; comme une parade bouffonne, le vieux temps se trémousse bonnement, mais d'une façon grossière. Ce que les Gaulois, les Bretons, ont imaginé, fut décemment vêtu à l'allemande et présenté ici aux Allemands, et souvent le pauvre dialogue emprunta la chaleur, la vie et l'éclat au chant et à la danse. Au clinquant, aux folies confuses du carnaval furent associés ingénieusement l'action et les jeux de la scène; on vit même pa-

---

1 Le théâtre de Weimar fut consumé par le feu en 1774.
2. Châteaux voisins de Weimar.

raître sous la forme dramatique trois rois envoyés du fond de l'Orient; et, sur l'autel pur, la prêtresse de Diane offrit avec pudeur son sacrifice [1]. Eh bien, honorez-nous aussi dans ces jours de deuil! Donnez-nous un signe, car vous n'êtes pas éloignés.

Amis, faites place, reculez d'un pas seulement! Voyez : qui vient là et s'approche d'un air solennel? C'est elle-même! Sa bonté ne nous fit jamais défaut. Nous sommes exaucés; les Muses nous l'envoient. Vous la connaissez bien; la voilà celle qui plaît toujours! Elle se montre à la terre comme une fleur. Avec le progrès des ans, sa belle figure est devenue un modèle; désormais accomplie, elle l'est et le présente. Les Muses lui dispensèrent tous les dons, et la nature a créé l'art en elle. Ainsi elle réunit sans effort tous les charmes, et ton nom même, Corona, est ta parure [2].

Elle s'avance. Voyez-la s'arrêter avec grâce! belle sans y songer, mais comme si elle y songeait : et, avec étonnement, vous voyez s'accomplir en elle un idéal qui ne se révèle qu'aux artistes.

Sa main, doucement élevée, porte avec grâce la belle couronne, entourée de crêpes funèbres. La rose riante, au visage épanoui, la fidèle violette, le brillant narcisse, l'œillet varié, les pompeuses tulipes, habilement reproduits par les mains des jeunes filles, entrelacés de myrte gracieux, sont réunis avec art en parure funèbre et, à travers le crêpe noir légèrement noué, se laisse entrevoir un rameau de laurier.

Le peuple fait silence. Le regard plein de flamme, elle jette dans la tombe la couronne bien méritée. Elle prend la parole, et de ses lèvres coule doucement cette voix caressante qui s'épanche dans les cœurs.

« A toi, qui nous as quittés, dit-elle, à toi notre reconnaissance

---

1. Tout ce passage est rempli d'allusions aux fêtes de la cour. Le 28 août 1781, on donna un spectacle d'ombres chinoises pour célébrer l'anniversaire de Goethe. Les parades bouffonnes désignent le Jugement de Midas, qui fut donné peu de temps après. En 1778, on avait joué le *Médecin malgré lui*, traduit par Einsiedel. Les trois Rois furent mis en scène pendant le carnaval, et c'est de là que dérive le chant intitulé *Épiphanie* (voy. p. 65). Enfin « la prêtresse de Diane » est une allusion à l'Iphigénie en Tauride, qui n'était encore écrite qu'en prose rythmique et qui fut représentée en 1779. — 2. Corona Schrœter.

pour ce que tu as fait, ce que tu as souffert ! Le bon, comme le méchant, se fatigue beaucoup, et tous deux restent loin de leur but. Un dieu te donna, avec une force heureuse et constante, la passion fidèle de ton art. C'est elle qui te soutint dans les mauvais jours ; malade, tu jouais avec elle comme un enfant ; elle appela sur tes lèvres pâles un sourire, et ta tête fatiguée s'endormit dans ses bras. Que tout homme à qui la nature fit les mêmes dons visite en pèlerin ta sépulture modeste ! Que ton cercueil demeure dans un repos bien mérité ! Couvrez-le doucement de terre légère. Homme excellent, que la tombe te soit un fardeau moins pesant que la vie ! »

Pensées poétiques

sur la descente de Jésus-Christ aux enfers, écrites par J. W. G., sur la demande qui lui en fut faite (1765)[1].

Quel tumulte inouï ! Un cri de joie retentit dans les cieux ; une grande armée passe avec magnificence ; suivi de légions innombrables, le Fils de Dieu descend de ses trônes ; il accourt dans ce sombre lieu. Il accourt, environné des tempêtes ; il vient comme juge et comme héros ; il marche et toutes les étoiles frémissent, le soleil tremble et tremble l'univers.

Je le vois sur le char de victoire, emporté par les roues de feu, celui qui pour nous mourut sur la croix. Il montre, même aux espaces reculés, loin du monde, loin des étoiles, la victoire qu'il remporta pour nous. Il vient pour détruire l'enfer, que déjà sa mort a terrassé. L'enfer entendra de lui son jugement. Écoutez, maintenant la malédiction s'accomplit.

L'enfer voit approcher le vainqueur ; il se sent ravir sa puissance ; il tremble et redoute son visage ; il connaît l'effroi de son tonnerre ; il cherche inutilement à se cacher ; il cherche à fuir et ne le peut ; il se hâte en vain de se sauver et de se soustraire à son juge : la colère du Seigneur, pareille à des chaînes d'airain, retient son pied ; il ne peut fuir.

Ici est gisant le dragon écrasé ; il est gisant et il éprouve la vengeance du Très-Haut ; il l'éprouve et grince les dents de fureur ; il sent tous les tourments de l'enfer ; il gémit et hurle mille

---

1. Goethe avait alors seize ans. On estime que c'est tout ce qui reste d'un cahier de poésies de sa première jeunesse.

fois : « Anéantis-moi, ô fureur brûlante! » Il est gisant dans la mer de flammes ; l'angoisse et la douleur le torturent éternellement. Il demande avec imprécations que ses tourments le consument, et on lui répond que ses tourments seront éternels.

Elles sont là aussi, ces grandes légions qui furent criminelles avec lui, mais beaucoup moins perverses. Ici est répandue l'innombrable multitude, noire, affreuse cohue, autour de lui dans l'ouragan de feu ; il voit comme ils redoutent le juge ; il voit comme l'orage les dévore ; il le voit et ne peut s'en réjouir, parce que son supplice est encore plus grand.

Le Fils de l'homme, en triomphe, descend dans le noir marais infernal, et il y montre sa magnificence. L'enfer ne peut en soutenir l'éclat ; depuis les premiers jours de sa création, il fut livré aux ténèbres, éloigné de toute lumière, plein de tourments dans le chaos ; Dieu a détourné de lui pour jamais la splendeur de sa face.

Maintenant l'enfer voit dans ses limites briller la gloire du Fils, sa redoutable majesté ; il le voit environné de foudres ; il voit que tous les rochers tremblent, aussitôt que Dieu en courroux paraît devant lui ; il le voit qui s'approche pour le juger ; il sent la douleur qui le torture ; il souhaite en vain de s'anéantir ; cette consolation même lui est refusée.

Alors il songe à son premier bonheur ; plein d'angoisse, il se rappelle le temps où cette splendeur faisait son plaisir ; où son cœur était encore dans l'état d'innocence, son esprit joyeux, dans sa vive jeunesse, et toujours plein de nouvelles délices. Il pense avec rage à son crime ; avec quelle audace il trompa les hommes. Il songeait à se venger de Dieu : maintenant, il sent quelle en fut la conséquence.

Dieu devint un homme ; il descendit sur terre. « Celui-là aussi sera ma victime, » dit Satan, et il se réjouit. Il essaya de perdre Jésus ; le Créateur des mondes allait périr : mais malheur à toi, Satan, pour l'éternité! Tu croyais le vaincre, tu jouissais de sa détresse, et il vient triomphant pour t'enchaîner : ô mort, où est ton aiguillon?

Parle, enfer, parle, où est ta victoire? Vois comme tes forces succombent. Reconnaîtras-tu bientôt la force du Tout-Puissant? Vois, Satan, vois ton empire détruit. Accablé de mille tourments, tu es enseveli dans les ténèbres éternelles. Te voilà comme frappé de la foudre; pas une apparence de bonheur qui te réjouisse! C'est en vain. Tu ne peux espérer. Le Messie n'est mort que pour moi.

Un hurlement monte à travers les airs. Soudain vacillent ces noirs abîmes, quand le Christ se montre aux enfers. Ils frémissent de rage, mais, cette rage, notre grand héros sait la dominer. Il fait un signe.... tout l'enfer se tait. Le tonnerre roule devant sa voix; il flotte, le haut étendard de victoire; les anges eux-mêmes tremblent devant sa colère, quand le Christ s'avance pour le jugement.

Il parle : le tonnerre est son langage; il parle, et tous les rochers se brisent; son haleine est comme le feu. Il dit : « Tremblez, abominables! Celui qui vous a maudits dans l'Éden vient abolir votre empire. Levez les yeux! Vous étiez mes enfants ; vous vous êtes révoltés contre moi ; vous êtes tombés et devenus téméraires pécheurs; vous avez la récompense qui vous est due.

« Vous êtes devenus mes plus grands ennemis; vous avez séduit mes amis les plus chers; les hommes tombèrent comme vous. Vous vouliez les perdre à jamais; ils devaient tous mourir de mort : hurlez, misérables! je les ai conquis pour moi. Pour eux je suis descendu sur la terre : j'ai souffert, j'ai prié, je suis mort pour eux. Vous n'atteindrez pas votre but : qui croit en moi ne meurt jamais.

« Ici vous êtes retenus dans d'éternelles chaînes; rien ne peut vous sauver de la fournaise, ni repentir, ni témérité. Restez, courbez-vous dans les flammes de soufre! Vous aviez hâte de vous damner vous-mêmes : eh bien, restez là et lamentez-vous jusqu'à l'éternité. Vous aussi, que je m'étais choisis, vous aussi, vous avez méprisé ma grâce ; vous aussi, soyez à jamais perdus. Vous murmurez? Ne m'accusez pas.

« Vous deviez vivre éternellement avec moi ; je vous en avais donné ma parole. Vous avez péché, et ne m'avez pas suivi; vous avez vécu dans le sommeil du péché : aujourd'hui le juste châtiment vous torture; vous sentez ma terrible justice. » Ainsi dit-il, et de lui s'élance une effroyable tempête; les éclairs brillent; la foudre saisit les malfaiteurs et les précipite dans l'abîme.

L'Homme-Dieu ferme les portes de l'enfer; il prend l'essor et il revient des lieux sombres, dans sa magnificence. Il s'assied à côté du Père; il veut toujours combattre pour nous; il le veut! O mes amis, quel bonheur! Les chœurs solennels des anges entonnent devant le grand Dieu des chants d'allégresse, afin que toute la création les entende. « Il est grand le Seigneur, le Dieu des armées! »

Le Juif errant[1].

Je commence vers minuit; je saute à bas de mon lit comme un fou; jamais je ne sentis un plus vif désir de chanter l'éternel voyageur, témoin des merveilles sans nombre, qui, en dépit des moqueries frivoles des impies, arrivent dans notre Dieu incompris, en un seul point *per omnia tempora*. Et, quoique je n'aie pas le don des rimes faciles et bien polies, je ne dois pourtant pas différer : car il y a vocation et devoir, par conséquent. Et comme je te connais, cher lecteur, que de bon cœur j'appelle frère, tu aimes à changer de place et tu es assez paresseux : tu prendras bien aussi une rosse. Et moi, qui n'ai pas de barque pendant la nuit, je saurai prendre un manche à balai. Écoute donc, si cela te plaît, mon baragouin, comme l'Esprit me l'inspire.

En Judée, en terre sainte, il y avait une fois un cordonnier, bien connu pour sa piété, au plus mauvais temps de l'Église; il était moitié essénien, moitié méthodiste, hernute, surtout séparatiste; car il tenait beaucoup à la croix et aux tourments; bref, il était original, et, par originalité, il ressemblait aux autres fous.

Les prêtres, il y a tant d'années, étaient comme ils furent toujours, et comme chacun devient enfin, quand on l'a revêtu d'un emploi. S'il était d'abord alerte comme une fourmi, prompt et frétillant comme un serpenteau, ensuite, en manteau et collet, il se dorlotera dans son fauteuil. Et je le jure sur ma vie, si l'on avait donné à saint Paul un évêché, le tapageur serait devenu un paresseux ventru comme *cæteri confratres* aussi.

---

1. Un fragment de l'introduction et un de la fin, avec quelques passages intermédiaires, voilà tout ce qui reste de cette épopée satirique, dans laquelle Goethe aurait décrit, sur le ton grave et familier tour à tour de Hans Sachs, la corruption des chrétiens et la nouvelle crucifixion du Sauveur.

Mais le cordonnier et ses pareils demandaient chaque jour des miracles et des signes, afin que le premier venu prêchât pour de l'argent, comme si l'Esprit l'avait inspiré. Ces gens hochaient la tête gravement sur les souffrances de Sion, alarmés de ce que, dans la chaire, hélas ! et à l'autel, il n'était point de Moïse, point d'Aaron ; de ce qu'il n'en allait pas autrement pour le service divin, que si ce fût une chose comme une autre, qui, après le cours des temps, succombe desséchée en sa vieillesse.

« Malheur à la grande Babylone ! Seigneur, retranchez-la de votre terre, faites-la rôtir dans la fournaise, et, Seigneur, donnez-nous ensuite son trône ! » Ainsi chantait le petit troupeau ; ils se blottissaient, ils se partageaient les flammes de l'Esprit et celles de l'amour ; ils musaient et badaudaient : ils l'auraient fait tout aussi bien dans le temple. Mais le beau de l'affaire, c'est que chacun avait son tour, et, comme baragouinait et parlait son frère, il devait aussi baragouiner après lui, car, à l'église, celui-là parle le premier et le dernier, qu'on a établi pour cela ; il vous endoctrine, et s'enfle d'orgueil, et vous lie, et vous délie, et il est pécheur comme les autres, hélas ! et n'est pas même aussi éclairé.

. . . .

Le plus grand homme reste toujours un homme ; les plus grands esprits sont tout comme les autres, mais seulement ils le sont au rebours : ils ne veulent pas, comme les autres imbéciles, marcher sur leurs pieds : ils marchent sur leur tête ; ils méprisent ce que chacun respecte, et, ce qui révolte le sens commun, les sages naïfs le révèrent. Toutefois ils n'ont pas porté la chose trop loin ; en tout temps leur *non plus ultra* fut de blasphémer Dieu et de célébrer la fiente.

. . . .

Ils possèdent encore de nos jours le don de discerner les esprits ; le constance, le champagne et le bourgogne, et tous les crus, de Hochheim à Rudesheim[1].

. . . .

Les prêtres crièrent partout : « Voici, voici le dernier temps ;

---

[1]. Hochheim et Rudesheim, sur les bords du Rhin, produisent des vins renommés.

convertissez-vous, race coupable ! » Le Juif dit : « Je ne m'effraye point ; il y a si longtemps que j'entends parler du jugement dernier ! »

. . . .

Plusieurs avaient aussi connu le Père. Où sont-ils donc? Eh! on les a brûlés.

. . . .

O mon ami, l'homme n'est qu'un fou, s'il se représente Dieu comme semblable à lui.

Le Père était assis sur son trône ; il appela son cher Fils, et dut crier deux ou trois fois, et le Fils arrive en bronchant, tout à travers les étoiles et lui dit : « Qu'y a-t-il pour ton service ? » Le Père lui demande où il s'attarde. « J'étais dans l'étoile qui brille là-bas et j'aidais une femme à se délivrer de son enfant. » Le Père en fut très-courroucé et dit : « Tu as agi sottement. Regarde un peu sur la terre ! Tout cela est bel et bon : tu as le cœur charitable, et tu aimes à secourir les affligés.... »

. . . .

« Tu ne sens pas comme mon cœur est ému, quand une âme angoissée implore de moi son salut, quand je vois le pécheur avec des larmes brûlantes.... »

Lors donc qu'il prit son essor vers ces bas lieux, et qu'il vit de plus près le vaste globe et la mer et les terres, auprès et au loin, il sentit soudain, ce qui ne lui était pas arrivé depuis longtemps, se réveiller en lui le souvenir des mauvais traitements qu'il avait endurés là-bas.

Il s'arrête au sommet de la montagne sur laquelle, en son premier séjour, l'ami Satan l'avait placé, et lui avait montré le monde entier et toute sa gloire.

Comme on vole vers une fillette qui longtemps a sucé notre sang, et enfin nous a perfidement trompés, il sent, au milieu de son voyage céleste, l'attrait de l'atmosphère terrestre ; il sent comme la plus pure félicité de ce monde renferme déjà un pressentiment de souffrance ; il songe à ce moment où, de la douloureuse colline, il abaissa le dernier regard de mort, et commence à dire à part lui :

« O terre, je te salue mille fois ! Soyez bénis, vous tous, mes frères. Pour la première fois, depuis trois mille ans, mon cœur s'épanche de nouveau, et des larmes de joie coulent de mes yeux troublés. O ma race, que je soupire après toi ! Et toi, est-ce que tu m'implores avec tendresse, avec amour, du sein de ta détresse profonde ? Je viens, je veux avoir pitié de toi. O monde, où règnent la confusion la plus étrange, l'ordre intelligent, l'erreur languissante ; chaîne de plaisirs et de peines ; toi qui m'as enfanté moi-même pour le tombeau, toi qu'en somme je ne puis trop comprendre, bien que j'aie assisté à la création : l'égarement d'esprit dans lequel tu flottais et dont tu sortis après ma venue, les désirs fallacieux dans lesquels tu frémissais, dont tu cherchais avec effort à te délivrer, et, délivré enfin, dans les liens desquels tu retombais ; voilà ce qui m'appelle de mon séjour étoilé, ce qui m'ôte le repos dans le sein de Dieu ; je viens pour la seconde fois ; je semai jadis et je veux moissonner maintenant. »

Il promène autour de lui des regards curieux ; il croit que ses yeux le trompent ; le monde lui semble encore de toutes parts plongé dans le même bourbier qu'à l'heure où, par un jour clair et brillant, l'esprit de ténèbres, le seigneur de l'ancien monde, le lui montra resplendissant aux rayons du soleil, et prétendit sans pudeur qu'il était le maître céans.

. . . .

« Où donc est-elle, s'écria le Sauveur, la vive lumière qui a jailli de ma parole ? Malheur ! je ne vois pas le fil si pur que mes mains ont filé du ciel en terre. Que sont-ils devenus, les martyrs fidèles qui étaient sortis de mon sang ? Hélas ! où s'est retiré l'Esprit que j'ai envoyé ? Son souffle, je le sens, est tout à fait perdu. Avec sa faim toujours dévorante, avec ses griffes recourbées, ses flancs desséchés et maudits, l'avarice n'est-elle pas à la piste du gain perfide ? N'abuse-t-elle pas de la joie insouciante du voisin dans la riche campagne, et n'enchaîne-t-elle pas dans ses entrailles arides l'aimable vie de la nature ? Ne vois-je pas le prince s'enfermer avec ses esclaves dans ce palais de marbre et nourrir lui-même dans son sein les loups qui mangeront ses brebis égarées ? Pour satisfaire ses caprices, il dévore la substance des peuples ; rassasié de biens, il consomme la nourriture des multitudes. En mon nom, un pauvre consacre au ventre le pain de ses enfants. Et j'ai honte de voir sur cette outre paresseuse le signe doré de mon supplice. »

. . . .

Il était rassasié des pays où tant de croix sont dressées, et dans lesquels, à force de croix et de Christs, on oublie et lui-même et sa croix. Il passa dans un pays voisin, où il se trouva, lui seul, étendard de l'Église, mais d'ailleurs on ne s'apercevait guère qu'il y eût un Dieu dans le pays. Aussi lui assure-t-on bientôt que le levain en a tout à fait disparu.

Il appréhende que le pain nourricier ne reste plat comme galette. Il discourut de la chose avec une brebis cléricale, qu'il rencontra sur le grand chemin, et qui avait au lit une femme impotente, beaucoup d'enfants, beaucoup de dîmes; qui laissait ainsi Dieu en repos dans le ciel, pour se donner aussi un peu de bon temps. Notre-Seigneur voulut le tâter, et se mit à lui parler un peu de Christ. A cela, l'homme fut tout respect; il ne restait presque jamais la tête couverte. Mais le Seigneur vit assez clairement que, pour cela, il n'était pas dans le cœur; qu'il était dans le cerveau de l'homme, ainsi qu'une gravure à la cloison. Ils se trouvèrent bientôt si près de la ville, qu'on voyait distinctement les tours. « Ah! dit notre homme, voici le lieu, le port sûr et tranquille de tous les désirs; voici le trône central du pays : la justice et la religion expédient d'ici, cachetée comme l'eau de Seltz, leur influence à la ronde. »

Ils approchaient toujours davantage; le Seigneur ne voyait là rien encore qui fût à lui. Sa confiance était faible, comme le jour qu'il approcha du figuier. Mais il voulut avancer encore, et le bien voir sous les branches. Ils arrivèrent ainsi sous la porte. Christ parut à ces gens un étranger à la figure noble, aux simples vêtements. Ils dirent : « Cet homme arrive de bien loin. » Le commis de la porte lui demande comment il s'appelle. Il répondit très-humblement : « Enfants, je suis le Fils de l'homme, » et il s'éloigna d'un pas tranquille. Ses paroles eurent de la force en tout temps : le commis resta comme ébahi; la garde ne sut que penser; nul ne lui dit : « Quel est votre état? » Il passa tout droit son chemin. Alors ils se demandèrent l'un à l'autre, lorsqu'ils voulurent rédiger le rapport : « Que disait-il de curieux, ce personnage? Voulait-il peut-être se moquer de nous? Il a dit qu'il était le Fils de l'homme. » Ils rêvèrent longtemps, mais tout à coup un caporal, buveur d'eau-de-vie, s'écria : « Pourquoi vous rompre la cervelle ? Peut-être son père s'appelait-il Homme ! »

Christ dit ensuite à son compagnon : « Menez-moi chez l'homme de Dieu, que vous connaissez comme tel, et que vous nommez monsieur le premier pasteur. » Cela donna de l'humeur à monsieur le ministre : il n'était pas lui-même aussi haut placé. Son âme avait l'enveloppe si épaisse, qu'il ne devinait pas avec qui il cheminait; il n'en apercevait pas même la grosseur d'un petit pois. Cependant il n'était point sans charité, et il se dit : « Tout afflue des alentours ; il désire un viatique[1]. »

Ils gagnèrent la maison du premier pasteur. Elle était encore absolument comme autrefois. La réformation a fait sa curée ; elle a pris aux prêtres maisons et métairies, pour y replanter des prêtres encore, qui, dans le fond, bavardent davantage et font moins de grimaces. Ils heurtèrent, ils sonnèrent, je ne sais pas exactement ce qu'ils firent. Bref, la cuisinière parut, laissa tomber de son tablier une tête de chou, puis elle dit : « Monsieur est au consistoire. Vous ne pouvez lui parler aujourd'hui. — Où donc est le consistoire? dit Jésus. — Que vous servira-t-il qu'on vous le dise? répliqua la cuisinière. Chacun n'y va pas comme cela. — Je voudrais pourtant bien le savoir, » lui dit-il. Elle n'eut pas la force de refuser; car il savait toujours, comme autrefois, le chemin du cœur des femmes. Elle lui indiqua l'endroit, et il s'y rendit, comme vous le verrez bientôt.

Les mystères.
(Fragment.)

On médite pour vous un chant merveilleux : écoutez avec joie et appelez tout le monde. La route passe à travers montagnes et vallons : ici la vue est bornée, là elle est découverte; et, si le sentier serpente doucement dans les bocages, ne croyez pas que ce soit une erreur. Nous saurons bien, quand nous aurons assez grimpé, approcher du but au bon moment.

Mais que nul n'imagine qu'avec tout son esprit, il s'expli-

---

1. Quelque argent pour le voyage, une aumône.

quera jamais la chanson jusqu'au bout. Bien des gens y gagneront beaucoup; la terre féconde produit mille et mille fleurs; l'un s'en va d'ici le regard sombre; l'autre demeure avec une joyeuse contenance. Chacun doit jouir à sa guise; la source doit couler pour maint voyageur.

Lassé d'une longue journée de marche, qu'il a entreprise par une impulsion supérieure, appuyé sur son bâton, à la manière des pieux pèlerins, frère Marc, délaissant chemins et sentiers, arrive, par une belle soirée, dans un vallon, pour demander quelque nourriture; plein de l'espérance qu'il trouvera, pour cette nuit, dans les profondeurs bocagères, un gîte hospitalier.

Au pied de la montagne escarpée qui se dresse devant lui, il croit voir les traces d'un chemin; il suit le sentier qui serpente, et, en montant, se replie autour des rochers; bientôt il se voit élevé au-dessus de la vallée; le soleil se remontre à lui gracieux et beau; et bientôt, avec une secrète joie, il voit près de lui le sommet devant ses yeux.

Et, à côté, le soleil, qui, sur son déclin, trône encore avec magnificence entre des nuages sombres. Il rassemble ses forces pour atteindre le sommet. Là il espère voir sa peine bientôt récompensée. « Alors, se dit-il à lui-même, alors nous saurons si des êtres humains habitent dans le voisinage. » Il monte, il écoute et il croit renaître : le bruit d'une cloche résonne à ses oreilles.

Et lorsqu'il est parvenu sur la plus haute cime, il voit une vallée prochaine, doucement inclinée. Son œil paisible brille de plaisir; car, devant le bois, il voit soudain, dans les prés verts, un bel édifice. Le dernier rayon de soleil l'éclaire justement. Il accourt à travers les prairies, que la rosée abreuve, au monastère qui brille devant lui.

Déjà il se voit tout près du lieu tranquille qui remplit son âme de paix et d'espérance, et, sur l'arceau de la porte fermée, il observe une mystérieuse image. Il s'arrête et réfléchit et murmure les paroles pieuses de la dévotion, qui s'éveille dans son cœur; il s'arrête et se demande ce que cela signifie. Le soleil se couche et les sons s'évanouissent.

Il voit érigé avec magnificence le signe qui est la consolation et l'espoir de toute la terre, auquel des esprits sans nombre se sont engagés, que des cœurs sans nombre implorent avec ardeur, qui anéantit le pouvoir de la mort cruelle, qui flotte sur maints étendards victorieux; une source de rafraîchissements parcourt ses membres fatigués; il voit la croix et il baisse les yeux.

Il sent encore quelle source de salut de là s'est répandue; il sent la croyance de la moitié du monde; mais il est saisi d'un sentiment tout nouveau, en voyant comme l'image se présente ici à ses yeux. Il voit la croix enlacée de roses. Qui donc associa les roses à la croix[1]? La couronne s'épanouit pour entourer moelleusement de toutes parts le bois raboteux.

De légers nuages d'argent se balancent, pour prendre l'essor avec la croix et les roses, et, du centre, s'épanouit une sainte gloire à trois rayons, qui partent d'un même point. Autour de l'image, aucune légende qui éclaircisse et révèle le secret. Dans le crépuscule, qui devient toujours plus sombre, il s'arrête et médite et se sent édifié.

Il heurte enfin, quand les hautes étoiles abaissent sur lui leurs yeux étincelants. La porte s'ouvre, et on le reçoit les bras ouverts, les mains prêtes. Il dit d'où il est, de quelle distance l'envoient les ordres d'êtres supérieurs. On écoute, on admire; on a fêté l'inconnu comme un hôte, on fête maintenant l'envoyé.

Chacun s'approche pour entendre aussi; chacun est ému par une puissance secrète: pas un souffle n'ose interrompre l'hôte merveilleux, car chaque parole retentit dans le cœur. Ce qu'il raconte agit comme les profonds enseignements de la sagesse que publient les lèvres des enfants; à la franchise, à l'innocence de ses manières, il semble un homme d'un autre monde.

« Bienvenu! s'écrie enfin un vieillard; bienvenu, si ta mission apporte la consolation et l'espérance. Tu le vois, nous sommes tous saisis, bien que ton aspect réveille nos âmes. La plus belle félicité, hélas! nous est ravie; nous sommes émus de soucis et de crainte. O étranger, c'est à une heure décisive que nos murs te reçoivent, afin de porter le deuil avec nous.

---

1. Ce symbole, qui réunit les contraires, s'expliquera par l'ensemble du poème et par le commentaire qui le suit. La croix est entourée de roses, c'est la religion avec tous ses charmes et toute sa vertu.

« Car, hélas! l'homme qui nous unit tous ici, que nous reconnaissons comme père, comme ami, comme guide, qui alluma dans notre vie la flamme et le courage, dans peu de temps il nous quittera pour jamais ; c'est tout récemment qu'il l'a déclaré lui-même ; mais il ne veut dire ni la façon ni l'heure, et par là son départ certain est pour nous plein de mystères et d'amères douleurs.

« Tu nous vois tous ici, les cheveux blancs, tels que la nature nous a conviés au repos ; nous n'avons reçu aucun homme à qui, dans ses jeunes années, le cœur ordonnait trop tôt de renoncer au monde. Lorsque nous eûmes éprouvé les plaisirs et les peines de la vie, que le vent eut cessé d'enfler nos voiles, il nous fut permis d'aborder ici avec honneur, dans l'assurance que nous avions trouvé le port tranquille.

« Le noble mortel qui nous a conduits dans ce lieu porte la paix de Dieu dans son cœur ; je l'ai accompagné dans le sentier de la vie, et je connais bien les temps d'autrefois ; les heures où il se prépare dans la solitude nous annoncent notre perte prochaine. Qu'est-ce que l'homme, qu'il puisse donner sa vie pour néant et non pour un meilleur que lui ?

« Ce serait maintenant mon unique vœu ! Pourquoi me faut-il y renoncer ? Combien sont déjà partis avant moi ! C'est lui dont je devrai déplorer plus douloureusement la perte. Avec quelle bienveillance il t'aurait accueilli ! Mais il nous a remis la maison. Et quoiqu'il n'ait pas encore nommé son successeur, il est déjà séparé de nous en esprit.

« Il vient seulement chaque jour une petite heure ; il nous fait des récits ; il est plus ému qu'autrefois. Nous apprenons alors de sa propre bouche comme la Providence l'a merveilleusement conduit ; nous écoutons attentivement, afin que l'exacte connaissance de ces faits soit conservée pour la postérité, jusque dans les moindres détails. Nous veillons aussi à ce qu'un de nous écrive avec soin, et que le souvenir de notre ami subsiste pur et vrai.

« J'aimerais mieux, je l'avoue, raconter moi-même bien des choses, que d'écouter en silence comme je fais : la plus petite circonstance ne saurait m'échapper ; tout cela est encore vivant dans ma pensée ; j'écoute, et je puis à peine dissimuler que je ne suis pas toujours satisfait. Si je viens une fois à discourir de toutes ces choses, les paroles de ma bouche les publieront avec plus d'éclat.

« Simple témoin, je conterais avec plus de détail et de liberté comment un génie le promit d'abord à sa mère; comment, à la fête de son baptême, une étoile se montra plus brillante au couchant; comment, les ailes déployées, un vautour s'abattit dans la cour près des colombes, et, sans frapper avec fureur, sans sévir comme à l'ordinaire, sembla les inviter doucement à la concorde.

« Ensuite il nous a tu modestement comment, dans son enfance, il dompta la vipère qu'il vit se glisser autour du bras de sa sœur et serrer étroitement l'enfant endormie. La nourrice s'enfuit et abandonna le nourrisson, et lui, il étrangla le reptile d'une main sûre. La mère survint, et, avec une joie frémissante, elle vit l'exploit de son fils et la délivrance de sa fille.

« Il ne dit pas non plus que, sous son épée, jaillit d'un aride rocher une source aussi forte qu'un ruisseau, qui, à flots pressés, serpenta de la montagne dans le vallon. Elle coule encore, aussi vive, aussi brillante, qu'elle s'élança d'abord au-devant de lui. Et ses compagnons, qui virent de leurs yeux ce prodige, osèrent à peine étancher leur soif brûlante.

« Quand un homme a été élevé par la nature au-dessus des autres, ce n'est pas merveille que beaucoup de choses lui réussissent; il faut célébrer en lui la puissance du Créateur qui appelle la faible argile à tant de gloire : mais, quand un homme soutient la plus difficile des épreuves de la vie, et se surmonte lui-même, alors on peut avec joie le montrer aux autres et dire: « Voilà ce qu'il est, voilà son propre! »

« Car toute force nous porte en avant, nous porte à vivre, à déployer çà et là notre action; au contraire, le torrent du monde nous gêne et nous presse de tous côtés, et nous entraîne avec lui. Et cet orage au dedans et cette lutte au dehors apprennent à l'intelligence le sens de cette parole difficile à entendre : « Il se délivre de la puissance qui enchaîne tous les êtres, l'homme qui se surmonte lui-même. »

« Qu'il était jeune encore, quand son cœur lui apprit ce que chez lui j'ose à peine nommer vertu; quand il sut respecter la sévère discipline de son père, et se montrer docile, alors que

ce maître austère et rigoureux chargea les libres années de sa
jeunesse d'un service auquel le fils se soumit avec joie, comme
un enfant orphelin, sans asile, le fait par nécessité, pour un
chétif salaire!

« Il dut suivre les guerriers en campagne, d'abord à pied, en
bravant l'orage et le soleil; soigner les chevaux, dresser la
table, être au service de tout vieux soldat. Vite et volontiers, en
tout temps il courait de jour et de nuit, portant les messages à
travers les forêts, et, accoutumé de la sorte à ne vivre que pour
les autres, il semblait ne se plaire qu'à la fatigue.

« Comme, dans la bataille, il ramassait avec une joyeuse audace les flèches qu'il trouvait par terre, courait ensuite cueillir
lui-même les herbes avec lesquelles il pansait les blessés !
Ce qu'il touchait guérissait bientôt; le malade voulait être soi-
gné de sa main. Qui ne l'observait avec joie! Et son père lui
seul semblait ne point faire cas de lui.

« Léger, comme un navire à la voile, qui ne sent pas le poids
de la cargaison et vole de port en port, il portait le fardeau des
leçons paternelles; l'obéissance en était le premier et le dernier
mot, et, comme le plaisir entraîne l'enfant, et l'honneur le jeune
homme, la volonté étrangère seule l'entraînait. Le père imagi-
nait vainement de nouvelles épreuves, et, s'il voulait exiger, il
était contraint de louer.

« Enfin il se déclara aussi vaincu; il reconnut par ses actes
le mérite de son fils; la rudesse du vieillard avait disparu; il
lui donna soudain un cheval de prix; le jeune homme fut affranchi du petit service : au lieu du court poignard, il porta une
épée, et, après ces épreuves, il entra dans un ordre auquel il
avait droit par sa naissance.

« Je pourrais passer des jours à te conter encore des choses
qui surprennent quiconque les entend. Sa vie sera certainement
égalée un jour par les races futures aux plus admirables histoires; ce qui, dans les fables et les poëmes, paraît incroyable
aux esprits et qui pourtant les charme, on peut ici l'entendre,
et il faut bien se résoudre, doublement réjoui, à le recevoir
comme vrai.

« Et tu me demandes comment s'appelle cet élu, que s'est
choisi l'œil de la Providence; que je louai souvent et jamais

assez ; à qui arrivèrent tant d'aventures incroyables? Il s'appelle Humanus, le saint, le sage, l'homme le meilleur que j'aie vu de mes yeux ; et sa maison, comme disent les princes, tu la connaîtras en même temps que ses aïeux. »

Ainsi parla le vieillard, et il en aurait dit davantage, car il était plein de ces merveilles, et ce qu'il devait nous raconter nous aurait charmés bien des semaines encore, mais son discours fut interrompu, au moment où son cœur s'épanchait le plus vivement avec son hôte. Les autres frères allaient et venaient, et finirent par le réduire au silence.

Et, après le repas, Marc, s'étant incliné devant le Seigneur et devant ses hôtes, demanda encore une coupe d'eau pure, qui lui fut aussi présentée. Puis ils le conduisirent dans la grande salle, où un étrange spectacle s'offrit à lui. Ce qu'il vit dans ce lieu ne doit pas être passé sous silence : je vous le décrirai fidèlement.

Là, nul ornement pour éblouir les yeux ; une voûte d'arête s'élevait hardiment, et il vit rangés en ordre autour des murs, comme dans le chœur d'une église, treize siéges élégamment taillés par des mains habiles. Devant chacun se trouvait un petit pupitre. Là on se sentait disposé à la dévotion, on sentait le calme de la vie et la vie sociale.

Il vit aux murs treize écussons suspendus, car à chaque siége était assigné le sien. Ils ne semblaient point se prévaloir fièrement de leurs aïeux ; chacun paraissait considérable et choisi ; et frère Marc brûlait du désir de savoir le sens caché de ces figures. Au centre, il vit, pour la seconde fois, le signe de la croix avec des branches de roses.

Ici l'âme peut se figurer bien des choses ; un objet distrait de l'autre, et des casques sont suspendus sur quelques écussons ; çà et là on voit aussi des lances et des épées ; des armes, comme on peut en ramasser sur les champs de bataille, décorent ce lieu : ici, des drapeaux et des armes de pays étrangers, et, si je vois bien, des liens aussi et des chaînes!

Chacun se prosterne devant son siége ; se frappe la poitrine, recueilli dans une prière muette ; de leurs lèvres s'exhalent des hymnes courts, dans lesquels se nourrit la joie pieuse ; puis les frères, fidèlement unis, se bénissent pour le court sommeil, que ne trouble point la fantaisie. Tandis que les autres se retirent, Marc demeure, avec quelques-uns, en contemplation dans la salle.

Si fatigué qu'il soit, il désire de veiller encore, car mainte et mainte image l'attire puissamment : ici, il voit un dragon couleur de feu, qui apaise sa soif dans des flammes furieuses ; là, un bras dans la gueule d'un ours, d'où le sang coule à flots bouillonnants ; les deux écussons étaient suspendus à égale distance, à gauche et à droite de la croix aux roses.

« Tu t'engages dans de merveilleuses voies, lui dit encore le vieillard avec bonté. Que ces images te convient à demeurer jusqu'au moment où la vie de maint héros te sera connue. Ce que ces lieux recèlent ne se devine pas : il faut donc te le découvrir en confidence. Tu soupçonnes peut-être qu'on a souffert et connu et perdu ici bien des choses et ce que l'on a conquis.

« Mais ne crois pas que le vieillard te parle seulement des temps d'autrefois : il se passe encore ici bien des événements ; ce que tu vois est de plus en plus considérable et couvert tantôt d'un tapis tantôt d'un crêpe. Tu es libre, si cela te plaît, de te préparer : ô mon ami, tu n'as encore franchi que la première porte ; on t'a fait dans le vestibule une réception amicale, et tu me parais digne de pénétrer dans l'intérieur. »

Après un court sommeil dans une tranquille cellule, un sourd carillon éveille notre ami. Il saute à bas du lit avec une infatigable vivacité ; le fils du ciel suit l'appel de la dévotion. Vêtu à la hâte, il s'élance vers le seuil ; déjà son cœur vole à l'église, obéissant, paisible, sur les ailes de la prière ; il loquète à la porte, et la trouve fermée aux verrous.

Et, comme il prête l'oreille, à intervalles égaux, trois fois se répète un coup sur l'airain sonore : ce ne sont pas les coups de l'horloge ; ce n'est pas le bruit des cloches : un son de flûte s'y mêle de temps en temps ; cette musique étrange, et difficile à expliquer, s'anime de telle sorte qu'elle réjouit le cœur, sérieuse, engageante, comme si des couples heureux entrelaçaient leurs danses en chantant.

Il court à la fenêtre, pour contempler peut-être ce qui le trouble et le saisit merveilleusement ; il voit le jour poindre à l'orient lointain ; il voit sur l'horizon de légères vapeurs étendues. Et doit-il en croire ses yeux?... Une lumière étrange se promène dans le jardin; il voit trois jeunes gens armés de flambeaux, circuler, courir dans les allées.

Il voit distinctement briller leurs habits blancs, serrés au corps et de forme élégante; il peut voir leurs chevelures bouclées, couronnées de fleurs, leur ceinture entourée de roses; ils semblent venir de danses nocturnes, ranimés et embellis par leurs joyeuses fatigues. Ils courent, ils éteignent les flambeaux comme s'effacent les étoiles, et ils disparaissent dans le lointain[1].

---

1. Voici, en substance, les éclaircissements que Goethe lui-même a donnés, en 1816, sur le plan général et le but de ce poème, composé vers 1785 et qu'il n'a pas achevé.

Le lecteur, après avoir été promené dans les montagnes, serait arrivé à des plaines ouvertes et fertiles; on aurait visité dans sa demeure chacun des moines chevaliers; la diversité des peuples et des climats aurait fait connaître que ces hommes excellents s'étaient rassemblés de tous les coins du monde, pour adorer Dieu en secret, chacun à sa manière; dans cette retraite, les façons de penser et de sentir les plus diverses devraient avoir pour représentants ces hommes d'élite, qui exprimaient dignement par la vie commune le désir de la plus haute culture, bien qu'elle fût incomplète en chacun d'eux. Dans ce but, ils se sont groupés autour d'un homme appelé Humanus, vers lequel la sympathie et quelques rapports les attirent les uns et les autres. Tout à coup ce médiateur se dispose à les quitter, et ils apprennent son histoire avec autant de surprise que d'édification. Elle est racontée, non-seulement par lui-même, mais aussi par chacun des douze, qui l'ont tous connu en divers temps. Chaque religion a eu son heure d'épanouissement suprême, et s'est rapprochée alors de ce guide, de ce médiateur; elle s'est même identifiée avec lui. Ces époques se montrent comme incorporées dans les douze représentants, si bien que toute profession de foi religieuse et morale, si étrange que soit la forme, est digne d'amour et de respect. Aussi, après un long temps de vie commune, Humanus peut-il se retirer, parce que son esprit s'est incarné dans tous ses disciples, et n'a plus besoin de revêtir une forme corporelle particulière.

Le lecteur, promené ensuite en esprit dans tous les temps et tous les lieux, peut voir sous mille formes les effets les plus heureux que produit l'amour de Dieu et des hommes, sans aucun des abus qui rendent haïssables les religions dégénérées.

L'action se passe dans le carnaval, et le signe distinctif de la société est une croix entourée de roses, mais on prévoit qu'au départ d'Humanus, l'éternelle durée de la régénération sociale, scellée par le jour de Pâques, se manifestera pour consoler les cœurs. Cependant pour qu'une si belle alliance ne reste pas sans chef, une dispensation et une révélation miraculeuses élèvent à cette dignité le pauvre pèlerin, le frère Marc, qui, sans avoir une vaste science, sans aspirer à l'inaccessible, mérite par son humilité, son dévouement et son activité dans la pieuse confrérie, de présider une société animée de sentiments si généreux.

BEAUX-ARTS.

*Modelez, artistes, ne discourez pas.
Qu'il ne soit qu'un souffle, votre poème.*

Les gouttes de nectar.

Lorsque Minerve, pour favoriser son cher Prométhée, lui apporta du ciel une coupe pleine de nectar, afin de rendre heureux les hommes, son ouvrage, et de verser dans leur sein l'amour des beaux-arts : elle courut d'un pied rapide, pour n'être pas vue de Jupiter, et, de la coupe d'or vacillante, quelques gouttes tombèrent sur la verte prairie.

Aussitôt les abeilles survinrent et les sucèrent diligemment; le papillon s'empresse d'accourir, pour attraper aussi une gouttelette; l'araignée difforme elle-même s'y traîne et suce avidement.

Heureux sont-ils d'en avoir goûté, eux et d'autres délicates bestioles! Car ils partagent désormais avec l'homme le suprême bien, le génie de l'art.

Le voyageur.

LE VOYAGEUR. Que Dieu te bénisse, jeune femme, toi et l'enfant qui suce ta mamelle! Laisse-moi ici, au pied du rocher, à l'ombre de cet orme, jeter bas mon fardeau, me reposer près de toi.

LA FEMME. Quel métier t'amène, pendant la chaleur du jour, dans ce sentier poudreux? Vas-tu dans la campagne, portant de lieux en lieux des marchandises de la ville?... Étranger, ma question te fait sourire!

Le voyageur. Je n'apporte aucune marchandise de la ville.... La soirée commence à devenir fraîche. Montre-moi la source où tu te désaltères, aimable jeune femme.

La femme. Monte le sentier du rocher. Va devant toi ; à travers les buissons passe le chemin de la cabane où je demeure, de la source qui m'abreuve.

Le voyageur. Des traces de l'industrie humaine parmi ces broussailles! Ces pierres, ce n'est pas toi qui les as disposées, ô nature, généreuse dispensatrice!

La femme. Plus haut encore!

Le voyageur. Une architrave couverte de mousse! Je te reconnais, génie plastique! Tu as gravé ton empreinte sur la pierre.

La femme. Plus loin, étranger.

Le voyageur. Une inscription sous mes pieds! Illisible!... Les passants vous ont effacées, paroles, gravées profondément, qui deviez attester à mille descendants la pieuse pensée de votre maître.

La femme. Étranger, tu regardes ces pierres avec étonnement? Il y en a beaucoup, là-haut, de pierres, autour de ma cabane.

Le voyageur. Là-haut?

La femme. A gauche, à travers le hallier ; ici.

Le voyageur. O Muses! O Grâces!

La femme. C'est là ma cabane.

Le voyageur. Les ruines d'un temple!

La femme. Ici près coule la source où je me désaltère.

Le voyageur. D'une aile enflammée, tu planes sur ta sépulture, ô génie! Ton chef-d'œuvre s'est écroulé sur toi, ô immortel!

La femme. Attends, je vais te chercher le vase à boire.

Le voyageur. Le lierre a revêtu tes formes élancées, divines. Comme tu t'élèves des décombres, ô couple de colonnes! Et toi, là-bas, sœur isolée!... Comme, sous la mousse sombre, qui couvre vos têtes sacrées, vous contemplez avec une majestueuse tristesse vos compagnes brisées à vos pieds! A l'ombre des ronces buissonneuses, les débris et la terre les couvrent, et les grandes herbes se balancent par-dessus. Est-ce donc ainsi, ô nature, que tu respectes le chef-d'œuvre de ton chef-d'œuvre? Tu détruis sans pitié ton sanctuaire! Tes mains y sèment les chardons.

La Femme. Comme l'enfant dort!... Veux-tu te reposer dans la cabane, étranger? Aimes-tu mieux rester ici au grand air? Il est frais. Tiens l'enfant, et j'irai puiser de l'eau. Dors, petit, dors.

Le Voyageur. Ton repos est doux. Comme il nage dans une santé divine et respire doucement! Enfant, né sur les débris d'un passé sacré, que son esprit repose sur toi! Celui qu'il environne jouira de chaque jour, dans le sentiment de sa nature divine. Germe fécond, développe-toi, magnifique parure du beau printemps, et brille entre tes égaux! Et quand l'enveloppe de la fleur tombera flétrie, que le fruit béni s'élève de ton sein et qu'il mûrisse aux rayons du soleil!

La Femme. Que Dieu le veuille!... Et dort-il encore?... Avec cette eau fraîche, je n'ai rien à t'offrir qu'un morceau de pain.

Le Voyageur. Je te remercie. Comme admirablement tout fleurit et verdoie alentour!

La Femme. Mon mari reviendra bientôt des champs. O homme, reste, reste, et prends avec nous le repas du soir.

Le Voyageur. C'est ici votre demeure?

La Femme. Là, entre ces murailles. La cabane, c'est mon père qui l'a bâtie avec des briques et des décombres. Voilà notre demeure. Il me donna à un laboureur et mourut dans nos bras.... As-tu dormi, mon cher cœur? Comme il est gai et voudrait jouer! Le fripon!

Le Voyageur. O nature, éternellement féconde, tu produis tous les êtres pour jouir de la vie; bonne mère, tu as pourvu tous tes enfants d'un héritage, d'une cabane : l'hirondelle suspend sa maison à la corniche, sans savoir quel ornement elle couvre; la chenille entoure de son fil le rameau doré, pour en faire la maison d'hiver de sa couvée; et toi, tu t'arranges parmi les ruines augustes du passé une cabane pour tes besoins, ô homme, et tu jouis de la vie sur les tombeaux!... Adieu, heureuse femme!

La Femme. Tu ne veux pas rester?

Le Voyageur. Dieu vous garde et bénisse votre enfant!

LA FEMME. Heureux voyage !

LE VOYAGEUR. Où me mène le sentier qui traverse cette montagne ?

LA FEMME. A Cumes.

LE VOYAGEUR. Quelle distance y a-t-il ?

LA FEMME. Trois bons milles.

LE VOYAGEUR. Adieu. O nature, dirige mes pas, dirige la course de l'étranger qui chemine à travers les tombes sacrées du passé ; conduis-le au gîte tutélaire, abrité contre le vent du nord, et où le bosquet de peupliers préserve des feux du midi ; et, quand je retournerai, le soir, à ma cabane, dorée par le dernier rayon du soleil, fais que j'y trouve, pour me recevoir, une femme pareille, avec son enfant sur le bras !

Chant matinal de l'artiste.

Le temple est bâti pour vous, nobles Muses, et dans mon cœur en est le sanctuaire.

Au jour naissant, quand le soleil me réveille, joyeux, ardent, je regarde autour de moi : déesses immortelles, vous m'environnez dans la clarté sacrée du matin.

Je vous prie, et ma prière n'est qu'un chant de louanges, et les joyeux sons de la lyre accompagnent ma prière.

Je m'avance à l'autel, et je lis, comme cela convient, dévotement ma liturgie dans le saint Homère.

Et lorsqu'il m'entraîne dans la mêlée des guerriers aux cœurs de lion, et que les fils des dieux, montés sur leurs chars, livrent l'attaque, brûlants de fureur ;

Et lorsque le coursier tombe devant le char ; que, pêle-mêle, amis, ennemis, se roulent dans le sang des morts ;

Que le fils des héros, avec son glaive enflammé, les immole par milliers, jusqu'au moment où lui-même, dompté par une main divine,

Il tombe sur le bûcher qu'il s'est lui-même construit ; lorsque les ennemis, insultent, outragent son beau corps :

Alors je me mets à l'œuvre vaillamment ; le charbon devient une arme dans ma main, et sur ma haute cloison mugissent les flots du champ de bataille.

En avant ! en avant ! A grand bruit retentissent les hurlements de l'ennemi furieux, bouclier contre bouclier, l'épée sur le casque, et, autour du mort, la mort.

Je m'élance en avant, en avant; ils combattent autour de lui, les vaillants amis, plus vaillants quand ils versent des pleurs de rage.

Ah! sauvez! combattez! sauvez-le! emportez-le dans le camp, et versez sur le mort le baume et les larmes, honneur funéraire!

Et quand je reviens ici, tu me reçois, ô maîtresse chérie, hélas! en image seulement, et brûlante encore dans l'image!

Ah! comme tu reposais à mon côté et me regardais avec langueur, et comme de mes yeux pénétrait dans mon cœur le désir de prendre le crayon!

Comme je me repaissais de tes yeux, de tes joues et de ta bouche, et sentais dans mon sein la jeunesse et la vie d'un dieu!

Oh! reviens donc et reste dans mes bras, et désormais plus de batailles! toi seule dans mes bras!

Tu seras pour moi, ô bien-aimée, l'idéal universel, tu seras la madone, avec un premier-né, un divin enfant sur ton sein.

Et je veux, nymphe, te surprendre au fond du bocage. Oh! ne fuis pas ma poitrine velue, mon oreille dressée.

Et je veux, comme un autre Mars, reposer auprès de toi, puissante déesse de l'amour, et nous envelopper d'un filet et crier à l'Olympe :

« Vienne qui voudra d'entre les dieux envier notre bonheur, dussé-je voir la jalousie grimaçante enchaînée par magie au pied du lit! »

L'amour peintre de paysage.

J'étais assis un matin, sur une pointe de rocher ; mes yeux étaient fixés sur le brouillard; tendu comme une toile grisaillée, il couvrait tout dans la plaine et la montagne.

Un enfant se place à mon côté et dit : « Ami, comment peux-tu tranquillement regarder d'un œil fixe la toile vide? As-tu peut-être perdu à jamais toute envie de peindre et de modeler? »

Je regarde l'enfant et je me dis : « Ce bambin voudrait-il faire le maître? »

« Si tu veux rester toujours triste et désœuvré, dit l'enfant, il ne s'ensuivra rien de bon. Tiens, je veux à l'instant te faire une petite peinture, t'apprendre à peindre un joli tableau. »

Et il avança son index, qui était aussi rosé que la rose, vers le vaste tapis déployé, et il se mit à dessiner avec le doigt. En haut il peignit un beau soleil, dont mes yeux furent éblouis; puis il dora la frange des nuages; à travers les nuages, il fit pénétrer les rayons; il peignit ensuite les cimes délicates et légères des arbres rafraîchis; derrière, il traça librement les collines à la file; en bas, il répandit les eaux en abondance; il dessina la rivière si naturellement, qu'elle semblait scintiller au soleil, qu'elle semblait murmurer le long des hautes rives.

Et les fleurs bordaient la rivière, et les couleurs nuançaient la prairie : l'or et l'émail et le pourpre et le vert, partout comme émeraude et comme escarboucle! Au-dessus, il peignit le ciel clair et pur et les montagnes bleues, toujours plus lointaines, tellement que, transporté de joie et croyant renaître, je contemplais tour à tour le peintre et le tableau.

« Je t'ai fait voir, je pense, me dit-il, que j'entends bien ce métier, mais le plus difficile est encore à faire. »

Alors il dessina, avec le bout du doigt, et avec un grand soin, auprès du bosquet, juste à l'endroit où le soleil était vivement reflété par la terre brillante, il dessina la plus charmante jeune fille, bien faite, élégamment vêtue, des joues fraîches sous des cheveux bruns, et les joues étaient de la même couleur que le joli doigt qui les avait dessinées.

« Enfant, m'écriai-je, de quel maître as-tu suivi l'école, pour savoir, si vite et si naturellement, bien commencer et bien finir? »

Mais, comme je parlais encore, une brise se lève, et balance les cimes, plisse les flots de la rivière, gonfle le voile de l'admirable jeune fille, et, ce qui met le comble à ma surprise, son pied se met en mouvement, elle s'avance, elle s'approche du lieu où je suis assis avec le rusé maître.

Et tandis que tout s'ébranlait, les arbres, la rivière, les fleurs et le voile et le pied délicat de la belle, croyez-vous peut-être que je sois resté sur mon roc, comme un roc, immobile et muet?

Chant du soir de l'artiste.

Ah! si la secrète force créatrice se répandait dans tout mon être! Si une figure pleine de vigueur naissait sous mes doigts!

Je ne fais que trembler, je ne fais que tâtonner, et pourtant je ne puis quitter l'ouvrage. Je te connais, ô nature, je te sens, il faut que je te saisisse.

Si je songe ensuite comme depuis maintes années mon sentiment déjà s'épanouit; comme, aux lieux qui n'étaient que bruyères arides, il s'abreuve aujourd'hui à des sources de délices:

Nature, que je languis après toi! Quand pourrai-je te sentir aimante et fidèle? Tu seras pour moi l'eau jaillissante, qui s'échappe de mille tuyaux pour jouer dans les airs.

Tu verseras la joie dans toutes les forces de mon âme, et tu étendras mon étroite existence dans le champ de l'éternité.

Le connaisseur et l'artiste.

LE CONNAISSEUR. Bien, fort bien, monsieur! Mais le côté gauche n'est pas tout à fait pareil au droit; ceci me semble trop long et ceci trop large; cela grimace un peu, et la lèvre n'est pas tout à fait nature. Tout cela est encore bien mort.

L'ARTISTE. Oh! conseillez-moi! Aidez-moi, afin que je m'accomplisse! Où est-elle, la source première de la nature? Qu'elle m'abreuve! que je sente le ciel et la vie couler au bout de mes doigts et se manifester! Que je puisse faire, avec un sentiment divin et une main humaine, ce que je puis et dois faire par un instinct brutal avec ma compagne!

LE CONNAISSEUR. C'est à vous d'y songer.

L'ARTISTE. Ah! vraiment?

Le connaisseur et l'enthousiaste.

Je conduisis un ami chez une jeune fillette; je voulais le faire jouir de tout ce qu'elle avait : c'était assez de joie! Une ardente et vive jeunesse!... Nous la trouvâmes assise auprès de son lit, la tête appuyée sur sa menotte. Monsieur lui fait un compliment, et puis il s'assied devant elle. Il lève le nez, il la regarde fixement; il l'observe du haut en bas.... Pour moi, bientôt je n'y tins plus; j'étais hors de moi.

Le cher monsieur, pour tout remercîment, me mène dans un coin, et me dit qu'elle est par trop svelte et qu'elle a des taches de rousseur. Alors je dis adieu à ma mignonne, et, en partant, je levai les yeux au ciel : « Seigneur, Seigneur, ayez pitié de ce monsieur! »

Puis je le mène dans une galerie, où le génie de l'homme brille en traits de flamme. Là j'éprouve la même chose, je ne sais comment; tout mon cœur est saisi : « O peintre, m'écriai-je, que Dieu te récompense pour ta peinture! La plus belle fiancée pourra seule te payer pour nous. »

Cependant monsieur faisait sa ronde, et se curait les dents, et me passait en revue mes fils de dieux. Mon cœur était aussi plein, aussi oppressé, que s'il eût porté cent mondes en lui. Pour lui, il trouvait ceci trop long, cela trop court; il pesait tout fort posément.

Alors je me jetai dans un coin; les entrailles me brûlaient. Et les gens se rassemblaient autour de lui et l'appelaient un connaisseur.

Monologue de l'amateur.

Que te sert l'ardente nature étalée devant tes yeux? que te servent les œuvres de l'art qui t'environnent, si l'aimable force créatrice ne remplit pas ton âme, et ne devient pas, dans ta main, capable de produire à son tour?

Mon conseil.

Il y a des jours où l'on ne peut souffrir ni soi ni les autres, où rien ne se passe au gré de nos désirs : et pourquoi en serait-il autrement dans les arts? Ne vous tourmentez donc pas à contre-temps, car l'abondance, la verve et la force ne sont jamais loin; si vous êtes resté en repos dans la mauvaise heure, la bonne en sera meilleure pour vous.

Épître.

Je te prêche encore ici mon vieil évangile; mais je me sens dans d'heureuses dispositions, c'est pourquoi je vais te le coucher par écrit.

Je me procurai de l'or, je me procurai du vin, j'assemblai tout cela : à présent, pensai-je, à présent nous aurons de la chaleur; mon tableau va jeter des flammes. Je prodiguai aussi l'ardeur et la richesse auprès de la fleur des trésors; mais, pour nous réchauffer, la chair humaine vaut mieux que tout le reste.

Et qui ne juge pas, mais est assidu à l'ouvrage, comme tu l'es, comme je le suis, le travail le récompense par le plaisir; rien au monde ne lui cause du dégoût; car il ne s'amuse pas à regarder, les dents agacées, le bouilli et le rôti, qu'à la fin, si proprement qu'il les mâche, il ne digère pas fort bien; mais il prend un manche de jambon; il y coupe bel et bien, à la façon de l'ouvrier; il remplit le verre jusqu'au bord; il boit et ne s'essuie pas même la bouche. Voilà comme la nature est un livre vivant, incompris, mais non pas incompréhensible : car toutes les joies que peut offrir le monde, tout le soleil et tous les ombrages, toutes les plages et tous les rêves, tu nourris le vaste désir de les rassembler dans ton cœur, comme un Banks, un Solander, investigateurs du monde [1].

Et quelle joie pour toi, de sentir que tu trouves tout en toi-même; que ta femme et tes chiens te donnent plus de plaisir que nul n'en goûta jamais dans l'Élysée, à se promener agréablement avec les ombres et à côtoyer des beautés divines! Ce n'est pas dans Rome, dans la Grande-Grèce, c'est dans ton cœur, que réside la joie. Celui qui s'en tient à sa mère, la nature, trouve un monde dans son verre.

Le droit de l'artiste.

Un peintre religieux, avec beaucoup de travail, avait quelquefois remporté le prix, et quelquefois aussi il avait dû se résigner à passer après un plus habile; il avait continué de peindre ses tableaux, selon qu'on les vantait et qu'on les payait. Quelques-uns furent distingués : on leur bâtit même un sanctuaire.

Un jour, il trouve l'occasion de peindre la muraille d'une salle. D'une main diligente, il peuple son tableau de ce qu'on voit communément dans le monde; il trace une esquisse nette

---

[1]. On sait que l'Anglais Joseph Banks et le Suédois Daniel Solander se sont illustrés par leurs travaux et leurs voyages scientifiques.

et légère; on pouvait voir quelle était sa pensée. Il colore sobrement, mais de telle façon que l'œil est saisi. Il croit son œuvre convenable pour la place, et pas trop bien et pas trop mal, pour qu'elle rassemble des messieurs et des dames, et qu'ils la voient avec plaisir; au reste il désire, il veut aussi, que le tableau fasse penser.

Quand le travail fut achevé, arriva maint couple d'amis, qui goûtaient les ouvrages de notre artiste : aussi furent-ils bien affligés de ne pas voir sur la muraille frivole et vide la figure de quelque dieu. Ils lui demandèrent aussitôt pourquoi il avait fait une pareille peinture : en effet la salle et ses murs ne convenaient qu'à des mains folles. Il ne devait pas se laisser séduire, ni barbouiller encore des bancs et des tables; il devait s'en tenir à ses toiles, et faire parler ses pinceaux avec grâce. Ils lui adressèrent en face mille compliments de même sorte.

Il répondit modestement : « Votre bonne opinion me rend confus; rien ne m'est plus agréable au monde que de voir mes ouvrages vous plaire. Mais, comme le Seigneur Dieu créa, de sa propre volonté, toute espèce d'animaux; que même l'affreux pourceau, les crapauds et les serpents sont l'œuvre du Seigneur; qu'il n'a fait non plus qu'ébaucher maintes choses, et n'a pas tout achevé (et, l'homme lui-même, il ne faut pas l'observer d'un regard trop perçant, mais seulement « en gros[1] ») : moi aussi, pauvre diable, de la race humaine pécheresse, dès ma jeunesse j'ai tâté de mille plaisirs, et me suis exercé à mille choses, et, par pratique et par bonheur, quelques ouvrages, dites-vous, m'ont réussi. Or il me semble qu'après tant de courses et de voyages, nous avons aussi le droit de respirer un moment, sans qu'aussitôt quiconque nous veut du bien doive nous qualifier de rustre paresseux.

« Aussi mon dicton est pour le présent ce qu'il fut toujours : je n'ai jamais tiré gloire de mon travail et ce qu'ont fait mes pinceaux, ils l'ont fait. »

---

1. Ces deux mots sont en français dans l'original.

Grande est la Diane des Éphésiens.
(Actes des Apôtres, XIX, 28.)

Un orfèvre d'Éphèse était assis dans son atelier; il forgeait, aussi bien qu'il pouvait, sans relâche, aussi élégamment qu'il savait. Dès son enfance et sa jeunesse, il s'agenouilla dans le temple, devant le trône de la déesse, et, comme son père le lui avait enseigné, il avait fidèlement limé à la maison la ceinture, sous les mamelles, où nichent tant d'animaux, et il poursuivait son travail ingénieux, passant sa vie dans une pieuse activité.

Tout à coup il entend les hauts cris d'une populace soulevée, comme s'il y avait dans la cervelle de l'homme, derrière son front stupide, un Dieu plus magnifique que l'être dans lequel nous lisons la grandeur de la divinité. Le vieil artiste se contente de prêter l'oreille; il laisse courir son jeune fils à la place publique; il continue à limer les cerfs, les animaux, qui décorent les genoux de sa déesse, et il espère que la fortune favorable lui donnera de modeler dignement le visage.

. . . .

Mais, si quelqu'un l'entend d'autre façon, il peut agir à sa fantaisie : seulement il ne doit pas insulter le métier, sinon il fera une mauvaise et honteuse fin.

. . . .

Antique.

Homère est nommé dès longtemps avec honneur, et maintenant Phidias aussi est devenu célèbre. Désormais rien ne lutte avec eux : que cela ne fâche personne.

. . . .

Soyez les bienvenus, nobles hôtes, pour tous les vrais cœurs allemands ! Car le sublime, l'excellent, est seul profitable à l'esprit.

Enthousiasme.

Si tu te bornes à prendre la Muse par les cheveux, tu as fait peu de chose : l'art et le génie, à leur suprême degré, charment tous les hommes.

Études.

Imitation de la nature..., de la belle nature !... Moi aussi j'ai suivi cette voie ; j'ai voulu accoutumer peu à peu mon goût à s'y plaire, mais, aussitôt que je fus un homme, je ne vis plus que les Grecs!...

Type.

Il n'est rien dans la peau qui ne soit dans l'os. Chacun éprouve un sentiment de répugnance devant un mauvais tableau, qui lui blesse les yeux.

Qu'est-ce donc qui charme chacun? De voir s'épanouir ce qui est déjà bien formé au dedans ; que l'objet se développe en surface polie ou en couleurs, c'est une loi qui lui est prescrite par avance.

Indispensable.

Le crayon a produit en se jouant mille jolies choses, mais, tout bien pesé et considéré, il manque toujours le bocage et le moulin[1].

Idéal.

Quand le peintre essaye de représenter les images des dieux, il forme sa plus haute entreprise ; mais, ce qu'il tient pour impossible, offrir à l'amant l'image de la bien-aimée, qu'il veuille aussi l'essayer! Un rêve réussira, une ébauche légère sera reçue avec allégresse.

Détours.

Artiste, si l'intérieur manque de souplesse, cela n'est pas agréable ; les lignes traînantes et vagues nous sont aussi tout à fait odieuses ; mais, si tu viens à t'apercevoir que tu n'as pas réussi, le chemin de la véritable nature idéale s'ouvre dès lors devant toi.

Modernes.

« Mais comment Jean van Eyck peut-il seulement se mesurer avec Phidias? » Oubliez, c'est mon avis, oubliez d'abord l'un après l'autre. Car, si vous fussiez demeuré toujours auprès d'une seule femme, comment pourriez-vous aimer encore? Il en est ainsi de l'art, ainsi du monde : une chose nous plaît après l'autre.

L'amateur et l'artiste.

Des feuilles esquissées timidement d'après nature sont-elles

---

1 La méditation et le travail?

une fois rassemblées, elles expriment peut-être l'art et la vie, mais vous, dans la couronne de l'artiste, faites que chaque feuille soit pour vous le tout, et vos efforts sont récompensés.

Paysage.

Que toute la campagne est riante, la maison du paysan bien lavée, le gazon, le feuillage, baignés de rosée, la frange des montagnes d'un bleu magnifique! Voyez ce petit nuage, comme il joue et se rafraîchit dans le pur éther! Si un Flamand se trouvait ici, en vérité, il s'y établirait sur-le-champ, et, ce qu'il aurait vu, et sa peinture, cent ans après, on les payerait encore.

Eh bien, que te semble de tout cela? Cela brille comme à travers une gaze d'argent; cela est transparent; derrière se trouve une lumière..., le plus aimable visage! A la lueur d'une lampe si douce, on trouve clair et limpide tout ce qui serait sans cela un affreux pêle-mêle, une chose ordinaire et commune. Si l'esprit et les bienséances de l'art vous manquent, l'amour saura bien y pourvoir [1].

[1] Après cette pièce vient le *Chant de l'artiste*. On le trouvera au t. VII. p. 247.

PARABOLES.

Ce qui nous afflige dans la vie, on en jouit volontiers en image.

Explication d'une gemme antique.

Un jeune figuier s'élève dans un beau jardin; auprès est assis un bouc, comme s'il voulait le garder.

Mais, Quirites, comme on se trompe! L'arbre est mal défendu; et, de l'autre côté, bourdonne un scarabée qui vient d'éclore.

Il vole, le héros cuirassé, et il grignote dans les rameaux, et, de son côté, le bouc a grande envie de se dresser tout à son aise.

Aussi voyez, amis, l'arbrisseau déjà presque dépouillé de feuilles; il est là tout triste et il implore les dieux.

C'est pourquoi écoutez ces bonnes leçons, enfants, dans votre âge tendre: du bouc et du scarabée il faut garder l'arbrisseau.

Le pâté de chat.

Si un regard libre et tranquille annonce l'investigateur de la nature, que la géométrie le suive à la trace avec précaution et confiance.

A la vérité l'un et l'autre dons peuvent aussi se réunir chez un homme; mais, que ce soient deux métiers, c'est ce qu'on ne saurait nier.

Il y avait une fois un brave cuisinier, habile dans son art; il lui prit un jour fantaisie de faire le chasseur.

Il se rendit, armé d'un fusil, dans la verte forêt, où le gibier foisonnait, et bientôt il tire un chat, qui se régalait de petits oiseaux.

Il le prit pour un lièvre, et n'en voulut pas démordre ; il en fit un pâté bien épicé et le servit aux gens.

Mais cela fâcha maints convives, certains palais subtils. Le chat que tire le chasseur, le cuisinier n'en fait jamais un lièvre.

Séance[1].

C'est ici que, sous leur propre nom, les lettres se rassemblaient autrefois. Habillées d'écarlate, les voyelles siégeaient aux places d'honneur. A, E, I, O, U poussaient des cris étranges. Les consonnes vinrent, d'une marche compassée, et durent premièrement demander d'être admises. Le président A leur était favorable : on leur assigna des places. Mais d'autres durent se tenir debout : telles furent PH, TH, et semblables consonnes. Alors on se mit à bavarder sans rime ni raison : c'est ce qu'on appelle une Académie.

Légende.

Un saint homme rencontra dans le désert, à sa grande surprise, un faune aux pieds de chèvre, qui lui dit : « Seigneur, priez pour moi et pour ma compagne, afin que je sois admis dans le ciel aux délices des bienheureux ; nous en avons soif. » Le saint homme répondit : « Ta prière est fort délicate et sera difficilement exaucée. Tu n'arriveras pas à être salué par les anges, car tu as un pied de chèvre. » L'homme sauvage repartit : « Que vous a fait mon pied de chèvre? N'ai-je pas vu maints personnages aller au ciel, bel et bien, avec des têtes d'âne? »

Les auteurs.

Dans la prairie, le long du ruisseau, à travers son jardin, il cueille les plus jeunes fleurs ; l'attente fait battre son cœur : son amie vient..., ô joie! ô bonheur! Jeune homme, tu échanges tes fleurs contre un regard.

Le jardinier voisin l'observe par-dessus la haie. « Moi, je serais si fou?... Je prends plaisir à cultiver mes fleurs, à défendre

---

1. Ce titre est en français dans l'original.

mes fruits contre les oiseaux ; mais, s'ils sont mûrs, de l'argent, mon ami ! Dois-je perdre ma peine ? »

Tels sont les auteurs, à ce qu'il semble : l'un prodigue ses jouissances à ses amis, au public, l'autre commence par se faire payer.

Le critique.

Un drôle vint dîner chez moi. Il ne me fut pas trop à charge : j'avais justement mon ordinaire. Le compagnon s'empiffre ; il avale, au dessert, ce que j'avais mis en réserve ; et, à peine est-il rassasié, que le diable le mène chez le voisin pour raisonner sur ma cuisine. « La soupe aurait pu être mieux assaisonnée, le rôti plus brun, le vin plus fait. » Malédiction ! Assomme-moi ce chien ! C'est un critique.

L'amateur et le critique.

Un petit garçon avait une tendre colombe, de couleur belle et bigarrée ; il la chérissait à la manière des enfants ; il lui donnait la becquée de ses lèvres, et il prenait tant de plaisir à sa colombe, qu'il ne pouvait s'en amuser seul.

Non loin de là vivait un vieux renard, expérimenté, savant et bavard par conséquent ; il avait maintes fois diverti l'enfant, hâblé et bavardé de prodiges et de mensonges.

« Il faut pourtant que je montre à mon renard ma colombelle. » Il courut et le trouva couché dans les buissons. « Vois-tu, renard, ma chère colombe, ma colombe jolie ? As-tu vu de tes jours une colombe pareille ? »

« Montre-la-moi ! » L'enfant la donne. « Elle n'est pas mal : mais il y manque bien des choses encore. Les plumes, par exemple, sont trop courtes. » Puis il se met à plumer le rôti. L'enfant de crier.

« Il te faut en planter de plus fortes : autrement ça n'est pas joli, ça ne vole pas. » L'oiseau était nu.... un monstre !... et puis en pièces ! L'enfant a le cœur déchiré.

Qui se reconnaît dans cet enfant se donne garde des renards !

Néologues.

Je rencontrai un jeune homme et lui demandai son métier. Il dit : « Je travaille du mieux que je puis, afin de m'acheter, avant de mourir, une petite ferme. » Je lui dis : « C'est fort bien pensé, » et je souhaitai que ce fût déjà pour lui chose faite. J'appris alors qu'il tenait de son cher papa, et aussi de madame sa mère, de magnifiques seigneuries.

Voilà ce que j'appelle des esprits originaux [1].

Épilogueur.

Un sot impudent, qui jugeait que les choses artistement étalées à sa vue, par les soins de l'artisan, étaient là pour lui seul, maniait pêle-mêle les brillantes marchandises de l'homme patient, et les évaluait à sa fantaisie, le mauvais bien cher, le bon à vil prix, sans gêne, le visage riant, puis il s'en allait et n'achetait rien.

Cela finit par fâcher le marchand, et, au bon moment, il chauffe à brûler un élégant fermoir d'acier. Notre sot s'écrie d'abord : « Qui achètera de si mauvaise marchandise ? L'acier en est affreusement terni ! » Il y porte bêtement la main, et pousse des cris lamentables : « Qu'y a-t-il ? » dit le marchand. Et le quidam de s'écrier : « Quelle froide plaisanterie ! »

Le clabaudeur.

Nous chevauchons deçà, delà, après les plaisirs et les affaires : mais sans cesse on clabaude et l'on aboie derrière nous autant qu'on a de forces. Ainsi le roquet veut nous accompagner sans cesse quand nous sortons de notre écurie, et les éclats de ses aboiements prouvent seulement que nous chevauchons.

La célébrité [2].

Sur les grands et les petits ponts, se voient des Népomucènes de toute forme, d'airain, de bois peint, de pierre, grands comme des colosses, petits comme des poupées. Chacun y fait ses prières, parce que Népomucène perdit la vie sur le pont.

Quelqu'un est-il une fois élevé au rang des saints, avec la tête et les oreilles, ou bien a-t-il misérablement fini sa vie par les

---

1. Selon Viehoff, ces originaux sont certains écrivains allemands, qui possèdent un noble et riche idiome, et sont à la recherche de quelques termes nouveaux dont la langue pourrait se passer.
2. Comp. p. 220.

mains du bourreau, il a désormais qualité pour briller au loin en image. Gravure sur cuivre, gravure sur bois, s'empressent de le faire connaître à tous les mondes ; toute figure est bien reçue, si elle peut faire étalage de son nom ; et nous savons que le Seigneur Jésus ne s'est pas vu mieux traité. Mémorable chez les fils des hommes, moitié saint, moitié pauvre pécheur, là M. Werther s'étale lui-même à nos yeux dans la gloire de la gravure. Cela prouve d'abord en faveur de son mérite, qu'avec des gestes pitoyables il brille dans toutes les foires, et se voit pendu dans les salles d'auberge. Chacun peut dire, en le montrant avec le bâton : « A l'instant, la balle va frapper le crâne. » Et chacun dit, buvant sa bière et mangeant son pain : « Dieu soit loué ! Nous autres nous ne sommes pas morts ! »

Le jeu des prêtres.

Dans une ville où la parité[1] subsiste encore selon l'ordre antique, c'est-à-dire où catholiques et protestants s'accordent entre eux, et où chacun loue Dieu à sa manière, comme ont fait nos ancêtres, nous vivions, nous autres enfants luthériens, d'un peu de prêche et de chant ; mais le carillon des catholiques ne nous en plaisait que davantage, car tout cela était si beau, si bigarré, si amusant à voir !

Or, comme les singes, les hommes et les enfants sont nés pour l'imitation, nous inventâmes, pour passer le temps, un jeu par excellence, le jeu des prêtres. Pour l'habit de chœur, qui nous plaisait fort, nos sœurs donnèrent leurs tabliers ; des mouchoirs ornés de belles broderies furent transformés en étoles ; la mitre décora l'évêque, une mitre de papier doré avec force bêtes.

Dans cet équipage, nous allions par la maison et le jardin, matin et soir, et nous répétions, sans ménagement, toutes les saintes cérémonies. Mais le meilleur nous manquait : nous le savions bien, il n'était rien de plus imposant qu'une belle sonnerie. La fortune nous fut favorable : une corde se trouva pendue au galetas. Nous sommes ravis, et, comme nous en fai-

---

[1]. On désigne par cette expression latine (paritas) la loi qui règne dans la plupart des États d'Allemagne, où les deux cultes sont sur le pied de l'égalité.

sons sur-le-champ la corde de la cloche, elle ne reste pas un moment en repos; frères et sœurs tour à tour s'empressent; l'un après l'autre est marguillier; chacun veut y passer. La chose allait à merveilles, et, comme nous n'avions point de cloches, en tirant la corde, nous chantions *boum baum !*

Il était oublié, comme la plus vieille légende, cet innocent jeu d'enfants; mais, ces derniers jours, il m'est revenu tout à coup à la mémoire. Les voilà bien, de toutes pièces, les poëtes néocatholiques[1] !

Le plaisir.

Elle voltige autour de la source, la libellule changeante; elle me charme depuis longtemps; tantôt sombre, tantôt brillante, comme le caméléon, et rouge et bleue et bleue et verte.... Oh ! si je pouvais voir de près ses couleurs !

Elle bourdonne et voltige et jamais ne s'arrête. Mais, silence ! elle se pose sur les saules. Je la tiens ! je la tiens ! Cette fois je l'observe de près, et je vois un triste bleu foncé.

Voilà ce qu'on gagne à disséquer ses plaisirs.

Les poëmes.

Les poëmes sont des vitraux coloriés. Si l'on regarde de la place publique dans l'église, tout est sombre et triste, et c'est ainsi que le voit monsieur le philistin : il peut donc être ennuyé et rester ennuyé toute sa vie.

Mais entrez seulement ! Saluez la Sainte-Chapelle ! Là tout est couleur et clarté; histoire, ornements, brillent soudain ; une noble lumière agit avec force. Enfants de Dieu, cela est fait pour vous ; que vos cœurs soient touchés, et que vos yeux soient ravis.

La poésie.

Dieu envoya à ses grossiers enfants l'ordre et la loi, la science et l'art, avec mission d'adoucir, par toutes les faveurs divines, le sort affreux de la race mortelle. Ils arrivèrent nus du ciel, et ne savaient comment se produire : la poésie les habilla, et ils n'eurent plus à rougir.

---

1. Fred. Schlegel, les deux Stolberg et d'autres.

L'Amour et Psyché.

Les Neuf Sœurs prirent fantaisie d'enseigner aussi avec méthode à Psyché l'art des vers : la petite âme restait toute prosaïque ; la lyre ne trouvait nul accord touchant, même dans la plus belle nuit d'été ; Amour survint, avec ses regards et sa flamme : le professeur eut bientôt formé son élève.

Emblème.

Je cueillis naguère un bouquet dans la prairie, et je le portai en rêvant à la maison, mais la chaleur de ma main, avait fait pencher vers la terre toutes les corolles. Je les place dans un verre d'eau fraîche, et quelle merveille je vois ! Les jolies têtes se relèvent, tiges et feuilles reverdissent, et toutes aussi saines que si elles étaient encore sur le sol maternel.

Je ne fus pas moins émerveillé, lorsqu'un jour j'entendis mes vers dans une langue étrangère.

Poudre aux mouches.

Elle suce avidement la boisson perfide, sans s'arrêter, séduite par le premier trait; elle se trouve bien, et dès longtemps les jointures des jambes délicates sont déjà paralysées. Elle n'est plus habile à nettoyer ses petites ailes ; elle n'est plus adroite à coiffer sa petite tête.... La vie se perd dans la jouissance. Ses pieds à peine vont suffire à la soutenir, et toujours elle aspire, et, tandis qu'elle suce, la mort enveloppe d'un nuage ses mille prunelles.

Au bord de la rivière.

Si tu habites au bord d'une large rivière, quelquefois elle baisse, elle cesse de couler ; puis, quand tu veux préserver tes prairies, elle les inonde ; c'est un bourbier.

Par un beau jour, les barques descendent, le pêcheur remonte avec précaution ; maintenant la glace presse cailloux et rochers ; le peuple des enfants est maître de la carrière.

Sache observer ces choses et, cependant, accomplir toujours ce que tu veux. Il ne faut ni t'arrêter ni te presser : le temps marche avec mesure.

Le renard et la grue.

Deux personnes fort différentes s'invitèrent à ma table. Pour l'heure elles vivaient en paix : c'étaient le renard et la grue, dit la fable.

Je fis pour tous deux quelques apprêts ; je plumai d'abord les plus jeunes pigeons. Comme il était, lui, de l'espèce du chacal, je servis des raisins mûrs.

Puis, sans tarder, je plaçai vis-à-vis une bouteille au long col, où frétillaient dans l'eau claire des petits poissons d'or et d'argent.

Si vous aviez vu le renard dévorer tout le plat, vous auriez dit avec envie : « Quel appétit pour la bonne chère ! »

Cependant l'oiseau circonspect se berçait sur un pied, et courbait joliment son col et son bec délicat, effilé, et pourchassait les poissonnets.

Au départ, ils me remercièrent avec joie, l'un, des pigeons, l'autre, des poissons. Et l'un se moquait de l'autre, comme s'il avait soupé à la table du chat.

Veux-tu ne perdre ni ton sel ni ton beurre, quand tu te proposes de traiter les gens, il faut, selon les vieilles histoires, te régler sur le museau et sur le bec.

Le renard et le chasseur.

Dans les buissons et le taillis il est difficile d'atteindre les renards à la piste ; si le chasseur est d'accord avec le renard, il est impossible de le prendre.

Il y aurait ainsi maintes merveilles à exprimer comme A, B, AB, sur lesquelles présentement on se creuse la cervelle et l'on se rompt la tête.

Vocation de la cigogne.

La cigogne, qui se nourrit de grenouilles et de vers au bord de notre étang, pourquoi fait-elle son nid sur le clocher, où elle n'est pas à sa place ?

Là elle craque et craquète sans cesse ; ennuyeuse musique ! Mais ni jeune ni vieux ne se hasardent à lui déranger son nid.

Comment donc, soit dit par révérence, peut-elle prouver son

droit, sinon par sa louable tendance à fienter sur le toit de l'église?

Les grenouilles.

Un étang se trouvait gelé : les pauvres grenouilles, perdues dans le fond, ne pouvaient plus coasser ni sauter; mais elles se promirent, dans leur demi-rêverie, que, si une fois elles trouvaient là-haut de l'espace, elles chanteraient comme des rossignols. Un vent tiède souffla, la glace fondit, les grenouilles nagèrent et abordèrent fièrement, et s'accroupirent au loin sur la rive, et coassèrent comme auparavant.

La noce.

On faisait bombance au village; c'était une noce, me dit-on. Je pénétrai dans la salle du cabaret : là tournaient tous les jeunes couples; chaque fillette avec son galant. On y voyait maint visage amoureux. Je demande enfin quelle est la fiancée. Un danseur me regarde fixement. « Vous pouvez le demander à un autre. Nous dansons à son honneur, nous dansons depuis trois jours et trois nuits, et personne encore n'a songé à elle. »

Qui observera autour de lui le train du monde recevra beaucoup de confidences pareilles.

Enterrement.

On emportait une jeune fille à la sépulture : les bourgeois regardèrent par la fenêtre; ils étaient à table en goguette, mangeant leur patrimoine. Ils se dirent : « On l'emporte, bientôt on nous emportera de même, et qui restera le dernier au logis aura du bien et de beaux écus : ne faut-il pas qu'ils aient un maître! »

Signes menaçants.

Que madame Vénus se montre au couchant dans tout son éclat; ou qu'une comète sanglante apparaisse, comme une verge à travers les étoiles, le philistin court à la porte de son logis. « L'étoile est juste sur ma maison! O malheur! C'est trop fatal pour moi! crie-t-il avec angoisse à son voisin. Ah! voyez de quels malheurs un signe me menace! Certainement, nous sommes perdus, pauvres gens que nous sommes. Ma mère est alitée, avec une mauvaise toux; mon enfant est souffrant de flatuosités et d'une mauvaise fièvre; ma femme, je le crains, va tomber aussi malade : voilà déjà huit jours qu'elle ne gronde: et tant d'autres choses que je pourrais dire! Voici, je le crains, la fin du monde! »

Le voisin dit : « Vous avez raison, je pense; cela va mal pour nous tous cette fois. Mais parcourons quelques rues, vous verrez comment sont situées les étoiles. Elles pronostiquent ici, elles pronostiquent là-bas. Que chacun reste sagement chez soi et fasse du mieux qu'il pourra, et souffre comme les autres. »

Les acheteurs.

Vers la marchande de pommes accourent des enfants; tous veulent acheter. Le cœur joyeux, ils choisissent dans le monceau; avec désir ils contemplent de près et de plus près les pommes aux joues vermeilles. On leur en dit le prix, et ils les rejettent comme si elles étaient brûlantes.

Oh! qu'il trouverait d'acheteurs, celui qui voudrait donner la marchandise gratis!

Le Village de la montagne.

« Nous l'avons vu naguère réduit en cendres, le village de la montagne : voyez donc comme il s'est vite relevé! Tout est rebâti en planches et en bardeaux; les enfants enmaillottés dorment dans leurs berceaux. Qu'il est beau de se confier en Dieu! »

C'est un nouveau bûcher qu'on a construit, et, s'il plaisait au vent et aux étincelles, Dieu lui-même n'aurait pas beau jeu.

Symbole.

Au Vatican, le dimanche des Rameaux, on se sert de véritables palmes; les cardinaux s'inclinent et chantent de vieilles hymnes; ces hymnes, on les chante aussi en tenant dans les mains des rameaux d'olivier; dans la montagne, il faut même employer le houx pour cet usage; enfin, l'on veut un rameau vert, et l'on prend une branche de saule, afin que l'homme pieux exprime son adoration, même dans la plus humble forme. Et qui a bien pris les choses à cœur, on lui permet ces facilités, pourvu qu'il se fortifie dans la foi. Tout cela est mythologème.

Trois palinodies.

> L'encens n'est un tribut que pour les dieux :
> pour les mortels il est un poison.

1. La fumée de ton sacrifice serait-elle donc importune aux dieux? Tu te bouches le nez.... Que dois-je croire? On estime l'encens plus que toute autre chose : qui ne peut le respirer ne doit pas l'offrir.

Le visage immobile, tu adores des poupées, et, si le nez du prêtre ne sent rien, le dieu est enrhumé.

QUERELLE DE L'ESPRIT ET DE LA BEAUTÉ.

2. — Le seigneur Esprit, qui mérite tout respect, et dont nous estimons hautement la faveur, apprend qu'on a eu l'audace de mettre la Beauté au-dessus de lui : aussitôt il fait grand bruit. Survient le seigneur Souffle, à nous connu de longue date, comme digne représentant de l'Esprit. Il commence, hélas! peu galamment, par sermonner la friponne. Cela ne touche pas le moins du monde la tête légère. Elle court tout de suite au maître : « Vous êtes habile et sage, lui dit-elle : le monde n'est-il donc pas assez grand? Si vous faites le fier, je vous plante là; mais, si vous êtes sage, vous m'aimerez. Soyez assuré que, de toute l'année, on ne verra pas un couple aussi joli. »

ΆΛΛΩΣ.

La Beauté eut de belles filles; l'Esprit engendra des fils stupides. Ainsi, pendant quelques générations, l'Esprit ne fut pas permanent, mais bien la Beauté. L'Esprit est toujours autochthone. Il revint donc, travailla, s'évertua et trouva, pour suprême récompense, la Beauté, qui lui rendit une vie nouvelle.

LA PLUIE ET L'ARC-EN-CIEL.

3. — Après un violent orage et une grosse averse, voici venir un bourgeois qui, regardant les nues fugitives, disait à un de ses pareils : « Le tonnerre nous a fort effrayés, la foudre a frappé nos granges, et ç'a été le salaire de nos péchés. En revanche, la pluie féconde, rafraîchissement salutaire, nous a restaurés et comblés de biens pour l'automne prochain : mais à

quoi bon l'arc-en-ciel tendu sur ce fond noir? On pourrait bien s'en passer. Trompeuse bigarrure! vaine apparence! »

Madame Iris repartit : « Oses-tu bien m'insulter? Cependant me voici déployée sur l'univers, comme témoignage d'un monde meilleur, pour les yeux qui, des sentiers de la terre, se lèvent avec confiance vers le ciel, et, dans le sombre réseau de l'obscurité, reconnaissent Dieu et sa loi. Va donc, comme un pourceau, fouiller sans cesse de ton boutoir dans la terre, et laisse le regard glorieux jouir avec délices de ma splendeur. »

Les originaux.

Comme j'entrais dans mon jardin, survinrent trois amis, même quatre. Je les invitai poliment, et leur dis qu'ils étaient les bienvenus, qu'au milieu du jardin, dans une salle riante, était justement servi un joli déjeuner. Chacun trouve le jardin de son goût et s'y promène comme il veut. L'un se glisse dans les épais ombrages, l'autre grimpe aux treilles, son frère lorgnait là-haut les pommes, qu'il jugeait excellentes. Je dis qu'il y en avait de toutes fraîches cueillies, servies sur la table ronde, et qu'elles leur étaient offertes de bon cœur. Mais ils voulurent les cueillir eux-mêmes. Tous, jusqu'au dernier, s'éclipsèrent comme souris par la porte de derrière. Et moi, j'entrai dans la salle et je déjeunai tout seul.

Culture.

« Qui vous a nourri et affermi dans les sentiers de la vie et de la science? Nous sommes chargés de vous le demander. »

Je n'ai jamais demandé de quelles bécasses, de quels faisans, de quels chapons et coqs d'Inde, j'avais engraissé ma petite panse.

De même, chez Pythagore, chez les meilleurs, j'ai pris place parmi les joyeux hôtes, et je fus toujours, à leur banquet de fête, non pas un intrus, mais un convive heureux.

L'un comme l'autre.

Le monde est une salade aux anchois; nous l'aimons tôt, nous l'aimons tard; des tranches de citron alentour, puis de petits poissons, de petites saucisses, enfin tout ce qui nage dans le vinaigre et l'huile, des câpres, fleurs futures.... on avale tout de compagnie.

Valet [1].

J'étais autrefois l'ami des fous. Je les appelai dans mon logis : chacun apporta son chevron [2]; ils se prétendaient maîtres charpentiers; ils voulaient enlever mon toit, en construire un autre à la place. Ils mettaient le bois en pile et l'enlevaient de nouveau.

Et ils couraient deçà et delà et se bourraient l'un l'autre : cela me saisit et j'en eus le frisson; je dis : « A la porte les fous! » Là-dessus ils se fâchèrent; chacun prit son chevron; l'adieu fut malhonnête.

Depuis lors je suis éclairé; je me tiens assis à la porte. Si quelqu'un vient à moi, je lui crie : « Va-t'en et ne reviens pas! Tu es un horrible fou! » Alors il prend une mine insolente : « Propriétaire abominable! Pourquoi ces airs d'importance? Nous folâtrons par les rues, nous faisons beau bruit sur la place, et bien rarement pour ses excès un de nous est conspué. Tu n'as pas un mot à nous dire. »

Et maintenant ma peine est finie ! Car, s'ils passent devant la porte, cela vaut mieux que dans la salle.

Un maître d'école de village.

I. — Un maître d'école de village se leva un jour de son siége. Il avait résolu de se montrer dans une meilleure société: c'est pourquoi il se rendit aux bains dans le voisinage, et il entra dans ce qu'on nomme le salon. Il fut déconcerté dès l'entrée, comme à la vue d'un monde trop distingué. Il fait donc, à droite, au premier étranger une profonde révérence. Il n'y avait pas de mal à cela, mais il n'a pas prévu qu'autre part il se trouve aussi des gens, et il donne dans le ventre d'une personne à gauche un coup violent de son derrière. Il veut bien vite s'excuser auprès d'elle, et, comme il s'empresse de la saluer, il en heurte une autre à droite. Encore une personne offensée. Il lui

1. Allusion à un chant d'église, célèbre et populaire, qui fut composé par Valérius Herberger, pendant une peste qui suivit la Guerre de Trente ans. Ce sont des adieux au monde et à ses misères. Valet est ici le mot latin.
2. Expression proverbiale, pour dire : «Chacun avait son grain de folie. »

demande aussi pardon et il en blesse une troisième. Il se tue à faire des excuses par devant et par derrière, d'un bout à l'autre du salon ; enfin un bourru se fâche et lui montre la porte.

Puissent certaines gens, dans leurs péchés, trouver l'application de cette histoire !

II. — Or, comme il suivait son chemin, il se dit en lui-même: « Je me suis fait trop petit ; je ne veux plus désormais me plier : car, qui se fait vert, les chèvres le mangent. » Aussitôt il chemine gaillardement, à travers champs, et non pas dans les pierres et les buissons, mais par les terres labourées et les grasses prairies. Il foulait tout de ses pieds traînants. Un propriétaire le rencontre, et ne lui demande ni pourquoi ni comment, mais lui donne vigoureusement sur les oreilles. « Merci ! je crois renaître, » s'écrie notre promeneur enchanté. « Qui es-tu donc, ô toi qui me rends heureux ? Dieu veuille toujours me bénir et faire que je rencontre d'aussi joyeux compères ! »

La légende du fer à cheval.

Au temps où Notre-Seigneur, obscur et méconnu, allait encore de lieux en lieux, entouré de nombreux disciples, qui comprenaient bien rarement ses paroles, il aimait fort à rassembler les gens autour de lui dans les chemins, parce que, à la face du ciel, on parle toujours mieux et plus librement. Là il leur adressait, de sa bouche sacrée, les plus sublimes leçons, et, principalement par des paraboles et des exemples, il faisait un temple de chaque place publique.

Un jour, l'esprit calme et paisible, comme il gagnait avec eux une petite ville, il vit briller quelque chose sur la route : c'était un débris de fer à cheval. Là-dessus il dit à saint Pierre : « Ramasse-moi ce fer ! » Saint Pierre n'était pas bien disposé. Il venait de rêver un peu, chemin faisant, du gouvernement de ce monde, ce qui plaît fort à chacun ; car, à ce sujet, l'esprit se donne libre carrière. C'étaient là ses plus chères pensées. La trouvaille lui semblait donc beaucoup trop petite ; c'était un sceptre et une couronne qu'il fallait trouver ! Mais devait-il courber son échine pour une moitié de fer à cheval ? Il s'écarte donc et fait comme s'il n'avait pas entendu.

Le Seigneur, toujours patient, ramasse lui-même le fer et n'en fait plus mention. Lorsqu'ils ont gagné la ville, il se présente à la porte d'un forgeron, et reçoit de l'homme trois deniers en échange. Et, comme ils traversent la place du marché, il y voit de belles cerises, en achète peu ou prou, bref, ce qu'on lui donne pour trois deniers, et, selon sa coutume, il les garde tranquillement dans un pli de sa robe.

Puis on sortit par l'autre porte, on chemina à travers des prés et des champs sans maisons; nul arbre n'ombrageait la route; le soleil brillait, la chaleur était grande, en sorte qu'en ce lieu on aurait payé cher un verre d'eau. Le Seigneur marche toujours en avant de tous les autres. Il laisse, à la dérobée, tomber une cerise; saint Pierre se jette dessus aussitôt, comme si c'était une pomme d'or : le petit fruit délecte son palais. Un instant après, le Seigneur jette par terre une autre cerise : saint Pierre se baisse vite pour la saisir. Le Maître le laissa courber cent fois le dos pour ramasser les cerises. Cela dure longtemps. Ensuite le Seigneur dit avec sérénité : « Il fallait te remuer à propos : tu en aurais eu plus de facilité. Qui estime peu les petites choses se fatigue pour de plus petites. »

POËMES ÉPIGRAMMATIQUES.

Que le mérite d'une pareille production soit l'expression riante d'une pensée profonde.

Le sonnet.

Exerce-toi dans la pratique raisonnée de cet art : c'est un devoir sacré que nous t'imposons; tu peux aussi, comme nous, te mouvoir posément, selon le pas et la mesure, comme nous te l'avons prescrit :

Car la gêne elle-même se fait aimer, quand les esprits s'agitent violemment, et, de quelque façon qu'ils veuillent se démener, l'œuvre finit pourtant par s'accomplir.

Je voudrais donc à mon tour, dans des sonnets artistement construits, avec l'audacieuse fierté d'un rhythme savant et flexible, rimer les meilleures inspirations de mon cœur.

Mais je ne sais pas m'accommoder à cela; j'ai toujours aimé à tailler en plein bois, et pourtant il me faudrait aussi coller de temps en temps.

Nature et art.

La nature et l'art semblent se fuir, et ils se rencontrent avant qu'on y pense. Pour moi aussi cette répugnance a disparu, et tous deux semblent m'attirer également.

Il suffit vraiment d'un effort sincère! Et si, dans des heures réglées, nous commençons par nous attacher à l'art avec zèle, avec intelligence, la nature se ranimera librement dans notre cœur.

Il en est ainsi de toute culture : c'est en vain que les esprits indisciplinés aspirent à la pureté suprême de la perfection.

Qui veut de grandes choses doit rassembler toutes ses forces : c'est seulement dans la contrainte que le maître se révèle, et la loi seule peut nous donner la liberté.

Proposition amiable.

LUI. Tu me ravis, ma chère enfant, et, tels que nous voilà l'un avec l'autre, je voudrais ne te quitter jamais : ce serait notre bonheur à tous deux.

ELLE. Si je te plais, tu me plais; tu le dis librement, je le dis à mon tour. Eh bien, il faut nous marier, le reste s'arrangera.

LUI. Nous marier, mon ange? C'est un terrible mot! Il me semble que je voudrais fuir aussitôt.

ELLE. Est-ce un si grand malheur? Si cela ne va pas, on divorce.

Confiance.

A. Pourquoi faire tant de bruit et tant te glorifier?

B. C'est que j'ai, ma foi, une gentille maîtresse!

A. Montre-la-moi donc! Qui est-elle enfin? Maint luron la connaît sans doute?

B. Eh! toi, gredin, la connais-tu?

A. Je ne dis pas cela précisément; mais apparemment, dans l'occasion, elle n'a rien refusé à tel et tel.

B. Qui donc sont-ils TEL et TEL? Il faut que tu me le déclares. Je te brise le crâne à l'instant, si tu ne peux me les nommer.

A. Et quand tu me briserais le crâne à l'instant, je ne pourrais plus parler jamais; et, si tu crois ta mignonne fidèle, il ne faut rien de plus.

Gémissement.

Ah! l'on épargnerait bien du mal, on manquerait le but plus rarement, il y aurait moins de noire tristesse, de désirs inutiles, je pourrais être bien plus heureux.... si seulement il n'y avait point de vin et point de pleurs de femme!

Souvenir.

LUI. Te souvient-il encore des heures où l'un vers l'autre se portait?

ELLE. Si je ne te trouvais pas, le jour était bien long pour moi.

LUI. Et puis, ô délices! un tête-à-tête.... qui me ravit encore!

ELLE. C'était une erreur mutuelle; c'était un beau temps.

Perfectibilité.

« Je voudrais bien être meilleur que je ne suis! Que serait-ce?... Mais, s'il faut que je sois meilleur que vous, veuillez m'instruire!

« Je voudrais bien aussi être meilleur que tant d'autres! » Si tu veux être meilleur que nous, cher ami, va courir le monde.

Aveu.

A. Misérable fou, avoue-le sans détour, on t'a surpris dans mainte faute.

B. Fort bien, mais je les ai réparées.

A. Comment donc?

B. Eh! comme chacun fait.

A. Enfin, le moyen?

B. J'ai commis une faute nouvelle. Les gens se sont tellement acharnés dessus, qu'ils ont oublié les premières.

Courage de tailleur[1].

« Un coup de fusil!... Bon Dieu! dit-il, qui a tiré là dehors? » C'est le jeune chasseur qui tire derrière la maison.

Les moineaux font beaucoup de dégât dans le jardin. Deux moineaux et un tailleur sont tombés du coup.

Les moineaux par la dragée, le tailleur par la frayeur; les moineaux dans les pois verts, le tailleur dans l'ordure.

Catéchisme.

LE MAÎTRE. Réfléchis, mon enfant : d'où viennent tous ces biens? Tu ne peux rien tenir de toi-même.

L'ENFANT. Eh! j'ai tout reçu de mon papa.

LE MAÎTRE. Et lui, de qui le tient-il?

L'ENFANT. De grand-papa.

---

1. Expression proverbiale, employée par antiphrase.

LE MAÎTRE. Mais non!... Et le grand-papa, de qui l'a-t-il reçu?
L'ENFANT. Il l'a pris.

Complet.

Un cavalier qui a de la tête et du cœur est partout bienvenu; avec son esprit et ses badinages, il a captivé mainte femmelette; mais, s'il manque de bras et de force, qui pourra le défendre? Et, s'il n'a point de derrière, comment le noble sire pourra-t-il s'asseoir?

Le laid visage.

Si quelque veuve fait graver sur cuivre un brave homme, un louable pasteur ou conseiller, et estropier au-dessous un petit vers, on peut lire : « Voyez ici, avec sa tête et ses oreilles, le noble, le vénérable, l'honorable!... Voyez ses yeux et son front; mais, sa bonne cervelle, tant de mérites envers le public, vous ne pouvez les lire au bout de son nez. »

Aimable Charlotte, voici la même affaire. Je t'envoie mon image. Tu pourras bien voir le front sérieux, l'œil animé, les boucles flottantes; tel est à peu près le laid visage : mais, mon amour, tu ne le vois pas.

Dîner à Coblentz, dans l'été de 1774.

Entre Lavater et Basedow, j'étais à table et de joyeuse humeur. Monsieur le diacre[1], qui n'était rien moins que paresseux, se campa sur un cheval noir[2], prit un pasteur en croupe, et courut à la révélation que Jean, le prophète, nous a bien scellée d'énigmes; il rompit le sceau bel et bien, comme on ouvre les boîtes de thériaque, et mesura avec un saint roseau la ville de Cubus et la porte de perles[3], devant le disciple fort surpris. Pour moi, je n'étais pas allé loin; j'avais mangé tout un morceau de saumon.

Sur l'entrefaite, le père Basedow s'empare d'un maître de danse, qui était à son côté, et lui montre clairement ce qu'était le baptême chez le Christ et ses disciples, et qu'il ne sied nullement aujourd'hui de mouiller la tête aux enfants. Là-

---

1. Lavater.
2. Expression figurée, pour dire qu'il se mit à parler de choses sérieuses. Apocalypse, chap. VI, vers. 5.
3. Allusion à la Jérusalem céleste. Apocalypse, chap. XXI, vers. 10 et suivants.

dessus l'autre se fâche bien fort et ne veut plus rien entendre. « Chaque enfant, dit-il, sait que la Bible parle autrement. » Moi, cependant, tout à mon aise, j'avais expédié un poulet.

Et comme sur le chemin d'Emmaüs, nous continuâmes notre marche, avec l'esprit et le feu[1], un prophète à droite, un prophète à gauche, le mondain entre deux.

La foire de Hanefeld, le 26 juillet 1814.

J'allais, avec l'orgueilleuse confiance de l'esprit, faire un tour de foire, voir les acheteurs devant les boutiques des marchands; essayer si je savais encore quelque chose de ce que Lavater m'avait jadis enseigné en confidence; cela allait fort loin. Je vis d'abord des soldats, pour qui les choses avaient tourné le mieux du monde; ils étaient au bout de leurs fatigues et de leurs souffrances, et n'étaient pas disposés à reprendre la chaîne de sitôt; l'habit était bien suffisant pour la belle, en sorte qu'elle lui frappa vivement dans la main. Paysans et bourgeois semblaient muets, les bons petits garçons presque stupides. La bourse et la grange étaient balayées, et ils n'avaient point recueilli d'honneur. Tous attendaient l'issue, probablement assez mal à leur aise. Femmes et fillettes, fort tranquilles, essayaient des sabots. Aux mines et aux gestes, chacun semblait dire : « Elle est en espérance[2], ou bien elle veut s'y trouver. »

Versus memoriales[3].

Invocavit, ma voix t'implore :
Ô Reminiscere que je suis fille encore.
Oculi partout vont trottant.
Lætare plus modérément.
Judica nos avec clémence.
Nous répandons Palmarum abondance.

1. Saint Luc, chap. XXIV, vers. 32.
2. Expression adoptée dans certaines contrées qui touchent aux pays allemands. Son seul avantage n'est pas d'offrir une traduction littérale. Nous l'avons déjà recommandée, t. VI, p. 193.
3. On ne pouvait essayer de reproduire qu'en rimes ce badinage, que Goethe s'est permis par allusion à l'usage de faire apprendre par cœur aux enfants les noms latins des dimanches du carême.

Aux œufs de Pâque ils s'amusent ici,
Nos QUASIMODO GENITI.
MISERICORDIAS ! qui n'en a pas affaire?
JUBILATE ne se voit guère;
CANTATE réjouit les gens;
ROGATE nous laisse indigents.
EXAUDI ton peuple docile,
O SPIRITUS, le dernier de la file !

Nouvelle sainte.

Toutes les belles pécheresses qui ont pleuré jusqu'à devenir saintes, sont, pour gagner les cœurs, toutes unies aujourd'hui en une seule. Voyez son amour maternel, ses larmes, son repentir et sa douleur ! Au lieu de Marie-Madeleine, voici maintenant sainte Oliva.

Avertissement.

Comme Titania, dans le pays des fées et des prodiges, trouva Nicolas Zetteln dans ses bras, bientôt, en punition de tes péchés, tu trouveras Titania dans les tiens.

Mademoiselle N. N.

Son cœur est pareil au royaume des cieux : comme les convives invités ne sont pas venus, elle appelle à la fête les estropiés et les paralytiques.

Le parc de la maison.

Bonne mère, mes compagnes me disent, depuis assez longtemps, que je devrais mieux sentir ce que la nature offre en pleine campagne. Quand je suis derrière ces murs, ces haies, ce buis, elles ne veulent que me plaindre à côté de cette vieille boue.

Ces roides murailles vertes, elles ne les laisseraient pas debout plus longtemps; on peut, d'une extrémité, voir d'abord jusqu'à l'autre. Sous les ciseaux tombent les feuilles, tombent les fleurs : quelle peine ! Asmus[1], notre cher cousin, appelle cela une pure farce de tailleur.

---

1. Nom sous lequel le poëte Claudius (qui se qualifiait aussi de Messager de Wandsbeck) a publié ses ouvrages.

Ils sont si magnifiques, les peupliers qui entourent le pavillon du voisin! Et, chez nous, comme les oignons font un effet ignoble! Si vous ne voulez pas combler mon désir.... je me résignerai : seulement, bonne mère, pour cette année, au nom de Dieu, point de choux!

Souhaits de jeunes filles.

Oh! s'il se trouvait pour moi un fiancé! Que c'est une jolie chose! On nous appelle maman; on n'a pas besoin d'aller à l'école apprendre à coudre; on peut commander; on a des servantes; on ose gronder; on choisit ses habits et le tailleur à son goût; on se fait mener à la promenade, on se fait mener au bal, sans avoir d'abord à prier longtemps papa et maman.

Menaces diverses.

Un jour je courus après ma belle au fond du bois, et je me jetai à son cou. « Ah! dit-elle avec menace, je vais crier. »
Et j'élevai la voix fièrement : « Ha! je le tuerai, celui qui nous troublera. — Silence, mon bien-aimé, dit-elle tout bas, silence! que personne ne t'entende! »

Motif.

Lorsqu'une mère fait à sa fille, qui nous aime, des leçons sévères de vertu, de chasteté, de morale, et que notre bonne amie ne les suit pas, et, avec une ardeur plus vive, vole à nos brûlants baisers, l'entêtement n'a pas moins de part à la chose que l'amour.

Mais la mère parvient-elle à toucher cette bonne enfant, et, toute fière de ses leçons, voit-elle que la jeune prude nous évite, elle ne connaît pas les cœurs de la jeunesse; car, si jamais une belle agit de la sorte, assurément l'inconstance a plus de part à la chose que la vertu.

Invincible.

J'ai mille fois juré de ne pas me fier à cette bouteille, et pourtant je me sens renaître, quand mon hôte me la montre de loin : tout en elle mérite la louange, verre transparent et liqueur vermeille. Le bouchon est-il enlevé, elle est vide et je ne suis plus à moi.

J'ai mille fois juré de ne pas me fier à la menteuse, et pourtant je me sens renaître dès qu'elle me laisse la regarder de près. Dût-elle me traiter comme fut traité le plus fort des hommes : tes ciseaux dans mes cheveux, ô charmante Dalila!

Convenances.

Le vin croît où sont les tonneaux, il pleut volontiers où il fait humide, le pigeon vole aux pigeons, la vis convient à l'écrou, le bouchon cherche les bouteilles, les provisions les poches du voyageur, parce que toutes les choses qui se meuvent à leur fin s'harmonisent.

Car c'est un vrai don du ciel, quand la fleur rencontre la fleur : c'est pourquoi fillettes et garçons se trémoussent au printemps.

C'est en vain.

Je me souviens soir et matin de cet aimable visage; elle pense à moi, je pense à elle, et cela nous est inutile à tous deux.

Joyeux et hardi.

Mon cœur dédaigne le tourment d'amour, ses doux soupirs, sa tendre douleur; qu'on ne me parle que du solide, de brûlantes œillades, de baisers savoureux. Qu'un pauvre diable se repaisse d'un plaisir mêlé de peine! Jeune fille, je t'en prie, à mon cœur plein de flamme, point de peine et tout plaisir!

Consolation du soldat.

Non, l'on n'est pas trop mal ici! Noires fillettes et pain blanc : demain, dans une autre bourgade, pain noir et blanches fillettes.

Problème.

D'où vient que tout est si mystérieux? Ici est la volonté, ici est la force; la volonté veut, la force est prête et, avec cela, le temps, dans une large mesure. Voyez pourtant où le pauvre monde tient ensemble, voyez où il se disperse!

Manière de vivre du génie.

C'est ainsi que, sans relâche, comme saint Diogène, je roule mon tonneau. Tantôt la gravité, tantôt le badinage ; tantôt l'amour, tantôt la haine ; tantôt ceci, tantôt cela ; ce n'est rien et c'est quelque chose. C'est ainsi que sans relâche, comme saint Diogène, je roule mon tonneau.

Hypocondre.

Au diable soit le genre humain ! On en deviendrait furieux ! Et je me promets, dans ma colère, de ne plus voir personne ; je veux abandonner les gens à eux-mêmes, à Dieu et au diable ! Et à peine vois-je une figure humaine, qu'elle me gagne de plus belle.

Société.

Au sortir d'une grande assemblée, un paisible savant rentrait un soir chez lui. On lui dit : « Avez-vous été satisfait ? — Si c'étaient des livres, dit-il, je ne les lirais pas. »

Probatum est.

A. On dit que vous êtes un misanthrope.
B. Je ne hais pas les hommes, Dieu soit loué ! Mais la haine des hommes allait m'enflammer, et sur-le-champ j'ai pourvu à la chose.
A. Comment donc cela s'est-il apaisé si vite ?
B. J'ai résolu de vivre solitaire.

Primitif.

A. Pourquoi cette boisson te répugne-t-elle ?
B. J'aime à boire à la source même.
A. Mais il en vient, ce petit ruisseau !
B. La différence est très-considérable : il prend toujours plus de goûts étrangers, à mesure qu'il coule plus loin.

Aux originaux.

Un quidam disait : « Je ne suis d'aucune école, il n'est point de maître vivant auquel je fasse ma cour, et je suis bien éloigné d'avoir appris quelque chose des morts. » Cela signifie, si je l'entends bien : « Je suis un sot de ma propre main. »

Aux importuns.

Les choses qui ne vont pas ensemble doivent s'éviter. Je ne vous empêche pas de paître où il vous plaît, car vous êtes jeunes et je suis vieux : faites ce que vous voudrez, mais laissez-moi tranquille.

Aux bons.

Laissez un dieu vous inspirer; mes paroles ne font que vous gêner. Ce que vous pouvez faire, vous l'accomplirez, mais ne me le demandez pas.

Aux meilleurs.

Je médite volontiers les morts, si éloigné de nous que soit leur mérite; mais je trouve plus de plaisir à rivaliser avec les contemporains illustres.

Découragement.

Il serait bon de nourrir quelque bonne pensée, si le sang se trouvait toujours le même : votre bonne pensée, dans des veines étrangères, contestera d'abord avec vous.

Il me plairait fort d'être encore un homme actif, mais je veux me reposer, car il faut que toujours je fasse ce que j'ai fait toujours à contre-cœur.

Volontiers je m'imposerais plus longtemps la charge de maître, si les écoliers ne devenaient pas maîtres du premier coup.

Dits, contredits.

Ne me troublez pas par vos contredits : il suffit que l'on « dise », pour que l'on commence à se tromper.

Humilité.

Quand j'observe les œuvres des maîtres, je vois ce qu'ils ont fait; quand je considère mon petit bagage, je vois ce que j'aurais dû faire.

Bien qui plaise.

Si tu te fais toi-même serviteur, nul ne te plaint quand les choses vont mal pour toi; si tu te fais maître, les gens ne le voient pas non plus avec plaisir; enfin, si tu restes ce que tu es, ils disent qu'il n'y a chez toi nulle étoffe.

Le savoir-vivre.

Que les caprices de la température et des maîtres ne te fassent jamais froncer le sourcil; et, pour les fantaisies des jolies femmes, sache les voir toujours d'un œil satisfait.

Peine inutile.

Si tu veux être le fidèle Eckart[1] et signaler à chacun les périls, c'est un rôle encore, un rôle ingrat : les gens n'en courent pas moins au piège.

Condition.

Vous ne renoncez pas, vous persistez, vous me demandez conseil : je puis le donner, mais, pour que je sois tranquille, promettez-moi de ne pas le suivre.

Le mieux.

Si quelque chose chantonne dans ta cervelle et dans ton cœur, que veux-tu de mieux? Qui n'aime plus et ne s'égare plus se fasse enterrer.

Ma préférence.

J'aime les gens de bonne humeur, surtout comme convives : qui ne sait pas plaisanter sur lui-même n'est certes pas un bon plaisant[2].

Memento.

I. — Vous pouvez résister au sort, mais quelquefois on y gagne des coups. S'il ne veut pas sortir de votre chemin, eh bien, sortez-en vous-même.

II. — Il ne faut pas résister au sort, mais il ne faut pas non plus le fuir. Si vous allez au-devant de lui, il vous mènera doucement à sa suite.

Aussi large que long.

Qui est modeste doit pâtir et qui est impudent doit souffrir :

---

1. Voy. la note p. 77.
2. Goethe joue sur le mot : on ne pouvait l'imiter que de loin.

tu te rendras donc également coupable, que tu sois impudent ou modeste.

Règle de vie.

Veux-tu t'arranger une vie agréable? Ne te fais point de soucis du passé; prends du chagrin le moins possible; sache jouir sans cesse du présent, surtout ne haïr personne et remettre à Dieu l'avenir.

Œuf frais, bon œuf.

Mes bons messieurs, il en est de l'enthousiasme comme des huîtres, qui sont un méchant régal si vous ne les mangez fraîches. L'enthousiasme n'est pas, comme le hareng, une marchandise que l'on encaque pour quelques années.

Dignité humaine.

Chacun n'est-il pas homme, enfin!... Quand il se considère, il voit qu'en vérité la nature n'a rien épargné pour lui; qu'il nourrit dans son sein bien des joies et des peines, son propre apanage : après cela, ne devrait-il pas aussi se montrer joyeux ?

Énigme.

Il est le père de nombreux frères et leur pareil en toutes choses; c'est un membre nécessaire de membres nombreux, dans l'empire d'un auguste père; mais on le voit bien rarement; peu s'en faut, comme un enfant supposé; les autres le souffrent seulement où ils sont impuissants eux-mêmes.

Les années.

Les années sont de fort aimables personnes : hier elles apportèrent, elles apportent aujourd'hui, et nous passons, de la sorte, nous autres jeunes gens, la plus agréable vie de paresseux. Puis tout à coup les années s'avisent de n'être plus obligeantes comme auparavant; elles ne veulent plus donner, elles ne veulent plus prêter; elles dérobent aujourd'hui; elles dérobent demain[1].

---

1. Horace avait dit :

> Multa ferunt anni venientes commoda secum;
> Multa recedentes adimunt.

L'âge.

L'âge est un seigneur fort honnête; il heurte à la porte, il heurte encore, mais nul ne lui dit : « Entrez! » Et il ne veut pas rester à la rue : il lève le loquet, il entre soudain, et l'on trouve alors que c'est un grossier compagnon.

Épitaphe.

Enfant, il fut taciturne et mutin; adolescent, présomptueux et rebelle; homme, agissant; vieillard, fantasque et léger.... Sur son sépulcre on lira : « Celui-là, certes, fut un homme! »

Le cours du monde.

Quand j'étais un jeune ouvrier, joyeux et de bonne humeur, les peintres laissaient voir qu'ils faisaient peu de cas de ma figure; en revanche, mainte belle enfant me portait dans son cœur fidèle.

Maintenant me voilà siégeant comme un vieux maître; on me crie dans les rues et les carrefours; on peut m'avoir comme le vieux Fritz sur les pipes et les tasses. Mais les belles jeunes filles restent bien loin. O rêve de la jeunesse! O étoile d'or!

Exemple.

Si je me sens parfois impatient, je songe à la patience de la terre, qui, dit-on, tourne chaque jour, et chemine une année comme une autre année. Suis-je donc là pour autre chose?... J'accompagne ma chère et digne maman.

Vice versa.

Ceux que nous aimons sont-ils dans le malheur, cela nous afflige sincèrement; mais ceux que nous haïssons sont-ils heureux, cela nous semble inconcevable. L'inverse est jubilation, nous éprouvons alors une joie tendre et cruelle.

Règle des princes.

Si les hommes ne doivent ni penser ni réfléchir, ménagez-leur une joyeuse vie; mais, voulez-vous leur être vraiment utiles, vous devez les fatiguer et les protéger.

Fourberie ou tromperie.

Est-il permis de tromper le peuple? Je dis que non. Mais, voulez-vous lui en imposer, n'y mettez pas de finesse.

Égalité [1].

On ne veut pas s'élever jusqu'au plus grand, on n'envie que ses égaux. L'envieux le plus détestable est celui qui tient chacun pour son égal.

Comme tu me fais je te ferai.

Homme aux poches boutonnées, personne ne fait rien pour toi; c'est avec la main qu'on lave la main : donne, si tu veux recevoir.

Jour et journal.

A. Dis-moi pourquoi aucun journal ne te plaît ?
B. Je ne les aime pas, ils sont au service du jour.

Signes du temps.

Écoute le langage *harum*, *horum* : *Ex tenui spes seculorum*[2]. Veux-tu savoir qui sont *harum*, *horum*? Ils se nommeront eux-mêmes à toi.

Avec le temps vient le conseil.

A quoi bon tout approfondir d'abord? Aussitôt que la neige sera fondue, on saura tout.

Ici nul effort nouveau ne sert de rien. Sont-ce des roses, eh bien, elles fleuriront.

Assemblée nationale.

Au côté droit et au côté gauche, sur la montagne et dans la plaine, ils sont assis, ils sont prêts au combat, tous antipathiques les uns aux autres.

Si tu te voues au bien général et si tu votes comme tu penses, observe avec qui tu te brouilles, considère qui tu te concilies.

---

1. Ce titre est en français dans l'original.
2. De celles-ci, de ceux-ci. Elle a une humble origine, l'espérance des siècles.

Au 31 octobre 1817[1].

Depuis trois siècles déjà, le protestant a fait voir que les ordres du siége papal et du trône turc lui déplaisent fort.

Quoi que le prêtre médite et machine, le ministre fait la garde, et veille à ce que l'ennemi héréditaire ne fasse aucun progrès : c'est l'affaire de tous les Allemands.

Moi aussi, je dois me garder de dissiper en vain les forces que Dieu m'a données, et, dans l'art et la science, je veux, comme toujours, protester.

Trinité.

Le Père demeure dans un repos éternel : il s'est incarné au monde.

Le Fils a fait une grande entreprise : il est venu pour racheter les hommes ; il a bien enseigné et beaucoup souffert, vrai miracle, de nos jours encore.

Vient ensuite le Saint-Esprit. Il opère surtout à la Pentecôte. D'où il vient, où il souffle, personne encore ne l'a découvert. On ne lui donne qu'un bref délai, bien qu'il soit le premier et le dernier.

C'est pourquoi, d'un cœur ouvert et fidèle, nous répétons l'ancien *Credo* : et tous, sans balancer, nous adorons l'éternelle Trinité.

Agape[2] de Kestner.
(1819.)

Ton repas d'amour ne tente personne. C'est pour un chrétien un mauvais morceau.

Car, à peine le Seigneur a-t-il quitté le suaire, qu'un peuple de fripons écrit d'abord d'absurdes livres.

Les philologues ont l'avantage sur toi ; tout cela nous est inutile : nous sommes trompés.

Nativité.

Il est docte, l'Allemand qui comprend sa langue ; toutefois

---

1. Anniversaire du jour où Luther afficha ses fameuses thèses aux portes de l'église de Wittenberg.
2. C'est le titre d'un ouvrage dans lequel Kestner, professeur à Iéna, veut établir que le christianisme résulte d'un plan médité et combiné d'avance.

on ne lui défend pas de voyager. Il reviendra bien plus docte sans doute, mais c'est un grand bonheur, s'il ne revient pas beaucoup plus perverti.

Le parterre parle.

Il faut me résoudre à saluer des dames sévères ; les fleurettes libertines, je les souffrirais plus aisément.

Là-haut, sur la scène, je n'aime pas les divagations : faudra-t-il enfin que je loue ce que je ne comprends pas ?

Les gestes libres, intelligibles, savent me séduire : j'aime mieux me pervertir que m'ennuyer.

A l'emplette.

Où est-il, celui qui se tourmente à porter le fardeau qui a pesé sur nos épaules ? Si l'on manque de figures, une croix est bientôt façonnée.

Ils chantent les héros pieux, bienvenus des femmes ; ils portent des empeignes, mais point de semelles.

Jeunes et vieux, grands et petits, affreuse canaille ! Nul ne veut être cordonnier, chacun veut être poète.

Ils viennent tous à la course, ils voudraient bien se mettre à l'œuvre, mais qui ne se connaît pas en formes sera toujours un savetier.

Qui veut acheter au marché la chaussure maudite, avant qu'il s'en doute marchera nu-pieds.

En détail.

Depuis nombre d'années, j'ai gardé le silence sur votre conduite : on voudrait se divertir doucement au jour le jour.

Vous pensez, de quelque part que le vent souffle, pour le dommage et pour le gain, que, si les choses marchent selon votre volonté, une volonté les dirige.

L'un fait voile par ici, l'autre par là, pour essayer le flot, et ce qui parut d'abord une flotte est absolument dispersé.

Au large !

On va si gaiement dans l'universel ! C'est facile et délicieux, comme si c'était pur aussi. Ils n'ont pas l'idée d'écueils cachés, et, toujours voguant, ces chers heureux, ils vont, comme rien, échouer tous ensemble.

Saturne critique.

Saturne mange ses propres enfants ; il n'a pas l'ombre de conscience ; sans moutarde et sans sel, et comme vous savez, il vous avale le morceau.

Shakspeare devait y passer aussi, selon l'usage traditionnel. « Qu'on me le mette à part, dit Polyphème, afin que je le mange le dernier. »

Condition essentielle.

Parles-tu de la nature et de l'art, qu'ils soient toujours l'un et l'autre devant tes yeux : en effet, que peut servir la parole sans la présence et la grâce ?

Avant de parler de l'amour, fais qu'il vive d'abord dans ton cœur, et que le radieux éclat d'un aimable visage te communique cette flamme.

D'année en année.

Sans patins et sans bruits de clochettes, Janvier est une fâcheuse visite.

Sans danses de carnaval et sans mascarades, Février ne vaut pas grand'chose non plus.

Si tu ne veux pas que Mars t'échappe tout à fait, garde-toi du poisson d'Avril.

Le premier Avril esquivé, tu peux espérer d'heureux succès.

Puis, au mois de Mai, si la chance est bonne, tu seras encore attrapé par une fillette.

Et cela t'occupera si fort, que tu ne compteras plus jours, semaines et lunaisons.

Nette et Joliette.

As-tu vu la jeune fille passer lestement? Je voudrais qu'elle fût ma fiancée ! Oui, certes ! la blonde ! la fauve ! Elle vole gentiment, comme l'hirondelle qui bâtit son nid.

Tu es mienne et délicate ; tu es mienne et gentille ; mais il te manque quelque chose encore : tu me baises du bout des lèvres, comme boivent les colombes : c'est pourtant trop de délicatesse !

Pour elle.

Dans tes vers paraissent beaucoup de jolis noms. — Ce sont diverses figures pour un cadre unique. — Mais enfin la belle qui possédait ton cœur ?... — Chacune connaît les chants qu'elle inspira.

Toujours le même.

Lorsque je vais dans la place à travers la presse, et que je vois la jolie fillette dans la foule, je vais par ici, elle s'approche, mais de l'autre côté, et nul ne devine comme nous nous aimons.

— Vieillard, tu ne cesses pas encore ! Toujours les fillettes ! Dans les jours de ta jeunesse c'était une Catherine. Laquelle maintenant charme tes jours ? Parle clairement. — Voyez donc là-bas comme elle me salue ! C'est la Vérité.

Aux absolutistes [1].

« Nous aspirons à l'absolu comme au bien suprême. » Soit ! je laisse chacun libre, mais j'ai remarqué, avant toute chose, comme absolument nous devons nous faire promettre l'amour absolu.

Énigmes.

I. — C'est un instrument nécessaire tous les jours, aux hommes moins, aux femmes davantage ; doucement disposé au plus fidèle service, unique et multiple, aigu et tranchant. Il répète son jeu volontiers, si l'on se modère ; poli à l'extérieur, si nous souffrons au dedans. Mais pour que son jeu et sa parure nous restaurent, il faut d'abord que l'amour le légitime et le consacre.

II. — Nos meilleurs amis n'arrivent qu'avec les douleurs, et le mal qu'ils nous font souffrir est presque aussi grand que leurs dons. Lorsqu'ils se retirent, il faut se résigner aux douleurs.

Regard hostile.

« Toi qui es supérieur à tant de gens, pourquoi te troubler, pourquoi te fâcher d'abord, si quelqu'un te parle avec des lunettes sur le nez ? Tu prends un air terrible, et tu restes dans le silence comme un souriceau. »

---

1. Ce mot doit s'entendre ici dans le sens philosophique.

La chose est pourtant claire comme le jour. Je me présente, le visage nu et découvert, le regard libre et sincère; et lui, il a mis un masque, il arrive avec des regards scrutateurs. Et je devrais m'en accommoder?

Mais, dans la conversation, qu'est-ce qui satisfait le cœur et l'esprit, sinon cette empreinte fidèle du langage, qui de l'œil passe dans l'œil? Aussi, quand cet homme arrive avec ses verres, je reste bouche close ; je ne dis à personne un mot raisonnable à travers les lunettes.

Conseils multiples.

Parlez-vous avec chacun, vous n'entendez personne, toujours un autre homme sera d'un autre avis. Que serait alors le conseil à nos oreilles? Si vous ne connaissez homme à homme, vous êtes perdu.

Langage.

Quoi, riche et pauvre! quoi, fort et faible! Est-il riche, le ventre de l'urne enfouie? Est-elle forte, l'épée dans l'arsenal? À l'œuvre avec souplesse, et un bonheur aimable s'épanchera de toi, divinité : vaillant homme, saisis l'épée pour la victoire, et ta renommée éclipsera les voisins.

Étymologie [1].
(C'est Méphistophélès qui parle)

« Ars, Ares est le nom du dieu de la guerre ; Ars, c'est l'art, et...* est aussi connu. Quel mystère dans ces sons merveilleux! La langue est toujours un pur souffle du ciel, senti seulement des paisibles fils de la terre : la base est solide, l'usage est commode, et, où l'on habite, il faut s'habituer. Qui parle avec le sentiment de ce qu'il dit n'enchante que lui seul, tandis que, si le bimbaum de la cloche résonne, tout le monde se presse à l'assemblée. De *Kœnnen* vient *Kunst* et *Schœnheit* vient de *Schein* [3]. Ainsi la langue est peu à peu solidement pilotée, et ce qu'un

---

1. Avant cette pièce il en est une que nous supprimons, parce qu'elle roule sur un jeu de mots qu'il est impossible de traduire.
2. Ici est sous-entendu un homonyme allemand, qui répond à *clunis*.
3. *Kœnnen*, pouvoir. *Kunst*, art: *Schœnheit*, beauté: *Schein*, clarté.

peuple bégaye pêle-mêle devient, pour le cœur et l'âme, une loi éternelle... »

Une cuisine éternelle, au lieu d'un joyeux festin ! Que sert-il de compter, de peser, de quereller ? De tout cela il ne résulte rien, sinon que nous devons renoncer à l'hexamètre, et patriotiquement nous résoudre, nous réduire, à rimailler.

L'art et l'antiquité.

« Qu'est-ce donc que l'art et l'antiquité, et l'antiquité et l'art ? » Il suffit : l'un a la gloire et l'autre la faveur.

Musées.

Vous traînez deçà et delà des tableaux perdus et des tableaux conquis, et, avec ces expéditions en tout sens, que nous reste-t-il enfin ? Des tableaux abîmés.

Panacée.

« Dis-nous comment tu te renouvelles sans cesse ? » Vous le pouvez aussi, mais il faut vous plaire à ce qui est grand. Le grand conserve sa vigueur, il réchauffe, il anime : dans les petites choses tremble et frissonne le petit esprit.

Homère derechef Homère.

Ingénieux comme vous l'êtes, vous nous avez affranchis de tout respect, et nous avions hardiment déclaré que l'*Iliade* n'est qu'un rapiéçetage.

Puisse notre défection n'offenser personne ! Mais la jeunesse sait nous enflammer, et nous aimons mieux regarder le poëme comme un tout, le sentir comme un tout avec délices.

Sur le divan.

Qui connaît les autres et lui-même doit aussi reconnaître que l'Orient et l'Occident sont désormais inséparables.

J'admets que l'on se berce en rêvant entre les deux mondes : aller et venir du couchant au levant soit donc pour le mieux !

Souvenir.

Le souvenir de la bonté ranime sans cesse notre courage.

Le souvenir de la beauté est le salut des fils de la terre.

Le souvenir de l'amour serait le bonheur, s'il vivait sans cesse.

Le souvenir de l'unité reste, à mon sens, le bien suprême.

Littérature universelle.

Comme David chanta royalement aux sons de sa harpe ; comme le chant de la vendangeuse[1] résonna doucement au pied du trône ; comme le bulbul[2] du Persan murmure autour du rosier, et comme brille, en ceinture sauvage, la peau du serpent : de pôle à pôle, les chants se renouvellent, danse des sphères, harmonieuse dans le tumulte. Laissez tous les peuples, sous le même ciel, jouir gaiement des mêmes biens.

Compensation.

L'un marche avec l'autre, et même aussi devant l'autre. Eh bien, fidèles, braves et hardis, parcourons les sentiers de la vie ! Un jeune soldat tombe peut-être dans les premières batailles ; l'autre, dans ses vieux ans, doit passer la nuit au bivouac : mais, qu'il augmente avec ardeur sa gloire et celle de son maître, son dernier apanage est assurément le lit d'honneur.

Jouissance de la vie.

« Comment peut-on vivre de la sorte ? Tu ne t'accordes pas un bon jour ! » Une bonne soirée s'approche, quand j'ai travaillé tout le jour.

Si l'on m'entraîne çà et là, où je ne puis rien, je suis séparé de moi-même, et j'ai perdu mon jour.

Mais se trouve-t-il qu'on ait besoin de quelque chose, et que je puisse le faire, je mets la main à l'œuvre, cela marche vite, et j'ai vécu mon jour.

Je ne me sens dans aucun lieu ; le temps même n'est plus le temps ; une parole qui se révèle avec génie agit pour l'éternité.

---

1. La Sulamite.
2. Le rossignol. Allusion au roman persan *Gul et Bulbul* (la Rose et le Rossignol.)

Aujourd'hui et éternellement.

Il est impossible de montrer le jour au jour, qui ne reflète que la confusion dans la confusion ; et chaque jour lui-même se sent une existence propre et légitime ; au lieu de se brider, il ne fait que brider l'autre. Il vaut donc mieux que les lèvres se taisent, tandis que l'esprit continue à prendre des ailes. Hier ne devient pas aujourd'hui ; mais on verra les siècles s'engloutir et trôner tour à tour.

Poétique finale.

Parle, Muse, dis au poëte ce qu'il doit faire, car ce monde béni est plein des juges les plus bizarres.

J'ai toujours montré dans mes chansons la route droite et claire ; elles ont fui toujours les sentiers sombres et mauvais.

Mais ce que voulaient ces messieurs ne me fut jamais parfaitement connu. S'ils savaient leur devoir, la chose serait bientôt dite.

« Si tu veux te faire une mesure, vois ce qui mesure le généreux, ce qui parfois aussi le défigure, quand la légèreté s'oublie.

« Cette matière de tes chants, elle édifie, elle charme ; et, dans la cohue la plus désordonnée, une paisible élite te rend grâce.

« Ne demande pas d'autre titre. La volonté pure conserve son droit. Laisse aux archers les fripons, et les fous à l'espèce. »

Le fou épilogue.

J'ai fait maint bon ouvrage ; vous dérobez la louange ; cela ne me fâche point : j'estime que, dans le monde, tout se compense bientôt. Si l'on me loue pour avoir fait quelque sottise, je ris à part moi ; si l'on me blâme pour avoir fait quelque chose de bon, je prends l'affaire tout doucement. Si un puissant me frappe, à me faire souffrir, je fais comme s'il avait voulu rire ; mais, si c'est un de mes égaux, je sais le frotter bravement. Si la fortune m'élève, je m'en réjouis et je chante *in dulci jubilo* ; la roue tourne-t-elle et en suis-je écrasé, je me dis : « Elle se relèvera. » Je ne me tourmente point dans les beaux jours d'été de ce que l'hiver reviendra; et, quand les flocons blancs arrivent par bataillons, je me promène en traîneau avec délice. Que je fasse comme je voudrai, le soleil ne s'arrête pas pour moi, et les choses iront toujours du même train, tout le temps de l'aimable vie. Le valet tout comme le maître s'habillent et se déshabillent chaque jour; que l'on s'estime un grand ou petit sire, il faut veiller, dormir, boire et manger. C'est pourquoi je ne m'afflige de rien. Faites comme le fou et vous serez sages!

PENSÉES POLITIQUES.

Dans une grande inondation, on appela le feu au secours. Aussitôt le ciel devint rouge, et nulle part on n'était en sûreté : à travers forêts et campagnes, arrivèrent à la course les éclairs en troupes flamboyantes ; toute la terre fut embrasée, avant même que les poissons fussent bouillis.

Et quand les poissons furent bouillis, on prépara de grandes fêtes ; chacun apporta son petit plat ; il était grand, le nombre des convives. Chacun se faisait place avec effort, et point de paresseux : mais les plus brutaux fendirent la presse, et avalèrent tout sous le nez des autres.

Les anges combattirent pour nous autres justes ; ils eurent le dessous dans chaque rencontre ; tout fut précipité sens dessus dessous ; au diable la défroque ! Alors ce furent des prières et des supplications. Dieu fut tenté d'y regarder ; Logos, pour qui la chose avait été claire de toute éternité, prononça ces paroles :

« Il ne faut point vous gêner : osez une fois agir comme diables, remporter la victoire par un moyen quelconque, et chanter là-dessus le *Te Deum*. »

Ils ne se le font pas dire deux fois, et voilà les diables battus. Naturellement, on trouva dès lors que c'était fort joli d'être un diable.

Au dernier jour, devant le trône de Dieu, parut enfin le héros

Napoléon. Le diable tenait un grand registre contre lui et ses frères : c'était un merveilleux, un maudit grimoire. Satan commença donc à lire.

Dieu le père ou Dieu le fils, l'un des deux, parla du haut du trône, si ce n'est peut-être même le Saint-Esprit qui prit tout d'abord la parole :

« Ne va pas répéter cela devant les oreilles divines! Tu parles comme les professeurs allemands. Nous savons tout : abrége! Au dernier jour, ce n'est qu'un.... Si tu oses le saisir, tu peux le traîner en enfer. »

Voulez-vous élever dans les campagnes de Leipzig un monument jusqu'aux nues, accourez, hommes et femmes, pour célébrer une pieuse procession ; que chacun jette alors à la masse compacte, arrondie, la folie qui tourmente et lui-même et les autres, et notre but ne sera pas manqué.

Si les nobles cavaliers et les belles dames entreprennent aussi le paisible pèlerinage, nous verrons, imposantes et colossales, grandir nos pyramides.

Les Allemands sont de très-bonnes gens ; chacun à part, ils vont très-loin ; aujourd'hui, pour la première fois, ils ont su accomplir ensemble de grandes choses : que chacun dise Amen! Et plaise à Dieu que cette fois ne soit pas la dernière!

Au prince Blucher de Wahlstadt; les siens [1].

Dans la halte et le combat, dans la défaite et la victoire, sage et grand! C'est ainsi qu'il nous délivra de l'ennemi.

1. Inscription gravée sur le piédestal de la statue érigée en l'honneur de Blucher à Rostock, sa ville natale.

DIEU ET LE MONDE.

> Vaste monde et large vie, vertueux efforts de longues années; toujours chercher et toujours fonder, ne finir jamais, polir souvent; garder l'ancien avec fidélité, accueillir le nouveau avec bienveillance; une pensée sereine et des intentions pures : eh bien, on avance du moins de quelques pas !

Proœmium.

Au nom de Celui qui se créa lui-même, de toute éternité en fonction créatrice; en son nom, qui crée la foi, la confiance, l'amour, l'activité, la force; au nom de Celui qui, si souvent nommé, est resté toujours inconnu dans son essence :

Aussi loin que l'oreille, aussi loin que l'œil puisse atteindre, tu ne trouves que le connu qui lui ressemble, et le vol enflammé de ton esprit, si haut qu'il s'élève, a bien assez du symbole, assez de l'image; tu es attiré, entraîné, ravi; où que tu t'avances, le chemin et le lieu se parent; tu ne comptes plus, tu ne calcules plus le temps, et chaque pas est l'immensité.

Que serait un Dieu qui donnerait seulement l'impulsion du dehors; qui ferait tourner l'univers en cercle autour de son doigt? Il lui sied de mouvoir le monde dans l'intérieur, de porter la nature en lui, de résider lui-même dans la nature, si bien que ce qui vit et opère et existe en lui ne soit jamais dépourvu de sa force, de son esprit.

Dans l'intérieur est aussi un univers : de là l'usage louable des peuples, que chacun nomme Dieu, et même son Dieu, ce qu'il connaît de meilleur, lui abandonne le ciel et la terre, le craigne et, s'il est possible, l'aime.

L'âme du monde[1].

Dispersez-vous de ce saint banquet dans toutes les régions. Élancez-vous avec enthousiasme, à travers les zones les plus voisines, dans l'univers et le remplissez!

Déjà vous bercez dans des lointains immenses l'heureux songe des dieux, et vous brillez, astres nouveaux, parmi les astres, vos frères, dans les champs semés de lumière.

Puis vous courez, puissantes comètes, dans des espaces toujours plus grands; le labyrinthe des soleils et des planètes entrecoupe votre carrière.

Vous vous emparez brusquement des terres informes, et vous déployez votre jeune force créatrice, afin qu'elles s'animent, qu'elles s'animent de plus en plus, dans leur vol mesuré.

Et, faisant votre période, vous produisez dans les airs émus les fleurs diverses; vous imposez à la pierre, dans tous ses abîmes, ses formes permanentes.

Alors, avec une audace divine, tout s'efforce de se surpasser; l'eau stérile veut verdoyer et chaque grain de poussière s'anime.

Ainsi, par une lutte amicale, vous dissipez la nuit des vapeurs humides; puis les vastes plaines du paradis resplendissent, émaillées des plus riches couleurs.

Bientôt s'éveille, pour contempler la douce lumière, une multitude aux mille formes, et vous êtes saisis d'étonnement dans les campagnes heureuses, premier couple d'amants!

Bientôt s'apaise une ardeur sans bornes dans l'échange délicieux des regards, et vous recevez avec reconnaissance la plus belle vie, qui émane de l'être universel et que vous lui rendez.

L'individu et le tout.

Pour se retrouver dans l'infini, l'individu s'évanouit volontiers. Là se dissipe tout ennui. Au lieu du brûlant désir, de la

---

[1]. Le point de départ de cette pièce est pris dans la philosophie de Schelling.

fougueuse volonté, au lieu des fatigantes exigences, du rigoureux devoir, s'abandonner est une jouissance.

Ame du monde, viens nous pénétrer! Et la noble fonction de nos forces sera de lutter nous-mêmes avec l'esprit de l'univers. De bons génies, qui nous aiment, nous conduisent doucement, instituteurs sublimes, vers Celui qui crée et créa tout.

Et, pour transformer la création, afin qu'elle ne se retranche pas dans l'immobilité, opère l'action éternelle vivante. Ce qui n'était pas veut maintenant prendre l'être comme purs soleils, comme terres colorées, et ne doit jamais rester en repos.

Il faut qu'il se meuve, qu'il agisse en créant, qu'il se forme d'abord, puis se transforme ; s'il semble se reposer un moment, ce n'est qu'une apparence. L'essence éternelle se meut sans cesse en toutes choses, car tout doit tomber dans le néant, s'il veut persister dans l'être.

Testament.

Aucun être ne peut tomber dans le néant; l'essence éternelle ne cesse de se mouvoir en tous; attachez-vous à la substance avec bonheur. La substance est impérissable, car des lois conservent les trésors vivants dont l'univers a fait sa parure.

La vérité était trouvée depuis longtemps ; elle a réuni les nobles esprits ; l'antique vérité, sachez la saisir. Fils de la terre, rendez grâce au sage qui lui apprit à circuler autour du soleil, et prescrivit à sa sœur la route qu'elle doit suivre.

Et maintenant portez votre vue au dedans de vous-mêmes : vous y trouverez le centre dont aucun esprit ne saurait douter. Vous n'y manquerez pas de règle, car la conscience indépendante est un soleil pour votre jour moral.

Vous devez ensuite vous fier aux sens; leurs impressions ne sont jamais fausses, si votre raison vous tient éveillé. D'un vif regard, observez avec joie, et marchez avec fermeté comme avec souplesse, à travers les campagnes de la terre féconde.

Usez modérément de l'abondance; que la raison soit partout présente, quand la vie jouit de la vie; ainsi le passé est stable, l'avenir est déjà vivant, le moment est l'éternité.

Et, si vous avez enfin réussi à vous persuader pleinement que ce qui est fécond est seul véritable, vous sondez la providence universelle; elle gouvernera selon ses vues; associez-vous au petit nombre.

Et comme de tout temps le philosophe, le poëte, suivant sa propre volonté, produisit en silence une œuvre favorite, vous viserez à la faveur la plus belle, car pressentir ce que sentiront les nobles âmes est la vocation la plus digne d'envie.

Parabase [1].

Voici bien des années que mon esprit, avec joie, avec zèle, s'était efforcé de rechercher, de découvrir, comment la nature vivante opère dans la création : et c'est l'éternelle unité qui se manifeste sous mille formes; le grand en petit, le petit en grand, toute chose selon sa propre loi; sans cesse alternant, se maintenant, près et loin, loin et près; formant, transformant.... Pour admirer je suis là!

La métamorphose des plantes.

Ma bien-aimée, il te confond, le mélange infini des fleurs qui peuplent en foule ce jardin; tu entends beaucoup de noms, et, avec leurs sons barbares, l'un chasse l'autre de ton oreille. Toutes les formes sont semblables et aucune n'est pareille à l'autre : ainsi l'ensemble décèle une secrète loi, une sainte énigme. Oh! si je pouvais, mon amie, t'en livrer d'abord le mot heureusement! Observe la plante dans sa naissance; comme, conduite par degrés, elle se forme peu à peu en fleurs et en fruits. Elle se développe de la semence, aussitôt que le sein mystérieusement fécond de la terre fait doucement passer le germe à la vie, et confie d'abord à l'action de la lumière sacrée, incessamment mobile, la frêle structure des feuilles naissantes. La force sommeillait simple dans la semence; comme un type naissant, renfermés en eux-mêmes, demeuraient pliés sous l'enveloppe, feuilles, racines et germe, demi-formés, incolores; la graine sèche renferme et garde une tranquille vie; elle surgit, s'élance, se fiant à l'humidité propice, et se dégage aussitôt de la nuit qui l'environne; mais la forme

---

[1]. Ce terme appartient proprement à l'histoire de la comédie grecque, et désigne un discours que le poëte adressait, par forme de digression, aux spectateurs. C'est donc ici une sorte d'Avis au lecteur.

de la première apparition reste simple, et, même parmi les plantes, se remarque aussi l'enfant. Aussitôt après, une autre impulsion succède et renouvelle toujours, nœuds sur nœuds échafaudée, la première figure : non pas toujours pareille, il est vrai ; car la feuille suivante se développe toujours, tu le vois, avec une forme diverse, plus étendue, plus dentelée, plus découpée en pointes et en lobes, qui, soudés auparavant, reposaient dans l'organe inférieur. C'est ainsi seulement que la plante arrive à sa plus haute perfection, qui, dans mainte espèce, excite ton étonnement. Déployée en nervures et en dentelures sans nombre, sur la feuille vigoureuse et luxuriante, la richesse de la végétation semble être libre et infinie : cependant la nature, de ses mains puissantes, arrête la croissance, et la mène doucement à un état plus parfait. Elle conduit plus modérément la sève, étrécit les vaisseaux, et la forme annonce d'abord des effets plus délicats. L'essor des parties extérieures se réduit peu à peu, et les côtes de la tige achèvent de se former : mais soudain s'élève, sans feuilles, le pédoncule délicat, et une merveilleuse image attire l'observateur. Des folioles, en nombre fixe ou indéterminé, se disposent en cercle, chacune à côté de sa pareille ; serré autour de l'axe, se distingue le calice protecteur, qui laisse sortir, pour leur développement suprême, les pétales colorés. Ainsi triomphe la nature dans sa haute et complète manifestation ; elle montre membre à membre, avec ordre étagé. C'est toujours avec une surprise nouvelle que tu vois, sur la tige, la fleur se balancer au-dessus du frêle échafaudage des feuilles changeantes. Mais cette magnificence est l'augure d'une création nouvelle. Oui, la feuille colorée sent la main divine et se replie soudain ; les formes les plus délicates se produisent deux à deux, destinées à s'unir ; les voilà secrètement assemblés, les couples charmants ; ils se rangent nombreux autour de l'autel sacré ; Hymen arrive à tire-d'ailes, et des émanations exquises, puissantes, répandent un doux parfum qui anime tout alentour. Alors se séparent et s'enflent soudain des germes innombrables, tendrement enveloppés dans le sein maternel des fruits turgescents. Ici la nature clôt le cercle de son éternelle activité, mais un nouveau s'enlace d'abord au précédent, afin que la chaîne se prolonge à travers tous les âges et que l'ensemble vive comme l'individu. Tourne à présent, ô mon amie, tes regards vers cette foule bigarrée, qui ne s'agite plus confusément devant ton esprit. Chaque plante t'annonce les lois éternelles ; chaque fleur te parle un langage de plus en plus distinct. Mais, si tu déchiffres ici les caractères sacrés de la déesse, tu les vois ensuite partout, même quand le trait est changé : que la chenille rampe lentement ; que le papillon voltige empressé ; que l'homme lui-même change artistement la figure naturelle. Oh ! songe aussi comme, du germe de la connaissance, se forma chez nous peu à peu la douce habitude ; l'amitié se développa avec force dans notre sein, et l'amour produisit enfin des fleurs et des fruits. Songe avec quelle variété la nature, déployant mille formes tour à tour, les a prêtées à nos sentiments ! Jouis aussi du jour présent ! L'amour sacré aspire à la suprême jouissance de sentiments pareils, de vues pareilles, sur les choses, afin que, dans une harmonieuse contemplation, le couple s'unisse, et trouve le monde supérieur.

Épirrhêma[1].

Dans la contemplation de la nature, vous devez toujours considérer l'individu comme un ensemble ; rien n'est dedans, rien n'est dehors, car ce qui est dedans est dehors. Comprenez ainsi sans retard le mystère saint et manifeste.

Prenez plaisir à l'apparence vraie, à l'amusement sérieux ; nulle chose vivante n'est jamais une, elle est plusieurs toujours.

La métamorphose des animaux.

Si vous osez, ainsi préparé, franchir le dernier degré de ce sommet, donnez-moi la main, et portez un libre regard sur le vaste champ de la nature. La déesse dispense de toutes parts les riches dons de la vie ; mais sans éprouver, comme les femmes mortelles, aucun souci pour la subsistance de ses enfants. Cela ne lui sied point, car elle a établi de deux façons la loi suprême : elle a borné chaque vie ; elle lui a donné des besoins mesurés, et a répandu sans mesure des dons faciles à

---

1. Ce qu'on ajoute au discours. Dans le théâtre antique, certaine partie du chant des chœurs. C'est ici une sorte d'épilogue.

trouver ; elle favorise doucement les joyeux efforts de ses enfants pour subvenir à leurs besoins divers. Sans l'avoir appris d'un maître, ils prennent l'essor selon leur destinée.

Chaque animal est son but à lui-même ; il sort parfait du sein de la nature, et produit des enfants parfaits. Tous les membres se façonnent d'après les lois éternelles, et la forme la plus bizarre conserve en secret le type primitif. Ainsi chaque bouche est habile à prendre la nourriture convenable au corps, que les mâchoires soient faibles, soient édentées ou pourvues de dents puissantes ; dans chaque circonstance, un organe approprié procure aux autres membres la nourriture. Les pieds aussi, qu'ils soient longs, qu'ils soient courts, se meuvent constamment dans une parfaite harmonie avec l'instinct de l'animal et ses besoins. Ainsi une santé pure et parfaite est transmise par la mère à chacun de ses enfants, car tous les membres vivants, sans se contredire jamais, concourent ensemble à la vie. Ainsi la conformation détermine le genre de vie de l'animal, et le genre de vie réagit puissamment sur toutes les formes. Ainsi se montre permanente la structure organisée, qui se plie au changement par des agents extérieurs. Mais, à l'intérieur, la force des plus nobles créatures se trouve circonscrite dans le cercle sacré de l'organisation vivante. Nulle divinité n'étend ces limites ; la nature les respecte : car c'est seulement dans cette mesure que le parfait était possible.

Toutefois, à l'intérieur, un esprit semble lutter violemment et voudrait briser le cercle, pour donner le libre choix aux formes comme à la volonté : mais, ce qu'il essaye, il l'essaye en vain. En effet il se porte vers tels ou tels membres ; il les doue puissamment ; mais en revanche d'autres membres déjà languissent ; l'effort de la prépondérance détruit toute beauté de la forme et tout mouvement pur. Si tu vois donc quelque avantage particulier accordé à une créature, demande d'abord où elle souffre ailleurs de quelque défaut, et cherche avec un esprit investigateur, tu trouveras aussitôt la clef de toute organisation. Ainsi nul animal dont la mâchoire supérieure est toute armée de dents ne porta jamais de cornes sur le front. Il est donc absolument impossible à la mère éternelle de former le lion cornu, quand elle y emploierait toutes ses forces, parce qu'elle n'a pas assez de matière pour planter au complet les rangées des dents et faire aussi pousser des bois et des cornes.

Que cette idée de puissance et de bornes, d'arbitraire et de lois, de liberté et de mesure, d'ordre mobile, d'avantages et de défauts, que cette belle idée te charme! La sainte Muse te la présente avec harmonie, t'instruisant avec une douce contrainte. Le penseur moraliste, l'homme actif, l'artiste créateur, ne saurait s'élever à une plus haute pensée; le souverain qui mérite de l'être ne jouit que par elle de sa couronne. Réjouis-toi, chef-d'œuvre de la nature : tu te sens capable de concevoir après elle la plus sublime pensée à laquelle, en créant, elle s'éleva. Ici, arrête-toi et tourne tes regards en arrière: examine, compare, et reçois par la bouche de la Muse l'aimable et parfaite certitude que tu vois, que tu ne rêves point.

Antépirrhêma[1].

Observez donc, d'un regard modeste, le chef-d'œuvre de l'ouvrière éternelle; comme une pression du pied fait mouvoir des fils sans nombre. Les navettes passent et repassent, les fils se croisent et cheminent, un choc produit mille combinaisons; et cela, elle ne l'a point amassé en mendiant, elle l'a ourdi de toute éternité, afin que le Maître éternel puisse avec confiance passer la trame.

Paroles primitives.
(Poésie orphique[2].)

ΔAIMΩN. — GÉNIE.

Comme dans le jour qui t'a donné au monde le soleil était là pour saluer les planètes, tu as aussitôt grandi sans cesse, d'après la loi selon laquelle tu as commencé. Telle est ta destinée, tu ne peux t'échapper à toi-même; ainsi parlaient déjà les sibylles, ainsi les prophètes; aucun temps, aucune puissance, ne brise la forme empreinte, qui se développe dans le cours de la vie.

1. C'est la contre-partie de l'épirrhêma, placé à la suite de la Métamorphose des plantes.
2. On trouvera, à la suite des Pensées de Goethe, un commentaire qu'il a donné lui-même sur ces strophes.

ΤΎΧΗ. — L'ACCIDENTEL.

Cependant autour de la rigoureuse limite circule avec grâce un élément mobile, qui chemine avec nous et autour de nous; on ne reste pas solitaire, on se forme en société, et l'on agit volontiers comme un autre agit : dans la vie, ce sont tantôt des chutes, tantôt des rechutes; c'est un jeu frivole, qui se joue jusqu'au bout; déjà le cercle des ans s'est arrondi en silence; la lampe attend la flamme qui embrase.

ΕΡΩΣ. — AMOUR.

Cette flamme ne tarde pas!... Il se précipite du ciel, où il s'était envolé de l'antique désert; il approche, balancé sur ses ailes aériennes, autour du front et du sein, tant que dure le jour de printemps; puis il semble fuir, il revient de sa fuite, et dans la souffrance naît une volupté douce et inquiète à la fois.... Bien des cœurs se dissipent dans l'universel, mais le plus noble se voue à l'unité.

ΑΝΑΓΚΗ. — NÉCESSITÉ.

C'est donc toujours comme les étoiles le voulaient : condition et loi et tout désir ne sont qu'une volonté, parce que nous étions liés, et que, devant la volonté, se tait la fantaisie. Ce qu'on aime le plus est repoussé loin du cœur; volonté et caprice se plient à la rigoureuse contrainte. Nous sommes donc libres en apparence, et, après maintes années, plus gênés encore que nous ne le fûmes au commencement.

ΕΛΠΙΣ. — ESPÉRANCE.

Mais la porte maudite de ces barrières, de ces murs d'airain, voit tomber ses verrous, bien qu'elle se dresse avec la persistance des rochers antiques. Une déesse prend sa course légère et sans entraves; de la voûte des nues, de la brume, de la triste pluie, elle se lève pour nous, créature ailée qui nous donne des ailes. Vous la connaissez bien, elle voltige à travers toutes les zones : un coup d'aile.... et derrière nous les âges!

Atmosphère.

« Que le monde est grand et spacieux! Que le ciel est vaste et sublime! Il me faut tout saisir du regard, mais je ne puis bien le concevoir. »

Pour te retouver dans l'infini, commence par séparer et puis rassemble. C'est pourquoi ma chanson ailée rend grâce à l'homme qui a séparé les nuages.

Souvenir d'honneur à Howard [1].

Si la déesse Kamarupa [2], auguste et sublime, planant dans les airs, passe, légère ou pesante, rassemble les plis de son voile ou les disperse, se plaît au changement de formes, tantôt demeure immobile, tantôt s'évanouit comme un songe, nous sommes saisis d'étonnement et nous en croyons à peine nos yeux.

Maintenant se déploie avec audace la force de sa propre création, qui façonne l'indéfini en chose finie; ici menace un lion, là flotte un éléphant, le cou d'un chameau, tourné vers le dragon; une armée s'avance, mais elle ne triomphe pas: la force la brise contre des roches escarpées; le plus fidèle messager des nues se dissipe lui-même, avant d'atteindre les lointains auxquels on aspire.

Mais Howard, avec un pur sentiment, nous offre le précieux avantage de leçons nouvelles : ce qui ne peut se saisir, ce qui ne peut s'atteindre, lui, le premier, il s'en empare, il s'en rend maître; il détermine l'indéterminé, il le circonscrit, il le dénomme exactement.... Honneur à toi!... En voyant les vapeurs monter, former des masses, s'éparpiller, tomber, que le monde reconnaissant se souvienne de toi!

Stratus.

Lorsque, du tranquille miroir des eaux, un brouillard s'élève et se déploie en plaine tout unie, la lune, associée à l'ondoyant phénomène, paraît comme un fantôme créant des fan-

---

1. Physicien et météorologiste anglais.
2. Dans la mythologie indienne, la déesse qui préside aux nuages.

tômes : alors, ô nature, nous sommes tous. nous l'avouons, des enfants amusés et réjouis! Puis, s'il s'élève contre la montagne, assemblant couches sur couches; il assombrit au loin la moyenne région, disposé à tomber en pluie comme à monter en vapeur.

Cumulus.

Et si l'imposante masse est appelée dans les hauteurs de l'atmosphère, le nuage s'arrête en sphère magnifique; il annonce, dans sa forme décidée, la puissance d'action, et, ce que vous craignez et même ce que vous éprouvez, comme en haut est la menace, en bas est le tremblement.

Cirrus.

Mais la noble impulsion le fait monter toujours davantage. Une facile et divine contrainte est sa délivrance. Un amas de nuages se disperse en flocons pareils à des moutons bondissants, multitude légèrement peignée. Ainsi, ce qui doucement ici-bas prit naissance, là-haut s'écoule enfin sans bruit dans le giron et dans la main du Père.

Nimbus.

Et ce qui s'est amassé là-haut, attiré par la force de la terre, se précipite aussi avec fureur en orages, se déploie et se disperse comme des légions. Destinée active et passive de la terre! Mais élevez vos regards avec l'image : la parole descend, car elle décrit; l'esprit veut monter où il demeure éternellement.

Bon à observer.

Et quand nous aurons distingué, nous devrons prêter à la chose séparée les dons de la vie et jouir d'une vie continuée.

Si donc le peintre, le poëte, familiarisé avec l'analyse de Howard, aux heures du matin ou du soir, contemple et observe l'atmosphère,

Il laisse subsister le caractère, mais les mondes aériens lui donnent les tons suaves, nuancés, pour qu'il les saisisse, les sente et les exprime.

De quoi il s'agit.
(Au chromatiste [1].)

Si tu approches de nous la nature, en sorte que chacun en puisse profiter, tu n'as rien inventé de faux, tu t'es assuré la faveur des hommes.

Pouvez-vous morceler la lumière, en dégager couleur après couleur, ou faire d'autres jongleries, polariser des globules, tellement que l'auditeur, saisi d'effroi, soit comme stupéfié? Non vous ne réussirez pas, vous ne nous mettrez pas de côté: avec ardeur, comme nous avons commencé, nous voulons parvenir au but.

Usage reçu.

Les prêtres chanteront la messe, et les ministres prêcheront; avant tout, chacun se déchargera de son opinion, et mettra sa joie dans la paroisse qui se rassemble autour de l'officiant et, dans l'ancien comme dans le nouveau, bégaye des paroles au hasard: laissez-moi donc aussi annoncer les couleurs à ma façon, sans blessures, sans cicatrices, avec le plus véniel des péchés.

Lot du sombre.

Amis, fuyez la chambre obscure, où l'on vous déchiquète la lumière et où l'on se courbe, avec la plus pénible souffrance, devant des images faussées. De superstitieux admirateurs, il en fut assez de nos jours. Dans les cerveaux de vos maîtres laissez fantômes, prestige et tromperie.

Lorsque, dans les jours sereins, vos regards se lèvent vers le ciel bleu; lorsqu'au souffle du siroc, le char du soleil se couche dans la pourpre enflammée, vous rendez honneur à la nature, joyeux, la vue saine, le corps sain, et vous reconnaissez la base générale, éternelle, de la doctrine des couleurs.

Sans doute!
(Au physicien [2].)

« Dans l'intérieur de la nature.... » O Philistin! « Ne pénètre aucun esprit créé. » Veuillez donc ne pas rappeler cette parole

---

1. C'est-à-dire au physicien qui s'occupe des couleurs.
2. C'est Albert de Haller que Goethe a en vue.

à moi et à mes frères ! Nous pensons qu'à chaque place, nous sommes dans l'intérieur. « Heureux celui à qui elle montre seulement la coquille ! » Voilà les discours que j'entends répéter depuis soixante ans ! Je les maudis, mais tout bas ; je me dis mille et mille fois : Elle donne tout en abondance et volontiers ; la nature n'a ni amande ni coquille ; elle est toutes choses à la fois. Examine-toi avant tout, pour savoir si tu es amande ou coquille.

Ultimatum.

Donc, je le dis pour la dernière fois, la nature n'a ni amande, ni coquille : examine-toi avant tout, pour savoir si tu es amande ou coquille.

« Nous te connaissons, fripon que tu es ! Tu ne fais que des farces ; mais devant notre nez beaucoup de portes sont closes. »

Vous suivez une trace trompeuse : ne croyez pas que je badine. L'amande de la nature n'est-elle pas dans le cœur de l'homme ?

Les sages et les gens.

ÉPIMÉNIDE. Venez, frères, rassemblez-vous dans le bois. Déjà le peuple nous assiége ; il afflue du nord, du sud, de l'ouest et de l'est. Il souhaite fort qu'on l'instruise, mais sans qu'il lui en coûte aucune peine. Je vous en prie, tenez-vous prêts à le semoncer vertement.

LES GENS. Holà, rêveurs, il s'agit de nous répondre aujourd'hui nettement, et non avec des formes obscures. Parlez ! le monde est-il de toute éternité ?

ANAXAGORE. Je le crois, car tout le temps où il n'aurait pas encore été,... c'eût été dommage.

LES GENS. Mais est-il menacé de ruine ?

ANAXIMÈNE. Probablement, mais je n'en suis pas fâché ; car, pourvu que Dieu demeure éternellement, les mondes ne manqueront pas.

LES GENS. Mais qu'est-ce que l'infini ?

PARMÉNIDE. A quoi bon te tourmenter ainsi ? Rentre en toi-même. Si tu n'y trouves pas l'infini dans l'esprit et la pensée, on ne peut rien pour toi.

LES GENS. Où pensons-nous et comment pensons-nous ?

DIOGÈNE. Cessez donc d'aboyer ! Le penseur pense de la tête

aux pieds, et, aussi vite que l'éclair, se montre à lui le quoi, le comment, le mieux.

Les gens. Est-ce qu'une âme habite vraiment en moi?

Mimnerme. Demande-le à tes hôtes. Car, vois-tu, je te l'avoue, la substance aimable et ravie qui rend heureux elle-même et les autres, je l'appellerais volontiers une âme.

Les gens. Pendant la nuit, le sommeil se répand-il aussi sur elle?

Périandre. Elle ne peut se séparer de toi. O corps, ceci est ton affaire. As-tu bien pris soin de toi, elle goûte un repos qui la restaure.

Les gens. Qu'est-ce donc que cette chose qu'on nomme esprit?

Cléobule. Ce qu'on appelle ordinairement esprit répond, mais n'interroge pas.

Les gens. Explique-moi ce que c'est qu'être heureux?

Cratès. Vois l'enfant nu, il n'hésite point; il s'élance dehors avec son denier, et connaît fort bien le gîte des petits pains, je veux dire la boutique du boulanger.

Les gens. Dis-moi, qui prouvera l'immortalité?

Aristippe. Il file le vrai fil de la vie, celui qui vit et laisse vivre; qu'il tourne toujours, qu'il torde ferme, le bon Dieu dévidera.

Les gens. Vaut-il mieux être fou que sage?

Démocrite. Cela s'entend bien aussi. Si le fou se croit assez sage, le sage lui laisse sa croyance.

Les gens. Le hasard et l'illusion règnent-ils seuls?

Épicure. Je reste dans mon ornière. Force le hasard à t'être favorable, laisse l'illusion réjouir tes yeux : tu trouveras profit et plaisir dans tous deux.

Les gens. Notre libre arbitre est-il mensonge?

Zénon. Il ne s'agit que d'essayer. Persiste dans ta volonté, et, quand même tu finirais par succomber, cela ne signifie pas grand'chose.

Les gens. Suis-je né méchant?

Pélage. On peut bien te souffrir; cependant tu as apporté du sein de ta mère un lot insupportable, c'est de questionner sottement.

Les gens. L'instinct du perfectionnement est-il notre apanage ?

Platon. Si le perfectionnement n'était pas le plaisir du monde, tu ne ferais pas de questions. Tâche d'abord de vivre avec toi, et, si tu ne peux te comprendre toi-même, ne tourmente pas les autres.

Les gens. Mais l'égoïsme et l'argent dominent !

Épictète. Laisse-leur le butin. Tu ne dois pas envier au monde ses jetons.

Les gens. Eh bien, avant que nous soyons séparés pour jamais, dis-moi ce qui a droit de nous plaire.

Les sages. Pour moi, la première loi du monde est de fuir les questionneurs.

HEURES ET SAISONS

CHINOISES-ALLEMANDES.

I. — Parlez, que nous reste-t-il à nous autres mandarins, las de servir au lieu de commander, parlez, que nous reste-t-il à faire sinon de nous délivrer du nord dans ces jours de printemps, et, au bord de l'eau et dans la verdure, de boire gaiement, d'écrire spirituellement, en savourant tasse sur tasse, traits sur traits?

II. — Blanche comme un lis, cierge pur, pareille aux étoiles, modestement penchée, brille, du milieu de son cœur frangé de pourpre, la flamme de l'amour.

Les narcisses précoces fleurissent à la file dans le jardin. Ces bonnes fleurs savent peut-être qui elles attendent, ainsi rangées.

III. — Les moutons reviennent de la prairie, qui n'est encore qu'un tapis de verdure; mais bientôt, émaillée de fleurs, elle brillera comme un paradis.

L'espérance déploie devant nos regards de légers voiles vaporeux. Que la fortune nous apporte l'accomplissement de nos souhaits, les splendeurs du soleil, la dispersion des nuages!

IV. — Le cri du paon est affreux, mais il me rappelle son plumage céleste, et ce cri ne m'est pas désagréable. Il n'en est pas de même des oies indiennes : les endurer est impossible. Affreux oiseaux! leurs cris sont insupportables.

V. — Déploie ta brillante parure aux rayons dorés du soleil couchant ; avec tes œillades hardies, fais briller ta queue devant lui en roue, en couronne : l'astre porte ses regards où la fleur s'épanouit dans la verdure, dans le jardin, sur lequel s'étend la voûte azurée ; s'il découvre un couple d'amants, il croit voir l'objet le plus magnifique.

VI. — Le coucou et le rossignol voudraient enchaîner le printemps, mais déjà l'été s'avance partout avec les chardons et les orties ; il a aussi rendu plus épais le léger feuillage à travers lequel je dirigeais, pour le plus doux larcin, mes regards amoureux ; il est caché pour moi, le toit colorié et le grillage et la porte ; là-bas, où pénétrait mon œil curieux, sera toujours mon Orient.

VII. — Elle était plus belle que le plus beau jour : c'est pourquoi l'on doit me pardonner de ne pouvoir l'oublier, et moins encore dans la campagne.

C'est dans le jardin qu'elle vint à moi, pour me témoigner sa faveur ; je le sens encore et j'y pense, et je lui appartiens toujours sans réserve.

VIII. — L'ombre du crépuscule est descendue : déjà tout voisinage est lointain ; mais elle paraît la première, l'étoile du soir à la clarté propice ; tout flotte dans le vague ; les vapeurs s'élèvent doucement dans les airs ; reflétant les ténèbres au fond de ses noirs abîmes, le lac repose immobile.

Et dans la plage orientale je pressens la lueur et les feux de la lune ; les rameaux chevelus des saules flexibles caressent les ondes voisines. A travers les jeux des ombres mobiles tremble la clarté magique de la lune, et, par les yeux, la fraîcheur se glisse dans le cœur qu'elle apaise.

IX. — C'est aujourd'hui seulement qu'on apprécie un bouton de rose, aujourd'hui, que la saison des roses est passée ; un bouton tardif brille encore sur le buisson, et, à lui seul, il complète le monde des fleurs.

X. — On te proclame la plus belle, on te nomme la reine des fleurs : témoignage irrécusable, universel, merveilleux événement, qui ferme la porte à la manie des disputes. Tu l'es donc, tu n'es pas une simple apparence ; en toi se rencontrent la vue et la foi ; mais la méditation lutte et s'efforce, infatigable, pour découvrir la loi, le principe, le pourquoi, le comment.

XI. — Il me fatigue, le sophisme, dans le bavardage odieux où rien ne subsiste, où tout fuit, où déjà s'évanouit ce que l'on voit, où m'enveloppe le filet suspect, aux mailles grises....
« Courage! l'impérissable est l'éternelle loi selon laquelle fleurissent le lis et la rose. »

XII. — Plongé dans de vieux rêves, tu courtises les roses, tu converses avec les arbres, oubliant les belles et les sages : voilà ce que nous ne pouvons approuver. C'est pourquoi tes fidèles amis viennent se joindre à toi, et, pour ton service et le nôtre, nous trouvons les pinceaux, les couleurs, le vin, sous la feuillée.

XIII. — Pourquoi troubler ma joie tranquille? Laissez-moi auprès de mon verre. On peut s'instruire en compagnie, on n'est inspiré que dans la solitude.

XIV. — « Eh bien, avant notre départ, as-tu encore quelque sage parole à nous dire? »

Pour calmer l'ardeur qui vous porte vers le lointain, vers l'avenir, occupez-vous ici et aujourd'hui de bonnes choses.

TABLE DE LA PREMIÈRE PARTIE.

Préface .... Page 1

POÉSIES.

Dédicace 3
Chansons 7
   Scrupule 7
   Aux lecteurs bienveillants 7
   Le nouvel Amadis 8
   Le renard mort, la fourrure a du prix 8
   La rose de la bruyère 9
   Colin-Maillard 9
   Christine 9
   La prude 10
   La convertie 10
   Délivrance 11
   Le fils des Muses 11
   Trouvée 12
   Les pareilles 12
   Chant alterné pour la danse 12
   Illusion 13
   Déclaration de guerre 13
   Amant sous toutes les formes 13
   L'ouvrier orfèvre 14
   Plaisir et peine 15
   Mars 15
   Réponses à des questions dans un jeu de société 15
   Sensations diverses dans un même lieu 16
   Qui veut acheter des Amours? 17
   Le misanthrope 17
   L'amoureux malgré lui 18
   Vraie jouissance 18

TABLE DE LA PREMIÈRE PARTIE.

L'adieu.. Page	19
La belle nuit..	19
Bonheur et songe...	20
Souvenir vivant...	20
Le bonheur de l'absence..	20
A la lune..	21
La nuit nuptiale...	21
Maligne joie..	22
Innocence..	22
Léthargie...	22
Près de toi...	23
Chanson de novembre..	23
A celle que j'ai choisie...	23
Première perte...	24
Ressouvenir...	24
Approche du bien-aimé..	24
Présence..	24
A l'amie absente..	25
Au bord du fleuve..	25
Mélancolie...	25
Rupture..	26
Le changement..	26
Délibération...	26
Même sujet..	27
Mer calme..	27
Heureux voyage...	27
Courage...	27
Avertissement..	27
Bienvenue et adieu...	27
Nouvel amour, nouvelle vie...................................	28
A Bélinde...	28
Chant de mai..	29
Avec un ruban orné de dessins...............................	29
Avec un petit collier d'or.......................................	30
A Charlotte..	30
Sur le lac..	31
De la montagne..	31
Le salut des fleurs..	31
En été..	31
Chanson de mai...	32
Printemps précoce..	32
Impression d'automne..	33
Amour sans trêve...	33
Plainte du berger..	33
Consolation dans les larmes...................................	34
Chant nocturne...	35
Désir..	35

TABLE DE LA PREMIÈRE PARTIE.

	Page
A Mignon..	35
Le château sur la montagne................................	36
La salutation du spectre...................................	36
A un cœur d'or, qu'il portait à son cou.................	37
Délices de la mélancolie...................................	37
Chant de nuit du voyageur.................................	37
Même sujet...	37
Chant du soir du chasseur.................................	38
A la lune...	38
Justes bornes..	38
Espérance..	39
Souci...	39
Propriété...	39
A Lina..	39

CHANSONS DE SOCIÉTÉ..... 1810................ 41

Pour la nouvelle année.....................................	41
Chant d'installation...	42
L'oracle du printemps......................................	42
Les heureux époux..	43
Chant d'alliance...	44
Durée dans le changement.................................	45
Chanson de table..	46
Coutume devient nature...................................	46
Confession générale..	47
Chanson cophte...	48
Chanson cophte...	49
Vanitas vanitatum vanitas.................................	49
Joyeux et hardi..	49
Bonheur en guerre..	50
Table ouverte..	51
Compte rendu..	52
Ergo bibamus..	53
Les Muses et les Grâces dans la Marche................	54
Épiphanie..	55
Les bons vivants de Weimar...............................	56
Chanson sicilienne..	56
Chanson suisse..	56
Chanson finlandaise..	57
Chanson bohémienne.......................................	57
Chanson des soldats..	57

BALLADES.................................... 59

Ballade du comte exilé et revenu..........................	59
La violette..	61
Un infidèle...	61
Le roi des aunes...	62

TABLE DE LA PREMIÈRE PARTIE.

	Page
Jeanne Sébus	63
Le pêcheur	64
La fleurette belle à ravir	65
Le chevalier Conrad se rendant chez sa fiancée	66
Chant de noces	67
Le chercheur de trésors	68
Le preneur de rats	69
La fileuse	70
Devant la justice	70
Le page et la meunière	70
Le jeune garçon et le ruisseau du moulin	71
La trahison de la meunière	72
Le repentir de la meunière	73
Le voyageur et la fermière	75
Effet à distance	76
La cloche qui chemine	77
Le fidèle Eckart	77
Bonhomme et bonne femme	79
La danse des morts	79
L'apprenti sorcier	80
La fiancée de Corinthe	82
Le dieu et la bayadère	85
Le paria	87
Complainte de la noble femme de Asan-Aga	90

IMITATIONS DE LA FORME ANTIQUE 93

Le duc Léopold de Brunswick	93
Au laboureur	94
Le tombeau d'Anacréon	94
Les deux frères	94
La mesure du temps	94
Avertissement	94
Heureux soucis	94
Solitude	95
Bonheur éprouvé	95
De loin	95
Le rocher choisi	95
Bonheur champêtre	96
Philomèle	96
Place consacrée	96
Le parc	96
Les docteurs	96
Tentation	97
Mariage mal assorti	97
Une sainte famille	97
Excuse	97
Un camp	97

TABLE DE LA PREMIÈRE PARTIE.

Au corps des mineurs............ Page	97
Sakontala............	98
Le Chinois à Rome............	98
Voyages physiognomoniques............	98
Le miroir de la Muse............	99
Phébus et Hermès............	99
Le nouvel Amour............	99
La nouvelle Sirène............	100
Les couronnes............	100
L'Alpe suisse............	100

ÉLÉGIES............ 101

    Livre I. Élégies romaines. 1788-90 101

    Livre II. 1796-7 115

Alexis et Dora............	115
Le nouveau Pausias et sa bouquetière............	119
Euphrosyne............	123
Le revoir............	128
Amyntas............	128
Hermann et Dorothée............	129

ÉPITRES............ 133

    Épitre I............ 133
    Épitre II............ 136

ÉPIGRAMMES............ 139

PROPHÉTIES DE BACIS............ 155

LES QUATRE SAISONS............ 161

Le printemps............	161
L'été............	162
L'automne............	164
L'hiver............	168

SONNETS. 1817 171

Violente surprise............	171
Agréable rencontre............	171
Sans balancer............	172
La jeune fille parle............	172
Croissance............	173
Provision de voyage............	173
Le départ............	173
Lettre de l'amante............	174
Deuxième lettre de l'amante............	174
Elle ne peut finir............	175

Némésis	Page 175
Présent de Noël	175
Avertissement	176
Les sceptiques; les amoureux	176
La jeune fille; le poëte	177
Époque	177
Charade	177

POÉSIES DIVERSES. 179

Le Parnasse allemand	179
Le monument de Gellert	182
Ilmenau	183
Trois odes à mon ami Behrisch	187
Élysée; à Uranie	189
Chant matinal du pèlerin, à Lila	190
Chant de Mahomet	190
Chant des esprits sur les eaux	191
Ma déesse	192
Voyage dans le Harz en hiver	193
Au postillon Kronos	194
Chant d'orage du pèlerin	195
Navigation	196
L'aigle et la colombe	197
Ganymède	198
Les bornes de l'humanité	198
Le divin	199
Prière royale	200
Sentiment humain	200
Le parc de Lili	200
Besoin d'amour	202
A sa cruelle	203
Désir	203
Les Musagètes	203
Plaintes du matin	204
La visite	205
Filet magique	206
La coupe	207
Pensée de nuit	208
A Lida	208
Pour jamais	208
Entre les deux mondes	208
Extrait d'un album de 1604	209
A la pleine lune, qui se levait	209
Le fiancé	209
Dornbourg	210
A minuit	210
Méditation devant le crâne de Schiller	211

TABLE DE LA PREMIÈRE PARTIE.

Des souffrances du jeune Werther................................. Page 212
Trilogie de la passion... 216
Harpes éoliennes.. 217
Partout et toujours... 218
Avril.. 218
Mai.. 218
Juin... 219
Le printemps prochain... 219
La veille de Saint-Népomucène..................................... 220
En passant... 220
Pentecôte.. 221
Réciproque... 221
Le brigand... 221
Le nouveau Copernic.. 221
Voilà le héros qui me plaît....................................... 222
Impatience.. 222
Avec les Années de voyage... 223
Hans Sachs.. 223
Sur la mort de Mieding... 227
Pensées poétiques sur la descente de Jésus-Christ aux enfers.... 232
Le juif errant.. 235
Les mystères.. 240

BEAUX-ARTS..... *1774* 249

Les gouttes de nectar.. 249
Le voyageur.. 249
Chant matinal de l'artiste.. 252
L'amour, peintre de paysage....................................... 253
Chant du soir de l'artiste.. 255
Le connaisseur et l'artiste....................................... 255
Le connaisseur et l'enthousiaste.................................. 255
Monologue de l'amateur.. 256
Bon conseil.. 256
Épître... 256
Le droit de l'artiste... 257
Grande est la Diane des Éphésiens................................ 259
Antique.. 259
Enthousiasme... 259
Études... 259
Type... 260
Indispensable.. 260
Idéal.. 260
Détours.. 260
Modernes... 260
L'amateur et l'artiste.. 260
Paysage.. 261

TABLE DE LA PREMIÈRE PARTIE.

PARABOLES... Page 263

Explication d'une gemme antique....................... 263
Le pâté de chat....................................... 263
Séance.. 264
Légende... 264
Les auteurs... 264
Le critique... 265
L'amateur et le critique.............................. 265
Néologues... 265
Épilogueur.. 266
Le clabaudeur... 266
La célébrité.. 266
Le jeu des prêtres.................................... 267
Le plaisir.. 268
Les poëmes.. 268
La poésie... 268
L'Amour et Psyché..................................... 269
Emblème... 269
Poudre aux mouches.................................... 269
Au bord de la rivière................................. 269
Le renard et la grue.................................. 270
Le renard et le chasseur.............................. 270
Vocation de la cigogne................................ 270
Les grenouilles....................................... 271
La noce... 271
Enterrement... 271
Signes menaçants...................................... 271
Les acheteurs... 272
Le village de la montagne............................. 272
Symbole... 272
Trois palinodies...................................... 273
Les originaux... 274
Culture... 274
L'un comme l'autre.................................... 274
Valet... 275
Un maître d'école de village.......................... 275
La légende du fer à cheval............................ 276

POËMES EPIGRAMMATIQUES................................ 279

Le sonnet... 279
Nature et art... 279
Proposition amiable................................... 280
Confiance... 280
Gémissement... 280
Souvenir.. 280

TABLE DE LA PREMIÈRE PARTIE.

Perfectibilité.. Page 281
Aveu... 281
Courage de tailleur.. 281
Catéchisme... 281
Complet.. 282
Le laid visage... 282
Dîner à Coblentz, dans l'été de 1774........................... 282
La foire de Hunefeld, le 26 juillet 1814....................... 283
Versus memoriales.. 283
Nouvelle sainte.. 284
Avertissement.. 284
Mademoiselle N. N.. 284
Le parc de la maison... 284
Souhaits de jeune fille.. 285
Menaces diverses... 285
Motif.. 285
Invincible... 285
Convenance... 286
C'est en vain.. 286
Joyeux et hardi.. 286
Consolation du soldat.. 286
Problème... 286
Manière de vivre du génie...................................... 287
Hypocondre... 287
Société.. 287
Probatum est... 287
Primitif... 287
Aux originaux.. 287
Aux importuns.. 288
Aux bons... 288
Aux meilleurs.. 288
Découragement.. 288
Dits, contredits... 288
Humilité... 288
Rien qui plaise.. 288
Le savoir-vivre.. 289
Peine inutile.. 289
Condition.. 289
Le mieux... 289
Ma préférence.. 289
Memento.. 289
Aussi large que long... 289
Règle de vie... 290
Œuf frais, bon œuf... 290
Dignité humaine.. 290
Énigme... 290
Les années... 290

TABLE DE LA PREMIÈRE PARTIE.

L'âge.. Page	291
Épitaphe...	291
Le cours du monde..	291
Exemple...	291
Vice versa..	291
Règle des princes..	291
Fourberie ou tromperie...	292
Égalité..	292
Comme tu me fais je te ferai.................................	292
Jour et journal...	292
Signes du temps...	292
Avec le temps vient le conseil.................................	292
Assemblée nationale..	292
Au 31 octobre 1817...	293
Trinité...	293
Agape de Kestner..	293
Nativité..	293
Le parterre parle...	294
A l'emplette..	294
En détail..	294
Au large..	294
Saturne critique..	295
Condition essentielle..	295
D'année en année...	295
Nette et joliette..	295
Pour elle..	296
Toujours le même...	296
Aux absolutistes...	296
Énigmes...	296
Regard hostile..	296
Conseils multiples...	297
Langage...	297
Etymologie...	297
L'art et l'antiquité...	298
Musées..	298
Panacée...	298
Homère derechef Homère......................................	298
Sur le divan..	298
Souvenir..	298
Littérature universelle...	299
Compensation..	299
Jouissance de la vie...	299
Aujourd'hui et éternellement..................................	300
Poétique finale...	300
Le fou épilogue..	300

Pensées politiques....................................... 303

TABLE DE LA PREMIÈRE PARTIE.

DIEU ET LE MONDE.... .... Page 305
    Proœmium.. 305
    L'âme du monde... 306
    L'individu et le tout..................................... 306
    Testament.. 307
    Parabase... 308
    La métamorphose des plantes.............................. 308
    Épirrhéma.. 310
    La métamorphose des animaux.............................. 310
    Antepirrhéma... 312
    Paroles primitives. Poésie orphique...................... 312
    Atmosphère... 314
    Souvenir d'honneur à Howard.............................. 314
    Stratus.. 314
    Cumulus.. 315
    Cirrus... 315
    Nimbus... 315
    Bon à observer... 315
    De quoi il s'agit.. 316
    Usage reçu... 316
    Loi du sombre.. 316
    Sans doute!.. 316
    Ultimatum.. 317
    Les sages et les gens.................................... 317

HEURES ET SAISONS CHINOISES-ALLEMANDES.. 321

FIN DE LA TABLE DE LA PREMIÈRE PARTIE.

ŒUVRES

DE GOETHE

I

SECONDE PARTIE

PARIS. — IMPRIMERIE DE CH. LAHURE ET C°
rues de Fleurus, 9, et de l'Ouest, 21.

POÉSIES DIVERSES
PENSÉES

DIVAN ORIENTAL - OCCIDENTAL

AVEC LE COMMENTAIRE

PAR GOETHE

TRADUCTION NOUVELLE

PAR JACQUES PORCHAT

PARIS
LIBRAIRIE DE L. HACHETTE ET Cie
RUE PIERRE-SARRAZIN, N° 14

1861

PENSÉES

PENSÉES EN RIMES[1].

Dieu, âme et monde.

Que le ciel devienne seulement serein, vous en compterez mille et plus encore.

En peu d'instants Dieu a trouvé le bien.

Qui se confie en Dieu est édifié.

Cette parole même n'a pas menti : « Celui que Dieu trompe est bien trompé. »

NOTRE PÈRE est une belle prière; elle aide et soutient dans toutes les douleurs : celui même qui dit PÈRE NOTRE, au nom de Dieu, laissez-le prier[2].

Je me promène dans les champs vastes et fleuris de la nature primitive : la tradition, la grâce, est une source salutaire dans laquelle je me baigne[3].

Où, quand et comment?... Les dieux restent muets : tenez-vous-en à *parce que* et ne demandez pas le *pourquoi*.

Veux-tu pénétrer dans l'infini? Avance de tous côtés dans le fini.

Veux-tu puiser dans le tout une nouvelle vie? Sache voir le tout dans le plus petit objet.

---

1. On a traduit le titre exactement, quoique les PENSÉES EN RIMES deviennent ici des *Pensées en prose*, comme celles qui les suivent.
2. Cette distinction a en vue les Calvinistes et les Luthériens.
3. Suivent trois pensées qui se trouvent déjà page 178, et que nous supprimons ici.

Du fond de l'âme, du sein de la mère, bien des choses veulent se produire au jour; mais ce qui est petit veut-il jamais devenir grand, qu'il se remue d'abord et s'éveille.

Il faut d'abord que l'eau se décompose, pour que l'être vivant se dégage.

Et l'eau se déploie-t-elle, aussitôt paraît la forme vivante; alors des animaux tourbillonnent, ils sèchent et deviennent des fleurs, et les plantes rameuses surgissent.

L'air, que nous voyons pur et transparent, porte dans son sein la pierre et le fer : ils se rencontrent, ils s'enflamment, et il pleut du métal et des pierres.

Car ce que le feu anime par son étreinte cesse d'être un objet informe, une masse terrestre, et se volatilise et s'élance, invisible, aux cieux où fut son berceau.

Ainsi redescend vers la terre ce qui trouva dans la terre son origine. Nous aussi, nous subissons les mêmes épreuves, tour à tour fixés et volatilisés.

Et qui a circulé à travers tous les éléments, le feu, l'air, l'eau et la terre, finira par se convaincre qu'il n'est pas de la même essence.

Que veut cette aiguille tournée vers le nord ? Il lui est défendu de se trouver elle-même.

Le repos final n'est senti que du moment où le pôle touche le pôle.

C'est pourquoi rendez grâce à Dieu, ô vous, fils du temps, de ce qu'il a séparé les pôles pour jamais.

« Explique-moi le mystère de l'aimant. » Ce n'est pas un plus grand mystère que l'amour et la haine.

Si tu fais connaissance avec ton pareil, tu t'éloigneras aussitôt.

« Pourquoi petits garçons et petites filles aiment-ils si fort à danser? » Choses dissemblables ne tardent pas à s'assembler.

En revanche les paysans, au cabaret, se rossent d'abord avec les pieds des bancs.

Le bailli apaise le désordre en un moment, parce qu'il n'est pas tenu pour leur égal.

Si tu veux que ta boussole te dirige bien, garde-toi des aimants qui t'accompagnent.

Si l'éclat des étoiles doublait, l'univers serait à jamais ténébreux.

« Et quel objet se place entre deux? » Ton œil, tout comme le monde matériel.

Comprimé par les ténèbres, ton œil enfante la lumière.

Noir et blanc, objet funèbre : mêlés ensemble, ignoble gris.

Si la lumière veut se marier à un corps, elle choisira le parfait transparent.

Mais, toi, attache-toi avec amour au diaphane, au nébuleux.

Car, si le sombre se trouve en face du soleil, tes yeux sont réjouis par le pourpre le plus magnifique.

Et si la lumière veut se dégager du sombre, elle développe un rouge flamboyant.

Et quand le sombre s'évapore et se retire, le rouge pâlit et passe au jaune le plus clair.

L'éther est-il enfin pur et brillant, la lumière est blanche, comme elle était d'abord.

Qu'un gris laiteux s'étende sur un fond sombre, il devient bleu quand le soleil l'éclaire.

Sur les montagnes, à la hauteur la plus pure, le parvis du ciel est d'un bleu rose foncé.

Tu t'extasies devant cette magnificence royale, et soudain la nuit déploie son velours funèbre.

Et de même aussi, dans la paix éternelle, l'obscurité demeure séparée de la lumière.

Qu'elles puissent lutter ensemble, c'est ce qu'il faut appeler une pure folie.

Elles luttent avec le monde matériel, qui les tient séparées à jamais.

SENTENCES.

Tu vis parmi le peuple : accoutume-toi à voir que personne n'épargne jamais les autres.

Si je veux prendre le badinage au sérieux, nul ne m'en fera de reproche, et, si je veux traiter le sérieux en badinant, je resterai toujours le même.

L'envie de parler vient à propos, et la parole, sincère, coule du cœur et des lèvres.

J'ai cherché en beaucoup de lieux des paroles gaies et sages, et j'ai dû prendre plaisir aux mauvais jours, car ils inspirent les meilleures.

Bonheur et santé pour la nouvelle année! Sur les souffrances et les blessures, un baume salutaire! Sur le dur billot, un coin dur! Sur le fourbe, un plus dur encore!

Veux-tu vivre gaiement? Chemine avec deux sacs, l'un pour donner, l'autre pour recueillir. Tu seras comme un roi, pillant et gratifiant les provinces.

Tout ce qui a paru jamais d'excellent dans les fastes de l'histoire, quelqu'un saura bien un jour le rétablir et le lire.

Chacun ne se borne pas à suivre les sentiers vulgaires : tu vois les araignées se bâtir des routes aériennes.

Il est bien plus facile de tresser une couronne que de trouver une tête digne de la porter.

De savoir comment les plantes aiment à croître, ce sera l'affaire de chaque jardinier ; mais, pour ce qui constitue la croissance de l'homme, chacun fait soi-même l'essentiel.

Mais veux-tu faire pour toi du mieux possible, ne te repose pas sur toi-même : suis les idées d'un maître ; tu gagneras à t'égarer avec lui.

Emploie bien ton temps! Veux-tu comprendre quelque chose, ne le cherche pas loin.

Entre aujourd'hui et demain il y a un long intervalle : apprends à faire diligence, tandis que tu es encore éveillé.

L'encre nous donne la science, mais elle dépite, quand elle n'est pas à sa place : un mot écrit est comme une perle, une tache d'encre est une sottise.

Si l'on édifie quelque chose pour l'avenir, cela est vu de mauvais œil par beaucoup de gens; si tu travailles pour le moment, commence par sacrifier à la fortune.

Il réussira, le maître qui exécute lui-même ce qu'il a commandé.

Fais seulement le bien dans tes affaires : le reste se fera de soi-même.

Si quelqu'un se trouve bien dans un petit état, sache qu'il a atteint un grand but.

Crois-moi, tu as fait beaucoup, si tu t'es accoutumé à la patience.

Qui ne s'étend pas selon la couverture reste les pieds découverts.

L'oiseau joyeux chante dans l'air, tandis que sa couvée est là-bas dans le nid.

Si un homme sage commande à sa femme, qu'il ne s'y joue que pour un grand sujet; si la femme veut commander à l'homme, qu'elle choisisse le grand dans le petit.

On voit au visage de la femme si elle a un bon mari.

Une femme fait souvent la mine sans que le bon époux le mérite.

Un brave homme!... Je le connais parfaitement : il commence par battre sa femme, et puis il la coiffe.

Un beau oui, un beau non, mais vite, et je suis content.

Janvier, février, mars, tu es tout ce que j'aime; mai, juin, juillet, août,... il ne m'en souvient plus.

Bouche baisée et lune nouvelle, sont bientôt claires, bientôt belles.

Pour moi le plus grand supplice serait d'être seul en paradis.

Tout s'arrangerait parfaitement, si l'on pouvait faire les choses deux fois.

Laisse-toi prendre aujourd'hui, aujourd'hui seulement, et tu échapperas cent fois.

Si les choses finissent par aller mal pour toi dans le monde, fais ce que tu voudras, seulement n'aie pas raison.

Châtie le chien, fouette le loup, si tu veux : ne provoque pas les cheveux gris.

Vous aurez beau diguer et curer la rivière, l'inondation ne se laisse pas marchander.

J'avais tué mille mouches le soir, mais il s'en est trouvé une pour m'éveiller au point du jour.

Quand tu serais parvenu au bout du monde, dans la plus étroite cabane, qu'aurais-tu gagné? Tu y trouverais le tabac et les mauvaises langues.

Je ne sais ce qu'on pourrait inventer de mieux que des chandelles qui brûleraient sans être mouchées.

Si le pain courait comme les lièvres courent, il faudrait bien suer pour l'acheter.

Si la chasse aux oiseaux ne vous réussit pas, faites rôtir votre chouette.

La belle treille, n'est-ce pas, que celle dont les ceps seraient attachés avec des saucisses !

Ne te risque jamais à faire des serments : c'est un ragoût dont je ne veux point tâter.

Mais un homme nonchalant et paresseux, quand un pigeon rôti lui volerait dans la bouche, se garderait bien d'y toucher, s'il n'était pas aussi découpé habilement.

Il est libéral de ses pas, celui qui vient prier le chat de lui céder son lard.

Tu as trop rôti tes châtaignes : elles ne sont plus que du charbon.

Ce sont à mon gré de trop mauvais morceaux que ceux qui étouffent les convives.

C'est une des grandes actions qu'on puisse faire que de se rôtir dans sa graisse.

Bouilli ou rôti ! Il a passé par le feu.

Rôti ou bouilli ! Ne vous moquez pas de moi : si rassurés que vous soyez aujourd'hui, vous serez rôtis demain.

Qui a des oreilles, entende ; qui a de l'argent, le dépense.

Je donne à la mère, je pense à la fille.

Habillez une colonne, elle semblera une dame.

Si je dors, je dors pour moi doucement ; si je travaille, je ne sais pour qui ce sera.

Je suis un bien pauvre sire : mes rêves sont menteurs et mes pensées sans effet.

Je consens qu'il en soit ainsi !... J'en aurai les larmes aux yeux.

Il est bien malheureux, l'homme qui néglige ce qu'il peut faire, et qui entreprend ce qu'il n'entend pas : ce n'est pas merveille qu'il trouve sa ruine.

Qui n'a rien le porte légèrement ; mais la richesse est un fardeau plus léger.

On peut supporter tout au monde, excepté une suite de beaux jours.

Pourquoi encenser ton mort ? L'aurais-tu traité de la sorte pendant sa vie ?

Fort bien, si l'on ne connaissait pas vos respects!... C'est à vous, ce n'est pas à lui, que vous élevez des monuments.

Si tu veux jouir de ton mérite, il faut que tu prêtes du mérite au monde.

Quelqu'un veut-il prêcher dans le désert, il peut régler ses comptes avec lui-même; mais, si quelqu'un parle à ses frères, ils l'en récompenseront souvent fort mal.

Laissez l'envie et la disgrâce se consumer; elles n'empêcheront pas le bien, car, Dieu merci, c'est une vieille coutume, que le soleil réchauffe aussi loin qu'il éclaire.

L'*interim* a le fourbe derrière lui; et que de fourbes dans le monde, puisque nous vivons tous *ad interim!*

Pourquoi tant demander: « Où cela aboutira-t-il? Où et comment cela finira-t-il? » Je te conseille, mon ami, de rester chez toi et de parler à tes murailles.

Bien des cuisiniers salent trop la bouillie. Dieu nous préserve de maints serviteurs! Mais nous sommes, avouez-le franchement, un hôpital de médecins.

A votre avis je me suis trompé gravement : du moins je ne l'ai pas controuvé.

La tour de Babel revient encore : on ne saurait les mettre d'accord. Tout homme a sa manie : Copernic a la sienne.

Avec nos chers anciens on a besoin d'éclaircissements, on veut des notes : les modernes, on croit les entendre couramment; toutefois cela ne va pas non plus sans interprète.

Ils disent : « Cela n'est pas de mon goût, » et ils croient avoir tout dit.

J'ai connu dans ma province des savants qui ne pouvaient lire que dans leur propre bréviaire.

Vous offrez bien des moyens de salut : à quoi bon? Le meilleur est la présence d'esprit.

A d'autres le souci! Tout s'arrangera, et, si le ciel tombe, il se sauvera bien une alouette.

C'est le comble de la misère, quand la honte s'unit au dommage.

C'est trop de folies; je crains que la corde ne rompe : Dieu ne fait pas notre compte à la fin de chaque semaine.

Tu es bien pressé, ma foi! Tu cherches la porte et tu passes devant.

Ils croient disputer ensemble, et sentent que le tort est des deux côtés.

Ont-ils fait l'emplette, ils en sont tout joyeux, et tout à coup ils s'en affligent.

Veux-tu n'acheter rien d'inutile, ne va pas à la foire.

L'ennui est une mauvaise herbe, mais aussi une épice qui fait digérer bien des choses.

Éprouvons-nous un véritable chagrin, nous désirons l'ennui.

Afin de pouvoir élever leurs enfants, il faudrait que les mères fussent comme les canes : elles nageraient tranquillement avec leur couvée ; mais il est vrai qu'il faut aussi de l'eau.

Ces jeunes gens s'imaginent que leur jour de baptême dut être le jour de la création : ils devraient pourtant songer aux présents que nous leur avons faits comme parrains.

« Non ! la fortune m'est hostile aujourd'hui. » Va, selle bien ta monture et chevauche hardiment.

On bavarde beaucoup sur une affaire, on délibère, on hésite longtemps, et une fâcheuse nécessité donne enfin à la chose une désagréable conclusion.

Chaque jour est une brèche que beaucoup d'hommes escaladent : ils ont beau tomber dans l'ouverture, les morts ne s'amoncellent jamais.

Quiconque voyage sur terre et sur mer recueille peu à peu des choses qui, avec assez de peine, se dégagent de la coquille et se remontrent dans la suite de la vie.

L'homme, quel qu'il soit, rencontre une dernière fortune et un dernier jour.

Ne pèse pas au trébuchet le bonheur de tes jours : si tu prends la balance ordinaire, tu seras confus et satisfait.

As-tu fait le bien un jour, et ton ennemi ne le voit-il qu'avec chagrin, tôt ou tard il fera, dans l'occasion, la même chose sans savoir comment.

Veux-tu faire le bien, mon fils, il ne s'agit que de vivre longtemps et tout s'arrangera : que si tu viens à mourir trop tôt, tu auras acquis la reconnaissance de la postérité.

Pouvons-nous goûter une paix plus belle qu'à forger librement notre propre bonheur ?

Laissez donc faire les jeunes gens, et que leurs talents vous réjouissent! La grand'mère Nature a quelquefois des caprices fous.

Nous étions mal élevés et désagréables : aujourd'hui la génération nouvelle nous est très-importune.

Où la présomption me plaît?... Chez les enfants, car le monde leur appartient.

Vous me rangez toujours au nombre des bons vivants : autrefois j'ai vécu follement, maintenant je vis parmi les fous : les péchés qu'on a commis soi-même, on les aime encore chez les autres.

Veux-tu habiter avec moi, laisse la bête à la porte.

Les hommes veulent-ils être bêtes, faites entrer les animaux dans la chambre ; la chose sera moins choquante : nous sommes tous enfants d'Adam.

Vivre avec les fous ne vous sera nullement difficile : ayez seulement autour de vous des petites-maisons.

Étrange amateur des arts, qu'un homme atteint d'hypocondrie! Il va se promener dans des galeries de tableaux, devant des peintures qui toutes lui choquent la vue.

L'hypocondre est bientôt guéri, si la vie vous maltraite comme il faut.

Tu seras content de la mort : pourquoi te faire un tourment de la vie?

Quelle inadvertance plus folle que de donner une fête à quelqu'un et de ne pas l'inviter!

Vous voyez donc ce qui peut arriver aux gens, parce que les meilleurs vont sans dire.

Si un noble cœur a quelque tort envers toi, fais comme si tu n'en avais pas pris note : il l'inscrira lui-même dans son livre de comptes, et ne restera pas longtemps ton débiteur.

Ne cherche pas une vaine guérison. Le fâcheux secret de notre maladie flotte entre la précipitation et la négligence.

Oui, ne cesse pas de crier et de maudire : cela n'ira jamais mieux. Consolation est un mot absurde : qui ne peut désespérer ne doit pas vivre.

Je ne devrais pas jurer par le maître, ni suivre toujours les leçons du maître?... Non, je sais qu'il ne peut mentir ; je me trompe avec lui volontiers.

Ils me charment, tous ces hommes de bien et de mérite, malgré tant de gens qui aboient parmi eux : les Allemands savent redresser, mais ils ne savent pas seconder.

« Tu n'entreras pas dans le pays des idées! » Je suis pourtant connu sur la rive. Qui ne se flatte pas de conquérir les îles a du moins permission de jeter l'ancre.

Mon ardeur poétique fut bien faible tant que j'allai au-devant du bien, mais elle jeta feu et flammes quand je dus fuir devant le mal imminent.

Comme l'arc-en-ciel, un poëme délicat veut se déployer sur un fond obscur : c'est pourquoi la mélancolie est l'élément favori du génie poétique.

A peine m'étais-je lancé dans le monde, et commençais-je à poindre, qu'on m'érigea en personnage pour abuser de moi.

Qui sert le public est une pauvre bête : vous vous tourmentez, sans que personne vous remercie.

Être l'égal de ses égaux, on y arrive malaisément : tu devrais te résoudre doucement à paraître le pire.

On ne saurait être ensemble toujours, surtout en grande troupe : on laisse aller ses amis; on laisse courir la foule.

Il te plaît de nourrir chez toi l'erreur, mais cela ne nous troublera point; tu peux nous louer, tu peux nous blâmer : nous n'admettrons point tes jugements comme règle.

On ne doit pas se commettre avec les moqueurs. Qui consentirait de passer pour un imbécile? Mais il y a de quoi se désespérer de n'oser appeler imbéciles les imbéciles.

L'enfant Jésus porte les péchés du monde; saint Christophe porte l'enfant à travers le ruisseau : tous deux nous ont ensorcelés : pour nous, c'est toujours à recommencer.

Le lierre, comme le cœur tendre, s'attache et verdit et fleurit; s'il ne peut trouver ni arbre ni muraille, il faut qu'il sèche, qu'il périsse.

De gracieuses pensées et de doux souvenirs sont la vie dans sa plus intime profondeur.

Je rêvais, j'aimais, à la face du jour : je me sentais vivre.

Qui veut bien faire sans cesse et avec joie nourrisse dans sa pensée et dans son sein un amour véritable!

« Quand trouves-tu le plus de plaisir à te baisser? » Au printemps, pour cueillir des fleurs à ma belle.

Mais ce n'est pas un grand mérite, car l'amour est le suprême bien.

Le temps moissonne et les roses et les épines, mais cela repousse toujours.

Apprécie ce que la douleur t'a laissé : quand le mal est passé, le mal est doux.

Heureux qui jouit de l'amour sans mélange : car le tombeau finit par engloutir et l'amour et la haine.

J'ai obtenu beaucoup d'amour, quand je l'ai recherché sans être amoureux, et j'ai essuyé des mépris, quand je me mourais presque d'amour : tout balancé, il reste un solde en ma faveur.

Quelqu'un vous rend-il un bon office, vite, donnez, donnez! Bien peu de gens attendent avec confiance, d'un jardin tranquille, les fleurs de la reconnaissance.

Il donne deux fois, celui qui donne d'abord; il donne cent fois, celui qui donne d'abord ce qu'on désire et qu'on aime.

« Pourquoi cette marche si lente? » C'est toujours à contre-cœur que je reste en repos; mais, si je veux faire quelque bien, il faut d'abord que j'en demande la permission.

A quoi bon veiller longtemps, batailler avec le monde? La sérénité et la droiture seules finiront par te donner l'avantage.

A qui le bonheur offre-t-il sa palme la plus belle? A l'homme qui fait son œuvre avec joie et qui jouit de ce qu'il a fait.

Tout est d'abord expié : qui a loyalement combattu est couronné.

Tu ne produis aucun effet; tout demeure inerte : ne te fâche pas ; le caillou jeté dans la boue ne fait pas des ondes.

Vous me versez de mauvaise eau dans l'admirable liqueur de la vigne! J'aurai toujours tort et je le sais mieux que vous.

Ce que je dois prendre en patience? Il faut que la foule frappe à tort et à travers : alors elle est respectable; mais c'est un misérable juge.

Il est souvent très-difficile d'approfondir pourquoi nous avons commencé une chose; nous devons souvent regarder comme une récompense d'avoir mal réussi.

Si je vois chez les autres de grandes qualités, et si elles veulent aussi se développer chez moi, je les cultiverai avec amour : si cela ne va pas, je ferai autre chose à la place.

Moi, égoïste ! Je sais mieux me conduire. L'envieux, voilà l'égoïste : et quelques sentiers que j'aie courus, vous ne me trouvâtes jamais dans celui de l'envie.

Ne vous plaignez pas de vos contemporains, de vos compatriotes : les voisins et la postérité diront sur vous de tout autres fadaises.

Écris dans ta patrie ce qu'il te plaît : c'est là que l'amour t'enchaîne ; c'est là ton univers.

Au dehors, nous trouvons trop ou trop peu, et seulement dans notre pays le terme et la mesure.

Pourquoi l'on envie les poëtes ?.... Parce qu'un peu d'impertinence leur sied bien quelquefois, et que c'est pour nous un supplice dans le monde de n'oser être impertinents.

Le génie poétique traverse donc aussi le monde sans savoir comment ; une joyeuse humeur lui procure de solides avantages : pour les autres, la perte anéantit le gain.

« Je me dis sans cesse : « Mon vœu est accompli, » et aussitôt les choses prennent un autre cours. » Morcelez la vie, vous vous la rendrez légère ; prenez-la en bloc, vous en ferez pour vous un pesant fardeau.

« N'es-tu pas aussi perdu sans ressource ? Tu as vu s'évanouir toutes tes espérances ! » C'est l'espérance qui rêve et imagine, et je puis toujours être joyeux.

Tout ne s'enchaîne pas, mais du moins ne soyez pas en lutte avec vous-même : on achève avec amour ce qu'on a inventé ; avec confiance, ce qu'on a appris.

Quel est notre plus sévère critique ?... Un amateur qui se résigne.

Les raisonneurs font fuir la poésie, mais elle sait aimer la raison.

« Où est-il, le maître que l'on croit ? » Faites ce que vous permet votre fantaisie.

Si tu crois te connaître, tu ne reconnaîtras point Dieu, et même tu appelleras divin le mauvais.

Qui a le sentiment de Dieu mérite le respect, car il ne vivra jamais dans le mal.

Ne vous aigrissez pas les uns les autres : ici nous sommes égaux, barons et paysans.

Pourquoi nous trouvons Dieu si aimable?... Parce qu'il ne se met jamais sur notre chemin.

Comment les pêcheurs pourraient-ils se nourrir et se sauver, si les grenouilles avaient des dents?

Combien les cerises et les fraises sont bonnes, les enfants et les moineaux pourront le dire.

« Pourquoi la belle enfant vous a-t-elle quitté? » Je ne saurais lui en vouloir pour cela : elle a paru soupçonner et s'apercevoir que je voulais prendre les devants.

Crois-moi, jeune fille, laisse tes jambes en repos : il faut, pour la danse, mieux que des souliers rouges.

Ce que je ne sais pas ne me tourmente point, et ce que je sais me tourmenterait, si je ne savais pas ce qu'il en doit arriver.

Souvent, si toute consolation te fuit, tu dois te résigner en secret : c'est seulement quand tu es victime d'une violence que la foule s'intéresse à toi. Quant à l'injustice que tu essuies, personne n'y prend garde.

Pourquoi te fâcher contre les célébrités sans mérite? Où ne voit-on pas des intrus?

A quoi tient toute l'affaire?... C'est très-simple! Père, dispose avant que ta valetaille s'en doute. Une banderole flotte deçà ou delà, le pilote sait où le vent vous mène.

Tes singularités te resteront assez fidèles : cultive tes qualités.

Des habitudes, tant qu'il te plaira, mais non pas une habitude! Ce mot mêlé aux leçons du poëte, ne le tiens pas pour une folie.

Le bien que j'ai fait souvent ne m'inquiète plus maintenant; mais l'erreur qui m'est échappée voltige devant mes yeux comme un fantôme.

Donnez-moi de l'ouvrage, c'est un riche cadeau : le cœur ne peut rester oisif, il veut avoir quelque chose à faire.

Beaucoup de gens savent beaucoup; ils sont bien éloignés de la sagesse. Les autres vous sont un jouet : nul ne s'est jamais étudié à fond lui-même.

« On a fait contre toi une chanson diffamatoire; un méchant ennemi l'a composée. Laissez-les chanter, elle sera bientôt oubliée. »

Elle ne durera pas aussi longtemps chez les hommes, que « Christ est ressuscité. »

Il dure depuis dix-huit cents ans et deux ou trois encore : c'est pourtant vrai !

Quel est donc l'homme souverain ? C'est bientôt dit : celui qu'on ne peut empêcher de chasser au bien ou au mal.

« Divise pour régner, » profonde parole ! « Unis pour gouverner, » meilleure garantie.

S'il vous arrive de me tromper une fois, je m'en aperçois et je le souffre ; mais, si vous me l'avouez en face, je ne vous le pardonnerai de ma vie.

Je ne sache pas de plus grand avantage que de reconnaître le mérite d'un ennemi.

« Vous a-t-on rendu le bien pour le bien ? » Ma flèche a volé, très-bien empennée ; tout le ciel était ouvert devant elle ; elle aura bien, je pense, donné quelque part.

« Quelle grimace fait ton ami ? » Mon cher, je ne puis le comprendre : il est, je pense, dégoûté de son doux visage, puisqu'il nous en fait un mauvais aujourd'hui.

Vous cherchez à nommer les hommes, et vous croyez les connaître à leurs noms : qui les observe plus à fond s'avoue franchement qu'il s'y trouve de l'anonyme.

« Tu as négligé bien des choses : au lieu d'agir, tu as rêvé ; au lieu de formuler ta pensée, tu as gardé le silence ; au lieu de marcher, tu es resté en place. »

Non, je n'ai rien négligé. Savez-vous donc ce que j'ai rêvé ? Maintenant je prends le vol pour aller rendre grâces, sans laisser ici que mes hardes.

Je pars aujourd'hui. Quand je reviendrai, nous chanterons de tout autres chansons. Avec de si belles espérances, l'adieu est comme une fête.

Que dois-je tant aimer ? Que dois-je tant haïr ? On ne vit qu'en laissant vivre.

Rien de plus facile que de flatter le nécessiteux, mais qui peut feindre sans intérêt ?

« Comment cet homme a-t-il pu atteindre à cela? » Il a marché sur la pointe du pied.

Le proverbe caractérise les peuples, mais commencez par séjourner chez eux.

« Connais-toi!... » Qu'est-ce que cela signifie? Cela veut dire, « sois et ne sois pas. » C'est là un proverbe de nos sages, qui se contredit dans sa brièveté.

« Connais-toi!... » Quelle sera ma récompense? Quand je me connaîtrai, il me faudra partir aussitôt.

Comme si j'entrais au bal masqué, et m'ôtais d'abord le masque du visage.

Connaître les autres! voilà ce que tu dois entreprendre, pour les flatter ou les taquiner.

« Pourquoi n'aimes-tu pas à lire certains ouvrages? » J'en ai fait autrefois ma nourriture ; mais, quand la chenille se hâte de faire sa coque, elle ne trouve plus aux feuilles aucun goût.

Ce qui profite au petit-fils comme à l'aïeul, on y a beaucoup rêvé; mais le point auquel tient tout le reste, c'est communément ce que l'instituteur néglige de nous dire.

Ne t'arrête pas et sois à toi-même un songe; et, à mesure que tu chemines, rends grâce à chaque lieu; sache t'accommoder du chaud comme du froid : le monde vieillira pour toi, tu ne vieilliras jamais pour lui.

Apprends sans détour ce qui te brouille avec le monde : ce n'est pas du sentiment qu'il veut, il veut de la politesse.

Le sentiment doit s'esquiver, la politesse se laisse prendre à pleines mains.

Ce qui est vrai partout, je le dis sans gêne.

L'impatience ne vaut rien, le repentir vaut moins encore : l'une augmente la faute, l'autre en amène de nouvelles.

Que l'on puisse, de ces fougueux désirs, de ces larmes intarissables, espérer le bonheur divin, c'est une erreur dont il faut délivrer ton âme.

Qui se résout sur-le-champ, je l'appelle brave et hardi : il se jette dans la rivière pour échapper à la pluie.

Qu'importe au niais que la fortune lui soit favorable? S'il pleut de la bouillie, la cuiller lui manque.

Les poëtes sont comme les ours, qui se rongent toujours les pattes.

Le monde n'est pas fait de bouillie et de marmelade, ne vivez donc pas en fainéants : il y a de durs morceaux à mâcher ; il faut que l'on étouffe ou qu'on les digère.

Il y avait dans notre voisinage une sage paroisse qui cherchait toujours le mieux : elle donna de la bouillie à son petit clocher pour le faire grandir.

Mon écu vaut vingt-six gros [1] ! Pourquoi donc m'appelez-vous un vantard? Vous n'avez pas invectivé contre les gens dont les gros valaient un écu.

Il ne se voit rien de plus vulgaire que si le jour engendre le jour.

Que vous a fait cette pauvre glace? Ne regardez pas de si mauvaise grâce votre miroir.

Les livres d'amour et les poésies d'almanach rendent pâle et maigre : les grenouilles, dit l'histoire, tourmentaient Pharaon dans son lit.

Nous finissons, de peur qu'à la longue les oreilles ne vous tintent; la raison est hautaine, l'esprit est sévère : nous les étourdissons avec des grelots.

Toutes ces paroles ne sont pas nées en Saxe, ni sur mon propre fumier, mais, les semences que l'étranger m'a fournies, je les ai soignées et bien fumées chez nous.

Et des gens même « du bon ton » ont trouvé plaisant ce petit livre : ce n'est pas « un globe de compression [2], » ce sont de simples fougasses.

---

1. L'écu n'en vaut que vingt-quatre.
2. Les mots placés entre guillemets sont en français dans l'original.

XÉNIES[1]

PREMIÈRE PARTIE.

> Ille, velut fidis arcana sodalibus, olim
> Credebat libris; neque, si male cesserat, unquam
> Decurrens alio, neque si bene : quo fit ut omnis
> Votiva pateat veluti descripta tabella
> Vita senis.
> (Horat. *Serm.*, II, 30.)
>
> (Lucilius avait coutume de confier ses secrets à ses livres comme à des amis fidèles, et, que le succès fût heureux ou malheureux, il ne changeait pas de méthode ; de là vient que toute la vie du vieillard[2] est exposée, comme dépeinte dans un tableau votif.)

Je te mets à l'ordre du jour, mot décrié[3], car les drôles, les gueux de même trempe, poursuivent leurs manœuvres.

« Pourquoi t'écarter de nous tous et de nos opinions? » Je n'écris pas pour vous plaire, mais pour vous apprendre quelque chose.

---

1. Le titre allemand porte *Xénies apprivoisées* (*inoffensives*), par opposition aux Xénies, assez vives et farouches, que Schiller et Goethe publièrent au nombre de plus de quatre cents dans l'*Almanach des Muses* en 1797. Ce titre de Xénies est emprunté au huitième livre de Martial.
2. Il n'est point prouvé que Lucilius soit mort, comme on l'a prétendu, à quarante-six ans, et le mot *senis* est probablement ici dans le sens propre.
3. Xénies

« Mais cela est-il sage et bon? Veux-tu blesser amis et ennemis? » Les hommes faits ne m'occupent plus; c'est aux petits-fils que je dois penser.

Et vous ne devez pas, vous et vous et vous, rompre d'abord avec moi : ce que je fais pour l'amour des petits-fils, je le fais pour vous tous.

Excusez la parole vive, excusez le babil : car maintenant il ne serait plus très-opportun de balancer comme jusqu'à ce jour.

Celui qui vit au milieu de l'histoire du monde devrait-il se régler sur le moment? Celui qui sait regarder et tendre vers l'avenir est seul digne de porter la parole et de tenir la lyre.

« Dis-nous à quoi pensent les méchants? » A troubler la vie d'autrui, à mener joyeuse vie : voilà ce qu'ils estiment une bonne affaire.

« Quel est donc ton dessein?... d'allumer aujourd'hui une nouvelle flamme? » Je veux être lu de ceux qui ne peuvent plus m'entendre.

J'ai vécu heureux pendant un long jour et une courte nuit; le soleil allait se lever, quand je m'éveillai pour le nouveau jour.

« Tes élèves désirent te faire une question. Il nous serait agréable de vivre longtemps sur la terre; quel précepte veux-tu nous donner là-dessus? » Vieillir n'est pas une science; c'en est une de supporter la vieillesse.

Selon vos combats vos succès, si Dieu vous donne, avec la volonté, la force et les moyens.

Cette haute forêt de pins, je la plantai dans ma jeunesse. Elle fait mes délices!... On va bientôt l'abattre comme bois à brûler.

La cognée retentit, déjà toutes les haches brillent : le chêne tombe, et chacun débite sa part.

Un vieux homme est toujours un roi Léar.... Ce qui travailla, combattit, avec lui, la main dans la main, est passé depuis longtemps; ce qui aima, souffrit, avec lui et à cause de lui, s'est attaché ailleurs; la jeunesse est ici pour elle; ce serait folie de lui dire : « Viens, fais la vieille avec moi. »

« Pour éprouver la bienveillance, pour témoigner la tienne,

vieillard, va voyager. » Mes amis sont de moyen âge; ils composent une belle paroisse; à la ronde, même au loin, ils ont appris de moi, avec des sentiments fidèles. Ils n'ont pas souffert à mon sujet; je n'ai point d'excuses à leur faire; j'arrive comme un nouveau personnage : nous n'avons point de comptes à régler entre nous; nous sommes ensemble comme en paradis.

Cela va fort mal dans le monde; c'est en vain que vous êtes honnête, que vous êtes laborieux : il nous veut apprivoisés, il nous veut même nuls.

Je me laisserais bien volontiers instruire par les saints hommes et les sages, mais il faudrait que ce fût vite fait : les longs discours ne me plaisent pas. A quoi faut-il s'appliquer enfin? A connaître le monde et à ne pas le mépriser.

Si vous avez prolongé votre carrière autant que moi, tâchez, comme moi, d'aimer la vie.

Il faut que je perde ici tranquillement ma peine et mon travail; il faut que je laisse dire tout ce que je sais mieux.

Cessez donc de vanter, d'étaler votre sagesse, la modestie vous siérait mieux : à peine avez-vous commis les péchés de la jeunesse, que vous commettez les péchés du vieil âge.

L'amour ne veut point de compagnons, mais la souffrance les cherche et les ménage; le courant de la vie, flot après flot, porte l'un comme l'autre.

Solitaires ou bien ensemble, parmi l'amour, parmi les souffrances, l'un avant, l'autre après, ils délogeront tous deux.

C'est chose malséante dans la vie, et mauvaise encore à la fin, de pourchasser la renommée : vous n'aurez pas été célèbre cent ans, que personne au monde ne saura plus rien de vous.

Puisque les dieux t'ont fait le beau présent de la vie, sache en jouir d'un cœur joyeux et content. S'il te paraît fâcheux d'en sortir, ne prends pas mal la chose; tout le monde en juge comme toi.

Laissons les choses passagères, qu'elles aient bien ou mal réussi! Nous sommes au monde pour nous éterniser.

Ai-je mérité cette peine dans mes vieux jours? Ce que j'ai souffert de mes pères, maintenant il me faut le souffrir de mes petits-fils.

« Qui veut résister à la foule? » Je ne lutte point contre elle, je la laisse passer : elle flotte et se démène et balance et tourbillonne, et puis enfin elle revient à l'unité.

« Pourquoi ne t'expliques-tu pas et les laisses-tu passer? » Cela me regarde-t-il, s'ils ne me comprennent pas?

« Dis-moi comment tu peux souffrir si doucement les manières arrogantes de la folle jeunesse? » A vrai dire, je la trouverais insupportable, si je n'avais été insupportable moi-même.

J'écoute même avec plaisir le bavardage de la jeunesse : ce qui est neuf résonne, ce qui est vieux cliquette.

« Pourquoi ne veux-tu pas fustiger vertement les fous, les novices? » Si je n'étais pas vieux avec honneur, comment pourrais-je souffrir les jeunes gens?

« Eh bien, que devons-nous faire? Veuille nous le dire à présent? » Faites ce qu'il vous plaira, seulement ne m'interrogez pas.

« Comment fais-tu, rusé compère, pour t'arranger avec tout le monde? » Je ne nie pas les talents, quand même ils me déplaisent.

Un homme a beau se surfaire, il n'atteindra pas les étoiles; on le rabaisse trop, et bientôt tout se compense.

Filez toujours, à votre manière, pour envelopper le monde dans la coque : moi, dans ma sphère vivante, je sais jouir de la vie.

Œuvre maladive n'est pas de mon goût : que les auteurs commencent par se guérir.

Si je fais voir les défauts de l'espèce, on pourra me dire : « Fais toi-même quelque chose de bien. »

« Homme fort, ne sois pas si tranquille, lors même que les autres ont peur. » Qui veut effrayer le diable doit crier fort.

« Toi aussi, dans tes beaux jours, tu t'es quelquefois tourmenté. » Je n'ai jamais mal calculé, mais j'ai souvent mal compté.

Par monts et par vaux, sans cesse erreurs nouvelles, et nous revenons dans les plaines! Mais c'est trop vaste et trop ouvert : nous recherchons bientôt labyrinthes et montagnes.

La conversation peut-elle exister, si nous n'usons les uns envers les autres de mensonges plus ou moins déguisés? Un ragoût mêlé de vérité et de mensonge, telle est la cuisine que je préfère.

Connaissez-vous le jeu, où, dans un cercle joyeux, on cherche un sifflet, qu'on ne trouve jamais, parce qu'à l'insu du chercheur, on l'attache aux basques de son habit, c'est-à-dire à son derrière ?

Vivre avec les fous ne vous sera nullement difficile : élevez seulement autour de vous des petites-maisons; songez ensuite (cela vous apaisera d'abord) que les gardiens des fous sont des fous eux-mêmes.

Point de pays où j'aime mieux voyager que ceux où les contradictions foisonnent. Chose plaisante !... Personne ne veut accorder aux autres le droit de se tromper.

Le tronc veut battre contre le tronc; ce que l'un peut faire l'autre le peut aussi: il y a de la moelle dans tous les os; il y a un homme dans toute chemise.

Le dindon est fier de sa collerette, la cigogne de son long cou; la marmite se moque de la chaudière : elles sont noires toutes deux.

Que volontiers je verrais chacun s'enorgueillir, s'il pouvait, comme le paon, faire la roue !

« Pourquoi donc les gens du bel air ne doivent-ils pas me plaire? » De plusieurs on vante l'embonpoint, ce n'est que de l'enflure.

« Ils chevauchent, ils courent : qui les arrête? » Quels sont les cavaliers? « L'orgueil et l'ignorance. » Laissez-les courir ! ils pourront aller longtemps : ils ont en croupe la honte et l'opprobre.

« Comment donc as-tu sitôt recueilli tant d'honneur et d'injures? » Si le loup restait dans le bois, on ne crierait pas après lui.

Les amis. Oh! laisse les lamentations, puisque, après les plus mauvais jours, on goûte de nouveau la joie.

Job. Vous vous raillez de moi : quand le poisson est bouilli, que lui sert-il que la rivière coule?

Que veux-tu faire de ces vieux sots? Ce sont des boutons qui ne boutonnent plus.

Laisse-les couchés dans l'erreur; cherche prudemment à

t'enfuir : quand tu te seras sauvé en pleine campagne, n'entraîne personne après toi.

Avec la joie et la candeur du jeune âge, reçois les leçons de l'expérience : que cela te réussisse et te profite jusqu'au bout.

Tu veux te coucher dans la certitude; moi, j'aime la lutte intérieure : si nous n'avions pas le doute, où serait donc l'heureuse certitude?

« De tes sentiments, lequel veux-tu qu'on envoie après toi dans l'éternité? » Il n'appartint à aucune confrérie; il fut simple amateur jusqu'à la fin.

« Cependant tu faisais tantôt ceci tantôt cela : était-ce sérieux? était-ce un badinage? » Quoi qu'il pût arriver, Dieu sait que j'ai travaillé en conscience.

« Mais comment se fait-il que tout perde aussitôt son mérite et son importance à tes yeux? » Ce qu'on fait intéresse, mais non ce qu'on a fait.

« Pensif et rêveur!... Quelque chose te manque, avoue-le sans détour. » Je suis content, mais, avec cela, je ne suis pas à mon aise.

Veux-tu savoir la fin de la vie? Sois gai.... Si tu ne peux, sois content.

DEUXIÈME PARTIE

MÊLÉE AVEC LES PROPHÉTIES DE BACIS[1].

Nous avons été peut-être trop antique : voici maintenant des leçons plus modernes.

« Tu étais autrefois si éloigné de l'ostentation : où l'as-tu apprise à un tel excès? » C'est en Orient que j'ai appris l'ostentation; mais, depuis que je suis de retour dans l'Occident, j'ai

---

1. Voyez page 155.

trouvé et je trouve, pour me tranquilliser, des Orientaux par centaines.

Et ce que pensent les hommes m'est indifférent; je voudrais seulement m'accorder avec moi-même. Mais nous sommes deux, et, dans le mouvement de la vie, nous sommes un ICI, un LÀ. L'un aime à demeurer, l'autre voudrait courir. Cependant il est aussi un moyen de s'entendre avec soi-même : après un joyeux examen, une action rapide.

Et si parfois l'action amène tout autre chose, hâtons-nous de saisir le bien qui nous arrive à l'improviste.

Ce que vous pensez ou penserez ne me regarde point; bonnes gens, âmes d'élite, ce que vous voulez, je l'ai fait en partie. Il reste beaucoup à faire. Puisse aucun ne rester oisif! Ce que j'en dis est un aveu, pour votre instruction et la mienne. Le monde devient tous les jours plus vaste et plus grand : que votre conduite soit aussi plus parfaite et meilleure (il faudrait dire meilleure et plus parfaite), et chacun sera mieux accueilli.

Comme l'étoile, sans hâte mais sans trêve, que chacun se meuve autour de son fardeau.

Je suis d'humeur joyeuse, innocente et sereine, et je pourrais commettre une faute sans être coupable.

Oui, la véritable voie, c'est de ne pas savoir ce qu'on pense, lorsqu'on pense : tout vient comme par grâce.

« D'où vient que l'on souffre tant de maux, et cela sans péché? Personne ne veut nous entendre! » Dès que la force active disparaît, tout est prébende et rien ne vit plus.

« Il y a bien des choses que nous ne pouvons comprendre. » Vivez toujours, les choses s'arrangeront.

« Comment peux-tu te posséder si bien? » Ce que je blâme, il me faut l'admettre.

« Bacis est ressuscité! » Oui, en tout pays, ce me semble. Il a partout plus d'autorité qu'ici, dans ces courtes sentences.

Dieu fit l'homme à son image, puis il descendit lui-même ici-bas, homme doux et bon.

Un peuple barbare avait essayé de se faire des dieux, mais les maudits étaient plus affreux que des dragons.

Qui voudrait porter plus loin l'outrage et la moquerie? Dieu se transformerait en monstres!

Je ne veux donc, une fois pour toutes, souffrir aucune bête dans la salle des dieux. Les odieuses trompes d'éléphants, les nœuds de serpents entrelacés, la tortue primitive, enfoncée dans le marais du monde, vingt têtes de rois sur un seul tronc, c'est de quoi nous réduire au désespoir, si le pur Orient ne les engloutit pas.

L'Orient les a dès longtemps engloutis : Kalidasa[1] et d'autres y sont parvenus ; avec la grâce du poëte, ils nous ont délivrés de la prêtraille et des monstruosités. Je voudrais moi-même vivre aux Indes, si seulement il n'y avait pas eu de sculpteurs. Que veut-on de plus aimable? Sacountala, Nala, appellent le baiser, et Mega-Dhouta, le message des nues, qui ne l'adresse pas volontiers aux âmes fraternelles?

« Ce que les gens guéris apprécient, le fer, avec les manières de le mettre en œuvre, veux-tu le fuir et le haïr absolument? » Dieu m'ayant élevé dans l'échelle de l'humanité, je ne veux pas laisser les stupides éléments agir sur moi à rebours.

Quand, à ma grande surprise, le nombril m'aurait dit à l'oreille de faire le moulinet, de me tenir sur la tête, cela pourrait passer pour de joyeux bambins, mais nous en restons à la vieille coutume de tenir, si possible, la tête haute.

Les Allemands sont de bonnes gens. Chacun dit : « Je ne veux que le bien, et le bien doit surtout s'entendre de ce que nous estimons, mes compères et moi : le reste est une ennuyeuse affaire, et franchement je l'estime fort peu. »

Je n'ai rien contre la multitude, mais, si elle se trouve une fois dans l'embarras, elle ne manque pas d'appeler les fripons, les tyrans, pour chasser le diable.

Depuis soixante années, je vois les hommes se tromper grossièrement et je me trompe fort bien comme eux, et, comme ce sont labyrinthes sur labyrinthes, où trouverez-vous une Ariane?

« Jusqu'où cela ira-t-il encore? Tu tombes bien souvent dans les choses abstruses : nous ne pouvons te comprendre. » C'est de quoi je fais pénitence : c'est un de mes péchés. Regardez-

---

[1]. Le poëte indien, auteur de *Sacountala* et de *Mega-Dhouta*.

moi comme un prophète.... Beaucoup penser, sentir davantage et peu parler.

Ce que je voulais dire, la censure ne me le défend pas. Dites toujours sagement ce qui profite à chacun, ce que vous devez faire, vous et les autres; vous aurez, je vous l'assure, assez de choses à dire pour nous occuper longtemps.

O douce liberté de la presse! Enfin nous sommes contents. Elle fait tapage de foire en foire, *in dulci jubilo*. Venez, imprimons tout, agissons sans relâche, mais qu'il ne souffle mot, celui qui ne pense pas comme nous!

La sainte liberté de la presse, quelle utilité, quels fruits, quel avantage vous offre-t-elle? Vous en avez la démonstration certaine : un profond mépris de l'opinion publique. Tout le monde ne peut tout endurer; l'un élude ceci, l'autre cela. Pourquoi ne le dirais-je pas? Les idoles indiennes me font horreur. Il ne peut rien arriver de plus effroyable aux hommes que de voir l'absurde incarné.

On peut dire beaucoup de sottises, on peut même en écrire, sans que ni le corps ni l'âme soient tués; tout reste comme auparavant; mais la sottise exposée devant nos yeux a un pouvoir magique : parce qu'elle tient les sens enchaînés, l'esprit demeure esclave.

Je ne veux pas non plus les ménager, ces folles excavations de grottes, ces fouilles sombres de Troglodytes, jeu ridicule de mufles et de boutoirs, absurde fabrique d'ornements : c'est une jolie architecture! Que nul ne les prenne pour modèles, ces temples d'éléphants et de grotesques. Ils se raillaient de saintes rêveries : on ne sent là ni Dieu ni la nature.

Je les ai bannis pour jamais; mon anathème frappe les dieux à plusieurs têtes, tels que Vichnou, Cama, Brahma, Siva, et même le singe Hannemann. Et l'on veut que le Nil m'intéresse! Les dieux à tête de chien sont en grande estime! Oh! si je pouvais expulser de mes salles Isis et Osiris!

Poëtes, mes amis, modérez-vous sans tarder : ils finiront par énerver Shakspeare lui-même.

Soyez francs et hardis dans l'exposition : si vous n'avez rien à exposer, supposez quelque chose.

Ce qui arrive à l'un arrive à l'autre; personne de si savant qui ne dût voyager, et un pauvre diable arrive aussi de place en place ; les femmes savent ce qui lui est bon ; le flot suit le flot.

« J'entre en campagne ! Comment se conduit le héros ? » Avant la bataille, magnanime ; après la victoire, compatissant ; avec les belles, amoureux. Si j'étais soldat, telles seraient mes maximes.

« Donne-nous une règle pour la conduite du citoyen ? » Ici bas, en temps de paix, que chacun balaye devant sa porte ; en guerre, si l'on est vaincu, que l'on s'accommode avec la troupe.

Si le jeune homme est absurde, il tombera dans de longues peines : le vieillard ne doit pas être absurde, parce qu'il n'a pas longtemps à vivre.

« Pourquoi nous as-tu appelés absurdes ? Il n'y a d'absurde que le pédant. » Mais, si je veux vous appeler pédants, il faut d'abord que je puisse me recueillir.

Titius, Caius, que tout le monde connaît..., mais, quand j'ai bien observé la chose au grand jour, l'un touche l'autre de si près, qu'à la fin nous sommes tous des pédants.

J'estime avoir gagné beaucoup d'oser être pédant tout à mon aise.

Si tu fais tes affaires, et si tu les fais bien, tiens ferme et fais honneur à ton état ; mais, si tu tiens les autres pour mauvais, te voilà toi-même un pédant !

Ce qu'on pense est indifférent, mais non pas ce qu'on fait : si l'on réussit, c'est bien ; si l'on échoue, c'est toujours mal.

D'année en année, il faut apprendre beaucoup de choses étrangères : efforce-toi, quelle que soit ta vie, de rester toujours toi-même.

Si je connaissais le chemin du Seigneur, je le suivrais de grand cœur en vérité ; si l'on me conduisait dans la maison de la vérité, bon Dieu ! je n'en sortirais plus.

« Louange, honneur, à tes paroles ! Nous voyons que tu es un sage. » Il semble que ce soit d'hier, parce que c'est d'aujourd'hui.

Je voudrais vous faire la plus précieuse confidence : il faudrait d'abord regarder dans votre miroir ;

Si, à cette vue, vous êtes resté joyeux, comme la fiancée avec sa belle parure, demandez-vous si vous pouvez sourire de bon cœur à tout ce que vous voyez.

Avez-vous menti en paroles ou par écrit, c'est un poison pour vous et pour les autres.

X ne s'est jamais occupé de la vérité ; il l'a trouvée dans la contradiction : maintenant il croit mieux savoir tout, il le sait autrement.

« Tu n'as pas raison ! » Cela peut être, mais, de le dire, cela n'importe guère : ayez plus raison que moi, ce sera quelque chose.

Ils arrivent de tous côtés, du nord, de l'est, du sud, de l'ouest, et d'autres plages encore, et accusent celui-ci et celui-là de n'avoir pas fait leur volonté ; et ce qu'ils ne veulent pas souffrir, les autres doivent le haïr également. Mais pourquoi m'affliger, moi vieillard, de ce qu'on n'aime pas ce que j'aime ?

Et cependant il est quelque chose de constamment aimable et dans les discours et dans les pensées, de même que nous faisons plus de cadeaux aux belles femmes qu'aux laides.

Il reste donc quelque chose à quoi nous rendons hommage, quand même nous ne le comprenons pas bien ; nous le reconnaissons, nous l'excusons, nous ne pouvons nous en séparer.

« Parle, cette vérité, qui nous importune, comment pourrions-nous la coucher dans la bière, si bien qu'elle ne s'en relevât jamais ? » La peine ne sera pas grande chez les Allemands pour la société polie : voulez-vous être délivrés à jamais de la vérité, étouffez-la avec des mots.

Il faut répéter sans cesse : « Ce que je dis, je le pense. » Si je blesse tel ou tel, qu'il me blesse à son tour ouvertement.

Je l'apprends par la gazette !... Dans un lieu honorable et respecté, celui-ci, par son langage violent, empêche celui-là de s'arranger à son gré.

Ce que l'un veut arranger, l'autre ne veut pas le souffrir ; deçà, delà, il faut disputer : c'est l'esprit du temps.

La vieillesse me fait-elle faux bond ? Reviens-je à l'enfance ? Je ne sais qui extravague, des autres ou de moi.

« Dis-nous d'où vient qu'en certains cas tu es tout à fait inconsolable ? » C'est que tous les hommes se travaillent à refaire ce qui est fait.

« Et quand ce qu'on aurait à refaire serait peut-être fait aussi, je te le demande sur l'honneur, par où commencerions-nous ? »

Retourner une chose ne mène pas loin : nous mettons tout bonnement les bas à l'envers et nous les portons ainsi.

Et, s'ils doivent retourner le faux, ils recommencent sur nouveaux frais ; ils laissent toujours dormir le vrai, et s'imaginent qu'avec le faux les choses iront aussi bien.

Et puis de nouveau l'on s'arrête, et l'on se demande pourquoi cela ne veut pas non plus aller.

Que personne n'accoure à la précipitée, même avec les plus beaux présents : les Allemands ont-ils à témoigner leur reconnaissance, ils veulent qu'on leur en laisse le temps.

L'habileté, même quand elle est fausse, agit de jour en jour, de maison en maison ; l'habileté, quand elle est véritable, agit dans tous les siècles.

TROISIÈME PARTIE.

Continuez d'être favorables à Bacis : le mot le plus profond du devin n'est souvent qu'une charade.

Veux-tu te produire comme poëte ? Ne chante ni les héros ni les bergers. Voici Rhode : danse, mon ami[1] ! et vite un poëme sur l'occasion !

On glose sur la personne, on raisonne sans gêne : mais qu'avez-vous donc qui vous plaise que votre chère personne, comme qu'elle soit ? Qui a quelque valeur attende et se taise : le succès viendra sans bruit. Qu'on se présente comme on voudra, la personne finit par prévaloir.

« Qu'appelles-tu donc péché ? » Comme tout le monde, ce que je trouve qu'on ne peut s'empêcher de faire.

Si Dieu m'avait voulu autrement, il m'aurait bâti autrement,

---

1. Selon le proverbe : *Hic Rhodus, hic salta.*

mais, en me donnant un talent, il m'a confié beaucoup. Je l'emploie à droite et à gauche ; je ne sais ce qui en résultera : quand cela ne profitera plus, il m'avertira.

A la table de notre père céleste, on mange de bon appétit et l'on boit rondement, et bons et méchants sont repus, quand il faut dire : JACET ECCE TIBULLUS.

Ne me dites pas que je dois loger ici : je suis ici plus seul que dehors.

La véritable conversation ne se soutient ni tôt ni tard : dans la jeunesse, on est monotone ; dans la vieillesse, on se répète.

« Vieille lune, en parcourant tes phases tu as bien reculé ! » Les amis, et même les maîtresses, n'ont plus à la fin que des phrases.

Tu t'es livré dans tes Xénies au travail le plus ennuyeux du monde. Celui qui écrivit Werther à XXII ans, comment peut-il porter la vie à LXXII ?

Nous commençons par chanter pleins d'allégresse : « Le cerf s'élance librement à travers les bois.... gare! gare!... » mais déjà l'affaire paraît difficile ; le cerf devient un cerf L : il a plus de cors à porter ! Dans la forêt de la vie et dans les ombres du fourré, il ne sait plus où donner de la tête ; il finit par devenir un cerf LL : que Dieu préserve nos vieux jours !

Avez-vous bien réfléchi à tout cela ? Si la journée est bien remplie, il n'en est point de trop. L'esprit et le sentiment sont nobles et grands ; mais, dans l'occasion, l'absurde même vous réjouit.

Si tu faillis, que cela ne t'afflige pas ; la faute conduit à l'amour. Si tu ne peux te délivrer de ta faiblesse, tu pardonneras aux autres volontiers.

La jeunesse est fort surprise, quand les fautes portent préjudice ; elle se recueille, elle songe à se repentir : dans la vieillesse, plus d'étonnement ni de repentir.

« Comment pourrai-je vivre avec plaisir et longtemps ? » Aspire toujours à ce qu'il y a de plus excellent : beaucoup de choses excellentes agissent, que l'on ne connaît pas, et auxquelles le temps et l'éternité n'assignent aucune limite [1].

---

[1]. Ici, deux pensées intraduisibles, parce qu'elles jouent sur des expressions sans équivalents dans notre langue.

L'amour et la haine écrits sur parchemin, voilà ce qu'on hait et ce qu'on aime aujourd'hui : d'où viendraient donc l'amour et la haine, s'ils n'étaient pas de toute antiquité?

Ne dites rien à demi; compléter, quelle peine! Mais ne dites rien grossièrement : le vrai veut une expression pure.

« Ne t'éloigne pas sans retour; apaise-toi dans notre société. » Tout est encore comme il était, seulement plus embrouillé, et tout ce qu'on tient pour important repose sur des pieds débiles.

Ce qui me console dans cette extrémité, c'est que les gens habiles trouvent leur pain; que les hommes de courage maintiennent le pays; que les jolies filles serrent le nœud étroitement : si les choses continuent de la sorte, le monde ne saurait périr.

« Comment peux-tu te plaire encore dans ce monde, puisque déjà tu connais tout? » Je m'y trouve fort bien. La plus sotte chose qui arrive ne me fâche point, parce que je la connais. Telle ou telle pourrait m'affliger, si je ne les avais déjà mises en vers.

Je voyais le lac tout uni, étendu en épaisse bouillie : une pierre lancée dedans ne pouvait produire aucune onde. Je voyais une mer furieuse; soulevée, mugissante, elle battait le rivage : la roche, en s'écroulant, n'y laissait non plus aucune trace.

Trois siècles sont passés et ils ne reviendront pas; ils ont emporté, sans gêne, du mal et du bien aussi. Cependant il vous est demeuré de l'un et de l'autre une abondante mesure. Délivrez-vous de la dépouille morte! Aimons la vie!

Rien de plus délicat que le passé : touchez-le comme un fer ardent, car il vous avertira soudain que vous vivez aussi dans une époque brûlante.

Trois cents ans sont devant la porte, et qui apprendrait toute leur histoire apprendrait, sans plus, ce que nous avons appris en trente ans.

L'amour et la passion peuvent s'envoler, mais la bienveillance triomphera toujours.

« Tu nous quittes, chère âme! Quel bien nous est ravi! » Lors même que je ne vous manquerai plus, vous me regretterez toujours.

Un homme austère, qui a perdu l'usage des larmes, peut se croire un héros, mais, s'il soupire, s'il frémit au dedans de lui-même, qu'un Dieu lui donne.... de pleurer !

« Tu nourris la pensée de l'immortalité : peux-tu nous dire tes raisons ? » Fort bien ! ma raison principale, c'est que nous ne pouvons nous en passer.

L'esprit saisit et médite quelque chose ; la plume vite s'exerce sur ce thème : une image fugitive est saisie, mais elle ne se laisse pas fixer.

Notre plus vertueux effort ne réussit que dans un moment d'oubli : la rose pourrait-elle fleurir, si elle connaissait la magnificence du soleil ?

S'il n'y avait pas du soleil dans notre œil, jamais il ne pourrait voir le soleil : si la force propre de la divinité ne résidait pas en nous, comment le divin pourrait-il nous ravir ?

Quelques choses qui s'offrent à toi dans mille volumes, comme fable ou comme vérité, tout cela n'est qu'une tour de Babel, si l'amour ne le relie pas.

La meilleure chose du monde nous laisse ingrats : santé sans argent est presque maladie.

Heureux qui, suivant le droit sentier, se case dans la retraite ! Dans le monde on ne danse qu'autant que la fortune joue du violon.

Salomon, tu te trompes ! Tout n'est pas vanité ! Au vieillard lui-même restent le vin et la bourse.

En tous lieux on boit de bon vin ; tout vase suffit au buveur ; mais, pour boire avec volupté, je me souhaite une belle coupe grecque.

Artistes, n'offrez à l'œil que de riches couleurs, de purs contours, et, pour satisfaire les âmes, que votre pensée, que votre œuvre, soient saines.

Fuyez les lieux où la ténébreuse ignorance aime à s'égarer, accueille avec ardeur ce qu'elle ne comprend pas ; où les rêves de la frayeur se glissent, s'enfuient, étonnés, et où s'étendent au loin des espaces immenses.

Bannissez de vos toiles la verdure limoneuse de l'enfer de Dante ; conviez à la source claire l'heureux naturel et le travail.

Ainsi donc, mes chers fils, tenez ferme dans votre position.

car le bon, l'aimable, le beau, sont la vie même pour le lien de la vie.

« Ne songes-tu pas aussi à faire un testament ? » Point du tout ! En se séparant de la vie, il faut se séparer de jeunes et vieux, qui suivront tous de tout autres voies.

« Ainsi ce que nous entendons, ce que nous lisons de toi, a donc coulé de ton cœur ? » Serait-il défendu de plaisanter sur ce qui nous chagrine ?

Ils se traitent les uns et les autres d'égoïstes, et pourtant chacun ne veut que sustenter sa vie. Si tel et tel sont égoïstes, songe que tu l'es toi-même. Tu prétends vivre à ta manière, eh bien, veille toi-même à tes intérêts ! Alors vous posséderez le secret de vous aider tous les uns les autres, mais ne laissez pas s'introduire parmi vous celui qui fait tort aux autres pour être quelque chose.

Un jeu si embrouillé me trouble véritablement : les hommes sont en si grand nombre et le jour est si long !

Voilà soixante et seize ans écoulés : il serait temps, ce me semble, de vivre en paix ; chaque nouveau jour devient plus sage malgré lui ; Amour triomphe ainsi que Mars le guerrier.

Que laisseront-ils enfin subsister, ces balais importuns ? Aujourd'hui affirme obstinément que hier n'a pas existé.

Si des hostilités surviennent, reste tranquille, reste silencieux, et, si les gens te nient le mouvement, promène-toi devant leur nez.

Je vous dirais volontiers en confidence une chose bien vieille. L'évidence serait facile à reconnaître, si le temps ne se consumait pas lui-même, et, enseignant sans cesse, n'instruisait peu. Qui est le sage ? Qui est le fou ? Tous tant que nous sommes, nous demeurons tels qu'auparavant.

« Qu'as-tu donc ? Tu n'es pas inquiet et tu n'es pas non plus tranquille : tu me sembles chanceler, comme si tu allais tomber dans un sommeil magnétique. » Le vieillard sommeille ainsi que l'enfant, et, en hommes, que nature nous a faits, nous dormons tous ensemble sur des volcans.

QUATRIÈME PARTIE.

Poursuivez votre œuvre, Xénies inoffensives; le poëte n'est jamais courbé par l'âge. Vous laissâtes Werther, l'extravagant, agir à sa guise : apprenez maintenant comment extravague la vieillesse.

Voici l'avantage du poëte : comme la société examine, apprécie, elle est aussi son juge; il est blâmé, il est loué, et demeure toujours un poëte.

Mon journal bourdonne auprès du tournebroche; il n'est pas de livre plus facile à faire qu'un almanach.

« Si j'appelle, personne ne veut m'entendre. Ai-je mérité ce traitement ? » Personne ne voudrait plus obéir, mais chacun serait charmé d'être bien servi.

« Quand le maître se verra-t-il content ? » Lorsqu'il commandera avec sagesse à des gens honnêtes, qui entendront le service, et qu'il les laissera gagner quelque chose.

« Quel est l'homme inutile ? » Celui qui ne sait ni commander ni obéir.

« D'où vient, dis-moi, que les hommes te laissent ? » Ne croyez pas pour cela qu'ils me haïssent. Il se perd aussi chez moi, le goût de converser avec qui que ce puisse être.

Jusqu'à la hauteur du nez, cela peut aller encore, mais ce qui est au-dessus, ils ne peuvent le voir.

Tel est l'homme, tel est son Dieu : c'est pourquoi Dieu fut si souvent ridicule.

Si je vais, le dommage sera plus grand; si je reste, cela n'ira pas mieux.

« Sois une fois sincère : en quoi trouves-tu la littérature allemande le plus défectueuse ? » Nous avons plusieurs grandes qualités, mais çà et là ne se voit que la plus déplorable insuffisance.

Au nom du diable, quels sont vos noms enfin? Dans le Mercure allemand, pas une trace du père Wieland, qui se voit sur la reliure bleue, et, après les rimes les plus maudites, le nom de Gleim!

« Pardonne-moi : tu ne me plais pas, et, si tu ne critiques, tu fais la grimace, quand tout le monde loue et applaudit. » Si l'on couvre ceci par devant et que cela reste découvert par derrière, il faudra dire que c'est de la décence!

« Mais, je t'en prie, comment peux-tu trouver du plaisir à poursuivre une œuvre si morcelée? » Prenez-y garde : pour les gens comme il faut, on ne peut entreprendre, on ne peut écrire autre chose.

« Pourquoi si dédaigneusement éloigner de toi la jeunesse? » Ils sont tous gentils et charmants, mais ils ne veulent rien apprendre.

Les aimables jeunes esprits sont tous de la même trempe : ils m'appellent leur maître et n'en font qu'à leur fantaisie.

On se démène d'une étrange façon, on se donne beaucoup de peine : nul ne veut devenir quelque chose, chacun veut l'être déjà.

« Tu ne veux pas t'éloigner de l'antique! Le moderne est donc sans aucune valeur? » Il faudrait rapprendre sans cesse, rapprendre encore! Et, à rapprendre, on ne vit pas.

« Un mot agréable du moins, pour nous autres jeunes gens! » Eh bien, jeunes gens, je vous chéris de tout mon cœur, car, au temps où j'étais jeune aussi, je me chérissais moi-même bien plus que maintenant.

Je n'envie rien, je laisse passer les choses, et je sais toujours me maintenir à l'égal de plusieurs; mais voir sans envie de jeunes bouches bien dentées, c'est la plus grande épreuve du vieillard.

Artiste, pour t'ennoblir toi-même, triomphe avec modestie; laisse-toi louer aujourd'hui, blâmer demain et payer toujours.

Enfant, j'avais mis dans ma tête que le monde était un badinage charmant, comme si c'était père et mère : et puis je trouvai autre chose.

Les gens sages ne me plaisent pas (je me condamne aussi

moi-même quelquefois) : ils se disent prévoyants, quand ils agissent à la précipitée.

« Les enfants ne lisent pas Térence comme le lisait Grotius. » Cette réflexion me fâchait dans mon enfance : il me faut y souscrire aujourd'hui.

« Eh bien! résiste, tu te feras honneur. Tu veux donc te reposer avant l'heure de la récréation? » Je suis trop vieux pour rien blâmer, et pourtant assez jeune encore pour faire quelque chose.

« Tu es un homme bizarre! Pourquoi te taire devant cette figure? » Ce que je ne saurais louer, je n'en parle pas.

« Avec une activité variée, tu t'es conduit maladroitement. » Sans cette bizarrerie, je ne serais pas allé si loin.

« Fais-nous donc connaître ce que tu as à demi terminé. » Cela ne fait que nous égarer et nous le brûlerons.

« Tu ne veux donc pas nous accorder quelque chose! Tu peux faire cependant ce que maint autre fait. » Si les gens peuvent m'employer aujourd'hui, je suis l'homme qu'il leur faut.

Tout cela n'est pas de ma sphère : pourquoi me faire tant de soucis? Les poissons glissent et nagent dans l'étang, et ne s'inquiètent pas de la nacelle.

Nul ne doit vivre avec le monde, que celui qui veut s'en servir. Êtes-vous bon à quelque chose et paisible, donnez-vous au diable, plutôt que de faire ce que le monde veut.

« Que t'apprendrai-je avant tout? » Apprends-moi à sauter par-dessus mon ombre.

Ils voudraient bien être libres; cela peut être longtemps indifférent : mais, quand les choses vont au pire, on invoque un saint, et, si les vieux ne veulent pas nous délivrer, on s'en fait bien vite un nouveau; dans le naufrage, tous gémissent que l'un soit aussi impuissant que l'autre.

O tourment sans mesure! J'en suis, peu s'en faut, accablé! Ils veulent tous être maîtres, et nul n'est maître de lui.

Et quand même on égorge le tyran, il y a toujours beaucoup à perdre : ils ne voulurent pas céder l'empire à César, et ils ne surent pas le gouverner.

Mais pourquoi de nos jours l'anarchie est-elle si fort de mon goût? Chacun vit à sa guise; c'est donc mon avantage aussi : je laisse chacun poursuivre sa pointe, afin de vivre aussi comme il me plaît.

On peut donc vivre libre et joyeux ; personne ne vous rend justice, mais aussi vous ne la rendez à personne, qu'il fasse bien, qu'il fasse mal. En somme, comme on voit, il arrive toujours quelque chose dans le cours du monde. Ce qui arriva jamais de sage ou d'absurde, on le nomme Histoire universelle ; et les messieurs Brédow[1] des temps futurs en feront des tableaux, où la jeunesse étudiera avec zèle ce qu'elle ne comprendra jamais.

A voir comment va le monde.... sait-on ce qui est arrivé ? Et pourtant ce qui est écrit est écrit.

Le gouvernement du monde.... J'en ai médité les formes durant la nuit. En guerre, j'aime le despote auguste, le sage monarque aussitôt après la victoire ; je voudrais pourtant que tous les intimes ne se réjouissent pas d'abord auprès de lui et avec lui. Et tandis que je me livre à ces espérances, voici la multitude qui me prend deçà, delà, et me presse rudement. Dès lors je perds toute trace.... Quelle leçon Dieu veut-il me donner par là ? Que nous ne pouvons tous nous gouverner que peu de temps.

Je ne vous blâme pas ; je ne vous loue pas ; mais je plaisante : le drôle habile en a le feu au visage et la moutarde lui monte au nez.

Et s'il éternue violemment, qui sait ce qui en résultera et tout ce qu'il fera ? Après cela, pourtant, la réflexion, l'esprit, la raison, pure, s'il se peut, voilà ce qui est bon.

Mais bavarderai-je toujours et toujours ? Ne porterez-vous jamais sur les choses un libre regard ? Ils gèlent à claquer des dents, et c'est là ensuite ce qu'ils appellent critique.

« Tu dis de singulières choses. » Regardez bien, ce sont bagatelles. On fait donc le procès au vers et à la rime, quand la vie et la prose disent les choses les plus folles !

« Tu marches le front levé, l'œil ouvert et joyeux. » Vous ne valez rien tous tant que vous êtes, pourquoi vaudrais-je quelque chose ?

« Pourquoi es-tu si orgueilleux ? Autrefois tu ne maltraitais

---

1. Gabriel Godefroi Brédow, né à Berlin en 1773, mort en 1814, auteur de plusieurs ouvrages d'histoire à l'usage des écoles.

pas les gens comme cela. » Je serais humble très-volontiers, s'ils voulaient bien me le permettre.

Si je suis stupide, ils me souffrent; si j'ai raison, ils vont m'insulter.

Nul ne m'ôtera ma conviction : qui l'entend mieux que moi garde sa croyance!

Il est mal à son aise dans sa peau, celui qui regarde dans son cœur.

« Dans nos infirmités, où faut-il nous adresser d'abord? » Que votre pensée se porte sur les meilleurs, en quelque lieu qu'ils se puissent trouver.

L'envie doit prouver la richesse, car elle ne se glisse jamais dans les greniers vides.

Veux-tu faire crever l'envieux, renonce à tes grimaces.

Veux-tu que l'abondance afflue chez toi, fais vivre les autres dans l'abondance.

« Ton cadeau est-il bien arrivé? » Ils ne l'ont pas trop mal reçu.

Diable! elle n'est pas sans mérite, comme je le flaire de loin. Et ils insultent la pauvrette, parce qu'elle vous séduit si fort! Rappelez-vous, maudite engeance, la perte du paradis! Que la belle vous mette seulement dans le sac, elle vous tiendra lieu de tout.

« Si tu ne te plais pas chez nous, va dans ton Orient. »

Je me souhaite une jolie femme, qui n'y regarde pas de trop près, et qui pourtant sache parfaitement ce qui rendrait mon bonheur parfait.

Si j'avais Dieu et une amie, ma chanson ne finirait pas.

Dieu et ma mie! Je les ai trouvés en effet dans mes chants.

Laissez-moi le souvenir pour joyeux héritage.

« Elle t'a trompé longtemps : tu vois bien aujourd'hui que c'était une apparence. » Que sais-tu de la réalité? En était-elle moins à moi?

« Tu es trompé misérablement; à présent elle te laisse seul. » Ce n'était, je le veux bien, qu'un dehors trompeur, mais je la tenais dans mes bras : en était-elle moins à moi?

Nous écoutons volontiers les bons enseignements de toute sorte, mais bien plus encore les satires et les injures.

Ne te crois pas trop bien couché : un homme averti est à demi sauvé.

Le vin éveille l'homme d'esprit : sans feu, l'encens ne peut répandre son odeur.

Voulez-vous exciter l'odeur de l'encens, mettez dessous de la braise.

A qui je souhaiterais un meilleur sort?... C'est aux talents étudiés. Il leur manque ceci, cela, l'essentiel.... Ils suent et se travaillent et ne parviennent à rien.

« Dis-nous d'une façon plus nette si et comment : tu n'es pas toujours clair pour nous. » Bonnes gens, savez-vous donc si je l'étais pour moi-même?

« Nous ne cessons de nous tourmenter dans les liens de l'erreur. » Que de paroles compréhensibles vous avez mal comprises !

Vous avez prêté un sens à une parole inintelligible, et il en va toujours ainsi : pardonne, il te sera pardonné.

Prenez ma vie en bloc comme je la mène : d'autres passent leur ivresse dans le sommeil, la mienne se couche sur le papier.

Mieux vaut mendier qu'emprunter. Pourquoi deux hommes prendraient-ils du souci? Tandis que l'un en prend et nourrit de bonnes pensées, l'autre arrive joyeux et donne. Ce sont les meilleurs intérêts, que débiteurs et créanciers oublient.

Je suis pauvre, mais je ne fais pas de moi peu d'estime : la pauvreté est chose honorable pour qui sait la porter.

J'ai connu d'illustres mendiants, nommés artistes et philosophes : mais, sans vanité, je ne sache personne qui paye mieux son écot.

« Qu'est-ce donc qui t'a éloigné de nous? » J'ai toujours lu Plutarque. « Et cette lecture, que t'a-t-elle appris? » Qu'ils furent tous des hommes ainsi que nous.

Caton voulait bien punir les autres, et il trouvait fort agréable de coucher à deux.

C'est pourquoi il se brouilla mal à propos avec sa belle-fille et avec son fils, et prit une jeune femme, ce qui ne lui réussit pas bien du tout, comme l'expliquait paternellement l'empereur Frédéric dernier du nom.

« Pourquoi, en parlant à la foule, te proclamer toi-même excellent ? » L'austère Caton lui-même était fanfaron. Plutarque le lui reproche très-sérieusement.

On mettrait au monde des enfants tout élevés, si les parents étaient élevés eux-mêmes.

Ce que je supporte dans ma maison, un étranger le voit dès le premier jour, mais il ne le changera pas à son gré, quand il y resterait cent ans.

Quelque apparence que le monde se donne, le jour abuse sans cesse le jour.

En revanche, on est fâché d'apprendre que le jour ait détruit le jour.

Je vous suis importun à tous, odieux même à quelques-uns ; mais cela m'est fort égal, car c'est mon plaisir dans mes vieux jours, comme ce le fut dans ma jeunesse, de ne m'enquérir ni des jeunes ni des vieux.

Prendre conseil de soi-même sera toujours le meilleur. Content chez toi, content dehors, regarde ici, regarde là, et contrôle-toi sans cesse : alors jeunes et vieux prêteront l'oreille à tes discours.

Les Xénies cheminent apprivoisées ; le poëte ne se croit nullement paralysé, mais, s'il vous faut des pointes plus acérées, attendez que les Xénies sauvages se réveillent.

Faut-il que, dans ma vieillesse, comme une sibylle, j'étale ma figure ? Plus elle perd de son embonpoint, plus on veut la peindre souvent.

« Est-ce une cause prochaine ? Vient-elle de loin ? Qu'est-ce donc qui t'accable si fort aujourd'hui ? » Je badinerais volontiers le soir, si le jour était moins sérieux.

Dieu a pris lui-même à cœur la droiture : nul n'a jamais péri dans le droit chemin.

Si vous suivez les honnêtes voies de la vérité, vous ne tromperez jamais ni vous-même ni les autres. La bigoterie laisse subsister le mensonge, c'est pourquoi je la hais.

Tu aspires à voyager au loin ; tu te disposes à prendre un vol rapide : sois fidèle à toi-même et fidèle aux autres, et un étroit espace te suffira.

Garde en silence ta pureté, et laisse l'orage gronder autour de toi : plus tu te sens un homme, plus tu es semblable aux dieux.

Que nous serviraient les rêves des gazettes, ces fâcheuses éphémères, si nous ne goûtions encore dans un secret asile une heureuse paix?

Ce qui nous arrive de plus fâcheux, nous en sommes instruits par le jour : celui qui, dans la veille, a vu aujourd'hui, aujourd'hui ne l'inquiète pas trop, et celui qui, dans aujourd'hui, voit demain, se remue et ne s'inquiète pas.

Hier se montre-t-il à toi clairement et à découvert, tu travailles aujourd'hui avec une libre énergie, et tu peux espérer un lendemain qui ne sera pas moins heureux.

A tout travail honnête soit unie la persévérance.

Toute voie qui mène à un but légitime est légitime aussi dans chaque portion.

Qui joue avec la vie n'arrive jamais au but; qui ne se commande pas à lui-même est toujours esclave.

Perte d'argent,... perte telle quelle! Prends vite tes mesures pour en gagner d'autre. Perte d'honneur,... grande perte! Couvre-toi de gloire, le monde changera de sentiment à ton égard. Perte de courage,... perte absolue! Il vaudrait mieux n'être jamais né.

Veux-tu t'arranger une vie agréable, ne t'inquiète point du passé, et, quand même tu auras fait quelque perte, agis sans cesse comme si tu étais né de nouveau. Interroge chaque jour sur ce qu'il veut, chaque jour te le dira. Prends plaisir à ce que tu fais : ce que font les autres te réjouira. Surtout ne haïr personne et remettre le reste à Dieu [1].

---

1. Voyez la *Règle de vie*, page 290.

CINQUIÈME PARTIE.

Que pas une heure ne t'échappe inutile; mets à profit ce qui t'arrive : le chagrin est lui-même une part de la vie, et les Xénies doivent le recueillir. Tout mérite l'étude et la rime, si l'on sait bien le démêler.

Dieu vous garde tous, mes frères, des *ites* et des *iens*! Je suis cosmopolite, je suis Weimarien. Je me suis fait accueillir de cette noble société par ma culture : si vous l'entendez mieux, allez vous pourvoir ailleurs.

« Où veux-tu te rendre? » Weimar-Iéna[1] la grand'ville, qui, d'un bout à l'autre, renferme beaucoup de bonnes choses.

Vous ne me dites rien de nouveau. J'étais imparfait sans doute; ce que vous blâmez en moi, sots imbéciles, je le connais mieux que vous.

« Mais dis-moi pourquoi tu ne veux pas entendre parler de tes adversaires? » Mais dis-moi si, dans ton chemin, tu poses le pied à la place immonde?

LE JUIF. Ils ne cessent de faire des chaussées, tant qu'à la fin, à cause des droits de barrage, personne ne pourra voyager.

L'ÉTUDIANT. Il en ira de même des sciences : chacune fait le supplice de son homme.

« Qu'est-ce donc que la science? » Ce n'est que la moelle de la vie. La vie, vous ne la produisez pas : il faut que la vie commence par donner la vie.

« Comment s'y prend-on pour bâtir un théâtre? » En vérité, je le sais parfaitement. On parque ensemble les matières les plus combustibles, et d'abord elles sont en flammes.

---

1. Goethe se plaît à ne faire qu'une cité de ces deux villes voisines, dans lesquelles était alors concentré le mouvement littéraire et scientifique de l'Allemagne.

« Pourquoi donc cela offre-t-il tant d'attraits à la foule? Pourquoi court-elle encore au théâtre ? » C'est pourtant quelque chose de plus que si l'on regardait tout uniment par la fenêtre.

Le *Dictionnaire de la Conversation* est bien nommé, car, si la conversation est ennuyeuse, chacun peut s'en servir comme de conversation.

Comment pourrions-nous guérir? Nous n'avons trouvé ni le dedans ni le dehors.

Qu'avons-nous donc trouvé là? Nous ne savons ni le dessus ni le dessous.

Avec ces formes versatiles, la parole semble ne faire que se jouer; mais une parole agit puissamment, quand la pensée est féconde.

Si les friands vident ta corbeille, garde quelque chose dans ta poche.

Si tu ne veux pas que les choucas t'assiégent de leurs cris, ne sois pas la boule d'un clocher.

On habille les morts de leur vêtement d'honneur, et l'on ne songe pas qu'on sera bientôt soi-même embaumé; on contemple des ruines comme un objet pittoresque, et l'on ne sent pas qu'on sera tout à l'heure une ruine.

Et qu'importe, hélas! où nos amis pourrissent, sous des colonnes de marbre ou sous le libre gazon?

Lors même que le jour lui fait la moue, que le vivant prenne soin de laisser à ses amis des dons qui jamais ne pourrissent.

« N'as-tu pas considéré toutes ces choses? Elles sont pourtant dans les statuts de notre compagnie. » J'aurais bien voulu vous satisfaire, mais cela n'aurait abouti à rien.

Je suis toujours aussi éloigné de vous, je vous hais. Cyclopes et dévoreurs de syllabes ! Je n'ai rien appris de vous : vous saviez toujours mieux l'affaire.

La jeunesse est oublieuse à cause des intérêts partagés: la vieillesse est oublieuse par défaut d'intérêts.

« Brise sur-le-champ avec ce drôle; il t'a joué un tour de fripon : comment peux-tu vivre avec lui? » Je ne saurais faire un effort de plus : je l'ai excusé, je ne lui ai pas pardonné!

« Ne fais pas ainsi la grimace. Pourquoi es-tu si rassasié du monde? » Chacun ne sait pas ce qui l'avoisine et l'entoure.

« Comment dois-je enseigner à mes enfants à cribler l'inutile et le dommageable? Veuille me l'apprendre. » Apprends-leur, du ciel et de la terre, ce qu'ils ne comprendront jamais.

Ne blâme donc pas! Pourquoi donc blâmer? Une lanterne à la main, tu es sur la trace d'un homme qu'on ne trouve jamais: à quoi bon te mettre en peine de le chercher?

Il ne faut jamais insulter les méchants; ils feront figure à côté des bons, mais les bons sauront de qui ils doivent se garder soigneusement.

On dit qu'il y avait des hommes dans les âges primitifs, et qu'ils vivaient avec les bêtes. »

Mon ami, un coquin est toujours un coquin, à pied, à cheval, en voiture : ne te fie donc jamais à un coquin ni à la pénitence d'un coquin.

Suis-je épris d'une chose, je me dis que le monde me suivra, mais quelle horreur j'éprouve, si des coquins veulent se joindre à moi!

« Ils te maltraitent soir et matin : ne veux-tu pas leur dire un mot? » La raison de commerce *Successeurs de feu X et Ce*, a toujours du crédit.

« Pourquoi ne pas riposter à Kotzeboue, qui lance pour te nuire des traits acérés? » J'observe en silence, avec une maligne joie, comme cet ennemi se détruit lui-même.

La fraternité de gazette comment peut-elle se former, si ce n'est pour se jouer des bourgeois?

Pardonnez au médecin! car il faut qu'il vive, lui et ses enfants. La maladie est un capital : qui voudrait le diminuer?

« Nous avons fait parade honnêtement de nos petits mérites, et, ce que nous avons donné au public, il l'a toujours payé. »

La piété oblige beaucoup, mais l'impiété plus encore.

Tu peux voir des gens entendus se tromper : je veux dire dans les choses qu'ils n'entendent pas.

L'essieu est exposé à bien des chocs; il ne remue pas.... et il se brise enfin.

Que les feux de la Saint-Jean ne soient pas interdits! que cette réjouissance ne soit jamais abolie! On usera toujours des balais et l'on fera toujours des enfants.

Tu peux toujours louer le mauvais : tu en recevras sur-le-champ la récompense. Tu surnages dans ton bourbier et tu es le patron des bousilleurs.

Insulter à ce qui est bon ?... Tu peux l'essayer : cela te réussira avec de l'effronterie, mais, si les gens le remarquent, ils te fouleront dans la boue comme tu le mérites.

Tout gredin de cette espèce est exécuté par le suivant : sois honnête à chaque heure et nul ne te peut rien.

Viens çà, nous nous mettons à table. Qui donc une pareille folie pourrait-elle émouvoir ? Le monde se décompose comme un poisson pourri : nous ne voulons pas l'embaumer.

Qu'un homme sage me dise ce que signifie ce micmac ? Cette conduite équivoque ne peut ni profiter ni plaire.

Vous nous observez d'un regard oblique, vous vous penchez en avant, en arrière, et vous entassez ligne sur ligne. Eh bien! tiraillez l'oreille du pauvre lecteur avec un moulinet de phrases fleuries : vous ne tenez pas votre homme au piége. Messieurs W.. K., Fr.[1], avec leurs coups de bec, produiront de l'effet quelque temps encore.

Le sec versificateur ne sait que blâmer; oui, qui ne peut honorer ne peut ennoblir.

« Laisse donc aussi ces gens tranquilles : tu es d'ailleurs si doux dans tes jugements!... » Qu'ils n'insultent pas les mauvais poëtes, puisqu'ils ne sont pas beaucoup meilleurs.

Tu entends, il est vrai, ton avantage ; mais tu ne sais pas faire place nette : tu sèmes la haine et l'antipathie, et elles germeront aussi.

Quelqu'un veut-il prendre des habitudes, que ce soient celles du bon et du beau. Ne faites que le bien : le méchant finit par plier, il finit par servir.

Il suffit que l'on se baisse un peu, pour que, d'un saut léger, le diable s'élance d'abord sur les épaules du diable.

N'insultez pas au mauvais drôle qui s'efforce avec ardeur de se tourner tantôt comme ceci tantôt comme cela; s'il tire le diable par la queue, il lui en reste un poil dans les mains. Si fort que cela répugne, si fort que cela pue (on ne peut toujours

---

[1]. Peut-être Woltmann, Kotzeboue et Fries.

le savoir), peut-être, si la chance est bonne, cela passera-t-il pour du musc.

« La lune doit être dans l'almanach, mais on ne l'aperçoit pas dans les rues. Pourquoi la police n'y prend-elle pas garde? » Mon ami, ne juge pas si vite : tu te donnes un air singulièrement sage et clairvoyant, quand il fait nuit dans ta cervelle.

O critiques du jour, critiques pourfendeurs, ne pourfendez pas tout si menu; car, en vérité, le plus mauvais poëte serait encore votre maître.

Je ne suis point choqué qu'il se trouve en cette situation, mais, pour dire que je m'en réjouis, il me faudrait mentir. Avant de comprendre, je parlais librement, et, maintenant que je comprends bien des choses, pourquoi hésiterais-je à parler, pour nous indiquer une route nouvelle?

C'est encore le vieux fatras; devenez donc plus habiles! Ne foulez pas toujours la même place, allez en avant!

Il se fait maintenant beaucoup de cures miraculeuses, qui me sont suspectes, je l'avoue franchement; la nature et l'art font de grands miracles, et puis il ne manque pas de fripons.

Vivre avec de tels hommes n'est pas fort pénible en vérité : ils te comprendront fort bien, pourvu que tu les mystifies.

O monde, devant ton gouffre horrible, la bonne volonté elle-même s'anéantit : si la lumière brille sur un fond noir, on n'aperçoit plus la lumière.

Nous nous unirons à toi, non pas avec amour, mais avec respect seulement.... O soleil, si tu produisais ton effet sans briller!...

Ils honoreraient volontiers le grand homme, si seulement il était en même temps un coquin.

Tel homme en raclant du violon imagine d'abord qu'il s'est fait un établissement; dans les sciences naturelles aussi, il exerce ses faibles moyens, et il croit être sur le violon, un deuxième, un troisième Orphée. Chacun mène l'archet hardiment, tente l'aventure, et cela ne produit à la fin qu'une musique de chat.

Tout le monde veut parler, chacun veut marcher : moi seul je ne dois ni parler ni marcher.

Ils se préparent depuis longtemps un mauvais morceau : nous en rions, nous qui savons mieux l'affaire.

C'est là un des vieux péchés : ils imaginent que de calculer ce soit inventer;

Et qu'ayant eu si bien la raison pour eux, leur déraison est la raison même;

Et que leur science étant exacte, aucun d'eux n'a l'esprit tortu.

Il ne faut pas rire, il ne faut pas se séparer des autres! Ils veulent tous faire ce qu'ils ne savent pas.

Si tu le *tiens*, c'est beau sans doute, mais il faut aussi le *comprendre* : *pouvoir* est le grand point, pour que *vouloir* fasse quelque chose.

Ci-gît le plus méchant poète ! Dieu nous garde qu'il ressuscite !

Si j'avais attendu pour naître que l'on m'eût octroyé la vie, je ne serais pas encore au monde, ainsi que vous pouvez le comprendre, en voyant comme ils se démènent, ceux qui, pour sembler quelque chose, voudraient bien me nier.

Le monde a beau rejeter ta doctrine, quelques disciples sauront l'apprécier, qui seront enflammés de ton esprit, si tu es méconnu de la foule.

On demande bien une rime pure, mais une pensée pure, le plus noble de tous les dons, vaut à mes yeux toutes les rimes.

Chasser du vers les aimables trochées, y coudre, à leur place, de lourds spondées, jusqu'à ce qu'enfin le vers soit forgé, sera toujours un supplice pour moi. Laissez les rimes couler doucement, laissez-moi jouir du chant, jouir des regards qui me comprennent.

« Tu te moques des gens *in petto*, toi qui parais si calme. Dis franchement à la canaille ce que tu penses d'elle. » J'ai trouvé avec fatigue et travail ce que je cherchais : peu m'importe qu'on sache que je maudissais la populace.

Mes travaux m'ont pourvu en suffisance, si fort que la contradiction s'agite : ils ont dénaturé mes pensées et disent qu'ils m'ont réfuté.

Silence! seulement jusqu'à demain matin, car nul ne sait bien ce qu'il veut. Quel vacarme! Quelle fatigue! Moi je m'assieds d'abord et je sommeille doucement.

Toutes les opinions ne peuvent s'accorder, parce que le phénomène ne se produit plus.

Reuchlin !... qui voudrait se comparer à cet homme, merveille de son temps ? Sa vie fut entremêlée aux affaires des princes et des villes ; il expliqua l'Écriture sainte ; cependant, les cagots se remuèrent : ils savent si bien noircir toutes choses ! Ils trouvent tout, par-ci, par-là, aussi stupide, aussi absurde qu'eux-mêmes. La même chose m'arrivera : je suis sous le toit ; je laisse pleuvoir : « Car, pour me défendre à mon tour contre l'obscure moinerie, qui se tourmente pour me nuire, les Ulric Hutten[1] et les François de Sickingen[2] ne me manqueront pas. »

Ils épiloguaient sur l'apprenti, maintenant ils épiloguent sur le voyageur[3] : l'un s'instruisit tôt et tard, l'autre est tout de même. Tous deux agissent dans une belle sphère, avec force, avec enjouement, avec délicatesse. Que chacun apprenne à sa manière ; que chacun voyage à sa façon.

Non, cela ne m'affectera point ; je le tiens pour un don du ciel. Aurai-je plus mauvaise opinion de moi, parce que j'ai des ennemis ?

Pourquoi je suis royaliste ?... C'est fort simple : comme poëte, j'ai trouvé la gloire, libres voiles, libre pavillon ; mais j'ai dû tout faire moi-même ; je n'ai pu consulter personne. Le vieux Fritz[4] aussi savait agir, et nul ne se permettait de lui dire un mot.

« Ils ne t'ont point donné leur suffrage ; ils ne t'ont jamais goûté ! » S'ils avaient pu me juger, je ne serais pas l'homme que je suis.

On travaille de toutes parts à propager la déraison : elle abuse un moment, mais on ne tarde pas à voir combien elle est mauvaise.

« Que veut ce second voyageur[5], qui nous arrive de Quedlin-

---

1. Ulric de Hutten défendit Reuchlin contre les théologiens de Cologne.
2. Seigneur souabe, chez qui Hutten trouva son dernier asile en Allemagne, avant de se réfugier en Suisse.
3. Allusion aux Années d'apprentissage et aux Années de voyage de Wilhelm Meister.
4. Dénomination populaire du grand Frédéric.
5. Allusion à une imitation que l'on fit des Années de voyage.

bourg? » La baleine a sa vermine, il faut que j'aie aussi la mienne.

« Le pseudo-voyageur, si bête qu'il soit, attroupe ses pareils. » Il y a plus d'un évangile : que le Philistin ait aussi le sien !

Voici bien des années que vous coassez pour et contre : ce que j'ai fait, gredins, vous ne le saurez jamais.

« Sois donc poli ! » Poli, avec cette canaille ! Prend-on de la soie pour coudre un sac grossier?

Les malveillants flairent, ils éventent, le poëme que la Muse inspire. Ils ont rendu amère la fin de Lessing : ils ne m'en feront pas autant.

Nobles Allemands, vous ne savez pas encore ce qu'un instituteur fidèle et dévoué sait affronter pour vous : pour montrer ce qui est moral, nous nous permettons hardiment de commettre un faux.

Nous avons pour cela droit et qualité : la fin sanctifie les moyens.

Nous condamnons les jésuites : cependant leurs principes sont dans nos mœurs.

Le joyeux Werther, Stella, à qui l'on fait un procès criminel, le saint homme du Liban[1], méritent les honneurs divins. Ce faux-monnayeur de Quedlinbourg est digne lui-même d'une haute estime : il frappe de la monnaie avec l'argent de Gmund[2], pour nous apprendre ce qui est de bon aloi. O dieux, l'encens qui brûle pour vous doit être agréable au nez des prêtres : comme chacun le voit, ils ont fait de vous des coquins à leur image.

Le mérite est-il un titre auprès de cette engeance ? Un faux est un moyen sacré ; cela flatte, ils le savent bien, la pieuse nation allemande, qui ne se sent vraiment grande et sublime que lorsqu'elle a perdu toute sa dignité. Mais, pour me défendre à mon tour contre l'obscure moinerie, qui se tourmente pour me nuire, les Ulric Hutten et les François de Sickingen ne me manqueront pas[3].

---

1. Nathan le sage, de Lessing.
2. Ville d'Illyrie, connue par ses mines de fer.
3. Voy. page 373.

Tieck est donc sorti de nos rangs pour entrer dans la lice !
Salut à lui !... Il ne s'agit pas des Années de voyage ni d'un
poëte en cheveux gris, ni de ses maîtres et de ses compagnons,
qui se présentent devant les contemporains et la postérité : il
s'agit, vous pouvez en juger aisément, de couples qui célèbrent
leurs fiançailles [1].

Vous dédaignez ma poésie : mais qu'avez-vous donc fait ? Véritablement la destruction commence par nier, mais c'est en vain qu'elle fait agir son dur balai : vous n'avez jamais existé, où pourrait-elle vous atteindre ?

Ils critiquent ceci, cela ; ils s'accrochent à la bordure ; ils me font la petite guerre. Mais vous faites tort à votre réputation : ne vous arrêtez pas au plus bas degré, que j'ai franchi depuis longtemps.

« Les ennemis te menacent ; cela augmente de jour en jour : comment peux-tu ne pas frémir ? » Je vois tout cela sans émotion ; ils tiraillent la peau de serpent que j'ai récemment déposée, et, quand la dernière sera mûre, je m'en dépouillerai soudain, et, recréé et rajeuni, je monterai dans le bel empire des dieux.

Bonnes gens, pauvres pêcheurs, vous tiraillez mon manteau !... Cessez votre manége. Je partirai et le laisserai choir : qui l'attrapera vivra.

Les bienheureux et les démons se disputaient le corps de Moïse [2], car il gisait entre eux, et ils ne le ménageaient point. Le maître, qui avait toujours sa connaissance, saisit encore une fois sa baguette éprouvée ; il frappe sur les esprits infernaux : les anges le portèrent dans le sépulcre.

---

1. L'amour est le sujet ordinaire des romans de Tieck. Allusion à ses *Fiancés*.
2. Épître de saint Jude, verset 9.

SIXIÈME PARTIE.

Sache que cela me déplaît fort d'entendre chanter et parler tant de gens. Qui bannit du monde la poésie ? Les poëtes.

Comme le pape sur son trône, X — Y est assis sur son bénéfice ; il est pourvu : que peut-il espérer de plus ? Le monde est grand, il est ouvert aux fous. Nous sommes à notre aise ; nous goûtons un loisir occupé : vous autres imbéciles, assurez-vous de l'ouvrage jour par jour.

Tu prétends vivre autochthone, autodidacte, âme aveuglée ! Approche, éprouve-toi : tu verras avec chagrin, dans la pratique, comme tu es partout en défaut.

« Je me tiens constamment éloigné des maîtres : je serais honteux de marcher sur les traces d'un autre. J'ai tout appris par moi-même. » Et cela va en conséquence.

Si tu réussis à voir clairement que la chose pénètre d'abord dans l'intérieur, puis revient au dehors, tu es instruit excellemment.

Nul ne se connaîtra lui-même, ne se séparera de son moi ; mais qu'il observe chaque jour ce qui est au dehors clair et limité, ce qu'il est et ce qu'il était, ce qu'il peut et ce qu'il veut.

Comme les gens sont appliqués ! Mais l'application les égare : ils voudraient savoir autrement que celui qui sait bien.

Agis doucement et sans bruit ; tu n'as pas besoin de te régler sur personne : celui-là seulement qui veut qu'on l'approuve doit approuver les autres.

Le digne homme ! il voyage du Rhin au Belt pour approfondir la nature : qu'il voyage dans le monde entier, il y trouvera son opinion.

Ne t'occupe pas des gens, occupe-toi des choses. Voici un jeune homme : il saura bien qu'en faire. Les vieux ne sont eux-mêmes que des choses. Je ne suis jeune toujours que pour faire quelque chose. Veux-tu rester jeune, songe à faire quelque chose aussi, et, si ce ne sont pas des...., que ce soit dans un autre domaine !

Au lieu de rester à réfléchir, essayez de faire ensemble une traite : quand même vous ne savez pas où la chose aboutira, du moins vous bougerez de la place.

Dites-moi avec qui il vous est agréable et doux de converser: sans me creuser la cervelle, je saurai fort bien ce que vous êtes.

La foule sort du théâtre : cette fois la salle était pleine. Chacun approuve et blâme selon ses impressions, chacun imagine qu'on a joué pour lui.

Si j'aime ou si je hais?... Il suffit que je n'attaque personne : si je souffre les gens, on me souffre.

Imbécile! favorise le bousillage, tu seras partout chez toi.

Quels beaux temps c'était là : *In ecclesia mulier taceat*[1] ! Mais aujourd'hui que chacune a sa voix, que signifie *ecclesia*?

Les prédilections des femmes et leurs antipathies, nous les admettrons, mais leurs jugements et leurs opinions semblent souvent bizarres.

Madame, en sa chaude retraite, mène une vie commode, élégante et polie : comme elle ne serait pas sans l'homme, elle se croit un homme aussi.

Je voyais passer la fille du fossoyeur : la mère de la belle ne s'était point frappée à la vue d'un trépassé.

Que servent aux jeunes filles tous leurs dons? Il faudrait qu'elles n'eussent ni des yeux ni des oreilles.

Cette jeune femme se fait peindre en Héloïse : veut-elle faire étalage de son mari?

Les belles femmes, jeunes et vieilles, ne sont pas faites pour se consumer de chagrin, et, si les nobles héros viennent à se refroidir, on peut se réchauffer auprès des pauvres diables.

J'honore la dignité des femmes, mais, pour avoir de la dignité, elles ne devraient pas se coucher seules; elles devraient prendre plaisir à la dignité des hommes.

« Nous t'avons claqué et reclaqué bien sournoisement, et nous

---

1. « Que la femme se taise dans l'église. » (1re p. aux Cor., ch. xiv v. 34.)

t'avons aussitôt plongé dans le bourbier bien profondément. Nous nous moquons de toi. Tire-toi de là. Adieu ! »

Et si je réplique, les claques n'en seront que plus cruelles; ma chère vie, dans le chimérique bourbier, sera troublée... M'en voilà dehors ; je m'en moque. Adieu!

Je n'ai jamais eu de débats avec vous, philistins de sacristie, engeance jalouse ! Vous êtes impolis comme des Anglais, mais vous ne payez pas si bien.

Ils assombrissent en vallée de misère le lumineux séjour de la terre de Dieu : en quoi nous découvrons d'abord comme ils sont misérables eux-mêmes.

Aux États-Unis. Amérique, tu es plus heureuse que notre vieux continent; tu n'as point de châteaux en ruines, point de basaltes, tu n'es point troublée au dedans, en ton époque de vie, par d'inutiles souvenirs et de vaines querelles. Jouissez du présent avec bonheur, et, si une fois vos enfants poétisent, qu'un sort propice les préserve des histoires de chevaliers, de brigands et de fantômes.

Les voilà qui vantent Faust et tout ce qui fermente encore dans mes ouvrages pour leur plaisir ; le vieux micmac les enchante : la canaille imagine que l'on n'est plus comme cela.

« Quelle déchéance! Autrefois tu étais, le soir, si brillant et si sublime! » Lorsqu'on n'attend point de bonne amie, il n'y a plus de nuit.

L'étourderie sied bien à la jeunesse ; elle veut aller en avant; la faute devient vertu; dans la vieillesse, il faut veiller sur soi.

« La douleur que tu fais paraître est-elle sincère? Bon! Elle est forcée, elle est feinte ! » Le comédien gagne les cœurs, mais il ne donne pas le sien.

Quel exemple bizarre!... J'apprends que les railleurs me dédient le temple auguste, le temple de Vesta, mais je passe sur ce reproche en gardant ma contenance, car je dois fort m'affliger de le mériter trop bien.

« Combien veux-tu donner pour le monument de Goethe? » se demandent celui-ci, celui-là et un autre. Si je ne m'étais élevé à moi-même un monument, le monument d'où viendrait-il ?

Vous pouvez bien, tête levée, m'ériger comme à Blücher un

monument. Il vous a délivrés des Français, et moi des filets du Philistin.

Qu'est-ce qu'un Philistin? Un boyau creux, rempli de crainte et d'espérance : que Dieu l'assiste!

Si tu es ingrat, tu as tort; si tu es reconnaissant, cela va mal pour toi : tu ne manqueras jamais le droit chemin, en agissant selon ton cœur et ta conscience.

Celui que gêne la reconnaissance est dans une fâcheuse situation : songe qui fut ton premier guide, qui s'est employé pour toi.

« On a présenté un nouveau projet, ne veux-tu pas t'en occuper? » J'ai déjà fait banqueroute une fois, je veux laisser leur tour aux autres.

Comment va le monde, à proprement parler, personne ne le sait bien, et, jusqu'à ce jour, personne qui veuille le savoir. Comportez-vous avec sagesse, en prenant le jour comme il vient; dites-vous toujours : « cela est allé jusqu'à présent; cela ira bien encore jusqu'au bout. »

LE PANTHÉISTE. Que me font vos railleries sur le tout et l'unité? Le professeur est une personne, Dieu n'en est pas une.

Selon un grand physicien et son école, NIL LUCE OBSCURIUS [1]. Fort bien, pour les obscurants!

Je les supporterais volontiers, si seulement les autres les supportaient, mais cela ne veut prendre et prévaloir nulle part : pourquoi m'occuperais-je de ces gens-là?

Volontiers je les verrais honorés et loués, mais ils ne peuvent l'obtenir du dehors : ils voient enfin leur doctrine ensevelie dans le palais Caffarelli [2].

« Dis-nous pourquoi ta bile ne cesse pas de nous repousser au loin? » Vous avez tous du sentiment, mais point d'esprit.

« O pilote, pourquoi tourner ta quille droit contre l'écueil? » On ne comprendrait pas le dessein des fous, si l'on ne se comprenait pas soi-même.

Je ne veux pas m'arrêter un moment auprès de pêcheurs tel-

---

1. Rien de plus obscur que la lumière.
2. A Rome. Les artistes allemands exposèrent leurs ouvrages dans ce palais, en 1819.

lement endurcis : qui ne veut pas marcher avec nous ne doit pas gêner notre marche.

Oui, je m'en fais gloire, je poursuis seul ma course ; et, quand ce serait une erreur, du moins elle ne serait pas la vôtre.

Rien ne me blessera ni à droite ni à gauche, si je poursuis hardiment mon vol rapide : si quelqu'un a d'autres pensées, le chemin est assez large.

« Ne seras-tu point, comme autrefois, retenu à chaque pas du voyage? » Je ne porte pas la tromperie avec moi : je ne serai pas trompé.

Le poëte met son plaisir dans le talent, dans les belles facultés de l'esprit ; cependant, quand le besoin le presse, il convoite les biens de la terre. C'est à bon droit que l'esprit positif se renouvelle chez les descendants : c'est une possession terrestre, il faut bien que j'en paye l'impôt.

Ce que les vieux chantèrent gaiement, la joyeuse jeunesse le gazouille ; ce que firent les maîtres puissants réussira de même aux valets ; ce qu'un homme accomplit hardiment, un grand nombre l'ose à son tour.

« Tu t'en es bien tiré : c'est une heureuse chance. » Qu'un autre en fasse autant que moi sans se rompre le cou.

Ce que beaucoup de gens chantent et disent, il nous faut bien le souffrir. Vous autres bons, les grands et les petits, vous chantez jusqu'à vous excéder, et pourtant les gens ne chantent jamais que ce qu'ils ont à dire.

« Comment donc es-tu allé si loin? On dit que tu as accompli ton œuvre. » Mon enfant, j'ai été sage : je n'ai jamais réfléchi sur la pensée.

Ce que nous resserrons, nous autres poëtes, ils l'épluchent longuement ; ils éclaircissent le vrai des choses, au point que personne n'y croit plus.

Un peu de gloire, un peu d'honneur, quel tourment, quelle peine cela vous donne! Et quand même je ne serais pas Goethe, je ne voudrais pourtant pas être....

« Dis-moi, que renferme l'histoire de l'Église? Elle me semble se réduire à rien. Il y a de quoi lire sans terme, mais tout cela que fut-il enfin? » Ce sont deux adversaires qui boxent ensemble, les ariens et les orthodoxes. C'est la même chose depuis des siècles, et cela durera jusqu'au jugement dernier.

Qu'ai-je à faire d'histoire ecclésiastique? Je ne vois pas autre chose que des prêtres : mais l'état des chrétiens, du commun peuple, je n'en découvre pas vestige.

J'aurais pu dire aussi des communautés : on en sait tout aussi peu de chose.

Ne croyez pas que je rêve, que j'imagine : voyez et vous ne trouverez que transformations; toute l'histoire de l'Église n'est qu'un salmigondis d'erreurs et de violences.

Croyants, ne vantez pas votre croyance comme l'unique : nous croyons aussi comme vous. Le penseur ne se laisse nullement ravir sa part héréditaire, accordée à tout le monde.... et à moi.

Je veux rester saducéen.... Je serais au désespoir que la foule qui me presse ici-bas me tînt encore à la gêne dans l'éternité. Ce ne serait toujours que le vieux bourbier; il n'y aurait là-haut que du caquetage glorifié.

Ne sois pas si violent, si stupide! Tout se transforme là-haut.

Je n'ai rien à dire contre la piété : c'est en même temps un état commode. Celui qui prétend vivre sans piété doit se dévouer à de grandes fatigues, voyager à ses risques, suffire et à soi-même et aux autres, et cependant avoir la ferme assurance que Dieu daignera jeter sur lui les yeux.

Si vous avez l'art et la science, vous avez de la religion. Êtes-vous sans science et sans art? Ayez de la religion.

Nul ne doit entrer au couvent sans être fourni d'une bonne provision de péchés, afin que tôt ou tard ne vienne pas à lui manquer la jouissance de se tourmenter par le repentir.

Laissez-vous dire par les cagots quels avantages ont découlé de la crucifixion : nul ne s'élève à l'éclat suprême des couronnes et des insignes, si quelqu'un n'a été d'abord battu en grange comme il faut.

C'est la gloire des hommes de la Germanie d'avoir haï le christianisme jusqu'au temps où les braves Saxons succombèrent sous l'épée fatale du seigneur Charles. Ils luttèrent assez longtemps, mais enfin ils furent domptés par la prêtraille, et ils se courbèrent sous le joug : mais ils remuèrent toujours de temps en temps. Ils n'étaient que dans un demi-sommeil, quand Luther traduisit si bien la Bible en allemand. Saint Paul, franc chevalier, parut aux chevaliers moins déplaisant : la liberté s'éveille dans tous les cœurs, et tout le peuple proteste avec joie.

« Le concordat et les statuts de l'Église ne sont-ils pas menés à bonne fin? » Oui! commencez une fois avec Rome et vous serez promenés!

Un ecclésiastique luthérien. Saint Luther, cher Luther, tu as réduit tes confrères au pain sec : que Dieu te le pardonne!

« Penses-tu bien tout ce que tu dis? » Penses-tu sérieusement ce que tu demandes? Que fait aux gens ce que je puis penser et dire, puisque toute pensée n'est qu'une question?

Attendez seulement! Tout s'arrangera, quelque idée qu'on veuille avoir de moi : mes ouvrages seront publiés un jour in usum Delphini avec des coupures.

Aux rimeurs, mes collègues. J'irais volontiers à vous avec joie, mais vous m'affligez et vous ne savez pas comment. Est-il un poëte moderne qui ne se punisse lui-même[1]?

Qui voudrait lire toutes les feuilles allemandes, feuilles du matin, de midi, du soir et de minuit, aurait perdu tout son temps, n'aurait plus une heure, un jour, une nuit; aurait perdu toute l'année : en quoi je le trouverais fort coupable.

Qu'est-ce qu'il rime, ce jeune Français, pour nous instruire, nous autres vieux hères? Le temps est malin comme le diable; il n'y a que lui qui puisse nous convertir.

Est-ce que vous extravaguez? Quelle idée vous prend de nier le vieux Faust? Ce diable incarné doit être un monde, pour unir en lui de telles horreurs.

Dans les fumées de sa vanité, chacun juge le mérite des autres infiniment petit. Qu'on laisse à chacun la permission d'être fou à sa mode.

D'après lord Byron. Non, c'en est trop pour le poëte, que ce jugement abominable. Ma tragédie est condamnée et la vieille tante ne l'est pas!

---

[1]. Littéralement, d'après Térence : « Un poëte moderne sans *héautontimorouménie*? »

Je considérais la naissance et la mort, et je voulais oublier la vie : pauvre diable que je suis, j'osais me mesurer avec un roi.

« Le vieux et riche prince resta pourtant loin, très-loin, de l'esprit du siècle. » Qui entend la finance entend, entend fort bien le siècle.

« L'argent et le pouvoir, le pouvoir et l'argent : c'est là qu'on peut mettre sa joie : le juste et l'injuste ne sont que bagatelles. »

Si le père n'a en tête que l'argent, et utilise jusqu'aux mouchures de lampe, que le fils tombe seulement dans les griffes des juifs et des coquines, et tout sera dévoré.

« Méphisto[1] semble être tout près. » Je crois, peu s'en faut, qu'il m'adresse la parole. Dans certains moments d'illusion étrange, il s'est bâillonné lui-même ; mais il regarde par-dessus le mouchoir, comme s'il était un double démon.

Bien que le héros se suffise à lui-même, avec des alliés les choses marchent plus vite, et, si le vaincu est habile, il se joint au vainqueur.

Les héros cavaliers du continent sont aujourd'hui des personnages d'importance ; mais, si cela ne dépendait que de moi, je voudrais monter un cheval marin.

Autrefois, avait-on essuyé quelque malheur, on osait s'en plaindre aux autres ; quelqu'un devait-il faire de pénibles campagnes, il avait de quoi raconter dans sa vieillesse : aujourd'hui les souffrances sont générales, l'individu n'oserait se plaindre. Personne qui ne doive faire campagne : qui donc écoutera nos récits ?

Les Français ne nous comprennent pas: aussi leur dit-on à la face, en allemand, des choses qui leur seraient désagréables, s'ils les avaient lues en français.

Dieu soit loué de notre heureuse aventure ! Le tyran est logé à Sainte-Hélène ! Mais, hélas ! un seul est banni, et nous avons désormais cent tyrans, qui forgent, à notre dam, un nouveau système continental : l'Allemagne doit s'isoler parfaitement, tendre autour de ses limites un cordon sanitaire, afin qu'il ne se glisse pas toujours chez nous la tête, le corps et la queue

---

1. Abréviation ironique de *Méphistophélès*, comme au t. III, p. 249, ligne 32.

d'un mot étranger ; nous devons nous reposer sur nos lauriers, et ne penser qu'à nos affaires.

Maudit soit qui, suivant des conseils trompeurs, avec une audace impudente, fait aujourd'hui, comme Allemand, ce que faisait le Français Corse! Puisse-t-il sentir, le soir, sentir, le matin, qu'il est une justice éternelle! En dépit de ses efforts et de sa violence, que les choses tournent mal pour lui et pour les siens!

Combien n'avons-nous pas tressé de couronnes! Les princes ne sont pas venus; les jours fortunés, les heures divines, nous les avons anticipés. Il en sera de même, je le présume, de mes travaux, de mon bagage lyrique; Épiménide[1], je pense, se réveillera trop tard, trop tôt, à Berlin. J'étais pénétré d'un pur sentiment; je paraîtrai bientôt un panégyriste flatteur; j'ai chanté les Allemands de juin : cela ne tiendra pas jusqu'en octobre.

Aux T... et aux D.... Peuple maudit! A peine es-tu libre, que tu te divises toi-même en deux camps! N'était-ce pas assez de souffrances, assez de bonheur? *Deutsch* ou *Teutsch*[2], tu n'es pas sage.

Dites-vous « Dieu, » vous parlez de l'universel; dites-vous « le monde, » vous parlez des courtisans : courtisans des princes, ce sont encore les meilleurs; craignez les courtisans du peuple, les derniers de tous.

Calanus ayant sollicité d'Alexandre la permission de monter sur le bûcher, le roi et les chefs de l'armée lui dirent : « Que veux-tu prouver? — Je ne veux rien prouver; mais je veux faire voir que, devant le roi, devant l'armée, devant les éclairs des armes brillantes, il sied au sage de se taire. »

Ce que les grands ont fait de bien, je l'ai vu souvent dans ma vie; ce que nous donneront les peuples, dont les sages élus se rassemblent et délibèrent maintenant, c'est ce que pourront dire nos petits-fils, qui en feront l'épreuve.

Autrefois, ce que les vieux chantaient, les jeunes le gazouil-

---

1. Titre d'une pièce de circonstance, que le poète avait composée.
2. Ce sont les deux orthographes du mot que nous avons traduit par Teuton. *Teutsch* est l'ancienne forme.

laient : aujourd'hui, ce que chantent les jeunes, les vieux doivent le répéter. A ces chants, à ce branle, le mieux.... est de ne bouger et de se taire.

« Pourquoi donc es-tu si rarement présent à nos séances? » Je ne veux pas suer d'ennui : je suis toujours aux ordres de la majorité.

Que trouve-t-on dans le grand monde? La médiocrité.

Nous sommes tous constitutionnels sur la terre; nul ne doit être imposé que celui qui est représenté. Puisqu'il en est ainsi, je m'enhardis, et je demande qui donc représente les valets?

Quand tout était divisé dans le monde, chacun trouvait du bon temps dans une place murée; le chevalier se glissait dedans; le paysan trouvait aussi cela fort bien dans la détresse. D'où vint la plus belle culture? Ne fut-ce pas des bourgeois? Mais, si les chevaliers et les paysans se liguent, ils malmèneront les bourgeois.

Entrez seulement en rapport avec le peuple, hommes populaires! Qu'il prononce, Aristide et Wellington seront bientôt mis à l'écart.

Adore le feu durant cent années, et puis tombe dedans : il te dévorera, jusqu'au dernier cheveu.

Je suis fort tourmenté et je ne sais ce qu'ils veulent, de demander à la foule ce qu'un seul homme aurait dû faire.

Je suis las du peuple; il veut ceci et cela; de haïr ses princes, il se croit bien avancé.

« Dis-moi ce que signifie cette magnificence? Grandeur extérieure! Apparence vaine! » Eh! que diable, qui a la puissance a bien aussi le droit d'exister!

La bonne cause me rappelle Saturne, le méchant : à peine ses enfants ont-ils vu le jour, qu'il les dévore.

Que tu aimes la bonne cause, cela est inévitable : mais, jusqu'à présent, on ne peut la distinguer de la plus mauvaise.

Je ne puis me laisser persuader; ne me faites pas le diable petit : un compagnon que tous les hommes haïssent doit être quelque chose.

« Pourquoi donc un roi est-il chassé comme avec un balai? » S'il y avait eu des rois, ils seraient tous encore debout et respectés.

Épitaphe.
(Consacrée par A. de J.)

Il comprit fort bien beaucoup de choses, mais il devait avoir d'autres inclinations : pourquoi resta-t-il le valet des princes ? Il aurait dû être notre valet.

SEPTIÈME PARTIE.

Laissez vivre, laissez prévaloir, ce que le fantasque poëte a proclamé : pourquoi faire un crime à notre ami d'avoir péché avec son temps ?

Le poëte ne veut blesser personne, lorsqu'il poursuit avec audace son vol rapide : si quelqu'un a d'autres pensées, le chemin est assez large.

Voltigez par essaims entiers plutôt que par couples peu nombreux ; ne me laissez pas un côté libre ; bourdonnez de toutes parts : cela vous réussira. Une mouche seule pique fort bien aussi ; il n'est pas besoin tout d'abord d'une armée.

Comme je vis beaucoup dans la retraite, j'ai coutume de parler peu ; mais, comme j'écris volontiers, veuillent mes lecteurs le souffrir.

Il fallait dire : « Je dicte volontiers, » et c'est encore un discours, où je ne perds point de temps ; personne ne m'interrompt.

Il en est des soucis comme des mouches volantes dans nos yeux. Quand nous portons nos regards sur le bel univers, nous voyons flotter un réseau gris, une toile d'araignée ; elle ne couvre pas l'objet, elle ne fait que passer devant ; l'image est troublée, si même elle n'est pas assombrie ; le brillant univers est toujours le brillant univers : c'est dans l'œil seulement que la chose va mal.

Porte ton mal comme tu peux ; ne te plains à personne de ton infortune : si tu te plains à ton ami d'un chagrin, il riposte sur-le-champ par une douzaine.

Ne soyez d'aucune société militaire, si vous ne savez porter l'arme comme il faut ; ce que les autres aiment, ce qu'ils haïssent, il faut l'aimer et le haïr aussi ; ce qu'ils savent, on le prône ; ce qu'ils ne savent pas, il faut le dénigrer ; les vieilles traditions, on les continue ; le nouveau, on s'y oppose prudemment : alors ils vous permettront d'aller aussi votre chemin à côté d'eux ; mais, si vous veniez à réussir, ils sauraient, comme des cagots, vous contraindre à vous rétracter.

Avez-vous d'abord établi une chambre obscure, noire comme une nuit d'Égypte, par un tout petit orifice, faites entrer le plus fin rayon de soleil ; qu'ensuite il passe à travers le prisme, et soudain le rayon sera brisé. Vous le verrez, sur mon honneur, détors comme une cordelette, septicolore au lieu de blanc, ovale au lieu de rond ; croyez-en les paroles du maître : ce qui s'étale ici, séparé l'un de l'autre, tout cela ne faisait qu'un. Et comme à bien d'autres, depuis cent ans, cela ne vous fera pas un poil gris.

Amants dédaignés, si vous ne faites pas taire vos lyres mal accordées, vous allez me désespérer tout à fait. Isis se montre sans voile, mais l'homme a la cataracte.

Les symboles historiques.... bien fou qui les juge importants ! Il fouille sans cesse dans le vide, et néglige le riche univers.

Ne cherche pas l'initiation secrète, laisse sous le voile la figure immobile. Veux-tu vivre, pauvre sot ? Regarde derrière toi les libres campagnes.

Rompre l'unité de l'éternelle lumière, c'est une folie, à notre avis, quand même l'erreur vous contente. Que l'on sache habilement marier le clair et l'obscur, la lumière et l'ombre, et c'en est fait de l'empire des couleurs.

Ils s'aiment tous deux chèrement ; ils ne peuvent souffrir d'être séparés. Lorsque l'un se perd dans l'autre, maints enfants bigarrés prennent naissance. Vois avec plaisir dans tes propres yeux ce que Platon a su dès l'origine : car c'est le caractère propre de la nature, que ce qui était vérité à l'intérieur, le soit aussi à l'extérieur.

Voilà ce que tu ne leur persuaderas jamais ; ils te rangent toi-même parmi les faibles, faibles d'yeux, faibles d'esprit. Les ténèbres dans la lumière, tu ne pourras jamais les saisir. Laisse la chose aux messieurs qui s'offrent à le démontrer. Dieu soit propice aux bons écoliers !

Plusieurs se fatiguent et se pavanent à contredire, à réserver, à se fâcher : tout ce que j'en puis conclure, c'est qu'ils pensent **autrement que moi**.

Comme on attaque les rois, Granit aussi est déposé ; et Gneiss, le fils, est aujourd'hui le papa. Mais sa ruine aussi est prochaine, car la fourche de Pluton déjà menace d'une révolution la base primitive ; Basalte, ce diable morceau, s'élance du fond de l'enfer, brise rochers, pierres et terres ; oméga va devenir alpha ; et notre pauvre monde serait donc aussi, en géognosie, planté sur la tête.

A peine l'illustre Werner[1] a-t-il tourné le dos, que l'on bouleverse le royaume de Neptune : si tout le monde s'incline devant Vulcain, je ne puis sitôt m'y résoudre ; je ne sais donner mon estime qu'à la longue ; j'ai déjà laissé passer maint credo ; je prends également en haine les nouveaux dieux et les nouvelles idoles.

Ne te laisse pas ravir ta conviction propre et originelle : ce que la foule croit est aisé à croire. Sois, comme de raison, appliqué avec intelligence : ce que savent les habiles est difficile à savoir.

Plus on a d'expérience et de savoir, plus on reconnaît que tout tourne dans un cercle ; d'abord on enseigne ceci, on enseigne cela : maintenant c'est une chose parfaitement certaine, que, dans l'intérieur du globe, agit le pyro-hydrophylacium, afin que la surface de la terre ne manque pas de feu et d'eau. En effet, d'où viendrait une chose, si elle n'était depuis longtemps toute prête ? Ainsi donc, avant qu'on s'en doutât, voici le père Kircher[2] qui reparaît. Mais, je ne rougis point de le dire, nous ne cessons pas de tâtonner des problèmes.

Je n'accorde pas qu'il y ait aucun brasier, aucune mer, dans

---

1. Savant minéralogiste, fondateur du neptunisme.
2. Athanase Kircher, savant jésuite, né à Geysen en 1602, mort en 1680. Un de ses nombreux ouvrages est le *Mundus subterraneus*, auquel Goethe fait ici allusion.

le centre du globe; cependant la pesanteur agit en souveraine; elle n'est pas condamnée à la mort et au repos; animée par le Dieu vivant, grâce à l'esprit, qui vivifie tout, elle change sans inconstance, avec une activité intérieure qui ne cesse jamais. Voyez seulement! Vous allez le comprendre. Si Mercure s'élève ou s'abaisse, l'atmosphère attirée, relâchée, devient pesante ou légère.

Votre explication ne me satisfait point. Que chacun se représente comme il pourra le flux et le reflux de l'atmosphère : je veux m'en tenir à Hermès, car le bon plaisir du baromètre est le tyran de la température.

Le vent d'ouest peut gouverner l'atmosphère, pousser vers l'est les flots et l'orage, si Mercure se montre endormi; tous les éléments se soulèvent de l'est avec furie, si Mercure sort de son sommeil.

La vie habite dans chaque étoile; l'étoile poursuit de bon gré, avec ses compagnes, la course pure qu'elle a elle-même choisie; dans l'intérieur du globe, palpitent les forces qui nous mènent à la nuit et nous ramènent au jour.

Si la même circulation se répète éternellement dans l'infini, si les orbites sans nombre s'entrelacent avec puissance, l'allégresse et la vie s'épanchent de tous les êtres, de la plus petite comme de la plus grande étoile, et toute impulsion, toute lutte, est repos éternel en Dieu le Seigneur.

La nuit, quand les bons génies se promènent, et chassent de ton front le sommeil; quand la lune claire et les étoiles scintillantes t'environnent des splendeurs de l'éternel univers, il te semble que, déjà incorporel, tu t'élèves devant le trône de Dieu.

Mais, quand le jour vient remettre le monde sur ses pieds, il pourrait difficilement te donner ce bonheur, avec la meilleure volonté du matin; à midi, le rêve du matin éprouve déjà une étrange métamorphose.

Dans la vie, comme dans la science, applique-toi uniquement à fournir ta course. Si les orages et le courant te poussent, t'entraînent, ils ne seront pas néanmoins tes maîtres; tu comprends mieux la boussole, l'étoile polaire et le chronomètre, et la lune et le soleil; tu accomplis, à ta manière, ton voyage avec de paisibles amis ; surtout si tu vois sans chagrin que la course se termine en cercle : quand il a fait le tour du monde, le navigateur touche avec joie au port d'où il est parti.

Combien le plus petit domaine est fécond, quand on sait bien le cultiver !

Lorsque l'enfant observe d'un regard avide, il voit bâtir la maison paternelle, et, quand son oreille commence à se familiariser, il entend les sons de la langue maternelle ; s'il aperçoit ceci ou cela auprès de lui, on lui fait des contes de ce qui est arrivé au loin ; on le cultive, il grandit ; il trouve tout fait à propos ; on lui vante ceci, on lui recommande cela ; il voudrait bien aussi être quelque chose ; comment il doit agir, produire, aimer, il le trouve déjà tout écrit, et (ce qui est plus fâcheux encore) imprimé. Voilà le jeune homme endoctriné, et il finit par voir clairement qu'il n'est autre chose que ce qu'un autre a été.

Je secouerais volontiers la tradition, et volontiers je serais tout à fait original ; mais c'est une grande entreprise, et qui mène à bien des tourments. Comme autochthone, je tiendrais à grand honneur de ne pas être moi-même une tradition par trop bizarre.

Je tiens de mon père la stature, la conduite grave, de ma mère l'enjouement et le goût de conter : mon bisaïeul était bienvenu des belles : cela perce de temps en temps ; ma bisaïeule aimait l'or et les joyaux : je me sens aussi cette fantaisie : or, si les éléments ne se peuvent séparer du composé, que reste-t-il dans tout le personnage qu'on puisse appeler original ?

Je ne puis diviser ma vie, ni le dedans ni le dehors ; je dois donner à tous le tout, pour demeurer avec vous, avec moi ; j'ai toujours écrit comme je sens, comme je pense, et, de la sorte, mes amis, je me partage et je reste toujours moi.

PENSÉES EN PROSE.

MAXIMES ET RÉFLEXIONS.

PREMIÈRE PARTIE.

Tout ce qui est sage a été déjà pensé ; il faut seulement essayer de le penser encore une fois.

Comment peut-on apprendre à se connaître soi-même ? Jamais par la méditation, mais bien par l'action. Essaye de faire ton devoir, et tu sauras d'abord ce que tu vaux.

Mais qu'est-ce que ton devoir ? L'obligation du jour.

Le monde raisonnable doit être considéré comme un grand et immortel individu qui accomplit irrésistiblement le nécessaire, et par là se rend maître même de l'accidentel.

Plus je vis, plus je souffre, quand je vois l'homme qui, proprement, occupe sa haute position pour commander à la nature, pour affranchir lui et les siens de l'impérieuse nécessité, faire, par quelque fausse idée préconçue, justement le contraire de ce qu'il veut, et, parce que l'entreprise est manquée dans l'ensemble, se tourmenter ensuite à faire en détail de mauvaise besogne.

Homme actif et vertueux, mérite et attends :
des grands — bienveillance,
des puissants — faveur,
des gens actifs et bons — encouragement,
de la multitude — sympathie,
des individus — affection.

Dis-moi qui tu hantes, je te dirai qui tu es : que je sache à quoi tu t'occupes, je saurai ce que tu peux devenir.

Chaque homme doit penser à sa manière, car il trouve toujours sur son chemin une vérité, ou une sorte de vérité, qui l'aide à fournir la carrière de la vie; seulement il ne doit pas se laisser la bride sur le cou; il doit se contrôler; l'instinct pur et simple ne doit pas être la règle de l'homme.

Une activité sans bornes, de quelque nature qu'elle soit, finit par faire banqueroute.

Dans les œuvres de l'homme, comme dans celles de la nature, ce sont proprement les vues qui sont surtout dignes d'attention.

Les hommes se trompent sur eux-mêmes et sur les autres, parce qu'ils traitent les moyens comme but, si bien que, par pure activité, on ne fait rien, ou qu'on fait même peut-être le contraire de ce qu'on voulait.

Ce que nous inventons, ce que nous entreprenons, devrait être déjà si parfaitement pur et beau, que le monde n'eût plus qu'à le gâter; nous conserverions ainsi l'avantage de mettre en ordre ce qu'on aurait dérangé, de reconstruire ce qu'on aurait détruit.

Il est difficile et pénible de démêler, de passer au crible, des erreurs totales, des moitiés et des quarts d'erreur, et de mettre ce qui s'y trouve de vrai à la place qui lui convient.

Il n'est pas toujours nécessaire que le vrai prenne un corps; il suffit qu'il plane en esprit à la ronde et produise l'harmonie, et, comme le son d'une cloche, que, sérieux et doux, il flotte dans les airs.

Des idées générales et une grande présomption sont toujours en voie de causer d'affreux malheurs.

« Souffler n'est pas jouer de la flûte : il faut remuer les doigts. »

Les botanistes ont une classe de plantes qu'ils appellent *incompletæ*; on peut dire de même qu'il y a des hommes incomplets : ce sont ceux dont les désirs et les efforts ne sont pas proportionnés à leurs actes et à leurs œuvres.

Le moindre des hommes peut être complet, s'il se meut dans les limites de ses facultés et de ses aptitudes; mais de belles prérogatives sont elles-mêmes obscurcies, détruites, anéanties, si cette juste proportion, rigoureusement exigée, vient à manquer. Ce mal se produira encore plus souvent de nos jours : en effet, qui pourra satisfaire aux exigences d'une époque éminemment progressive, et qui marche si vite?

Les hommes d'une activité sage, qui connaissent leurs forces, et les emploient avec mesure et discernement, auront seuls de grands succès dans les affaires du monde.

C'est un grand défaut de se croire plus que l'on n'est et de s'estimer moins que l'on ne vaut.

Je rencontre de temps en temps de jeunes hommes que je ne souhaiterais pas de voir changés ni réformés; seulement je m'inquiète d'en voir plusieurs entièrement disposés à se laisser emporter à la dérive par le torrent du siècle, et, là-dessus, je voudrais faire observer sans cesse que, dans sa fragile nacelle, l'homme s'est vu mettre la rame à la main précisément pour qu'il obéisse, non pas au vouloir aveugle des flots, mais à la volonté de son intelligence.

Mais comment un jeune homme parviendra-t-il par lui-même à considérer comme blâmable et pernicieux ce que tout le monde fait, approuve et encourage? pourquoi ne se laisserait-il pas entraîner aussi avec ses penchants?

Je regarde comme le plus grand mal de notre époque, qui ne laisse rien mûrir, que l'on consomme dans le moment présent celui qui l'a précédé, que l'on dissipe le jour dans le jour, et que l'on vive toujours de la sorte, mangeant à mesure ce qu'on gagne, sans faire quelques économies. Nous avons cependant des gazettes pour toutes les heures du jour! Une bonne tête pourrait bien en intercaler encore une ou deux. Par là, tout ce que chacun fait, poursuit, médite, et même ce qu'il projette, est traîné devant le public. Nul ne doit se réjouir ou souffrir que pour l'amusement des autres, et tout cela court en diligence de maison en maison, de ville en ville, de royaume en royaume, enfin de continent en continent.

Tout comme les machines qui compriment la vapeur ne sauraient être comprimées, la compression est impossible dans l'ordre moral ; l'activité du commerce, le papier-monnaie qui circule en frémissant, l'accroissement des dettes pour payer les dettes, voilà l'étrange milieu dans lequel un jeune homme doit vivre aujourd'hui. Heureux, s'il est doué par la nature d'un caractère modéré et paisible, pour ne pas élever à l'égard du monde des prétentions exagérées, ni se laisser régler par lui!

Mais, dans chaque sphère, l'esprit du jour le menace, et rien n'est plus nécessaire que de lui faire observer assez tôt de quel côté sa volonté doit gouverner.

L'importance des discours et des actes les plus innocents augmente avec les années, et, si j'ai avec quelqu'un des relations un peu prolongées, je cherche toujours à lui faire observer quelle différence il y a entre la franchise, la confiance et l'indiscrétion ; que même, à proprement parler, il n'y a pas entre elles de différence, mais plutôt qu'il existe seulement, de la chose la plus inoffensive à la plus pernicieuse, une transition légère, qui doit être observée ou plutôt sentie.

C'est un point sur lequel nous devons exercer notre tact ; sinon, tout en suivant la voie par laquelle nous avons acquis la faveur des hommes, nous courons le risque de la perdre sans nous en être aucunement aperçus. On le comprend, il est vrai, de soi-même dans le cours de la vie ; mais ce n'est qu'après un apprentissage chèrement payé, que, par malheur, nous ne pouvons épargner à ceux qui viennent après nous.

Le rapport des arts et des sciences avec la vie varie beaucoup, selon le rapport des degrés où ils se trouvent, selon la nature des temps et mille autres circonstances ; c'est pourquoi il n'est facile à personne de se faire là-dessus en somme une opinion éclairée.

La poésie déploie surtout ses effets au début des phases sociales, qu'elles soient barbares ou demi-civilisées, ou lorsqu'il arrive un changement de culture, lorsqu'on apprend à connaître une culture étrangère : si bien qu'on peut dire que l'effet de la nouveauté se déploie tout entier.

La musique excellente n'a pas le même besoin de la nouveauté ; au contraire, plus elle est vieille, et plus on y est accoutumé, plus elle produit d'effet.

C'est peut-être dans la musique que la dignité de l'art paraît à son degré le plus éminent, parce qu'il n'est point là d'éléments matériels, dont il faille tenir compte ; elle est, tout ensemble, la forme et le fond, et ennoblit tout ce qu'elle exprime.

La musique est sacrée ou profane. La sacrée est tout à fait conforme à sa dignité ; et ici la musique a sur la vie la plus grande influence, qui reste la même dans tous les temps et dans toutes les époques. La musique profane devrait toujours être gaie.

Une musique qui mêle le caractère sacré avec le profane est impie, et une musique de second ordre, qui se plaît à exprimer des sentiments faibles, douloureux, mélancoliques, est insipide, car elle n'est pas assez sérieuse pour être sacrée, et elle manque du caractère essentiel de l'autre, la gaieté.

La sainteté de la musique d'église et la gaieté, la malice des mélodies populaires, sont les deux pôles sur lesquels tourne la véritable musique. Sur ces deux points, elle produit constamment un effet infaillible, le recueillement ou la danse. Le mélange égare ; l'affaiblissement tourne à la fadeur, et, si la musique veut se rabattre sur le poëme didactique ou descriptif, ou sur quelque chose de pareil, elle devient froide.

La plastique ne produit un véritable effet qu'à son plus haut degré ; tout ce qui est médiocre peut imposer par plus d'une raison ; mais, dans cet art, toutes les œuvres médiocres causent plus de trouble que de plaisir. C'est pourquoi la sculpture doit chercher un intérêt qui tienne au sujet, et elle le trouve dans les images des hommes marquants : mais ici encore elle doit atteindre un haut degré, si elle veut être à la fois noble et vraie.

La peinture est le plus libre et le plus commode de tous les arts. Le plus libre, soit parce que, en considération de la matière et du sujet, même quand la peinture n'est qu'un métier, ou qu'elle est à peine un art, on lui sait gré de bien des choses et l'on prend plaisir en elle ; soit parce qu'une exécution technique, quoique sans génie, excite la surprise de l'ignorant comme du connaisseur, en sorte qu'il suffit que la peinture s'élève en quelque mesure jusqu'à l'art, pour être accueillie avec une plus grande faveur. La vérité dans les couleurs, dans le dessin, dans les rapports mutuels des objets visibles, fait déjà plaisir, et, comme l'œil est d'ailleurs accoutumé à tout voir, il est moins choqué d'un objet difforme, et, par conséquent aussi, d'une image difforme, que l'oreille d'une dissonance. On souffre la plus laide image, parce qu'on est habitué à voir des objets plus laids encore. Que seulement le peintre soit donc un peu artiste, et il trouve d'abord un public plus nombreux qu'un musicien de même talent. Du moins le peintre médiocre peut-il toujours travailler seul, tandis que le musicien vulgaire est obligé de s'associer avec d'autres, afin de produire quelque effet par l'ensemble.

A la question de savoir si, dans l'examen des productions de l'art, on doit ou l'on ne doit pas comparer, je répondrais de la manière suivante : Le connaisseur accompli doit comparer, parce que l'idée plane devant lui ; il a compris ce qui peut et doit être effectué ; l'amateur en voie de se former fera plus de progrès, s'il évite de comparer, et s'il considère isolément chaque mérite : par là se forment peu à peu le sentiment et l'intelligence de ce qui est plus général. Comparer n'est proprement pour les ignorants qu'un moyen commode pour se dispenser de juger.

L'amour de la vérité se montre en ceci, que l'on sait découvrir et estimer partout le bien.

J'appelle « humanité historique » celle qui est cultivée de telle sorte que, dans l'appréciation des services et des mérites contemporains, elle prend aussi le passé en considération.

Le plus grand bien qui nous revienne de l'histoire, c'est l'enthousiasme qu'elle produit.

L'individualité provoque l'individualité.

Il faut réfléchir que, parmi les hommes, il en est un grand nombre qui, sans être productifs, veulent dire à leur tour quelque chose de marquant, et c'est ce qui fait éclore les choses les plus singulières.

Les penseurs sérieux et profonds sont dans une fâcheuse position vis-à-vis du public.

Si l'on veut que je prête l'oreille à l'opinion d'autrui, je demande qu'elle soit exprimée d'une manière positive : du problématique, j'en ai assez en moi-même.

La superstition appartient à la nature de l'homme, et, lorsqu'on pense la bannir tout à fait, elle se réfugie dans les coins et les réduits les plus singuliers, d'où elle se remontre tout à coup, lorsqu'elle croit pouvoir le faire avec quelque sûreté.

Nous connaîtrions mieux beaucoup de choses, si nous ne voulions pas les reconnaître trop exactement : un objet ne commence à être saisissable pour nous que sous un angle de quarante-cinq degrés.

A proprement parler, les microscopes et les télescopes troublent chez l'homme la pureté du sens.

Je me tais sur beaucoup de choses, car je n'aime pas à déconcerter les hommes, et je suis charmé qu'ils se réjouissent où je me chagrine.

Tout ce qui affranchit notre esprit, sans nous donner l'empire sur nous-mêmes, est pernicieux.

Le sujet d'une œuvre d'art intéresse plus les hommes que l'exécution ; ils peuvent saisir l'un en détail : ils ne peuvent embrasser l'autre dans son ensemble. De là vient la mise en relief de certaines parties, après quoi, si on l'observe bien, l'effet de l'ensemble ne manque pas non plus de se produire à la fin, mais à l'insu de chacun.

La question : où le poëte a-t-il pris cela ? ne se rapporte non plus qu'au sujet. Quant à l'exécution, personne n'acquiert d'ailleurs sur elle aucune lumière.

C'est l'art, et particulièrement la poésie, qui règlent seuls l'imagination : il n'y a rien de plus horrible que l'imagination sans goût.

Le maniéré est un idéal manqué, un idéal subjectif : aussi l'esprit ne lui manque-t-il guère.

L'objet du philologue est la convenance de la tradition écrite. Un manuscrit est la base de son travail ; il s'y rencontre des lacunes réelles, des fautes d'écriture, qui produisent des lacunes dans le sens; et, en général, toutes les autres imperfections que l'on peut avoir à relever dans un manuscrit. Il se trouve alors une seconde copie, une troisième ; la collation aide toujours plus à découvrir la justesse et la solidité de la tradition. Le philologue va plus loin, et il demande à son sens intérieur de saisir et d'exposer toujours mieux, sans secours extérieurs, la convenance de l'œuvre qui l'occupe. Et comme il faut pour cela un tact particulier, une connaissance particulière et approfondie de l'auteur ancien ; comme il faut y joindre un certain degré de force d'invention, on ne doit pas trouver mauvais que le philologue se croie, dans les choses de goût, un discernement, qui néanmoins ne le servira pas toujours bien.

L'objet du poëte est l'exposition. Elle est excellente, quand elle rivalise avec la réalité, c'est-à-dire quand ses peintures sont rendues tellement vivantes par l'esprit, que chacun peut se croire en présence des objets. A son plus haut sommet, la poésie semble tout extérieure ; plus elle se retire dans l'intérieur, plus elle tend à s'abaisser.... Celle qui se borne à exprimer l'intérieur, sans l'incarner dans un objet extérieur, ou sans faire sentir celui-ci à travers celui-là, est, dans l'un et l'autre cas, le dernier degré par lequel la poésie aboutit à la vie ordinaire.

A l'éloquence appartiennent tous les avantages de la poésie et tous ses droits ; elle s'en empare et en abuse, pour obtenir dans la vie civile certaines prérogatives extérieures, momentanées, morales ou immorales.

Un talent développé avec une vérité et une grandeur naturelles, quoique d'une manière sauvage et tourmentée, est lord Byron ; et c'est pourquoi l'on n'en trouvera guère qui lui soient comparables.

Le mérite propre de ce qu'on appelle des chants populaires, c'est que leurs motifs sont pris directement dans la nature : mais cet avantage, si le poëte cultivé savait s'y prendre, il pourrait aussi le mettre à profit.

Cependant les chants populaires l'emportent toujours en ceci, que les hommes de la nature savent mieux être brefs que les poëtes cultivés.

La lecture de Shakspeare est dangereuse pour les talents naissants : il les oblige à le reproduire, et ils s'imaginent qu'ils se produisent eux-mêmes.

Nul ne peut porter de jugement sur l'histoire, s'il n'a pas eu lui-même une histoire. Il en est de même des nations : les Allemands ne peuvent juger en littérature que depuis qu'ils ont eux-mêmes une littérature.

On ne vit véritablement que lorsqu'on jouit de la bienveillance des autres.

La piété n'est pas un but, mais un moyen, pour arriver par la plus pure tranquillité de l'âme à la plus haute culture.

Aussi peut-on observer que ceux qui affichent la piété comme objet et comme but deviennent pour la plupart des hypocrites.

Quand on est vieux, on doit plus agir que lorsqu'on était jeune.

Un devoir accompli laisse toujours comme l'impression d'une dette, parce qu'on ne s'est jamais satisfait soi-même entièrement.

Il n'y a que l'homme indifférent qui remarque les défauts : il suit de là que, pour les reconnaître, il nous faut aussi devenir indifférents, mais pas au delà de ce qui est nécessaire.

Le plus grand bonheur est ce qui corrige nos défauts et qui répare nos fautes.

Sais-tu lire, tu dois comprendre ; sais-tu écrire, il faut que tu saches quelque chose; peux-tu croire, tu dois concevoir ; si tu demandes, tu t'obliges ; si tu exiges, tu n'obtiendras pas, et, si tu es éclairé, tu dois te rendre utile.

Nous ne reconnaissons personne que celui qui nous est utile : nous reconnaissons le prince, parce que nous voyons, à l'abri de son nom, la propriété assurée ; nous attendons de lui protection contre les adversités du dehors et du dedans.

Le ruisseau est ami du meunier qu'il sert, et volontiers il se précipite sur les roues : que gagne-t-il à serpenter nonchalamment dans la vallée ?

Celui qui se contente de l'expérience pure et qui agit en conséquence, possède assez de vérité : dans ce sens, le jeune enfant est sage.

Cette théorie en elle-même n'est utile qu'en tant qu'elle nous fait croire à l'enchaînement des phénomènes.

Toute idée abstraite est mise à la portée de l'entendement humain par l'application; et c'est ainsi que, par l'observation et la pratique, l'entendement humain arrive à l'abstraction.

Qui demande trop, qui aime le complexe, est exposé aux égarements.

Raisonner par analogie n'est point condamnable : l'analogie a cet avantage, qu'elle ne conclut pas et qu'elle n'établit proprement rien comme définitif; au contraire, l'induction est funeste, parce qu'elle a devant les yeux un but qu'on s'est proposé, et que, le poursuivant de toutes ses forces, elle entraîne avec elle le faux et le vrai.

L'intuition *ordinaire*, la vue exacte des choses terrestres, est l'apanage de la raison universelle.

L'intuition *pure* du monde extérieur et intérieur est très-rare.

La première se manifeste dans le sens pratique, dans l'action immédiate; la seconde, d'une manière symbolique, principalement par les mathématiques, dans les nombres et les formules; par le langage, d'une manière primitive, figurée, comme poésie du génie, comme proverbes du sens commun.

Ce qui est loin de nous agit sur nous par la tradition. La tradition ordinaire doit être appelée historique : une autre, plus élevée, parente de l'imagination, est la tradition mythique. Si l'on cherche derrière celle-ci quelque chose encore, quelque signification, elle se transforme en mysticisme. Elle devient d'ailleurs aisément sentimentale, en sorte que l'on ne s'approprie que ce qui parle au cœur.

Les influences dont nous devons tenir compte, si nous voulons véritablement être secondés, sont celles qui préparent — qui accompagnent — qui coopèrent — qui soutiennent — qui avancent — qui fortifient — qui retiennent — qui achèvent.

Dans la spéculation, comme dans l'action, il faut distinguer l'accessible de l'inaccessible; sans cela on fait peu de chose dans la vie comme dans la science.

Le sens commun est le génie de l'humanité[1].

---

1. En français dans l'original.

Le sens commun, qu'il faut admettre comme le génie de l'humanité, doit être observé d'abord dans ses manifestations. Si nous examinons à quoi l'humanité l'applique, voici ce que nous trouvons : L'humanité est assujettie à des besoins : ne sont-ils pas satisfaits, elle se montre impatiente; sont-ils satisfaits, elle paraît indifférente. Par sa condition propre, l'homme se meut donc entre ces deux états, et il emploiera sa raison, ce qu'on nomme la raison humaine, à satisfaire ses besoins : après quoi, sa tâche est de remplir les vides de l'indifférence. Cela se réduit-il aux plus étroites limites, aux choses les plus nécessaires, il y réussit encore; mais si les besoins s'élèvent, s'ils sortent du cercle des choses communes, le sens commun n'est plus suffisant; il n'est plus le génie; la région de l'erreur est ouverte à l'humanité.

Il ne se fait rien d'insensé que la raison ou le hasard ne puisse redresser; rien de sensé, que la raison et le hasard ne puissent mener à mal.

Toute grande idée, aussitôt qu'elle apparaît, exerce une action tyrannique : aussi les avantages qu'elle produit ne se changent que trop tôt en désavantages. On peut donc défendre et vanter toute institution, si l'on rappelle ses commencements, et si l'on sait démontrer que tout ce qu'elle fut au commencement elle l'est encore.

Lessing, qui sentait avec indignation bien des gênes, fait dire à un de ses personnages[1] : « Nul ne doit devoir. » Un homme spirituel et gai disait : « Qui veut, doit. » Un troisième, sans doute un esprit cultivé, ajouta : « Qui comprend, veut aussi. » Et par là on croyait avoir clos tout le cercle de la connaissance, du vouloir et du devoir; mais, chez l'homme, la connaissance, de quelque nature qu'elle soit, détermine en général la conduite : c'est aussi pourquoi il n'est rien de plus effrayant que de voir agir l'ignorance.

Il y a deux puissances pacifiques, la justice et la bienséance.

La justice impose le devoir, la police la convenance. La justice pèse et décide, la police observe et commande; la justice est relative à l'individu, la police à l'ensemble.

---

[1] Dans *Nathan le Sage*, acte I, scène III.

L'histoire des sciences est une grande fugue, dans laquelle les voix des peuples se font entendre tour à tour.

DEUXIÈME PARTIE.

Pour que l'homme puisse accomplir tout ce qu'on exige de lui, il faut qu'il se croie plus qu'il n'est.

Aussi longtemps que cela ne va pas jusqu'à l'absurde, on le souffre volontiers.

Le travail fait l'ouvrier.

Certains livres semblent écrits, non pour nous instruire, mais pour qu'on sache que l'auteur savait quelque chose.

Ils fouettent la caillebote, pour voir si elle ne se tournera pas en crème.

Il est bien plus facile de se mettre dans la situation d'un esprit qui est plongé dans une erreur complète, que d'un esprit qui se repaît de demi-vérités.

Le goût des Allemands pour le vague dans les arts vient du bousillage : ceux qui bousillent ne doivent pas souffrir le vrai, autrement ils seraient réduits à rien.

Il est triste de voir comme un homme extraordinaire se fait souvent le martyr de lui-même, de sa situation, de son temps, sans parvenir à trouver un rameau vert. Burger en est un triste exemple.

La plus grande marque d'estime qu'un auteur puisse donner à son public est de ne jamais produire ce qu'on attend, mais ce que lui-même, à chaque degré de sa propre culture et de celle des autres, regarde comme utile et bon.

La sagesse n'est que dans la vérité.

Si je me trompe, chacun peut le remarquer, mais non si je mens.

L'Allemand a la liberté du sentiment, et c'est pourquoi il ne remarque pas si la liberté de l'esprit et du goût lui manque.

Le monde n'est-il donc pas assez plein d'énigmes, sans que l'on change encore en énigmes les plus simples phénomènes?

Le cheveu le plus fin jette son ombre.

Ce que, dans le cours de ma vie, j'ai essayé de faire par de fausses tendances, j'ai pourtant appris enfin à le comprendre.

La libéralité procure à chacun l'affection, surtout quand l'humilité l'accompagne.

Avant l'orage, la poussière s'élève avec violence une dernière fois, mais elle sera bientôt abattue pour longtemps.

Même avec la volonté, avec l'intention la meilleure, les hommes ont de la peine à se connaître les uns les autres; et voici, de surcroît, la mauvaise volonté, qui défigure tout.

Les hommes se connaîtraient mieux entre eux, si l'un ne voulait pas toujours s'égaler à l'autre.

Les personnes distinguées se trouvent, par conséquent, dans une position plus défavorable : comme on ne se compare pas avec elles, on les observe.

Dans le monde, l'essentiel n'est pas de connaître les hommes; mais d'être, au bon moment, plus habile que celui qui est placé devant nous : toutes les foires et les charlatans en rendent témoignage.

Où se trouve de l'eau, il n'y a pas toujours des grenouilles, mais où l'on entend les grenouilles, il y a de l'eau.

Qui ne connaît pas les langues étrangères ne sait point la sienne.

L'erreur est fort bonne tant que nous sommes jeunes, mais il ne faut pas la traîner avec nous dans la vieillesse.

Tous les travers[1] qui vieillissent sont un résidu inutile et rance.

Grâce à la déraison tyrannique du cardinal de Richelieu, Corneille s'était mépris sur lui-même.

La nature tombe dans les spécialités comme dans une impasse; elle ne peut traverser et ne veut pas rebrousser : de là vient la ténacité de la culture nationale.

La métamorphose, dans le sens le plus élevé, opérée par

---

1. Ce mot est en français dans l'original.

assimilation et communication, acquisition et perte, a été dépeinte par Dante excellemment.

Chacun a dans sa nature quelque chose qui, s'il l'exprimait ouvertement, ne manquerait pas d'exciter la répugnance.

Quand l'homme réfléchit sur son physique ou son moral, il se trouve ordinairement malade.

C'est un besoin de la nature, que l'homme s'assoupisse quelquefois sans sommeil : de là l'usage du tabac, des liqueurs fortes et de l'opium.

L'important pour l'homme actif est de faire le bien : quant à savoir si le bien se pratique, il n'a pas à s'en inquiéter.

Tel frappe au hasard le mur avec le marteau, qui pense atteindre chaque fois la tête d'un clou.

Les mots français se sont formés de mots latins, non pas écrits, mais parlés.

Ce qui existe accidentellement, à quoi nous ne découvrons, pour le moment, aucune loi ni de la nature ni de la liberté, nous l'appelons commun.

La peinture et le tatouage des corps est un retour à l'animalité.

Écrire l'histoire est une manière de se décharger du passé.

Ce que l'on ne comprend pas, on ne le possède pas.

Tout homme à qui l'on communique une idée féconde ne devient pas producteur : il lui vient là-dessus à l'esprit quelque chose que tout le monde connaît.

Faveur, comme symbole de la souveraineté, exercée par de faibles hommes.

Il n'est rien de commun, qui, s'il est exprimé d'une manière grotesque, ne paraisse humoristique.

Il reste toujours assez de force à chacun pour accomplir ce dont il est convaincu.

Il n'importe guère que la mémoire faillisse, pourvu que le jugement ne fasse pas défaut dans l'occasion.

Ce qu'on appelle poëtes de la nature, sont des talents qu'on encourage de nouveau vivement, et qu'une époque de l'art, raffinée, languissante, maniérée avait repoussés. Ils ne sauraient éviter la platitude, et l'on peut donc les considérer comme rétrogrades, mais ils sont régénérateurs et déterminent de nouveaux progrès.

Aucune nation ne parvient à être jugée que lorsqu'elle peut se juger elle-même : mais elle n'arrive que très-tard à ce grand avantage.

Au lieu de contredire mes paroles, ils devraient agir selon ma pensée.

Les ennemis d'une œuvre de génie ne font jamais que frapper sur les charbons ardents, qui rejaillissent de toutes parts, et mettent le feu où ils n'auraient pas atteint sans cela.

L'homme ne serait pas la plus noble créature de la terre, s'il n'était pas trop noble pour elle.

Les anciennes découvertes se voient de nouveau ensevelies : quelle peine Tycho Brahé ne s'est-il pas donnée pour démontrer que les comètes sont des astres réguliers, ce que Sénèque avait reconnu depuis longtemps !

Combien de temps n'a-t-on pas disputé pour et contre les antipodes !

Il faut laisser à certains esprits leurs idiotismes.

On peut voir de nos jours des productions qui sont nulles sans être mauvaises : elles sont nulles, parce qu'elles manquent de fond ; elles ne sont pas mauvaises, parce que les auteurs ont devant les yeux une forme générale de bons modèles.

La neige est une pureté menteuse.

Celui qui a peur de l'idée finit par n'avoir plus même la notion.

Nous appelons à bon droit nos maîtres ceux de qui nous apprenons toujours : tous ceux de qui nous apprenons ne méritent pas ce titre.

Toute poésie lyrique doit être très-raisonnable dans l'ensemble et un tant soit peu déraisonnable dans les détails.

Il en est de vous comme de la mer, à qui l'on donne des noms divers, et qui n'est toujours en définitive que de l'eau salée.

L'éloge qu'on se donne sent mauvais, dit-on : cela peut être ; mais, pour juger quelle odeur a le blâme injuste d'autrui, le public n'a point de nez.

Le roman est une épopée subjective, dans laquelle l'auteur demande la permission de traiter le monde à sa manière. Il s'agit donc seulement de savoir s'il a une manière : le reste ira de soi-même.

Il y a des natures problématiques, qui ne sont jamais à la hauteur de la position dans laquelle elles se trouvent, et que nulle position ne satisfait : de là résulte le déplorable combat dans lequel la vie se consume sans jouissance.

Ce que nous faisons de véritable bien, nous le faisons le plus souvent *clam, vi et precario*.

En voyage, un gai compagnon est une chaise roulante.

La boue est brillante quand le soleil vient à luire.

Le meunier s'imagine que le blé croît uniquement pour faire aller son moulin.

Il est difficile d'être juste envers le moment : indifférent, il nous ennuie ; s'il est bon, il faut le porter et, s'il est mauvais, le traîner.

L'homme le plus heureux est celui qui peut relier la fin de sa vie avec le commencement.

L'homme est si bizarre dans ses contradictions, qu'il n'endure aucune gêne pour son bien, et qu'il souffre toute espèce de contrainte pour sa perte.

La prévision est simple, la rétrospection est multiple.

Un état qui attire tous les jours de nouveaux chagrins n'est pas l'état normal.

En cas d'imprudence, rien n'est plus ordinaire que de chercher la ressource d'une échappatoire.

Les Indous du désert font vœu de ne pas manger de poisson.

Il en est des opinions qu'on hasarde comme des pions qu'on fait marcher en avant sur le damier : ils peuvent être battus, mais ils ont engagé une partie qui est gagnée.

C'est une chose aussi certaine qu'étonnante, que la vérité et l'erreur découlent d'une même source : c'est pourquoi on doit éviter souvent d'ébranler l'erreur, parce qu'en même temps on ébranle la vérité.

La vérité appartient à l'homme, l'erreur au temps : aussi a-t-on dit d'un homme extraordinaire : « Le malheur des temps a causé son erreur, mais la force de son âme l'en a fait sortir avec gloire [1]. »

Chacun a ses singularités et ne peut s'en défaire ; et pourtant

---

[1]. Goethe a donné cette citation en français.

bien des gens se perdent par leurs singularités, souvent par les plus innocentes.

Celui qui ne présume pas trop de lui-même vaut beaucoup plus qu'il ne croit.

Dans l'art et la science, comme dans l'action et la pratique, l'essentiel est de saisir les objets nettement et de les traiter conformément à leur nature.

Si, dans l'âge avancé, des hommes sages et réfléchis estiment peu la science, cela tient uniquement à ce qu'ils ont trop exigé d'elle et d'eux-mêmes.

Je plains les personnes qui se récrient sur l'instabilité des choses humaines et se perdent en réflexions sur le néant terrestre : nous sommes justement ici-bas pour rendre impérissable ce qui est périssable, et cela ne peut se faire que si nous savons apprécier l'un et l'autre.

Ce que les Français appellent *tournure* est une prétention que la grâce tempère. On voit de là que les Allemands ne peuvent avoir de *tournure* : leur prétention est choquante et dure, leur grâce humble et douce ; elles s'excluent l'une l'autre, et ne peuvent se concilier.

Si un arc-en-ciel dure un quart d'heure, on ne le regarde plus.

Il m'est arrivé, et il m'arrive encore, qu'une œuvre d'art me déplaise au premier coup d'œil, parce qu'elle dépasse ma portée ; mais, si j'y soupçonne quelque mérite, je tâche d'y atteindre, et alors je ne manque pas de faire les plus agréables découvertes : j'apprends à connaître dans les choses de nouvelles qualités et en moi de nouvelles facultés.

La foi est un capital particulier, secret, comme il existe des caisses publiques d'épargne et de secours, où l'on puise, pour donner aux gens le nécessaire dans les jours de détresse : ici le croyant se paye, dans le silence, à lui-même ses intérêts.

Le véritable obscurantisme ne consiste pas à empêcher la propagation du vrai, du lucide et de l'utile, mais à répandre le faux.

Comme je m'occupais pendant ces derniers temps, avec plus de suite, des biographies d'hommes peu marquants et d'autres qui l'étaient beaucoup, j'en suis venu à penser qu'ils pourraient être considérés, dans le tissu de la vie sociale, les uns comme la chaîne, les autres comme la trame : les premiers donneraient proprement la largeur du tissu ; les seconds, la solidité, la force, avec quelque dessin qui s'y joindrait peut-être. A leur tour, les ciseaux de la Parque déterminent la longueur, à laquelle tout le reste doit se soumettre. Nous ne poursuivrons pas plus loin la comparaison.

Les livres ont aussi leur histoire, qui ne leur peut être ravie. « Celui qui jamais ne mangea son pain mouillé de larmes, qui jamais ne passa les tristes nuits à pleurer, assis sur sa couche, celui-là ne vous connaît pas, ô puissances célestes[1] ! » Ces vers, d'une mélancolie profonde, une reine accomplie, adorée[2], les répétait dans le plus cruel exil, réduite à une extrême détresse. Elle prit en affection le livre où se trouvent ces paroles et bien d'autres expériences pénibles ; elle en tira une douloureuse consolation. Oserait-on jamais déprécier cette influence, qui déjà se déploie dans l'éternité ?

On est ravi de voir dans la salle d'Apollon de la villa Aldobrandini, à Frascati, avec quel bonheur le Dominiquin encadre les métamorphoses d'Ovide dans les paysages les plus convenables. A cette vue, nous aimons à nous rappeler que les plus heureux événements nous ont fait une impression doublement agréable, lorsqu'il nous a été donné d'en jouir dans une magnifique contrée ; et même que la beauté du lieu prête aux heures insignifiantes un haut degré d'intérêt.

La vérité est un flambeau ; mais un flambeau formidable : c'est pourquoi nous ne cherchons tous à passer devant qu'en clignant les yeux, et même avec la crainte de nous brûler.

Les sages ont entre eux beaucoup de points communs[3]. (ESCHYLE.)

Un défaut de sens particulier à des hommes d'ailleurs sensés, est de ne pas savoir arranger ce qu'un autre dit, mais sans rencontrer exactement la manière dont il aurait dû le dire.

---

1. Passage tiré des Années d'apprentissage de Wilhelm Meister. Voy. t. VI. p. 128.

2. La reine Louise de Prusse, célèbre par sa beauté, ses vertus et ses malheurs.

3. Peut-être le fragment 171 de l'édition Didot : Ὡς σοφοὶ πρὸς σοφοὺς ἐστι κήδεα.

Tout homme, parce qu'il parle, croit pouvoir parler de la parole.

Il suffit de vieillir pour être plus indulgent : je ne vois commettre aucune faute que je n'eusse commise moi-même.

L'homme d'action est toujours sans conscience; il n'y a d'homme consciencieux que le contemplatif.

Les heureux croient-ils donc que le malheureux doive, comme un gladiateur, périr devant eux avec grâce, ainsi que l'exigeait la populace romaine?

Quelqu'un demandait à Timon ce qu'il devait faire enseigner à ses enfants. « Fais-leur enseigner, répondit-il, ce qu'ils ne comprendront jamais. »

Il y a des personnes à qui je veux du bien, et je souhaiterais qu'il me fût possible de leur vouloir du mieux.

L'un des frères brisait les pots, l'autre les cruches : ménage ruineux.

De même qu'on jette les yeux, par habitude, sur une montre arrêtée, comme si elle marchait encore, on adresse un regard à une belle, comme si elle aimait toujours.

La haine est un mécontentement actif; l'envie, un mécontentement passif : il ne faut donc pas s'étonner que l'envie se change si vite en haine.

Le rhythme a quelque chose de magique, il va jusqu'à nous faire croire que le sublime nous appartient.

Le dilettantisme, traité sérieusement, et la science, cultivée mécaniquement, deviennent de la pédanterie.

Les maîtres seuls font avancer les arts : les protecteurs avancent les artistes, c'est fort bien, mais les arts n'en sont pas toujours avancés.

La netteté est une distribution convenable de lumière et d'ombre (HAMANN)[1]. Écoutez!

Shakspeare est riche en tropes admirables, qui naissent d'idées personnifiées, et qui ne nous siéraient pas du tout, mais qui sont chez lui parfaitement à leur place, parce que, de son

---

[1] L'illustre Jean-George Hamann (1730-1788), surnommé le *Mage du Nord*, à cause de la tendance mystique et de l'obscurité qui règnent parfois dans ses ouvrages.

temps, l'allégorie régnait dans tout le domaine de l'art. Il trouve aussi des comparaisons où nous n'irions pas en chercher, par exemple, dans le livre. L'imprimerie était déjà inventée depuis plus de cent ans; néanmoins un livre paraissait encore un objet sacré, comme nous le voyons par les reliures du temps. Un livre était donc pour le noble poëte une chose vénérable et chère. Aujourd'hui nous brochons tout, et nous n'avons guère de respect ni pour la reliure ni pour son contenu.

Monsieur de Schweinichen[1] est un remarquable ouvrage d'histoire et de morale. Si la lecture en est fatigante, on s'en trouve amplement dédommagé. Il sera pour certaines classes une symbolique de la meilleure espèce. Ce n'est pas un livre de lecture, mais il faut l'avoir lu.

La plus folle de toutes les erreurs est celle de ces bonnes jeunes têtes qui croient perdre leur originalité, en reconnaissant les vérités que d'autres ont déjà reconnues.

La plupart des savants sont haineux quand ils réfutent : ils regardent un homme qui se trompe comme leur ennemi mortel.

La beauté ne peut jamais avoir une idée claire d'elle-même.

Aussitôt que l'on eut égalé la poésie subjective, ou, comme on dit, sentimentale, à la poésie objective, « expositive » (et il ne pouvait guère en être autrement, car, sans cela, il aurait fallu rejeter toute la poésie moderne), on dut prévoir que, si même de vrais génies poétiques venaient à naître, ils s'attacheraient toujours à peindre la douceur paisible de la vie intime plutôt que l'universalité de la grande vie du monde. Cela s'est réalisé au point qu'il existe une poésie sans figures, à laquelle on ne saurait pourtant refuser toute approbation.

---

1. Les Mémoires de Jean de Schweinichen (1562-1616) nous représentent un prince allemand du seizième siècle, qui parcourt en vagabond les villes de l'empire, poursuivant les belles femmes, jouant et buvant, tant qu'enfin il est dépouillé de sa principauté.

TROISIÈME PARTIE.

Il est beaucoup plus facile de reconnaître l'erreur que de découvrir la vérité : l'erreur est à la surface, il est possible de la démêler ; la vérité repose dans la profondeur, pénétrer jusquelà n'appartient pas à tout le monde.

Nous vivons tous du passé, et le passé nous engloutit.

Lorsqu'il nous faut apprendre quelque chose de grand, nous nous réfugions aussitôt dans notre misère naturelle, et cependant nous avons toujours appris quelque chose.

Les Allemands ne tiennent point à rester unis, mais du moins à rester « chacun pour soi : » chacun, quel qu'il puisse être, a donc un « pour soi » particulier, qu'il ne se laisserait pas ravir de bon cœur.

Dans la pratique, le monde moral se compose surtout de malveillance et d'envie.

La superstition est la poésie de la vie, aussi n'est-ce pas un mal pour le poëte d'être superstitieux.

La vie, si vulgaire qu'elle paraisse, et si aisément qu'elle semble se contenter de la routine ordinaire, entretient et nourrit toujours dans le silence certains désirs plus élevés, et cherche de tous côtés les moyens de les satisfaire.

Singulière chose que la confiance ! Si l'on n'entend qu'une seule personne, elle peut s'égarer ou se tromper ; si l'on prête l'oreille à plusieurs, elles sont dans le même cas, et d'ordinaire on ne parvient point à en déduire la vérité.

On ne doit souhaiter à personne des liaisons impures, mais elles sont pour celui qui s'y laisse entraîner accidentellement la pierre de touche du caractère et de toute l'énergie dont un homme est capable.

Un honnête homme d'un esprit borné perce souvent à jour la fourberie des plus habiles faiseurs[1].

Celui qui ne sent point d'amour doit apprendre à flatter, autrement il ne peut réussir.

On ne peut ni se protéger ni se défendre contre la critique : il faut la braver, et peu à peu elle le souffre doucement.

La multitude ne peut se passer d'hommes de talent, et les hommes de talent lui sont toujours à charge.

Celui qui supporte mes défauts est mon maître, quand même il serait mon valet.

De haut en bas ou de bas en haut, les mémoires doivent toujours se rencontrer.

Quand on impose aux gens des devoirs et qu'on ne veut leur accorder aucuns droits, il faut les bien payer.

Ce qu'on appelle le romantique d'une contrée est un secret sentiment du sublime sous la forme du passé, ou, ce qui revient au même, de la solitude, de l'absence, de la retraite.

Le magnifique chant d'église *Veni Creator Spiritus* est tout particulièrement un appel au génie : c'est pourquoi il parle avec puissance aux âmes fortes et sublimes.

Le beau est une manifestation de lois secrètes de la nature que, sans cette révélation, nous n'aurions jamais connues.

Je puis promettre d'être sincère, mais non d'être impartial.

L'ingratitude est toujours une sorte de faiblesse : je n'ai jamais vu que les hommes capables se soient montrés ingrats.

Nous sommes tous si bornés, que nous croyons toujours avoir raison : on peut donc se figurer un esprit extraordinaire, qui non-seulement s'égare, mais qui prend même plaisir à s'égarer.

Une activité modérée et pure, pour l'accomplissement du juste et du bien, est une chose très-rare : pour l'ordinaire, nous voyons les efforts de la pédanterie qui retarde et de la témérité qui précipite.

Le mot et l'image sont des corrélatifs qui se cherchent sans cesse, comme nous le voyons assez dans les tropes et les métaphores. De tout temps, ce qui fut dit ou chanté à l'oreille

---

1. Goethe cite le mot français, et il en risque la traduction

pour arriver au cœur dut s'offrir également à l'œil. Et nous voyons, chez un peuple enfant, dans le livre de la loi et l'ordre de salut, dans la Bible et l'alphabet, le mot et l'image se balancer toujours. Si l'on exprimait ce qui ne pouvait se figurer, si l'on figurait ce qui ne pouvait s'exprimer, c'était parfaitement bien, mais on se méprit fort souvent; on parla au lieu de figurer, et il en résulta des monstres mystico-symboliques, mauvais à double titre.

Un recueil d'anecdotes et de maximes est pour l'homme du monde le plus grand trésor, pourvu qu'il sache semer les premières à propos dans la conversation, et se souvenir des autres au bon moment.

On dit à l'artiste : « Étudiez la nature, » mais ce n'est pas peu de chose de démêler le noble du vulgaire, le beau de l'informe.

Où se perd l'intérêt se perd aussi la mémoire.

Le monde est une cloche fêlée; elle toque, mais elle ne sonne pas.

Il faut souffrir avec bienveillance l'importunité des jeunes amateurs : ils deviennent, dans l'âge mûr, les plus vrais admirateurs de l'art et des maîtres.

Quand les hommes deviennent tout à fait méchants, ils n'ont plus au monde d'intérêt que la joie maligne.

Les hommes éclairés sont toujours le meilleur *dictionnaire de la conversation*.

Il y a des hommes qui ne se trompent jamais, parce qu'ils ne se proposent rien de raisonnable.

Ai-je appris à connaître mes rapports avec moi-même et avec le monde extérieur, je les appelle « vérité » : chacun peut donc avoir sa vérité particulière, et cependant c'est toujours la même.

Le particulier est toujours subordonné au général; le général doit toujours s'accommoder au particulier.

Personne n'est maître de la véritable force productrice, et chacun doit se borner à la laisser faire.

Celui à qui la nature commence à dévoiler son mystère manifeste éprouve un attrait invincible pour l'art, son plus digne interprète.

Le temps est lui-même un élément.

L'homme ne comprend jamais combien il est anthropomorphe.

Une différence qui ne fournit rien à l'esprit n'est pas une différence.

La substitution d'une consonne à une autre pourrait bien tenir à un défaut d'organe; la transformation des voyelles en diphthongues, à une vaine affectation.

On ne peut vivre pour tout le monde, surtout pour ceux avec qui on ne voudrait pas vivre.

L'appel à la postérité a sa source dans un vif et pur sentiment qu'il y a quelque chose d'impérissable, et que, s'il n'est pas reconnu d'abord, il aura enfin pour lui la majorité.

Les mystères ne sont pas encore des miracles.

I convertiti stano freschi appresso di me.

Encourager avec étourderie, avec passion, les talents problématiques, fut un défaut de ma vie passée, dont je n'ai jamais pu me corriger tout à fait.

Je voudrais bien être sincère avec toi, sans que cela nous désunit, mais c'est chose impossible. Tu t'y prends mal, et tu t'assieds entre deux chaises : tu ne gagnes pas des partisans et tu perds tes amis. Quelle en sera l'issue ?

Peu importe que l'on soit un chétif ou un grand personnage, il faut toujours payer sa dette à l'humanité.

Les écrivains libéraux ont beau jeu maintenant : ils ont pour suppléants tout le public.

Lorsque j'entends parler d'*idées libérales*, je suis toujours étonné de voir combien les hommes aiment à se payer de mots retentissants et vides. Une idée ne doit pas être libérale. Qu'elle soit forte, solide, complète en elle-même, afin de remplir sa mission divine d'être féconde; la notion doit moins encore être libérale, car elle a une tout autre destination. Où donc faut-il chercher le libéralisme ? c'est dans les sentiments, qui sont l'âme vivante. Mais les sentiments sont rarement libéraux, parce qu'ils émanent immédiatement de la personne, de ses relations et de ses besoins les plus proches. Nous n'en dirons pas davantage ; on peut estimer à cette mesure ce qu'on entend tous les jours.

Ce ne sont toujours que nos yeux, nos conceptions : la nature toute seule sait ce qu'elle veut, ce qu'elle a voulu.

Donne-moi un point d'appui (Archimède). Prends un point d'appui (Nose[1]). Garde ton point d'appui (G.).

L'observateur cherche le rapport général de cause, et il attribue les phénomènes semblables à une cause générale. On pense rarement à la cause prochaine.

Un sage ne fait point de petite folie.

Dans toute œuvre d'art, grande ou petite, et jusqu'au plus petit détail, tout dépend de la conception.

Il y a une poésie sans figures, qui est une figure unique.

Un bon vieux examinateur dit à l'oreille d'un écolier : *Etiam nihil didicisti*, et il le laisse passer comme admissible.

L'excellent est insondable, de quelque manière qu'on s'y prenne.

Æmilium Paulum.... virum in tantum laudandum, in quantum intelligi virtus potest.

Je me suis attaché aux généralités, jusqu'au moment où j'ai appris à voir ce que des hommes éminents accomplissent dans les spécialités.

On ne sait proprement que lorsqu'on sait peu : avec le savoir augmente le doute.

Les erreurs de l'homme le rendent particulièrement aimable.

Bonus vir semper tiro.

Certains hommes aiment et recherchent leurs pareils, et d'autres aiment leurs contraires et les suivent.

Celui qui de tout temps se serait permis de juger le monde aussi méchant que nos adversaires nous représentent serait devenu sans faute un bien misérable sujet.

La malveillance et la haine arrêtent l'observateur à la surface, même quand elles sont accompagnées de sagacité ; mais si, au contraire, la sagacité s'unit à la bienveillance et à l'amour, elle approfondit l'homme et le monde ; elle peut même espérer de s'élever jusqu'au Très-Haut.

---

1. Ch. Wilh. Nose, médecin, établi en Thuringe, auteur de quelques traités de philosophie populaire, de médecine, de minéralogie et de géologie.

Un critique anglais m'attribue *panoramic ability* : et je le prie d'en recevoir mes très-humbles remerciments.

On doit souhaiter à tout honnête Allemand une certaine mesure de talent poétique, comme le vrai moyen de revêtir sa condition, telle qu'elle soit, de quelque grâce et de quelque dignité.

Chacun voit la matière devant lui : celui-là seul en découvre la valeur, qui peut y ajouter quelque chose, et la forme est un secret pour le grand nombre.

Les hommes, avec leurs inclinations, s'attachent à ce qui est vivant : la jeunesse se forme sur la jeunesse.

Nous pouvons étudier le monde comme nous voudrons : il offrira éternellement d'un côté le jour et de l'autre la nuit.

L'erreur se répète sans cesse dans l'action, c'est pourquoi il faut répéter sans relâche la vérité dans le discours.

De même qu'il y avait à Rome, outre les Romains, un peuple de statues, il existe en dehors de ce monde réel un monde imaginaire, beaucoup plus vaste peut-être, dans lequel vivent la plupart des hommes.

Les hommes sont comme la Mer Rouge : à peine la verge les a-t-elle séparés, qu'ils se rassemblent de nouveau par derrière.

Le devoir de l'historien est de distinguer le vrai du faux, le certain de l'incertain, le douteux de l'inadmissible.

Celui-là seul écrit une chronique, qui s'intéresse au présent.

Les pensées reviennent, les convictions se propagent, les situations passent irrévocablement.

« Entre tous les peuples, les Grecs ont rêvé le plus beau rêve de la vie. »

On peut considérer les traducteurs comme des entremetteurs empressés, qui nous vantent, comme infiniment aimable, une beauté demi-voilée : ils excitent un irrésistible désir de connaître l'original.

Nous mettons volontiers l'antiquité au-dessus de nous, mais non la postérité : il n'y a que le père qui n'envie pas le talent de son fils.

Se subordonner n'est pas en général une merveille, mais, dans la ligne descendante, dans ceux qui nous suivent, reconnaître comme au-dessus de soi quelque chose qui est au dessous !...

Tout notre tour d'adresse consiste à sacrifier notre existence pour exister.

Tout ce que nous faisons et poursuivons est une fatigue : heureux qui ne se fatigue pas.

« L'espérance est une autre âme pour les malheureux. »

« L'amour est un vrai recommenceur[1]. »

« Il existe aussi dans l'homme une inclination à servir : de là vient la chevalerie des Français, un servage. »

« Au théâtre, le plaisir de l'œil et de l'oreille limite beaucoup la réflexion. »

L'expérience peut s'étendre à l'infini ; la théorie ne peut de même s'épurer et se perfectionner : à l'expérience, le monde est ouvert dans toutes les directions ; la théorie reste enfermée dans les limites des facultés humaines. C'est pourquoi toutes les conceptions doivent reparaître, et il arrive ce cas étrange, qu'au moment où l'expérience a pris une extension nouvelle, une théorie bornée peut reprendre faveur.

C'est toujours le même monde qui est ouvert à l'observation, qui est contemplé ou deviné sans cesse, et ce sont toujours les mêmes hommes qui vivent dans le vrai ou le faux, dans le dernier plus commodément que dans le premier.

La vérité répugne à notre nature, mais non l'erreur, et cela par une raison fort simple : la vérité demande que nous nous reconnaissions pour des êtres bornés ; l'erreur nous berce de l'idée que, d'une manière ou d'une autre, nous sommes infinis.

Voici bientôt vingt ans que tous les Allemands font de la philosophie transcendante : s'ils viennent une fois à s'en apercevoir, ils devront se trouver bien étranges.

Que des hommes se croient capables de faire encore ce qu'ils ont pu faire, la chose est assez naturelle ; que d'autres croient pouvoir ce qu'ils n'ont jamais pu, c'est une chose étrange, mais non pas étrangère.

Dans tous les temps, ce sont les individus seulement qui ont fait avancer la science, ce n'est pas le siècle. Ce fut le siècle

---

1. Pensée de Bussy-Rabutin, que Goethe cite en français.

qui fit périr Socrate par le poison; ce fut le siècle qui brûla Jean Huss; les siècles se sont toujours ressemblés.

La vraie symbolique est celle où le particulier représente le général, non comme un rêve et une ombre, mais comme la révélation vivante et actuelle de l'insondable.

Tout idéal, aussitôt qu'il est réclamé par le réel, finit par dévorer et le réel et lui-même. C'est ainsi que le crédit (papier-monnaie) dévore et lui-même et l'argent.

La supériorité est souvent qualifiée d'égoïsme.

Aussitôt que les bonnes œuvres et leur mérite viennent à cesser, la sentimentalité prend leur place chez les protestants.

C'est exactement comme si l'on était capable soi-même, lorsqu'on peut recourir à un bon conseil.

Les devises ont trait à ce qu'on n'a pas et à quoi l'on aspire. Comme de juste, nous le plaçons toujours devant nos yeux.

« Celui qui ne veut pas, à lui seul, soulever une pierre, la laissera par terre, même ayant un second. »

Le despotisme encourage l'autocratie de chacun, attendu que, du haut jusqu'en bas, il impose à l'individu la responsabilité, et développe ainsi l'activité au plus haut point.

Tout spinosisme dans la production poétique devient machiavélisme dans la réflexion.

Il faut payer cher ses erreurs, si l'on veut s'en délivrer: après quoi l'on peut encore s'estimer bien heureux.

Autrefois, quand un littérateur allemand voulait dominer sa nation, il n'avait qu'à lui faire croire qu'il y avait là quelqu'un qui voulait la dominer. On était d'abord si intimidé, qu'on se laissait régenter par le premier venu.

Nihil rerum mortalium tam instabile ac fluxum est quam potentia non sua vi nixa[1].

Il est aussi des artistes de mauvais aloi, amateurs et spéculateurs : ceux-là cultivent l'art pour l'amusement, ceux-ci pour le gain.

J'étais naturellement sociable, aussi ai-je trouvé des collaborateurs dans de nombreuses entreprises, et, à mon tour, je

---

[1]. Tacite, *Annales*, XIII, xix. La citation n'est pas textuelle.

me suis fait leur collaborateur : par là j'ai obtenu le bonheur de me voir continuer de vivre en eux et eux en moi.

Toute mon activité intérieure s'est produite comme une heuristique vivante, qui, reconnaissant une règle inconnue, pressentie, s'efforce de la trouver dans le monde extérieur et de l'y introduire.

Il y a une réflexion enthousiaste, qui est du plus grand prix, pourvu qu'on ne se laisse pas entraîner par elle.

C'est l'école même, c'est elle seule, qui est la véritable école préparatoire.

Il en est de l'erreur à l'égard de la vérité comme du sommeil à l'égard de la veille : j'ai observé qu'on revient comme rafraîchi de l'erreur à la vérité.

Chacun souffre lorsqu'il ne travaille pas pour lui-même : on travaille pour les autres afin de jouir avec eux.

Le compréhensible se rapporte à la faculté sensitive et à l'intelligence : à lui se rattache la convenance, qui est intimement unie à la bienséance : mais la convenance est relative à un moment particulier et à des circonstances déterminées.

Nous n'apprenons véritablement qu'avec les livres que nous ne pouvons juger : l'auteur d'un livre que nous pourrions juger devrait apprendre de nous.

C'est pourquoi la Bible est un livre à jamais efficace; car, aussi longtemps que le monde existera, personne n'osera se lever et dire : « Je la saisis dans son ensemble et je la comprends dans ses détails. » Pour nous, nous disons modestement : « Elle est vénérable dans l'ensemble et applicable dans les détails. »

Tout mysticisme est transcendantal et détache de quelque objet que l'on croit laisser derrière soi. Plus grande et considérable était la chose à laquelle on renonce, plus riches sont les œuvres du mystique.

La poésie mystique de l'Orient a par conséquent ce grand avantage, que la richesse du monde, rejetée par l'adepte, ne cesse pas d'être à sa disposition : il se trouve donc toujours au milieu de l'abondance qu'il délaisse, et s'enivre des jouissances dont il voudrait bien s'affranchir.

Il ne devrait pas exister de mystiques chrétiens, puisque la religion elle-même offre des mystères : aussi se perdent-ils toujours dans l'abstrus, dans l'abîme du sujet.

Un homme d'esprit a dit que le mysticisme moderne est la dialectique du cœur, et de là vient qu'il est parfois si étonnant et si séduisant, parce qu'il met sur le tapis des choses auxquelles l'homme ne serait jamais parvenu par la voie ordinaire de l'entendement, de la raison et de la religion. Si quelqu'un se sent le courage et la force de l'étudier, sans se laisser étourdir, qu'il s'enfonce, s'il lui plaît, dans cet antre de Trophonius, mais à ses risques et périls.

Les Allemands devraient s'abstenir durant trente années de prononcer le mot GEMÜTH[1]; alors GEMÜTH reprendrait peu à peu une nouvelle vie : aujourd'hui il ne signifie autre chose qu'indulgence pour nos propres faiblesses et pour celles d'autrui.

Les préjugés des hommes reposent sur le caractère de chacun, aussi les préjugés sont-ils intimement unis avec la condition et tout à fait invincibles. Ni l'évidence ni l'esprit ni la raison n'ont sur eux la moindre influence.

Certains caractères font souvent de la faiblesse une loi. Des hommes expérimentés ont dit : « La prudence derrière laquelle se cache la peur est indomptable. » Les hommes faibles ont souvent des idées révolutionnaires : ils s'imaginent qu'ils se trouveraient bien de n'être pas gouvernés, et ne sentent pas qu'ils ne sauraient gouverner ni eux-mêmes ni les autres.

Il en est de même aujourd'hui des artistes allemands : la branche de l'art qu'ils ne possèdent pas, ils déclarent qu'elle est nuisible et qu'il faut la couper.

Le sens commun est pur, à sa naissance, chez les hommes de constitution saine ; il se développe de lui-même et se manifeste par une perception et un discernement décidés du nécessaire et de l'utile. Les hommes et les femmes pratiques s'en servent avec sûreté. S'il fait défaut, les deux sexes tiennent pour nécessaire ce qu'ils désirent et pour utile ce qui leur plaît.

Tous les hommes, dès qu'ils parviennent à la liberté,

---

[1] « Sentiment. » On prononce Guémute.

donnent carrière à leurs défauts, les forts à l'exagération, les faibles à la négligence.

La lutte de ce qui est ancien, de ce qui dure et persiste, avec le développement, la réformation et la transformation, est la même dans tous les temps. L'ordre finit toujours par amener le pédantisme : pour se délivrer de l'un on détruit l'autre, et il se passe du temps avant qu'on s'aperçoive que l'ordre doit être rétabli. Classicisme et romantisme, entraves des corporations et liberté de l'industrie, maintien et morcellement de la propriété foncière : c'est toujours le même conflit, qui finit par en produire un nouveau. Ce que le prince pourrait faire de plus sage serait donc de modérer cette lutte, de manière à maintenir l'équilibre sans que l'un des principes fût détruit : mais cela n'est pas donné aux hommes, et Dieu semble aussi ne pas le vouloir.

Quel est le meilleur système d'éducation ? Réponse : celui des Hydriotes. Insulaires et marins, ils embarquent bientôt leurs jeunes fils avec eux, et les forment par degrés au service. Dès que les enfants se rendent utiles, ils ont part aux profits, et, de la sorte, ils s'occupent déjà de commerce, d'échange et de butin. Ainsi se forment des caboteurs et des marins excellents, des marchands habiles et des pirates intrépides. On comprend que d'un pareil peuple il puisse sortir des héros, qui attachent, de leur propre main, le brûlot destructeur au vaisseau amiral de la flotte ennemie.

Tout ce qui est excellent nous cause un moment de gêne, parce que nous ne nous sentons pas à sa hauteur : c'est seulement quand nous lui avons fait place dans notre culture, quand nous l'avons approprié à nos forces morales et intellectuelles, que nous savons l'aimer et l'estimer.

Il n'est pas étonnant que nous aimions tous plus ou moins la médiocrité, car elle nous laisse en repos ; elle nous cause le sentiment agréable qu'on éprouve à vivre avec ses égaux.

C'est peine perdue de critiquer le trivial, car il restera le même éternellement.

Nous ne pouvons échapper à une contradiction qui est en nous-mêmes ; nous devons chercher à la lever. Si les autres nous contredisent, cela ne nous regarde pas, c'est leur affaire.

Assez de bonnes et d'excellentes choses existent dans le monde en même temps, mais elles ne se touchent pas.

Quel est le meilleur gouvernement ? Celui qui nous apprend à nous gouverner nous-mêmes.

Homme de mérite, tu ne peux professer[1] : comme la prédication, ordonnée par notre état social, professer est vraiment utile, quand la conversation et la « catéchisation » s'y associent, comme la chose se pratiquait dans l'origine; mais tu peux enseigner[2], et tu enseigneras, pourvu que le fait vivifie le jugement et le jugement le fait.

Il n'y a rien à dire contre les trois unités, quand le sujet est très-simple : mais, dans l'occasion, trois fois trois unités, heureusement entrelacées, produisent un effet très-agréable.

Quand les hommes se traînent dans la société des femmes, ils sont filés jusqu'au bout, comme on dirait une quenouille.

Il peut arriver que des événements publics ou particuliers fassent cruellement sentir à l'homme les coups du fléau; mais, quand la rigoureuse destinée bat les gerbes pleines, elle ne froisse que la paille; les grains n'en sentent rien et sautent gaiement sur l'aire, sans s'inquiéter de savoir s'ils iront au moulin ou dans les nouveaux sillons.

Arden de Feversham, ouvrage de la jeunesse de Shakspeare. Modèle sérieux et pur de conception et d'exposition, sans aucune trace de prétention à l'effet; parfaitement dramatique, tout à fait antithéâtral.

Les plus excellentes pièces de Shakspeare manquent çà et là de facilité : elles sont quelque chose de plus qu'elles ne devraient être, et par là même elles annoncent le grand poëte.

Si vraisemblable que soit l'accomplissement, il admet encore un doute : aussi l'espérance, quand elle se réalise, surprend-elle toujours.

Il faut avancer quelque chose aux arts de tous les pays; l'art grec est le seul dont on reste toujours débiteur.

Vis superba formae, belle expression de Jean Second.

La sentimentalité des Anglais est humoristique et tendre,

---

[1] Docere. — [2] Leunen.

celle des Français populaire et larmoyante, celle des Allemands naïve et « réaliste. »

L'absurde, présenté avec goût, excite la répugnance et l'admiration.

On a dit de la bonne compagnie qu'elle instruit par sa conversation et qu'elle forme par son silence.

Quelqu'un disait d'un poëme remarquable, dont une femme était l'auteur, qu'il y avait plus d'énergie que d'enthousiasme, plus de caractère que de fond, plus de rhétorique que de poésie, et, en somme, quelque chose de viril.

Il n'est rien de plus effrayant que l'ignorance agissante.

Il faut tenir à distance l'esprit et la beauté, si l'on ne veut pas devenir leur esclave.

Le mysticisme est la scolastique du cœur, la dialectique du sentiment.

On ménage les vieillards comme on ménage les enfants.

Le vieillard perd un des droits de l'homme les plus considérables : il n'est plus jugé par ses pairs.

Il m'est arrivé dans les sciences la même chose qu'à l'homme qui se lève de grand matin, et qui, dans le crépuscule, attend l'aurore, puis le soleil, avec impatience, et, quand l'astre paraît, se trouve ébloui.

On dispute et l'on disputera beaucoup sur l'avantage et l'inconvénient de répandre la Bible. Pour moi, la chose est claire : la Bible nuira, comme jusqu'à présent, si l'on en fait un usage dogmatique et fantastique ; elle sera utile, comme jusqu'à présent, si on la reçoit comme nourriture de l'esprit et du cœur.

Les grandes forces primitives, développées de toute éternité ou dans le temps, agissent irrésistiblement, propices ou funestes, selon les chances du hasard.

L'idée est éternelle et unique ; nous employons aussi le pluriel et nous avons tort : tout ce que nous percevons et dont nous pouvons parler, ne sont que manifestations de l'idée ; ce que nous exprimons sont des notions, et, dans ce sens, l'idée elle-même est une notion.

Dans l'esthétique on a tort de dire : « l'idée du beau. » Par là on isole le beau, qui ne peut cependant être conçu isolément

On peut avoir du beau une notion, et cette notion peut être communiquée.

La manifestation de l'idée, comme ayant le caractère du beau, est aussi fugitive que la manifestation du sublime, de l'ingénieux, du gai, du risible : c'est la raison pour laquelle il est si difficile d'en discourir.

On pourrait donner un enseignement vraiment esthétique, si l'on passait avec ses élèves devant tout ce qui est digne d'être senti, ou si on le leur produisait dans le moment qu'il est à son plus haut période, et qu'ils sont eux-mêmes le plus accessibles à l'impression. Mais, comme cette condition ne saurait être remplie, le professeur devrait mettre tout son orgueil à rendre tellement vivantes chez ses élèves les notions de manifestations nombreuses, qu'ils devinssent accessibles à tout ce qui est bon, beau, grand et vrai, pour l'embrasser avec joie, lorsqu'il se présenterait à eux dans le moment favorable. Par là, l'idée fondamentale, de laquelle tout dérive, prendrait chez eux, à leur insu, une forme vivante.

Quand on observe les hommes cultivés, on trouve qu'ils ne sont accessibles qu'à une seule manifestation de l'être premier, ou du moins qu'à un petit nombre, et cela peut suffire. Le talent développe tout dans la pratique, et il n'a pas besoin de prendre connaissance des particularités théorétiques : le musicien peut, sans inconvénient, ignorer le statuaire, et réciproquement.

Il faut tout concevoir d'une manière pratique, et viser par conséquent à ce que les manifestations analogues de la grande idée, en tant qu'elles sont produites par des hommes, agissent convenablement l'une sur l'autre. La peinture, la plastique et la musique sont indissolublement liées; cependant l'artiste voué à l'un de ces arts doit veiller à ce que les autres ne lui fassent pas de tort : le sculpteur peut se laisser séduire par le peintre, le peintre par le mime, et tous trois peuvent se troubler tellement l'un l'autre, qu'aucun ne demeure ferme sur ses pieds.

En réalité, la danse mimique serait fatale à tous les arts plastiques et à bon droit : heureusement le charme sensuel qu'elle produit est fugitif, et, pour charmer, il faut qu'elle exagère; heureusement aussi, cela rebute d'abord les autres artistes; toutefois, avec de la prudence et des précautions, ils peuvent apprendre d'elle beaucoup de choses.

QUATRIÈME PARTIE.

Mme Roland, sur l'échafaud, demanda de pouvoir mettre par écrit les pensées, toutes particulières, qui s'étaient présentées à son esprit dans le trajet suprême. Il est regrettable qu'on le lui ait refusé; car, à la fin de la vie, il s'élève dans les esprits résolus des pensées jusqu'alors inimaginables. Ce sont comme de bienheureux génies, qui descendent, éclatants de lumière, sur les sommets du passé.

On se dit souvent dans la vie qu'on doit éviter l'activité inquiète (πολυπραγμοσύνη), et surtout, à mesure qu'on vieillit, s'engager toujours moins dans de nouvelles entreprises; mais, on a beau dire, on a beau conseiller les autres et soi-même : devenir vieux, c'est déjà commencer une affaire nouvelle; tous les rapports changent, et il faut, ou bien cesser tout à fait d'agir, ou bien, le voulant et le sachant, accepter le nouvel emploi.

Les grands talents sont rares et il est rare qu'ils se connaissent eux-mêmes : or une activité et une méditation puissantes, qui s'ignorent, ont, au plus haut point, des suites aussi heureuses que malheureuses, et, dans ce conflit, se dissipe une précieuse vie. Il s'en trouve dans les *Conversations* de Medwin [1] des exemples aussi tristes que remarquables.

Je ne hasarde pas de discourir sur l'absolu dans le sens spéculatif; mais j'ose affirmer que celui qui le reconnaît dans le

---

1. Ami de lord Byron, auteur d'un ouvrage traduit en français par M. A. Pichot, sous le titre de *Conversations de lord Byron ou Mémorial d'un séjour à Pise auprès de lord Byron*. 1824, 2 vol.

phénomène, et qui ne le perd jamais de vue, en retire un très-grand avantage.

Vivre dans l'idée, c'est traiter l'impossible comme s'il était possible. Il en est de même du caractère. Si l'idée et le caractère se rencontrent, on voit naître des événements, qui, durant des milliers d'années, ne cesseront pas d'exciter l'étonnement du monde.

Napoléon, qui vivait tout entier dans l'idée, ne put cependant la saisir d'une manière consciente : il nie absolument l'idéal et lui refuse toute réalité, tandis qu'il s'efforce avec ardeur de le réaliser. Mais, cette contradiction intérieure perpétuelle, son intelligence claire, inaltérable, ne peut la supporter ; et c'est une chose extrêmement remarquable, de le voir forcé, en quelque sorte, de s'exprimer à ce sujet d'une manière aussi agréable qu'originale.

Il considère l'idée comme un être de raison, qui n'a, il est vrai, aucune réalité, mais qui, en se dissipant, laisse un résidu (*caput mortuum*), auquel nous ne pouvons refuser tout à fait la réalité. Cela peut nous sembler bien sec et bien matériel ; mais il s'exprime tout autrement lorsque, avec foi et confiance, il entretient ses amis de l'irrésistible enchaînement de sa vie et de sa conduite. Il reconnaît volontiers que la vie produit la vie, qu'une fécondation fondamentale agit pour tous les temps ; il se plaît à reconnaître qu'il a donné à la marche du monde une impulsion énergique, une direction nouvelle.

C'est toujours une chose extrêmement remarquable, que des hommes presque entièrement absorbés dans l'idée éprouvent une si grande répugnance pour le fantastique. Tel était Hamann, qui ne pouvait souffrir qu'on parlât « des choses d'un autre monde. » Il s'exprimait là-dessus, incidemment, dans un certain paragraphe, qu'il changea quatorze fois, parce qu'il lui semblait insuffisant, et vraisemblablement il ne parvint pas à se satisfaire. Deux de ces essais nous sont restés : nous en avons risqué nous-même un troisième, et ce qui précède nous engage à le faire paraître ici.

L'homme est, comme être réel, placé au milieu d'un monde réel, et doué d'organes tels qu'il peut reconnaître et produire le réel, et, en outre, le possible. Tous les hommes en santé ont le sentiment de leur existence et d'un monde extérieur qui les environne. Cependant il se trouve aussi dans le cerveau une place vide, c'est-à-dire une place où nul objet ne se réfléchit, tout comme dans l'œil même il se trouve une petite place qui ne voit pas : si l'homme porte son attention particulièrement sur cette place, et qu'il s'y enfonce, il tombe dans une maladie mentale; il y devine « des choses d'un autre monde, » lesquelles sont proprement des chimères sans forme, sans limites, mais qui angoissent, comme un espace ténébreux et vide, et qui poursuivent, avec plus d'acharnement que des spectres, l'homme qui ne sait pas s'en délivrer.

La littérature est le fragment des fragments. On n'a écrit que la moindre partie de ce qui s'est fait et de ce qui s'est dit; et, de ce qu'on a écrit, il ne nous reste que la moindre partie.

Et cependant, si incomplète que soit la littérature, nous y trouvons mille répétitions, ce qui montre combien l'esprit et la destinée de l'homme sont bornés.

A chacune des absurdités du jour on devrait se contenter d'opposer les grands ensembles de l'histoire du monde.

Comme donc nous sommes appelés, en qualité d'assesseurs, quoique sans droit de suffrage, à ce conseil général du monde, et que nous devons entendre jour par jour les rapports des faiseurs de gazettes, c'est un bonheur de trouver aussi de bons rapporteurs pour le temps passé. Tels ont été pour moi, tout dernièrement, de Raumer[1] et Wachler[2].

Est-ce à l'historien, est-ce au poëte, qu'appartient la prééminence? C'est là une question qui ne doit pas être posée. Ils ne sont pas rivaux, pas plus que le coureur et le lutteur. A chacun revient sa couronne.

L'historien a deux devoirs à remplir, l'un envers lui-même, l'autre envers le lecteur : il doit examiner à part lui, soigneu-

---

1. Frédéric de Raumer, professeur d'histoire à Berlin, très-connu par ses voyages et par ses ouvrages historiques, particulièrement par son *Histoire des Hohenstauffen*.

2. Jean-Frédéric-Louis Wachler, professeur d'histoire et bibliothécaire à Breslau, auteur de plusieurs ouvrages sur la littérature générale et la littérature allemande.

sement, ce qui peut être arrivé et, pour le lecteur, établir solidement ce qui est arrivé. Comment il procède dans son travail, c'est un point sur lequel il peut s'entendre avec ses confrères; mais le public ne doit pas pénétrer dans le secret, ni savoir combien peu de choses en histoire peuvent être présentées comme certaines.

Il en est pour nous des livres comme des nouvelles connaissances. D'abord nous sommes charmés, quand nous trouvons, en général, de la sympathie, quand nous sentons un contact agréable sur un point essentiel de notre existence : c'est seulement après une connaissance plus intime que les différences se manifestent; alors l'objet principal d'une sage conduite est de ne pas reculer aussitôt avec horreur, comme cela peut arriver dans la jeunesse, mais, au contraire, de maintenir avec soin les points communs et de s'expliquer complétement sur les différences, sans prétendre néanmoins se mettre d'accord.

J'ai trouvé une de ces conversations familièrement instructives dans la *Psychologie* de Stiedenroth[1]. Il expose d'une manière incomparable toute l'action de l'extérieur sur l'intérieur, et nous voyons une seconde fois le monde naître en nous peu à peu; mais il ne réussit pas aussi bien en ce qui touche la réaction de l'intérieur sur l'extérieur. Il ne rend pas justice à l'entéléchie, qui ne reçoit rien sans se l'approprier par ce qu'elle y ajoute de son propre fonds, et, sur cette voie, le génie ne fait aucun progrès. Que si l'auteur songe à déduire l'idéal de l'expérience, et s'il dit que l'enfant n'idéalise point, on peut répondre que l'enfant n'engendre point, car la perception de l'idéal exige aussi une puberté. Quoi qu'il en soit, ce livre me sera toujours un ami, un compagnon précieux, et je ne veux plus m'en séparer.

Qui vit beaucoup avec les enfants trouvera que nulle action de l'extérieur ne demeure chez eux sans réaction.

La réaction d'une excellente nature d'enfant est même passionnée, sa pénétration, énergique.

C'est pourquoi les enfants jugent vite, pour ne pas dire qu'ils préjugent, car, avant que l'impression, prompte mais exclu-

[1] Ernest Stiedenroth, professeur de philosophie à Greifswald.

sive, se soit effacée, pour faire place à une plus générale, il faut du temps. Veiller là-dessus est un des plus grands devoirs de l'instituteur.

Un enfant de deux ans avait compris les fêtes d'anniversaire ; il s'était approprié, avec joie et reconnaissance, les cadeaux qu'on lui avait faits pour la sienne ; il n'avait pas vu avec moins de plaisir son frère recevoir les siens à son tour : cela le conduisit, la veille de Noël, à demander, lorsqu'il vit tant de cadeaux étalés, quand viendrait donc son Noël ? Il lui fallut toute une année encore pour comprendre cette fête générale.

La grande difficulté des méditations psychologiques tient à ce qu'il faut toujours considérer l'intérieur et l'extérieur parallèlement, ou plutôt combinés ensemble. C'est toujours la systole et la diastole, l'inspiration et l'expiration de l'être vivant. Bien qu'on ne puisse expliquer la chose, il convient de l'observer exactement et d'y faire une sérieuse attention.

Ma liaison avec Schiller reposait sur notre tendance prononcée vers un même but ; notre activité commune, sur la différence des moyens par lesquels nous nous efforcions de l'atteindre.

Au sujet d'un point délicat sur lequel nous étions un jour en discussion, et que me rappelle un passage d'une de ses lettres, je fis les réflexions suivantes : « C'est une chose bien différente pour le poëte, de chercher l'idée particulière en vue de l'idée générale, et de voir l'idée générale dans l'idée particulière. Du premier cas résulte l'allégorie, où l'objet particulier n'est qu'un emblème, un exemple, de l'idée générale ; mais le second est, à proprement parler, l'essence de la poésie : elle exprime une idée particulière, sans songer à l'idée générale ou sans y faire allusion. Mais celui qui saisit vivante cette idée particulière reçoit en même temps l'idée générale, sans le remarquer ou en ne le remarquant que plus tard. »

Quand je jette les yeux autour de moi dans une ville, grande ou moyenne, et que j'observe où se rendent les gens pour passer leur soirée, il se trouve toujours que l'on va où l'on reçoit et rend des saluts, où l'on écoute, où l'on est écouté avec plaisir, et où, soit au jeu, soit dans un agréable entretien, on est toujours assuré de trouver sa « partie. »

C'est ainsi que j'ai pris goût à la *Feuille littéraire de conversation*, qui du reste n'est tenue de se présenter chez moi que comme *Cahier de conversation*. Le monde ne nous laisse pas manquer de distractions : quand je lis, je veux me recueillir et ne pas être tenu en suspens, comme ce sultan des Indes, avec des contes interrompus.

L'amitié ne peut se développer, elle ne peut durer, que d'une manière pratique ; l'inclination et même l'amour ne sauraient produire l'amitié. L'amitié véritable, active, efficace, tient à ce que nous marchons du même pas dans la vie ; que mon ami approuve mes vues, moi les siennes, et que nous avançons ensemble constamment, si différentes que soient d'ailleurs nos manières de vivre et de penser.

SIXIÈME PARTIE[1].

L'idée de soumettre les morts à un jugement en forme ne saurait jamais être conforme à l'équité.... Nous souffrons tous à vivre.... Qui voudrait, excepté Dieu, nous demander compte ? Ce ne sont pas nos fautes et nos souffrances, mais nos actions et nos œuvres, qui doivent occuper les survivants.

Aux fautes on reconnaît l'homme, aux mérites l'individu. Les imperfections et les destinées nous sont communes à tous, les vertus sont le propre de chacun.

On ne doit ni ne peut révéler les secrets des sentiers de la vie : il s'y trouve des pierres d'achoppement, où chaque voyageur doit broncher, mais le poëte en indique la place.

Ce ne serait pas la peine de vivre soixante et dix ans, si toute la sagesse du monde était folie devant Dieu.

---

[1]. Nous laissons de côté la cinquième partie, parce que toutes les pensées qu'elle renferme (à l'exception de deux, que nous plaçons en tête de la sixième partie) se trouvent dans le journal d'Ottilie (voyez notre tome V), les premières, page 490, les dernières, page 478.

La vérité est comme Dieu : elle n'apparaît pas directement ; il nous faut la deviner à ses manifestations.

Le véritable disciple apprend à démêler l'inconnu du connu et s'approche du maître.

Mais les hommes ne peuvent aisément démêler l'inconnu du connu, parce qu'ils ne savent pas que leur esprit emploie exactement les mêmes méthodes que la nature.

Car les dieux nous enseignent à imiter leur œuvre la plus particulière : toutefois nous savons seulement ce que nous faisons, mais nous ne connaissons pas ce que nous imitons.

Tout est égal, tout est inégal ; tout est utile et nuisible, parlant et muet, raisonnable et déraisonnable : et ce que l'on admet sur chaque objet particulier se contredit souvent.

Car les hommes se sont imposé à eux-mêmes la loi, sans savoir sur quoi ils faisaient des lois, mais tous les dieux ont ordonné la nature.

Or, ce que les hommes ont établi ne peut cadrer, que la chose soit bonne ou mauvaise : au contraire, ce que les dieux établissent, bon ou mauvais, est toujours à sa place.

Mais je veux faire voir que les méthodes connues qu'emploient les hommes sont pareilles aux événements naturels, qu'ils soient manifestes ou secrets.

De ce genre est la divination. Elle découvre par les choses manifestes les choses cachées, l'avenir par le présent, le vivant par le mort et le sens de ce qui n'a point de sens.

Ainsi le savant discerne toujours bien la nature de l'homme et l'ignorant la voit tantôt d'une façon tantôt d'une autre, et chacun d'eux l'imite à sa manière.

Qu'un homme ait commerce avec une femme et qu'il en naisse un enfant, c'est le connu qui a produit l'inconnu : en revanche, que l'intelligence obscure de l'enfant perçoive les objets distincts, il devient homme et, par le présent, il apprend à discerner l'avenir.

Ce qui est immortel ne se peut comparer à ce qui est de condition mortelle, et cependant l'être qui n'a que la vie est aussi intelligent : ainsi l'estomac sait fort bien quand il a faim et soif.

Tels sont les rapports de la divination avec la nature humaine.

L'une et l'autre sont toujours bien aux yeux de l'homme éclairé : à l'homme borné, elles paraissent tantôt d'une façon, tantôt d'une autre.

Dans la forge, on amollit le fer en soufflant le feu, qui enlève à la barre sa nourriture superflue ; le fer est-il purifié, on le bat, on le dompte, et, en le nourrissant d'une eau étrangère, on lui rend sa force : telle est aussi sur l'homme l'action de son instituteur.

Puisque nous sommes persuadés que celui qui contemple le monde intellectuel et découvre la beauté de la véritable intelligence, peut aussi en reconnaître le père, qui est élevé au dessus de toute portée des sens : essayons de reconnaître, selon nos forces, et d'énoncer pour nous-mêmes (autant que des choses pareilles se peuvent rendre clairement) de quelle manière nous pouvons contempler la beauté de l'esprit et de l'univers.

Supposez donc deux blocs de pierre placés l'un à côté de l'autre ; l'un est resté informe et brut, mais un artiste a fait de l'autre une statue d'homme ou de dieu : si c'est une divinité, elle pourra représenter une Grâce ou une Muse ; si c'est une figure humaine, ce ne devra pas être une personne déterminée, ce sera plutôt une figure idéale, que l'artiste aura composée de tous les traits du beau.

Mais la pierre à laquelle le ciseau a donné une belle forme vous paraîtra belle aussitôt, non parce qu'elle est pierre, sans quoi l'autre bloc semblerait également beau, mais parce qu'elle a une figure que l'artiste lui a donnée.

Or la matière n'avait pas cette forme, elle existait chez l'inventeur avant de passer à la pierre. Cependant elle n'existait pas chez l'artiste parce qu'il avait des yeux et des mains, mais parce qu'il avait le génie de l'art.

Il y avait donc en lui une beauté bien supérieure encore ; car ce n'est pas la forme que l'artiste a conçue qui est transmise à la pierre ; cette forme demeure dans sa pensée, et il s'en produit une inférieure, qui ne reste pas pure en elle-même et telle que l'artiste la souhaitait, mais seulement en tant que la matière obéit au ciseau.

Mais si l'art manifeste ce qu'il est et ce qu'il possède, et s'il manifeste le beau conformément à la raison, selon laquelle il procède toujours, c'est elle qui possède, par excellence, une beauté de l'art plus grande et plus éminente, plus parfaite que tout ce que qui se produit au dehors.

Car la forme, prenant de l'expansion dès qu'elle passe dans la matière, devient dès lors plus faible que celle qui reste concentrée dans l'unité. Ce qui éprouve en soi un écartement s'éloigne en effet de soi-même : la force de la force, la chaleur de la chaleur, la puissance de la puissance et aussi la beauté de la beauté. Ainsi donc la cause efficiente doit être plus excellente que l'effet. Ce n'est pas la tradition musicale, c'est la musique qui fait le musicien : la musique idéale produit celle qui se manifeste par les sons.

Que si quelqu'un voulait mépriser les arts, parce qu'ils imitent la nature, on peut répondre que les natures aussi imitent bien d'autres choses ; que d'ailleurs les arts n'imitent pas précisément ce que nous voyons de nos yeux, mais qu'ils remontent à cette haute raison qui constitue la nature, et selon laquelle elle agit.

D'ailleurs les arts tirent aussi beaucoup de choses d'eux-mêmes, et, d'un autre côté, ils suppléent souvent à l'imperfection de la nature, car ils ont en eux-mêmes la beauté. C'est ainsi que Phidias put figurer le Dieu, sans imiter rien de visible à l'œil, mais en le concevant, par la pensée, tel que paraîtrait Jupiter lui-même, s'il venait à se présenter devant nos yeux.

On ne peut blâmer les idéalistes anciens et modernes d'insister si vivement sur la méditation de l'unité, de laquelle tout découle et à laquelle tout devrait être ramené : en effet le principe vivifiant et ordonnateur est tellement resserré dans le phénomène qu'il peut à peine s'en dégager. Mais, d'un autre côté, nous nous faisons tort, quand nous refoulons la puissance formatrice et la forme suprême dans une décevante unité, qui échappe à notre perception externe et interne.

L'homme est appelé au développement et au mouvement. Ce sont là les deux formes générales dans lesquelles se manifestent toutes les autres, et particulièrement les formes sensibles. Une forme intellectuelle peut, sans déchoir aucunement, se manifester dans le phénomène, pourvu que cette manifestation soit une génération, une propagation véritable. L'engendré n'est pas moindre que le générateur; c'est même l'avantage de la génération vivante, que l'engendré puisse être plus excellent que le générateur.

Développer cela plus amplement et le rendre parfaitement clair, et, qui plus est, tout à fait pratique, serait d'une grande importance : mais une exposition logique et détaillée pourrait exiger des lecteurs une trop grande attention.

Ce qui appartient à quelqu'un, il ne s'en délivre point, même en le rejetant.

La nouvelle philosophie de nos voisins de l'Ouest prouve que les hommes, quoi qu'ils fassent, et même aussi les peuples entiers, reviennent toujours à ce qui est inné chez eux : et pourrait-il en être autrement, puisque c'est cela même qui détermine leur nature et leur façon de vivre?

Les Français ont renoncé au matérialisme, et ils ont accordé aux premiers principes un peu plus de spiritualité et de vie; ils se sont délivrés du sensualisme, et ils ont concédé aux profondeurs de la nature humaine un développement spontané; ils admettent en elle une force créatrice, et ne cherchent pas à expliquer l'art tout entier par l'imitation des objets extérieurs. Puissent-ils persévérer dans cette voie !

Il ne peut y avoir de philosophie éclectique, mais bien des philosophes éclectiques.

On peut dire éclectique tout homme qui, dans ce qui l'environne, dans ce qui se passe autour de lui, s'approprie ce qui est conforme à sa nature, et ici est compris tout ce qui s'appelle culture et progrès, dans le sens théorique ou pratique.

Deux philosophes éclectiques pourraient donc devenir adversaires prononcés, si, étant nés avec des inclinations contraires, ils s'appropriaient, chacun de son côté, dans toutes les philosophies connues, ce qui leur conviendrait. Que l'on jette seulement les yeux autour de soi, et l'on trouvera toujours que chaque homme agit de la sorte, et de là vient qu'il ne conçoit pas pourquoi il ne peut gagner les autres à son opinion.

Il est même rare que, dans l'âge le plus avancé, un homme devienne historique pour lui-même, et que ses contemporains deviennent historiques pour lui, en sorte qu'il ne peut et ne veut plus controverser avec personne.

Si l'on y regarde de plus près, on trouve qu'il est rare que l'histoire même ait pour l'historien le caractère historique; car chaque auteur écrit toujours comme s'il eût assisté lui-même aux événements, au lieu d'écrire ce qui était autrefois et qui émouvait alors les hommes. Le chroniqueur lui-même laisse toujours paraître plus ou moins l'étroit horizon et les particularités de sa ville, de son cloître, comme de son temps.

Diverses maximes des anciens, qu'on a coutume de se répéter souvent, avaient une tout autre signification qu'on ne voudrait leur donner dans les temps modernes.

Ils ont dit : « Aucune personne ignorant la géométrie, étrangère à la géométrie, ne doit se présenter dans l'école du philosophe, » mais cela ne veut pas dire qu'on doive être un mathématicien pour devenir un philosophe.

La géométrie est ici entendue dans ses premiers éléments, tels que nous les trouvons dans Euclide, et que nous les faisons commencer à tous les jeunes élèves. Dans ces limites, c'est la préparation et même l'introduction la meilleure à la philosophie.

Lorsque l'enfant commence à comprendre qu'un point invisible doit précéder un point visible; que le plus court chemin d'un point à un autre est conçu comme une ligne droite, avant que le crayon l'ait tracée sur le papier, il éprouve un certain orgueil, une certaine satisfaction. Et ce n'est pas sans raison, car la source de toute spéculation lui est ouverte; l'idée et sa réalisation, *potentia et actu*, lui sont devenues intelligibles; le philosophe ne lui révèle rien de nouveau : la base de tout raisonnement s'était déjà manifestée au géomètre.

Si nous prenons ensuite cette grave parole : « Connais-toi toi-même, » nous ne devons pas l'expliquer dans le sens ascétique. Ce n'est point du tout l'*héautognosie*[1] de nos modernes hypocondres, humoristes, héautontimoruménes : mais cela veut dire tout simplement : « Fais un peu attention à toi-même, prends connaissance de toi-même, afin de t'éclairer sur tes rapports

---

1. Connaissance de soi-même.

avec tes semblables et avec le monde. » Pour cela, il n'est besoin d'aucunes tortures psychologiques; tout homme avisé sait par expérience ce que cela veut dire : c'est un bon conseil, dont chacun peut tirer dans la pratique un très-grand avantage.

Qu'on y réfléchisse, la grandeur des anciens et principalement de l'école de Socrate, est d'exposer aux yeux la source et la règle de toute vie et de toute activité, et d'inviter, non pas à une spéculation frivole, mais à la vie et à l'action.

Si donc notre enseignement scolaire fixe toujours l'attention sur l'antiquité; s'il encourage l'étude des langues grecque et latine, nous pouvons nous féliciter de voir que ces études, si nécessaires à une haute culture, ne rétrogradent point.

Lorsque nous nous plaçons en face de l'antiquité, et que nous la contemplons sérieusement, avec l'intention de nous former sur elle, il nous semble que c'est de cette heure seulement que nous soyons devenus des hommes.

L'instituteur, en s'exerçant à écrire et à parler en latin, devient à ses propres yeux un homme plus considérable et plus distingué qu'il n'ose se le figurer dans sa vie routinière.

En présence de l'antiquité, l'esprit capable de sentir les créations de la poésie et de la plastique est transporté dans l'état de nature idéal le plus agréable, et, de nos jours encore, les chants d'Homère savent nous délivrer, du moins pour quelques moments, de l'énorme fardeau que les traditions de trente siècles ont accumulé sur nous.

Il n'y a que deux vraies religions, l'une qui reconnaît et adore sans aucune forme la sainteté qui habite en nous et autour de nous, l'autre qui la reconnaît et l'adore dans la forme la plus belle : tout ce qui se trouve entre deux est idolâtrie.

On ne peut nier que, par la réformation, l'esprit n'ait cherché à s'affranchir; la connaissance de l'antiquité grecque et romaine fit naître le désir, la passion, d'une vie plus libre, plus décente et plus polie : mais la réformation ne fut pas peu favorisée par la tendance du cœur à rentrer dans une certaine simplicité naturelle et de l'imagination à se concentrer.

Tous les saints furent bannis du ciel à la fois, et, d'une mère divine et de son petit enfant, les sens, les pensées, le sentiment, se reportèrent sur l'homme fait, qui déploie une activité morale, qui souffre injustement, et qui fut plus tard transfiguré comme demi-dieu, reconnu et adoré comme véritable Dieu.

Il apparut devant un arrière-plan, où le Créateur avait déployé l'univers ; de lui découla une influence spirituelle ; on s'appropria ses souffrances comme un modèle ; et sa transfiguration fut le gage d'une éternelle durée.

Comme l'encens ranime la vie d'un brasier, la prière ranime les espérances du cœur.

Je suis persuadé que la Bible paraît toujours plus belle à mesure qu'on la comprend mieux, c'est-à-dire à mesure que l'on découvre et que l'on voit mieux que chaque mot dont nous saisissons le sens général, et dont nous faisons à nous-mêmes l'application en particulier, eut encore, selon certaines circonstances, selon les rapports de temps et de lieu, une relation propre, spéciale, immédiatement individuelle.

A bien considérer la chose, nous avons encore à nous réformer tous les jours et à protester contre les autres, bien que ce ne soit pas dans le sens religieux.

C'est notre tâche de tous les jours, notre tâche sérieuse, inévitable, de mettre nos paroles dans un accord aussi direct que possible avec nos sentiments, nos observations, nos réflexions, notre expérience, nos idées, nos jugements.

Que chacun s'examine, et il trouvera que la chose est beaucoup plus difficile qu'on ne pourrait le penser ; car, malheureusement, les mots sont d'ordinaire pour l'homme des pis aller : il pense et il sait le plus souvent mieux qu'il ne parle.

Mais persévérons dans nos efforts pour écarter, autant que possible, par la clarté et la loyauté, le faux, l'inconvenable, l'insuffisant, qui pourraient se développer ou s'insinuer chez nous et chez les autres.

Avec les années augmentent les épreuves.

Au point où je dois cesser d'être moral, je n'ai plus aucun pouvoir.

La censure et la liberté de la presse ne cesseront pas de se combattre. Le puissant veut la censure et l'exerce ; l'inférieur réclame la liberté de la presse. Celui-là ne veut pas être gêné dans ses desseins et ses actes par des contradictions indiscrètes ;

il veut être obéi : celui-ci voudrait exposer ses raisons pour légitimer sa désobéissance.

Mais il faut remarquer aussi que le plus faible, celui qui souffre, s'efforce également, à sa manière, d'étouffer la liberté de la presse, et, cela, dans le cas où il conspire et ne veut pas qu'on le trahisse.

On n'est jamais trompé, on se trompe soi-même.

Nous manquons dans notre langue d'un mot qui exprime, pour l'idée de peuple [1], le même rapport qui existe entre *enfance* et *enfant*. L'instituteur doit écouter l'enfance et non l'enfant. Le législateur et le prince doivent écouter le peuple abstrait, et non le peuple concret. L'un exprime toujours la même chose, il est raisonnable, constant, pur et vrai ; l'autre, à force de vouloir, ne sait jamais ce qu'il veut. C'est dans ce sens que la loi doit être et peut être l'expression générale de la volonté du peuple abstrait, volonté que n'exprime jamais la multitude, mais que les intelligents comprennent, que les sages savent satisfaire et que les bons satisfont avec plaisir.

Quel droit nous avons de gouverner, nous ne le demandons pas, nous gouvernons. De savoir si le peuple a le droit de nous déposer, c'est ce qui ne nous préoccupe en aucune façon ; nous veillons seulement à ce qu'il ne soit pas tenté de le faire.

Si l'on pouvait abolir la mort, nous y donnerions volontiers les mains ; abolir la peine de mort sera difficile : si nous prenons ce parti, nous la rétablirons à la première occasion.

Si la société renonce au droit d'infliger la peine de mort, la défense personnelle reparaît immédiatement ; la vengeance du sang frappe à la porte.

Toutes les lois sont faites par les vieillards et l'âge mûr : les jeunes gens et les femmes veulent l'exception, les vieillards la règle.

Ce n'est pas l'intelligent qui gouverne, c'est l'intelligence, ce n'est pas le sage, c'est la sagesse.

Qui vous loue s'égale à vous.

---

1. Ce mot n'existe pas non plus en français. Ne pouvant le former comme Goethe, qui propose *Volkheit*, dérivé de *Volk* (peuple), nous nous bornons à rendre la pensée à l'aide des mots *abstrait* et *concret*.

Il ne suffit pas de savoir, il faut aussi appliquer ; il ne suffit pas de vouloir, il faut aussi agir.

Il n'y a point d'art national, point de science nationale : l'art et la science appartiennent, comme toute chose excellente, au monde entier, et ils ne peuvent faire des progrès que par l'action mutuelle, générale et libre de tous les contemporains, jointe à l'étude constante de ce qui nous reste et que nous connaissons du passé.

L'inestimable avantage dont jouissent les étrangers, à commencer aujourd'hui seulement une étude approfondie de notre littérature, c'est qu'ils franchissent d'un pas les maladies de croissance par lesquelles nous avons dû passer pendant le cours du siècle presque entier, et que, si le succès est heureux, ils se forment avec nos écrivains d'une manière toute particulière, et aussi bien qu'ils pouvaient le désirer.

Où les Français du dix-huitième siècle sont destructeurs, Wieland est « harceleur. »

Le talent poétique est donné au paysan aussi bien qu'au chevalier : il s'agit seulement pour chacun d'embrasser son état et de l'exercer avec dignité.

« Les tragédies, que sont-elles autre chose que les passions versifiées de gens qui se font des choses extérieures je ne sais quelle préoccupation ? »

Yorik Sterne est le plus beau génie qui ait jamais déployé son action : à le lire, on se sent d'abord libre et heureux. Son humour est inimitable, et, chez d'autres, l'humour ne donne pas toujours à l'âme la liberté.

« La modération et un ciel serein sont Apollon et les Muses. »

La vue est le plus noble des sens ; les quatre autres ne nous instruisent que par les organes du tact : c'est par un attouchement que l'on entend, que l'on goûte, que l'on odore et que l'on palpe : la vue est infiniment plus élevée ; elle se subtilise au delà des bornes de la matière, et s'approche des facultés de l'esprit.

Si nous nous mettions à la place des autres, la haine et l'envie que nous éprouvons si souvent à leur égard cesseraient bientôt, et, si nous mettions les autres à notre place, l'orgueil et la présomption en seraient beaucoup diminués.

On a comparé la méditation et l'action à Rachel et à Lia : l'une était plus agréable, l'autre plus féconde.

Après la santé et la vertu, il n'est rien au monde de plus précieux que la connaissance et le savoir; il n'est rien non plus qu'on puisse acquérir aussi aisément et qu'on achète à aussi bon marché : tout le travail est d'être tranquille, et la dépense, le temps, que nous ne sauvons pas sans le dépenser.

Si l'on pouvait mettre le temps de côté, comme l'argent comptant, sans l'employer, ce serait une sorte d'excuse pour l'oisiveté de la moitié des hommes ; mais non une excuse complète, car ce serait un ménage où l'on vivrait du capital, sans se soucier des intérêts.

Les poëtes modernes mettent beaucoup d'eau dans leur encre.

Parmi tant d'étranges sottises des écoles, je n'en vois point d'aussi parfaitement ridicule que les discussions sur l'authenticité des anciens écrits, des anciens ouvrages. Est-ce donc l'auteur ou l'écrit que nous admirons ou que nous condamnons? Ce n'est jamais que l'auteur que nous avons devant nous : que nous importent les noms, quand nous expliquons un ouvrage d'esprit?

Qui affirmera que nous avons Homère ou Virgile sous nos yeux, quand nous lisons les textes qui leur sont attribués? Mais ce sont les écrivains que nous avons sous nos yeux, et que nous faut-il de plus? En vérité, les savants qui procèdent avec un soin si scrupuleux dans cette affaire insignifiante, ne me semblent pas mieux avisés qu'une très-belle dame, qui me disait un jour, avec le sourire le plus doux : « Quel est donc l'auteur des drames de Shakspeare ? »

Il vaut mieux faire la chose la plus futile du monde que de tenir pour futile une demi-heure.

Le courage et la modestie sont les vertus les moins équivoques, car elles sont de telle nature que l'hypocrisie ne peut les imiter : elles ont aussi ce caractère commun, qu'elles se manifestent l'une et l'autre par la même couleur.

Entre tous les voleurs, les sots sont les pires : ils nous dérobent à la fois le temps et la bonne humeur.

L'estime de nous-mêmes règle notre moralité; la considération pour les autres règle notre conduite.

L'art et la science sont des mots qu'on emploie souvent, et dont l'exacte différence est rarement comprise ; on les emploie souvent l'un pour l'autre.

Les définitions qu'on en donne ne me plaisent pas non plus. J'ai vu comparer quelque part la science à l'esprit de saillie, l'art à l'humour : je trouve là dedans plus d'imagination que de philosophie : cela nous donne peut-être une idée de la différence, mais aucune du caractère propre de l'un et de l'autre.

Je crois qu'on pourrait appeler la science la connaissance de l'universel, le savoir abstrait; l'art, au contraire, serait la science appliquée à l'action; la science serait la raison, et l'art, son mécanisme : on pourrait donc le nommer aussi la science pratique; en somme, la science serait le théorème et l'art le problème.

On m'objectera peut-être que l'on regarde la poésie comme un art, et que pourtant elle n'est pas mécanique, mais je nie qu'elle soit un art. Elle n'est pas non plus une science : on s'élève aux arts et aux sciences par la méditation, mais non à la poésie, parce qu'elle est une inspiration. L'âme, à l'instant de son premier éveil, l'avait déjà reçue en elle. On ne devrait point l'appeler art ou science, mais génie.

De nos jours encore, tout homme cultivé devrait relire les ouvrages de Sterne, afin que le dix-neuvième siècle apprît à son tour ce que nous devons à cet écrivain, et qu'il vît ce que nous pourrons lui devoir encore.

Dans la suite des littératures, les anciennes sources productrices sont obscurcies, et les produits qui en sont résultés prennent le dessus : c'est pourquoi on fait bien de jeter de temps en temps un regard en arrière. Ce que nous avons d'originalité, nous ne pouvons mieux l'entretenir et le vivifier qu'en ne perdant pas de vue nos devanciers.

Puisse l'étude des littératures grecque et romaine rester toujours la base de l'éducation supérieure !

Les antiquités chinoises, indiennes, égyptiennes, ne sont toujours que des curiosités ; on fait très-bien de les étudier et d'en répandre la connaissance, mais notre culture esthétique et morale y gagnera peu de chose.

Rien de plus dangereux pour les Allemands que de chercher

le progrès avec leurs voisins et sous leur influence. Il n'est peut-être aucune nation qui soit plus propre à se développer par elle-même : aussi ç'a été pour elle un très-grand avantage que les étrangers aient fixé si tard leur attention sur elle.

Si nous jetons un coup d'œil sur les derniers temps de notre littérature, pendant plus d'un demi-siècle, nous trouvons que rien ne s'est fait par complaisance pour les étrangers.

Les Allemands furent choqués enfin de voir que Frédéric le Grand ne voulût pas entendre parler d'eux, et ils firent tout leur possible pour lui montrer qu'ils étaient quelque chose.

Maintenant qu'il se forme une littérature universelle, tout bien considéré, ce sont les Allemands qui ont le plus à perdre. Ils feront bien de songer à cet avertissement.

Des esprits pénétrants eux-mêmes ne remarquent pas qu'ils veulent expliquer ce qui constitue des expériences fondamentales, auxquelles on devrait acquiescer.

Toutefois cela même est peut-être avantageux : autrement on renoncerait trop vite aux recherches.

Désormais celui qui ne se voue pas à la pratique d'un art ou d'un métier s'en trouvera mal. Le savoir n'est plus une ressource dans le tourbillon des affaires humaines : avant qu'on ait pris connaissance de tout, on s'échappe à soi-même.

Aujourd'hui le monde nous inculque, de lui-même, une instruction générale; aussi n'avons-nous pas à nous en mettre en peine : c'est la spécialité que nous devons nous approprier.

Les plus grandes difficultés se trouvent où nous ne les cherchons pas.

Lawrence Sterne, né en 1715, mourut en 1768. Pour comprendre cet écrivain, il ne faut pas perdre de vue ce qu'étaient de son temps les mœurs et l'Église; on doit aussi se rappeler qu'il fut l'ami particulier de Warburton.

Une âme libre comme la sienne court le risque de devenir téméraire, si une noble bienveillance ne rétablit pas l'équilibre moral.

Une impulsion légère suffisait pour qu'il se déployât tout entier; une lutte incessante lui faisait discerner le vrai du faux; il s'attacha à l'un avec fermeté, et traita l'autre sans ménagement.

Il sentait pour le sérieux une haine prononcée, parce qu'il est didactique et dogmatique, et qu'il passe bien aisément au pédantisme, pour lequel il nourrissait une aversion extrême : de là sa répugnance pour la terminologie.

Dans ses études et ses lectures multipliées, il découvrait partout l'insuffisant et le ridicule.

Il nomme *Shandéisme* l'incapacité de réfléchir deux minutes sur un sujet sérieux.

Cette rapide alternative de sérieux et de plaisanterie, de sympathie et d'indifférence, de douleur et de joie, doit être dans le caractère irlandais [1].

La sagacité et la pénétration sont chez lui sans limites.

Son humeur sereine, facile et accommodante en voyage, où ces qualités sont mises particulièrement à l'épreuve, ne seront pas facilement égalées.

Autant nous prenons plaisir à contempler cette âme indépendante, autant il nous faut reconnaître que, de toutes ces choses qui nous charment, ou du moins de la plupart, il n'en est aucune qu'il nous soit permis de nous approprier.

L'élément de la sensualité, dans lequel il se comporte avec tant de sagesse et de grâce, serait la perte de beaucoup de gens.

Ses rapports avec sa femme, comme avec le monde, sont dignes de remarque. « Je n'ai pas profité de mon infortune en homme sage, » dit-il quelque part.

Il badine très-agréablement sur les contradictions qui rendent sa position équivoque.

« Le *prêcher* m'est insupportable : je crois que je m'en suis donné une indigestion dans ma jeunesse. »

Il n'est un modèle en rien, mais, en tout, un indicateur, un excitateur.

« Notre zèle pour les affaires publiques n'est le plus souvent que « bourgeoiserie. »

« Il ne faut rien estimer plus haut que le prix du jour. »

Pereant, qui, ante nos, nostra dixerunt! celui-là seul pourrait tenir un si singulier langage, qui s'imaginerait être autochthone. Celui qui tient à honneur de descendre d'ancêtres rai-

---

[1]. Sterne naquit à Clonmel en Irlande.

sonnables leur accordera pour le moins autant de bon sens qu'à lui-même.

Les auteurs les plus originaux des derniers temps ne le sont pas parce qu'ils produisent quelque chose de neuf, mais seulement parce qu'ils sont capables de dire les choses comme si elles n'avaient jamais été dites auparavant.

Aussi la plus belle marque d'originalité consiste-t-elle à savoir développer d'une manière si féconde une pensée reçue, que personne n'eût découvert aisément combien de choses étaient recélées en elle.

Beaucoup de pensées éclosent de la culture générale comme les fleurs des rameaux verts : dans la saison des roses, on voit partout les roses fleurir.

A proprement parler, tout tient aux sentiments : où ils se trouvent, les pensées se produisent, et, tels sont les sentiments, telles sont aussi les pensées.

« Il est difficile de rien reproduire d'une manière tout à fait impartiale. » On pourrait dire que le miroir fait ici une exception, et cependant nous n'y voyons jamais notre image tout à fait exactement ; même, le miroir la retourne, et fait de notre main gauche la droite. Ce peut être un symbole pour toutes nos réflexions sur nous-mêmes.

Au printemps et en automne, on ne pense guère au coin du feu : cependant, s'il arrive par hasard que nous passions auprès d'un feu allumé, nous trouvons si agréable la sensation qu'il procure, que nous nous y arrêterons volontiers. Il pourrait bien en être de même pour chaque tentation.

« Ne t'impatiente pas si l'on n'admet pas tes arguments. »

Si vous vivez longtemps dans des relations importantes, il ne vous arrive pas, assurément, tout ce qui peut arriver à l'homme, mais du moins l'analogue et peut-être certaines choses jusque-là sans exemple.

SEPTIÈME PARTIE.

La première et la dernière chose qu'on exige du génie, c'est l'amour de la vérité.

Celui qui est et qui reste vrai envers lui-même et les autres possède le plus bel attribut des grands talents.

Les grands talents sont le plus beau moyen de réconciliation.

Le génie exerce une sorte d'ubiquité, en général, avant l'expérience, en particulier, après.

Un scepticisme actif s'efforce sans relâche de se vaincre lui-même, et, par une expérience réglée, de parvenir à une sorte de certitude conditionnelle.

Le trait général d'un pareil esprit est la tendance à rechercher si à tel ou tel objet convient réellement tel ou tel attribut, et l'on se livre à cette recherche afin de pouvoir appliquer, avec sûreté, dans la pratique, ce qu'on a reconnu comme fondé.

Ce qu'il y a de plus excellent au monde est une vive intelligence, qui s'attache, dans un but pratique, à l'objet le plus proche.

« La perfection est la loi du ciel, la tendance à la perfection, la loi de l'humanité. »

Ce ne sont pas seulement les facultés innées, mais aussi les facultés acquises, qui constituent l'homme.

L'homme est suffisamment pourvu pour tous les vrais besoins terrestres, quand il se fie à ses sens et les développe de telle sorte, qu'ils ne cessent pas de mériter sa confiance.

Les sens ne trompent point, mais le jugement trompe.

On ne conteste pas à la vue qu'elle sait apprécier la distance des objets qui se trouvent à côté et au-dessus les uns des autres : mais on ne veut pas le lui accorder de même, lorsqu'ils sont les uns derrière les autres.

Et pourtant l'homme, qui n'est pas supposé stationnaire,

mais mobile, reçoit, dans ce cas, la leçon la plus sûre par le moyen des parallaxes.

A bien considérer la chose, la doctrine de l'usage des angles correspondants se trouve ici comprise.

L'animal est instruit par ses organes ; l'homme instruit les siens et les gouverne.

Anaxagore enseigne que tous les animaux ont la raison active, mais non la raison passive, qui est comme l'interprète de l'esprit.

CARACTÈRE JUIF. Énergie, base de tout. Fins immédiates. Pas un juif, même le plus chétif et le plus petit, qui ne trahisse une tendance prononcée, une tendance terrestre, temporelle, actuelle.

La langue des juifs a quelque chose de pathétique.

Toute provocation immédiate à l'idéal est dangereuse, surtout quand on l'adresse aux femmelettes. D'une manière ou d'une autre, tout homme marquant s'entoure d'un sérail plus ou moins esthétique, moral et religieux.

Toute grande idée qui se produit dans le monde comme un évangile, est, pour le peuple encroûté et pédant, un scandale, et, pour l'homme d'une culture étendue, mais superficielle, une folie.

Chaque idée se produit comme un hôte étranger, et, lorsqu'elle commence à se réaliser, il est difficile de la distinguer d'une fantaisie et d'une rêverie.

C'est là ce qu'on a nommé, dans le bon et le mauvais sens, idéologie, et c'est pourquoi l'idéologie était si antipathique aux hommes du jour, pratiques et expéditifs.

On peut reconnaître l'utilité d'une idée, et pourtant ne savoir pas l'utiliser parfaitement.

« Je crois un Dieu! » c'est une belle et louable parole : mais reconnaître Dieu, où et comment il se révèle, c'est proprement la béatitude sur la terre.

Keppler disait : « Mon suprême désir est de voir aussi intérieurement, de voir également au dedans de moi, ce Dieu, que je trouve partout dans le monde extérieur. » Ce noble esprit, sans en avoir conscience, sentait qu'à cet instant même, le principe divin qui était en lui se trouvait dans la plus intime liaison avec le principe divin de l'univers.

La raison critique a rejeté la preuve téléologique de l'existence de Dieu : soit! mais ce qui n'a pas de valeur comme preuve doit en avoir pour nous comme sentiment, et nous invoquons de nouveau toutes les pieuses tentatives de ce genre, depuis la *brontothéologie* jusqu'à la *niphothéologie*[1]. Pourrions-nous ne pas sentir, dans l'éclair, le tonnerre et la tempête, le voisinage d'une puissance supérieure? et dans le parfum des fleurs et dans les tièdes haleines de la brise, un être aimable qui vient à nous?

QUESTION. Qu'est-ce que la prédestination? RÉPONSE. Dieu est plus puissant et plus sage que nous, c'est pourquoi il fait de nous selon son plaisir.

LIVRES APOCRYPHES. Il serait intéressant de recueillir encore une fois ce que l'histoire nous fournit déjà sur ce sujet, et de montrer que ces livres apocryphes, dont les églises furent inondées dès les premiers siècles de notre ère, et dont notre canon est encore infesté, sont la véritable cause pour laquelle, à aucune époque de l'histoire ecclésiastique et politique, le christianisme n'a pu se développer dans toute sa beauté et sa pureté.

Le mal incurable de ces disputes religieuses consiste en ce qu'un parti veut ramener à des contes et à de vains mots le plus haut intérêt de l'humanité, tandis que l'autre songe à l'établir sur une base qui n'inspire de confiance à personne.

La tolérance ne devrait être proprement qu'un sentiment transitoire; elle doit conduire à la reconnaissance du droit. Tolérer c'est offenser.

La foi, l'amour et l'espérance sentirent un jour au fond de leur être, dans une heure de calme et de sympathie, une impulsion plastique; ils se mirent à l'œuvre ensemble et produisirent une aimable figure, une Pandore, dans un sens plus élevé, la patience.

« J'ai bronché sur les racines de l'arbre que j'avais planté. » Celui qui a dit ces paroles doit être un vieux forestier.

Une feuille poussée par le vent semble souvent un oiseau.

Un chameau teigneux porte néanmoins la charge de bien des ânes.

---

1. Βροντή, tonnerre; νιφο (en composition), neige.

Le moineau sait-il ce que pense la cigogne?

Où les lampes brûlent, il y a des taches d'huile ; où les cierges brûlent, il y a des mouchures : les flambeaux du ciel brillent seuls purs et sans tache.

Celui qui manque la première boutonnière ne réussit pas à boutonner.

Un enfant qui s'est brûlé craint le feu ; un vieillard que le feu a souvent grillé craint de se chauffer.

Le présent ne mérite pas que nous fassions quelque chose pour lui, car ce qui existe peut disparaître en un moment. C'est pour le passé et l'avenir que nous devons travailler : pour le passé, afin de reconnaître ses mérites ; pour l'avenir, afin de chercher à lui donner plus de valeur.

Que chacun se demande avec quel instrument, le cas étant donné, il pourra agir et il agira en effet sur son temps.

Que personne n'imagine qu'on l'ait attendu comme un sauveur.

Le caractère, dans les grandes et les petites choses, consiste à ce que l'homme s'applique avec persévérance à l'œuvre dont il se sent capable.

Celui qui veut et qui doit déployer de l'activité n'a qu'à considérer ce qui convient au moment, et, par là, il vient à bout de sa tâche sans difficulté. C'est l'avantage des femmes, si elles le comprennent.

Le moment est une espèce de public : il faut le tromper, afin qu'il croie que l'on fait quelque chose. Alors il nous laisse agir et poursuivre en secret l'œuvre qui fera l'admiration de la postérité.

Il y a des hommes qui mettent leurs connaissances à la place du discernement.

En conséquence des violentes agitations qu'ils ont éprouvées, il y a quelques États chez lesquels une certaine exagération s'est développée, dans toutes les directions, en ce qui touche l'enseignement : combien la chose est nuisible, on le sentira plus généralement dans la suite, mais des directeurs habiles et consciencieux l'ont parfaitement reconnu dès à présent. Ces hommes excellents vivent dans une sorte de désespoir, parce qu'ils regardent comme inutile et pernicieux ce qu'ils doivent enseigner et propager selon la teneur de leur office et des règlements.

Il n'est rien de plus triste à voir que l'aspiration immédiate à l'absolu dans ce monde essentiellement limité. Elle semble peut-être, en cette année 1830, plus déplacée que jamais.

Avant la Révolution, tout était aspiration ; après, tout se transforma en exigences.

De savoir si une nation peut mûrir, c'est une étrange question. Je répondrais oui, si tous les hommes pouvaient naître âgés de trente ans : mais, comme la jeunesse sera toujours présomptueuse et la vieillesse timide, l'homme réellement mûr est toujours à la gêne entre l'une et l'autre, et il devra, tant bien que mal, s'arranger et se tirer d'affaire.

Ce qui s'imprime dans les gazettes de la part du monarque ne produit pas un bon effet, parce que le gouvernant doit agir et non parler. Ce que les libéraux publient se fait toujours lire, parce que le gouverné, ne pouvant agir, veut du moins pouvoir user de la parole. « Qu'ils chantent pourvu qu'ils payent ! » disait Mazarin, comme on lui montrait des couplets satiriques au sujet d'un nouvel impôt.

Si l'on est resté quelques mois sans lire les journaux, et qu'ensuite on les lise en masse, on reconnaît enfin combien de temps on perd avec ces papiers. Le monde fut toujours divisé en partis ; il l'est surtout maintenant, et, durant chaque situation indécise, le gazetier caresse plus ou moins l'un ou l'autre parti, et nourrit de jour en jour l'inclination ou l'antipathie secrète, jusqu'au moment où la décision arrive enfin, et où l'on est en extase devant le fait accompli, comme devant une divinité.

Quel avantage ce serait dans la vie, si l'on pouvait s'apercevoir plus tôt, si l'on apprenait à temps, que l'on n'est jamais mieux avec sa maîtresse que lorsqu'on loue son rival ! Alors le cœur de la belle s'épanouit, tout souci de vous blesser, toute crainte de vous perdre disparaissent ; elle fait de vous son confident, et vous vous persuadez avec joie que c'est à vous que le fruit de l'arbre appartient, si vous avez assez de bonne humeur pour abandonner aux autres les feuilles qui tombent.

On regarde comme la femme la meilleure celle qui, au défaut du père, est en état de le remplacer auprès de ses enfants.

La vanité est une passion de gloire personnelle : ce n'est pas pour ses qualités, ses mérites, ses actions, que l'homme vain veut être estimé, honoré, recherché, c'est pour sa propre personne : aussi la vanité convient-elle surtout à une beauté frivole.

Un homme vif, mécontent de la conduite d'une dame, s'écria: « Je voudrais l'épouser, seulement afin de pouvoir la battre. »

On m'a reproché, avec une aimable et gracieuse vivacité, d'exprimer plus volontiers mes idées sur les littératures étrangères que sur la nôtre, et c'est pourtant une chose toute naturelle : ou bien les étrangers n'apprennent pas ce que je dis sur leur compte, ils ne s'en inquiètent pas, ou bien ils le souffrent doucement : on n'est pas impoli de loin; mais, de près, il faut, comme dans la bonne compagnie, ne rien avancer d'offensant; or, toute désapprobation est considérée comme une offense.

Le classique est la santé, le romantique la maladie.

Ovide resta classique même dans l'exil : il cherche son malheur, non pas en lui, mais dans son éloignement de la capitale du monde.

Le romantisme a déjà disparu dans son abîme : après les horribles productions des derniers temps, il ne semble guère possible de descendre plus bas.

Les Anglais et les Français nous ont surpassés en ce genre : des corps qui pourrissent tout vivants, et qui se complaisent dans l'observation détaillée de leur décomposition; des morts qui demeurent en vie pour la perte des autres, et qui nourrissent leur mort sur le vif.... Voilà où nos faiseurs en sont arrivés. Dans l'antiquité, ces phénomènes apparaissent seulement comme des cas très-rares de maladies : chez les modernes ils sont devenus endémiques et épidémiques.

La littérature ne se corrompt que dans la mesure où les hommes se corrompent.

Que dire d'un temps où l'on doit porter envie aux morts?

Le vrai, le bon, l'excellent, est simple et toujours semblable à lui-même, sous quelque forme qu'il apparaisse : l'erreur, au contraire, qui provoque le blâme, est infiniment variée et diverse en elle-même; elle n'est pas en lutte avec le bon et le vrai seulement, mais elle se combat aussi, elle se contredit elle-même ; c'est pourquoi, dans chaque littérature, les expressions du blâme doivent l'emporter sur celles de l'éloge.

Chez les Grecs, dont la poésie et la rhétorique étaient simples et positives, l'approbation se rencontre plus souvent que la désapprobation ; chez les Latins, c'est le contraire, et, plus la poésie et l'éloquence dégénèrent, plus le blâme se développera et l'éloge se réduira.

Il y a des enthousiastes empiriques, qui apprécient les bonnes productions nouvelles avec justice, mais avec extase, comme si autre chose excellente ne s'était jamais vue.

Sacountala. C'est ici que le poëte apparaît dans sa mission sublime. Comme représentant de la condition la plus naturelle, des mœurs les plus douces, de la tendance morale la plus pure, de la plus digne majesté et de la plus sérieuse piété, il peut risquer des contrastes vulgaires et risibles.

Henri IV de Shakspeare. Si nous avions perdu tout ce qu'on a jamais écrit en ce genre et qui nous est parvenu, on pourrait rétablir parfaitement la poésie et la rhétorique au moyen de cet ouvrage.

Eulenspiegel[1]. Toutes les principales plaisanteries du livre roulent sur l'idée que tous les hommes parlent au figuré, et que Eulenspiegel prend ce langage à la lettre.

Mythologie. *Luxe de croyance*[2]. Quand on traduit, il faut aborder même l'intraduisible ; mais c'est alors seulement qu'on s'aperçoit que la nation, que la langue, sont étrangères.

Les sujets qui intéressent le plus le sentiment comme la raison, l'expérience comme la réflexion, on ne doit les traiter que de vive voix. La parole prononcée expire aussitôt, si d'autres, appropriées à l'auditeur, ne la maintiennent vivante. Que l'on observe seulement ce qui se passe dans la conversation : si la parole n'arrive pas déjà morte à l'auditeur, il la tue aussitôt par les contradictions, les définitions, les réserves, les diversions, les écarts et les mille incongruités de la conversation. La parole

---

1. *Till Eulenspiegel* est un roman du genre picaresque, de la fin du quinzième siècle. Il est encore populaire en Allemagne. Eulenspiegel (d'où est venu, par corruption, notre mot *espiègle*) est le type des ouvriers vagabonds : sa vie et ses extravagances sont le sujet du livre.

2. Goethe a employé les mots français.

écrite est encore plus malheureuse. Personne ne veut lire que les choses auxquelles il est, en quelque manière, accoutumé; c'est ce qui est connu, familier, qu'il demande sous une forme différente. Mais les écrits ont l'avantage de durer et de pouvoir attendre le jour où il leur sera donné d'agir.

Le raisonnable et ce qui ne l'est pas sont également sujets à la contradiction.

Ce qu'on exprime de vive voix doit être voué au présent, au moment; ce qu'on écrit, il faut le vouer à l'avenir, à la postérité.

La dialectique est le développement de l'esprit de contradiction, qui fut donné à l'homme pour lui apprendre à distinguer la différence des choses.

Entre personnes véritablement animées des mêmes sentiments, la discorde ne peut être de longue durée; on finit toujours par se retrouver d'accord : mais, quant aux personnes animées de sentiments contraires, on essaye vainement de s'accorder avec elles; tôt ou tard on arrive toujours à la rupture.

Nos adversaires croient nous réfuter, quand ils reproduisent leur opinion sans prendre garde à la nôtre.

Ceux qui disputent et contredisent devraient réfléchir quelquefois que tout langage n'est pas intelligible pour chacun.

Et toutefois chacun n'entend que ce qu'il comprend.

Je m'attends bien à ce que plus d'un lecteur me contredira; mais enfin il devra laisser subsister ce qu'il aura devant lui noir sur blanc : un autre m'approuvera peut-être, en me lisant dans le même exemplaire.

Le vrai libéralisme sait rendre justice.

La tâche difficile imposée aux hommes progressifs est de reconnaître les mérites de leurs contemporains plus âgés, sans se laisser entraîner par leurs défauts.

Il y a des hommes qui ruminent sur les défauts de leurs amis : cela ne mène à rien : j'ai toujours pris garde aux mérites de mes adversaires et j'en ai profité.

Il y a beaucoup de gens qui s'imaginent que, ce qu'ils apprennent, ils le comprennent aussi.

Le public veut qu'on le traite comme les femmes, auxquelles

il ne faut absolument rien dire que ce qu'il leur plaît d'entendre.

A chaque âge de l'homme correspond une certaine philosophie. L'enfant apparaît comme réaliste, car il est aussi persuadé de l'existence des poires et des pommes que de la sienne; le jeune homme, assailli par ses passions, doit porter ses regards sur lui-même, se pressentir : il passe à l'idéalisme; en revanche, l'homme fait a tout sujet de devenir sceptique : il a raison de douter si le moyen qu'il a choisi pour arriver au but, est bien celui qu'il devait choisir; avant l'action, pendant l'action, il a tout lieu de tenir son esprit en haleine, afin de n'avoir pas ensuite à s'affliger d'un mauvais choix; de son côté, le vieillard s'attachera toujours au mysticisme : il voit que mille choses semblent dépendre du hasard, que la déraison réussit, que la raison échoue, que les biens et les maux se mettent soudainement en équilibre : tel est le monde, tel il fut, et le grand âge se repose en Celui qui est, qui fut et qui sera.

Lorsqu'on vieillit, on doit, avec réflexion, faire halte à un certain degré.

Il sied au vieillard de ne suivre la mode ni dans la manière de penser ni dans la façon de se vêtir.

Mais il faut savoir où l'on est et où les autres veulent aller.

Ce qu'on appelle mode est une tradition momentanée : toute tradition entraîne avec elle une certaine nécessité de s'y conformer.

On s'est longtemps occupé de la *critique de la raison* : je voudrais une *critique du bon sens*. Ce serait pour l'espèce humaine un véritable bienfait, si l'on pouvait montrer au sens commun, jusqu'à produire la persuasion, le point auquel il peut atteindre, et c'est justement autant qu'il faut pour les besoins de la vie.

« A bien considérer la chose, toute philosophie n'est que le sens commun en langage amphigourique. »

Le sens commun, dont le véritable domaine est la pratique, ne s'égare que quand il se hasarde à résoudre des problèmes plus élevés; en revanche, une haute théorie sait rarement se démêler dans la sphère où se déploie et agit le sens commun.

En effet, si l'on met de côté les problèmes qui ne peuvent

être résolus que d'une manière dynamique, bientôt les explications mécaniques reviennent à l'ordre du jour.

En ce qui touche la pratique, l'inexorable esprit est raison, parce que, vis-à-vis de l'esprit, l'affaire principale de la raison est de rendre l'esprit inexorable.

Tous les empiriques sont à la poursuite de l'idée, et ils ne peuvent la découvrir dans la diversité; tous les théoriciens la cherchent dans le divers, et ils ne peuvent l'y trouver.

Cependant l'un et l'autre se rencontrent dans la vie, dans l'action, dans l'art. On l'a dit bien souvent, mais peu de gens savent en profiter.

L'homme qui pense se trompe surtout lorsqu'il s'enquiert de la cause et de l'effet. L'un et l'autre forment ensemble l'indivisible phénomène. Qui sait le reconnaître est sur le vrai chemin de l'action, de la pratique. La méthode génétique nous conduit déjà par de meilleures voies, mais elle est encore insuffisante.

Tous les hommes pratiques veulent mettre le monde au service de la main; tous les penseurs veulent qu'il soit au service de la tête : à quel point ils réussissent les uns et les autres, c'est à eux d'y songer.

Les réalistes. Ce qui n'est pas effectué n'est pas demandé.

Les idéalistes. Ce qui est demandé ne se peut effectuer aussitôt.

Chose étrange! qu'on ne s'avise justement de penser que lorsque la chose à laquelle on pense ne peut être approfondie par la pensée!

Qu'est-ce que l'invention? La conclusion de la recherche.

Quelle différence y a-t-il entre l'axiome et l'enthymème? L'axiome est ce que nous admettons de prime abord et sans preuves; l'enthymème, ce qui nous rappelle beaucoup de cas particuliers, et qui relie ce que nous avons déjà reconnu isolément.

Il en est de l'histoire comme de la nature, comme de tout ce qui est profond, qu'il soit passé, présent ou à venir : à mesure que l'on y plonge plus avant un regard sérieux, des problèmes plus difficiles se présentent. Qui ne s'en effraye pas, mais les aborde hardiment, se sent, à chaque progrès nouveau, plus éclairé et plus satisfait.

Tout phénomène est accessible comme un plan incliné, qui est d'une ascension facile, tandis que le dos du coin est abrupt et inaccessible.

Qui veut s'engager dans une étude doit être abusé ou s'abuser lui-même, à moins qu'une nécessité étrangère ne le décide irrésistiblement. Qui se ferait médecin, s'il voyait tout d'un coup devant lui toutes les horreurs qui l'attendent?

Combien d'années ne faut-il pas « faire » pour savoir, seulement jusqu'à un certain point, ce qu'on doit faire et comment?

Les fausses tendances sensualistes sont une sorte d'aspiration réelle, toujours préférable à la fausse tendance qui se manifeste comme aspiration idéale.

Mode mineur. Harmonie du désir passionné. Le désir qui aspire aux objets lointains, mais qui se recueille en lui-même avec mélodie, produit le mode mineur.

La convoitise joue avec le plaisir attendu et avec le plaisir passé.

Celui qui connaît de bonne heure l'assujettissement parvient doucement à la liberté; celui à qui il s'impose tardivement ne goûte qu'une liberté amère.

Le devoir consiste à aimer ce que l'on se commande à soi-même.

PENSÉES DIVERSES SUR L'ART.

L'art repose sur une sorte d'instinct religieux, sur un sentiment sérieux, profond, inébranlable : c'est pourquoi il aime tant à s'unir avec la religion. La religion n'a pas besoin du sentiment de l'art; elle repose sur sa propre gravité : elle ne communique pas non plus ce sentiment, et le goût tout aussi peu.

Dans l'excellente gravure où Rembrandt a représenté les marchands et les acheteurs chassés du temple, l'auréole, qui d'ordinaire environne la tête du Seigneur, a, pour ainsi dire, passé dans sa main, qui s'avance pour agir, et qui, pendant l'action divine, rayonnant de lumière, frappe rudement. La tête, comme aussi le visage, reste dans l'ombre.

La tradition rapporte que Dédale, le premier des sculpteurs, vit d'un œil jaloux l'invention du tour du potier : il se pourrait bien que la jalousie n'y fût pour rien; mais vraisemblablement le grand homme pressentit qu'à la fin le métier exercerait sur l'art une funeste influence.

A l'occasion des modèles de Berlin pour les fabricants, on se demanda si une pareille dépense pour la parfaite exécution des feuilles avait été bien nécessaire. Or on put reconnaître que c'est justement l'exécution qui charme le plus le jeune artiste et l'ouvrier de talent, et que c'est seulement à l'étudier et à l'imiter qu'il devient capable de saisir l'ensemble et la beauté des formes.

Un noble philosophe[1] appelait l'architecture « une musique pétrifiée, » et il dut voir, à ce mot, bien des gens secouer la tête. Nous croyons ne pouvoir mieux reproduire cette belle pensée qu'en appelant l'architecture « une harmonie expirée. »

Que l'on se représente Orphée, à qui l'on aurait assigné une place à bâtir, déserte et spacieuse, s'asseyant, en artiste habile, dans le lieu le plus convenable et, par les sons vivifiants de sa lyre, décorant d'édifices, autour de lui, la vaste place. Saisies soudain par les sons vainqueurs, séduisants et doux, détachées de la roche massive, les pierres, accourant avec enthousiasme, devraient prendre les formes que l'artiste, que l'ouvrier, leur eût données, pour se disposer ensuite convenablement en assises et en murailles rhythmées. Ainsi les rues s'ajoutent aux rues; la ville ne manquera pas non plus de remparts protecteurs.

Les sons s'évanouissent, mais l'harmonie subsiste. Les habitants d'une pareille cité circulent et agissent au milieu de mélodies éternelles; l'esprit ne peut déchoir, l'activité ne peut se ralentir; l'œil succède à la fonction, à l'office, au devoir de l'oreille, et, pendant le jour le plus ordinaire, les habitants se sentent dans un état idéal; sans y réfléchir, sans s'informer de la cause, ils goûtent la plus haute jouissance religieuse et morale. Que l'on prenne l'habitude de se promener de long en large dans Saint-Pierre de Rome, et l'on sentira quelque chose de pareil à ce que nous avons essayé d'exprimer.

---

1. Novalis.

Au contraire, dans une ville mal bâtie, où le hasard, avec son balai fatal, amoncela les maisons pêle-mêle, les bourgeois, sans qu'ils s'en rendent compte, vivent dans un état de vide et de tristesse ; l'étranger qui entre dans la ville éprouve la même impression que s'il entendait un tintamarre de sonnettes, de sifflets et de cornemuses, et s'il devait s'attendre à voir sauter les singes et danser les ours.

Naïveté et humour.

L'art est une chose sérieuse, sérieuse surtout quand il s'occupe de sujets nobles, religieux ; mais l'artiste domine l'art et le sujet : l'un, parce qu'il le fait servir à son but ; l'autre, parce qu'il le traite à sa manière.

L'art plastique a pour domaine le visible, l'apparence extérieure de l'objet naturel. Le naturel pur, autant qu'il satisfait le sentiment moral, nous l'appelons naïf. Les objets naïfs sont, par conséquent, le domaine de l'art, qui doit être une expression morale du naturel. Les objets qui offrent l'un et l'autre caractère sont les plus favorables.

Le naïf est, comme le naturel, proche parent du réel. Le réel, sans caractère moral, nous l'appelons commun.

L'art est noble par lui-même, c'est pourquoi l'artiste ne craint pas ce qui est commun : même, il lui suffit de l'admettre pour l'ennoblir, et c'est ainsi que nous voyons les grands artistes exercer hardiment leur prérogative souveraine.

Chaque artiste porte en lui un germe d'audace, sans lequel le talent n'est pas concevable, et ce talent s'éveille surtout si l'on veut limiter l'homme capable et le stipendier, l'employer pour des desseins bornés.

Parmi les artistes modernes, Raphaël est encore ici le plus pur. Il est parfaitement naïf ; chez lui, le réel n'est pas en lutte avec le moral ou même le sacré. Le tapis sur lequel est représentée l'adoration des mages, composition d'une magnificence infinie, étale tout un monde, depuis le plus vieux des rois qui adore, jusqu'aux maures et aux singes qui jouent avec des pommes sur les chameaux. Saint Joseph y devait être aussi caractérisé d'une manière toute naïve, comme père nourricier, qui se réjouit à la vue des présents qu'on apporte.

En général, les artistes ont donné à saint Joseph une attention particulière. Les byzantins, qu'on ne peut accuser de s'être montrés humoristiques outre mesure, prêtent toujours au saint une figure chagrine dans la scène de la nativité : l'enfant est couché dans la crèche; les bestiaux regardent au fond, surpris de trouver, au lieu de leur sèche nourriture, une gracieuse et divine créature vivante; les anges adorent le nouveau-né; la mère est assise auprès en silence, mais saint Joseph est assis à l'écart, et retourne la tête, d'un air mécontent, vers cette scène étrange.

L'humour est un des éléments du génie, mais, aussitôt qu'il domine, il n'en est que le pis aller; il accompagne l'art à son déclin et finit par l'anéantir.

C'est ce que pourra éclaircir agréablement un travail que nous préparons : nous nous proposons en effet de considérer exclusivement sous le point de vue moral tous les artistes qui nous sont déjà connus sous tant de rapports; d'expliquer, par les sujets et le style de leurs ouvrages, en quoi le temps et le lieu, la nation et les maîtres, enfin l'individualité propre, ineffaçable, ont contribué à les faire ce qu'ils sont devenus, à les maintenir ce qu'ils étaient.

L'art est l'interprète de l'inexprimable : c'est pourquoi il semble que ce soit une folie de vouloir l'interpréter lui-même par le langage. Cependant les efforts que l'on fait dans ce but procurent à l'esprit divers avantages, dont le talent pratique profite à son tour.

Aphorismes à méditer par nos amis et nos adversaires.

Quiconque veut écrire aujourd'hui ou même disputer sur l'art devrait avoir du moins quelque soupçon de ce que la philosophie a produit de nos jours et continue à produire.

Celui qui veut reprocher à un auteur l'obscurité devrait premièrement regarder en lui-même, pour voir s'il y fait bien clair : dans le crépuscule, une écriture fort nette devient illisible.

Celui qui veut contester doit se garder de dire, à cette occasion, des choses que personne ne lui conteste.

Celui qui veut attaquer certaines maximes devrait être capable de les exposer bien clairement et disputer dans les limites de cette clarté, pour ne pas tomber dans l'inconvénient de combattre les fantômes de son imagination.

L'obscurité de certaines maximes n'est que relative : on ne peut rendre clair pour l'auditeur tout ce qui est évident pour l'homme du métier.

Un artiste qui exécute des travaux estimables n'est pas toujours en état de rendre compte de ses propres ouvrages ou de ceux d'autrui.

La nature et l'idée ne se peuvent séparer, sans que l'art, comme la vie, soit détruit.

Quand les artistes parlent de la nature, ils sous-entendent toujours l'idée, sans en avoir clairement conscience.

Il en est de même de tous ceux qui vantent exclusivement l'expérience : ils ne songent pas que l'expérience n'est que la moitié de l'expérience.

On entend d'abord parler de nature et d'imitation de la nature; puis on veut qu'il y ait une belle nature : il faut choisir, et sans doute le meilleur! A quel signe le reconnaître? D'après quelle règle doit-on choisir? Et cette règle, où est-elle? Apparemment ce n'est pas aussi dans la nature?

Et supposé que l'objet fût donné; que ce fût le plus bel arbre de la forêt, qui serait reconnu par le forestier lui-même comme accompli dans son espèce : pour faire de cet arbre un tableau, je tourne alentour et je cherche le côté le plus beau; je m'éloigne assez pour le voir parfaitement dans l'ensemble; j'attends qu'il soit éclairé d'une manière favorable, et croyez-vous alors que beaucoup d'éléments de l'arbre naturel aient passé sur le papier?

Le profane peut le croire; l'artiste, derrière ses coulisses, devrait être mieux instruit.

Dans l'œuvre d'art, ce qui frappe précisément comme nature les ignorants n'est point nature (extérieure), mais c'est l'homme (nature intérieure).

Nous ne connaissons d'autre monde que celui qui est en rapport avec l'homme; nous ne voulons d'autre art que celui qui est l'expression de ce rapport.

Celui qui, le premier, dans un tableau, fixa à son horizon les points de vue du jeu varié des lignes horizontales, trouva le principe de la perspective.

Celui qui, le premier, de la systole et diastole, pour lesquelles est faite la rétine, de cette *syncrisis* et *diacrisis* (pour parler comme Platon), déduisit l'harmonie des couleurs, celui-là découvrit les principes du coloris.

Cherchez en vous-même et vous trouverez tout, et réjouissez-vous si, au dehors, quelque nom que vous lui donniez, il est une nature qui dise *oui et amen* à tout ce que vous aurez trouvé en vous-même.

Beaucoup de choses peuvent être inventées, être découvertes depuis longtemps, et ne pas agir sur le monde; elles peuvent agir et néanmoins ne pas être observées; agir et ne pas exercer une influence générale : c'est pourquoi l'histoire de chaque découverte s'enveloppe des énigmes les plus étranges.

Il est aussi difficile d'apprendre quelque chose des modèles que de la nature.

La forme veut être aussi bien digérée que le sujet; elle est même beaucoup plus difficile à digérer.

Tel homme a étudié d'après l'antique, qui ne s'en est pas entièrement approprié le génie : est-il pour cela digne de blâme?

Les plus hautes prétentions, même sans atteindre leur objet, sont en soi plus estimables que des prétentions inférieures, fussent-elles entièrement satisfaites.

La sèche naïveté, la dure énergie, l'anxieuse honnêteté, et tout ce qui peut caractériser l'ancien art allemand, appartiennent à toute manière simple et du vieux temps : les anciennes écoles de Venise, de Florence, etc., offrent les mêmes caractères.

Et nous ne devrons nous croire originaux, nous autres Allemands, qu'à la condition de ne pas nous élever au-dessus de l'enfance de l'art!

Parce que Albert Durer, malgré son incomparable talent, n'a jamais pu s'élever à l'idée de proportion dans la beauté, et même jamais à l'idée d'une juste convenance, nous devrons aussi rester sans cesse attachés à la terre!

Albert Durer fut soutenu par une intuition profonde de la réalité, une aimable et bienveillante sympathie pour toutes les situations actuelles; il fut égaré par une imagination nébuleuse, sans forme et sans fond.

Il serait intéressant de faire voir quelle place Martin Schœn occupe à côté de lui, et dans quelles bornes se renferma chez cet artiste le mérite allemand; il serait utile de montrer qu'il n'était pas arrivé à la perfection.

Et pourtant, dans toutes les écoles italiennes, le papillon se dépouilla de la chrysalide!

Nous faudra-t-il ramper éternellement, comme chenilles, parce que certains artistes du Nord y trouvent leur compte?

Après que Klopstock nous a délivrés de la rime et que Voss nous a donné des modèles de prosodie, il nous faudra rimailler encore comme Hans Sachs!

Aimons la variété! Les petits navets de la Marche ont bon goût, surtout mêlés avec les châtaignes, et ces deux nobles fruits croissent loin l'un de l'autre.

Permettez-nous, dans nos mélanges, à côté des formes occidentales et septentrionales, celles de l'Orient et du Midi.

On n'est varié qu'en aspirant au sublime, parce qu'il le faut sérieusement, et en descendant aux bagatelles, quand on le veut pour se jouer.

« Ne reniflez pas sur mes tableaux : les couleurs sont malsaines. » REMBRANDT.

Il y a dans tous les arts un certain degré qu'avec des dispositions naturelles, nous pouvons atteindre, pour ainsi dire, tout seuls : mais il est impossible de le dépasser, si l'art ne vient pas à notre secours.

On dit quelquefois à la louange de l'artiste : « Il a tout tiré de lui-même. » Si je pouvais une fois ne plus entendre ce langage! Tout bien considéré, les productions de ce génie original sont, la plupart, des réminiscences : l'homme instruit pourra les signaler l'une après l'autre.

Le talent médiocre a lui-même toujours du génie en présence de la nature : c'est pourquoi des dessins de ce genre, s'ils sont un peu soignés, font toujours plaisir.

Avec de nombreuses esquisses, les meilleurs artistes ne parviennent pas toujours à produire un ensemble.

L'allégorie change le phénomène en pensée, la pensée en

image, mais de façon que la pensée puisse toujours être considérée comme limitée et complète dans l'image et s'exprimer par elle.

La symbolique change le phénomène en idée, l'idée en image, et de telle sorte que l'idée ne cesse pas d'être infiniment agissante et inaccessible dans l'image, et, quoique exprimée dans toutes les langues, reste néanmoins inexprimable.

Conseils aux jeunes artistes.

Quand les amateurs ont fait tout leur possible, ils ont coutume de dire, pour s'excuser, que leur travail n'est pas encore achevé. Et certes il ne saurait jamais être achevé, parce qu'il n'a jamais été bien commencé. Au moyen de quelques traits, le maître présente son œuvre comme achevée; exécutée ou non, elle est accomplie. L'amateur le plus habile tâtonne dans le doute, et, à mesure que l'exécution avance, l'incertitude de la première ébauche se trahit toujours davantage. C'est tout à la fin seulement que se découvre la faute, qui n'est pas réparable, et, de la sorte, il est vrai de dire que l'ouvrage ne peut être achevé.

Dans l'art véritable, il n'y a point d'école préparatoire, mais il y a des préparations : la meilleure est la part que prend le moindre élève au travail du maître. Tels qui broyaient les couleurs sont devenus d'excellents peintres.

Il en est autrement de la singerie, à laquelle l'activité générale naturelle à l'homme est portée accidentellement par un artiste de mérite, qui exécute avec aisance le difficile.

Que, les dimanches et les jours de fête, le jeune artiste se mêle aux danses des villageois; qu'il observe les mouvements naturels; qu'il donne à la jeune paysanne l'habillement d'une nymphe, au jeune paysan, des oreilles et même des pieds de bouc : s'il saisit bien la nature, et sait donner aux figures plus de bienséance, de noblesse et de liberté, personne ne devine où il a fait ces emprunts, et chacun jure qu'il a pris cela de l'antique.

Si même il rencontre des danseurs de corde et des spectacles équestres, il ne négligera pas non plus de les observer attentivement; il laissera de côté ce qui est exagéré, faux, routinier :

mais il apprendra à juger de quelle grâce infinie le corps humain est susceptible.

Le jeune artiste ne devra pas dédaigner les animaux; il tâchera de bien saisir le type caractéristique des chiens et des chevaux; il portera aussi son attention et ses études sur les bêtes sauvages étrangères.

Que la plastique exige nécessairement des études d'après nature, et qu'en général ces études soient importantes, nous en sommes assez persuadés; mais, nous ne le nierons pas, nous sommes souvent affligés de voir l'abus que l'on fait de si louables efforts.

Selon notre conviction, le jeune artiste devrait peu ou même ne devrait pas étudier d'après nature, sans se demander en même temps comment il pourrait faire de chaque feuille un tout achevé, comment il pourrait offrir à l'amateur et au connaisseur, comme un objet qui plaise, ce détail, encadré à part et transformé en un agréable tableau.

Souvent l'objet beau se présente isolément : c'est au talent de découvrir les enchaînements, et de produire ainsi des œuvres d'art. La fleur emprunte son charme à l'insecte qui vient s'y suspendre, à la goutte de rosée qui l'abreuve, au vase d'où elle tire encore sa dernière nourriture. Pas un buisson, pas un arbre, auquel on ne puisse donner de l'intérêt par le voisinage d'un rocher, d'une source, et un attrait nouveau par une perspective simple et bien ménagée. On peut en dire autant des figures humaines et des animaux de tout genre.

Les avantages que le jeune artiste en retire sont très-divers. Il apprend à penser, à enchaîner convenablement ce qui s'accorde ensemble, et, s'il compose de la sorte avec talent, ce qu'on appelle invention, l'art de tirer d'un sujet individuel des développements divers, ne lui manquera pas.

S'il satisfait réellement en ce point à ce qu'exige la véritable éducation de l'artiste, il en retire encore accessoirement le grand avantage, qui n'est pas à dédaigner, d'apprendre à produire des dessins d'une vente facile et faits pour plaire aux amateurs.

Un pareil ouvrage n'a pas besoin d'être travaillé au plus haut point ni complètement fini; s'il est bien saisi, bien pensé et bien rendu, il a souvent plus d'attrait pour l'amateur qu'un ouvrage plus considérable et plus travaillé.

Que chaque jeune artiste jette les yeux sur les études renfermées dans son album et son portefeuille, et qu'il se demande combien de ces feuilles il aurait pu rendre ainsi présentables et dignes de plaire.

Il n'est pas question des hauteurs de l'art, dont on pourrait sans doute parler aussi : ce que nous disons n'est qu'un avertissement, pour détourner l'artiste d'une fausse route et signaler de loin les hauteurs.

Que l'artiste essaye seulement six mois de travailler ainsi, et qu'il ne prenne ni le charbon ni le pinceau sans avoir l'intention de rendre au complet l'image d'un objet naturel qui s'offre à ses yeux : s'il a un vrai talent, on reconnaîtra bientôt quelle vue était dans notre pensée, quand nous avons donné ces indications.

Quand je demande à de jeunes peintres allemands, même à ceux qui ont séjourné quelque temps en Italie, pourquoi donc ils présentent à l'œil, surtout dans leurs paysages, des tons si criards et si tranchants, et semblent fuir toute harmonie, ils répondent avec une parfaite assurance qu'ils voient la nature exactement comme cela.

Kant nous a fait observer qu'il est une critique de la raison; que cette faculté, la plus haute que l'homme possède, a sujet de se surveiller elle-même : combien ce conseil nous a été avantageux, je souhaite que chacun en ait fait l'épreuve sur lui-même, mais je voudrais, dans le même esprit, établir qu'une critique des sens est nécessaire, si du moins l'art en général, et surtout l'art allemand, est destiné à se relever et à faire d'heureux progrès.

L'homme, né pour la raison, a encore besoin d'un long apprentissage : elle doit se révéler à lui peu à peu par les soins de ses parents et de ses instituteurs, par de doux exemples ou par une sévère expérience. Il en est de même de l'artiste : il naît débutant et non pas accompli. Il se peut qu'il sache porter sur le monde un regard plein de vie; que son œil saisisse heureusement les formes, les proportions, les mouvements ; mais, pour la grande composition, pour la distribution des lumières.

des ombres et des couleurs, les dispositions naturelles peuvent lui manquer sans qu'il vienne à s'en apercevoir.

Or, s'il n'est pas disposé à apprendre des grands maîtres, anciens et contemporains, ce qui lui manque pour être un véritable artiste, il restera au-dessous de lui-même, dans la fausse idée qu'il est véritablement original : car ce n'est pas seulement ce qui nous est inné, mais aussi ce que nous pouvons acquérir, qui nous appartient et qui nous fait ce que nous sommes.

Théâtre allemand.

Le terme d'école, comme on l'emploie dans l'histoire des arts plastiques, où l'on parle d'une école florentine, romaine et vénitienne, ne pourra plus désormais s'appliquer au théâtre allemand. Peut-être cette expression était-elle encore de mise, il y a trente ou quarante ans, lorsque, dans un horizon plus borné, on pouvait concevoir encore une culture basée sur la nature et sur l'art : mais, tout bien considéré, même dans les arts plastiques, le terme d'école ne convient que pour les commencements ; car, aussitôt que l'art a produit des hommes éminents, il exerce son influence au loin. Florence déploie la sienne en France et en Espagne ; les Pays-Bas et l'Allemagne s'instruisent chez les Italiens, et acquièrent une plus grande liberté de pensée et de sentiment ; en revanche, le Midi apprend d'eux une meilleure technique et du Nord l'exécution la plus achevée.

Le théâtre allemand se trouve dans l'époque finale, où une culture générale est tellement répandue, qu'elle ne saurait plus appartenir à aucun lieu particulier ni partir d'aucun point déterminé.

La base de tout l'art théâtral, comme de chaque autre, est le vrai, le naturel. Plus cette maxime est importante, et plus le poëte et l'acteur savent la saisir d'un point de vue élevé, plus le théâtre occupera un rang honorable. Un grand avantage pour l'Allemagne, c'est que la récitation de la bonne poésie est devenue d'un usage plus général, et s'est répandue même hors du théâtre.

Toute déclamation et toute mimique reposent sur la récitation. Or, comme, dans la lecture à haute voix, c'est à la déclamation seulement qu'il faut s'attacher et s'exercer, il est manifeste que les lectures publiques seront toujours l'école du naturel et du vrai, si les hommes qui entreprennent cette tâche sont pénétrés de l'importance et de la dignité de leur mission [1].

Shakspeare et Calderon ont donné à ces lectures une brillante impulsion : mais que l'on considère pourtant si l'ascendant étranger, si le talent qui s'élève jusqu'à des hauteurs où il s'égare, ne risquent pas de nuire à la culture allemande.

L'originalité de l'expression est toujours le principe et la fin de l'art : or chaque nation a une physionomie particulière, qui s'éloigne du caractère général de l'humanité, quelque chose qui peut nous choquer d'abord, mais qui, si nous venions à l'accepter, à nous y abandonner, pourrait dominer enfin notre propre nature et l'étouffer.

Combien Shakspeare et surtout Calderon ont répandu d'idées fausses parmi nous; à quel point ces deux grandes lumières du ciel poétique sont devenues pour nous des follets trompeurs, c'est ce que pourront dire plus tard les historiens de la littérature.

Je ne puis du tout approuver que l'on veuille assimiler complétement notre théâtre au théâtre espagnol. Il y a chez l'admirable Calderon tant de choses conventionnelles, qu'un observateur équitable a beaucoup de peine à discerner le grand talent du poëte à travers l'étiquette théâtrale. Si l'on produit quelque chose de pareil devant un public, on suppose toujours chez lui la bonne volonté d'admettre même l'élément étranger, de se plaire à l'esprit, aux manières, au rhythme étranger, et de sortir quelque temps de ce qui convient à sa nature.

Les fragments de la Poétique d'Aristote offrent un singulier caractère. Quand on connaît à fond le théâtre, comme nous autres, qui avons consacré à cet art une part considérable de notre vie, et qui avons même beaucoup travaillé pour la scène, on voit d'abord qu'il faudrait, avant toute chose, étudier la philosophie de l'auteur, pour comprendre comment il a considéré cette manifestation de l'art : autrement, il ne fait

---

[1]. Allusion aux lectures publiques des grands poëtes, entreprises par les hommes les plus éminents, Tieck, les Schlegel, etc.

que jeter la confusion dans nos études, tout comme la poétique moderne n'a employé et n'emploie qu'à son préjudice ce qu'il y a de plus extérieur dans la doctrine du philosophe.

La tâche et le travail du poëte tragique sont uniquement de présenter, dans le passé, sous la forme d'un exemple facile à saisir, un phénomène psychologique et moral.

Ainsi donc ce qu'on appelle « motifs » sont proprement des phénomènes de l'esprit humain, qui se sont reproduits et se reproduiront, et que le poëte se borne à présenter comme historiques.

Pour composer une œuvre dramatique, il faut du génie. Le sentiment doit dominer à la fin, la raison au milieu, le discernement au début, et tout l'ensemble être présenté par une vive et claire imagination.

SUR LES SCIENCES NATURELLES.

RÉFLEXIONS DÉTACHÉES ET APHORISMES.

I

Quand une doctrine est assez mûre pour devenir une science, il doit nécessairement se produire une crise, car on voit paraître la différence entre ceux qui séparent l'objet particulier et le présentent séparément, et ceux qui considèrent l'ensemble et qui voudraient lui rattacher et lui incorporer la spécialité. Cependant, comme la tractation scientifique, idéale, plus compréhensive, recrute sans cesse de nouveaux amis, partisans et coopérateurs, cette séparation ne reste pas aussi tranchée dans la région supérieure, mais pourtant assez sensible.

Ceux que j'appellerais « universalistes » sont persuadés et se figurent qu'avec des déviations, il est vrai, et des diversités infinies, tout est présent partout et qu'on peut même espérer de le découvrir ; les autres, que je nommerai « singularistes, » accordent en général le point principal ; ils observent même, ils définissent et ils enseignent en conséquence ; mais ils veulent toujours trouver des exceptions dans les cas où le type tout entier n'est pas exprimé, en quoi ils ont raison. Leur tort est seulement de méconnaître la forme fondamentale, lorsqu'elle s'enveloppe, et de la nier, lorsqu'elle se cache. Or, comme les deux manières de concevoir sont originelles, et qu'elles seront éternellement en présence, sans se réunir ou se détruire, il faut se garder de toute controverse, et présenter clairement et nûment sa conviction.

Je vais donc répéter la mienne ; c'est que, dans ces hautes régions, on ne peut pas savoir, mais qu'on doit agir : tout comme, dans un jeu, la théorie est peu de chose et la pratique est tout. La nature nous a donné l'échiquier, hors duquel nous ne pouvons ni ne voulons agir ; elle nous a taillé les pièces, dont nous apprenons peu à peu à connaître la valeur, la marche et la force : c'est à nous ensuite de faire des coups dont nous nous promettons le gain de la partie. Chacun l'essaye à sa manière et ne se laisse guère persuader. Il faut en prendre son parti, et, avant tout, observer exactement à quelle distance chacun se trouve de nous, puis nous accorder de préférence avec ceux qui se déclarent pour le côté auquel nous nous rangeons. Il faut considérer ensuite que l'on a toujours affaire à un problème insoluble, et se montrer empressé et fidèle à peser tout ce qui, d'une manière ou d'une autre, est mis en avant, principalement ce qui fait contre nous ; car c'est de la sorte qu'on reconnaîtra le plus promptement le problématique, qui repose, il est vrai, dans les objets mêmes, mais plus encore dans les hommes. Je ne suis point sûr d'avancer par moi-même le travail dans ce champ si bien cultivé, mais je me propose de fixer mon attention et d'attirer l'attention des autres sur telle ou telle phase de l'étude, sur telle ou telle marche des individus.

L'homme ne peut guère demeurer seul ; aussi se rattache-t-il volontiers à un parti, parce qu'il y trouve, sinon le repos, du moins satisfaction et sûreté.

Il y a sans doute des hommes insuffisants par nature pour telle ou telle affaire, mais la précipitation et la vanité sont de dangereux génies, qui rendent insuffisants les plus capables, arrêtent toute activité, paralysent les libres progrès : c'est ce qu'on voit arriver dans les affaires civiles, et particulièrement aussi dans les sciences.

Dans le domaine de la nature règnent le mouvement et l'action; dans le domaine de la liberté, l'aptitude et la volonté. Le mouvement est éternel, et, dans toute condition favorable, il se manifeste irrésistiblement. Les aptitudes se développent aussi, il est vrai, conformément à la nature, mais il faut d'abord que la volonté les ait exercées et stimulées par degrés. C'est pourquoi l'on n'est pas aussi certain de la volonté libre que de l'action spontanée : celle-ci se produit d'elle-même, celle-là est produite. En effet, pour s'accomplir et pour agir, elle doit, dans l'ordre moral, se conformer à la conscience, qui ne se trompe pas, et, dans le domaine de l'art, à la règle, qui n'est nulle part exprimée. La conscience n'a pas besoin d'ancêtres; avec elle tout est donné : elle n'a affaire qu'avec son for intérieur. Le génie n'aurait non plus besoin d'aucune règle; il se suffirait à lui-même, il se prescrirait à lui-même la règle, mais, comme il exerce son action au dehors, il est gêné de plusieurs façons par la matière et par le temps, et, à l'un et à l'autre égard, il doit nécessairement être embarrassé; c'est pourquoi, dans les arts de toute espèce, qu'il s'agisse de gouvernement, comme de poésie, de statues ou de tableaux, on voit régner tant de bizarreries et d'incertitudes.

C'est une chose fâcheuse, et qui arrive pourtant à plus d'un observateur, de rattacher d'abord à un phénomène une conséquence et de les considérer tous deux comme équivalents.

L'histoire des sciences nous montre, dans tout ce qui se fait pour elles, certaines époques, qui se succèdent, tantôt plus vite, tantôt plus lentement. Une idée importante, nouvelle ou renouvelée, vient à se produire : elle est acceptée tôt ou tard; il se trouve des collaborateurs; le résultat passe aux disciples; on l'enseigne, on le propage, et nous observons malheureusement qu'il ne s'agit pas du tout de savoir si l'idée est vraie ou fausse : erreur et vérité font le même chemin; l'une et l'autre finissent par devenir une phrase; l'une et l'autre s'impriment dans la mémoire comme une lettre morte.

Ce qui contribue particulièrement à perpétuer l'erreur, ce sont les livres qui répandent d'une manière encyclopédique le vrai et le faux du moment. Dans ces ouvrages, la science ne saurait être élaborée ; on y recueille ce que les hommes savent, croient, imaginent : c'est pourquoi ces livres paraissent si étranges au bout de cinquante ans.

Que l'on s'instruise d'abord soi-même, puis l'on recevra l'instruction des autres.

Les théories sont d'ordinaire l'œuvre précipitée d'un esprit impatient, qui voudrait se débarrasser des phénomènes et qui leur substitue des images, des conceptions, souvent même des mots et rien de plus. On pressent, on voit même, que c'est un simple expédient ; mais la passion et l'esprit de parti n'aiment-ils pas toujours les expédients ? Et c'est à bon droit, car ils en ont grand besoin.

Nous attribuons notre situation tantôt à Dieu, tantôt au diable, et nous nous trompons dans l'un comme dans l'autre cas : l'énigme réside en nous-mêmes, qui sommes le produit de deux mondes. Il en va de même pour la couleur : tantôt on la cherche dans la lumière, tantôt au dehors dans l'univers ; et l'on ne sait pas la trouver justement dans son domaine.

Il viendra un temps où l'on enseignera une physique expérimentale pathologique, et où l'on exposera au grand jour tous ces vains simulacres qui abusent l'esprit, qui surprennent les convictions, et, ce qui est le pire, empêchent absolument tout progrès pratique. Il faut, une bonne fois, que les phénomènes soient tirés de cette ténébreuse chambre de torture empirique, mécanique, dogmatique, et soient portés devant le jury du sens commun.

Lorsque Newton, dans ses expériences sur le prisme, a pris l'ouverture aussi petite que possible, pour symboliser commodément une ligne en rayon de lumière, il a répandu dans le monde une erreur incurable, dont on souffrira peut-être pendant des siècles.

Malus fut conduit par ce petit trou à une théorie bizarre, et, si Seebeek[1] était moins sur ses gardes, elle l'empêcherait de

---

1. Savants, connus l'un et l'autre par leurs travaux sur l'optique.

découvrir la source première de ces phénomènes, savoir les figures et les couleurs entoptiques.

Mais ce qui est le plus extraordinaire, c'est que l'homme n'est pas délivré de l'erreur, quand même il en a découvert la source. Plusieurs Anglais, surtout le docteur Reade, s'élèvent avec passion contre Newton, disant que l'image prismatique n'est point l'image du soleil, mais l'image de l'ouverture de notre volet, ornée de franges colorées; qu'il n'y a dans l'image prismatique aucun vert originel; qu'il se forme par la combinaison du jaune et du bleu, en sorte qu'une raie noire pourrait, tout aussi bien qu'une blanche, paraître décomposée en couleurs, si l'on voulait parler ici de décomposition » : bref, tout ce que nous avons démontré depuis nombre d'années, ce bon observateur le présente également. Néanmoins l'idée fixe d'une réfrangibilité diverse ne le quitte pas, mais il la retourne, et il est encore, s'il se peut, plus prévenu que son illustre maître. Au lieu d'être excité par cette vue nouvelle à se dépouiller de la chrysalide, il cherche à reloger dans le vieil étui ses membres déjà formés et déployés.

La vue immédiate des phénomènes premiers nous jette dans une sorte d'angoisse; nous sentons notre insuffisance : il faut que le jeu éternel de l'expérience les anime pour qu'ils nous réjouissent.

Le magnétisme est un phénomène premier, qu'il suffit d'exprimer pour l'avoir expliqué : par là il devient aussi un symbole de tout le reste, pour quoi nous n'avons nul besoin de chercher des mots et des noms.

Tout être vivant développe une atmosphère autour de lui.

Les hommes extraordinaires du seizième et du dix-septième siècle étaient à eux seuls des académies, comme de nos jours Humboldt. Mais, quand la science eut pris ses immenses développements, les savants se réunirent, pour exécuter ensemble ce qui était devenu impossible aux individus. Ils se tenaient éloignés des princes, des rois et des ministres. Voyez comme les lettrés français, réunis en conventicule secret, s'efforcèrent d'éviter la domination de Richelieu! comme la société d'Oxford et celle de Londres repoussèrent l'influence des favoris de Charles II! Mais lorsqu'une fois l'usage fut établi, et que les sciences se sentirent un membre politique du corps politique; qu'elles prirent rang dans les processions et les autres solennités, on perdit bientôt de vue leur but élevé; on produisit sa personne; les sciences s'enveloppèrent aussi de petits manteaux et se coiffèrent de bonnets. J'en ai cité avec détail des exemples dans mon histoire de la doctrine des couleurs. Mais ce qui est écrit est là justement pour s'accomplir de jour en jour.

Saisir la nature et la mettre en usage d'une manière immédiate est donné à peu de gens : entre la connaissance et l'usage on se crée volontiers une chimère, que l'on développe soigneusement, et là-dessus on oublie à la fois l'objet et son usage.

De même, les gens ont de la peine à comprendre que les choses se passent en grand dans la nature comme elles se passent dans la plus étroite sphère. Mais, que l'expérience le leur fasse toucher au doigt, ils finissent par l'admettre. Les brins de paille attirés par l'ambre qu'on frotte sont en affinité avec le plus effroyable tonnerre, ou plutôt c'est un seul et même phénomène. Cette « micromégie, » nous l'admettons encore dans quelques autres cas, mais le pur esprit de la nature nous abandonne bientôt, le démon du factice s'empare de nous et sait se faire valoir en toute occasion.

La nature s'est réservé tant de liberté, qu'avec toute notre science, nous ne pouvons jamais la pénétrer tout à fait ni la pousser dans ses derniers retranchements.

Il est difficile de s'accommoder avec les erreurs de l'époque : qui leur résiste se trouve seul; qui s'y laisse prendre n'en retire ni gloire ni plaisir.

II

Il y a dans New-York quatre-vingt-dix confessions chrétiennes différentes, qui toutes adorent Dieu et le Sauveur à leur manière, sans vivre d'ailleurs en mauvaise intelligence les unes avec les autres. C'est à quoi nous devons arriver dans l'étude de la nature et même dans toute espèce d'étude : pouvons-nous en effet, sans inconséquence, parler de libéralisme et vouloir empêcher les autres de penser et de s'exprimer à leur manière?

La notion de cause et d'effet, qui nous est si naturelle, si nécessaire, devient dans la pratique la source d'erreurs innombrables qui se répètent sans cesse.

Une grande faute que nous commettons est de rapprocher toujours dans notre pensée la cause de l'effet, comme la corde de la flèche qu'elle lance au loin : et cependant, cette faute, nous ne pouvons l'éviter, parce que les idées de cause et d'effet se présentent toujours ensemble et que l'esprit les rapproche conséquemment.

Les causes prochaines et claires sont saisissables, et, par là même, les plus compréhensibles : c'est pourquoi nous sommes enclins à nous représenter comme mécanique ce qui est d'une nature plus élevée.

Remonter de l'effet à la cause est tout simplement un procédé historique : par exemple, du meurtre de l'homme, je remonte au coup de fusil.

Le granit s'effleurit volontiers en forme de boule et d'œuf : il n'est donc nullement nécessaire d'imaginer, à cause de ces formes, que les blocs trouvés fréquemment dans le nord de l'Allemagne ont été poussés en tout sens dans les eaux, et usés, émoussés, par le choc et le roulement.

CHUTE ET IMPULSION. Vouloir expliquer par là le mouvement des corps célestes est proprement un anthropomorphisme déguisé ; c'est la marche du voyageur dans la campagne : le pied levé s'abaisse, le pied resté en arrière s'élance en avant et tombe, et ainsi de suite, depuis le départ jusqu'à l'arrivée.

Que serait-ce si l'on empruntait de même sorte la comparaison à l'art du patineur? Là, c'est au pied resté en arrière de nous faire avancer, car il est chargé de donner encore une impulsion telle, que l'autre, devenu dès lors son serre-file, en est déterminé quelque temps encore à se mouvoir en avant.

Je ne me suis jamais permis à moi-même l'induction : si quelqu'un voulait l'employer contre moi, je savais aussitôt la décliner.

Je regarde comme aussi utile qu'agréable l'exposition par analogie; le cas analogue ne prétend point s'imposer ni rien prouver : il se place en regard d'un autre, sans se lier avec lui.

Un nombre de cas analogues ne se réunissent pas en séries

closes; ils sont comme la bonne société, qui anime plutôt qu'elle ne donne.

Être dans l'erreur, c'est se trouver dans un état où il semble que la vérité n'existe point : découvrir l'erreur, pour soi et pour les autres, c'est inventer à reculons.

On dit fort bien que le phénomène est une conséquence sans principe, un effet sans cause. Si l'homme a tant de peine à trouver le principe et la cause, c'est qu'ils sont tellement simples qu'ils se dérobent au regard.

Que de choses n'a-t-on pas dites sur le granit ! On l'a ramené jusqu'aux époques modernes, et pourtant il ne s'en forme plus sous nos yeux. Si la chose se passait dans les profondeurs de la mer, nous n'en aurions aucune connaissance.

Aucun phénomène ne s'explique en lui-même et par lui-même; mais un grand nombre, observés ensemble, classés méthodiquement, finissent par offrir quelque chose qu'on pourrait admettre comme théorie.

Le développement de la science rend nécessaire de temps en temps une classification nouvelle : elle se fait le plus souvent d'après de nouveaux principes, mais elle reste toujours provisoire.

L'homme du métier ne perd pas de vue l'enchaînement; mais la chose est plus difficile à l'amateur, lorsqu'il sent la nécessité de se tenir au courant.

C'est pourquoi nous aimons les livres qui nous présentent à la fois les nouvelles découvertes de la pratique et les nouvelles méthodes en faveur.

Cela est surtout nécessaire dans la minéralogie, où la cristallographie élève de si grandes exigences, et où la chimie entreprend de déterminer le détail et de classer l'ensemble. Deux savants nous ont été fort utiles, ce sont Léonhard[1] et Cleaveland[2].

Quand nous voyons exposées d'après une autre méthode, ou seulement dans une langue étrangère, les choses que nous savons, cela leur donne un singulier attrait de nouveauté et comme un air de fraîcheur.

---

1. Professeur de minéralogie et de géologie à Heidelberg.
2. Professeur de mathématiques, de chimie et de minéralogie à Boston.

Quand deux maîtres qui exercent le même art diffèrent l'un de l'autre dans leur exposé, selon toute vraisemblance, le problème insoluble est dans l'intervalle qui les sépare.

Je lis maintenant la géognosie de M. d'Aubuisson de Voisins, dans la traduction de M. Wiemann, et cette lecture me profite à divers égards, bien qu'elle me mécontente au point de vue principal : car, dans ce livre, la géognosie, qui devrait proprement reposer sur l'observation vivante de la croûte terrestre, est dépouillée de tout caractère intuitif, et n'est pas même transformée en notion, mais réduite à la nomenclature. Sous ce dernier point de vue, elle est vraiment, pour chacun comme pour moi, utile et profitable.

Les cercles de la vérité se touchent immédiatement, mais il reste dans les intermondes assez de place à l'erreur pour se donner carrière.

La nature ne s'inquiète d'aucune erreur ; elle-même ne peut jamais agir autrement que bien, sans s'inquiéter de ce qui pourra s'ensuivre.

La nature n'a de légitime aptitude pour aucune chose, qu'elle ne la développe et ne la produise dans l'occasion.

Ce n'est pas seulement la matière libre, mais aussi le solide et le compacte, qui prend, de force, une figure ; des masses entières sont cristallines naturellement et foncièrement : dans une masse informe et indifférente, se développe, par un rapprochement stœchiométrique et par un empiétement mutuel, la roche porphyrique, qui pénètre toutes les formations.

Les marchands de minéraux se plaignent que le goût des amateurs pour leurs marchandises diminue en Allemagne, et ils en accusent la tendance de la cristallographie à pénétrer dans l'intérieur : cela peut être, mais, dans quelque temps, le désir même de connaître la forme plus exactement rendra au commerce une vie nouvelle, et même élèvera le prix de certains exemplaires.

La cristallographie, comme la stœchiométrie, achève aussi l'oryctognoste, mais je trouve que, depuis quelque temps, on s'est trompé dans la méthode d'enseignement. Les manuels destinés aux leçons publiques, et en même temps à l'usage particulier, peut-être même à faire partie d'une encyclopédie scientifique, ne méritent pas l'approbation : le libraire peut les commander, mais non l'élève les désirer.

Il faut que les traités élémentaires offrent de l'attrait, et, pour cela, qu'ils présentent la science par son côté le plus agréable et le plus accessible.

Tous les hommes du métier sont dans cette fâcheuse situation, qu'il ne leur est pas permis d'ignorer l'inutile.

« Nous avouons plus volontiers nos erreurs, nos défauts, et nos infirmités morales que scientifiques. »

Cela tient à ce que la conscience est humble et se complaît même dans l'humiliation, tandis que l'esprit est orgueilleux et qu'une rétractation qu'on lui arrache le réduit au désespoir.

C'est de là qu'il arrive que des vérités découvertes, d'abord avouées en secret, se répandent peu à peu, jusqu'au moment où ce qu'on a obstinément nié peut enfin se produire comme une chose toute naturelle.

Les ignorants font des questions auxquelles les savants ont répondu depuis des siècles.

Descartes changea plusieurs fois la forme de son *Discours sur la méthode*, et ce livre, tel que nous le possédons aujourd'hui, ne peut néanmoins nous être d'aucun secours : toute personne qui persiste quelque temps dans une recherche consciencieuse doit changer de méthode tôt ou tard.

Le dix-neuvième siècle a tout sujet d'y réfléchir.

Des mots aussi vides que ceux de décomposition et de polarisation de la lumière doivent être bannis de la physique, si l'on veut qu'elle fasse quelques progrès : il est possible cependant, il est même vraisemblable, que ces spectres reviendront encore jusqu'à la moitié du siècle.

Qu'on ne prenne pas mal ces paroles : c'est précisément ce que personne n'accorde, ce que personne ne veut entendre, qu'il faut répéter plus souvent.

Nous vivons en deçà des phénomènes dérivés, et nous ne savons en aucune façon comment parvenir à la question première.

Dans les sciences, comme dans tout le reste, quand un homme vise à l'universalité, il n'a plus à la fin d'autre ressource pour se compléter, que de présenter la vérité pour l'erreur, l'erreur pour la vérité. Il ne peut tout approfondir lui-même; il est forcé de s'en tenir à la tradition, et, s'il veut obtenir un emploi, il doit s'inféoder aux opinions de ses protecteurs. Que les personnes vouées à l'enseignement universitaire s'examinent là-dessus.

Vos yeux sont-ils témoins d'un phénomène, c'en est assez pour que vos pensées se portent souvent au delà ; si vous n'en avez connaissance que par ouï-dire, il n'éveille chez vous aucune pensée.

Informez-vous du phénomène, considérez-le avec toute l'attention possible, voyez jusqu'où il peut vous mener, soit dans la spéculation soit dans l'application pratique, et ne vous inquiétez pas du problème. Les physiciens agissent au rebours : ils s'attaquent directement au problème, et s'embarrassent, chemin faisant, dans de si nombreuses difficultés, qu'enfin toute clarté s'évanouit pour eux.

C'est pourquoi l'académie de Saint-Pétersbourg n'a reçu aucune réponse à la question qu'elle avait mise au concours. On aura beau prolonger le terme, cela ne servira de rien. L'académie devrait doubler le prix et le promettre à la personne qui ferait voir clairement et nettement « pourquoi aucune réponse n'a été faite, et pourquoi il ne pouvait en être fait aucune. » Celui qui y réussirait aurait bien mérité le prix, si grand qu'il fût.

Comme, depuis quelque temps, on demande davantage ma *Doctrine des couleurs*, des tableaux, vivement enluminés, deviennent nécessaires : en m'occupant de ce petit travail, je ne puis m'empêcher de sourire, en songeant à la peine incroyable que je me suis donnée pour rendre palpable le raisonnable aussi bien que l'absurde. Peu à peu ils seront saisis et reconnus tous deux.

L'erreur de Newton est si nettement exposée dans le *Dictionnaire de la conversation*, que, si l'on veut seulement apprendre par cœur la page in-octavo, on sera débarrassé de la couleur pour le reste de sa vie.

« Nous ne subtilisons nullement avec les dieux : nous gardons la tradition paternelle, qui s'est développée avec nous, et la sagesse ne nous ébranle point, fût-elle même manifestée par de grands génies. EURIPIDE[1]. »

AUTORITÉ. L'homme ne peut exister sans elle, et pourtant elle amène autant d'erreur que de vérité ; elle éternise dans le détail les choses qui devraient passer en détail; elle écarte et laisse passer ce qu'il faudrait maintenir, et, en général, elle est cause que l'humanité reste toujours stationnaire.

Les plus grands objets, comme les plus petits (que les procédés artificiels peuvent seuls nous rendre perceptibles), donnent naissance à la métaphysique des phénomènes : dans l'intervalle se trouvent les objets particuliers, proportionnés à nos sens et en rapport avec ma nature : c'est pourquoi je rends grâce aux esprits excellents qui mettent ces régions à ma portée.

Comme il est rare que ceux qui entreprennent des expériences scientifiques sachent proprement ce qu'ils veulent et ce qui doit en résulter, ils poursuivent le plus souvent leur chemin avec beaucoup d'ardeur ; mais bientôt, n'obtenant aucun succès décisif, ils renoncent à leur entreprise et cherchent même à la rendre suspecte aux autres.

Après que le microscope eut rendu tant de services dans la deuxième moitié du dix-septième siècle, au commencement du dix-huitième, on essaya de le rabaisser.

Après s'être appliqué de nos jours avec la plus parfaite exactitude aux observations météorologiques, on veut maintenant les bannir des régions septentrionales et ne les permettre à l'observateur qu'entre les tropiques.

Mais on s'est lassé de même du système sexuel, qui, à le prendre dans un sens élevé, a une si grande valeur, et l'on a voulu l'écarter. Il en est parfaitement de même de l'ancienne histoire de l'art, à laquelle on s'est appliqué consciencieusement depuis un demi siècle, en cherchant à démêler les différences des époques qui se sont succédé : aujourd'hui on estime tout ce travail inutile, et toutes ces diverses époques sont jugées identiques et indivisibles.

---

1. Bacchantes. v. 201. On s'est borné à traduire la traduction.

A notre avis, chacun doit persister dans la voie où il est entré, sans souffrir que l'autorité lui impose, que l'opinion générale le tyrannise et que la mode l'entraîne.

III

En somme, les sciences s'éloignent toujours de la vie et n'y reviennent que par un détour.

Car elles sont proprement des compendium de la vie ; elles réduisent en règle générale, en systèmes, les expériences extérieures et intérieures.

Au fond, elles n'intéressent qu'un monde particulier, le monde scientifique : car, si l'on y convie aussi le public, et si on lui fait quelque part de ces connaissances, comme cela se pratique de nos jours, c'est un abus, et la chose est plus nuisible qu'utile.

Les sciences ne devraient agir sur le monde qu'en donnant à la pratique une direction plus élevée ; car, à proprement parler, elles sont toutes ésotériques, et ne peuvent cesser de l'être que par le perfectionnement de quelques procédés pratiques. Toute autre participation ne mène à rien.

Les sciences, considérées même dans leur domaine intérieur, sont cultivées avec l'intérêt de la circonstance et du moment. Une forte impulsion, surtout si elle est produite par quelque chose de nouveau et d'inouï, ou du moins de puissamment encouragé, éveille une participation générale, qui peut durer des années, et qui, surtout dans ces derniers temps, est devenue très-féconde.

Un fait important, un aperçu ingénieux, occupe un très-grand nombre de personnes, d'abord seulement pour apprendre à le connaître, puis pour l'étudier, enfin pour le mettre en œuvre et le développer.

A chaque nouveau phénomène important qui vient à paraître, la foule demande à quoi il sert. et elle n'a pas tort, car elle ne peut apercevoir le mérite d'une chose que par son utilité.

Les vrais sages demandent ce qu'est la chose en elle-même

et par rapport aux autres objets, sans s'occuper de l'utilité, c'est-à-dire de l'application à ce qui est connu et nécessaire à la vie : cette application, de tout autres esprits, ingénieux, éveillés, qui ont l'habileté et l'expérience techniques, la trouveront aisément.

Les faux sages cherchent uniquement à tirer, aussitôt que possible, de chaque découverte nouvelle, quelque avantage pour eux-mêmes, en tâchant d'acquérir une vaine gloire, tantôt à la propager, tantôt à la développer, tantôt à la perfectionner, à s'en emparer vite, peut-être même par anticipation. Et, par ces actes prématurés, ils rendent incertaine la véritable science; ils la troublent, et même ils en amoindrissent évidemment la plus belle conséquence, l'épanouissement pratique.

Le préjugé le plus funeste, c'est qu'une recherche quelconque dans le domaine des sciences naturelles pourrait être punie d'excommunication.

Tout investigateur doit se considérer absolument comme une personne appelée à faire partie d'un jury. Sa tâche est uniquement de juger si l'exposé est complet et expliqué par des pièces claires. D'après cela, il forme sa conviction et donne sa voix, que son opinion s'accorde ou non avec celle du rapporteur.

Là-dessus il demeure également tranquille, qu'il ait pour lui la majorité ou qu'il se trouve dans la minorité, car il a rempli sa tâche; il a exprimé sa conviction : il n'est pas le maître des esprits et des cœurs.

Mais ces idées n'ont jamais prévalu dans le monde savant; on ne considère absolument que l'autorité et la domination, et, comme il y a très-peu d'hommes vraiment indépendants, la foule entraîne après elle l'individu.

L'histoire de la philosophie, des sciences, de la religion, tout démontre que les opinions se répandent par masses, mais que celle-là obtient la prééminence qui est plus compréhensible, c'est-à-dire qui est convenable et accommodée à l'esprit humain, dans sa condition ordinaire. Nous dirons même que l'homme qui travaille à son perfectionnement dans un sens élevé peut toujours présumer qu'il aura la majorité contre lui.

Si la nature n'était pas aussi foncièrement stéréométrique

dans ses principes inanimés, comment pourrait-elle s'élever enfin à la vie incalculable, immense?

L'homme, en tant qu'il a l'usage de ses sens bien constitués, est par lui-même le plus grand et le plus exact appareil de physique qui puisse exister; et le plus grand abus de la physique moderne est d'avoir, en quelque sorte, séparé les expériences de l'homme; de reconnaître la nature uniquement dans ce que montrent des instruments artificiels, de vouloir même limiter et démontrer par eux ce qu'elle est capable de faire.

Il en est de même du calcul. Il y a un grand nombre de choses vraies qui ne se peuvent calculer, tout comme il y en a un très-grand qui ne se laissent pas réduire en expérience positive.

En revanche, l'homme occupe une place si éminente, que ce qui est d'ailleurs inexprimable s'exprime en lui. Qu'est-ce donc qu'une corde et toutes ses divisions mécaniques, auprès de l'oreille du musicien? On peut aller jusqu'à dire : que sont les phénomènes élémentaires de la nature elle-même, auprès de l'homme, qui doit commencer par les maîtriser tous et les modifier, afin de pouvoir en quelque façon se les assimiler?

C'est trop demander d'une expérience, de prétendre qu'elle réponde à tout. On ne put d'abord produire que par le frottement l'électricité, dont la plus puissante manifestation s'obtient aujourd'hui par le simple contact.

De même que l'on ne contestera jamais à la langue française le privilége d'agir comme langage poli des cours et du monde, en se développant et se perfectionnant toujours davantage, personne ne s'avisera de rabaisser les services que les mathématiciens rendent au monde dans leur langage, en traitant les affaires les plus importantes, eux qui savent régler, déterminer et décider tout ce qui est soumis au calcul et à la mesure, dans le sens le plus élevé.

Tout penseur qui jette les yeux sur son almanach, qui regarde à sa montre, se rappellera les hommes auxquels il est redevable de ces bienfaits; mais, quoique, avec le plus profond respect, nous souffrons qu'ils règlent tout dans le temps et dans l'espace, ils devront reconnaître que nous avons découvert quelque chose qui est d'une tout autre portée, qui appartient à tout le monde, et sans quoi ils ne pourraient eux-mêmes ni agir ni opérer, je veux dire l'IDÉE et l'AMOUR.

Qui sait quelque chose de l'électricité, disait un naturaliste jovial, sinon quand il frotte un chat dans l'obscurité, ou quand l'éclair sillonne la nue, et que le tonnerre gronde à côté de lui? Quelle grande et quelle petite connaissance n'en a-t-il pas alors?

Nous pouvons nous servir des ouvrages de Lichtenberg[1] comme de la plus merveilleuse baguette divinatoire : chez lui, sous chaque plaisanterie est caché un problème.

Dans le grand espace vide entre Mars et Jupiter, il sut loger aussi une joyeuse boutade. Kant ayant soigneusement démontré que ces deux planètes avaient dévoré et s'étaient approprié tout ce qui avait pu se trouver de matière dans ces espaces, Lichtenberg dit plaisamment, à sa manière : « Pourquoi n'y aurait-il pas aussi des mondes invisibles? » Et n'a-t-il pas dit parfaitement vrai? Les planètes nouvellement découvertes ne sont-elles pas invisibles pour tout le monde, excepté pour quelques astronomes, aux calculs et à la parole desquels nous devons ajouter foi?

Rien n'est plus nuisible à une vérité nouvelle qu'une vieille erreur.

Les hommes sont tellement accablés par les innombrables déterminations des phénomènes, qu'ils n'en peuvent démêler la cause déterminante, unique et primordiale.

« Si les voyageurs éprouvent une très-grande jouissance à grimper les montagnes, pour moi je trouve quelque chose de barbare et même d'impie dans cette passion. Les montagnes nous annoncent, il est vrai, la puissance de la nature, mais non la bonté de la Providence. De quel usage sont-elles pour l'homme? S'il essaye d'y établir sa demeure, une avalanche, en hiver, un éboulement, en été, ensevelissent ou emportent sa maison ; les torrents entraînent ses troupeaux, les tourbillons ses granges. Se met-il en chemin, chaque montée est le tourment de Sisyphe, chaque descente, la chute de Vulcain;

---

[1] George-Christophe Lichtenberg, physicien, moraliste et littérateur estimé (1742-1799).

son sentier est, chaque jour, encombré de cailloux ; le torrent n'est pas navigable ; quand ses troupeaux rabougris ont trouvé, ou quand il a chétivement amassé pour eux, une pauvre nourriture, ils lui sont ravis par les éléments ou par les bêtes sauvages ; il mène une vie solitaire, misérable, végétative, comme la mousse sur un tombeau, privé de toutes les douceurs de la vie et de toute société. Et ces crêtes dentelées, ces affreuses parois de rochers, ces pyramides informes de granit, qui couvrent des horreurs du pôle les plus beaux espaces du monde, comment un cœur bienveillant pourrait-il s'y plaire et un ami des hommes les estimer ? »

A ce plaisant paradoxe d'un excellent homme on pourrait répondre que, s'il avait plu à Dieu et à la nature de développer et de prolonger jusqu'à l'Atlantique le massif des montagnes de Nubie, et d'entrecouper quelquefois, du nord au sud, ces chaînes de montagnes, cela aurait produit des vallées, dans lesquelles plus d'un père Abraham aurait trouvé un Chanaan, et plus d'un Albert Julius un Felsenbourg [1], où ses descendants, rivalisant avec les étoiles, auraient pu aisément se multiplier.

Les pierres sont des instituteurs muets ; elles rendent muet l'observateur, et ce qu'on apprend de meilleur avec elles ne peut se communiquer.

Ce que je sais bien, je ne le sais que pour moi ; une parole énoncée est rarement profitable ; elle provoque le plus souvent la contradiction, l'hésitation et le chômage.

La cristallographie, envisagée comme science, donne lieu à des considérations toutes particulières. Elle n'est pas productive, elle n'existe que pour elle-même et n'a point de conséquences, aujourd'hui surtout qu'on a reconnu tant de corps isomorphiques, qui se présentent comme tout à fait différents par leurs éléments constitutifs. Comme elle n'est proprement applicable à rien, elle s'est développée en elle-même à un très-haut degré. Elle donne à l'esprit je ne sais quelle satisfaction limitée, et elle est si diverse dans ses détails, qu'on peut la

---

1. *L'île de Felsenbourg* est une imitation assez heureuse de *Robinson Crusoé*, due à la plume de Louis Schnabel, qui la publia (1731-1741) en quatre volumes, sous le titre de « Aventures extraordinaires de quelques voyageurs et particulièrement d'Albert Jules de Gisander. »

dire inépuisable : c'est pourquoi elle captive si vivement et si longtemps même des hommes distingués.

La cristallographie a quelque chose des habitudes du moine et du célibataire, et, par conséquent, elle se suffit à elle-même. Elle n'a sur la vie aucune influence pratique, car les plus précieuses productions de son domaine, les pierreries cristallines, doivent d'abord être taillées, avant que nous puissions en parer nos dames.

Il faut dire tout le contraire de la chimie, qui a, dans la vie, l'application la plus étendue et la plus vaste influence.

Nous ne pouvons absolument pas concevoir l'idée de commencement : aussi, quand nous voyons une chose prendre naissance, nous pensons qu'elle était déjà : c'est pourquoi nous trouvons intelligible le système d'emboîtement.

Combien ne voit-on pas d'objets importants formés par agrégation de parties ! Que l'on considère les ouvrages d'architecture. On voit beaucoup de choses s'agglomérer régulièrement et irrégulièrement : aussi l'idée atomistique s'offre-t-elle d'abord à l'esprit, et nous ne craignons pas de l'appliquer même aux êtres organiques.

Celui qui ne sait pas saisir la différence du fantastique et de l'idéal, du positif et de l'hypothétique, est, comme naturaliste, dans une fâcheuse situation.

Il y a des hypothèses où l'esprit et l'imagination prennent la place de l'idée.

On ne fait pas bien de s'arrêter trop longtemps aux abstractions. La doctrine ésotérique ne fait que nuire, quand elle s'efforce de devenir exotérique. Rien n'enseigne mieux à vivre que la vie.

IV

On ne saurait parler pertinemment sur maints problèmes que présentent les sciences naturelles, à moins d'appeler à son aide la métaphysique, mais non cette philosophie de l'école, qui se paye de mots : ce que nous avons en vue a existé avant la physique, existe avec elle et subsistera encore après.

La circonstance qu'une chose est déjà arrivée une fois,

qu'elle a été dite ou décidée, l'autorité, en un mot, a une grande valeur; mais il n'y a que le pédant qui invoque en toute occasion l'autorité.

On respecte d'antiques fondements, mais on ne doit pas renoncer au droit de reconstruire une fois quelque part dès la base.

Tiens ferme à ton poste!... maxime plus nécessaire que jamais, attendu que les hommes sont divisés en grands partis, et que, d'un autre côté, chacun à part veut aussi se faire valoir selon ses lumières et ses facultés individuelles.

On fait toujours mieux de s'exprimer tout uniment comme on pense, sans vouloir prouver beaucoup, car toutes les preuves que nous alléguons ne sont que des formes nouvelles de nos opinions, et les opposants n'écoutent ni les unes ni les autres.

Les sciences naturelles et les progrès qu'elles font sans cesse me devenant toujours plus familiers, cela me suggère beaucoup de réflexions sur les pas en avant et en arrière qui se font en même temps. Bornons-nous à faire observer ici que nous ne pouvons délivrer la science des erreurs même avérées. La cause en est un mystère évident.

Qu'un événement soit faussement expliqué, faussement enchaîné, faussement déduit, j'appelle cela une erreur : or il arrive que, dans le cours de l'expérience et de la méditation, un phénomène est aussi enchaîné conséquemment et déduit justement : on admet bien la chose, mais sans y attacher une importance particulière, et l'erreur subsiste tout tranquillement à côté. Je connais un petit magasin d'erreurs que l'on conserve soigneusement.

Or, l'homme ne s'intéressant proprement qu'à son opinion, quiconque produit la sienne cherche à droite et à gauche des secours, pour soutenir et lui-même et les autres. On se sert de la vérité aussi longtemps qu'elle est de mise, mais on a recours au mensonge, avec une éloquence passionnée, aussitôt qu'on peut l'utiliser pour le moment, éblouir par son moyen, comme avec un argument équivoque, unir en apparence, comme avec un remplissage, ce qui est morcelé. Cette découverte fut d'abord pour moi un scandale, puis un sujet d'affliction, et maintenant j'en éprouve une maligne joie. Je me suis donné parole de ne plus signaler jamais une pareille manière d'agir.

Chaque être est l'analogue de tous les autres : c'est pourquoi l'existence nous paraît tout à la fois isolée et enchaînée. Si l'on suit trop l'analogie, tout s'identifie et se confond ; si on l'évite, tout se disperse à l'infini. Dans l'un et l'autre cas, l'observation tombe dans la torpeur, tantôt par excès de vie, tantôt comme frappée de mort.

La raison étudie le développement des êtres ; l'esprit, les êtres développés ; la raison ne s'enquiert pas du but ; l'esprit, du point de départ : elle se complaît dans le développement ; il voudrait fixer tout, afin de pouvoir l'utiliser.

C'est une particularité innée chez l'homme et intimement unie à sa nature, qu'il ne lui suffit pas de connaître ce qui est le plus près de lui : et cependant chaque phénomène que nous observons est, pour le moment, l'objet le plus proche, et, si nous le pressons fortement, nous pouvons exiger de lui qu'il s'explique lui-même.

Mais c'est là ce que les hommes n'apprendront pas, parce que cela est contraire à leur nature : aussi les doctes eux-mêmes, lorsqu'ils ont reconnu en temps et lieu quelque vérité, ne savent pas s'abstenir de la relier, non-seulement avec ce qui est le plus proche, mais aussi avec ce qui est le plus éloigné et le plus étranger, et de là résulte une foule d'erreurs. Le phénomène prochain ne se lie au phénomène éloigné qu'en ce sens que tout se rapporte à un petit nombre de grandes lois qui se manifestent partout.

Qu'est-ce que l'universel ? Le cas individuel. Qu'est-ce que le particulier ? Des millions de cas.

L'analogie a deux égarements à craindre : de s'abandonner à l'esprit de saillie, qui la réduit au néant, ou de s'envelopper de figures et d'emblèmes, ce qui est pourtant moins pernicieux.

On ne doit souffrir dans la science ni légendes ni mythologie : il faut abandonner ces choses aux poëtes, dont la mission est de les mettre en œuvre pour l'avantage et le plaisir du monde. Que le savant se borne à la réalité la plus proche et la plus évidente. Cependant si, dans l'occasion, il lui plaisait de faire de l'éloquence, la chose ne devra pas non plus lui être défendue.

Pour me préserver d'erreur, je considère tous les phénomènes comme indépendants les uns des autres, et je m'efforce de les isoler; ensuite je les considère comme des corrélatifs; et, par l'enchaînement, ils prennent une véritable vie. J'applique surtout cette méthode à la nature; mais cette manière d'observer est féconde, même quand on l'applique à l'histoire contemporaine qui se déroule autour de nous.

Tout ce que nous appelons invention, découverte, dans le sens élevé, est la mise en pratique, la réalisation remarquable, d'un sentiment originel de vérité, qui, longtemps cultivé dans le silence, conduit inopinément, avec la vitesse de l'éclair, à une conception féconde. C'est une révélation, qui se développe de l'intérieur à l'extérieur, qui fait pressentir à l'homme sa ressemblance avec la Divinité; c'est une synthèse du monde et de l'esprit, qui nous donne la plus délicieuse assurance de l'éternelle harmonie de l'être.

L'homme ne doit jamais cesser de croire que l'incompréhensible peut se comprendre, sans cela il renoncerait aux recherches.

Est compréhensible toute idée particulière qui peut de quelque façon être appliquée. De la sorte, l'incompréhensible peut devenir utile.

Il est un empirisme délicat, qui s'identifie profondément avec l'objet, et, par là, devient une véritable théorie : mais cette exaltation des facultés intellectuelles appartient à une époque très-avancée.

Rien de plus importun que les observateurs pointilleux et les théoristes fantasques : leurs essais sont minutieux et compliqués, leurs hypothèses, abstruses et bizarres.

Il y a des pédants qui sont en même temps des fripons, et ce sont les pires.

Pour concevoir que le ciel est bleu partout, on n'a pas besoin de faire le tour du monde.

L'universel et le particulier coïncident : le particulier est l'universel manifesté dans diverses conditions.

Il n'est pas nécessaire d'avoir tout vu et tout éprouvé soi-même ; mais, si tu veux te fier à quelqu'un et à ses descriptions, songe que tu as désormais affaire à trois entités, savoir à l'objet et à deux sujets.

Qualité fondamentale de l'unité vivante : se diviser, se réunir, se déployer dans l'universel, persister dans le particulier, se transformer, se spécifier, et (comme la vie aime à se manifester dans mille conditions) paraître et disparaître, se solidifier et se fondre, se coaguler et couler, se dilater et se contracter. Or, tous ces effets se produisant ensemble dans le même instant, toute chose et chacune peuvent arriver en même temps ; formation et dépérissement, création et destruction, naissance et mort, plaisir et peine, tout agit pêle-mêle, dans le même esprit et la même mesure : aussi ce qui arrive de plus particulier se présente toujours comme l'image et le symbole de l'universel.

Si toute la nature est une composition et une décomposition perpétuelles, il s'ensuit qu'en observant cet état de choses prodigieux, les hommes composeront et décomposeront tour à tour.

Je dois présenter séparément la physique et les mathématiques : la physique doit se maintenir dans une parfaite indépendance, et, avec amour, avec une piété respectueuse, employer ses forces à pénétrer dans la nature et dans sa vie sacrée, sans considérer du tout ce que les mathématiques peuvent faire et accomplir de leur côté : les mathématiques doivent, en revanche, se déclarer indépendantes de tout objet extérieur, suivre leur grande marche intellectuelle, et se développer en elles-mêmes d'une manière plus pure que cela n'est possible, si, comme jusqu'à ce jour, elles s'occupent de ce qui est, et s'efforcent d'en tirer ou d'y adapter quelque chose.

Un *impératif catégorique* est aussi nécessaire dans l'étude de la nature que dans l'ordre moral : mais, il faut bien se le dire, avec cela, on n'est pas au bout, on est seulement au début.

La perfection serait de comprendre que toute réalité est déjà théorie. L'azur du ciel nous révèle la loi fondamentale de la chromatique : mais ne cherchons rien derrière les phénomènes : ils sont eux-mêmes la doctrine.

On trouve dans les sciences beaucoup de choses certaines,

dès qu'on ne se laisse pas déconcerter par les exceptions, et qu'on sait respecter les problèmes.

Si je reste calme enfin en présence du phénomène primordial, ce n'est aussi, je l'avoue, que de la résignation; mais il y a toujours une grande différence entre se résigner devant les bornes de l'humanité ou dans les étroites limites assignées, par hypothèse, à mon individu borné.

Si l'on considère les problèmes d'Aristote, on admire ce talent d'observation et tout ce que les Grecs ont su voir : seulement ils ont le défaut de la précipitation, et passent immédiatement des phénomènes à l'explication, ce qui amène des décisions théoriques tout à fait insuffisantes : mais c'est la faute générale que l'on commet encore tous les jours.

Les hypothèses sont des chansons de berceau, avec lesquelles le maître endort ses écoliers : l'observateur sérieux et de bonne foi apprend toujours plus à connaître les bornes de son esprit; il voit que plus la science se développe, plus il se découvre de problèmes.

En quoi nous péchons, c'est que nous doutons du certain et que nous voudrions fixer l'incertain. J'ai pour maxime, quand j'étudie la nature, de m'attacher au certain et d'observer l'incertain.

J'appelle hypothèse loisible celle qu'on établit comme par plaisanterie, pour se faire réfuter par la sérieuse nature.

Comment paraîtrez-vous maître dans votre science, si vous n'enseignez rien d'inutile?

La folie est que chacun croie devoir enseigner ce qu'il croit avoir su.

Comme on demande la certitude dans l'exposition didactique, attendu que le disciple ne veut pas qu'on lui communique rien de douteux, le maître ne peut laisser aucun problème sans solution, ni tourner alentour à quelque distance. Il faut d'abord planter des bornes, des jalons, et, pendant quelque temps, on croit posséder l'espace inconnu, jusqu'à ce qu'un autre vienne arracher les jalons et les replanter en resserrant ou étendant les limites.

Des questions pressantes sur la cause, la confusion de la cause et de l'effet, l'acceptation pure et simple d'une fausse théorie, sont des choses fort nuisibles et une source d'embarras inextricables.

Si tels et tels ne se sentaient pas obligés de répéter l'erreur, parce qu'ils l'ont une fois énoncée, ils seraient devenus de tout autres personnages.

L'erreur a cet avantage qu'on peut en bavarder sans fin : la vérité doit être appliquée immédiatement, sinon elle n'existe pas.

Ceux qui ne voient pas combien la vérité rend la pratique facile se plaisent à l'attaquer et à la critiquer, afin de donner, en quelque façon, une belle apparence à leur aveugle et laborieuse activité.

Les Allemands (et d'autres encore) possèdent le don de rendre les sciences inabordables.

L'Anglais est maître d'appliquer sur-le-champ la découverte, en attendant qu'elle l'amène à une découverte et une activité nouvelles : qu'on demande, après cela, pourquoi il nous devance en toutes choses!

L'homme qui pense a ceci de singulier, qu'à la place où réside le problème non résolu, il aime à se créer une image fantastique, dont il ne peut se délivrer, alors même que le problème est résolu et la vérité mise au jour.

Il faut une tournure d'esprit particulière pour saisir, dans son véritable caractère, la réalité sans forme, et la distinguer des chimères qui s'imposent vivement à nous avec une certaine réalité.

En observant la nature dans le grand comme dans le petit, je me suis posé continuellement cette question : « Est-ce toi, est-ce l'objet, qui s'exprime ici? » Et c'est dans ce sens que j'observe aussi mes devanciers et mes collaborateurs.

Chacun considère le monde créé, réglé, formé, accompli, comme un simple élément, dont il s'efforce de se façonner un monde particulier, fait à sa mesure. Les hommes habiles prennent le monde comme il est, et tâchent de s'en accommoder comme ils peuvent; d'autres hésitent, et ne savent comment le prendre : quelques-uns doutent même qu'il existe. Qui serait bien pénétré de cette vérité fondamentale ne disputerait avec personne, et considérerait les idées d'autrui, ainsi que les siennes, comme un simple phénomène. Car nous voyons presque journellement que l'un peut concevoir avec facilité ce qui est inconcevable pour l'autre, et non pas en des choses qui auraient une influence quelconque sur le bien et le mal être, mais en des choses tout à fait indifférentes pour nous.

Ce qu'on sait, on ne le sait proprement que pour soi-même : si je parle avec un autre de ce que je crois savoir, il croit d'abord le savoir mieux, et je suis toujours réduit à rentrer en moi-même avec ma science.

La vérité nous profite; de l'erreur, il ne se débrouille rien, elle ne fait que nous embrouiller.

L'homme se trouve environné d'effets, et il ne peut s'empêcher de s'enquérir des causes : sa paresse naturelle le porte à s'emparer des plus prochaines, comme étant les meilleures, et il s'en contente. Telle est surtout la manière du sens commun.

Si l'on voit un mal, on agit sur lui immédiatement, c'est-à-dire que l'on traite immédiatement le symptôme.

La raison n'a d'empire que sur la vie ; le monde créé, dont s'occupe la géognosie, est mort : donc, il ne peut exister de géologie, car la raison n'y a rien à faire.

Quand je trouve un squelette épars, je puis le recueillir et le reconstruire, car ici la raison éternelle me parle par un analogue, fût-ce même le mégathère.

Ce qui ne naît plus, nous ne pouvons nous le figurer naissant : ce qui est né, nous ne le comprenons pas.

Le vulcanisme absolu des modernes est proprement une tentative hardie de rattacher le monde présent, incompréhensible, à un monde passé, inconnu.

Des effets pareils, ou du moins semblables, sont produits de diverses manières par les forces de la nature.

Il n'est rien de plus déplaisant que la majorité, car elle se compose de quelques meneurs énergiques, de fripons, qui s'accommodent aux circonstances, de faibles, qui s'assimilent, et de la masse, qui roule à la suite, sans savoir le moins du monde ce qu'elle veut.

La science du calcul est, comme la dialectique, un organe du sens interne; dans sa sphère la plus élevée dans la pratique, elle est un art, comme l'éloquence : pour l'une et l'autre, rien n'a de valeur que la forme : le fond leur est indifférent. Que l'arithmétique suppute des pence ou des guinées, que la rhétorique défende le vrai ou le faux, à l'une comme à l'autre cela est parfaitement égal.

Mais tout dépend du caractère de l'homme qui se livre à cette occupation, qui exerce cet art : un excellent avocat dans une juste cause, un profond mathématicien devant le ciel étoilé, nous paraissent l'un et l'autre comme des dieux.

Qu'y a-t-il, en mathématiques, d'exact que l'exactitude ? Et l'exactitude n'est-elle pas une conséquence du sentiment intime de la vérité ?

Les mathématiques ne peuvent effacer aucun préjugé ; elles ne peuvent diminuer l'entêtement, modérer l'esprit de parti ; elles n'ont aucune influence sur le moral.

Le mathématicien n'est accompli qu'autant qu'il est un homme accompli, qu'il sent en lui la beauté du vrai : alors seulement il aura la profondeur, la pénétration, la circonspection, la pureté, la clarté, la grâce et même l'élégance. Il faut tout cela pour être un Lagrange.

Ce n'est pas la langue qui est par elle-même juste, énergique, élégante, c'est l'esprit qui s'incorpore en elle ; et il n'appartient pas à chacun de donner à ses calculs, à ses discours ou à ses poésies les qualités désirables : il s'agit de savoir si la nature vous a donné pour cela les facultés intellectuelles et morales ; les facultés intellectuelles, c'est-à-dire l'intuition et la pénétration ; les facultés morales, afin que vous écartiez les mauvais génies qui pourraient vous empêcher de rendre honneur à la vérité.

Vouloir expliquer le simple par le complexe, le facile par le difficile, est un mal répandu dans tout le corps scientifique, un mal bien reconnu par les habiles, mais qui n'est pas avoué partout.

Que l'on considère attentivement la physique, et l'on trouvera que les phénomènes, tout comme les expériences sur lesquelles elle repose, ont une valeur diverse.

Tout dépend des expériences originelles, primaires, et le chapitre qui est basé sur elles est solide et certain ; mais il est aussi des expériences secondaires, tertiaires, etc. : si on leur accorde la même valeur, elles ne font qu'embrouiller ce que les premières avaient éclairci.

Un grand mal dans les sciences, et même en toutes choses, résulte de ce que des hommes sans aucune force de conception se hasardent à théoriser, parce qu'ils ne comprennent pas que beaucoup de savoir n'en donne pas le droit. Ils se mettent d'abord à l'œuvre avec un louable bon sens; mais le bon sens a ses bornes, et, lorsqu'il les franchit, il court le risque de devenir absurde. Le domaine et l'apanage du bon sens est le champ de la pratique et de l'action. Quand il agit, il se trompe rarement; mais les méditations, les inductions et les jugements d'un ordre élevé ne sont pas son affaire.

L'expérience est d'abord utile à la science; cependant elle est aussi nuisible, parce qu'elle laisse voir la loi et l'exception : or la moyenne entre l'une et l'autre ne donne point la vérité.

On dit qu'entre deux opinions contraires se trouve la vérité : nullement, c'est le problème qui se trouve entre deux, l'invisible, la vie éternellement active, conçue en état de repos.

Quand je considère ce que les sciences naturelles ont gagné, dans le temps où nous sommes, en lumières et en étendue, il me semble être le voyageur qui cheminait vers l'orient au point du jour; qui contemplait avec joie, mais avec impatience, la lueur croissante, et soupirait après l'arrivée de la pleine lumière, mais qui, à son apparition, dut détourner les yeux, étant incapable de supporter la clarté désirée et attendue.

Sans exagérer, c'est l'état où je me trouve quand je lis l'ouvrage de M. Carus[1], qui développe les indices de tous les germes, depuis la vie la plus simple jusqu'à la plus diversifiée, et qui, par son langage et ses figures, met sous nos yeux ce grand mystère, « que rien ne prend naissance qui n'ait été annoncé, » et que l'annonce n'est rendue claire que par la chose annoncée, comme la prophétie par l'accomplissement.

Le même sentiment s'éveille chez moi, quand j'étudie l'ou-

---

1. Sans doute sa *Physiologie*. Ch.-G. Gust. Carus, conseiller et médecin du feu roi de Saxe, est célèbre comme philosophe et comme naturaliste.

vrage d'Alton[1], qui présente, après leur accomplissement et leur destruction, les êtres créés, et, avec le secours de l'art, met sous nos yeux l'intérieur et l'extérieur, la charpente et l'enveloppe, enfin, avec la mort, compose une vie. Ici encore je vois la justesse de ma comparaison : je songe comme, depuis un demi-siècle, l'œil fixé sur le but, j'ai passé, dans ce même domaine, des ténèbres au crépuscule et du crépuscule au jour, et comme il m'arrive enfin que la plus pure lumière, favorable à toute conception et à tout savoir, se montre avec puissance, m'anime en m'éblouissant, et, en même temps qu'elle remplit mes vœux raisonnés, justifie complétement mes ardents efforts.

V

Comme Socrate rappela l'homme moral à lui-même, afin que par la méthode la plus simple, il apprît en quelque mesure à se connaître, de même Platon et Aristote se présentèrent devant la nature comme des esprits qui étaient faits, l'un, pour s'identifier avec elle par l'intelligence et le sentiment, l'autre, pour se l'approprier par l'observation et la méthode. Aussi tout rapprochement qui, dans l'ensemble et le détail, peut s'établir entre nous et ces trois génies, est l'événement qui nous fait éprouver le plus de joie, et qui, en tout temps, se montre efficace pour avancer notre culture.

Pour échapper à la diversité infinie, au morcellement et à la complication des sciences naturelles chez les modernes, et pour se réfugier dans la simplicité, il faut toujours se poser cette question : « Comment Platon aurait-il procédé en présence de la nature, telle qu'elle nous apparaît aujourd'hui dans la diversité plus grande qu'elle déploie, nonobstant son inaltérable unité ? »

Car nous sommes persuadés qu'en suivant la même voie, nous pouvons parvenir organiquement jusqu'aux dernières ramifications de la connaissance, et, sur cette base, élever et affermir peu à peu jusques aux combles l'édifice de chaque

---

[1] Édouard d'Alton, professeur à Bonn.

science. De savoir à quel point le mouvement du siècle nous seconde et nous gêne en cela, c'est ce que nous devons examiner chaque jour, si nous ne voulons pas repousser ce qui nous profite et accueillir ce qui nous nuit.

On dit, à la gloire du dix-huitième siècle, qu'il s'est occupé principalement d'analyse : la tâche du dix-neuvième sera de démêler les fausses synthèses qu'on voit régner, et d'en soumettre l'objet à une nouvelle analyse.

La nature, mise à la question, reste muette : mais qu'on l'interroge loyalement, sa réponse fidèle est toujours : oui, oui, non, non! Tout ce qui est de plus vient du mal.

Les hommes sont fâchés que la vérité soit si simple : ils devraient songer qu'ils ont encore assez de peine à l'employer d'une manière pratique pour leur usage.

Je maudis les gens qui font de l'erreur un monde particulier, et ne cessent pourtant de demander que l'homme se rende utile.

Une école peut être considérée comme un individu qui s'entretient avec lui-même pendant un siècle, et qui se complaît, d'une façon tout extraordinaire, en sa propre nature, si sotte qu'elle puisse être.

Une fausse doctrine ne se laisse pas réfuter, car elle repose sur la conviction que le faux est vrai ; mais il est possible et permis et nécessaire d'énoncer itérativement le contraire.

Colorez deux baguettes, l'une en rouge, l'autre en bleu, et plongez-les dans l'eau, l'une à côté de l'autre : la bleue paraîtra brisée comme la rouge. Chacun peut voir cette simple expérience avec les yeux du corps : celui qui l'observe avec les yeux de l'esprit sera délivré de mille et mille paragraphes erronés.

Une vérité insuffisante opère quelque temps, et tient lieu d'une complète lumière ; mais tout à coup se produit une erreur éblouissante : cela suffit au monde, et des siècles sont aveuglés.

Dans les sciences, il est extrêmement méritoire de rechercher et de développer la vérité insuffisante que les anciens ont déjà possédée.

Un phénomène, une expérience, ne peuvent rien prouver;

c'est l'anneau d'une grande chaîne, lequel n'a de valeur que par la liaison. Si quelqu'un voulait tenir caché un collier de perles, et ne montrer que la plus belle, en nous demandant de croire que toutes les autres sont pareilles, un acheteur se déciderait difficilement à conclure le marché.

Des images, des descriptions, des mesures, des nombres et des signes ne suffisent pas encore pour représenter un phénomène. Si la doctrine de Newton [1] a pu subsister si longtemps, c'est uniquement parce que l'erreur a été embaumée, pour une couple de siècles, dans l'in-quarto de la traduction latine.

Il faut répéter de temps en temps sa profession de foi, dire ce que l'on approuve, ce que l'on condamne : l'adversaire n'y manque pas non plus.

Dans le temps où nous vivons, nul ne doit céder ou se taire : il faut parler et se remuer, non pour vaincre, mais pour se maintenir dans son poste. De savoir si nous sommes avec la majorité ou la minorité, c'est une chose tout à fait indifférente.

Celui qui s'adonne aux sciences souffre d'abord par les retardements, puis par les anticipations : les gens ne veulent d'abord accorder aucune valeur à nos communications, et ensuite ils affectent de connaître déjà tout ce que nous pourrions leur communiquer.

Il existe dans l'objet une loi inconnue, qui répond à une loi inconnue dans le sujet.

Le beau résulte d'une loi qui se manifeste. Prenons pour exemple la rose. Dans la floraison, la loi végétative s'élève à sa manifestation suprême, et la rose serait elle-même cette manifestation portée à son plus haut degré.... Les péricarpes peuvent encore être beaux... Le fruit ne peut jamais l'être, car il nous offre la loi végétative repliée sur elle-même (loi toute nue)…. La loi qui se manifeste dans la plus grande liberté, selon ses conditions les plus spéciales, produit le beau objectif, lequel doit naturellement trouver de dignes sujets qui le saisissent....

Il est impossible de rendre compte du beau dans la nature et dans les arts : dans la nature, car il nous faudrait connaître

---

1. Sa doctrine des couleurs.

les lois selon lesquelles la nature universelle veut agir et agit (quand elle peut); dans les arts, car il nous faudrait connaître les lois selon lesquelles la nature universelle veut agir et agit (quand elle peut), sous la forme particulière de la nature humaine.

De ce qui précède on peut déduire la beauté de la jeunesse. A vieillir, on se retire par degrés du phénomène... A quel point l'objet vieillissant peut être appelé beau.... Jeunesse éternelle des dieux grecs.... Persistance de chacun dans son caractère, jusqu'au faîte de l'existence humaine, sans penser au retour.

La nature, avec sa fécondité infinie, remplit tous les espaces. Considérons seulement notre terre : tout ce que nous appelons mauvais, malheureux, vient de ce qu'elle ne peut donner place à tous les êtres qui naissent, et moins encore leur assurer la durée.

Toute chose qui naît cherche à se faire place et veut durer : c'est pourquoi elle en écarte une autre de sa place et en abrége la durée.

L'être vivant a la propriété de s'accommoder aux mille et mille conditions des influences extérieures, et toutefois de ne pas abandonner une certaine indépendance marquée qu'il s'est acquise.

Que l'on songe à la facile excitabilité de tous les êtres et comme le moindre changement d'une condition, un souffle, manifeste sur-le-champ dans les corps une polarité qui, à proprement parler, sommeille dans eux tous.

La « tension » est l'état en apparence indifférent d'un être énergique, parfaitement préparé à se manifester, se différencier, se polariser.

Il y a dans la phanérogamie encore tant de cryptogamie, que des siècles ne la déchiffreront pas.

La lumière et l'intelligence, qui règnent, l'une dans le physique, l'autre dans le moral, sont les forces indivisibles les plus sublimes qui se puissent concevoir.

Et la couleur n'appartient-elle pas proprement à la vision?

Si l'on croit même toucher la couleur, je le veux bien : sa nature propre n'en serait que mieux confirmée.

On peut même la goûter : le bleu a la saveur alcaline, le rouge jaunâtre la saveur acide. Toutes les manifestations des substances ont de l'affinité.

Tout est plus simple qu'on ne peut l'imaginer et, en même temps, trop entre-croisé pour être compris.

Ceux qui composent de lumières colorées la lumière unique et foncièrement claire sont les véritables obscurants.

Celui qui s'accoutume à une idée fausse accueillera facilement chaque erreur.

Tycho-Brahé, ce grand mathématicien, ne put se dégager qu'à demi de l'ancien système, qui du moins était approprié à nos sens : il eut la prétention de le remplacer par un mécanisme compliqué, que les sens ne pouvaient percevoir, ni la pensée comprendre.

La renommée de Newton, comme mathématicien, est si grande, qu'elle a maintenu jusqu'à nos jours l'erreur la plus absurde, savoir que la lumière, claire, pure, éternellement inaltérée, se compose de lumières sombres. Et ne sont-ce pas les mathématiciens qui défendent encore cette absurdité, et qui la répètent au plus vulgaire auditeur en des termes auxquels on ne peut trouver aucun sens ?

Le mathématicien a pour domaine la quantité et tout ce qui peut se déterminer par nombre et par mesure, et, par conséquent, en quelque sorte, tout l'univers sensible. Mais, si nous l'observons, selon nos facultés, avec tout notre entendement et toutes nos forces, nous reconnaissons que la *quantité* et la *qualité* doivent être considérées comme les deux pôles de l'être manifesté : c'est aussi pourquoi le mathématicien donne à ses formules une si grande extension, afin de comprendre, en tant que possible, dans le monde mesurable et calculable celui qui ne peut se mesurer. Alors tout lui paraît palpable, saisissable et mécanique, et il devient suspect d'un athéisme secret, en ce qu'il croit saisir en même temps jusqu'à l'Être le plus incommensurable, que nous appelons Dieu, dont il semble par là ne plus reconnaître l'existence séparée ou prééminente.

Le langage a, il est vrai, pour base l'intelligence et la raison de l'homme, mais il ne suppose pas précisément chez celui qui s'en sert une intelligence pure, une raison cultivée, une volonté loyale : c'est un instrument à employer convenablement et arbitrairement ; on peut aussi bien l'appliquer à une dialectique artilicieuse et décevante qu'à une mystique confuse et obscurante ; on abuse sans scrupule du langage pour faire, en prose et en vers, des phrases creuses et vides ; on essaye même de faire des vers d'une prosodie irréprochable, et néanmoins dépourvus de sens.

Notre ami, le chevalier Ciccolini[1], exprime le désir que tous les mathématiciens écrivent avec le génie et la clarté d'un Lagrange : c'est demander qu'ils aient tous l'esprit clair et profond d'un Lagrange, et qu'ils en usent pour traiter de la science.

Les phénomènes ne sont d'aucune valeur, s'ils ne nous donnent pas une vue plus profonde et plus riche de la nature, ou s'ils ne peuvent être employés à notre usage.

C'est une fausse idée de croire qu'on peut se débarrasser d'un phénomène ou l'écarter avec le calcul et des mots.

L'expérience de Newton, sur laquelle repose la théorie traditionnelle des couleurs, est d'une extrême complexité ; elle combine les conditions suivantes :

Pour que le spectre paraisse, il faut :

1° Un prisme de verre,

2° Qui soit à trois faces,

3° Petit ;

4° Il faut un volet,

5° Percé d'un trou,

6° Qui soit très-petit ;

7° Il faut qu'une image du soleil tombe au travers,

8° D'une certaine distance ;

9° Qu'elle tombe sur le prisme dans une certaine direction ;

10° Qu'elle se dessine sur un tableau,

11° Placé derrière le prisme, à une certaine distance.

Que l'on retranche trois, six ou onze de ces conditions ; que l'on fasse l'ouverture grande, que l'on prenne un grand prisme ; que l'on place le tableau tout près, et le spectre chéri ne peut plus se montrer, ne se montre plus.

---

1. Ancien chevalier de Malte, directeur de l'observatoire de Bologne, puis de celui de Rome.

On parle mystérieusement d'une expérience importante, qui doit enfin, dit-on, confirmer pleinement la théorie. Je la connais parfaitement et je puis aussi la produire : tout l'artifice consiste à joindre encore une ou deux conditions aux précédentes, ce qui ne fait que rendre le tour de passe-passe encore plus embrouillé.

L'expérience de Frauenhofer, où des lignes transversales paraissent dans le spectre, est de la même sorte, tout comme les expériences par lesquelles on doit avoir découvert une nouvelle propriété de la lumière. Elles sont deux fois et trois fois compliquées. Pour être de quelque utilité, il faudrait qu'elles fussent réduites à leurs éléments, ce qui n'est pas difficile au savant; mais, pour le saisir et le comprendre, nul profane n'est assez pourvu de notions préliminaires et de patience, nul adversaire, de bonne intention et de loyauté : on préfère accepter en bloc ce qu'on voit, et l'on en tire l'ancienne conclusion.

Je sais bien que ces paroles sont vaines, mais elles resteront en réserve pour l'avenir comme mystère évident. Quelque jour peut-être un Lagrange s'intéressera-t-il encore à cette question.

L'historien n'a pas le pouvoir et l'obligation de tout amener à la certitude : les mathématiciens ne savent pas non plus expliquer pourquoi la comète de 1770, qui devait reparaître après cinq ou onze ans, ne s'est pas remontrée au temps fixé.

Cent chevaux gris ne font pas un seul cheval blanc.

Les mathématiciens sont de singulières gens : à la faveur des grandes choses qu'ils ont faites, ils se sont érigés en corporation universelle, et ne veulent rien admettre que ce qui convient à leur sphère, ce que leur instrument peut traiter. Un mathématicien de premier ordre disait, à l'occasion d'une doctrine de physique qu'on lui recommandait vivement : « Mais, est-ce que l'on ne peut absolument rien réduire en calcul? »

Nous nous souvenons parfaitement des années où, des intrigues secrètes se glissant de toutes parts, personne n'osait en parler, dans le temps même où elles minaient la patrie : nous savons très-bien aussi qui exerçait cette censure, et de quels avantages on se servait à cet effet.

C'est ainsi que, depuis vingt ans, la corporation physico-mathématique exerce son droit de veto contre ma doctrine des couleurs; elle la décrie dans les académies et partout; des hommes de plus de trente ans savent maintenant m'en parler en suffisance, et ils n'ont pas tort : la possession, dans laquelle ils se sentent forts, est menacée par ma doctrine des couleurs, qui, dans ce sens, peut être appelée révolutionnaire, et contre laquelle cette aristocratie a tout sujet de se défendre.

Le grand problème serait d'exclure les théories mathématiques-philosophiques des parties de la physique dans lesquelles elles ne font que gêner la science au lieu de l'avancer, et dans lesquelles la tractation mathématique, grâce à la direction exclusive du développement de la culture scientifique moderne, a trouvé une si fausse application.

Il faudrait montrer quelle est, dans les sciences naturelles, la véritable méthode; comment elle repose sur le plus simple progrès de l'observation, comment l'observation doit s'élever jusqu'à l'expérience et comment l'expérience mène enfin au résultat.

Si nos espérances se réalisent, de voir les hommes s'unir avec toutes leurs forces, avec le cœur et l'esprit, avec l'intelligence et l'amour, et apprendre à se connaître les uns les autres, il arrivera une chose à laquelle personne ne peut songer encore : les mathématiciens prendront plaisir à se voir admis dans cette société morale universelle, comme citoyens d'un grand État, et peu à peu ils renonceront à la vaine pensée de dominer sur tout comme monarques universels; ils ne s'aviseront plus de déclarer frivole, inexact, insuffisant, ce qui ne peut être soumis au calcul.

Nous devons reconnaître et déclarer ce que sont les mathématiques, en quoi elles peuvent rendre aux sciences naturelles des services essentiels; en quoi, au contraire, elles sont déplacées, et dans quelle déplorable aberration la science et l'art sont tombés, depuis leur renaissance, par une fausse application.

Les mathématiciens sont comme les Français : vous leur parlez, ils vous traduisent dans leur langue, et c'est d'abord tout autre chose.

Celui qui veut défendre l'erreur a tout sujet de procéder doucement et de prendre des manières polies; celui qui sent le bon droit de son côté doit agir vertement : droit et politesse n'ont rien à faire ensemble.

C'est pourquoi l'on disait avec une parfaite justesse : « Celui qui veut tromper les hommes doit avant tout rendre l'absurde plausible. »

On fait dater de Bacon de Vérulam la méthode expérimentale dans les sciences naturelles : cependant leur voie a été souvent traversée et rendue impraticable par des tendances théoriques. Tout bien considéré, on peut et l'on doit faire dater de chaque jour une nouvelle époque.

Les naturalistes éminents proclament déjà la nécessité de la tractation monographique et, par conséquent, l'intérêt donné aux détails : mais cet intérêt n'est pas concevable sans une méthode qui manifeste celui qu'on prend à l'ensemble, et, une fois qu'on en est arrivé là, on n'a plus besoin de tâtonner dans d'innombrables détails.

La notion est la somme, l'idée est le résultat de l'expérience : il faut de la sagacité pour faire la somme, de la raison pour saisir le résultat.

Tout ce qui est désirable n'est pas accessible, tout ce qui est digne d'être connu n'est pas connaissable.

Plus on fait de progrès dans l'expérience, plus on approche de l'impénétrable ; plus on apprend à utiliser l'expérience, plus on voit que l'impénétrable n'a aucune utilité pratique.

La plus grande satisfaction pour l'homme qui pense est d'avoir pénétré ce qui est pénétrable, et de respecter tranquillement ce qui ne l'est pas.

L'homme qui sait reconnaître les bornes de son intelligence est le plus près de la perfection.

Ce qui retarde le plus les sciences, c'est que les hommes qui s'en occupent sont des esprits inégaux.

Ils ont du zèle, mais ils ne savent pas ce qu'ils doivent en faire.

Il est deux choses contre lesquelles on ne peut trop se tenir en garde : l'obstination, si l'on se renferme dans sa sphère ; l'insuffisance, si l'on en sort.

L'insuffisance s'oppose plus qu'on ne pourrait croire à ce qui est suffisant.

Les hommes, ne pouvant s'assurer le nécessaire, se tourmentent pour l'inutile.

Dans le seizième siècle, les sciences n'appartiennent pas à tel ou tel homme, mais au monde : c'est le monde qui les tient, qui les possède, et l'homme ne s'empare que de la richesse.

Le siècle est avancé, et pourtant chacun commence par le commencement.

SUPPLÉMENT.

Le don le plus excellent que nous ayons reçu de Dieu et de la nature est la vie, le mouvement circulaire de la monade autour d'elle-même, mouvement qui ne connaît ni trêve ni repos; l'impulsion qui nous porte à nourrir et entretenir la vie est innée et indestructible en chacun de nous; son caractère propre reste néanmoins un mystère pour nous et pour les autres.

La deuxième faveur des puissances créatrices est l'expérience, la perception, l'intervention de la monade mobile et vivante dans le monde extérieur qui l'environne, par où elle se sent d'abord elle-même sans bornes au dedans et bornée au dehors. Cette expérience, nous pouvons, avec des dispositions naturelles, de l'attention et du bonheur, nous en faire à nous-mêmes une idée claire, mais elle reste toujours un mystère pour les autres.

Comme troisième avantage, se développe ensuite ce que nous dirigeons vers le monde extérieur, comme action et travail, comme écrits et paroles : ces choses lui appartiennent plus qu'à nous, tout comme il peut s'expliquer tout cela plutôt que nous ne le pouvons nous-mêmes; toutefois il sent que, pour avoir à cet égard des notions bien claires, il a besoin de connaître, autant que possible, notre passé. C'est pourquoi les débuts de la jeunesse, les degrés de la culture, les particularités de la vie, les anecdotes, etc., excitent au plus haut degré sa curiosité.

A cette action exercée sur le monde extérieur succède immédiatement une réaction, soit que la bienveillance cherche à nous encourager, soit que la haine sache nous faire obstacle. Ce conflit reste assez semblable à lui-même dans le cours de la vie, attendu que l'homme aussi reste semblable à lui, et, pareillement, tout ce qui doit ressentir de la sympathie ou de l'antipathie pour sa manière d'être.

Ce que nos amis font avec nous et pour nous est aussi une expérience, car cela fortifie et développe notre individualité ; ce que nos ennemis entreprennent contre nous, nous ne le ressentons pas, nous en sommes seulement informés, nous l'écartons et nous nous en préservons, comme du froid, de l'orage, de la pluie et de la grêle ou des autres maux auxquels nous pouvons nous attendre.

On n'aime pas à vivre avec chacun et l'on ne peut non plus vivre pour chacun : celui qui en est convaincu saura faire un grand cas de ses amis ; il saura ne haïr ni ne poursuivre ses ennemis : loin de là, car il n'est guère pour l'homme de plus grand avantage que de parvenir à reconnaître les mérites de ses adversaires : cela lui donne sur eux une prépondérance marquée.

Si l'on remonte dans l'histoire des âges passés, on trouve partout des personnages avec lesquels on s'accorderait fort bien, et d'autres avec lesquels on se trouverait certainement en conflit.

Néanmoins le plus important est toujours ce qui est contemporain, parce qu'il se reflète en nous plus purement, et nous en lui.

Caton fut décrété d'accusation dans sa vieillesse, et il fit valoir principalement, dans son plaidoyer, qu'on ne peut se défendre devant personne que ceux avec lesquels on a vécu. Et il a parfaitement raison : comment un jury veut-il déduire un jugement de prémisses qui lui manquent complétement? Comment veut-il délibérer sur des motifs qu'il a perdus de vue depuis longtemps?

Chacun sait apprécier l'expérience, surtout le penseur et le philosophe dans sa vieillesse : il sent, avec certitude et satisfaction, que nul ne peut lui ravir ce trésor.

Ainsi mon étude de la nature repose sur la pure base de l'expérience. Qui peut me contester que je suis né en 1749, et (pour franchir beaucoup d'intermédiaires) que j'ai étudié avec application l'*Histoire naturelle* d'Erxleben[1], dans la première édition, et ne me suis pas borné à lire, quand elles furent imprimées, les autres éditions, qui se multiplièrent sans fin par les soins de Lichtenberg, mais que j'ai appris à connaître d'abord, au fur et à mesure, chaque nouvelle découverte; que, suivant pas à pas le progrès de la science, j'ai vu les grandes découvertes de la seconde moitié du dix-huitième siècle, jusqu'à nos jours, se lever successivement devant moi comme des astres merveilleux? Qui peut me ravir la secrète joie de sentir en moi-même que, par des efforts persévérants, attentifs, je me suis tellement approché de mainte grande découverte, l'étonnement du monde, qu'elle s'est, pour ainsi dire, élancée de mon cerveau, et que je voyais alors clairement le petit nombre de pas que j'avais négligé de hasarder dans ma ténébreuse recherche?

Ceux qui ont vu naître l'invention des ballons aérostatiques pourront dire quel mouvement elle produisit dans le monde; avec quel intérêt on suivait les aéronautes; quel ardent désir se manifesta dans mille et mille cœurs de prendre part à ces voyages périlleux, longtemps prévus, prédits, toujours crus et toujours incroyables; comme chaque heureuse tentative remplissait d'abord les gazettes de récits animés et circonstanciés, donnait lieu à des brochures et à des estampes; quelle tendre compassion l'on ressentait pour les malheureuses victimes de ces expériences. Le souvenir même ne saurait faire revivre la chose, non plus que l'ardeur avec laquelle on s'est intéressé à une grande guerre, que l'on a vue éclater il y a trente ans.

La plus belle métempsycose est celle où l'on se voit renaître dans autrui.

La *Poétique allemande d'après Goethe*, par le professeur Zauper, tout comme le *Supplément* (Vienne, 1822), doit assurément produire une agréable impression sur le poëte. Il lui semble qu'il passe devant des miroirs, et qu'il s'y voit reproduit sous le jour le plus favorable.

En pourrait-il être autrement? Ce que notre jeune ami a connu de nous, ce sont précisément les actes et les travaux, les

---

1. Naturaliste, professeur à Gœttingen, mort en 1777.

paroles et les écrits, émanés de nous en d'heureux moments, et que nous avouerons toujours volontiers.

Il est bien rare que l'on se satisfasse soi-même ; il est d'autant plus doux d'avoir satisfait les autres.

Quand nous jetons les regards sur notre vie passée, elle nous paraît toute morcelée, parce que nos négligences, nos échecs, se présentent toujours les premiers à notre esprit, et l'emportent, dans l'imagination, sur nos travaux et nos succès.

Ces choses, notre jeune ami n'en aperçoit rien ; il contemple, il goûte, il met à profit la jeunesse d'un devancier ; il s'en nourrit au fond de son âme, comme si déjà une fois il avait été ce qu'il est.

Les retentissements divers qui m'arrivent des pays étrangers me causent un plaisir semblable, un plaisir égal : les nations étrangères apprennent à connaître aujourd'hui seulement les travaux de notre jeunesse ; leurs jeunes gens, leurs hommes faits, luttants et agissants, voient leur image dans notre miroir ; ils apprennent que, ce qu'ils veulent, nous le voulions aussi : ils nous font entrer en commerce avec eux, et nous abusent avec l'apparence d'un retour de jeunesse.

Ce qui nuit beaucoup au progrès de la science, c'est qu'on s'occupe de ce qui n'est pas digne d'être connu et de ce qui ne peut l'être.

L'empirisme élevé est avec la nature dans le même rapport que le sens commun avec la vie pratique.

Les phénomènes primitifs, quand ils apparaissent sans voiles à nos sens, nous font éprouver une sorte de frayeur qui va jusqu'à l'angoisse : les hommes matériels se réfugient dans l'étonnement ; mais l'esprit, entremetteur diligent, arrive bientôt, pour accoupler, à sa manière, la chose la plus noble avec la plus commune.

Le véritable intermédiaire, c'est l'art. Raisonner sur l'art, c'est vouloir interposer l'intermédiaire, et cependant nous en avons retiré de nombreux avantages.

Il en est des principes de déduction comme des principes de division, il faut qu'ils épuisent le sujet ou ils ne sont bons à rien.

Dans les sciences aussi, on peut proprement ne rien savoir : la pratique est toujours nécessaire.

Tout aperçu vrai dérive d'une conséquence et amène des conséquences : c'est un anneau intermédiaire d'une grande chaîne ascendante et féconde.

La science nous est utile avant tout, en ce qu'elle nous allége un peu l'étonnement auquel nous sommes disposés par nature, ensuite, en ce qu'elle suggère à la vie, toujours plus raffinée, de nouvelles ressources, pour écarter le nuisible et introduire le profitable.

On reproche aux compagnies savantes de ne pas entrer avec assez de vigueur dans la vie; mais cela ne tient pas à elles, cela tient surtout à la manière de traiter la science.

RÉFLEXIONS MORALES.

Rapport, inclination, amour, passion, habitude.

L'amour, dont la jeunesse ressent la puissance, ne sied pas à l'âge avancé, non plus que tout ce qui suppose la « productivité, » qui ne se conserve que bien rarement avec l'âge.

Les bons et les mauvais poëtes nous font tellement connaître l'amour, qu'il en serait devenu trivial, si, par les lois de la nature, il ne se renouvelait toujours avec toute sa force et tout son éclat.

Sans parler de la tyrannie dans laquelle la passion l'enchaîne, l'homme est encore l'esclave de maintes relations nécessaires : qui ne les connaît pas ou veut les transformer en amour ne saurait être que malheureux.

Tout amour se rapporte au présent : l'objet dont la présence m'est agréable, qui s'offre toujours à moi dans l'absence, qui éveille sans cesse le désir d'une présence nouvelle; qui est accompagné d'un vif enchantement, quand ce vœu s'accomplit, d'un charme toujours égal, quand ce bonheur continue : c'est là proprement ce que nous aimons, et il s'ensuit que nous pouvons aimer tout ce qui peut nous devenir présent, et, pour tout dire, l'amour pour la divinité aspire sans cesse à se rendre présent l'Être suprême.

A ceci touche de bien près l'inclination, qu'il n'est pas rare de voir se développer en amour. Elle a pour base un attachement pur, qui ressemble en tout à l'amour, sauf dans le besoin absolu d'une présence continuée.

L'inclination peut prendre des directions très-diverses, avoir pour objet plusieurs personnes et plusieurs choses, et c'est elle proprement, lorsque nous savons nous la conserver, qui nous assure un bonheur durable. C'est une chose particulièrement remarquable, que l'habitude peut prendre complétement la place de l'amour passionné; elle exige moins une société agréable qu'une société facile, mais ensuite elle est invincible. C'est une grande affaire que de rompre une liaison accoutumée; elle subsiste en dépit de toutes les contrariétés : mécontentement, chagrin, colère, ne peuvent rien contre elle; elle surmonte même le mépris, la haine. Je ne sais pas si quelque romancier a su peindre parfaitement la chose : il ne pourrait d'ailleurs l'entreprendre que d'une manière incidente, épisodique, car, dans une exposition détaillée, il aurait à lutter avec de nombreuses invraisemblances.

Époques de l'esprit humain,
(D'après les plus récents travaux de Hermann [1].)

Les temps primitifs du monde, des nations, des individus, se ressemblent. D'abord un chaos désert embrasse tout, mais l'esprit couve déjà sur la matière mobile et organisée. Cependant la foule autochthone, inquiète et surprise, jette les yeux autour d'elle, afin de pourvoir chétivement à ses besoins les plus indispensables ; un esprit heureusement doué contemple les grands phénomènes de l'univers, observe ce qui se passe et décrit, d'un ton prophétique, ce qui existe, comme s'il était naissant. Ainsi, dans les temps les plus anciens, observation, philosophie, nomenclature et poésie, nous trouvons tout confondu.

Le monde devient plus serein, ces sombres éléments s'éclaircissent, se débrouillent, l'homme s'en empare, pour les dominer d'une autre manière. Une sensibilité vive et saine porte ses regards autour d'elle; gracieuse, elle ne voit dans le présent et le

---

[1]. Gottfried Hermann, professeur d'éloquence et de poésie à Leipzig.

passé autre chose que son image. A l'ancien nom elle prête une forme nouvelle; elle humanise, elle personnifie les choses inanimées comme les choses mortes, et communique son propre caractère à toutes les créatures. Ainsi vivent et se développent les croyances populaires, qui rejettent souvent avec légèreté tout ce qui a pu rester d'abstrus de l'époque primitive. Le champ de la poésie fleurit, et celui-là seul est poëte qui partage la croyance populaire ou qui sait se l'approprier. Le caractère de cette époque est une sensibilité libre, énergique, sérieuse et noble, relevée par l'imagination.

Mais l'homme ne connaissant aucunes bornes à l'ennoblissement de son être, et la brillante région de la vie ne parvenant pas à le satisfaire dans toutes les circonstances, il se rejette dans le mystère, il cherche une plus haute origine aux choses qui lui apparaissent. Et comme la poésie crée des dryades et des hamadryades, au-dessus desquelles vivent des dieux supérieurs, la théologie enfante des génies, qu'elle subordonne les uns aux autres, jusqu'à ce qu'ils finissent tous ensemble par être conçus comme dépendants d'un dieu unique. Nous croyons pouvoir appeler cette période sainte. Elle appartient, dans le sens le plus élevé, à la raison; mais elle ne peut longtemps se conserver pure, et comme, sans être une poésie, elle embellit, pour son propre avantage, la croyance populaire; comme elle énonce les choses les plus merveilleuses et leur attribue une valeur objective, elle doit enfin devenir suspecte à l'intelligence. Celle-ci, dans son énergie et sa pureté suprême, honore les premières origines, prend plaisir aux croyances poétiques des peuples et apprécie le noble besoin de l'humanité de reconnaître une puissance suprême. Mais l'homme intelligent s'efforce de répandre la lumière sur tout ce qui est concevable, et d'expliquer d'une manière saisissable jusqu'aux plus mystérieux phénomènes. Les croyances populaires et sacerdotales ne sont donc nullement rejetées, mais derrière elles est admis un principe compréhensible, louable, utile; on cherche ce qu'elles signifient, on transforme l'idée particulière en idée générale, et, de tout ce qui est national, provincial, même individuel, on déduit quelque chose de propre à l'humanité tout entière. On ne peut contester à cette époque une tendance noble, pure, sage, mais elle satisfait plutôt les individus bien doués que les nations entières.

En effet, quand cette manière de penser est répandue, arrive la dernière époque, que nous appellerons prosaïque, sa tendance n'étant pas d'humaniser, d'approprier au pur sens commun et aux besoins usuels le fond des époques précédentes, mais de donner à ce qu'il y a de plus antique une forme vulgaire, et, par là, d'anéantir les sentiments primitifs, les croyances populaires et sacerdotales, et celles même de l'intelligence, qui, derrière l'étrange, soupçonne encore un louable enchaînement.

Cette époque ne peut durer longtemps. Les besoins de l'humanité, éveillés par le cours des événements, rétrogradent et franchissent d'un bond la route tracée par la raison, confondent les croyances sacerdotales, populaires et primitives, se cramponnent tantôt ici, tantôt là, aux traditions, se plongent dans les mystères, substituent des contes à la poésie et les érigent en articles de foi. Au lieu d'enseigner rationnellement et d'exercer une paisible influence, on sème au hasard, de tous côtés, le froment et l'ivraie en même temps : aucun centre n'est plus donné désormais, sur lequel on puisse arrêter sa vue ; chacun se produit comme instituteur et comme guide, et présente sa parfaite folie comme un système accompli.

Ainsi est détruite la valeur de chaque mystère ; la croyance populaire est elle-même profanée ; des qualités qui auparavant se développaient naturellement les unes des autres, se font la guerre comme des éléments ennemis ; on voit donc renaître le tohu-bohu, mais ce n'est pas le primitif, fertilisé, fécond ; celui-ci se meurt, il tombe en pourriture, et l'esprit même de Dieu pourrait à peine en faire éclore une seconde fois un monde digne de lui.

PREMIERS COMMENCEMENTS

PROFONDÉMENT OBSERVÉS, CONVENABLEMENT DÉNOMMÉS.

Poésie	croyance populaire	forte	imagination.
Théologie	exaltation idéale	sainte	raison
Philosophie	abaissement qui éclaire	sage	intelligence.
Prose.	dissolution qui passe au vulgaire	triviale	sensitivité.

Mélange, résistance, dissolution.

Commentaire sur les paroles primitives.
(Poésie orphique.)

Les cinq stances qui suivent[1] ont déjà paru dans le deuxième cahier de la Morphologie, mais elles méritent peut-être de parvenir à la connaissance d'un public plus nombreux; des amis ont aussi désiré qu'elles fussent accompagnées de quelques explications, afin que ce qu'elles laissent seulement entrevoir fût présenté de manière à en rendre le sens clair et l'intelligence pure.

Ce qui nous a été transmis des doctrines orphiques, anciennes et nouvelles, on a cherché ici à le resserrer, à l'exposer brièvement, avec une concision poétique. Ces strophes renferment beaucoup d'idées importantes, dans un enchaînement qui, lorsqu'on l'a saisi, facilite à l'esprit les plus graves méditations.

ΔΑΙΜΩΝ. — GÉNIE.

Le rapport du titre avec la strophe a lui-même besoin d'une explication. Ici le ΔΑΙΜΩΝ signifie l'individualité de la personne, individualité bornée, nécessaire, qui se prononce immédiatement à l'heure de la naissance; c'est le caractère par lequel un homme se distingue de tout autre, si grandes que soient d'ailleurs les ressemblances. Cette détermination, on l'attribuait à l'astre influent, et les mouvements, les rapports infiniment variés des corps célestes, soit entre eux soit avec

---

[1]. Goethe reproduit en effet les cinq stances avec le commentaire. Nous en avons donné la traduction, p. 312, et nous y renvoyons le lecteur.

la terre, pouvaient très-bien être rattachés aux vicissitudes diverses des naissances. De là devait découler aussi le sort futur de l'homme, et, en accordant ce premier point, on pourrait bien avouer que, plus que tout le reste, la force et l'individualité natives fixent la destinée de l'homme.

C'est pourquoi cette strophe proclame avec insistance l'immutabilité de l'individu. Si déterminé qu'il soit, il est sans doute, en sa qualité de créature finie, sujet à la destruction ; mais, aussi longtemps que son germe subsiste, il ne saurait être ni brisé ni morcelé, même par la suite des générations.

Cet être constant, tenace, qui ne peut se développer que par lui-même, entre, il est vrai, dans diverses relations par lesquelles son caractère premier et originel est entravé dans son action, gêné dans ses penchants, et, ce qui survient alors, notre philosophie le nomme :

TYXH. — L'ACCIDENTEL.

Cependant ce n'est point par accident qu'un homme tire son origine de telle ou telle nation, tribu ou famille, car les nations répandues sur la terre doivent, ainsi que leurs diverses ramifications, être considérées comme des individus, et TYXH ne peut agir que dans les mélanges et les croisements. Nous voyons un exemple marquant de la durable personnalité de ces tribus dans la race juive ; des nations européennes, transplantées dans d'autres parties du globe, ne se dépouillent pas de leur caractère, et, au bout de plusieurs siècles, on reconnaîtra fort bien dans l'Amérique du Nord, l'Anglais, le Français, l'Allemand ; mais, en même temps, les croisements rendront sensibles les effets de la TYXH, comme le métis est reconnaissable à la couleur plus claire de sa peau. Dans l'éducation, si elle n'est pas publique et nationale, TYXH maintient ses droits capricieux : nourrices et gardes, parents et tuteurs, instituteurs et surveillants, comme tous les premiers entours, camarades, localité (ville ou campagne), tout détermine le caractère propre, par la première culture, par le retardement ou l'accélération. Le ΔAIMΩN se maintient sans doute au travers de tout, et c'est la nature propre, le vieil Adam, ou comme on voudra l'appeler, qui, aussi souvent qu'on le chasse, revient, toujours plus insurmontable.

C'est dans cette idée d'une individualité fatalement constituée, que l'on a départi à chaque homme son démon, qui, dans l'occasion, lui souffle à l'oreille ce qu'il doit faire, et c'est ainsi que Socrate choisit la coupe empoisonnée, parce que son devoir était de mourir.

Mais ΤΥΧΗ ne se relâche point, et surtout elle ne cesse pas d'agir sur la jeunesse, qui, avec ses passions, ses plaisirs, ses goûts sociables et sa conduite frivole, se jette tantôt d'un côté tantôt de l'autre, et ne trouve nulle part fixité et contentement. Alors se développe de jour en jour une inquiétude plus sérieuse, une ardeur plus profonde : on attend l'arrivée d'une nouvelle divinité.

ΕΡΩΣ. — AMOUR.

Sous ce nom est compris tout ce qu'on peut imaginer, depuis l'inclination la plus légère jusqu'à la fureur la plus passionnée. Ici le démon individuel et ΤΥΧΗ, la séduisante, s'unissent ensemble : l'homme paraît n'obéir qu'à lui, laisser agir sa propre volonté, s'inféoder à son penchant, et pourtant ce sont des accidents qui s'interposent, ce sont des influences étrangères qui le détournent de sa voie; il croit saisir et il est pris; il croit avoir gagné et il est déjà perdu. Ici encore ΤΥΧΗ poursuit son jeu; elle attire dans de nouveaux labyrinthes l'homme égaré; ici point de limites à l'égarement, car le chemin est une erreur. Alors nous risquons de nous perdre dans cette considération, que ce qui semblait disposé pour la plus étroite spécialité se dissipe et s'écoule dans la généralité. C'est pourquoi les deux derniers vers s'empressent de nous signaler nettement le seul moyen d'échapper à cette erreur et de s'en garantir toute sa vie.

Alors enfin on peut reconnaître de quoi le ΔΑΙΜΩΝ est capable; lui, indépendant, égoïste, qui s'avançait dans le monde avec une volonté absolue, et qui ne voyait qu'avec chagrin ΤΥΧΗ lui barrer çà et là le chemin, il sent désormais qu'il n'a pas reçu de la seule nature sa détermination et son empreinte; sa conscience lui dit maintenant qu'il peut se déterminer lui-même; qu'il peut, non-seulement saisir de force l'objet que le sort lui amène, mais encore se l'approprier; bien plus, qu'il peut posséder avec un amour éternel, impérissable, un nouvel être, comme il se possède lui-même.

A peine ce pas est-il fait, que, par une libre résolution, la liberté est abandonnée; deux âmes doivent s'unir en un seul corps, deux corps en une seule âme; et, en même temps qu'un pareil accord s'établit, une troisième vient s'y joindre encore, pour serrer une mutuelle, une aimable chaîne; parents et enfants doivent de nouveau former un tout; il est grand, le bonheur commun, mais plus grand, le besoin. Le corps composé de tant de membres est blessé, selon la destinée terrestre, en quelqu'une de ses parties, et, au lieu de jouir dans l'ensemble, il souffre dans le détail : néanmoins cette relation est trouvée aussi désirable que nécessaire. Les avantages attirent chacun, et l'on se résout à subir les inconvénients. La famille se groupe avec la famille; la tribu avec la tribu; une peuplade s'est formée, et s'aperçoit que la résolution prise par l'individu est aussi avantageuse à l'ensemble; elle rend par la loi cette résolution irrévocable; tout ce que l'amour accordait volontairement devient un devoir, qui engendre mille devoirs, et, afin que tout soit conclu pour le temps et l'éternité, ni l'État ni l'Église ni la coutume n'épargnent les cérémonies. Toutes les parties prennent leurs mesures, au moyen des contrats les plus obligatoires, de toute la publicité imaginable, pour que l'ensemble ne soit pas compromis, dans son plus petit détail, par l'inconstance et le caprice.

ANAΓKH. — NÉCESSITÉ.

Cette strophe n'a besoin d'aucune explication : il n'est personne à qui l'expérience n'ait fourni pour ce texte des notes suffisantes; personne, qui ne sente une douloureuse contrainte, au simple souvenir de situations pareilles; beaucoup de gens pourraient même tomber dans le désespoir, quand le présent les tient de la sorte enchaînés : aussi, avec quelle joie couronsnous aux derniers vers, dont toutes les âmes tendres aimeront à faire pour elles le commentaire moral et religieux :

ΕΛΠΙΣ. — ESPÉRANCE!

. . . .

Un grand danger.

Bien souvent, dans le cours de la vie, tandis que nous cheminons avec la plus grande sécurité, nous remarquons tout à coup que nous sommes tombés dans une erreur; que nous nous sommes prévenus pour certaines personnes, pour certaines choses; que nous avons rêvé avec elles des relations qui s'évanouissent soudain quand nous ouvrons les yeux. Cependant nous ne pouvons nous dégager; un pouvoir nous enchaîne, qui nous semble incompréhensible. Quelquefois pourtant nous parvenons à nous reconnaître parfaitement, et nous comprenons qu'une erreur, aussi bien qu'une vérité, peut disposer et pousser à l'activité. Et comme l'action est partout décisive, d'une erreur agissante il peut résulter quelque chose d'excellent, parce que l'effet de toute œuvre accomplie s'étend à l'infini. Aussi la production est-elle assurément toujours ce qu'il y a de meilleur, mais la destruction n'est pas non plus sans heureuses conséquences.

L'erreur la plus étonnante est celle qui se rapporte à nous-mêmes et à nos forces; qui fait que nous nous consacrons à une belle œuvre, à une honorable entreprise, qui dépasse notre portée; que nous visons à un but que nous n'atteindrons jamais. C'est à la fois le supplice de Tantale et de Sisyphe, et nous le sentons avec d'autant plus d'amertume, que nos intentions étaient plus loyales. Et pourtant, quand nous nous voyons pour jamais écartés de notre but, il arrive bien souvent que nous avons déjà trouvé sur notre chemin un autre objet désirable, quelque chose de fait à notre mesure, et où nos dispositions naturelles nous font trouver notre contentement.

Philosophie de la nature.

Il y a dans l'introduction que d'Alembert a placée en tête de l'Encyclopédie un passage qui a été pour nous d'une grande importance. Il se trouve à la page 10 de l'édition in-quarto; il commence par ces mots : « A l'égard des sciences mathématiques; » et finit, page 11, par ceux-ci : « étendu son domaine. » La fin, qui se relie au commencement, exprime cette grande vérité, que, dans les sciences, tout repose sur la portée, la valeur et la solidité d'un premier principe, et sur la netteté du but. Nous aussi, nous sommes persuadé que cette grande condition doit être observée, non-seulement en ce qui touche les mathématiques, mais en toutes choses, dans les sciences, dans les arts, comme dans la vie.

On ne peut trop le répéter, le poëte, comme l'artiste, doit considérer d'abord si le sujet qu'il entreprend de traiter est tel qu'il puisse en résulter une œuvre diverse, complète et satisfaisante. Si cette précaution est négligée, tous les efforts qu'on pourra faire d'ailleurs seront complétement inutiles; rimes et prosodie, coups de pinceau et de ciseau, sont dépensés en vain; et, si même une exécution excellente pouvait tromper quelques instants le connaisseur, il sentirait bientôt le défaut d'inspiration dont toute fausse conception est atteinte.

Ainsi donc, qu'il s'agisse des arts, des sciences naturelles ou des mathématiques, dans la tractation, tout dépend de la vérité fondamentale dont le développement ne se manifeste pas tant dans la spéculation que dans la pratique; car la pratique est la pierre de touche des conceptions de l'intelligence, de ce qui est admis comme vrai par le sens intime. Si l'homme, persuadé de la solidité de ses vues, s'adresse à l'extérieur et demande au monde non pas seulement d'adopter ses idées, mais de s'y accommoder, de les suivre, de les réaliser, c'est alors seulement qu'il fera la grande expérience de savoir s'il s'est trompé dans son entreprise, ou si son époque ne se soucie pas de reconnaître la vérité.

Mais il reste toujours une marque essentielle pour distinguer, avec la plus grande certitude, la vérité de la fausse apparence : la vérité est toujours féconde, et favorise celui qui la possède et la cultive; au contraire, l'erreur est, en soi, morte et stérile ; on peut même la considérer comme une nécrose, où les parties mortes empêchent d'accomplir la guérison des vivantes.

DIVAN

ORIENTAL-OCCIDENTAL

EN DOUZE LIVRES

DIVAN

ORIENTAL-OCCIDENTAL

EN DOUZE LIVRES[1].

MOGANNI NAMEH.

LIVRE DU CHANTEUR.

> J'ai laissé s'écouler vingt années, et j'ai joui de ce qui me fut donné en partage : période parfaitement heureuse, comme le temps des Barmécides.

Hégire.

Le nord et l'ouest et le sud volent en éclats, les trônes se brisent, les royaumes tremblent : sauve-toi, va dans le pur orient respirer l'air des patriarches; au milieu des amours, des festins et des chants, la source de Chiser te rajeunira[2].

---

1. Le Divan est écrit en vers rimés, de différentes mesures. Il s'y rencontre beaucoup de noms propres: nous avons suivi généralement l'orthographe de l'original.
2. Chiser, prophète, saint ou sage, qui a trouvé la source de la vie ou de la jeunesse et qui en est le gardien. Il est doué lui-même d'une jeunesse éternelle.

Là, dans la pureté et la justice, je veux pénétrer jusqu'à l'origine première des races humaines, jusqu'à ces temps où elles recevaient encore de Dieu la céleste doctrine dans les langues terrestres et ne se creusaient pas l'esprit ;

Ces temps où elles vénéraient les ancêtres et défendaient tout culte étranger ; je veux me complaire dans l'étroit horizon du premier âge : une foi vaste, une pensée restreinte, était alors importante comme la parole, parce qu'elle était une parole prononcée.

Je veux me mêler aux bergers, me rafraîchir dans les oasis, voyageant avec les caravanes et faisant commerce de châles, de café et de musc ; je veux fouler chaque sentier du désert jusqu'aux villes.

A la montée et à la descente, tes chants, Hafiz, charment le pénible chemin de rochers, quand le guide, avec ravissement, sur la haute croupe du mulet, chante pour éveiller les étoiles et pour effrayer les brigands.

Dans les bains et les tavernes, saint Hafiz, je veux penser à toi, quand ma bien-aimée soulève son voile et, secouant sa chevelure ambrée, exhale de doux parfums. Oui, que l'amoureux chuchotement du poëte fasse naître le désir même chez les houris !

Si vous voulez lui envier cette joie ou même la troubler, sachez que les paroles du poëte voltigent sans cesse aux portes du paradis, et frappent doucement, implorant la vie éternelle.

Gages de félicité.

Un TALISMAN de cornaline porte aux croyants bonheur et prospérité. S'il est même fixé sur une base d'onyx, que ta bouche y dépose un saint baiser. Il chasse tous les maux ; il te protége et protége le lieu ; si le mot gravé proclame purement le nom d'Allah, il t'enflamme pour l'amour et les exploits, et le talisman charmera surtout les femmes.

Les AMULETTES sont des signes du même genre, tracés sur le papier, mais on n'est pas à la gêne comme dans l'espace étroit de la pierre précieuse, et il est loisible aux âmes pieuses de choisir ici des légendes plus étendues. Les hommes portent à leur cou ces papiers avec foi, comme des scapulaires.

L'INSCRIPTION ne renferme aucun sens caché; elle est elle-même et doit tout vous dire ce que, après l'avoir lu, vous aimez à dire, avec une loyale satisfaction : c'est là ce que je dis, moi !

Des ABRAXAS[1], j'en porte rarement. Ici, d'ordinaire, les monstrueux enfantements d'une sombre folie seront mis au plus haut prix. Si je vous dis des choses absurdes, croyez que je porte des abraxas.

Graver une BAGUE A CACHET est une œuvre difficile : elle doit renfermer le sens le plus profond dans le plus étroit espace : mais, savez-vous y adapter une idée vraie, le mot est là gravé, vous y songez à peine.

Libres pensées.

Laissez-moi à cheval, s'il me plaît. Restez dans vos cabanes, sous vos tentes! Je cours gaiement dans les pays lointains n'ayant sur mon turban que les étoiles.

Il a établi les étoiles pour être vos guides sur terre et sur mer, afin que vous y preniez plaisir en regardant au ciel sans cesse[2].

Talismans.

A Dieu est l'orient! A Dieu est l'occident! Les pays du nord et du midi reposent dans la paix de ses mains.

Lui, le seul juste, il veut pour chacun la justice. Que, d'entre ses cent noms[3], celui-ci soit hautement loué! Amen!

L'erreur veut m'égarer, mais tu sais m'en dégager. Que j'agisse, que je médite, trace-moi le droit chemin.

Si j'ai des réflexions et des pensées terrestres, cela tourne à mon plus grand bien : l'esprit qui n'est pas dispersé avec la poussière, refoulé en lui-même, s'élance vers les cieux.

Dans la respiration il y a deux grâces, aspirer l'air et s'en délivrer; l'un oppresse, l'autre soulage : telle est la vie et son merveilleux mélange. Remercie Dieu quand il te presse, et remercie-le quand il te délivre.

1. Noms de certains talismans chez les Gnostiques.
2. Paroles du Coran. Nous ne signalerons pas tous les emprunts que Goethe a faits à ce livre.
3. Les Mahométans donnent à Dieu cent dénominations différentes.

Quatre grâces.

Afin que, dans leur patrie, les Arabes parcourent gaiement l'étendue, Allah, pour le salut commun, leur accorde quatre grâces.

D'abord le turban, parure plus belle que toutes les couronnes; une tente, qu'on enlève de la place, pour demeurer partout.

Un cimeterre, défense plus sûre que rochers et hautes murailles; une chanson, qui charme et profite et se fait écouter des belles.

Et si, par mon chant, sans me troubler, je fais choir les fleurs de son châle, elle sait à merveille ce qui lui appartient, et me reste favorable et riante.

Et je sais vous servir gentiment fleurs et fruits. Voulez-vous aussi des moralités, je vous en servirai de toutes fraîches.

Aveu.

Quelle chose est difficile à cacher? Le feu : car, pendant le jour, la fumée trahit le monstre, et, pendant la nuit, c'est la flamme. L'amour aussi est difficile à cacher : si secrètement qu'on le nourrisse, il s'élance du regard bien aisément. Mais ce qu'il y a de plus difficile à cacher, c'est une chanson. On ne la met pas sous le boisseau. Le poëte vient-il de la chanter, il en est tout pénétré; l'a-t-il écrite nettement, élégamment, il veut la voir aimée de tout le monde, et, joyeux, il la débite à chacun d'une voix forte, que cela nous excède ou nous charme.

Éléments.

De combien d'éléments doit se nourrir un bon poëme, pour qu'il soit goûté des ignorants et que les maîtres l'entendent avec plaisir?

Avant toute chose, quand nous chantons, que l'amour soit notre thème : si l'amour peut pénétrer la mélodie tout entière, les accents en seront bien plus doux.

Qu'ensuite retentisse le bruit des verres et que le vin scintille en rubis : car c'est aux amants, c'est aux buveurs, que l'on sourit avec les plus belles couronnes.

Je veux entendre aussi le bruit des armes; que la trompette

aussi résonne, afin que, si la fortune brille flamboyante, le héros se divinise dans la victoire.

Enfin il est indispensable que le poëte haïsse maintes choses. Ce qui est insupportable et laid, il ne doit pas l'accueillir comme le beau.

Si le chanteur sait combiner ensemble les forces primitives de ces quatre éléments, comme Hafiz, il répandra éternellement chez les hommes la joie et la vie.

Créer et vivifier.

Le père Adam était une motte de terre, que Dieu fit homme, mais il apportait du sein de sa mère bien de la rudesse encore.

Les Elohim lui insufflèrent dans les narines le plus pur esprit : alors il parut être quelque chose de plus et il commença à éternuer.

Mais, avec ses os et ses membres et sa tête, il n'était encore qu'une masse imparfaite, lorsque enfin Noé fit, pour l'imbécile, la véritable trouvaille, le jus de la vigne[1].

Aussitôt que la masse s'en est arrosée, elle sent l'impulsion soudaine, comme la pâte, sous l'influence du levain, se met en mouvement.

Hafiz, ainsi ton noble chant, ton saint exemple, nous conduisent, au bruit des verres, dans le temple de notre Créateur.

Phénomène.

Quand Phébus se marie avec la nue pluvieuse, il se forme soudain un arc nuancé de diverses couleurs.

Je vois se dessiner dans le brouillard un cercle pareil ; l'arc est blanc, à la vérité, mais c'est un arc-en-ciel.

De même, vigoureux vieillard, ne te laisse pas aller à la tristesse : bien que tes cheveux soient blancs, tu aimeras encore.

Objet aimable.

Là-haut, quel objet bigarré me semble unir la colline avec le ciel? La vapeur matinale offusque ma perçante prunelle.

Sont-ce les tentes que le vizir a dressées pour ses femmes

---

1. Littéralement : « le hanap, la coupe. »

chéries? Sont-ce des tapis de fête, pour célébrer son mariage avec sa favorite?

Rouge et blanc, mêlé, bariolé.... rien de plus beau ne pourrait s'offrir à ma vue. Hafiz, comment donc ton Chiraz est-il venu dans les brumeuses plaines du Nord?

Oui, ce sont les pavots émaillés, qui se déploient ensemble et, bravant le Dieu de la guerre, couvrent les campagnes d'une gracieuse tenture.

Puisse toujours l'homme sage cultiver, pour le bien du monde, de charmantes fleurs, et, comme aujourd'hui, un rayon de soleil les faire briller sur mon chemin!

Discordance.

Si Cupidon joue de la flûte à ma gauche, au bord du ruisseau, et que, dans les champs, à ma droite, Mars embouche la trompette, l'oreille est attirée doucement de l'autre côté; mais le vacarme lui dérobe la fleur de la mélodie, et, si elle continue, à pleine voix, parmi le tonnerre des batailles, je deviens furieux, ma tête s'égare : est-ce un prodige? S'il va toujours croissant, le son de la flûte, le bruit de la trompette, je m'oublie, j'entre en fureur : faut-il s'en étonner?

Le passé dans le présent.

La rose et le lis, baignés de rosée matinale, fleurissent dans le jardin du voisinage; dans le fond, un rocher s'élève, buissonneuse retraite; et, entourée d'une haute forêt, et couronnée d'un noble manoir, la cime courbée se prolonge et s'abaisse enfin jusque dans la vallée.

Et ce sont les mêmes parfums qu'autrefois, quand l'amour nous faisait souffrir encore, et que les cordes de mon luth rivalisaient avec le rayon du matin; quand la fanfare du chasseur s'élançait du hallier, pleine et sonore, pour enflammer, pour réjouir le cœur, selon qu'il le désirait ou qu'il en avait besoin.

Or, les forêts sont toujours verdoyantes : eh bien, que votre ardeur se réveille avec cette jeunesse! Ce que vous avez goûté pour vous autrefois, vous pouvez le goûter en d'autres! Nul ne nous accusera plus de ne vouloir du bien qu'à nous seuls.

Désormais, dans toutes les phases de la vie, il faut que vous puissiez jouir.

Et, avec ce chant et ce circuit, Hafiz, nous revenons à toi; car, l'accomplissement de la journée, il est beau d'en jouir avec ceux qui jouissent.

Le chant et l'image.

Que le Grec pétrisse et façonne l'argile; qu'il soit ravi en extase devant l'œuvre de ses mains.

Notre volupté, c'est de nous élancer dans l'Euphrate, de nager à l'aventure dans l'élément liquide.

Si j'apaise ainsi l'ardeur de mon âme, un chant va retentir; que le poëte la puise d'une main pure, l'onde en globe va s'arrondir [1].

Audace.

A quoi tient-il en tout lieu que l'homme trouve la santé? Chacun aime à entendre le bruit qui se module en harmonie.

Arrière tout ce qui trouble ta course! mais point de tendance funèbre! Avant qu'il chante, avant qu'il cesse, le poëte doit vivre.

Ainsi les retentissements de la vie feront vibrer son âme. Si le poëte sent son cœur oppressé, lui-même il s'apaisera.

Vigoureux et hardi.

Faire des vers est d'un présomptueux! Que nul ne me blâme; ne craignez pas d'être bouillants, joyeux et libres comme moi!

Si la fatigue de chaque heure me semblait amère, je serais modeste aussi, et même plus que vous.

Car la modestie est charmante chez la jeune fille en fleur; elle veut être poursuivie avec délicatesse, celle qui fuit l'homme grossier.

Elle est bonne aussi, la modestie, dans la bouche de l'homme sage, qui peut m'instruire sur le temps et l'éternité.

Faire des vers est d'un présomptueux! J'en fais volontiers dans la solitude. Amis et femmes d'humeur vive, entrez aussi sans gêne.

---

1. Comparez la *légende du Paria*, page 87.

Petit moine, sans froc et sans capuchon, ne viens pas me catéchiser : tu pourras bien me rendre capot, mais non pas modeste, non !

Tes phrases vides me font fuir : j'ai déjà usé cela sous mes semelles.

Quand le moulin du poëte chemine, ne l'arrête pas : qui vient une fois à nous comprendre nous pardonnera aussi.

Vie universelle.

La poussière est un des éléments dont tu disposes, avec une habileté rare, Hafiz, quand tu modules un chant gracieux en l'honneur de ta bien-aimée.

Car la poussière, sur le seuil de sa porte, est préférable au tapis brodé de fleurs d'or, sur lesquelles s'agenouillent les favoris de Mahmoud[1].

Si le vent qui passe en tourbillon enlève de sa porte un nuage de poussière, le parfum t'en est plus agréable que le musc et l'essence de rose.

La poussière! j'en fus privé longtemps dans le nord, sans cesse enveloppé de brumes : mais, dans le midi brûlant, je l'ai trouvée en abondance.

Toutefois il y a longtemps que les portes chéries restent pour moi muettes sur leurs gonds. Pluie orageuse, viens à mon aide, fais-moi sentir le parfum de la terre rafraîchie !

Si maintenant tous les tonnerres grondent et si tout le ciel est en feu, la poussière, que l'orage emporte, retombe humectée sur la terre.

Et soudain surgit la vie, il se développe une mystérieuse et sainte activité; tout est rafraîchi, tout verdoie, dans les terrestres régions.

Une ombre noire est, sur la poussière, la compagne de mon amante. Je me suis fait poussière, mais l'ombre a passé par-dessus moi.

Pourquoi n'userais-je pas d'une image comme il me plaît,

---

1. Hafiz a composé un poëme en l'honneur de Ebou Ishak Mahmoud.

puisque Dieu nous donne, dans la mouche, l'image de la vie?

Pourquoi n'userais-je pas d'une image comme il me plaît, puisque Dieu me montre son image dans les yeux de mon amie?

Bienheureuse ardeur.

Ne le dites qu'aux sages, parce que le vulgaire est disposé à la moquerie : je veux chanter le vivant qui cherche la mort dans la flamme.

Dans la fraîcheur des nuits d'amour, où tu reçus la vie, où tu la donnas, une étrange impression te saisit, à la clarté du flambeau tranquille.

Tu ne restes plus enfermé dans l'ombre, et un nouveau désir t'entraîne vers un plus haut hyménée.

Nulle distance ne t'arrête, tu viens, tu voles, enchanté; enfin, amoureux de la lumière, papillon, tu es consumé.

Et tant que tu n'as pas obtenu de mourir pour renaître, tu n'es qu'un hôte obscur de la terre ténébreuse.

Un roseau sort de terre pour adoucir les mondes : puissent d'aimables sentiments couler du roseau qui trace mes vers !

HAFIZ NAMEH.

LIVRE DE HAFIZ.

> Que la parole soit appelée l'épouse, et l'esprit, l'époux. Il a connu ces noces, celui qui admire Hafiz.

Surnom.

LE POËTE. Parle, Mohamed-Schems-Eddin, d'où vient que ton peuple illustre t'a nommé Hafiz?

HAFIZ. Je rends hommage et je fais réponse à ta question : c'est que l'héritage sacré du Coran se conserve inaltéré dans mon heureuse mémoire; et telle est, à cet égard, ma pieuse conduite, que les maux ordinaires de la vie n'atteignent ni moi ni ceux qui estiment comme il convient la parole et la semence du prophète : voilà pourquoi l'on m'a donné ce nom.

LE POËTE. Eh bien, Hafiz, à ce qu'il me semble, je pourrais te le disputer, car, si nous pensons comme les autres, nous leur ressemblerons : et je te ressemble parfaitement, moi qui ai gravé dans mon esprit l'image admirable de nos saints livres, comme sur le linge bénit[1] s'imprima l'image du Seigneur; moi qui, en dépit de la négation, de la contrariété et de la spoliation, puisai un soulagement secret dans l'image sereine de la foi.

Accusation.

Savez-vous ceux que les démons épient dans le désert, entre les rochers et les murailles, guettant le moment de les saisir pour les entraîner aux enfers? C'est le menteur et le méchant.

---

1. Avec lequel sainte Véronique essuya le visage du Sauveur montant au Calvaire.

Et le poëte, pourquoi ne craint-il pas de se mêler avec ces gens-là?...

Sait-il donc quel monde il fréquente, lui dont la vie entière est un délire? Un capricieux amour le pousse dans le désert sans bornes; ses poétiques plaintes, écrites sur le sable, sont d'abord emportées par le vent, il ne comprend pas ce qu'il dit: ce qu'il dit, il ne le tiendra pas.

Mais on tolère sa chanson, bien qu'elle contredise le Coran. A vous, lumières de la loi, sages, pieux et savants hommes, à vous d'enseigner le devoir certain des fidèles Musulmans.

Hafiz surtout cause du scandale; Mirza[1] plonge l'esprit dans le doute : dites ce qu'on doit faire, ce qu'on doit éviter.

Fetva[2].

Hafiz, dans ses esquisses poétiques, exprime la vérité certaine, ineffaçable, mais aussi çà et là des bagatelles qui sortent des limites de la loi. Veux-tu marcher sûrement, sache distinguer de la thériaque le venin de serpent : mais s'abandonner avec un joyeux courage à la volupté pure d'une noble action, et se garder avec prudence de celle qui n'a d'autre suite qu'une peine éternelle, est sans doute le meilleur pour ne pas faillir. C'est là ce que nous a écrit le pauvre Ébousound[3]. Que Dieu lui pardonne tous ses péchés!

L'Allemand remercie.

Saint Ébousound, tu as bien répondu: voilà les saints que le poëte désire! Car ces bagatelles, qui sortent des limites de la loi, sont justement l'héritage où il se donne carrière avec audace, joyeux même dans le chagrin. Venin de serpent et thériaque doivent lui sembler pareils; ni l'un ne tue ni l'autre ne guérit, car la vie véritable est une activité toujours innocente, qui se déploie de manière à ne blesser personne qu'elle-même. Ainsi le vieux poëte peut espérer que les houris le recevront

---

1. Poëte persan.
2. Décision juridique, qui fait règle en matière de droit ou de croyance.
3. Ébousound (nous suivons l'orthographe de Hammer) fut consulté, en effet, comme mufti, par les hommes de loi de Constantinople, pour savoir si le Divan de Hafiz était l'expression des secrets de Dieu.

dans le paradis, jeune homme glorifié. Saint Ébousound, tu as bien répondu.

Fetva.

Le mufti lut l'un après l'autre tous les poëmes de Misri[1], et, de propos délibéré, il les jeta dans les flammes : le beau volume fut réduit en cendres.

Que le feu dévore, dit le grand juge, quiconque parle et pense comme Misri. Qu'il soit lui seul exempt de la peine du feu, car Allah a dispensé à chaque poëte ses dons : si le poëte en abuse dans sa vie pécheresse, qu'il pourvoie lui-même à faire sa paix avec Dieu.

Infini.

Tu ne saurais finir, et c'est ce qui fait ta grandeur; tu ne commences jamais, c'est ton sort. Ton chant tourne sur lui-même comme la voûte étoilée; le commencement et la fin sont toujours même chose, et ce que le milieu amène est manifestement ce qui est encore à la fin et qui était au commencement.

Tu es la vraie source poétique des plaisirs, et flot sur flot émanent de toi sans nombre; une bouche toujours prête aux baisers, un chant cordial qui coule doucement, un gosier que la soif irrite sans cesse, un bon cœur qui s'épanche.

Je consens que le monde entier s'abîme ! Hafiz, c'est avec toi, avec toi seul, que je veux rivaliser. Que plaisirs et peines nous soient communs, à nous, frères jumeaux! Aimer et boire comme toi sera mon orgueil, sera ma vie.

Et maintenant, animée de ta propre flamme, résonne ô chanson, car tu es plus ancienne, tu es plus nouvelle !

Imitation.

J'espère de réussir dans ta manière de rimer[2], le retour des sons doit me plaire aussi. Je trouverai d'abord la pensée, ensuite les expressions; aucun son ne reviendra deux fois, à

---

1. Célèbre poëte turc, dont les poésies offrent des rapports avec l'Évangile. Ce fetva fut réellement prononcé.
2. Goethe s'adresse encore à Hafiz, et la versification à laquelle il fait allusion est celle du *Gazel*. Il s'en trouve dans le Divan plusieurs exemples : mais c'est dans les *Roses orientales* de Ruckert et dans les *Gazels* du comte de Platen, que l'esprit et la forme de ce genre de poésie persane ont été le plus fidèlement reproduits.

moins d'amener un sens particulier, comme tu sais faire, ô poëte, plus favorisé que tous les autres.

En effet, comme une étincelle qui peut embraser la ville impériale, quand les flammes ondoient avec fureur, et, se faisant un courant d'air, s'animent par le vent qu'elles produisent, tandis que l'étincelle, déjà éteinte, a disparu dans l'espace étoilé : ainsi la flamme serpente de ton sein avec des ardeurs éternelles, pour animer d'une vie nouvelle un cœur allemand.

Les rhythmes cadencés plaisent sans doute, le talent aime à s'y jouer; mais qu'ils inspirent bientôt une affreuse répugnance, s'ils n'offrent que des masques vides, sans chair ni pensée! L'esprit même ne voit rien en lui qui le charme, s'il n'a soin de prendre une forme nouvelle et de renoncer à l'ancienne, qui est frappée de mort.

A Hafiz.

Hafiz, s'égaler à toi, quelle folie! Sur les flots de la mer frémissante, un navire poursuit sa course rapide; il sent se gonfler ses voiles; il marche fier et hardi : que l'Océan le brise, il nage, planche pourrie. Dans tes chants légers, rapides, roule un frais courant; il bouillonne en vagues de feu : l'incendie m'engloutit. Mais je me sens une bouffée d'orgueil, qui me donne de l'audace : moi aussi, dans un pays inondé de lumière, je vécus, j'aimai.

Mystère évident.

Saint Hafiz, ils t'ont nommé la langue mystique, et ceux qui mettent dans les mots leur science n'ont pas compris la valeur de ce mot.

Ils t'appellent mystique, parce qu'à ta lecture ils ont de folles pensées, et qu'ils distribuent leur vin louche en ton nom[1].

Mais tu es vraiment mystique, car ils ne te comprennent pas, toi qui, sans être dévot, es bienheureux! C'est ce qu'ils ne veulent pas t'accorder.

---

1. Quand les dévots virent Hafiz populaire, ils cherchèrent un sens allégorique à ses poésies, pour donner le change aux lecteurs. (De Hammer, cité par Wurm.)

Signal.

Et pourtant ils n'ont pas tort, ceux que je blâme : en effet, qu'un mot ait plus d'un sens, c'est ce qui devrait s'entendre de soi-même. Le mot est un éventail. Entre les lames brillent deux beaux yeux. L'éventail n'est qu'un voile charmant : il me cache le visage, il est vrai, mais il ne cache pas la jeune fille, car ce qu'elle a de plus beau, son œil, étincelle dans mon œil.

A Hafiz.

Ce que veulent tous les hommes, tu le sais et tu l'as bien compris, car, de la poussière jusqu'au trône, le désir nous tient tous dans sa rigoureuse chaîne.

Cela fait tant de mal, tant de bien ensuite ! Qui pourrait s'en défendre ? Que l'un s'y rompe le col, l'autre persiste hardiment.

Maître, pardonne-moi ! Tu sais que souvent je m'aventure, quand il entraîne les regards après lui, le cyprès qui marche.

Son pied rase la terre comme des racines menues, et caresse le sol ; son salut nous effleure comme un léger nuage, son haleine, comme une caresse de la brise orientale.

Nous sommes pressés d'un vague désir, lorsque, anneau par anneau, sa brune chevelure déploie sa richesse et qu'elle enfle ses ondes et frémit au souffle du vent.

Puis le front brillant se découvre, pour enlever toute aspérité de ton cœur[1] ; une chanson joyeuse, ingénue, arrive à ton oreille pour bercer ton esprit.

Et qu'ensuite ses lèvres s'animent avec une grâce infinie, elles te laissent libre aussitôt de te mettre dans les chaînes.

L'haleine est suspendue, l'âme vers l'âme s'envole ; des parfums circulent à travers la volupté, et passent, invisibles nuages.

Mais, quand l'ardeur est au comble, ta main saisit la coupe, l'échanson accourt, l'échanson vient et verse et verse encore.

Son œil étincelle, son cœur palpite, il espère tes leçons :

---

1. Hafiz, dans une de ses poésies, compare l'amour à une pierre qui lisse le cœur et le rend aussi poli qu'une glace.

il espère, quand le vin exaltera ton génie, entendre tes plus sublimes pensées.

A lui s'ouvre l'espace des mondes ; dans le cœur, ordre et salut ; la poitrine se gonfle, le duvet brunit : il est devenu un jeune homme.

Et quand tu n'ignores plus aucun des mystères que le cœur et le monde renferment, gracieux et fidèle, tu fais un appel au sage, pour qu'il en explique le sens.

Et pour que la protection du trône nous soit maintenue, tu adresses au schah, tu adresses au vizir, une bonne parole.

Toutes ces choses, tu les sais et les chantes aujourd'hui, et demain tu les chanteras encore. C'est ainsi que tu nous mènes, aimable guide, à travers les amertumes et les douceurs de la vie.

USCHK NAMEH.

LIVRE DE L'AMOUR.

> Dis-moi ce que mon cœur désire?
>
> Mon cœur est près de toi : ne le dédaigne pas.

Modèles.

Écoute et garde en ta mémoire six couples d'amants. La description enflamme[1], l'amour attise : Roustan et Rodavou. Inconnus, ils sont unis : Joussouf et Souleika. Amour sans faveurs d'amour : Ferhad et Schirin. Vivant l'un pour l'autre uniquement : Medschnoun et Leila. Il eut des regards d'amour dans sa vieillesse, Dschemil pour Boteinah. Doux caprice d'amour, Salomon et la brune[2]. Les as-tu bien observés, tu as profité en amour.

Un couple encore.

Oui, aimer est une grande vertu. Qui trouvera un plus précieux avantage ? Cela ne donne ni la puissance ni la richesse, cependant cela rend égal aux plus grands héros. Aussi bien que du prophète, on parlera de Vamik et d'Asra.... On n'en parlera pas, on les nommera. Chacun doit connaitre leurs noms. Ce qu'ils ont fait, ce qu'ils furent, nul ne le sait. Ils ont aimé, voilà ce que nous savons. C'est en dire assez, si l'on s'informe de Vamik et d'Asra.

---

1. Il n'est pas rare en Orient que la description qu'on fait d'une personne absente inspire un amour passionné. Voyez, dans le Commentaire, l'histoire de Pietro della Valle.

2. « Je suis brune, mais je suis belle. » (Cant. des Cantiq., ch. I, v. 4.)

Livre de lecture.

Le livre des livres le plus étrange, c'est le livre de l'amour. Je l'ai lu attentivement : quelques feuillets de plaisirs, de longs chapitres de souffrances ; la séparation forme une section à part; le revoir, un petit chapitre. un fragment; des volumes de chagrin, allongés d'éclaircissements sans fin, sans mesure. O Nisami !... tu as enfin trouvé la bonne voie. L'insoluble, qui le résout? Des amants qui se retrouvent.

———

Oui, c'étaient là les yeux, c'était la bouche, dont j'avais les regards, les baisers ; taille élancée, formes arrondies, comme pour les joies du paradis. Était-elle ici? Où est-elle disparue? Oui, c'était elle-même! C'est elle qui l'a donné ; elle s'est donnée en fuyant ; elle a enchaîné toute ma vie.

Averti.

Moi aussi, je me suis trop volontiers laissé prendre à des cheveux bouclés : Hafiz, ton ami aurait donc éprouvé le même sort que toi?

Mais aujourd'hui, de leurs longs cheveux elles forment des tresses ; elles combattent sous le casque, comme nous en avons fait l'épreuve.

Qui est bien sur ses gardes ne se laisse pas faire violence : on craint des chaînes pesantes, on court dans de légers filets.

Submergé.

Avec des boucles sans nombre, une tête ronde et frisée !... Quand je puis, à pleines mains, passer et repasser dans cette opulente chevelure, je me sens jusques au fond du cœur une vigueur nouvelle, et, si je baise le front, les sourcils, les yeux, la bouche, cela me ravive toujours et de nouveau me blesse.

Le peigne aux cinq dents où doit-il s'arrêter? Déjà il revient à la frisure. L'oreille ne se refuse pas au jeu : ce n'est pas de la chair, ce n'est pas de la peau, c'est quelque chose de si délicat et de si amoureux pour le badinage! Mais, comme on caresse la jolie tête, la main passera et repassera sans cesse dans l'opulente chevelure. Hafiz, c'est ainsi que tu as fait, et nous recommençons de même.

Danger.

Dois-je parler des émeraudes que montre ton doigt délicat? Quelquefois un mot est nécessaire, et souvent se taire vaut mieux.

Eh bien, je dis que cette couleur verte repose la vue; je ne dis pas que douleur et blessure sont à craindre tout auprès.

Soit! il faut te le dire! Pourquoi exerces-tu un tel pouvoir? « Ta beauté est aussi dangereuse que l'émeraude est salutaire. »

Bien-aimée, en un dur volume elles sont à la gêne, les libres chansons qui volaient gaiement à l'aventure dans la région pure des cieux. Le temps altère tout; elles seules se maintiennent : chaque ligne en doit être impérissable, immortelle comme l'amour.

D'où me vient cette angoisse à toute heure? La vie est courte, le jour est long, et toujours le cœur soupire : est-ce pour le ciel, je ne sais, mais il veut avancer plus loin, plus loin encore, et volontiers il se fuirait lui-même. Et, s'il fuit sur le sein de la bien-aimée, il y repose dans le ciel et s'oublie; le tourbillon de la vie l'entraîne, et toujours il s'attache au même lieu. Quelque chose qu'il ait voulue, qu'il ait perdue, il finit par être sa propre dupe.

Fâcheuse consolation.

A minuit, je pleurais, et je sanglotais, parce que j'étais privé de toi. Alors survinrent des fantômes nocturnes et je me sentis confus. « Fantômes, leur dis-je, vous me trouvez pleurant et sanglotant, moi, que d'ordinaire vous voyez dormant à votre passage. Je suis privé de grands biens. Ne pensez pas plus mal de moi. Celui qu'autrefois vous appeliez sage, un grand mal le fait souffrir. » Et les fantômes, la figure allongée, passèrent, sans aucun souci de ma sagesse ou de ma folie.

Humeur accommodante.

Quelle erreur d'imaginer que la jeune fille se soit donnée à toi par amour! Cela ne saurait me charmer : elle est savante en flatteries.

Le poëte. Il me suffit de la posséder! Et voici mon excuse : l'amour est un don volontaire, la flatterie, un hommage.

Salut.

Oh! combien je fus heureux !... Je me promène dans la campagne ; Houdhoud[1] sautille dans le chemin. Je cherchais dans les pierres des coquilles pétrifiées de l'antique mer. Houdhoud accourut fièrement, déployant sa couronne ; elle se pavanait, d'un air moqueur : c'était le vivant se raillant du mort. « Houdhoud, lui dis-je, en vérité tu es un bel oiseau! Huppe, va promptement, va dire à ma bien-aimée que je lui appartiens pour jamais. Tu fus bien aussi autrefois messagère d'amour entre Salomon et la reine de Saba! »

Houdhoud me dit : « D'un seul regard elle m'a confié tout le mystère, et je suis toujours, comme je l'étais, ravie de votre bonheur. Aimez! aimez !... Durant les nuits de veuvage, voyez comme il est écrit dans les étoiles que votre amour, associé aux puissances éternelles, subsiste glorieux. »

Houdhoud, sur les branches du palmier, ici à l'écart est nichée, lançant des œillades, objet charmant! et toujours elle veille.

Résignation.

Tu dépéris, toi, si bienveillant! Tu te consumes, toi qui chantes si bien!

Le poëte. L'amour me traite en ennemi. Oui, je l'avoue, je chante, le cœur oppressé. Mais vois les cierges : ils éclairent en se consumant.

La douleur d'amour cherchait un lieu qui fût sauvage et solitaire : elle trouva le désert de mon cœur et se logea dans la place vide.

Inévitable.

Qui peut commander à l'oiseau de se taire dans la campagne? Et qui peut défendre au mouton de se débattre sous les ciseaux?

Me voit-on regimber quand ma laine frise? Non, ces re-

---

1. Nom persan de la huppe.

gimbements, ils me sont arrachés par le tondeur qui me tiraille.

Qui me défendra de chanter vers le ciel selon mon plaisir, de confier aux nuages comme elle m'a charmé?

Mystère.

Tout le monde s'étonne, à voir ma bien-aimée jouer de la prunelle : moi, qui suis dans le secret, je sais fort bien ce que cela veut dire.

Car cela signifie : « J'aime celui-ci et non pas celui-là ni cet autre encore. » Bonnes gens, laissez là vos étonnements, vos désirs.

Oui, avec un merveilleux pouvoir, elle regarde à la ronde, mais c'est seulement qu'elle tâche d'annoncer à son ami l'heure prochaine d'amour.

Profond mystère.

« Nous autres quêteurs d'anecdotes, nous recherchons avec empressement qui est ta bien-aimée, et si tu n'as pas beaucoup de rivaux heureux.

« Car nous voyons bien que tu es amoureux et nous en sommes charmés pour toi; mais que la belle t'aime pareillement, nous ne pouvons le croire. »

Mes amis, cherchez-la tout à votre aise. Écoutez un mot seulement : vous tremblez quand elle est présente; qu'elle se retire et vous caressez son image.

Si vous savez comme Schehâb-Eddin se dépouilla de son manteau sur l'Arafat[1], vous ne jugerez pas insensés ceux qui agissent dans le même esprit.

Si jamais ton nom est prononcé devant le trône de ton roi ou devant ta bien-aimée, que ce soit à tes yeux la suprême récompense.

C'est pourquoi ce fut la suprême douleur, quand, un jour, Medschnoun mourant défendit que son nom fût jamais prononcé devant Leila.

---

1. Montagne voisine de la Mecque. Schehâb-Eddin ôta son manteau pour prier, suivant l'usage des Persans. (Chardin, VII, 255, 260.)

TEFKIR NAMEH.

LIVRE DES RÉFLEXIONS.

Écoute le conseil que la lyre fait entendre ; mais, pour qu'il te profite, il faut que tu sois capable de le recevoir : la plus heureuse parole est honnie, quand l'auditeur a l'oreille faussée.

Eh bien, la lyre que dit-elle ? Elle répète bien haut : « La plus belle fiancée n'est pas la meilleure ; mais, si tu veux être compté parmi nous, sache vouloir le beau, le bien suprême. »

Cinq choses.

Il y a cinq choses qui n'en produisent pas cinq : prête l'oreille à cette leçon. L'amitié n'est pas un fruit du cœur orgueilleux ; les commensaux de la bassesse sont déshonnêtes ; un méchant ne parvient pas à la grandeur ; l'envieux est sans compassion pour l'indigence ; le menteur espère vainement la confiance et la fidélité. Retiens fermement ces choses, et ne souffre pas que personne te les ravisse.

Cinq autres.

Dites ce qui abrége le temps ? L'activité. Ce qui le rend d'une longueur insupportable ? L'oisiveté. Ce qui plonge dans les dettes ? Attendre et endurer. Ce qui procure le gain ? Se résoudre promptement. Ce qui élève aux honneurs ? Repousser les attaques.

Il est doux, le regard de la jeune fille qui fait signe ; il est doux, le regard du buveur lorsqu'il va boire, le salut du seigneur qui pouvait commander, le rayon de soleil d'automne qui nous réchauffe : mais qu'il soit toujours, à tes yeux, plus doux que tout cela, l'empressement aimable de la main indigente qui vient au-devant d'une petite aumône, et reçoit avec une gracieuse reconnaissance ce que tu donnes. Quel regard! quel salut! quelle instance éloquente! Observe-la bien et tu donneras toujours.

Et ce qui se trouve dans le Pend Nameh[1] est écrit avec le cœur : Tout homme à qui tu donnes toi-même, comme toi-même aussi tu l'aimeras. Donne avec joie le denier; n'entasse pas les trésors pour les léguer un jour : hâte-toi et préfère l'actualité au souvenir.

Si tu passes à cheval devant un forgeron, tu ne sais pas quand il ferrera ta monture; si tu vois une cabane dans les champs, tu ne sais pas si elle te garde une belle; si tu rencontres un jeune homme audacieux et beau, il sera quelque jour ton vainqueur ou tu seras le sien : mais tu peux dire plus sûrement du cep de vigne qu'il produira pour toi quelque chose de bon. Te voilà recommandé au monde; le reste, je ne veux pas le répéter.

Honore la salutation de l'inconnu. Qu'elle te soit précieuse, comme la salutation d'un ancien ami. Vous échangez quelques paroles, et vous dites adieu! Vous poursuivez vos sentiers, toi, à l'orient, lui, à l'occident.... Après bien des années, si vos chemins se croisent à l'improviste, vous vous écriez avec joie : « C'est lui! oui, c'était là! » comme si maintes journées de voyage sur terre et sur mer, maintes révolutions de soleil, ne s'étaient pas dès lors accomplies. Échangez maintenant vos marchandises, partagez le gain. Qu'une vieille confiance produise une liaison nouvelle. La première salutation en vaut mille : c'est pourquoi, saluez avec bienveillance quiconque vous salue.

On a toujours fait mille contes sur tes défauts, et l'on s'est fatigué de mille manières à les présenter comme véritables. Oh! si l'on t'avait entretenu amicalement de tes bonnes qualités; si des avis éclairés et fidèles t'avaient appris comment on choisit le meilleur parti : certes il ne serait pas resté caché

---

1. Le *Livre des Conseils*, un des ouvrages les plus goûtés des Orientaux, a pour auteur Ferid-Eddin Attar. Il a été traduit du persan par Sylvestre de Sacy.

pour moi, le suprême bien, qui ne compte, à vrai dire, que peu d'élus dans le cloître. Eh bien, faites enfin de moi votre disciple, et m'enseignez l'avantage de la pénitence, quand l'homme a péché.

Les marchés nous poussent aux emplettes, mais le savoir enfle d'orgueil. Qui regarde en silence autour de soi apprend comme l'amour édifie. As-tu travaillé jour et nuit à beaucoup entendre, à beaucoup savoir, écoute, à une autre porte, comment il faut savoir. Pour que la justice vienne en toi, il faut te sentir en Dieu quelque justice. Qui brûle d'un pur amour, Dieu, tout bon, le reconnaît.

Lorsque j'étais honnête, j'ai failli, et, durant des années, je me suis tourmenté ; j'étais approuvé et je ne l'étais pas. Qu'est-ce que cela voulait dire ?... Alors je résolus d'être un vaurien ; je pris la chose à tâche ; cela ne pouvait du tout m'entrer dans le cœur ; j'étais au désespoir. Et je me dis : « Être honnête est encore le meilleur. » Je le fus que bien que mal : et je persiste.

Ne demande pas par quelle porte tu es entré dans la cité de Dieu, mais demeure dans le lieu tranquille où tu as une fois pris place.

Ensuite porte les yeux autour de toi sur les sages et les puissants qui commandent : ceux-là t'instruiront, ceux-ci retremperont tes forces actives.

Si, toujours utile et paisible, tu es resté fidèle à l'État, crois-moi, personne ne te haïra et beaucoup de gens t'aimeront.

Et le prince reconnaît la fidélité : elle maintient la vie de l'action, et, à son tour, le nouveau finit par se montrer durable à côté du vieux.

D'où je suis venu, c'est encore une question. La route que j'ai suivie jusqu'ici, j'en ai l'idée à peine. Mais ici maintenant, dans ce jour de joie céleste, se rencontrent, comme des amis, la douleur et le plaisir. O douce félicité, quand tous deux ils s'unissent ! Solitaire, qui voudrait rire, qui voudrait pleurer ?

L'un s'en va après l'autre, et même aussi avant l'autre : eh bien, d'un pas rapide, courageux et hardi, suivons les sentiers de la vie. Tu regardes à côté et t'arrêtes à cueillir mille fleurs, mais rien ne t'arrête d'une manière plus fatale que si tu as été menteur.

Traitez la femme avec ménagement. Elle a été formée d'une côte courbe; Dieu n'a pu la redresser tout à fait. Voulez-vous la plier, elle se brise; la laissez-vous tranquille, elle devient plus courbe encore. Bon Adam, est-il quelque chose de pire? Traitez la femme avec ménagement : il ne vous est pas bon d'avoir une côte brisée.

La vie est une mauvaise plaisanterie : à l'un manque ceci, à l'autre manque cela; l'un ne veut pas peu; l'autre veut trop, et le pouvoir et la fortune se mettent de la partie. Et, si le malheur s'en mêle, chacun souffre ce qu'il ne voulait pas, jusqu'à ce qu'enfin les héritiers enterrent gaiement le seigneur Je-ne-puis-je-ne-veux.

La vie est un jeu de l'oie : plus on avance, plus vite on arrive au terme, où personne ne s'arrête volontiers.

On dit les oies stupides : oh! n'en croyez pas les gens, car il en est telle qui se retourne, pour me faire signe de reculer.

Il en va tout autrement dans ce monde, où tous se pressent en avant; si quelqu'un bronche ou tombe, pas une âme ne regarde en arrière.

« Tu dis que les années t'ont ravi beaucoup d'avantages : la jouissance propre du jeu des sens, le souvenir du délicieux badinage de la veille, les pérégrinations lointaines n'ont plus de charmes, non plus que l'ornement légitime des honneurs émanés du trône, ni la louange, autrefois si douce; de ton activité propre ne découle plus le contentement; tu manques d'une aventureuse audace. Je ne sais vraiment ce qui peut te rester encore. » Il m'en reste assez : il me reste l'idée et l'amour.

On peut toujours se présenter au savant avec assurance : vous êtes-vous tourmenté longtemps, il sait d'abord où vous manquez; et vous pouvez aussi espérer l'approbation, car il sait où vous avez réussi.

Le libéral est trompé; l'avare, sucé; l'habile, égaré; le sage, enflé; le rigide, esquivé; le sot, attrapé. Domine ces mensonges : tu fus trompé, sois trompeur.

Qui peut commander louera et puis aussi blâmera, et toi, fidèle serviteur, tu dois agréer l'un comme l'autre.

Car il loue quelquefois des vétilles, et il blâme quand il devrait louer; mais, si tu conserves ta bonne humeur, il finira par t'apprécier.

Et vous, grands, conduisez-vous aussi envers Dieu comme les petits; agissez et souffrez selon l'occurrence, et conservez toujours votre bonne humeur.

Schah Sedscha [1] et ses pareils.

Parmi tout le bruit et le fracas des Transoxains [2], nos chants se hasardent sur tes traces. Nous n'avons souci de rien, nous vivons en toi. Que ta vie dure longtemps, ton empire toujours !

Faveur suprême.

Indocile comme je l'étais, j'ai trouvé un maître, et, dompté après maintes années, j'ai trouvé aussi une maîtresse. Ils ne m'ont pas épargné les épreuves, et ils m'ont trouvé fidèle, et ils m'ont gardé avec soin, comme le trésor qu'ils auraient trouvé. Nul n'a servi deux maîtres qui s'en soit trouvé bien: maître et maîtresse s'applaudissent de m'avoir trouvé tous deux, et moi j'ai la fortune et les étoiles propices, depuis que tous deux je les ai trouvés.

Ferdoucy (parle).

Oh! monde, que tu es sans pudeur et méchant! Tu nourris et développes et tues en même temps.

Celui-là seul qu'Allah favorise se nourrit, se développe, riche et vivant.

Qu'est-ce donc que la richesse?... Un soleil réchauffant, si le mendiant en jouit comme nous en jouissons. Qu'elle n'offense donc aucun riche, la joie divine du mendiant dans son indépendance !

Dschelâl-Eddin Roumi (parle).

Si tu t'arrêtes dans le monde, il fuit comme un songe; si tu

---

1. Prince très-lettré, auteur de plusieurs ouvrages scientifiques. (de Hammer.)
2. Leur musique avait un caractère bruyant et guerrier.

chemines, une destinée détermine l'espace; tu ne peux fixer ni le chaud ni le froid; et ce qui fleurit pour toi soudain sera flétri.

Souleika (parle)[1].

Le miroir me dit que je suis belle; vous dites que vieillir est aussi ma destinée; tout doit subsister éternellement devant Dieu : aimez-le en moi pour ce moment.

[1]. Nom de l'héroïne du roman de *Joussouf et Souleika*, par Dschami, un des plus célèbres poëtes mystiques de la Perse. On en trouvera des imitations dans le *Souleika Nameh*

RENDSCH NAMEH.

LIVRE DE LA MAUVAISE HUMEUR.

« Où donc as-tu pris ces choses ? Comment sont-elles venues à toi ? Comment as-tu tiré ce chiffon[1] du fatras de la vie, afin de rallumer les dernières étincelles ? »

Ne vous figurez pas que ce soient des étincellements ordinaires : dans les lointains immenses, dans l'océan des étoiles, je ne m'étais pas perdu, il me semblait renaître.

Des flots de moutons blancs couvraient les collines, soignés par de graves pasteurs, qui donnent l'hospitalité pauvrement et de bon cœur ; gens si paisibles, si aimables, qu'ils me charmaient tous.

Dans les nuits redoutables, nous étions menacés d'attaques ennemies ; le gémissement des chameaux ébranlait l'oreille et le cœur, et, de leurs guides, l'imagination et l'orgueil.

Et toujours on avançait et toujours s'étendait l'espace, et toute notre colonne semblait une fuite éternelle, et, derrière le désert et la troupe, la trace bleue d'une mer trompeuse[2].

On ne trouvera point de rimeur qui ne se croie le plus excellent, point de racleur qui ne joue plus volontiers ses propres airs.

Et je ne saurais les blâmer : nous ne pouvons rendre hon-

---

1. Allusion à l'ancien usage, d'avoir, en guise d'amadou, des chiffons charbonnés sur lesquels on battait le briquet, et qu'on étouffait de nouveau entre deux plateaux de fer, quand l'allumette avait pris feu.
2. Le mirage.

neur aux autres sans nous rabaisser nous-mêmes. Vivons-nous quand les autres vivent?

Et j'ai trouvé la même chose dans certaines antichambres, où l'on ne savait pas distinguer la fiente de souris de la coriandre.

Le passé voulait haïr ces nouveaux et vigoureux balais; ceux-ci, à leur tour, ne voulaient pas souffrir les balais d'autrefois.

Et quand deux peuples se séparent dans un mutuel mépris, aucun ne veut convenir qu'ils poursuivent le même but.

Certaines gens, qui ont condamné le grossier égoïsme, ont plus de peine que personne à digérer les succès des autres.

———

L'amitié des Allemands, je n'en ai point affaire; la politesse est au service de la plus fâcheuse hostilité. Plus ils se sont montrés caressants, plus mes menaces ont toujours été vives; je ne me suis pas laissé rebuter, si l'aurore et le crépuscule étaient sombres; j'ai laissé l'eau couler, couler pour la joie et la souffrance; mais, avec tout cela, je suis resté maître de moi-même. Ils voulaient tous goûter ce que leur offrait l'heure présente : je ne les ai pas empêchés; chacun a son désir. Ils m'envoient tous leurs compliments, et ils me haïssent à la mort.

———

Quelqu'un se trouve-t-il heureux et content, aussitôt le voisin veut le tourmenter. Aussi longtemps que l'homme de mérite est vivant et agissant, on le lapiderait volontiers; mais est-il mort une fois, on recueille aussitôt de grandes sommes, pour achever un monument en l'honneur de sa misère. Toutefois la foule devrait bien alors comprendre son intérêt : il serait plus à propos d'oublier à jamais le bonhomme.

———

La supériorité, vous pouvez le sentir, ne saurait être bannie du monde : je me plais à converser avec les habiles, avec les tyrans.

Comme les stupides opprimés ne cessaient de frapper à la

porte de toutes leurs forces, et que les gens étroits, les esprits bornés, nous mettaient trop volontiers sous le joug;

Je me suis déclaré indépendant des fous et des sages : ceux-ci demeurent tranquilles; ceux-là voudraient se déchirer.

Ils imaginent que nous devrions enfin nous unir dans la force et l'amour; ils me rendent le soleil sombre, et ils ôtent à l'ombre sa fraîcheur.

Hafiz et Ulric Hutten[1] durent s'armer tout de bon contre les frocs bruns et bleus; les miens sont vêtus comme les autres chrétiens.

« Eh bien, dis-nous les noms de tes ennemis ! » Je ne veux pas que personne les distingue : j'ai déjà bien assez à en souffrir dans la communauté.

Voilà bien cinquante années qu'ils essayent de me contrefaire, de me refondre, de me défigurer. Il me semble que tu pourrais apprendre ce que tu vaux dans les champs de ta patrie. Tu as fait en ton temps des extravagances avec de jeunes fous endiablés, puis insensiblement, d'année en année, tu t'es attaché aux sages d'une douceur divine.

Si tu te reposes sur le bien, je ne t'en blâmerai jamais; si même tu fais le bien, crois-moi, cela t'ennoblira; mais as-tu planté ta haie autour de ton bien, je vivrai libre et je vivrai, ma foi, sans être aucunement trompé.

Car les hommes sont bons, et ils resteraient meilleurs, si l'un ne devait pas agir comme l'autre. Voici, en passant, un mot, que ne condamnera personne : Voulons-nous arriver à un même lieu, eh bien, nous allons ensemble.

Bien des obstacles se présenteront à nous çà et là. Dans l'amour, on ne veut jamais d'auxiliaires et de compagnons; l'argent et l'honneur, on serait charmé d'en avoir pour les dépenser seul, et le vin, ami fidèle, nous brouille à la fin.

Hafiz a parlé aussi sur ces matières; il s'est cassé la tête, en

---

1. Voyez page 385.

rêvant à maintes sottises, et je ne vois pas le profit qu'on a de courir hors de ce monde : tu peux, si les choses vont au pire, t'en arracher une bonne fois.

———

Comme si elle reposait sur le nom, la chose qui ne se développe qu'en silence ! Je chéris l'aimable bonté, comme elle s'est formée au sein de Dieu.

J'aime quelqu'un, c'est nécessaire ; je ne hais personne. S'il faut que je haïsse, m'y voilà aussi tout prêt, je vais haïr en masse.

Veux-tu les mieux connaître ? Observe le bien, observe le mal : ce qu'ils appellent excellent n'est probablement pas le bien.

Car, pour comprendre le bien, il faut mener une vie sérieuse, et se répandre en bavardages me semble un frivole travail.

Bien, mon ami, ton office est de froisser : tu peux te joindre à celui qui brise en morceaux ; après quoi, celui qui réduit tout en poudre pourra, s'il lui plaît, se croire le meilleur.

Que seulement, dans la rénovation, chacun entende tous les jours du nouveau, et qu'en même temps, la distraction détruise chacun en soi-même !

Voilà ce que l'Allemand aime et désire, qu'il s'écrive *Deutsch* ou *Teutsch*[1], et ils chantent tout bas la chanson : « Ainsi fut-il et sera. »

Medschnoun signifie... je ne veux pas dire que cela signifie précisément un insensé[2], mais vous ne trouverez pas mauvais que je me vante d'être un Medschnoun.

Si le cœur, le cœur plein de loyauté, s'épanche pour vous sauver, ne criez pas : « Voilà le fou ! apportez des cordes ! trouvez-nous des chaînes ! »

Et lorsqu'enfin vous voyez les plus sages languir dans les fers, cela vous brûle comme des orties de feu, d'en être témoins inutiles.

---

1. Voyez page 396.
2. C'est pourtant le sens général du mot : *Dæmone obsessus, lymphaticus et insanus, furens, maniacus.* (Meninsky, thesaur. ling. orient.)

Vous ai-je donc jamais donné des conseils sur la conduite de la guerre? Vous ai-je blâmés, lorsque, après vos exploits, vous voulûtes conclure la paix?

Et j'ai vu aussi avec tranquillité le pêcheur jeter ses filets; je n'ai pas eu besoin de recommander au menuisier habile l'usage de l'équerre.

Mais vous voulez mieux savoir ce que je sais, moi qui ai médité ce que la nature, pour moi diligente, m'a déjà donné en partage.

Vous sentez-vous la même force, eh bien, avancez vos affaires! Mais, quand vous voyez mes ouvrages, apprenez d'abord à vous dire : « C'est ainsi qu'il a voulu les faire. »

Paix de l'âme chez le pèlerin.

Que nul ne se plaigne de la bassesse, car c'est la puissance, quoi que l'on vous dise.

Elle règne dans le mal pour son grand avantage, et, de la justice, elle dispose comme elle veut.

Pèlerin, voudrais-tu regimber contre cette loi fatale? Laisse le tourbillon et la boue desséchée tourner et poudroyer.

Qui demandera au monde ce que le monde lui-même rêve et désire, et, regardant en arrière ou de côté, néglige de jour en jour? Ses efforts, sa bonne volonté, poursuivent d'un pied boiteux la vie fugitive, et, ce qui vous fut nécessaire autrefois, il voudrait vous le donner aujourd'hui.

C'est un défaut de se louer soi-même : cependant il se loue, celui qui fait quelque bien, et puis, s'il n'est pas dissimulé dans son langage, le bien, quoi qu'on dise, est toujours bien.

Laissez donc, insensés, au sage, qui se croit sage, le plaisir de gaspiller, en véritable fou comme vous, l'insipide reconnaissance du monde.

Croyez-vous donc que de la bouche à l'oreille il y ait un véritable profit? Insensés, la tradition est aussi une pure chimère. Voici enfin le moment de juger, et ce qui peut seul te délivrer des chaînes de la foi, c'est la raison, à laquelle tu as déjà renoncé.

———

Que l'on ait la manie française, anglaise, italienne ou allemande, les uns comme les autres veulent uniquement ce qu'exige leur amour-propre.

Car on n'avoue jamais ni plusieurs ni personne, si cela n'est utile, le jour où l'on voudrait soi-même paraître quelque chose.

Que demain le bien trouve donc ses amis favorablement disposés, pourvu que le mal ait encore aujourd'hui place et faveur entière.

Celui qui ne sait pas se rendre compte de trois mille ans, qu'il reste sans expérience dans les ténèbres et vive au jour le jour.

———

Autrefois, quand on citait le saint Coran, on indiquait le chapitre et le verset, et chaque musulman sentait, selon son devoir, sa conscience en respect et en repos. Aujourd'hui les derviches ne savent faire autre chose que bavarder sur l'ancien et sur le nouveau. Le désordre augmente chaque jour. O saint Coran ! ô repos éternel !

Le prophète (parle).

Si quelqu'un est fâché qu'il ait plu à Dieu d'accorder à Mahomet bonheur et protection, qu'il fixe à la plus forte poutre de sa maison une corde solide et qu'il s'y attache ! Cela tient, cela porte : il sentira sa colère s'apaiser.

Timour (parle).

Eh quoi ! prêtres menteurs, vous blâmez le puissant orage de l'orgueil ? Si Allah m'avait destiné à être un ver, il m'aurait créé ver.

HIKMET NAMEH.

LIVRE DES MAXIMES.

Je sèmerai, dans ce livre, des talismans : cela fait un contrepoids. Celui qui piquera avec une aiguille crédule, partout une bonne parole le réjouira.

Ne demandez rien au jour présent, à la nuit présente, que le jour, la nuit de la veille ne vous ait donné.

Qui est né dans les plus mauvais jours se trouvera bien même des mauvais.

A quel degré une chose est facile, celui-là le sait, qui l'a inventée et qui s'en est rendu maître.

La marée monte sans cesse, la terre ne la contient jamais.

Le destin t'éprouve, il sait bien pourquoi ; il te voulait tempérant : obéis en silence.

Il est jour encore, que l'homme fasse son œuvre : la nuit s'avance, où nul ne peut travailler.

Que veux-tu refaire au monde? Il est déjà fait ; le souverain créateur a pourvu à tout. Ton lot est marqué, poursuis ta carrière ; la route est commencée, achève le voyage. Souci et chagrin n'y changent rien ; ils te jettent sans cesse hors de l'équilibre.

Quand l'opprimé se plaint que les secours, que l'espérance, lui sont refusés, il reste toujours le baume d'une parole amicale.

« Que vous vous êtes conduits avec maladresse, quand la fortune est entrée dans votre maison ! » La belle ne l'a point mal pris, elle est revenue deux ou trois fois.

Que mon héritage est vaste et magnifique ! Le temps est mon domaine, le temps est mon champ.

Fais le bien purement pour l'amour du bien ; transmets cet héritage à ta famille : quand même il ne resterait pas à tes enfants, tes petits-enfants y trouveront leur avantage.

Ainsi le dit Envéri, le meilleur des hommes, qui sait ce qu'il y a de plus profond dans les cœurs et de plus élevé dans les esprits : « En tous lieux, en tout temps, tu trouveras ton avantage dans la justice, la sagesse et l'indulgence. »

Pourquoi te plaindre de tes ennemis? Pourraient-ils jamais être tes amis, des hommes pour lesquels une nature comme la tienne est, en secret, un reproche éternel ?

Il n'est pas de sottise plus insupportable que d'entendre les sots dire aux sages qu'ils devraient, dans les grands jours, se montrer modestes.

Si Dieu était aussi mauvais voisin que je le suis et que vous l'êtes, nous aurions tous deux peu d'honneur en partage. Il laisse chacun comme il est.

Avouez-le, les poëtes de l'Orient sont plus grands que nous autres poëtes de l'Occident ; mais, en quoi nous les atteignons tout à fait, c'est dans la haine de nos pareils.

Chacun veut être partout au premier rang ; c'est ainsi qu'il en va dans le monde. On passerait à chacun l'arrogance, mais seulement dans ce qu'il entend.

Que Dieu nous épargne sa colère! Les roitelets prennent de la voix.

L'envie veut-elle se déchirer, laissez-la manger sa faim [1].

Pour imposer le respect, il faut être bien hérissé : on chasse avec le faucon toutes les bêtes, excepté le sanglier.

Que sert-il à la prêtraille de me barrer le chemin ? Ce qui ne peut être saisi en face, on ne le discerne pas non plus obliquement.

Il vantera et nommera un héros avec joie, celui qui combattit lui-même hardiment : nul ne peut reconnaître le mérite de l'homme, s'il n'a pas lui-même enduré le chaud et le froid.

Fais le bien purement pour l'amour du bien : ce que tu fais ne te reste pas, et, quand même cela te resterait, cela ne restera pas pour tes enfants.

---

[1]. Expression proverbiale en Perse, selon Chardin, IV. 162.

Si tu ne veux pas être impudemment dépouillé, cache ton or, ton départ, ta croyance.

D'où vient que l'on entend partout tant de bonnes choses, tant de sottises? Les jeunes répètent ce que les vieux ont dit, et croient que cela leur appartient.

Ne te laisse en aucun temps entraîner à contredire : les sages tombent dans l'ignorance, lorsqu'ils disputent avec les ignorants.

« Pourquoi la vérité est-elle si loin? Se cache-t-elle dans les abîmes? » Personne ne comprend au bon moment. Si l'on savait comprendre au bon moment, la vérité serait proche, serait épanouie, elle serait aimable et douce.

A quoi bon chercher où s'écoule la bienfaisance? Jette tes gâteaux dans la rivière! Sait-on qui les mangera[1]?

Un jour, que j'avais écrasé une araignée, je me demandai si j'aurais dû le faire : Dieu l'avait appelée comme moi à jouir de la vie.

« La nuit est sombre, auprès de Dieu est la lumière. » Pourquoi ne nous a-t-il pas faits de même sorte?

Quelle assemblée confuse! A la table de Dieu, ont pris place amis et ennemis.

Vous m'appelez avare : donnez-moi de quoi gaspiller.

Si tu veux que je te montre le pays, il te faut d'abord monter sur le toit.

Celui qui se tait a peu de chose à craindre : l'homme reste caché sous la langue.

Un maître qui a deux valets n'est pas bien servi ; une maison où sont deux femmes ne sera pas bien balayée.

Bonnes gens, vous en restez là et vous ne savez que dire *autos épha*[2]! Pourquoi dites-vous encore homme et femme? Il est écrit Adam et Ève.

Pourquoi je remercie Allah hautement? Parce qu'il a séparé la douleur et la connaissance. Tout malade devrait se désespérer, s'il connaissait le mal comme le médecin le connaît.

---

1. Allusion à une légende orientale, tirée du *Cabus* et traduite par Dietz. (Comp. l'*Ecclésiaste*, ch. xi, v. 1.)

2. « Le maître l'a dit. » Parole des disciples de Pythagore.

C'est folie que chacun à son tour fasse valoir son opinion particulière : s'il est vrai que *islam* signifie *soumission à Dieu*, vivons et mourons tous en *islam*.

Qui vient au monde bâtit une maison neuve[1], puis il s'en va et la laisse à un deuxième, qui la dispose d'autre sorte et nul n'achève le bâtiment.

Celui qui entre dans ma maison peut critiquer ce que j'ai souffert bien des années, mais il se morfondrait devant la porte, si je ne voulais pas le souffrir.

Maître, sois content de cette maisonnette : on en peut bâtir de plus grandes, mais on n'y gagne rien de plus.

Te voilà pourvu à jamais de biens que nul ne saurait te reprendre : deux amis sans souci, une coupe, un recueil de chansons.

« Que n'a-t-il pas produit, ce Lokman, que l'on disait si laid ? » La douceur ne réside pas dans le roseau, c'est le sucre qui est doux.

L'Orient a passé la Méditerranée et a pénétré chez nous avec gloire : il faut aimer et connaître Hafiz pour entendre Caldéron.

« Pourquoi parer une de tes mains beaucoup plus qu'elle n'avait droit d'y prétendre ? » Que pourrait faire la main gauche si elle ne parait la droite ?

Quand on mènerait à la Mecque l'âne de Jésus-Christ, il n'en serait pas mieux dressé, et resterait toujours un âne.

A fouler la boue, on l'étend, on ne la durcit pas.

Mais, si vous la battez violemment dans un moule solide, elle prend une forme : vous verrez des pierres ainsi faites ; les Européens les nomment *pisé*.

Ne vous affligez pas, bonnes âmes, car celui qui ne pèche pas sait, à la vérité, quand les autres pèchent, mais celui qui pèche est dès lors en bonne position : il sait clairement en quoi ils ont bien fait.

« Tu n'as pas rendu grâce à tant de gens qui t'ont fait du

---

1. « Les Persans, dit Chardin, ont une forte répugnance à loger dans la maison où leur père est mort. Chacun en fait bâtir une ou en acquiert une qu'il dispose à sa fantaisie. »

bien. « Je n'en suis pas tombé malade ; leurs bienfaits vivent dans mon cœur. »

Faites-vous une bonne renommée ; discernez bien les choses : qui voudra davantage se perdra.

Le flot de la passion se déchaîne en vain contre la rive indomptée : il jette sur le sable des perles poétiques, et c'est déjà un bénéfice de la vie.

LE CONFIDENT. Tu as exaucé bien des prières, quand même elles te faisaient tort : ce bon homme a demandé peu de chose et ce peu n'offre aucun danger.

LE VIZIR. Ce bon homme a demandé peu de chose, et, si je l'avais exaucé, il était perdu sur-le-champ.

C'est une chose fâcheuse et qui se voit pourtant, que la Vérité se traîne à la suite du Mensonge[1] ; c'est quelquefois aussi son plaisir, et qui osera interroger une si belle femme? Si le seigneur Mensonge voulait s'associer à la Vérité, madame en serait très offensée.

Sache qu'il me déplaît fort que tant de gens parlent et chantent. Qui chasse du monde la poésie ? Les poëtes.

1. Proprement : « de l'Erreur, » mais il fallait un mot masculin.

TIMOUR NAMEH.

LIVRE DE TIMOUR.

L'hiver et Timour.

C'est ainsi que l'hiver les environnait de sa puissante colère. Soufflant chez les hommes son haleine glacée, il excitait contre eux tous les vents ennemis ; il donnait sur eux un violent pouvoir à ses orages hérissés de frimas. Il descend dans le conseil de Timour, il l'appelle avec menace et lui dit : « Va doucement, marche lentement, malheureux ! injuste tyran ! Faudra-t-il que les cœurs soient plus longtemps brûlés, consumés de tes flammes ? Si tu es l'un des esprits damnés, apprends que je suis l'autre. Tu es vieux, je le suis aussi ; notre pouvoir engourdit les terres et les hommes. Tu es Mars, je suis Saturne, astres malfaisants, et, dans leur conjonction, les plus formidables. Tu frappes de mort les âmes, tu refroidis les airs : mes vents sont encore plus froids que tu ne peux l'être. Tes bandes sauvages font subir aux croyants mille martyres : soit ! En mon temps, Dieu le veuille, on verra quelque chose de pire. Et, par Dieu, je te vaux bien. Qu'il entende l'offre que je te fais ! Oui, par Dieu, rien ne saurait, ô vieillard, éloigner de toi le froid de la mort, ni la braise ardente du large foyer, ni les flammes de décembre.

A Souleika.

Pour te caresser de parfums embaumés, pour exalter tes joies, mille boutons de roses doivent périr d'abord dans les flammes ;

Pour posséder un petit flacon qui garde à jamais sa senteur, un flacon svelte comme tes doigts effilés, il est besoin d'un monde ;

D'un monde de forces vives, qui, dans leur expansion féconde, auguraient déjà les amours de Bulbul et ses chants qui réveillent les âmes.

Ce tourment devrait-il nous tourmenter, quand il augmente nos plaisirs? Des vies sans nombre n'ont-elles pas été consumées par la tyrannie de Timour?

SOULEIKA NAMEH.

LIVRE DE SOULEIKA.

> Je rêvais la nuit, et je croyais voir la lune dans mon sommeil; mais, quand je m'éveillai, le soleil parut soudain.

Invitation.

Ne fuis pas devant le jour, car le jour que tu atteindras ne vaut pas mieux que celui d'aujourd'hui. Mais, si tu demeures avec joie aux lieux d'où j'écarte le monde, pour amener le monde à moi, aussitôt avec moi tu seras tranquille. Aujourd'hui est aujourd'hui, demain est demain, et ce qui vient et ce qui est passé n'entraîne pas, ne demeure pas arrêté. Demeure, mon bien-aimé, car c'est toi qui l'apportes et c'est toi qui le donnes.

———

Que Souleika fût charmée de Joussouf[1], ce n'est pas merveille : il était jeune, et la jeunesse a la faveur ; il était, dit-on, beau à ravir, elle était belle : ils pouvaient faire le bonheur l'un de l'autre. Mais que toi, qui m'as fait languir si longtemps, tu m'adresses tes jeunes regards pleins de flammes ; que tu m'aimes aujourd'hui, et que tu fasses plus tard mon bonheur, c'est ce que mes chants doivent célébrer. Tu seras à jamais pour moi Souleika.

———

Puisque Souleika est désormais ton nom, il faudrait que je

---

1. Joussouf, c'est Joseph, l'idéal de la beauté chez l'homme, l'Adonis de l'Orient; Souleika est la première femme de Putiphar. Joseph fut remis à sa surveillance par le roi lui-même. (Rosenoel, première partie, page 70.)

fusse nommé aussi. Quand tu chanteras ton bien-aimé, que son nom soit Hatem! Mais c'est seulement pour qu'on me reconnaisse; ce n'est point présomption : celui qui se nomme chevalier de Saint-George ne croit pas aussitôt être un saint George. Je ne puis, dans ma pauvreté, être Hatem Thaï[1], celui qui donne tout; je ne saurais être Hatem Zograi, le plus opulent des poëtes : mais les avoir tous les deux en vue n'est pas tout à fait condamnable. Recevoir, dispenser les dons du bonheur, sera toujours une grande joie. Jouir l'un de l'autre en s'aimant sera le délice du paradis.

Hatem.

Ce n'est pas l'occasion qui fait le larron; elle est elle-même le plus grand des larrons, car elle m'a dérobé le reste d'amour qui subsistait encore dans mon cœur.

Elle te l'a livré, le suprême bien de ma vie, tellement que, réduit à l'indigence, je n'attends désormais ma vie que de toi.

Mais déjà la pitié me parle dans ton regard étincelant comme l'escarboucle, et je jouis dans tes bras d'une destinée nouvelle.

Souleika.

Enchantée de ton amour, je ne fais à l'occasion aucun reproche : si elle fut aussi pour toi un larron, combien je me félicite du larcin!

Et pourquoi dérober? Donne-toi à ton amie par un libre choix : il me serait trop doux de croire.... Oui, c'est moi-même qui t'ai volé!

Ce que tu as donné si sagement te procure un magnifique avantage; mon repos, ma vie florissante, je les donne avec joie : reçois ce don!

Ne plaisante pas; ne dis pas que tu es réduit à l'indigence : l'amour ne nous rend-il pas riches? Quand je te presse dans mes bras, mon bonheur égale tous les bonheurs.

Celui qui aime ne s'égare point, quelque obscurité qui l'en-

---

[1]. Ainsi surnommé, selon d'Herbelot, d'après une tribu qui a donné son nom à un district de l'Arabie. Il était célèbre par sa libéralité. Wurm ne trouve pas d'indications certaines sur Hatem Zograi.

vironne; si Leila et Medschnoun ressuscitaient, ils apprendraient de moi le chemin de l'amour.

———

Est-il possible, ô mon amie, que je te couvre de baisers? Est-ce que j'entends le son de ta voix divine? La rose semble toujours impossible, inconcevable le rossignol

Souleika.

Comme je voguais sur l'Euphrate, l'anneau d'or que j'ai reçu de toi naguère glissa de mon doigt dans l'eau profonde.

Voilà ce que j'ai rêvé. L'aurore brillait dans mes yeux à travers les arbres; parle, poëte, parle, prophète, que veut dire ce songe?

Hatem.

Je suis prêt à l'expliquer. Ne t'ai-je pas conté souvent comme le doge de Venise se marie avec la mer?

C'est ainsi que l'anneau est tombé de ton doigt dans l'Euphrate. O doux songe, tu m'inspires mille chants célestes!

Moi, qui courais de l'Indostan à Damas, pour me rendre à la Mer Rouge avec la nouvelle caravane,

Tu me maries avec ton fleuve, avec cette terrasse, avec ce bocage; ici mon âme te sera dévouée jusqu'au dernier baiser.

———

Je connais bien les regards des hommes; ils disent : « J'aime, je languis, je désire, même je désespère! » Et mille choses qu'une jeune fille connaît. Tout cela m'est inutile; tout cela ne peut me toucher. Mais, Hatem, tes regards donnent seuls au jour la lumière, car ils disent : « Elle me plaît comme nulle chose ne saurait me plaire : je vois des roses, je vois des lis, honneur et ornement de tous les jardins; puis des cyprès, des myrtes, des violettes, qui naissent pour la parure de la terre; et elle est merveilleusement parée, elle nous environne de surprises, nous récrée, nous restaure, nous bénit, si bien que l'on se sent guéri, et que l'on voudrait retomber malade.... » Tu vis Souleika, et tu trouvas la santé dans la maladie et la maladie dans la santé; tu souris en regardant de mon côté, comme jamais tu n'as souri au monde. Et, ce regard, Souleika entend son langage éternel : « Elle me plaît comme nulle chose ne saurait me plaire. »

Gingo biloba [1].

La feuille de cet arbre, que l'Orient confie à mon jardin, nous offre un sens mystérieux, qui charme l'amitié.

Est-ce un seul être vivant, qui s'est subdivisé en lui-même ? Sont-ce deux êtres qui se choisissent, en sorte qu'on les prend pour un seul ?

A ces questions, j'ai trouvé la véritable réponse : ne sens-tu pas, à mes chansons, que je suis unique et jumeau ?

Souleika.

Avoue-le, tu as souvent composé des vers ; tu as adressé tes chants çà et là ; et, ces beaux ouvrages écrits de ta main, tu les as magnifiquement reliés, dorés en marge, achevés jusqu'au dernier point et au dernier trait, donnant à maint volume une grâce séduisante. Où que tu les aies adressés, c'était sans doute un gage d'amour ?

Hatem.

Oui, regards puissants et doux, sourires enchanteurs, dents éblouissantes, longs cils, qui dardent leurs flèches, flottantes chevelures, épaules, gorges ravissantes, m'ont fait courir mille et mille dangers... Juge comme depuis longtemps Souleika était prophétisée !

Souleika.

Voici le soleil ! apparition magnifique ! Le croissant de la lune l'embrasse [2]. Qui donc a pu marier un pareil couple ? Cette énigme, comment s'explique-t-elle ? Comment ?

Hatem.

C'est le sultan qui l'a pu faire ; il a fiancé le plus beau couple du monde, pour décorer l'élite, les plus vaillants, de la troupe fidèle.

---

1. C'est le gingo du Japon, connu d'abord des pépiniéristes français sous le nom d'arbre aux quarante écus, prix des premiers arbres de cette espèce qui ont été vendus en France.

2. Il s'agit d'un ornement tel que l'ordre du Croissant, institué par Sélim III.

Que ce soit aussi un signe de notre bonheur! Déjà je me revois, je te revois; bien-aimée, tu m'appelles ton soleil; viens, douce lune, embrasse-moi.

———

Viens, bien-aimée, viens! à toi le soin de ma coiffure. Le turban n'est beau que formé de tes mains. Abbas, sur le trône sublime de l'Iran, n'a pas vu ceindre sa tête d'une plus élégante coiffure.

C'était un turban, la bandelette qui tombait en nœuds élégants de la tête d'Alexandre, et, après lui, tous les souverains l'adoptèrent comme royale parure.

C'est un turban qui pare notre roi : on l'appelle couronne. Passe pour le nom! perles et joyaux! que l'œil soit enchanté!... La mousseline est toujours le plus bel ornement.

Et celle-ci, d'une parfaite blancheur et lamée d'argent, bien-aimée, viens en ceindre mon front. Qu'est-ce donc que la grandeur? C'est pour moi chose familière. Tes regards s'arrêtent sur moi : je suis aussi grand que lui !

———

Je demande peu de chose, justement parce que tout me plaît; et, ce peu de chose, dès longtemps le monde me le donne volontiers.

Souvent je suis assis gaiement dans la taverne, et gaiement dans l'étroite maison; mais, aussitôt que je pense à toi, mon esprit conquérant se donne carrière.

Tu devrais régner sur les États de Timour, commander à sa victorieuse armée; Badakschan[1] te devrait ses rubis, la mer Hyrcanienne ses turquoises.

A toi les fruits secs, doux comme miel, de Boukhara[2], le pays du soleil, et mille poëmes aimables, sur papier de soie de Samarcande.

Tu liras avec joie ce que j'ai fait venir pour toi d'Ormuz, et comme tout le commerce n'était en mouvement que pour toi;

---

1. Ville et province de Perse
2. Capitale de la Boukharie.

Comme, dans le pays de Brahmanes, des milliers de mains sont occupées à faire briller pour toi sur la laine et la soie toute la magnificence de l'Indoustan ;

Comme, pour la gloire de ma bien-aimée, elles fouillent même les torrents de Soumelpour[1], et, de la terre, du gravier, des roches brisées et des galets, séparent pour toi les diamants ;

Comme la troupe des hardis plongeurs a dérobé au golfe le trésor de la perle, et comme un divan de connaisseurs habiles s'est empressé de l'enfiler pour toi.

Et si Bassora y joint, pour dernière offrande, les épices et l'encens, tout ce qui ravissait le monde, la caravane te l'apporte.

Mais toutes ces richesses royales finiraient par troubler le regard, et deux cœurs vraiment épris ne trouvent que l'un dans l'autre leur félicité.

Hésiterais-je un moment, douce amie, à te donner Balckh, Boukhara, Samarcande, et le tumulte et les vanités de ces villes ?

Demande cependant au souverain s'il veut te les donner ! Il est plus magnifique et plus sage, mais il ne sait pas comme on aime.

Maître, tu ne te résoudras jamais à faire de pareils cadeaux : il faut avoir une amie comme la mienne, il faut être un mendiant comme moi.

A Souleika.

Douce enfant, les tours de perles, je voudrais, selon mon pouvoir, te les donner de bon cœur, comme nourriture du flambeau de l'amour.

Et je te vois porter à ton cou un signe, qui, entre tous les abraxas[2], ses pareils, est le plus déplaisant à mes yeux.

Cette folie, toute moderne, peux-tu me l'apporter à Chiraz ? Faut-il que je chante, dans sa rigidité, cette bûchette croisée sur une bûchette ?

Abraham a choisi pour son ancêtre le Seigneur des étoiles ; Moïse, dans le désert lointain, a grandi par le seul Dieu ;

---

1. Place de commerce dans le Bengale.
2. Voyez page 533, la note 1.

David lui-même, après avoir traversé bien des fautes et même des crimes, sut pourtant s'absoudre en disant : « J'ai bien servi le seul Éternel ; »

Les sentiments de Jésus étaient purs, et, dans le secret de son cœur, il n'admettait que le Dieu unique, et quiconque le faisait Dieu lui-même offensait sa sainte volonté.

Il faut donc voir la vérité dans ce qui a pareillement réussi à Mahomet : c'est seulement par l'idée du Dieu unique qu'il a soumis le monde entier.

Si pourtant tu exiges mon hommage pour cet objet fatal, qu'il soit dit, pour mon excuse, que tu ne triomphes pas seule.

Mais oui, seule !... Comme les mille femmes de Salomon l'entraînèrent à contempler, à prier, les dieux que les folles adoraient ;

Comme elles présentèrent à l'orgueil judaïque la corne d'Isis, la gueule d'Anubis,... tu veux me faire un dieu de cette lamentable image sur bois !

Et je ne veux pas sembler meilleur que l'événement ne me trouve : Salomon abjura son Dieu, j'ai renoncé le mien.

Permets que j'oublie dans ce baiser le remords du renégat; car un Vitslipoutzli [1] serait un talisman sur ton cœur.

Tu riais de ces feuilles ambitieuses, élégamment écrites, magnifiquement dorées : tu me pardonnais de me glorifier de ton amour et de mon heureuse réussite, qui t'est due ; tu me pardonnais de chanter doucement mes propres louanges.

Ces louanges qu'on se donne ne sentent mauvais que pour l'envie : pour les amis, pour nous-mêmes, elles ont un doux parfum.

Il est grand, le plaisir de vivre, plus grand, le plaisir que l'on prend à la vie. Souleika, quand tu me combles de félicités inépuisables, quand tu me jettes ta flamme, comme serait une balle, pour que je la reçoive et te renvoie mon être dévoué.... c'est là un moment !

---

[1]. On peut rapprocher de cet épouvantail, dont on fait peur aux enfants en Allemagne, le Vitslibochtli, idole du Mexique, à laquelle on immolait des victimes humaines.

Et tantôt le Franc, tantôt l'Arménien, m'arrachent de tes bras. Mais il se passe des jours, il s'écoule des années, avant que je fasse renaître dans leur plénitude tes mille profusions, que je reforme la trame bigarrée de mon bonheur, lié comme je suis par toi de mille chaînes, ô Souleïka!

Reçois en échange les perles poétiques jetées par les orages de ton amour sur les sables déserts de ma vie; soigneusement recueillies par des mains délicates, enfilées avec la riche parure d'or, qu'elles soient suspendues à ton cou, sur ton sein! Gouttes de pluie d'Allah, mûries dans la modeste coquille!

———

Amour pour amour, heure pour heure, parole pour parole et regard pour regard, baiser pour baiser d'une bouche fidèle, haleine pour haleine et bonheur pour bonheur! Ainsi le soir! Ainsi le matin! Mais tu devines encore, à mes chansons, mes inquiétudes secrètes : je voudrais emprunter les charmes de Joussouf pour répondre à ta beauté.

Ah! je ne puis y répondre, quelque plaisir que j'y prenne. Qu'il te suffise de mes chansons, de mon cœur, de ma fidélité.

Tu es délicieuse comme le musc : où tu étais, on éprouve encore ta présence.

Souleïka.

La foule, l'esclave et le maître en tout temps reconnaissent que le suprême bien des fils de la terre est l'indépendance.

Toute vie est supportable, quand on ne faillit pas à soi-même; on peut tout perdre au monde, si l'on demeure ce qu'on est.

Hatem.

Cela peut être; voilà ce qu'on pense; mais je suis sur une autre voie : tout le bonheur de la terre, c'est dans Souleïka seulement que je le trouve réuni.

Qu'elle se prodigue à moi, et ma personne me devient chère. Si elle se fût détournée, aussitôt j'étais perdu pour moi.

Hatem aurait donc cessé d'être, mais j'ai déjà changé de sort : je me suis bien vite incarné dans l'homme charmant qu'elle caresse.

Je voudrais être, non pas un rabbin (cela ne me tente guère), mais Ferdoucy, Motanabbi, et tout au moins le roi!

Hatem.

Parle, sous quel signe céleste se trouve le jour où mon cœur, qui est pourtant mon bien propre, ne s'envolera plus, et, s'il venait à s'envoler, serait tout près de moi pour se laisser atteindre? C'est sur le coussin moelleux et tendre, où mon cœur repose auprès du sien.

Hatem.

Comme les brillants, dont les facettes dardent mille couleurs, entourent la petite boutique de l'orfévre du bazar, ainsi de jolies fillettes entourent le poëte aux cheveux gris.

UNE JEUNE FILLE. Vas-tu déjà rechanter Souleika? Nous ne pouvons la souffrir. Ce n'est pas pour toi, c'est pour tes chansons, que nous voulons, que nous devons lui porter envie.

En effet, quand même elle serait laide, tu en ferais la plus belle créature; c'est ainsi que nous avons lu mille choses sur Dschémil et Boteinah.

Mais, justement parce que nous sommes jolies, il nous plairait bien aussi que l'on voulût nous peindre, et, si tu le fais avec complaisance, tu recevras un joli salaire.

HATEM. Viens, brunette, nous y réussirons : tresses, peignes, grands et petits, décorent la tête mignonne et proprette, comme la coupole décore la mosquée.

Toi, blondine, tu es si gentille et, de toute manière, si délicate, que d'abord, et non sans cause, on pense aux minarets.

Toi, là derrière, tu as des yeux de deux façons; tu peux te servir de chacun à part comme il te plaît : cependant je ferais bien de t'éviter.

Avec ses paupières légèrement pressées, qui protégent le globe de l'œil, l'un annonce la friponne des friponnes, et pourtant le regard de l'autre est si honnête!

Tandis que l'un jette l'hameçon qui blesse, l'autre se montre secourable et salutaire : je n'estimerai jamais heureux quiconque ne jouit pas de ce double regard.

Et je pourrais vous louer toutes ainsi, et je pourrais ainsi vous aimer toutes, car, en même temps que je vous célébrais, je chantais aussi ma maîtresse.

UNE JEUNE FILLE. C'est le plaisir du poëte d'être esclave, parce que l'empire en découle pour lui ; cependant il ne doit jamais ressentir plus de joie que si la bien-aimée chante elle-même.

Sait-elle composer de ces chansons qui voltigent sur nos lèvres ? Car, ce qui la rend fort suspecte, c'est qu'elle agit en secret.

HATEM. Qui sait ce qu'elle peut faire ? Connaissez-vous un secret si profond ? Une chanson que vous avez sentie vous-mêmes, que vous avez vous-mêmes modulée, s'échappe de vos lèvres :

O poëtesses, aucune de vous ne l'égale, car elle chante pour me plaire, et vous chantez et n'aimez que vous.

UNE JEUNE FILLE. Écoute, tu nous as présenté sous des traits menteurs une de ces houris : à la bonne heure ! mais que pas une sur la terre ne se flatte de l'être.

Hatem.

Boucles charmantes, vous me tenez captif dans l'ovale du visage : à vous, serpents bruns et chéris, je n'ai rien qui puisse répondre ;

Rien que mon cœur : il est toujours le même, il se gonfle, épanoui comme une jeune fleur ; sous la neige et l'affreux brouillard, un Etna se déchaîne devant toi.

Tu me fais rougir, comme l'aurore les sombres pentes de ces montagnes, et Hatem[1] sent une fois encore le souffle du printemps et les ardeurs de l'été.

Verse, verse encore un flacon ! Cette coupe, je la bois à mon amie ! Si elle trouve un monceau de cendres, elle dira : « Il s'est consumé pour moi. »

Souleika.

Je ne veux jamais te perdre ! L'amour donne force à l'amour. Tu seras, avec ton ardente passion, la parure de ma jeunesse.

---

1. Ici la rime manque dans le text : elle sera parfaite si l'on veut lire *Goethe* au lieu de *Hatem*.

Ah ! que ma tendresse est flattée, lorsqu'on loue mon poëte!
Car l'amour est la vie, et l'esprit, la vie de la vie.

———

Ne permets pas à ta bouche vermeille de maudire les importunités : la douleur d'amour a-t-elle autre chose à faire qu'à chercher sa guérison?

———

Es-tu séparé de ta bien-aimée, comme l'Orient de l'Occident, ton cœur s'élance dans tous les déserts; il est partout à lui-même son guide : pour les amants, Bagdad n'est pas loin.

———

Votre univers brisé veut toujours se compléter en soi ; ces yeux limpides, ils brillent, ce cœur, il palpite pour moi.

———

Oh ! pourquoi nos sens sont-ils si nombreux! Ils portent le trouble dans le bonheur. Si je la vois, je désire être sourd, et aveugle si je l'entends.

———

Dans le lointain même, si près de toi!... Et soudain survient le tourment. Là tu me parles encore : là, tout à coup, je te revois.

———

Comment pourrais-je être serein encore, loin du jour et de la lumière? A présent, je veux écrire; à boire je ne trouve aucun plaisir.

Quand elle voulait m'attirer, elle n'usait pas de paroles, et, comme la langue s'arrêtait, la plume s'arrête aussi.

Courage, aimable échanson ; remplis la coupe en silence. Je n'ai qu'à dire : « Souviens-toi.... » on sait déjà ce que je veux.

« Quand je me souviens de toi, reprend soudain l'échanson, maître, pourquoi ce silence? Saki[1] voudrait bien entendre toujours de toi des leçons nouvelles. »

---

1. L'échanson: selon de Hammer, le Sakas de la Cyropédie

Si je m'oublie sous le cyprès, il n'en tient nul compte; et pourtant, dans ma retraite, je suis aussi sage, aussi prudent que Salomon.

L'amante (parle).

Et pourquoi le chef des cavaliers n'envoie-t-il pas ses messagers de jour en jour? Il a pourtant des chevaux et il sait écrire.

Il écrit le talik et il sait écrire élégamment le neski[1] sur le papier de soie. Que son écriture me tienne lieu de lui.

La malade ne veut pas, ne veut pas guérir de sa douce souffrance; elle, que guériraient des nouvelles de son bien-aimé, elle est malade.

L'amante (parle encore).

S'il écrit en neski, il exprime un sentiment fidèle; s'il écrit en talik, c'est de quoi me charmer. L'un ou l'autre, qu'importe? il aime!

LIVRE DE SOULEIKA.

Je voudrais bien réduire ce livre, afin qu'il fût aussi serré que les autres; mais comment voulez-vous abréger pages et paroles, quand la folie de l'amour vous entraîne dans les longueurs?

Regarde, bien-aimée, ces riches rameaux en bouquet; laisse-moi te montrer les fruits entourés d'une coque verte et piquante.

Ils sont dès longtemps suspendus, pelotonnés, tranquilles, ne se connaissant point; une branche flottante les berce patiemment :

Mais, par une force intérieure, mûrit toujours et se gonfle le noyau brun; il voudrait se faire jour et verrait le soleil volontiers.

---

1. *Talik*, écriture persane: *neski*, écriture arabe.

La coque s'éclate, le fruit se détache et tombe avec joie; ainsi tombent mes chansons, amoncelées dans ton sein.

Souleika.

Au bord de la riante fontaine qui se joue en légers filets, je ne savais ce qui me tenait enchaînée; mais mon chiffre s'y trouvait, légèrement tracé de ta main : je baissai les yeux, à toi dévouée.

Ici, au bout du canal de la grande allée, je lève les yeux de nouveau, et je vois encore mon chiffre tracé d'une main délicate : reste, reste-moi dévoué!

Hatem.

Puissent l'eau jaillissante, ondoyante, les cyprès, te dire : « De Souleika à Souleika je vais et je viens. »

Souleika.

A peine t'ai-je retrouvé et ranimé par mes baisers et mes chants, que je te vois silencieux et renfermé en toi-même : dis-moi ce qui t'oppresse et te trouble et t'angoisse.

Hatem.

O Souleika, dois-je le dire? Au lieu de louer, je voudrais me plaindre. Autrefois tu ne chantais que mes chansons, toujours répétées et toujours nouvelles.

Celles-ci, je devrais peut-être les louer encore, mais elles sont supposées; elles ne sont pas de Hafiz, de Nisami, de Saadi, de Dschami.

Je connais toutes celles de nos pères; chaque syllabe, chaque note en est gravée dans ma mémoire : celles-ci sont nouvelles!

Elles furent composées hier. Parle, as-tu formé de nouveaux liens? Cette haleine, est-ce une haleine étrangère, qu'avec une si joyeuse audace tu me fais respirer;

Qui t'anime aussi bien, qui se joue aussi bien dans l'amour, attirant, invitant à l'union des cœurs, avec autant d'harmonie que la mienne?

Souleika.

Hatem était loin depuis longtemps; son amie avait appris

quelque chose : il l'avait si bien chantée! Alors la séparation essaya ses forces. C'est à bon droit que ces chants ne te semblent pas étrangers : ils sont de Souleika, ils sont de toi.

———

Behramgour[1], dit-on, trouva la rime. Il parlait avec ravissement, sous l'impulsion d'une âme pure;

Dilaram, l'amie de ses heures, lui répondait vivement, avec des mots et des sons pareils.

C'est ainsi, bien-aimée, que tu me fus départie pour trouver le noble et charmant usage de la rime; si bien que je ne porte plus envie même à Behramgour, le Sassanide : la même faveur m'est échue en partage.

Tu m'as inspiré ce livre, tu me l'as donné, car ce que je disais, dans la joie de mon cœur, me revenait comme un écho de ta vie charmante; comme le regard au regard, la rime répondait à la rime.

Eh bien, que ces accents te parviennent encore même de loin : le mot arrive, le son, le bruit, dût-il s'évanouir. N'est-ce pas le manteau d'étoiles nouvellement semées? n'est-ce pas le tout glorifié de l'amour?

———

Me délecter de ton regard, de ta bouche, de ton sein, entendre ta voix, était mon dernier et mon premier plaisir.

Hier, hélas! il fut le dernier : dès lors lumière et flamme se sont éteintes pour moi; tout badinage qui me charmait me pèse comme une faute et me coûte.

Tant que la volonté d'Allah ne sera pas de nous réunir encore, le soleil, la lune et le monde ne m'offriront que sujets de pleurs.

———

Laissez-moi pleurer, environné de la nuit dans le désert immense. Les chameaux reposent, les conducteurs aussi; l'Arménien veille et calcule en silence : et moi, près de lui, je compte les milles qui me séparent de Souleika; je repasse les fâcheux détours qui allongent la route.

———

[1]. Behram, l'un des Sassanides, surnommé Gour (l'âne sauvage).

Laissez-moi pleurer : ce n'est pas une honte ; les hommes qui pleurent sont bons. Achille pleura sa Briséis ; Xerxès pleura son armée encore entière ; Alexandre pleura sur le favori qu'il avait tué de sa main. Laissez-moi pleurer. Les larmes animent la poussière. Déjà une fraîche vapeur s'en exhale.

Souleika.

Que signifie ce mouvement ? Est-ce que la brise d'Orient m'apporte de joyeuses nouvelles ? Le vif balancement de ses ailes apaise la profonde blessure de mon cœur.

Elle joue d'un souffle caressant avec la poussière, la soulève en légers nuages ; elle pousse vers la treille protectrice le joyeux petit peuple des insectes ;

Elle apaise doucement l'ardeur du soleil, elle rafraîchit mes joues brûlantes, baise encore dans sa fuite les pampres qui décorent les champs et les collines ;

Et son léger murmure m'apporte mille saluts de mon ami ; avant que ces collines s'obscurcissent, je serai saluée de mille baisers.

Tu peux maintenant poursuivre ta course ! Va secourir les amis et les affligés. Là-bas, où les hautes murailles s'embrasent, je trouverai tantôt le bien-aimé.

Ah ! les vraies nouvelles du cœur, le souffle d'amour, la vie restaurée, c'est de sa bouche seulement qu'elles me viendront ; son haleine pourra seule me les donner.

Image sublime.

Le soleil, le Hélios des Grecs, fournit avec magnificence sa carrière céleste ; c'est sans doute pour s'emparer de l'univers qu'il regarde alentour, en bas, en haut.

Il voit la plus belle des déesses en pleurs, la fille des nuages, l'enfant du ciel ; il semble ne briller que pour elle, aveugle pour tout l'espace éthéré.

Il s'abîme dans la douleur et le frissonnement ; la déesse épanche une rosée de larmes plus abondante ; il envoie le plaisir au sein de la tristesse, et à chaque perle baiser sur baiser.

Alors elle sent au fond de son être la puissance du regard :

elle lève les yeux et contemple, immobile ; les perles veulent prendre une forme, car chacune a reçu en elle l'image d'Hélios.

Ainsi, couronné d'un diadème coloré, son front brille radieux ; Hélios vient au-devant d'elle ; il s'avance, mais, hélas! il ne peut l'atteindre.

Ainsi, par la dure loi du sort, tu recules devant moi, tendre amie, et, quand je serais le sublime Hélios, que me servirait le trône roulant ?

Retentissement.

Dans son magnifique langage, le poëte se compare au soleil, puis au roi ; mais il cache son visage attristé, quand il se glisse dans les nuits sombres.

Enveloppé de nuages traînants, le limpide azur du ciel s'est plongé dans les ténèbres, mes joues sont pâles et maigries, et mes larmes secrètes coulent tristement.

Ne m'abandonne pas à la nuit, à la douleur, toi, ma Phébé charmante, toi, mon étoile, mon flambeau, toi, mon soleil, toi, ma lumière !

Souleika.

Souffle de l'Occident, que je t'envie tes ailes humides, car tu peux porter la nouvelle des maux que l'absence me fait souffrir.

Le mouvement de tes ailes éveille dans le cœur un secret désir ; fleurs, prairies, bois et collines, sont en pleurs sous ton haleine.

Mais ton souffle propice et doux rafraîchit les paupières souffrantes. Ah ! je mourrais de douleur, si je n'espérais le revoir.

Eh bien, vole vers mon amant, parle doucement à son cœur ; pourtant, évite de l'affliger et cache-lui mes souffrances.

Dis-lui, mais d'une voix discrète, que son amour est ma vie, et, de l'un et de l'autre, sa présence me donnera le joyeux sentiment.

Le revoir.

Est-ce possible ? Étoile des étoiles, je te presse de nouveau sur mon cœur ! Ah ! la nuit de l'absence, quel abîme! quelle douleur ! Oui, c'est toi, douce, aimable ennemie de mes joies ; au souvenir des douleurs passées, je frissonne en ta présence.

Quand le monde était profondément enseveli dans le sein éternel de Dieu, il ordonna la première heure avec son sublime plaisir de créer, et il prononça la parole : « Que le monde soit ! » Alors éclata un douloureux hélas ! quand l'univers, avec un puissant effort, s'élança dans les réalités.

La lumière s'épanouit, les ténèbres s'en séparèrent avec effroi, et soudain les éléments se dispersèrent et s'enfuirent; chacun, en des rêves déréglés et sauvages, s'élança brusquement au loin, matière inerte, dans l'immense étendue, sans désir, sans bruit.

Tout était muet, silencieux, désert ; Dieu était solitaire pour la première fois : mais il créa l'aurore ; elle eut pitié de la désolation ; elle développa au sein des ténèbres le jeu musical des couleurs : alors put aimer de nouveau ce qui s'était d'abord séparé.

Et, avec empressement, ce qui s'appartient se recherche, et le sentiment et le regard se tournent vers la vie éternelle ; libre choix ou violence, il n'importe, pourvu qu'on se saisisse et se tienne. Allah n'a plus besoin de créer, nous créons son univers.

Ainsi, avec les ailes de l'aurore, je fus entraîné sur tes lèvres, et, par mille gages, la nuit étoilée confirme notre alliance ; nous sommes tous deux sur la terre des modèles dans la joie et la douleur, et quand Dieu dirait encore : « Que le monde soit ! » cela ne saurait plus nous séparer.

Nuit de pleine lune.

Maîtresse, que signifie ce chuchotement ? Pourquoi ce léger mouvement de tes lèvres ? Tu murmures sans cesse, pensive, plus aimable que le vin qu'on savoure à petits traits. Voudrais-tu sur tes lèvres jumelles attirer deux autres sœurs ?

Je disais : je veux des baisers ! des baisers !

Vois, dans l'obscurité douteuse étincellent tous les rameaux fleurissants ; l'étoile file après l'étoile, et mille escarboucles jouent l'émeraude à travers les buissons, mais ton esprit est loin de tout cela.

Je disais : je veux des baisers ! des baisers !

Ton amant, loin de toi, éprouvé de même dans la douceur

amère, ressent un bonheur douloureux; vous avez fait vœu saintement de vous saluer dans la pleine lune : voici le moment.

Je dis : je veux des baisers ! des baisers !

Chiffre.

Montrez du zèle, ô diplomates, et donnez à vos potentats de prudents et sages conseils : que l'envoi de chiffres secrets occupe le monde, jusqu'à ce qu'enfin toute révolution se mette elle-même en équilibre.

Il m'est familier le chiffre de ma douce maîtresse, et déjà je m'y plais, parce qu'elle-même a trouvé le secret : c'est l'abondance de l'amour dans la plus aimable contrée, la volonté tendre et fidèle, comme entre elle et moi.

C'est un bouquet émaillé de mille et mille fleurs, une maison peuplée d'esprits angéliques, un ciel semé d'oiseaux de tout plumage, une mer où les chansons résonnent, où se jouent des souffles embaumés.

C'est l'expression ambiguë et secrète d'une ardeur immense, qui pénètre, comme flèche après flèche, dans la moelle de la vie. Ce que je vous ai révélé fut dès longtemps un usage pieux : si vous le devinez, taisez-vous et mettez-le en pratique à votre tour.

Reflet.

Un miroir m'est échu en partage; je m'y regarde aussi volontiers que si l'ordre de l'empereur était pendu à mon cou avec un double éclat : ce n'est pas qu'avec une égoïste complaisance, je me cherche partout; mais j'aime la compagnie, et c'est ici le cas.

Quand je me place devant le miroir, dans la silencieuse maison du veuf, aussitôt ma bien-aimée s'y montre à l'improviste et me lorgne.... Je me retourne vite, mais elle a disparu, celle que j'avais vue. Alors je regarde dans mes chansons : elle y reparaît soudain.

Je les écris toujours plus belles et plus à mon gré, en dépit des critiques et des moqueurs, pour mon plaisir de chaque jour. L'image de mon amante, entourée d'une riche bordure, n'en est que plus magnifique, dans l'or des branches de rose et dans les cadres d'azur.

Souleika.

Avec quelle intime jouissance, chanson, je devine ta pensée! Gracieuse, tu sembles dire que je suis à son côté;

Qu'il pense à moi toujours, qu'il donne pour jamais sa tendresse à l'amie absente qui lui a voué sa vie.

Oui, c'est mon cœur, ce miroir, ami, où tu t'es regardé ; mon sein, où baisers sur baisers ont imprimé ton sceau.

Douce fiction, vérité pure, enchaînez-moi dans la sympathie! Donnez un corps pur à la lumière de l'amour sous le vêtement de la poésie!

Laisse à Alexandre le miroir du monde[1]. En effet, qu'est-ce qu'il montre ?... Ici et là des peuples tranquilles, qu'il voudrait secouer de proche en proche, les domptant avec les autres. Toi, ne poursuis nul objet nouveau, nul objet étranger; chante pour moi, que tu as fait, par tes chants, ta conquête; songe que j'aime, que je vis; songe que tu m'as asservie.

Le monde est, d'un bout à l'autre, agréable à contempler, mais il est particulièrement beau, le monde des poètes; dans des campagnes émaillées, brillantes ou d'un gris argenté, jour et nuit resplendissent des lumières. Aujourd'hui tout est magnifique pour moi : si seulement cela durait! Je vois aujourd'hui par la lorgnette de l'amour.

Je n'écris plus sur la feuille de soie des rimes symétriques; je ne les enlace plus de rameaux d'or; tracées dans la poussière mobile, elles sont effacées par le souffle du vent, mais la vertu en reste fixée au sol, par un charme, jusqu'au centre de la

---

[1]. Il lui suffisait, suivant la légende, d'y jeter les yeux pour voir les plans de Darius et tous les secrets de ses ennemis.

terre; et il viendra, le voyageur, l'amant; s'il foule cette place, tous ses membres tressailleront. « Ici, avant moi, un amant aima. Était-ce le tendre Medschnoun? le robuste Ferhad? l'immortel Dschémil? ou l'un de ces mille heureux infortunés? Il aima! J'aime comme lui, il se révèle à moi. » Cependant, Souleika, tu reposes sur le moelleux coussin que j'ai disposé et décoré pour toi. Toi aussi, à ton réveil, tu sens tes membres tressaillir. « C'est lui, c'est Hatem qui m'appelle. Et moi aussi je t'appelle, Hatem! Hatem! »

Tu peux te cacher sous mille formes, ô toute gracieuse[1], je te reconnais soudain; tu peux te couvrir de voiles magiques, ô partout présente, je te reconnais soudain.

A la jeune et pure croissance du cyprès, ô femme toute belle, je te reconnais soudain; dans l'onde vive et pure du canal, toute séduisante, je te reconnais bien.

Si le jet d'eau montant se déploie, toute frétillante, qu'avec plaisir je te reconnais! Si le nuage se forme et se transforme, toute changeante, je te reconnais là.

Au tapis des prairies, émaillé de fleurs, tout étoilée de feux divers, avec joie je te reconnais, et qu'un lierre aux mille bras s'étende à la ronde, ô toute caressante, je te reconnais là.

Si le matin s'embrase sur la montagne, ô toute riante, je te salue soudain; que sur moi le ciel pur s'arrondisse, toute ravissante, alors je te respire.

Ce que mes sens externes, ce que mon sens interne, me font connaître, ô source de toute science, je le connais par toi, et, si je nomme les cent noms d'Allah, avec chacun résonne un nom pour toi.

1. Cela est dit par allusion aux noms de Dieu chez les mahométans : « Tout miséricordieux, tout-puissant, tout vivifiant, etc. » Il y en avait quatre-vingt-dix-neuf et Allah faisait le centième.

SAKI NAMEH.

LIVRE DE L'ÉCHANSON.

Oui, je me suis aussi attablé dans la taverne; on m'a donné ma mesure comme aux autres; ils jasaient, ils criaient, ils discouraient du présent, joyeux et tristes, selon que le jour le voulait. Moi j'étais assis, et, dans un ravissement secret, je pensais à ma bien-aimée.... Comment elle aime, je ne sais; mais, ce qui me tourmente! je l'aime comme un cœur qui s'est donné fidèlement à une seule amie et s'est fait son esclave. Où était le parchemin, le roseau, qui auraient tout exprimé?... Cependant c'était ainsi, oui, c'était ainsi.

Quand je suis seul à table, où puis-je être mieux? Je bois mon vin tout seul; nul ne m'impose de gêne; je suis à mes pensées.

Muley le voleur en vint au point d'avoir, même étant ivre, une belle écriture.

Si le Coran existe de toute éternité, je ne m'en informe point; si le Coran fut créé, je ne le sais pas : que ce soit le livre des livres, je le crois, selon le devoir du musulman; mais, que le vin soit de toute éternité, cela, je n'en doute point; ou bien, qu'il ait été créé avant les anges, ce n'est peut-être pas non plus une fable. Quoi qu'il en soit, le buveur regarde Dieu en face plus hardiment.

———

Ivres, il faut que nous le soyons tous : la jeunesse est une ivresse sans vin; si le vieillard redevient jeune en buvant, c'est une merveilleuse vertu; la pauvre vie se tourmente à donner des soucis, et, les soucis, le pampre les chasse.

———

On ne s'inquiète plus de cela! Le vin est sérieusement défendu. S'il faut donc que tu boives, ne bois que du meilleur : tu serais un double hérétique, de te damner pour la piquette.

———

De quel vin Alexandre s'est-il enivré?... Je gage ma dernière étincelle de vie qu'il n'était pas aussi bon que le mien.

———

Aussi longtemps qu'on est à jeun, on se plaît au mal; dès qu'on a bu, l'on connaît le bien, seulement l'excès arrive aussi bien vite : Hafiz, apprends-moi de grâce comment tu l'entendais.

Car mon avis n'est pas exagéré : si l'on ne peut boire, on ne doit pas aimer; mais, vous, buveurs, il ne faut pas vous croire en meilleure position : si l'on ne peut aimer, on ne doit pas boire.

SOULEIKA. Pourquoi es-tu souvent si malgracieux?

HATEM. Tu sais que le corps est une prison; l'âme y fut enfermée par surprise; elle n'y trouve pas ses coudées franches : comme elle veut s'échapper çà et là, on enchaîne étroitement la prison elle-même; la pauvre âme en est doublement offensée : c'est pourquoi elle se démène souvent d'une si étrange façon.

Si le corps est une prison, pourquoi la prison a-t-elle toujours soif? L'âme se trouve bien dedans, et volontiers elle resterait tranquille et de bon sens, mais il faut boire une bouteille, vite une bouteille et puis une autre : l'âme ne veut pas l'endurer plus longtemps, et brise les bouteilles contre la porte.

Au sommelier.

Rustre, ne me place pas si brusquement la bouteille devant le nez ! Que celui qui m'apporte le vin m'adresse un gracieux regard, autrement le onze[1] se troublera dans le verre.

A l'échanson.

Entre, aimable enfant. Pourquoi rester là sur le seuil? Sois, à l'avenir, mon échanson, et tous les vins seront exquis et limpides.

L'échanson (parle).

Rusée servante, aux boucles brunes, va-t'en ! Quand je verse à boire à mon maître, pour me remercier, il me baise au front.

Mais toi, je gagerais que cela ne te suffit pas; tes joues, ta gorge, lasseront mon ami.

Crois-tu m'abuser, parce que tu t'éloignes maintenant d'un air confus? Je veux rester sur le seuil et m'éveiller si tu te glisses vers lui.

Ils nous ont fait mille reproches au sujet de l'ivresse, et n'en ont jamais assez dit sur notre ivresse[2]. Pour l'ordinaire, on est enseveli dans l'ivresse jusqu'au matin, mais, cette nuit, mon ivresse m'a fait courir de tous côtés : c'est l'ivresse de l'amour qui cruellement me tourmente, et, du jour à la nuit, de la nuit au jour, tremble dans mon cœur, dans mon cœur, qui se dilate et s'élève par l'ivresse des chansons, si bien que nulle froide ivresse n'ose rivaliser avec elle. Ivresse de l'amour, des chants

---

1. Le vin de l'année onze.
2. La répétition du mot dans cette pièce, comme dans quelques autres, tient à l'imitation de la forme du gazel.

et du vin, qu'il fasse jour ou nuit, ivresse divine, qui me charme et me tourmente !

Ah ! petit fripon ! Que je garde ma connaissance, voilà l'essentiel ; et, de la sorte, je suis aussi charmé de ta présence, aimable enfant, tout ivre que je suis.

Dans la taverne, de grand matin, aujourd'hui quel tumulte ! Hôte et servantes, flambeaux et gens ! que d'affaires ! que d'insultes ! La flûte jouait, le tambour battait. C'était un affreux chamaillis : cependant, ivre de plaisir et d'amour, j'en ai pris ma part comme un autre.

Chacun me reproche de n'avoir rien appris en morale, mais je me tiens sagement éloigné des disputes de l'école et de la chaire.

L'ÉCHANSON. Dans quel état, seigneur !... Tu sors bien tard de ta chambre aujourd'hui ! Les Persans appellent cela *Bidamag bouden*[1] : en Europe, on l'appelle *fumées*.

LE POÈTE. Laisse-moi pour le moment, enfant chéri. le monde ne saurait me plaire, ni l'éclat et le parfum de la rose, ni le chant des rossignols.

L'ÉCHANSON. C'est cela même que je veux traiter, et je pense que la chose me réussira. Viens, mange ces amandes fraîches, et tu retrouveras au vin de la saveur.

Puis je veux sur la terrasse te restaurer au souffle de la brise ; aussitôt que mon regard se fixera sur toi, tu donneras un baiser à l'échanson.

Regarde, le monde n'est pas une caverne ; il est riche toujours en nids et en couvées, parfum de rose, essence de rose ; le bulbul aussi chante comme hier.

---

1. Sans gaieté.

Cette affreuse coquette, cette courtisane, qu'on appelle la société[1], elle m'a trompé comme tous les autres; elle m'a ravi la foi, puis l'espérance; elle voulait maintenant me ravir l'amour: je me suis échappé. Afin de préserver à jamais le trésor sauvé, je l'ai sagement partagé entre Souleika et Saki; chacun d'eux s'efforce à l'envi de m'en payer le plus haut intérêt, et je suis plus riche que jamais. J'ai retrouvé la foi, la foi à l'amour de Souleika; Saki me donne, dans la coupe, le délicieux sentiment du présent : qu'ai-je à faire de l'espérance?

L'échanson.

Aujourd'hui tu as bien mangé, mais tu as bu mieux encore : ce que tu as oublié pendant le repas est tombé dans cette jatte.

Vois, nous appelons cela un *schwaenchen* (petit cygne)[2], comme les aime un convive rassasié : cela, je l'apporte à mon cygne, qui se rengorge sur les flots.

Mais on assure que le cygne chanteur sonne lui-même ses funérailles : ne me fais entendre aucune chanson, si elle présage ta fin.

L'échanson.

Ils t'appellent le grand poëte, quand tu te montres sur la place ; j'écoute volontiers quand tu chantes, et je prête encore l'oreille quand tu fais silence.

Mais je t'aime bien mieux encore, quand tu donnes un baiser en souvenir : car les paroles s'envolent, mais le baiser reste au fond du cœur.

Accoupler des rimes a son prix; beaucoup penser vaut mieux encore : chante pour les autres, et reste muet avec l'échanson.

LE POETE. Viens çà, échanson! Encore un verre!

L'ÉCHANSON. Seigneur, tu as assez bu. On t'appelle l'insatiable buveur.

LE POETE. M'as-tu jamais vu tomber?

---

1. Le *monde* conviendrait mieux, mais il faut un substantif féminin.
2. Jeu de mots intraduisible.

L'ÉCHANSON. Tu violes la loi de Mahomet.

LE POËTE. Ami, personne n'écoute, je veux m'ouvrir à toi.

L'ÉCHANSON. Si tu parles enfin de bon gré, je n'aurai pas besoin de te faire tant de questions.

LE POËTE. Écoute, nous autres musulmans, nous devons courber la tête à jeun; lui[1], dans son saint zèle, il voudrait être seul égaré.

SAKI. O maître, songe que, dans l'ivresse, tu fais jaillir autour de toi la flamme; mille étincelles brillent en pétillant, et tu ne sais pas où cela prend.

Quand tu frappes sur la table, je vois dans les coins des moines qui dissimulent, les hypocrites, tandis que tu ouvres ton cœur.

Dis-moi donc pourquoi la jeunesse, sans être encore délivrée d'aucun défaut, si dépourvue de toute vertu, est plus sage que la vieillesse?

Tu connais tout ce qu'enferme le ciel, tout ce que porte la terre, et tu ne caches pas le trouble qui s'éveille dans ton sein.

HATEM. Eh bien, cher enfant, reste jeune et reste sage; la poésie est, il est vrai, un don du ciel, mais, dans la vie terrestre, c'est un leurre.

On commence par se bercer en secret, puis à se trahir tôt et tard par son bavardage. C'est en vain que le poëte est discret : la poésie elle-même est déjà une trahison.

Nuit d'été.

LE POËTE. Le soleil est couché, mais, à l'occident, le ciel brille toujours : je voudrais savoir combien de temps encore durera ce reflet doré.

L'ÉCHANSON. Si tu le veux, seigneur, je resterai, j'attendrai hors des tentes : quand la nuit aura vaincu le crépuscule, je viendrai d'abord te l'annoncer.

Car je sais que tu aimes à contempler les hauts cieux, l'im-

1. Mahomet.

mensité, quand ces feux lointains l'un l'autre se magnifient dans l'azur.

Et le plus éclatant se borne à dire : « Maintenant je brille en mon lieu : si Dieu voulait vous illuminer davantage, votre éclat serait aussi vif que le mien. »

Car tout est magnifique devant Dieu, précisément parce qu'il est le meilleur, et maintenant tous les oiseaux sommeillent dans leurs nids, petits ou grands.

Il en est un aussi peut-être perché sur les rameaux du cyprès, où le vent tiède le berce jusqu'au moment que l'air se mouille de rosée.

Voilà ce que tu m'as appris ou d'autres choses pareilles; ce que j'ai entendu de toi ne sortira pas de mon cœur.

Je veux, pour l'amour de toi, faire ici la chouette sur la terrasse, jusqu'à l'heure où j'aurai observé la révolution géminée de la constellation du nord.

Alors il sera minuit, où souvent tu m'éveilles avant le temps, et quelle jouissance magnifique, si tu admires avec moi l'univers!

LE POËTE. Il est vrai que dans ces jardins embaumés le bulbul chante des nuits entières ; mais tu pourrais longtemps attendre avant que la nuit eût triomphé du jour.

Car, dans cette saison de Flore, comme le peuple grec la nomme, la veuve de paille[1], l'Aurore, brûle d'amour pour Hespérus.

Retourne-toi, regarde, elle vient, avec quelle vitesse! par-dessus les vastes campagnes en fleurs ; ici la lumière et la lumière là-bas : la nuit est refoulée dans ses dernières limites.

Et, avec ses pieds roses, l'aurore légère court et s'égare à la poursuite de celui qui s'est échappé avec le soleil[2]. Ne sens-tu pas une ardente haleine d'amour?

Va donc, mon aimable enfant, au fond de ta demeure ; ferme les portes, car la déesse pourrait bien ravir ta belle, l'ayant prise pour Hespérus.

---

1. Femme dont le mari est absent pour quelque temps.
2. Il faut observer que soleil est féminin en allemand et peut figurer l'amante d'Hespérus.

L'ÉCHANSON, *endormi*. Je l'ai donc enfin obtenue de toi, la présence de Dieu dans tous les éléments! Comme tu m'as fait ce don d'une manière aimable! Mais, ce qui est plus aimable encore, c'est que tu aimes.

HATEM. Il sommeille doucement et il a bien mérité le sommeil. Aimable enfant, tu m'as versé à boire, et, sans contrainte ni châtiment, tu as appris, tout jeune, de ton ami et ton instituteur ce que le vieillard pense. A présent, une pleine et belle santé pénètre dans tes membres, et te communique une vie nouvelle. Je bois encore, mais sans bruit, sans bruit, de peur que tu ne me fasses le plaisir de t'éveiller.

MATHAL NAMEH.

LIVRE DES PARABOLES.

Il tomba du ciel dans l'abîme des mers orageuses une goutte tremblante ; les flots la battirent horriblement, mais Dieu récompensa le courage modeste de la foi, et il donna à la goutte d'eau force et durée ; la coquille paisible l'enferma ; et maintenant, pour sa gloire et sa récompense éternelle, la perle brille à la couronne de notre souverain, avec un doux regard et un doux éclat.

———

Le chant nocturne du bulbul s'est élevé à travers la brise frémissante jusqu'au trône radieux d'Allah, qui, en récompense de ses belles chansons, l'enferme dans une cage d'or. Ce sont les membres de l'homme. L'oiseau se sent à l'étroit, mais après de sages réflexions, la pauvre âme recommence à chanter toujours.

Foi aux miracles.

Je brisai un jour une belle tasse, et j'étais comme désespéré ; maladresse, et surtout précipitation, j'envoyais tout au diable. J'entrai d'abord en fureur, et puis je m'attendris, et je pleurai en ramassant tristement les débris : Dieu eut pitié de moi et me rendit soudain la coupe entière comme elle était.

———

Échappée de la coquille, la perle la plus noble et la plus belle disait à l'honnête joaillier : « Je suis perdue ! tu me transperces ; mon bel ensemble est détruit : avec mes sœurs il faut qu'à l'aventure je sois enchaînée à de méchantes pierreries. — Je ne songe à présent qu'à mon profit, pardonne-moi : si je ne suis pas cruel avec toi, comment se fera le collier ? »

Je vis un jour avec surprise et joie une plume de paon entre les feuillets du Coran. Sois la bienvenue à cette place sacrée, ô la plus précieuse création de la terre ! Comme dans les étoiles du ciel, on peut reconnaître chez toi, dans un petit objet, la grandeur de Dieu, apprendre que celui qui embrasse d'un regard les mondes a déposé ici l'empreinte de son œil, et a paré si bien un léger plumage, que les rois ont à peine essayé d'imiter la magnificence de l'oiseau : jouis modestement de la gloire et tu seras digne du sanctuaire.

Un roi avait deux caissiers, l'un pour la recette, l'autre pour la dépense. À celui-ci, l'argent fondait dans les mains ; celui-là ne savait où s'en procurer. Le dispensateur mourut ; le maître d'abord se demanda à qui il devait confier l'emploi, et, tandis qu'il jetait les yeux autour de lui, son receveur devint énormément riche : on savait à peine que faire de l'or, parce qu'on n'avait rien dépensé de tout un jour. Alors enfin le prince vit clairement quelle était la cause de tout le mal. Il sut profiter de l'incident pour laisser la place toujours vacante.

La marmite neuve disait au chaudron : « D'où vient que tu as le ventre noir ? — C'est chez nous aujourd'hui l'usage de la cuisine. Approche, approche, brillante pécore, ton orgueil diminuera bientôt. Si l'anse garde un visage clair, ne va pas t'en glorifier : regarde seulement ton derrière. »

Tous les hommes, grands et petits, se filent une toile déliée, au milieu de laquelle ils se placent gentiment avec leurs serres pointues. Vienne ensuite un coup de balai, ils disent que c'est inouï, qu'on a détruit un palais superbe.

Jésus, descendant du ciel, apporta le livre immortel de l'Évangile ; il le lut aux disciples jour et nuit. Parole divine opère et pénètre. Jésus remonta au ciel et remporta le livre. Mais les disciples l'avaient bien saisi, et chacun écrivit page après page, selon qu'il l'avait retenu dans son esprit, chacun d'une manière différente. Il n'importe ; leurs facultés n'étaient pas égales : les chrétiens peuvent néanmoins vivre là-dessus jusqu'au jour du jugement.

C'est bon.

Au clair de lune, dans le paradis, Jéhova, ayant trouvé Adam plongé dans un profond sommeil, plaça doucement à son côté une petite Ève, qui s'endormit à son tour. Ainsi reposaient, enveloppées d'une forme terrestre, les deux plus aimables pensées de Dieu. « Bon ! » s'écria-t-il, pour se payer de sa peine, et il ne s'éloigna pas sans regret.

Ce n'est pas merveille que nous soyons surpris quand un œil vif s'arrête sur le nôtre, comme si nous nous étions élevés jusqu'à Celui qui nous a conçus. Et, s'il nous appelle, eh bien, ainsi soit-il ! Je demande seulement qu'il nous appelle tous les deux. Mes bras te retiennent captive, ô la plus aimable des pensées de Dieu !

PARSI NAMEH.

LIVRE DU PARSI.

Testament de l'ancienne foi persane.

Frères, quel testament pourrait vous laisser, en quittant ce monde, le pauvre homme pieux, que vous avez nourri patiemment, vous, ses disciples, honorant et soignant ses derniers jours?

Quand nous avons vu souvent le roi passer à cheval, de l'or sur sa personne et de l'or de tous côtés, des pierreries sur lui et sur ses grands, semées comme grêlons épais,

L'avez-vous vu jamais envié pour cela, et n'avez-vous pas rassasié vos regards avec plus de délices, quand, sur les ailes du matin, le soleil a montré le bord de son disque sur les innombrables cimes de Darnavend[1]?

Qui a pu s'empêcher de porter vers lui ses regards? Mille fois, mille fois, dans ma longue vie, je me sentis emporté avec lui à son approche,

Pour contempler Dieu sur son trône, pour le nommer le maître des sources de la vie, pour me conduire en digne témoin de ce spectacle sublime, et pour marcher à sa lumière.

Mais, quand le disque enflammé se levait tout entier, j'étais aveuglé, comme dans les ténèbres; je me frappais la poitrine, et, le front baissé, je prosternais sur la terre mes membres ranimés.

Et voici maintenant un saint testament confié à la bonne volonté et à la mémoire de mes frères : OBSERVATION JOURNALIÈRE DE PÉNIBLES DEVOIRS. Il n'a du reste besoin d'aucune révélation.

---

1. Montagne du Tabaristan, près de la mer Caspienne

Si un nouveau-né agite ses mains innocentes, qu'on le tourne aussitôt vers le soleil ; que l'on plonge le corps et l'esprit dans le bain de feu. Chaque matin, il sentira la grâce.

Remettez au vivant les morts ; couvrez même les animaux de terre amoncelée ; et, autant que vos forces y pourront suffire, ce qui vous paraît impur, couvrez-le.

Labourez votre champ avec une soigneuse propreté, afin que le soleil se plaise à luire sur votre travail ; si vous plantez des arbres, que ce soit à la file, car le soleil féconde ce qui est bien ordonné.

Faites aussi que, dans les canaux, l'eau puisse couler toujours libre et pure. Comme le Senderoud[1] jaillit à flots purs des montagnes, qu'il soit pur jusqu'au terme de sa course.

Pour que la chute paisible de l'eau ne soit pas ralentie, nettoyez assidûment les fossés ; et les joncs, les roseaux et les molges et les salamandres, engeance informe, extirpez tout à la fois.

Quand vous aurez purifié la terre et l'eau, le soleil brillera volontiers dans les airs, où, reçu dignement, il sèmera la vie et donnera à la vie progrès et santé.

Vous, de travail en travail, ainsi martyrisés, prenez courage : l'univers est désormais purifié, et l'homme peut hasarder, comme prêtre, de tailler dans la pierre l'image de Dieu.

Où brûle la flamme, reconnaissez-le avec joie : la nuit est claire et souples sont les membres ; à la vive flamme du foyer, cuisent les sucs des animaux et des plantes.

Si vous apportez du bois, faites-le avec joie, car vous portez les éléments du soleil terrestre. Si vous cueillez le pambeh[2], vous pouvez dire entre vous : « Il sera la mèche qui portera le saint. »

Si vous reconnaissez pieusement dans la flamme de chaque lampe le reflet d'une plus haute lumière, jamais un sort funeste ne vous empêchera de révérer, le matin, le trône de Dieu.

C'est le sceau royal de notre existence, pour nous et les

---

1. Rivière, dont la source est à trois journées d'Ispahan.
2. Le coton.

anges un pur miroir de Dieu, et ce qui bégaye seulement la louange du Très-Haut est là rassemblé en cercles que d'autres cercles environnent.

Je veux renoncer aux rives du Senderoud ; je veux prendre mon vol pour le sommet du Darnavend ; dès que le soleil commencera de luire, je veux avec joie aller à sa rencontre et, de làhaut, vous bénir à jamais.

———

Si l'homme admire la terre, que le soleil illumine ; s'il prend plaisir à voir la vigne, qui pleure sous la serpe tranchante, parce qu'elle sent que sa liqueur bien mûrie, qui restaure le monde excite les forces de plusieurs, mais les abat chez un plus grand nombre, il sait que la cause en est la chaleur ardente qui fait prospérer tout cela : l'homme ivre bégaye et chancelle, l'homme sobre chante et jouit.

CHULD NAMEH.

LIVRE DU PARADIS.

Avant-goût.

Le fidèle musulman parle du paradis comme s'il y eût été lui-même ; il croit au Coran et aux promesses qu'il en fait ; c'est la base de la pure doctrine.

Mais là-haut le prophète, auteur de ce livre, sait deviner nos défauts, et il voit que, malgré le tonnerre de sa malédiction, les doutes troublent souvent notre foi.

C'est pourquoi il envoie, des espaces éternels, un type de jeunesse pour tout rajeunir. Elle vole, elle accourt, et, sans tarder, elle forme autour de mon col les plus aimables chaînes.

Sur mes genoux, dans mes bras, je presse la créature céleste ; je ne demande rien de plus, et désormais je crois fermement au paradis, car je voudrais ainsi cueillir sur sa bouche des baisers éternels.

Les hommes privilégiés.

(Après la bataille de Bedr[1], sous le ciel étoilé. Mahomet parle.)

Que l'ennemi pleure ses morts, car ils sont gisants sans retour ; mais nos frères, ne les pleurez pas, car ils vivent dans les sphères célestes.

Les sept planètes ont ouvert toutes leurs portes de métal, et déjà nos amis glorifiés frappent hardiment aux portes du paradis.

Surpris, ravis en extase, ils voient les magnificences que

---

[1]. Entre la Mecque et Médine. Théâtre de la première victoire de Mahomet.

mon vol effleura, quand le merveilleux cheval me porta en un moment à travers tous les cieux.

Les arbres de sagesse, se dressant côte à côte, comme des cyprès, élèvent dans l'air leurs belles pommes d'or ; les arbres de vie, déployant de vastes ombrages, abritent les siéges de fleurs et les gazons émaillés.

Et un vent doux de l'Orient amène la troupe des filles célestes : tu commences à jouir avec les yeux ; le seul regard assouvit le désir.

Elles approchent et demandent ce que tu avais entrepris : de grands desseins ? des combats dangereux, sanglants ? Que tu sois un héros, elles le voient, puisque tu es venu ; mais quel est-il ce héros ? Elles cherchent à le découvrir.

Elles le voient bientôt à ta blessure, qui se grave à elle-même un souvenir de gloire ; fortune et grandeur se sont évanouies, il ne reste plus que la blessure reçue pour la foi.

Elles te mènent dans les kiosques et les berceaux riches en colonnes de pierres lumineuses, chatoyantes ; gracieuses, elles t'invitent, en effleurant la coupe des lèvres, à boire le noble jus des grappes divines.

Jeune homme, plus qu'un jeune homme tu es le bienvenu. Toutes sont comme chacune, lumineuses, brillantes ; en as-tu pressé quelqu'une sur ton cœur, elle est reine, elle est amie de ton harem.

Mais la plus accomplie ne se plaît nullement dans ces grandeurs souveraines : riante et sans envie, elle te parle avec candeur des perfections diverses de ses compagnes.

L'une te conduit au festin des autres, que chacune s'ingénie à préparer : tu as une armée de femmes et le repos chez toi, digne objet de la conquête du paradis.

Livre-toi donc à cette paix, car tu ne saurais plus l'échanger ; de telles beautés ne lasseront pas, de tels vins n'enivreront pas.

———

Voilà le peu qu'on avait à dire sur les biens dont se glorifie l'heureux musulman ; voilà tout ce qui compose le paradis des guerriers fidèles.

Femmes élues.

Les femmes ne seront point déchues ; l'espoir convient à la foi pure : cependant nous en savons quatre seulement qui sont déjà entrées dans le ciel.

D'abord Souleika, la fille du soleil, qui fut tout flamme pour Joussouf : maintenant, délices du paradis, elle brille, honneur du renoncement.

Puis celle qui est toute bénie, qui enfanta le salut pour les païens, et, trompée, dans sa douleur amère, vit son fils expirer sur la croix.

Puis l'épouse de Mahomet[1], qui fonda la prospérité et les triomphes du prophète, et recommanda de n'avoir dans la vie qu'un Dieu et qu'une épouse.

Puis vient l'aimable Fatime, fille, épouse parfaite, âme angélique et pure, dans un corps suave et glorieux

Voilà celles que nous trouvons là-haut, et qui chanta la louange des femmes mérite bien de se promener avec elles dans la séjour éternel.

Admission.

La houri. Aujourd'hui je fais la garde à mon tour devant la porte du paradis ; je ne sais pas bien ce que je dois faire : tu me parais bien suspect.

Es-tu vraiment de la famille de nos musulmans? Est-ce ton mérite, tes combats, qui t'envoient en paradis?

Es-tu du nombre de ces guerriers? Montre tes blessures; qu'elles m'annoncent des faits glorieux, et je vais t'introduire.

Le poëte. Pas tant de cérémonies! Laisse-moi toujours entrer : je fus un homme et c'est être un combattant.

Aiguise tes regards puissants; pénètre au fond de mon cœur: vois les perfides blessures de la vie, vois les douces blessures de l'amour.

Et pourtant je chantai, crédule, que ma maîtresse était fidèle, que le monde, comme qu'il tourne, est cordial et reconnaissant.

Je me mis à l'œuvre avec les meilleurs, et j'obtins enfin de

---

1. Kadichah.

voir les flammes d'amour des plus nobles cœurs faire à mon nom une brillante auréole.

Non, ce n'est pas un homme sans valeur que tu choisis; donne-moi ta main, et que, chaque jour, sur tes doigts délicats, je compte les éternités.

Ressouvenir.

LA HOURI. Là dehors, où je te parlai pour la première fois, j'ai veillé souvent à la porte, selon la consigne. Là j'entendais un étrange murmure; sons et syllabes se croisaient; cela voulait entrer, mais nul ne se faisait voir; enfin le bruit s'évanouissait peu à peu; cela sonnait à peu près comme tes chants: je m'en souviens encore.

LE POÈTE. Objet de ma flamme éternelle, comme tu te souviens avec tendresse de ton bien-aimé! Les sons qui retentissent dans l'air et le mode terrestre veulent tous monter au ciel; un grand nombre se perdent là-bas en masse; d'autres, avec le vol et l'essor de l'esprit, comme le cheval ailé du prophète, s'élèvent au ciel et résonnent là dehors à la porte. Si tes compagnes entendent quelque chose de pareil, elles doivent l'écouter avec bienveillance, renforcer doucement l'écho, afin qu'il retentisse là-bas; elles doivent prendre garde que toujours, si le poëte s'élève au ciel, ses dons sont profitables à chacun : ce sera le bonheur des deux mondes.

Elles daignent lui accorder une douce récompense, et, gracieuses, complaisantes, souffrir qu'il habite avec elles : tous les bons sont d'humeur facile. Cependant tu m'es tombée en partage, tu ne sortiras plus de la paix éternelle; tu n'iras plus faire la garde : envoie là dehors une sœur qui attende encore un époux.

LE POÈTE. Ton amour, ton baiser, m'enchante. Je ne veux pas te demander tes secrets : mais dis-moi si tu n'as pas goûté quelque jour la vie terrestre? Je me suis figuré souvent, je voudrais jurer, je voudrais prouver, qu'un jour on te nommait Souleika.

LA HOURI. Nous sommes formées des éléments, de l'eau, du

feu, de la terre et de l'air, immédiatement, et toute émanation terrestre répugne à notre nature. Nous ne descendons jamais chez vous, mais, quand vous venez vous reposer chez nous, nous sommes assez occupées.

Car, vois-tu, quand les croyants arrivèrent, si bien recommandés par le prophète, et prirent possession du paradis, nous fûmes, selon sa volonté, aimables et charmantes, comme les anges eux-mêmes ne nous avaient pas connues.

Mais le premier, le second, le troisième, avaient eu déjà une favorite; c'étaient auprès de nous de laides créatures, cependant ils firent moins de cas de nous; nous étions spirituelles, vives, ravissantes: les musulmans voulaient redescendre là-bas.

Notre dignité céleste fut outrée d'une pareille conduite; conjurées en révolte, nous faisions déjà mille projets; le prophète vint à passer à travers tous les cieux; nous observâmes sa trace: au retour (il ne s'était pas attendu à la chose), le cheval volant dut s'arrêter.

Nous entourâmes le maître; il nous répondit en peu de mots, avec une douce gravité, à la manière des prophètes; mais nous fûmes très-mécontentes, car il fallut nous plier à tout pour atteindre son but; il fallut régler nos pensées sur les vôtres; il fallut ressembler à vos amantes.

Adieu notre amour-propre! Les jeunes beautés se grattèrent derrière l'oreille, mais nous pensâmes que, dans la vie éternelle, il faut s'accommoder à tout. Dès lors chacun voit ce qu'il voyait, et il lui arrive ce qui lui arrivait; nous sommes les blondes, nous sommes les brunes; nous avons des caprices, nous avons des fantaisies, parfois même une malice: chacun se persuade qu'il est chez lui, et nous sommes ravies qu'ils se l'imaginent.

Pour toi, tu es de libre humeur, je te semble élyséenne; tu fais honneur à mes regards, à mes baisers, quand même je ne serais pas Souleika; mais, comme elle était tout aimable, elle me ressemblait jusqu'au dernier cheveu.

Le Poète. Tu m'éblouis avec ton éclat céleste. Illusion ou vérité, il n'importe, je t'admire entre toutes. Pour ne pas manquer à son devoir, pour charmer un Allemand, une houri veut bien parler en rimes.

LA HOURI. Oui, rime à ton tour sans te lasser, comme le cœur t'inspire. Nous autres habitants du paradis, nous aimons les paroles et les actions pures. Apprends que les animaux eux-mêmes ne sont pas exclus, s'ils ont été obéissants et fidèles. Une parole un peu rude ne peut fâcher une houri ; nous sentons ce qui part du cœur, et ce qui jaillit d'une source vive peut couler dans le paradis.

———

LA HOURI. Encore un doigt qui me presse ! Sais-tu donc combien de siècles nous avons déjà passés dans notre union ?

LE POËTE. Non ! Et je ne veux pas le savoir. Non ! diverse et nouvelle jouissance ! chastes baisers de l'épouse éternelle !... Si chaque instant me pénètre d'un frisson voluptueux, pourquoi demanderais-je combien il dure ?

LA HOURI. Tu es donc aussi absent une fois ! Je sais bien le voir sans mesure et sans compte. Tu n'as pas perdu courage au sein de l'univers ; tu t'es risqué dans les profondeurs de Dieu : maintenant sois aussi au service de ta bien-aimée. N'as-tu pas encore achevé la chanson ? Quels accents résonnaient là dehors à la porte ? Quelle est cette mélodie ? Je ne veux pas te presser plus vivement : dis-moi les chansons que tu adressais à Souleika ; tu ne feras pas mieux dans le paradis.

Animaux favorisés.

Il fut aussi promis à quatre bêtes qu'elles entreraient dans le paradis ; elles y vivent l'année éternelle avec les saints et les justes.

Ici c'est un âne qui a le premier rang ; il s'avance d'un pas joyeux, car Jésus le monta pour entrer dans la ville des prophètes.

Vient ensuite un loup demi-peureux, à qui Mahomet avait dit : « Laisse au pauvre homme cette brebis ; tu pourras en prendre une au riche. »

Puis, remuant toujours la queue, éveillé, brave, avec son brave maître, le petit chien qui dormit si fidèlement avec lui le sommeil des sept dormants[1].

1. Voyez ci-après la pièce qui porte ce titre.

Ici le chat d'Abouherrira[1] file autour de son maître et le flatte ; car il est toujours saint, l'animal que le prophète a caressé.

Supérieur et suprême.

Si nous enseignons ces choses, que l'on veuille bien ne pas nous punir : pour savoir comment tout s'explique, interrogez le fond de votre cœur.

Et vous apprendrez que l'homme, heureux de vivre, verrait volontiers son moi sauvé, là-haut comme ici-bas.

Et mon moi chéri aurait besoin de diverses jouissances ; des plaisirs comme j'en ai savouré dans ce monde, j'en voudrais aussi pour l'éternité.

Beaux jardins, fleurs et fruits et jolies fillettes, qui nous plaisaient à tous ici, ne plaisent pas moins à l'âme rajeunie.

Et je voudrais unir, assembler ainsi tous mes amis, jeunes et vieux, et, avec bonheur, bégayer en langue allemande le langage du paradis.

Du moins on prête l'oreille maintenant aux dialectes dans lesquels babillent les hommes et les anges : on prête l'oreille à la grammaire abstruse, déclinant rose et pavot.

Et puis on peut aussi s'abandonner avec délices à l'éloquence des regards et s'élever au ravissement céleste sans voix et sans bruit.

Cependant voix et bruit se dégagent de la parole, intelligibles par eux-mêmes, et, d'une manière plus prononcée, le glorifié se sent infini.

Si donc il a été pourvu aux cinq sens dans le paradis, c'est une chose certaine que je serai doué d'un sens unique au lieu de tous ceux-là.

Et maintenant je m'avance en tous lieux d'une marche plus facile, à travers les sphères éternelles, que pénètre, pure et vivante, la parole de Dieu.

Là, plus d'obstacle à notre ardeur brûlante, et l'on ne trouve point de fin, jusqu'au jour où, dans la contemplation de l'amour éternel, on s'envole, on disparaît.

---

1. Ami dévoué de Mahomet ; il a beaucoup aidé à compléter le Coran, ce qui lui a fait une réputation de sainteté.

Les sept dormants.

Six favoris de la cour s'enfuient devant le courroux du prince, qui se fait rendre les honneurs divins, mais ne se montre pas comme un dieu, car une mouche l'empêche de goûter les plaisirs de la table. Ses serviteurs effrayent la mouche en agitant l'éventail, mais ne parviennent pas à la chasser. Elle bourdonne autour de lui, elle pique et voltige, et trouble tout le festin; elle revient, comme un envoyé du malicieux Belzébuth[1].

« Eh! quoi, disent les jeunes gens, une petite mouche gênerait-elle Dieu? Un dieu devrait-il boire et manger comme nous autres? Non, l'unique, celui qui créa le soleil et la lune, qui arrondit pour nous en voûte les cieux étoilés, celui-là est Dieu.... » Ces jeunes gens délicats, légèrement chaussés et parés, un berger les recueille, les cache, et lui-même avec eux dans la grotte du rocher.

Le chien du berger ne veut pas s'éloigner : chassé, le pied brisé, il s'attache à son maître, et se joint à l'homme caché, aux favoris du sommeil.

Et le prince, auquel ils se sont dérobés, furieux par amour, médite leur châtiment. Il écarte et le fer et le feu; il les fait murer dans la caverne avec la brique et la chaux. Mais ils dorment toujours, et l'ange, leur gardien, dit, en faisant son rapport devant le trône de Dieu : « Je les ai tournés à droite, à gauche, tour à tour, pour que la vase humide ne nuise pas à leurs beaux jeunes membres; j'ai ouvert des crevasses dans les rochers, afin que le soleil, qu'il monte ou qu'il décline, nourrisse leurs frais visages; ainsi reposent ces bienheureux. Le petit chien lui-même, la tête posée sur ses pieds de devant, qui sont guéris, est endormi doucement. »

Les années s'enfuient, les années viennent; enfin les jeunes gens s'éveillent; rongée par le temps, la maçonnerie est tombée, et le beau Jamblique, mieux instruit que tous les autres, voyant que le berger craintif hésite : « J'irai, dit-il, je vous apporterai de la nourriture; je risquerai ma vie et ma pièce d'or. Voilà bien des années qu'Éphèse révère la doctrine du prophète Jésus. Que la paix soit avec le bon maître! »

1. Dieu mouche.

Il s'éloigne, et voilà qu'aux portes, il trouve les remparts les tours et le reste changés. Cependant il court acheter du pain dans la plus proche boulangerie. « Fripon ! dit le boulanger, as-tu trouvé un trésor, jeune homme ? Donne, cette pièce d'or te trahit ; je veux la moitié pour me taire. » On dispute ; l'affaire est portée devant le roi : le roi veut partager à son tour comme le boulanger.

Alors le miracle se confirme peu à peu par mille marques. Jamblique sait maintenir son droit sur le palais qu'il a bâti lui-même ; car une inscription, gravée sur un pilier, conduit à des trésors nettement indiqués. Aussitôt les familles se rassemblent pour reconnaître leur parenté ; et Jamblique brille en qualité de premier ancêtre, dans la fleur de la jeunesse. Il entend parler, comme d'aïeux, de son fils et de ses petits-fils. La troupe de ses descendants l'entoure, élite de vaillants hommes, pour l'honorer, lui, le plus jeune de tous ; les indices se pressent pour compléter la preuve ; il démontre son identité et celle de ses compagnons.

Puis il retourne à la caverne ; le peuple et le roi l'accompagnent.... Mais l'élu du ciel ne revient pas auprès du roi, auprès du peuple ; car les sept (ils étaient huit avec le chien), depuis longtemps séparés du monde, le secret pouvoir de Gabriel les a tous portés en paradis, selon la volonté de Dieu, et l'on trouve la grotte murée.

Bonne nuit.

Et maintenant, chansons bien-aimées, reposez dans le cœur de mon peuple. Que Gabriel propice garde, au sein d'un nuage de musc, les membres du mortel fatigué ; en sorte que, vigoureux et bien maintenu, joyeux comme toujours et d'humeur sociable, il veuille briser les barrières du rocher, afin de parcourir, en compagnie des héros de tous les temps, les campagnes du paradis, où le beau, toujours nouveau, se développe sans cesse de toutes parts, pour la joie des multitudes : le petit chien fidèle aura lui-même permission d'accompagner ses maîtres.

NOTES ET DISSERTATIONS

POUR AIDER A L'INTELLIGENCE

DU DIVAN ORIENTAL-OCCIDENTAL.

> Qui veut comprendre la poésie doit aller
> dans le pays de la poésie; qui veut com-
> prendre le poète doit aller dans le pays du
> poète.

INTRODUCTION.

Chaque chose a son temps. Plus on vit, plus on apprend à reconnaître la vérité de ce proverbe. Il y a donc un temps pour se taire, un temps pour parler, et, cette fois, c'est au dernier parti que le poëte se décide. Car, si l'action et le travail appartiennent à la jeunesse, la méditation et les épanchements conviennent à l'âge avancé.

J'ai lancé sans préambule mes premiers ouvrages dans le monde, sans indiquer au commencement mes vues et mon dessein. C'est que j'étais persuadé que la nation profiterait tôt ou tard de ce qui lui était présenté. Et plusieurs de mes écrits réussirent de la sorte à produire de l'effet dès leur apparition; d'autres, moins intelligibles et moins pénétrants, eurent besoin de quelques années pour être appréciés. Cependant les années passèrent, et une deuxième, une troisième génération, me dédommage au double et au triple des injustices que m'avaient fait souffrir mes premiers contemporains.

Or je voudrais que rien ne pût empêcher ce petit livre de produire tout d'abord une bonne impression. Je me décide par conséquent à commenter, à éclaircir, à expliquer, uniquement pour donner une intelligence immédiate du livre aux lecteurs qui connaissent peu ou ne connaissent pas l'Orient. Ce supplément n'est point nécessaire aux personnes qui ont approfondi l'histoire et la littérature d'un monde si remarquable. Elles indiqueront elles-mêmes aisément les sources et les ruisseaux dont j'ai dirigé les eaux rafraîchissantes dans mes parterres de fleurs.

L'auteur des poésies qui précèdent voudrait être considéré comme un voyageur, qu'on loue de savoir s'accommoder aux coutumes des pays étrangers, de faire ses efforts pour s'en approprier le langage, en partager les sentiments, en adopter les mœurs. On l'excuse, si cela ne lui réussit que jusqu'à un certain point, et si un accent particulier, une invincible persistance de sa nationalité, font toujours reconnaître en lui l'étranger. Ainsi puisse mon petit livre trouver grâce ! Les connaisseurs excusent avec intelligence ; les amateurs, moins frappés des défauts, reçoivent sans prévention ce qui leur est présenté.

Mais, pour faire plus vite agréer aux siens tout ce qu'il rapporte, le voyageur joue le rôle d'un marchand, qui étale ses marchandises avec complaisance, et cherche par divers moyens à les rendre agréables ; et, qu'il les annonce, les décrive ou même les vante, on ne lui en fait pas un crime.

Et d'abord notre poëte peut déclarer que, dans ce qui est des mœurs et de l'esthétique, il s'est fait avant tout un devoir de la clarté ; qu'il a pris soin de s'exprimer dans le langage le plus uni, dans le rhythme le plus facile, le plus saisissable de son idiome, et qu'il n'a laissé entrevoir que de loin ces artifices et ces raffinements par lesquels les Orientaux s'efforcent de plaire.

Cependant le sens est quelquefois embarrassé par certains mots étrangers inévitables, qui sont obscurs, parce qu'ils se rapportent à des objets déterminés, aux croyances, aux opinions, aux traditions, aux fables et aux mœurs. On s'est cru particulièrement obligé d'expliquer ces expressions ; en quoi l'on s'est proposé de satisfaire à ce que paraissaient exiger les questions et les objections des auditeurs et des lecteurs allemands. Une table indique les pages où se trouvent les endroits obscurs et où ils sont expliqués. Mais ces explications sont données avec un certain ensemble, afin de présenter, au lieu de notes détachées, un texte indépendant, qui n'offre, il est vrai, qu'un exposé rapide et une faible liaison, mais qui donne au lecteur une vue générale et des éclaircissements.

Puissent nos efforts dans cette carrière nouvelle obtenir l'approbation! Nous osons l'espérer. Dans un temps où l'on approprie fidèlement à notre langue tant de choses de l'Orient, il peut sembler méritoire que nous ayons cherché, de notre côté, à diriger l'attention sur un monde d'où nous sont parvenues, depuis des milliers d'années, tant de choses grandes, bonnes et belles, et duquel nous pouvons espérer chaque jour davantage.

Les Hébreux.

La poésie naïve est chez toute nation la première; elle est la base de toutes celles qui suivent; plus elle se produit fraîche et naturelle, plus les autres époques se développent heureusement.

Comme nous parlons de poésie orientale, il est nécessaire de mentionner la Bible, qui en est le plus ancien recueil. Une grande partie de l'Ancien Testament est écrite avec exaltation, avec enthousiasme, et appartient au domaine de la poésie.

Le vif souvenir du temps où Herder et Eichhorn nous expliquaient eux-mêmes ces matières nous rappelle une haute jouissance, comparable au lever du soleil dans le ciel pur de l'Orient. Nous ne pouvons qu'indiquer ce que nous ont transmis et légué ces hommes éminents, et l'on nous pardonnera la précipitation avec laquelle nous passons devant ces trésors.

Cependant nous citerons comme exemple le livre de Ruth, qui, outre son but élevé, de procurer à un roi d'Israël d'intéressants et honnêtes ancêtres, peut être en même temps considéré comme un aimable petit poëme, une épopée, une idylle, que l'on nous a conservée.

Nous nous arrêterons ensuite un moment au Cantique des Cantiques, comme à ce qui nous est parvenu de plus délicat et de plus inimitable pour l'expression d'un agréable et ardent amour. Nous regrettons, il est vrai, que ces chants fragmentaires, entremêlés, entassés, ne donnent pas une jouissance pleine et pure, et pourtant nous sommes ravis de nous transporter au milieu des circonstances dans lesquelles ces cœurs enthousiastes ont vécu. Tout au travers, souffle une tiède brise du plus aimable canton de Chanaan, la tranquille vie champêtre, la culture des vignes, des jardins et des aromates, quelque chose de la gêne des villes, puis, dans le fond du tableau, la cour d'un roi avec ses magnificences. Cependant le thème principal est toujours la passion brûlante de deux jeunes cœurs, qui se cherchent, se trouvent, se repoussent, s'attirent, dans diverses situations d'une extrême simplicité.

Plus d'une fois nous avons songé à détacher quelques parties de cet aimable désordre et à les coordonner; mais c'est précisément ce qu'il y a d'insoluble et d'énigmatique qui donne à ces rares feuillets leur grâce et leur caractère propre. Que de fois des esprits bien intentionnés, amoureux de l'ordre, ont eu la tentation d'y chercher ou d'y établir un enchaînement raisonnable! et chacun laisse toujours à un successeur le même travail.

Le livre de Ruth a de même attiré par son charme invincible plus d'un homme de mérite, qui se sont abandonnés à la vaine pensée qu'un récit, qui est, dans son laconisme, d'une incomparable beauté, pourrait gagner quelque chose dans une longue paraphrase.

C'est ainsi que, livre par livre, le livre des livres pourrait nous montrer qu'il nous fut donné afin que nous puissions nous y éprouver comme dans un second univers, nous y perdre, nous instruire et nous cultiver.

Les Arabes.

Il est un peuple de l'Orient, les Arabes, chez lequel nous trouvons des trésors magnifiques dans les Moallakat. Ce sont des chants de concours, qui sortaient vainqueurs des joutes poétiques; des poésies antérieures à Mahomet, écrites en lettres d'or, suspendues aux portes de la maison de Dieu à la Mecque.

Ils donnent l'idée d'un peuple nomade, pasteur et guerrier, agité à l'intérieur par les luttes de tribus diverses. Ces poésies expriment l'inébranlable attachement aux hommes de la même tribu, le désir de la gloire, la vaillance, l'ardeur insatiable de vengeance, adoucie par la mélancolie de l'amour, la bienfaisance, le dévouement, tout cela sans limites. Ces poésies nous donnent une idée suffisante de la haute culture où était parvenue la tribu des Koraichites, du sein de laquelle Mahomet lui-même sortit, mais pour lui imposer une croyance sombre et lui voiler toute perspective de progrès plus purs.

La valeur de ces excellents poëmes, qui sont au nombre de sept, est relevée encore par leur grande diversité. Nous ne pouvons en rendre compte en termes plus brefs et plus dignes qu'en citant les propres paroles par lesquelles le judicieux Jones les caractérise. « Le chant d'Amralkaï est doux, joyeux, brillant, élégant, varié et agréable, celui de Tarafa hardi, animé, bondissant, et toutefois mêlé de quelque gaieté; le chant de Zoheir est rigide, austère, chaste, plein de règles morales et de graves maximes; celui de Lebid est léger, amoureux, élégant et tendre: il rappelle la deuxième églogue de Virgile, car le poëte se plaint de l'orgueil et de la fierté de sa bien-aimée, et en prend occasion d'énumérer ses propres mérites, d'élever jusqu'au ciel la gloire de sa tribu. Le chant d'Antara se montre fier, menaçant, expressif, magnifique, et n'est pas sans beautés de descriptions et d'images; Amrou est véhément, sublime, pompeux; Hareth, plein de sagesse, de sagacité et de dignité. Les deux derniers se présentent aussi comme des discours de controverse politique et poétique, qui furent prononcés devant une assemblée d'Arabes, pour apaiser la haine funeste de deux tribus.

Ce peu de mots ayant éveillé sans doute chez nos lecteurs le désir de lire ou de relire ces poëmes, nous en citerons un autre, du temps de Mahomet, où règne parfaitement l'esprit des premiers. On pourra trouver ce chant d'un caractère mélancolique et même sombre; c'est l'expression brûlante de la vengeance poursuivie et satisfaite.

1. Sous le rocher au bord du chemin, il est gisant, égorgé: sur sa blessure ne distille pas une goutte de rosée.

2. Il m'imposa un lourd fardeau et il mourut : certes, ce fardeau, je veux le porter.

3. Il est héritier de ma vengeance, le fils de ma sœur, le vaillant, l'implacable.

4. Il sue en silence le poison, comme la vipère se tait, comme exhale son venin le serpent, contre lequel il n'est point de charme efficace.

5. La foudroyante nouvelle nous est venue d'un grand et terrible malheur : elle aurait dompté le plus vaillant des hommes.

6. Le sort m'a dépouillé en blessant l'homme aimable dont l'hôte ne fut jamais offensé.

7. Il était un rayon de soleil dans les jours froids et, pendant les ardeurs de Sirius, une ombre et un rafraîchissement.

8. Le corps sec sans maigreur, les mains humides, hardi, impétueux.

9. Avec une ferme volonté, il a poursuivi son but jusqu'à l'heure du repos : elle repose aussi la ferme volonté.

10. C'était une pluie distribuant ses dons; dans l'attaque, c'était un lion furieux.

11. Imposant devant le peuple, avec ses cheveux noirs, sa longue robe; il courait à l'ennemi comme un loup maigre.

12. Il distribuait deux assaisonnements, le miel et l'absinthe; les mets ainsi assaisonnés, chacun en goûtait.

13. Terrible, il chevauchait seul, nul ne l'accompagnait que le glaive d'Yemen orné de brèches.

14. Notre jeune troupe se mit en marche à midi contre l'ennemi; nous avançâmes toute la nuit, comme des nuages qui volent sans trêve.

15. Chacun était un glaive, ceint d'un glaive, éclair éblouissant, quand on le tirait du fourreau.

16. Ils aspiraient les vapeurs du sommeil, mais, dès qu'ils branlèrent la tête, nous les frappâmes de nos épées et ils n'étaient plus.

17. Nous tirâmes une vengeance pleine : de deux tribus, il en réchappa bien peu, très-peu.

18. Et le Houdseilite a brisé sa lance pour l'immoler, parce qu'avec sa lance il avait brisé les Houdseilites.

19. Ils le couchèrent dans un sauvage lieu de repos sur la roche raboteuse, où les chameaux eux-mêmes se déchiraient les pieds.

20. Quand le matin vint le saluer dans ce triste lieu, le guerrier égorgé, il était dépouillé et le butin ravi.

21. Mais à présent je les ai mis à mort, les Houdseilites, avec de profondes blessures; le malheur ne saurait m'attendrir, c'est lui-même qui s'attendrit.

22. La soif de la lance fut apaisée aussitôt qu'elle put boire : on ne lui refusa point les coups répétés.

23. Désormais il est de nouveau permis, le vin, qui était d'abord défendu ; à force de travail, j'ai conquis ma dispense.

24. J'ai étendu cette faveur à mon épée et à ma lance et à mon coursier. C'est maintenant un bien commun.

25. Présente-moi donc la coupe, ô Savad Ben Amré, car mon corps, à cause de mon oncle, n'est qu'une grande plaie.

26. Et nous avons présenté aux Houdseilites le calice de mort, dont l'effet est la misère, l'aveuglement et la dégradation.

27. Alors les hyènes rirent à la mort des Houdseilites, et tu vis la face des loups rayonnante.

28. Les plus nobles vautours accoururent à tire-d'ailes : ils passèrent de cadavre en cadavre, et, rassasiés de la pâture abondamment préparée, ils ne pouvaient s'élever dans les airs.

Ce chant exige peu d'explications. La grandeur de caractère, le sérieux, la légitime cruauté de l'action, sont ici proprement la moelle de la poésie. Les deux premières strophes présentent clairement l'exposition ; le mort parle dans la troisième et la quatrième, et charge son parent de le venger ; la sixième et la septième se rattachent par le sens aux premières, elles offrent une transposition lyrique ; depuis la septième jusqu'à la treizième, on célèbre le mort, afin de faire sentir la grandeur de la perte ; de la quatorzième à la dix-septième strophe, on décrit l'expédition contre les ennemis ; la dix-huitième nous ramène en arrière ; la dix-neuvième et la vingtième pourraient se trouver immédiatement après les deux premières, comme la vingt et unième et la vingt-deuxième, après la dix-septième : puis vient, dans le banquet, la joie et la jouissance de la victoire, et, pour la conclusion, l'effroyable plaisir de voir devant soi les ennemis tués en proie aux hyènes et aux vautours

Ce qui nous paraît extrêmement remarquable dans ce chant, c'est que la prose pure de l'action est rendue poétique par la transposition des détails. Cette circonstance et l'absence presque totale d'ornements extérieurs donnent au poëme un caractère plus grave, et qui le lira, en se pénétrant du sujet, croira voir, du commencement à la fin, l'événement se développer sous ses yeux.

Transition.

Si nous portons maintenant nos regards sur les Perses, nation paisible, civilisée, nous devons, puisque leurs poésies sont proprement le sujet de ce travail, remonter aux temps anciens, afin de nous rendre les nouveaux intelligibles. Les personnes qui se livrent aux études historiques sont toujours frappées de voir qu'un pays fût-il conquis souvent, assujetti et même ruiné, un certain noyau de la nation se maintient toujours avec son caractère, si bien qu'on voit reparaître à l'improviste des traits de mœurs nationales dès longtemps connus.

A ce point de vue, on pourra trouver agréable d'entendre parler des anciens Perses, pour passer rapidement, d'une marche plus libre et plus sûre, jusqu'aux temps actuels.

Anciens Perses.

Le culte des anciens Parsis se fondait sur la contemplation de la nature. Quand ils adoraient le Créateur, ils se tournaient vers le soleil levant, comme le plus surprenant et le plus magnifique des phénomènes. Ils croyaient y voir le trône de Dieu entouré d'anges étincelants. Tous les hommes, jusqu'au plus humble, pouvaient célébrer chaque jour ce culte brillant et sublime ; le pauvre sortait de sa cabane, le guerrier de sa tente, et le plus religieux de tous les actes était accompli. On donnait à l'enfant nouveau-né le baptême du feu dans ces beaux rayons, et, durant tout le jour, durant toute la vie, le Parsi se voyait accompagné dans toutes ses actions par l'astre créateur. La nuit était éclairée par la lune et les étoiles, également inaccessibles et appartenant à l'infini. Cependant le feu se place à leurs côtés, éclairant, réchauffant, selon son pouvoir. Faire sa prière en face de ce représentant, s'incliner devant celui dont on a senti l'immensité, devient un devoir agréable et pieux. Il n'est rien de plus pur qu'un lever de soleil dans un jour serein, et il fallait allumer et entretenir le feu avec la même pureté, si l'on voulait qu'il fût et qu'il demeurât sacré et semblable au soleil.

Zoroastre semble avoir, le premier, transformé la pure religion naturelle en un culte cérémonieux. La prière mentale qui renferme et exclut toutes les religions, et ne pénètre dans toute la conduite de la vie que chez un petit nombre d'hommes favorisés de Dieu, ne se développe chez la plupart que comme une ardeur, un ravissement passager, qui est à peine évanoui, que l'homme, rendu à lui-même, mécontent, désoccupé, retombe dans le plus profond ennui.

Combler ce vide avec d'interminables cérémonies, des consécrations et des expiations, des allées et des venues, des inclinations et des révérences, c'est le devoir et le profit des prêtres, qui, durant des siècles, éparpillent leur métier en d'innombrables minuties. Celui qui peut se faire un tableau rapide, à partir de cette première adoration naïve du soleil levant, jusqu'à la démence des Guèbres, telle qu'elle existe encore de nos jours aux Indes, verra, d'un côté, une jeune nation, sortant du sommeil à la première clarté du jour, de l'autre, un peuple assombri, qui s'efforce de tuer l'ennui vulgaire par l'ennui dévot.

Cependant il importe de remarquer que les anciens Parsis ne se bornèrent pas à adorer le feu : leur religion est basée sur la dignité de tous les éléments, en tant qu'ils annoncent l'existence et la puissance de Dieu. De là leur sainte appréhension de souiller l'eau, l'air, la terre. Ce respect pour tous les objets naturels qui entourent l'homme mène à toutes les vertus civiles ; il excite et il entretient l'attention, la propreté, la diligence. Il était la base de l'agriculture : en effet, comme ils ne souillaient aucune rivière, les canaux étaient aussi établis et proprement entretenus, en ménageant, avec une soigneuse économie, les eaux dont la circulation fertilisait le pays, si bien que la culture du royaume était alors plus de dix fois ce qu'elle est aujourd'hui. Tous les travaux auxquels souriait le soleil étaient poussés avec la plus grande activité ; mais la vigne, le plus cher enfant du soleil, était l'objet de soins tout particuliers.

La forme étrange de leurs funérailles [1] dérive de cette même attention exagérée à ne pas souiller les purs éléments. La police des villes s'exerçait aussi d'après ces maximes : la propreté des rues était une affaire de religion, et, de nos jours encore, que les guèbres sont chassés, repoussés, méprisés, et ne peuvent, tout au plus, trouver leur demeure que dans les faubourgs et en des quartiers décriés, un mourant attaché à cette croyance lègue une somme pour que telle ou telle rue de la capitale soit sans retard complétement nettoyée. C'est une religion si vivante et si pratique qui rendit possible cette population incroyable, attestée par l'histoire.

Une religion si délicate, fondée sur la toute-présence de Dieu dans ses œuvres du monde sensible, doit exercer sur les mœurs une influence particulière. Que l'on en considère les ordonnances et les prohibitions principales : ne pas mentir, ne point faire de dettes, ne pas être ingrat.... Le moraliste, l'ascétique, s'expliqueront aisément la fécondité de ces préceptes. En effet, à proprement parler, la première de ces défenses comprend les deux suivantes et toutes les autres encore, qui ne découlent proprement que du mensonge et de l'infidélité : c'est pourquoi, en Orient, le diable est uniquement qualifié de menteur éternel.

Cependant, comme ce culte porte à la contemplation, il pourrait aisément entraîner dans la mollesse, et les longs et amples vêtements annoncent aussi des habitudes efféminées : mais les mœurs et les institutions réagissaient avec énergie. On portait des armes, même en temps de paix et dans la vie sociale, et l'on s'exerçait de mille façons à les manier. Les Parsis furent de tout temps d'habiles et impétueux cavaliers ; leurs jeux même, comme celui de la paume et du battoir, dans de grandes carrières, entretenaient leur vigueur, leur force et leur agilité ; et une impitoyable conscription faisait d'eux, au premier signe du roi, un peuple de héros.

Considérons encore leurs idées sur la divinité. Au commencement, le culte public était borné à un petit nombre de feux et il en était d'autant plus vénérable ; ensuite il se forma une

---

[1] Ils exposaient les morts, sans les ensevelir, et les abandonnaient aux bêtes sauvages.

imposante caste sacerdotale, de plus en plus nombreuse, et, avec elle, les feux se multiplièrent. Que ce pouvoir clérical, intimement uni, s'élevât dans l'occasion contre le pouvoir civil, cela est dans la nature de ces relations à jamais incompatibles. Sans rappeler que le faux Smerdis, qui s'empara du royaume, était un mage, élevé sur le trône et soutenu quelque temps par ses confrères, nous voyons que les mages furent plusieurs fois redoutables aux princes.

Dispersés par l'invasion d'Alexandre, négligés par les rois parthes, ses successeurs, relevés et réunis par les Sassanides, ils se montrèrent toujours fermes dans leurs principes et résistèrent au souverain qui agissait à l'encontre. C'est pourquoi ils eurent recours à tous les moyens pour rendre insupportable aux deux époux l'union de Khosrou avec la belle Schirin, qui était chrétienne.

Enfin, chassés à jamais par les Arabes et repoussés dans les Indes, et, pour ce qui resta en Perse de leurs pareils ou de leurs coreligionnaires, méprisés et maltraités jusqu'à nos jours; tour à tour tolérés et persécutés, selon le caprice des souverains: ils ont maintenu leur culte çà et là dans sa pureté primitive, même en de misérables retraites, comme le poëte a essayé de l'exprimer dans le Testament du vieux Parsi.

Que cette religion ait rendu longtemps de grands services; qu'elle fût susceptible d'une plus haute culture, qui s'est répandue dans la partie occidentale du monde oriental, on ne saurait pas en douter. Mais il est extrêmement difficile d'expliquer d'où cette culture s'est répandue et comment la chose s'est faite. De nombreuses cités dispersées dans beaucoup de contrées furent comme des centres de vie; mais, ce que j'admire le plus, c'est que le voisinage fatal de l'idolâtrie indienne ne put agir sur elle. On s'étonne, les villes de Balkh et de Bamian étant si proches l'une de l'autre, de voir, ici, fabriquées et adorées les plus absurdes idoles de taille colossale, et, là, se maintenir les temples du feu pur; de grands monastères s'élever pour les membres de cette croyance, et une multitude de mobeds[1] se réunir. Combien ces institutions étaient excellentes, c'est ce que

---

1. Mages du deuxième ordre, chargés d'entretenir le feu sacré.

prouvent les hommes extraordinaires qui en sont sortis. Telle fut la famille des Barmécides, qui brillèrent si longtemps comme puissants ministres d'État, jusqu'à ce qu'enfin ils furent extirpés et bannis, comme on a vu de nos jours une famille assez pareille.

Gouvernement.

Tandis que le philosophe se compose, à l'aide de principes, un droit naturel, international et public, l'historien recherche ce que furent de tout temps ces relations et ces associations humaines. Or nous trouvons dans le plus antique Orient, que toute souveraineté dérive du droit de déclarer la guerre. Ce droit, comme tous les autres, réside d'abord dans la volonté, dans les passions du peuple. Un membre de la tribu est-il offensé, aussitôt la masse se lève spontanément pour tirer vengeance de l'offenseur. Mais, comme la foule, qui peut agir, ne saurait diriger, elle charge par élection, par coutume, par tradition, un chef unique de la mener au combat, que ce soit pour une seule expédition ou pour plusieurs. Ce poste dangereux, elle le confie au vaillant homme pour toute sa vie, et puis enfin pour lui et ses descendants. C'est ainsi que, par son habileté à conduire la guerre, le chef s'assure le droit de la déclarer.

De là résulte la faculté d'appeler, d'inviter, de contraindre à prendre les armes tout membre de l'État qui peut être considéré comme désireux et capable de combattre. De tout temps cette conscription, pour se montrer efficace et juste, dut être impitoyable. Le premier Darius prend les armes contre des voisins suspects; le peuple, innombrable, obéit à son appel. Un vieillard livre trois fils; il demande que le quatrième soit exempté: le roi le lui renvoie en morceaux. Voilà donc le droit de vie et de mort déjà formulé. Dans la bataille même cela ne souffre aucune difficulté: en effet tout un corps d'armée n'est-il pas sacrifié souvent en pure perte, par caprice ou impéritie, sans que personne en demande compte au général?

Chez les nations guerrières, cet état de choses se maintient pendant les courts intervalles de paix. La guerre subsiste toujours autour du roi, et, à la cour, personne n'est sûr de sa vie. On continue de lever les taxes que la guerre rendait nécessaires. C'est pourquoi Darius Codoman établit avec prévoyance des tributs réguliers au lieu des dons volontaires. Sur ce fondement, avec cette constitution, la monarchie des Perses s'éleva au plus haut degré de puissance et de prospérité, qui cependant finit par échouer contre l'héroïsme d'une nation voisine, petite et morcelée.

Histoire.

Quand des princes doués de talents extraordinaires eurent concentré les forces militaires du pays et porté au plus haut point l'élasticité de la masse, les Perses se montrèrent redoutables même aux peuples éloignés, à plus forte raison à ceux du voisinage.

Tous furent subjugués, sauf les Grecs, qui, divisés entre eux, se réunirent contre l'ennemi nombreux et acharné, et déployèrent un dévouement admirable, vertu suprême, dans laquelle sont renfermées toutes les autres. Par là on gagna du temps, et, à mesure que la puissance des Perses déchut à l'intérieur, Philippe de Macédoine put fonder un État, rassembler autour de lui les autres Grecs, et, en échange de leur liberté perdue, préparer leur victoire sur les ennemis étrangers. Son fils subjugua les Perses et conquit leur empire.

Les Perses ne s'étaient pas seulement rendus redoutables, mais aussi extrêmement odieux au peuple grec, en attaquant à la fois l'État et le culte. Attachés à une religion où les astres du ciel, le feu, les éléments, étaient adorés en plein air comme des êtres divins, ils trouvaient hautement condamnable d'enfermer les dieux dans des maisons et de les adorer à couvert. Ils brûlèrent donc et détruisirent les temples, et, par là, ils élevèrent contre eux-mêmes des monuments de haine éternelle, car la sagesse des Grecs résolut de ne jamais réparer ces ruines, mais de les laisser subsister comme une menace et un aiguillon pour les vengeances futures. Ce désir de venger leur religion offensée, les Grecs le portèrent avec eux dans les champs de la Perse. Ainsi s'expliquent diverses cruautés; on veut même excuser par là l'embrasement de Persépolis.

Tous les objets du culte des mages, qui, s'étant éloignés de leur simplicité primitive, avaient déjà besoin de temples et de cloîtres, furent pareillement détruits, les mages, chassés et dispersés. Cependant un grand nombre se cachèrent et se réunirent, conservant, pour des temps meilleurs, leurs sentiments et leur culte. Leur patience fut mise à de rudes épreuves, car, à la mort d'Alexandre, son empire éphémère ayant pris fin et ses États ayant été morcelés, les Parthes s'emparèrent de la portion qui nous occupe ici particulièrement. La langue, les mœurs, la religion de la Grèce, s'acclimatèrent chez eux. Ainsi s'écoulèrent cinq cents années sur la cendre des temples et des autels antiques, sous lesquels le feu sacré ne cessa pas de couver, en sorte que les Sassanides, au commencement du troisième siècle de notre ère, ayant proclamé de nouveau l'ancienne religion et restauré l'ancien culte, trouvèrent aussitôt un nombre de mages et de mobeds, qui s'étaient maintenus en silence, eux et leur croyance, aux limites de l'Inde et par delà. L'ancienne langue persane fut remise en usage, la grecque fut repoussée, et une véritable nationalité s'éleva sur des bases nouvelles. Nous trouvons ici, dans un espace de quatre siècles, les premières traditions mythologiques de l'histoire persane entretenues, en quelque mesure, par des réminiscences en prose poétique. Ce brillant crépuscule nous charme toujours et la variété des caractères et des événements éveille un grand intérêt.

Mais tout ce que nous apprenons de la statuaire et de l'architecture à cette époque nous les présente comme ne visant qu'au luxe et à la magnificence, au gigantesque et au monstrueux. Et comment pouvait-il en être autrement, puisque les Perses durent emprunter les arts à l'Occident, dès lors profondément dégénéré? Le poëte possède lui-même un anneau à cacheter de Sapor Ier, un onyx, taillé manifestement par un artiste occidental de cette époque, peut-être un prisonnier de guerre. Et le graveur de cachets du Sassanide vainqueur aurait-il été plus habile que le graveur au poinçon de Valérien vaincu? L'aspect des monnaies de ce temps, nous ne le connaissons que trop. Les fables poétiques de ces monuments qui nous restent sont elles-mêmes descendues peu à peu, grâce aux efforts des savants, jusqu'à la prose historique. Nouvel exemple, qui nous fait comprendre clairement qu'un peuple peut atteindre un haut degré de culture religieuse et morale, s'entourer de pompe et de magnificence, et mériter qu'on le range encore, sous le rapport des arts, parmi les peuples barbares.

De même, si nous voulons à l'avenir apprécier justement la poésie orientale et particulièrement la poésie persane, et ne pas nous exposer au chagrin et à l'humiliation d'en exagérer le mérite, nous devons aussi examiner avec soin où se trouvait proprement, à cette époque, la belle et véritable poésie.

Il semble qu'il se soit répandu peu de chose de l'Occident, même dans les contrées orientales les plus voisines; on avait surtout les yeux fixés sur les Indes; et, comme les adorateurs du feu et des éléments ne pouvaient nullement trouver à leur gré cette religion follement monstrueuse, ni les amis de la joie goûter une philosophie abstruse, on n'emprunta aux Indes que ce qui est également bienvenu chez tous les hommes, savoir les écrits qui se rapportent à la sagesse pratique; c'est pourquoi l'on fit le plus grand cas des fables de Bidpaï, et, par là même, on détruisit dans ses derniers fondements une poésie future. A cette époque, on avait aussi tiré de la même source le jeu d'échecs, qui, en rapport avec cette science pratique, est propre à détruire tout sentiment de poésie. Cela posé, nous louerons hautement le naturel que les poëtes persans montrèrent plus tard, aussitôt qu'ils furent excités par des circonstances favorables; nous admirerons comme ils savent lutter contre divers obstacles, les éviter ou même les surmonter.

Le voisinage de Byzance, les guerres avec les empereurs d'Orient[1], et les relations mutuelles qui en résultèrent, amenèrent enfin un mélange, à la faveur duquel la religion chrétienne s'insinue dans celle des anciens Parsis, non sans résistance de la part des mobeds et des hommes préposés à la garde de la religion du pays. C'est ainsi que les diverses contrariétés, et même le grand malheur dont l'excellent prince Khosrou Parvis fut victime, n'eurent d'autre origine que l'attachement de l'aimable et belle Schirin à la foi chrétienne.

Tout cela, considéré même superficiellement, nous oblige d'avouer que les vues et la conduite des Sassanides méritent toute sorte de louanges : seulement ils ne furent pas assez puissants pour se maintenir, entourés d'ennemis comme ils

---

1. Westlich, *occidental*, qui se trouve dans le texte, ne désigne que la situation de Constantinople par rapport à la Perse.

l'étaient, dans une époque si agitée. Après une vigoureuse résistance, ils furent subjugués par les Arabes, que Mahomet avait élevés, par l'unité, à la plus formidable puissance.

Mahomet.

Comme, dans nos méditations, nous partons du point de vue poétique, ou du moins que nous y revenons, il convient à notre but de parler tout d'abord de cet homme extraordinaire, bien qu'il soutienne et qu'il affirme hautement qu'il est prophète et non poëte, en sorte qu'on doit considérer son Coran comme une loi divine et non comme un livre humain, fait pour l'étude ou l'amusement. Maintenant, si nous voulons déterminer avec soin la différence qui existe entre le poëte et le prophète, nous dirons que l'un et l'autre sont saisis et enflammés par un dieu, mais que, le don qu'il a reçu, le poëte le dissipe en jouissances, afin de produire la jouissance et d'obtenir par ses productions la gloire ou du moins une douce vie. Il néglige tous les autres buts, il cherche à être varié, à se montrer inépuisable dans les sentiments et les tableaux. Le prophète, au contraire, n'a qu'un but unique et déterminé; pour l'atteindre, il emploie les moyens les plus simples. Il veut annoncer une doctrine et rassembler les peuples par elle et autour d'elle, comme autour d'un étendard; pour cela, il suffit que le monde croie : il faut donc que le prophète soit et ne cesse pas d'être monotone, car on ne croit pas la diversité, on la juge.

Pour dire beaucoup en peu de mots, tout le contenu du Coran se trouve au commencement du deuxième surate, dont voici les termes : « Il n'y a rien de douteux dans ce livre. C'est une instruction pour les fidèles qui croient véritables les mystères de la foi; qui observent les temps marqués pour la prière; qui font l'aumône de ce que nous leur avons dispensé; qui croient à la révélation envoyée du ciel aux prophètes avant toi; qui ont une assurance certaine de la vie future : ceux-là sont conduits par leur Seigneur et goûteront le bonheur et la béatitude. Pour les incrédules, il leur sera indifférent que tu les exhortes ou ne les exhortes pas : ils ne croiront point. Dieu a scellé leurs cœurs et leurs oreilles. Les ténèbres leur couvrent la vue et ils subiront un sévère châtiment. »

C'est là ce que le Coran répète surate par surate : la foi et l'incrédulité se partagent les lieux hauts et les lieux bas ; le ciel et l'enfer sont réservés aux croyants et aux impies. Des détails plus précis sur ce qui est ordonné et défendu, des récits fabuleux des religions juive et chrétienne, des amplifications de toute espèce, des tautologies et des répétitions sans fin, forment le corps de ce livre sacré, qui, aussi souvent que nous le lisons, nous cause une nouvelle répugnance, puis nous attire, nous étonne et enfin nous impose le respect.

Mais, ce qui en fera toujours, pour toute personne qui étudie l'histoire, un monument de la plus haute importance, nous allons le dire, en citant les paroles d'un homme distingué. « L'objet principal du Coran semble avoir été de réunir les trois différentes religions alors régnantes dans la populeuse Arabie, et qui, mêlées entre elles le plus souvent, vivaient au jour le jour, errant sans guide et sans pasteur : car la plupart étaient idolâtres, et les autres, juifs ou chrétiens, avec des croyances erronées et hérétiques au plus haut point : le Coran devait les amener à la connaissance et à l'adoration d'un Dieu unique, éternel et invisible, qui a créé toutes choses par sa puissance infinie, et qui peut créer celles qui n'existent pas encore ; qui est le dominateur suprême, le juge et seigneur de tous les seigneurs. Pour cela Mahomet établit certaines lois avec les signes extérieurs de certaines cérémonies, les unes anciennes, les autres d'invention moderne, et qui furent sanctionnées par l'idée de peines et de récompenses soit temporelles soit éternelles ; il a voulu les amener tous à l'obéissance de Mahomet, comme prophète et envoyé divin, qui, après les avertissements répétés, les promesses et les menaces des anciens temps, a dû établir enfin et propager sur la terre la vraie religion de Dieu par la force des armes, pour se faire reconnaitre à la fois comme grand prêtre, évêque ou pape dans les choses spirituelles, et comme prince souverain dans les choses temporelles. »

Si l'on ne perd pas cela de vue, on ne peut trouver mauvais que le musulman appelle les temps antérieurs à Mahomet les temps d'ignorance, et soit pleinement convaincu que les lumières et la sagesse ne commencent qu'avec l'islamisme. Le style du Coran est, conformément à son sujet et à son but, sévère, élevé, menaçant, çà et là véritablement sublime. Ainsi un clou chasse l'autre, et nul ne doit s'étonner du grand effet de ce livre. C'est pourquoi les vrais croyants le tiennent pour incréé et pour éternel comme Dieu. Néanmoins il s'est trouvé de bonnes têtes qui ont attribué aux temps antérieurs une meilleure manière d'écrire et de versifier, et qui ont soutenu que, s'il n'avait plu à Dieu de révéler tout d'un coup par Mahomet sa volonté et une civilisation absolument légale, les Arabes se seraient élevés par eux-mêmes peu à peu à ce degré et même à un degré plus élevé, et auraient développé de plus pures idées dans une langue pure.

D'autres, plus téméraires, ont affirmé que Mahomet a gâté leur langue et leur littérature, et qu'elles ne s'en relèveront jamais. Mais un poëte plein de génie poussa plus loin la hardiesse : à l'en croire, tout ce que Mahomet avait dit, il prétendait l'avoir dit aussi et mieux que lui ; il assembla même un certain nombre de sectaires autour de lui. A cause de cela, on lui donna par moquerie le nom de Motanabbi, sous lequel nous le connaissons, et qui signifie « un homme qui jouerait volontiers le rôle de prophète. »

Or, s'il est vrai que la critique musulmane trouve elle-même dans le Coran quelques difficultés (car des endroits qu'on en a cités autrefois ne s'y voient plus aujourd'hui; d'autres se contredisent et s'annulent réciproquement, enfin l'on y trouve de ces défauts inévitables dans tous les documents écrits), cependant ce livre conservera pour jamais une haute influence, parce qu'il est tout à fait pratique, et qu'il a été rédigé d'une manière conforme aux besoins d'un peuple qui fonde sa gloire sur d'antiques traditions et qui est fermement attaché aux anciennes coutumes.

Mahomet semble tout à fait conséquent dans son éloignement pour la poésie, car il interdit tous les contes. Ces jeux d'une imagination légère, qui flotte en tout sens du réel à l'impossible, et qui présente l'invraisemblable comme avéré et indubitable, étaient parfaitement appropriés à la sensualité orientale, à une molle tranquillité, à une oisiveté nonchalante. Ces visions flottantes sur un fond bizarre s'étaient multipliées à l'infini du temps des Sassanides, telles, par exemple, que les Mille et une nuits nous les présentent, enchaînées par un fil léger. Leur caractère propre est de n'avoir aucun but moral, et, par conséquent, de ne point ramener l'homme sur lui-même, mais de l'entraîner et de le transporter hors de lui dans le domaine de l'infini. Mahomet voulut produire précisément l'effet contraire. Que l'on observe comme il sait transformer en légendes les récits de l'Ancien Testament et les scènes de la vie patriarcale, qui, à vrai dire, reposent aussi sur une croyance absolue en Dieu, sur une obéissance invariable et, par conséquent aussi, sur un *islam*; que l'on considère comme il sait exprimer toujours plus et inculquer, avec d'heureux développements, la foi en Dieu, la confiance et l'obéissance, tout en se permettant d'ordinaire bien des contes, mais en les faisant servir à ses desseins. Il est admirable, quand il considère et juge dans cet esprit les histoires de Noé, d'Abraham, de Joseph.

Les Califes.

Pour en revenir à ce qui est proprement de notre sujet, nous répéterons que les Sassanides régnèrent environ quatre cents ans; mais, à la fin, ce ne fut pas, semble-t-il, avec leur puissance et leur splendeur premières. Cependant ils se seraient maintenus peut-être quelque temps encore, si la puissance des Arabes n'avait fait de tels progrès qu'aucun État ancien ne fut capable de lui résister. Dès le temps d'Omar, bientôt après Mahomet, on vit périr cette dynastie, qui avait conservé l'antique religion persane, et avait répandu une civilisation très-remarquable.

Les Arabes firent main basse sur tous les livres, qui n'étaient, à leurs yeux, qu'un griffonnage nuisible ou superflu; ils détruisirent tous les monuments de la littérature, de sorte que les faibles débris en sont à peine arrivés jusqu'à nous. L'introduction soudaine de la langue arabe empêcha toute restauration de ce qu'on pourrait appeler national. Mais, cette fois encore, la civilisation du vaincu surmonta peu à peu la rudesse du vainqueur, et les mahométans, après leur triomphe, prirent goût à la magnificence, aux mœurs élégantes, à ce qui restait de la poésie des vaincus. C'est pourquoi on célèbre encore, comme l'époque la plus brillante, le temps où les Barmécides eurent l'influence à Bagdad. Originaires de Balkh, et bien moins cénobites que patrons et protecteurs de grands monastères et d'établissements d'éducation, ils maintinrent chez eux le feu sacré de la poésie et de l'éloquence, et, par leur sagesse pratique et leur grand caractère, ils s'assurèrent un haut rang, même dans l'ordre politique. Aussi est-il passé en proverbe que le temps des Barmécides fut un temps de civilisation et d'activité locale, vivante, duquel, après qu'il est passé, on peut tout au plus espérer qu'après de longues années, il se reproduira peut-être en d'autres lieux dans des circonstances pareilles.

Mais le califat lui-même fut de courte durée ; cet empire immense se maintint à peine quatre cents ans ; les lieutenants les plus éloignés se rendirent peu à peu plus indépendants, laissant tout au plus subsister l'autorité des califes comme pouvoir spirituel, chargé de distribuer des titres et des bénéfices.

Observation transitoire.

On ne conteste pas l'influence du climat sur la culture des races humaines et sur leurs qualités corporelles ; mais on ne songe pas toujours que la forme du gouvernement produit aussi un état physique et moral, dans lequel les caractères se forment de manières diverses. Nous ne parlons pas de la multitude, mais des figures marquantes et distinguées.

Dans la république, il se forme des caractères grands, heureux, d'une activité pure et tranquille. Si la république s'élève à l'aristocratie, on voit se produire des hommes graves, conséquents, habiles, sachant admirablement obéir et commander. Un État tombe-t-il dans l'anarchie, aussitôt surgissent des hommes audacieux, téméraires, bravant les mœurs, agissant avec une violence soudaine, repoussant, jusqu'à nous faire frémir, toute modération. De son côté, le despotisme produit de grands caractères ; des vues générales, sages et paisibles, une activité, une fermeté, une résolution sévère, toutes qualités nécessaires pour servir le despote, se développent chez des esprits capables, et leur procurent les premiers postes de l'État, où ils se forment au commandement. Tels furent les hommes qui se développèrent sous Alexandre le Grand, dont les généraux se montrèrent d'abord comme rois après sa mort prématurée. Les califes avaient à porter le poids d'un empire immense, qu'ils durent faire gouverner par des lieutenants, dont le pouvoir et l'indépendance s'accrurent, tandis que la puissance du souverain diminuait. Un homme excellent, qui sut fonder et mériter un royaume particulier, est celui dont nous avons à parler maintenant, pour apprendre à connaître le fond de la nouvelle poésie persane et ses remarquables commencements.

Mahmoud de Gasna.

Mahmoud, dont le père avait fondé un puissant royaume dans les montagnes voisines des Indes, tandis que les califes tombaient en décadence dans la plaine de l'Euphrate, poursuivit l'œuvre de son prédécesseur et se rendit illustre comme Alexandre et Frédéric. Il laisse subsister le calife, comme une sorte de pouvoir spirituel, qu'on peut, jusqu'à un certain point, reconnaître pour son propre avantage. Cependant il arrondit d'abord son royaume, puis il envahit les Indes avec de grandes forces et un singulier bonheur. Mahométan zélé, il se montre infatigable et sévère à propager sa foi et à détruire l'idolâtrie. La foi en un Dieu unique élève toujours les esprits, parce qu'elle rappelle à l'homme l'unité de sa propre nature. Il est plus à notre portée, le prophète national qui ne demande que l'adhésion et des formalités, et ordonne de propager une religion qui laisse, comme toute autre, le champ libre à l'esprit de secte et de parti, pour se livrer à des commentaires et des malentendus infinis, et néanmoins demeure toujours la même.

Un culte si simple devait se trouver dans la plus choquante contradiction avec l'idolâtrie indienne, provoquer une réaction, une lutte, et même une sanglante guerre d'extermination, dans laquelle la passion de détruire et de convertir se sentait encore exaltée par la conquête d'immenses trésors. Des idoles affreuses, colossales, dont le corps caverneux fut trouvé plein d'or et de pierreries, furent mises en pièces, et envoyées par quartiers de divers côtés, pour servir à paver le seuil des temples mahométans. De nos jours encore, ces idoles monstrueuses des Indous choquent toute personne d'un goût pur : quelle horreur ne devaient-elles pas inspirer aux mahométans, qui ne souffrent point d'images!

Il n'est pas tout à fait hors de propos de faire observer ici que la valeur originelle de toute religion ne peut être appréciée par ses conséquences qu'après le cours des siècles. La religion juive développera toujours une certaine opiniâtreté rigide, mais aussi une libre sagesse et une activité vivante; la mahométane ne tire pas ses sectateurs d'une vie languissante et bornée, car, en ne leur imposant aucuns devoirs pénibles, elle leur dispense, dans ces limites, tout ce qui est désirable, et, en même temps, par la perspective de l'avenir, elle inspire et entretient la vaillance et le patriotisme religieux.

La doctrine indienne ne valut rien dès l'origine, tout comme aujourd'hui ses mille et mille dieux, non pas subordonnés les uns aux autres, mais tous également tout-puissants, ne font qu'ajouter un nouveau trouble aux accidents de la vie, encourager la folie de toutes les passions et favoriser l'égarement du vice, comme s'il était le plus haut degré de sainteté et de béatitude. Un polythéisme plus pur, comme celui des Grecs et des Romains, devait lui-même finir par s'égarer sur une fausse route et ses sectateurs avec lui. Au contraire, les plus grands éloges sont dus à la religion chrétienne, dont la noble et pure origine ne cesse pas de se confirmer, en ce que, après les plus grands égarements où l'a entraînée l'aveuglement des hommes, avant que l'on s'en doute, elle reparaît toujours avec son aimable caractère primitif, dans les missions, les communautés, les confréries, pour la satisfaction des besoins moraux de l'humanité.

Si nous approuvons le zèle de Mahmoud l'idoloclaste, nous ne lui envierons pas non plus les trésors immenses qu'il a conquis, et nous honorerons surtout en lui le fondateur de la poésie persane et d'une civilisation plus élevée. Issu lui-même de race persane, il ne se laissa pas entraîner dans les idées étroites des Arabes; il sentit parfaitement que le meilleur fondement d'une religion se trouve dans la nationalité. Celle-ci repose sur la poésie, qui nous transmet les plus anciennes annales en des images fabuleuses, se produit ensuite par degrés à la lumière, et, sans lacune, relie le présent avec le passé.

Ces réflexions nous amènent au dixième siècle de notre ère. Que l'on jette un regard sur la haute civilisation, qui, en dépit d'une religion exclusive, ne cessa pas de s'imposer à l'Orient. Là se rassemblèrent, on pourrait dire, contre la volonté de maîtres faibles et barbares, les restes des lumières grecques et romaines et de tous ces chrétiens ingénieux, dont les idées particulières étaient repoussées hors de l'Église, parce que, comme l'islamisme, elle devait travailler à l'unité de foi.

Cependant deux branches importantes du savoir et du travail humain purent se déployer avec une libre activité.

La médecine fut chargée de guérir les infirmités du microcosme, et l'astronomie, d'interpréter les promesses ou les menaces que le ciel pouvait nous faire pour l'avenir; la médecine dut se vouer à la nature, l'astronomie aux mathématiques, et, par là, l'une et l'autre étude furent encouragées.

Au reste, sous des princes despotiques, le gouvernement fut toujours, malgré l'attention et la ponctualité la plus grande, une chose pleine de périls, et il fallait à un membre de la chancellerie autant de courage pour agir au sein du divan qu'à un guerrier pour livrer bataille; l'un n'était pas plus sûr que l'autre de revoir ses foyers.

Les marchands voyageurs apportaient sans cesse un nouveau surcroît de trésors et de connaissances; l'intérieur du pays, depuis l'Euphrate jusqu'à l'Indus, offrait un monde à part d'objets divers; une foule de peuplades en guerre les unes avec les autres, des chefs vaincus et vainqueurs, ne mettaient que trop souvent sous les yeux le passage étonnant de la victoire à la servitude, de la domination à l'esclavage, et inspiraient aux hommes intelligents les réflexions les plus tristes sur la fragilité des choses de la terre.

Il faudrait avoir tout cela et plus encore devant les yeux, dans le champ le plus vaste de déchirements infinis et de restaurations soudaines, pour être équitable envers les poëtes dont nous allons parler, et surtout envers les poëtes persans, car chacun conviendra que les révolutions dont nous avons fait le tableau ne sauraient passer pour un élément où le poëte puisse se nourrir, se développer et fleurir. Qu'il nous soit donc permis de déclarer problématique le haut mérite des poëtes persans de la première époque. Ceux-là, on ne doit pas non plus leur appliquer la plus haute mesure ; il faut leur accorder bien des choses quand on les lit, et leur en pardonner beaucoup quand on les a lus.

Rois des poëtes.

Beaucoup de poëtes se rassemblèrent à la cour de Mahmoud: on parle de quatre cents, qui s'y livrèrent à l'exercice de leur art. Et comme, en Orient, tout doit se subordonner, se conformer à des ordres supérieurs, le prince leur préposa un prince des poëtes, chargé de les examiner, de les juger, de les encourager aux travaux qui convenaient au talent de chacun. Cette charge était une des plus considérables de la cour. Le prince des poëtes était le ministre de toutes les affaires scientifiques, historiques, poétiques ; c'est par lui que les marques de faveur étaient dispensées à ses subordonnés, et, quand il accompagnait la cour, c'était avec une suite si nombreuse, dans un si grand appareil, qu'on pouvait le prendre pour un vizir.

Traditions.

Pour que l'homme songe à transmettre aux générations futures la connaissance des événements qui le touchent de près, il faut qu'il soit, dans une certaine mesure, satisfait du présent et qu'il en sente la haute valeur: Il commence donc par fixer dans sa mémoire ce qu'il a appris de ses pères et il le transmet enveloppé de fables, car la tradition orale s'enflera toujours de contes. Quand l'écriture est une fois inventée, quand un peuple en devance un autre dans la manie d'écrire, alors naissent des chroniques, qui conservent le rhythme poétique, à une époque où la poésie de l'imagination et du sentiment a disparu depuis longtemps. Les derniers âges nous fournissent de mémoires détaillés, d'autobiographies, sous diverses formes.

En Orient, comme chez nous, on trouve de très-anciens documents d'une culture universelle vraiment remarquable. Quand même nos saints livres n'auraient été mis par écrit que plus tard, le fond repose sur des traditions fort anciennes, et l'on ne saurait les apprécier avec trop de reconnaissance. Cet Orient moyen, comme nous pouvons nommer la Perse et les pays circonvoisins, combien de choses ne vit-il pas naître à chaque moment, qui se conservèrent malgré toutes les dévastations et tous les déchirements ! Car, s'il est utile, pour avancer la culture de grandes contrées, qu'elles ne soient pas soumises à un seul maître, mais qu'elles soient partagées entre plusieurs, ce même état n'est pas moins utile à la conservation : en effet, ce qui périt dans un lieu peut se maintenir dans un autre ; ce qui est banni de cet asile peut trouver ailleurs son refuge.

De cette manière, malgré toutes les destructions et tous les ravages, il a pu se conserver des anciens temps maintes copies, que l'on a transcrites ou renouvelées d'époque en époque. Nous trouvons, par exemple, que sous Jesdedschird, le dernier des Sassanides, une histoire de l'empire fut écrite, composée vraisemblablement d'anciennes chroniques, pareilles à celles qu'Assuérus se fait lire pendant ses insomnies, comme nous le voyons dans le livre d'Esther. Il s'est conservé des copies de ce livre, qui porte le titre de Bastan[1] Nameh : en effet, quatre cents ans plus tard, sous Mansour Ier, de la maison des Samanides, un remaniement en est entrepris ; mais il reste incomplet et la dynastie est renversée par les Gaznevides. Cependant Mahmoud, deuxième prince de cette race, est animé du même zèle, et distribue sept parties du Bastan Nameh entre sept poètes de cour. C'est Ansari qui réussit à satisfaire le mieux son maître ; il est nommé roi des poètes et chargé de toute l'entreprise. Mais lui, adroit et nonchalant, il sait reculer l'ouvrage, et voudrait bien arriver sans bruit à découvrir une personne à qui il pût remettre ce travail.

Ferdoucy.
(Mort en 1030.)

L'époque importante de la poésie persane à laquelle nous sommes parvenus nous donne lieu d'observer qu'il ne saurait se développer de grands événements, à moins que certains penchants, certaines idées, certains projets, semés isolément çà

---

[1]. En général, on doit faire sonner l'*e* dans les noms tels que Bastan, Ansari, Enveri, etc.

et là, sans cohésion, ne s'agitent et ne se développent en silence, jusqu'à ce qu'enfin une action générale et simultanée se déploie tôt ou tard. A ce point de vue, il est assez remarquable que, dans le temps même où un puissant prince songeait à restaurer une littérature nationale et originelle, le fils d'un jardinier, à Tus, s'appropriait, de son côté, un exemplaire du Bastan Nameh, et consacrait avec ardeur à ces études le beau talent qu'il avait reçu de la nature.

Dans le dessein de porter plainte contre le lieutenant de sa province, au sujet de quelque vexation, il se rend à la cour. Il fait longtemps des efforts inutiles pour arriver jusqu'à Ansari, et pour atteindre son but par l'entremise de ce personnage. Enfin quelques rimes heureuses et pleines de sens, débitées à l'impromptu, le font connaître au roi des poëtes, qui, prenant confiance en son talent, le recommande, et lui fait donner la commission d'exécuter le grand ouvrage. Ferdoucy commence le Chah Nameh[1] dans des circonstances favorables. Au début, il est suffisamment récompensé en détail ; mais, après un travail de trente années, la royale largesse ne répond nullement à son attente. Le cœur plein d'amertume, il quitte la cour et il meurt dans le temps même où le roi se ressouvient de lui avec faveur. Mahmoud lui survit à peine une année, pendant laquelle le vieux Essedi, maître de Ferdoucy, achève entièrement le Chah Nameh.

Cet ouvrage est un monument national important, sérieux, mythique et historique, où l'origine, la vie, les actions des anciens héros sont recueillies. Il se rapporte aux temps anciens et modernes ; aussi le caractère proprement historique se produit-il davantage vers la fin : cependant les fables d'autrefois nous transmettent sous un voile maintes vérités traditionnelles de la plus haute antiquité.

Ferdoucy semble parfaitement qualifié pour ce travail, en ce qu'il s'attache avec passion à ce qui est ancien et vraiment national, et que, sous le rapport du langage, il a tâché d'atteindre à la pureté et à la vigueur du vieux temps, en s'efforçant de bannir les mots arabes et de respecter l'antique pehlvi.

---

1. Le Livre des Rois.

Envéri.
(Mort en 1152.)

Il étudia à Tus, ville célèbre par d'importants établissements d'éducation, et même suspecte pour sa civilisation trop raffinée. Ayant vu, comme il était assis à la porte du collége, un grand seigneur passer à cheval avec une suite magnifique, et ayant appris, à son grand étonnement, que c'était un poëte de cour, il résolut de parvenir à une aussi haute fortune. Un poëme, écrit pendant la nuit, qui lui gagna la faveur du prince, nous a été conservé.

Ce poëme et d'autres, qu'on nous a fait connaître, révèlent un esprit serein, doué d'une prudence infinie, d'une heureuse et vive pénétration. Il domine une matière immense; il vit dans le présent, et, d'écolier qu'il était, devenu soudain courtisan, il se montre un libre panégyriste, et trouve qu'il n'y a point de meilleur métier que de charmer par la louange les hommes avec lesquels on vit. Princes, vizirs, nobles et belles femmes, poëtes et musiciens, il décore chacun de ses éloges; et il sait, pour l'appliquer à chaque personnage, tirer quelque ornement des trésors du vaste univers.

Aussi ne pouvons-nous trouver équitable qu'après tant de siècles on lui fasse un crime des relations au milieu desquelles il a vécu et tiré parti de son talent. Que deviendrait le poëte, s'il n'y avait pas des personnes nobles, puissantes, sages, actives, belles, habiles, dont les mérites puissent le charmer? Il s'y attache, comme la vigne à l'ormeau, comme le lierre à la muraille, pour récréer ses yeux et son cœur. Blâmerait-on un joaillier qui passe sa vie à composer, avec les joyaux des deux Indes, une magnifique parure pour des hommes excellents? Exigerait-on de lui qu'il se fît paveur, métier assurément très-utile?

Mais, si bien que notre poëte fût avec la terre, le ciel lui devint funeste. Il avait prédit qu'à un certain jour, une tempête effroyable ravagerait le pays : cette prédiction solennelle, qui avait ému le peuple, ne s'accomplit pas, et le chah lui-même fut incapable de protéger son favori contre l'indignation générale de la cour et de la ville. Le poëte prit la fuite. Il ne fut même préservé dans une province éloignée que par la fermeté d'un lieutenant qui l'aimait. Cependant l'honneur de l'astrologie peut être sauvé, si l'on admet que la conjonction de tant de planètes annonçait la venue de Gengis-Khan, qui dévasta la Perse plus que n'aurait pu le faire aucune tempête.

Nisami.
(Mort en 1180.)

Esprit délicat, doué de qualités éminentes. Tout comme Ferdoucy épuisa l'ensemble des traditions héroïques, Nisami choisit pour objet de ses chants ce qu'il y a de plus charmant dans les effets réciproques du plus tendre amour. Il met en scène Medschnoun et Leila, Khosrou et Schirin, couples d'amants, destinés, dévoués sans réserve l'un à l'autre par le pressentiment, le sort, la nature, l'habitude, l'inclination, la passion, mais séparés par le caprice, l'obstination, le hasard, la force et la contrainte; réunis de nouveau d'une façon tout aussi singulière, pour être enfin, par tel ou tel événement, arrachés des bras l'un de l'autre et séparés pour jamais.

Ces sujets et la manière dont le poëte les traite éveillent chez nous une langueur idéale; nous ne trouvons jamais le contentement paisible; le charme est grand, la variété, infinie.

Dans ses autres poëmes, qui ont pour objet immédiat la morale, respire également une aimable sérénité. Quoi qu'il puisse arriver à l'homme d'embarrassant, le poëte ramène toujours le cas à la pratique, et il trouve dans une activité morale la meilleure solution de toutes les énigmes.

Au reste, il mène, conformément à ses occupations tranquilles, une tranquille vie sous les Seldjoucides, et il est enseveli dans sa ville natale de Gendsche.

Dschelâl-eddin Roumi.
(Mort en 1162.)

Il accompagne son père, qui, par suite de ses démêlés avec le sultan, s'est éloigné de Balkh pour faire un long voyage. En chemin, ils rencontrent Attar, qui donne au jeune homme un livre de mystères divins, et lui inspire une vive ardeur pour les saintes lettres.

Sur cela il faut remarquer que le véritable poëte a pour mission de refléter en lui la magnificence de l'univers, et que, par conséquent, il sera toujours plus disposé à louer qu'à blâmer. Il s'ensuit qu'il cherche à découvrir l'objet le plus digne, et, lorsqu'il a tout passé en revue, il consacre enfin, de préférence, son talent à la louange de Dieu. C'est là surtout un pressant besoin pour les Orientaux, parce qu'ils aspirent toujours au transcendental, et qu'ils croient le trouver en sa plus entière plénitude dans la contemplation de la divinité; là, du moins, quel que soit leur langage, personne n'ose les accuser d'exagération.

Ce qu'on appelle le rosaire mahométan, où le nom d'Allah est magnifié avec quatre-vingt-dix-neuf qualités, est déjà une de ces litanies d'adoration et de louanges. Des qualités positives et négatives désignent l'être le plus incompréhensible, l'adorateur s'étonne, se résigne et s'apaise; et, tandis que le poëte mondain attribue à des personnes excellentes les perfections qu'il a rêvées, celui qui s'est voué à Dieu se réfugie dans l'être impersonnel qui, depuis l'éternité, pénètre toutes choses.

Attar s'était donc enfui de la cour pour se livrer à la contemplation, et Dschelâl-eddîn, jeune homme riche, qui s'éloigna aussi dans le même temps du prince et de la capitale, fut d'autant plus disposé à s'enflammer pour les études profondes.

Son pèlerinage accompli, il traverse l'Asie Mineure avec son père. Ils séjournent à Icone. Là ils enseignent, ils sont poursuivis, chassés, rétablis, et ils y sont ensevelis avec un de leurs plus fidèles compagnons d'enseignement. Dans l'intervalle, Gengis-Khan avait conquis la Perse, sans toucher au lieu tranquille de leur séjour.

Après ces explications, on ne fera pas un crime à notre grand poëte de s'être plongé dans des idées abstraites. Ses ouvrages sont un peu mêlés: historiettes, contes, paraboles, légendes, anecdotes, exemples, problèmes, il met tout en usage, pour faire accueillir une mystérieuse leçon, dont il ne sait pas lui-même donner une explication claire. L'enseignement, l'édification, est son but; mais, en somme, il s'efforce de satisfaire, ou du moins d'affranchir, par la doctrine de l'unité, toute aspiration passionnée, et de faire entendre que tout finit par se plonger et se glorifier dans la nature divine.

Saadi.
(Mort en 1291, à l'âge de 102 ans.)

Né à Schiraz, il étudie à Bagdad. Dans sa jeunesse, un amour malheureux le décide à embrasser la vie errante d'un derviche; il fait quinze fois le pèlerinage de la Mecque, s'avance dans ses pérégrinations jusqu'aux Indes et à l'Asie Mineure, et même jusque dans l'Occident, comme prisonnier des croisés. Il éprouve d'étranges aventures, mais il s'enrichit de précieuses connaissances sur les pays et les hommes. Au bout de trente ans, il se retire dans la solitude, travaille à ses ouvrages et se fait connaître. Il déploie une grande expérience de la vie et il est riche en anecdotes, qu'il orne de vers et de maximes : instruire ses lecteurs et ses auditeurs est son but essentiel.

Il mène à Schiraz une vie très-retirée, qu'il prolonge jusqu'à l'âge de cent deux ans. C'est dans cette ville qu'il est enseveli. Les descendants de Gengis avaient fait de l'Iran un royaume particulier, qui offrait un séjour tranquille.

Hafiz.
(Mort en 138..)

Au milieu du siècle passé, on trouvait chez les protestants d'Allemagne, soit ecclésiastiques, soit même laïques, des hommes qui connaissaient si bien les Saintes Écritures qu'ils pouvaient, comme des concordances vivantes, rendre compte de tous les passages, de l'endroit où ils se trouvaient et de leur enchaînement : ils savaient par cœur les principaux endroits et en avaient sans cesse à leur disposition pour toutes les applications possibles. Si l'on se souvient de la chose, on conviendra aussi que ces personnes y devaient trouver un grand moyen de culture, parce que la mémoire, constamment occupée d'objets relevés, tenait en réserve pour le sentiment, pour le jugement, une matière pure de jouissances et d'applications. On qualifiait ces personnes de *bibelfest*[1], et ce surnom était à la fois un titre d'honneur et une recommandation certaine.

Ce qui était chez nous autres chrétiens le résultat d'une dis-

---
1. Fortes sur la Bible.

position naturelle et de la bonne volonté, fut chez les mahométans un devoir : car, tout comme c'était un grand mérite chez les adhérents à cette croyance de multiplier ou de faire multiplier les copies du Coran, ce n'en était pas un moindre de l'apprendre par cœur, afin de pouvoir citer, dans chaque occasion, les endroits convenables, avancer l'édification et apaiser les querelles. Ces personnes, on leur donnait le surnom honorable de Hafiz, et ce titre est devenu par la suite le nom propre de notre poëte.

A peine le Coran eut-il paru, qu'il devint l'objet de commentaires infinis; il fournit matière aux plus subtiles arguties, et, comme il éveillait les idées de chacun, il en résulta des divergences sans bornes, d'absurdes combinaisons; on essaya même, en tout genre, les rapprochements les plus déraisonnables, tellement que l'homme vraiment intelligent et sage dut faire de sérieux efforts, afin de revenir seulement au fond du texte pur. On voit de là que nous trouvons aussi dans l'histoire de l'islamisme des commentaires, des applications et des usages souvent admirables.

C'est à une si heureuse aptitude que le plus beau talent poétique fut dressé et préparé : il possédait le Coran tout entier; rien de ce que la religion avait édifié sur cette base n'était une énigme pour lui. Il dit lui-même : « C'est par le Coran que j'ai fait tout ce qui m'a jamais réussi. »

Il enseigna comme derviche, sofi et cheick dans Schiraz, sa ville natale, d'où il ne s'éloigna jamais, bien traité et estimé de la famille Mosaffer et de ses relations. Il s'occupa de théologie et de grammaire, et rassembla de nombreux disciples autour de lui.

Des études si sérieuses et l'exercice public de l'enseignement sont avec ses poésies dans une contradiction complète, qu'on peut expliquer en disant que le poëte n'est pas obligé de conformer exactement ses pensées et sa vie à ses écrits, et, moins que tout autre, celui qui, déjà avancé en âge, se trouve engagé dans des circonstances difficiles, où il recherchera toujours davantage les déguisements de la rhétorique, et dira des choses que ses contemporains soient charmés d'entendre. Hafiz nous semble avoir été parfaitement dans ce cas. De même qu'un fai-

seur de contes ne croit pas aux enchantements dont il éblouit
nos yeux, mais s'attache seulement à les animer et à les disposer
de son mieux, pour le plaisir de ses auditeurs, le poëte lyrique
a tout aussi peu besoin de mettre lui-même en pratique toutes
les choses avec lesquelles il amuse et séduit ses lecteurs de
haute et basse condition. Notre poëte ne semble pas non plus
avoir attaché un grand prix à ses chansons, qui coulaient si
aisément de sa veine, car elles ne furent recueillies qu'après sa
mort, par les soins de ses disciples.

Nous dirons peu de chose de ces poésies, parce qu'il faudrait
les sentir, se mettre avec elles à l'unisson. Elles épanchent un
flot de vie intarissable et doux. Être joyeux et sage dans la
médiocrité; prendre, au passage, sa part des biens de ce
monde, jeter de loin un regard sur les mystères de la divinité,
mais, en revanche, éviter également les pratiques religieuses
et les plaisirs sensuels.... Car, en général, cette poésie, quoi
qu'elle paraisse encourager et enseigner, doit conserver absolument une mobilité sceptique.

Dschami.
(Mort en 1492, à l'âge de 82 ans.)

Dschami recueille toute la moisson des travaux antérieurs, et
résume la culture à la fois prosaïque et poétique, en matière de
religion, de philosophie et de science. Il a le grand avantage
d'être né vingt-trois ans après la mort de Hafiz, et de trouver
de nouveau, dès sa jeunesse, un libre champ devant lui. Une
clarté, une sagesse parfaite, est son partage. Il essaye sa plume
dans tous les genres et paraît à la fois sensuel et spirituel; la
magnificence du monde réel et du monde poétique s'étale devant lui; il se meut entre l'un et l'autre. Il devait se sentir peu
d'attrait pour le mysticisme; mais comme, sans lui, il n'aurait
pas accompli le cercle des intérêts nationaux, il rend compte
historiquement de toutes les folies par lesquelles l'homme, emprisonné dans sa nature terrestre, croit s'approcher par degrés
de la divinité d'une manière immédiate et s'unir enfin avec elle,
tandis qu'en dernière analyse, on ne voit paraître que des
figures effroyables, qui choquent la nature et la raison. En
effet, le mystique fait-il autre chose que de passer doucement

devant les problèmes, ou de les repousser plus loin, quand cela peut se faire?

Revue.

On a voulu conclure de la succession, très-bien arrangée, des sept premiers rois de Rome, que cette histoire n'est qu'une habile invention. C'est là ce que nous ne voulons pas décider, mais nous remarquerons que les sept poëtes qui sont regardés par les Persans comme les premiers, et qui paraissent successivement dans une période de cinq cents ans, sont en effet, les uns à l'égard des autres, dans un rapport moral et poétique qui pourrait nous sembler inventé, si les ouvrages qu'ils ont laissés ne prouvaient pas qu'ils ont réellement vécu.

Si nous considérons plus attentivement cette pléiade, autant que cela nous est permis de loin, nous trouvons qu'ils eurent tous un talent fécond, qui se renouvelait sans cesse, par où ils se voyaient supérieurs à nombre d'hommes très-distingués, à une foule de talents médiocres et vulgaires ; en outre, ils parurent à une époque particulière, dans une situation où ils pouvaient faire heureusement une grande moisson et même nuire, pour un certain temps, à l'influence de successeurs aussi pleins de talent, jusqu'à ce qu'une période fût écoulée, durant laquelle la nature pût rouvrir au poëte la source de nouveaux trésors.

Dans cette pensée, nous passerons encore une fois nos poëtes en revue, et nous ferons les observations suivantes :

FERDOUCY, venu le premier, recueillit tout l'ensemble des annales de l'État et du royaume que la fable ou l'histoire avait conservées, si bien qu'il ne resta plus à un successeur que de s'y référer et de les commenter, sans qu'il fût possible d'en faire un remaniement ou un exposé nouveau.

ENVÉRI s'attache au présent. Brillant et magnifique, comme lui paraissait la nature, il observe aussi, d'un esprit joyeux et bien doué, la cour de son prince ; associer, dans le langage le plus aimable, ces deux mondes et leurs avantages, fut son office et son plaisir. En cela personne ne l'a jamais égalé.

NISAMI s'empare, avec une gracieuse énergie, de tout ce qui peut exister dans son domaine de légendes d'amour et demi-merveilleuses. Le Coran avait déjà fait entrevoir comment on pouvait traiter dans un but particulier, exposer et rendre agréables, avec une certaine prolixité, de vieilles et laconiques traditions.

Dschelal eddin Roumi se trouve mal à son aise sur le terrain problématique de la réalité, et il cherche à résoudre, d'une manière ingénieuse, spirituelle, les énigmes des phénomènes intérieurs et extérieurs. Aussi ses ouvrages sont-ils de nouvelles énigmes, qui ont besoin de nouvelles solutions et de nouveaux commentaires. Enfin il se sent forcé de se réfugier dans la doctrine de l'unité absolue, par laquelle on gagne autant que l'on perd, et qui ne laisse à la fin subsister que le consolant et non moins désolant zéro. Comment une nouvelle exposition, poétique ou prosaïque, pourrait-elle réussir encore? Heureusement

L'excellent **Saadi** est lancé dans le vaste monde, où il arrive chargé des détails infinis de l'expérience, à chacun desquels il sait emprunter quelque chose. Il sent la nécessité de se recueillir; il se persuade que son devoir est d'instruire, et, par là, il est devenu, plus que tout autre, fécond et salutaire pour nous autres Occidentaux.

Hafiz, grande et sereine intelligence, qui se contente de refuser tout ce que les hommes demandent, d'écarter tout ce qui leur est indispensable, et qui, avec cela, se montre toujours un bon vivant comme eux. Il ne peut être bien apprécié que dans les limites de sa nationalité et de son temps; mais, aussitôt qu'on l'a compris, on possède en lui un aimable guide. De nos jours encore, les chameliers et les muletiers continuent de chanter ses vers, le plus souvent sans le savoir, et ce n'est point à cause du sens, qu'il se fait lui-même un jeu de morceler, mais à cause de l'inspiration, qu'il épanche toujours sereine et riante. Et, les devanciers ayant moissonné tout le reste, qui pouvait venir après lui si ce n'est

Dschami, ce génie, à la hauteur de tout ce qui s'est passé avant lui et qui se passait à côté de lui. Comme il rassembla toutes ces choses en gerbes, les imita, les renouvela, les développa; comme il réunit en lui, avec la plus grande netteté, les mérites et les défauts de ses devanciers, il ne resta plus aux époques suivantes que d'être telles que lui, en tant qu'elles ne tombèrent pas en décadence. Et c'est à ce point que les choses en sont demeurées pendant trois siècles : sur quoi nous ne ferons plus qu'une seule observation, c'est que, si le drame avait pu se produire tôt ou tard, et si un poëte dramatique avait pu s'élever, toute la marche de la littérature aurait pris un autre cours.

Si nous avons essayé de retracer en ce peu de mots cinq siècles de la poésie et de l'éloquence persanes, que nos amis (pour parler comme Quintilien, notre vieux maître) veuillent prendre la chose à peu près comme on permet les chiffres ronds, non pour arriver à une parfaite exactitude, mais pour exprimer commodément, et d'une manière approximative, quelques notions générales.

Observations générales.

La fécondité et la variété des poëtes persans tiennent à l'immense étendue du monde extérieur et à sa richesse infinie. Une vie publique incessamment agitée, dans laquelle tous les objets ont une valeur égale, flotte devant notre imagination; c'est pourquoi leurs comparaisons nous paraissent si souvent singulières et désagréables : ils enchaînent sans scrupule les images les plus nobles aux plus basses, et c'est une méthode à laquelle il nous est difficile de nous accoutumer.

Mais, disons-le franchement : un véritable viveur, un homme pratique et indépendant, n'a aucun sentiment esthétique, aucun goût; la réalité lui suffit, dans l'action, la jouissance, la pensée, tout comme dans la poésie, et, si l'homme de l'Orient, pour produire un effet étrange, accouple des idées extravagantes, l'Allemand, à qui la même chose arrive bien aussi quelquefois, ne doit pas le voir de mauvais œil.

Le trouble que de pareils ouvrages causent à l'imagination peut se comparer à celui que nous éprouvons quand nous traversons un bazar oriental ou une foire d'Europe. Les marchandises les plus précieuses et les plus communes ne sont pas toujours bien éloignées les unes des autres; elles se mêlent sous nos yeux, et souvent nous voyons aussi les tonneaux, les caisses, les sacs, dans lesquels on les a transportées; de même que, dans un marché de fruits et de légumes, nous ne voyons pas seulement des plantes, des racines et des fruits, mais encore, çà et là, toute sorte de débris, de coques et de rognures.

Il n'en coûte rien au poëte oriental, pour nous élever de la terre au ciel, et nous précipiter de là sur la terre ou réciproquement. Nisami sait tirer du cadavre d'un chien qui tombe en pourriture une réflexion morale qui nous étonne et nous édifie.

« Le seigneur Jésus, en parcourant le monde, traversa un jour une place publique ; un chien mort était gisant dans la rue, traîné devant la porte de la maison ; une troupe était arrêtée autour du corps, comme des vautours se rassemblent autour des cadavres. L'un disait : « Je suis tout suffoqué de la puan-
« teur. » L'autre disait : « A quoi bon tant de paroles ? Le rebut
« des tombeaux ne peut que porter malheur. » C'est ainsi que chacun chantait à sa guise, pour insulter au corps du chien mort. Quand ce fut le tour de Jésus, il dit doucement, sans insulte, il dit, avec sa bonté naturelle : « Les dents sont blan-
« ches comme des perles. » Ce mot fit rougir les assistants comme des coquillages embrasés. »

Chacun se sent touché, quand le prophète, aussi charitable qu'ingénieux, demande, dans la forme qui lui est particulière, l'indulgence et les ménagements. Avec quelle puissance il sait amener la foule inquiète à se replier sur elle-même, à rougir de ses insultes, de ses malédictions, à considérer avec assentiment, peut-être même avec envie, l'avantage inobservé ! Chaque assistant songe alors à sa propre denture. De belles dents sont partout, et surtout en Orient, fort appréciées, comme un don du ciel. Un animal, qui tombe en pourriture, devient, par la perfection de ce qui reste de lui, un objet d'admiration et de réflexions pieuses.

L'excellente comparaison qui termine la parabole n'est pas aussi intelligible et aussi frappante pour nous, c'est pourquoi nous nous attacherons à l'éclaircir.

Dans les pays où l'on manque de pierres calcaires, les coquilles de moules sont employées à préparer une matière de première nécessité pour la bâtisse ; empilées entre des branchages secs, elles sont embrasées par la flamme ardente. Le spectateur ne peut s'empêcher de réfléchir que ces êtres qui vivaient dans la mer, croissant et se nourrissant, jouissaient naguère encore de l'existence à leur manière, et à présent, non pas consumés mais embrasés, ils conservent leur forme tout entière, quand même toute vie est chassée de leur sein. Qu'on suppose maintenant que la nuit tombe, et que ces restes organiques paraissent vraiment embrasés à l'œil de l'observateur, il est impossible de se figurer une image plus magnifique d'un profond et secret tourment de l'âme. Si vous désirez vous en faire une parfaite idée, priez un chimiste de mettre devant vos yeux des coquilles d'huîtres en état de phosphorescence, et vous conviendrez avec nous que la passion ardente qui pénètre le cœur de l'homme, quand un juste reproche l'atteint à l'improviste, au milieu des illusions d'un naïf orgueil, ne saurait être mieux représentée.

On trouverait par centaines de ces comparaisons qui supposent l'observation la plus immédiate de la nature, de la réalité, et réveillent en même temps une haute idée morale, qui s'élève d'un fond de sentiment pur et cultivé.

Avec leur horizon sans bornes, on ne peut assez apprécier chez ces poëtes leur attention pour les détails, leur coup d'œil gracieux et pénétrant, qui cherche à tirer d'un objet intéressant ce qu'il a de plus caractéristique. Ils ont de poétiques tableaux d'intérieur paisible, qui rivalisent avec les meilleurs de la peinture néerlandaise, et qui ont même plus d'élévation morale. Ces mêmes penchants et ces dons les enchaînent à certains objets d'affection : aucun poëte persan ne se lasse de représenter la lampe éblouissante, les cierges lumineux. De là vient aussi la monotonie qu'on leur reproche ; mais, tout bien considéré, les objets naturels sont chez eux les suppléants de la mythologie; la rose et le rossignol tiennent lieu d'Apollon et de Daphné. Si l'on réfléchit à ce qui leur manquait, qu'ils étaient sans théâtre, sans arts plastiques, et que pourtant leur talent poétique n'est inférieur à aucun autre qui fut jamais, une fois familiarisé avec leur vie propre, on ne pourra s'empêcher de les admirer de plus en plus.

Idée tout à fait générale.

Le caractère souverain de la poésie orientale est ce que les

Allemands appellent *Geist* (esprit), c'est-à-dire la partie dominante du principe supérieur dirigeant. Dans cette qualité se réunissent toutes les autres, sans qu'aucune maintienne son droit particulier et se montre en saillie. L'esprit est surtout le propre de la vieillesse ou d'une époque vieillissante. Les vues générales sur le monde, l'ironie, le libre usage des talents, se retrouvent dans tous les poëtes de l'Orient. Prémisses et conséquence nous sont offerts en même temps; c'est de là que nous voyons quelle grande valeur on attache à un mot improvisé. Ces poëtes ont tous les objets présents, et ils mettent aisément en rapport les choses les plus éloignées; par là, ils s'approchent aussi de ce que nous appelons saillie : mais la saillie n'est pas aussi élevée, car elle est égoïste et vaine, défauts dont l'esprit reste exempt, et c'est pourquoi l'on peut et l'on doit aussi le qualifier partout de génie.

Mais ces mérites ne sont pas particuliers au poëte : toute la nation est spirituelle, comme le prouvent d'innombrables anecdotes. Un mot ingénieux éveille la colère du prince; un autre l'apaise. L'affection et la passion se déploient dans le même élément : Behramgour et Dilaram trouvent la rime; Dschémil et Boteinah s'aiment passionnément jusqu'à l'extrême vieillesse; toute l'histoire de la poésie persane fourmille de pareils traits.

Si l'on songe que, vers le temps de Mahomet, Nouschirvan, un des derniers Sassanides, fait venir des Indes, à grands frais, les fables de Bidpaï et le jeu d'échecs, cela suffit pour exprimer parfaitement la physionomie de l'époque. Ces fables, à en juger par ce qu'on nous en a fait connaître, enchérissent l'une sur l'autre en connaissance de la vie, en vues indépendantes sur les choses terrestres. Aussi, quatre siècles plus tard, même dans la première époque où vint à fleurir la poésie persane, il ne put exister de naïveté parfaitement pure. La grande étendue de connaissances qu'on voulait trouver chez le poëte, l'accroissement du savoir, les affaires de cour et de guerre, tout exigeait une prudence accomplie.

Poëtes modernes et récents.

A la manière de Dschami et de son temps, les poëtes suivants mêlèrent toujours plus la poésie et la prose, en sorte qu'on n'employa qu'un même style pour tous les genres d'écrits. Histoire, poésie, philosophie, style de chancellerie et style épistolaire, on exposa tout de même sorte, et cela dure déjà depuis trois siècles. Nous sommes heureusement en mesure d'en présenter un exemple tout récent.

Lorsque l'envoyé persan Mirza Aboul Hassan Khan se trouvait à Saint-Pétersbourg, on lui demanda quelques lignes de son écriture. Il eut la complaisance d'écrire une page, dont nous insérons ici la traduction.

« J'ai voyagé dans tout le monde; j'ai été longtemps en relation avec beaucoup de personnes; chaque coin de terre m'a offert quelque utilité, chaque brin de paille un épi : cependant je n'ai vu aucun lieu comparable à cette ville et à ses belles houris. Que la bénédiction de Dieu repose sur elle.

« Qu'il a bien parlé, ce marchand, tombé parmi les brigands, qui dirigeaient contre lui leurs flèches! Un roi qui opprime le commerce ferme la porte du salut devant la face de son armée. Au bruit d'une telle injustice, quels hommes sages voudraient visiter son royaume? Veux-tu que ton nom soit honoré dans le monde? montre des égards au marchand et à l'envoyé. Les grands traitent bien les voyageurs pour se faire une bonne réputation. Le pays qui ne protège pas les étrangers tombe bientôt en décadence. Sois l'ami des étrangers et des voyageurs, car il faut les considérer comme les moyens d'une bonne renommée; sois hospitalier, estime les passants, garde-toi d'être injuste avec eux. Qui suivra ce conseil de l'envoyé y trouvera certainement son avantage.

« On raconte que Omar-ebn-abd-el-asis était un puissant roi, et que, la nuit, dans son cabinet, plein d'humilité et de soumission, levant les yeux vers le trône du Créateur, il s'écria : « O
- Seigneur, tu as confié une grande chose à la main de ton faible
- serviteur; pour la gloire des justes et des saints de ton
- royaume, donne-moi la justice et l'équité; garde-moi de la
- méchanceté des hommes; je crains que le cœur d'un innocent
- n'ai été affligé par moi, et que la malédiction de l'opprimé ne
- me poursuive. » Un roi doit penser toujours au pouvoir et à la présence de l'Être suprême, à la perpétuelle mobilité des choses

terrestres ; il doit songer que la couronne passe d'une tête digne de la porter sur une tête indigne, et ne pas se laisser entraîner à l'orgueil. Car un roi qui s'enorgueillit, qui dédaigne amis et voisins, ne prospère pas longtemps sur le trône; on ne doit jamais se laisser éblouir par une gloire de quelques jours. Le monde est comme un feu qu'on allume au bord du chemin : qui en prend autant qu'il est nécessaire pour s'éclairer sur la route n'éprouve aucun mal, mais qui en prend davantage se brûle.

« On demandait un jour à Platon comment il avait vécu dans ce monde; il répondit : « J'y suis entré avec douleur, ma vie a « été un étonnement continuel, et j'en sors à regret, et je n'ai « rien appris sinon que je ne sais rien. » Tiens-toi loin de celui qui entreprend quelque chose et qui est ignorant; loin d'un homme pieux qui n'est pas instruit : on pourrait les comparer l'un et l'autre à un âne qui tourne le moulin sans savoir pourquoi. Le sabre est bon à voir, mais ses effets sont désagréables. Un homme bien pensant s'attache les étrangers, mais le méchant éloigne de lui ses proches. Un roi disait à un homme, qui s'appelait Behloul : « Donne-moi un conseil. » Behloul lui répondit : « N'envie aucun avare, aucun juge inique, aucun riche qui n'en-« tend pas l'économie, aucun libéral qui dissipe son argent en « dépenses inutiles, aucun savant qui manque de jugement. On « se fait dans le monde un bon ou un mauvais renom ; et, « comme on est libre de choisir entre les deux, comme chacun « doit mourir, bon ou méchant, heureux celui qui a préféré le « renom d'homme vertueux! »

« Ces lignes furent écrites, à la demande d'un ami, l'an 1231 de l'hégire, le jour de Demazsoul Sani, selon la computation chrétienne, le.... mai 1816, par Mirza Aboul Hassan Khan de Chiraz, pendant son séjour dans la capitale de Saint-Pétersbourg, comme ambassadeur extraordinaire de Sa Majesté Persane Feth Ali Chah Catchar. Il espère qu'on voudra bien pardonner à un ignorant d'avoir entrepris d'écrire quelques mots. »

Tout comme il est évident, par ce qui précède, que, depuis trois siècles, une certaine poésie-prose s'est toujours maintenue, et que le style d'affaires et le style épistolaire subsiste toujours le même, dans les relations publiques et particulières.

nous apprenons que, de nos jours encore, il se trouve à la cour de Perse des poëtes qui remettent à un archiviste, préposé à cet office, la chronique du jour, et, par conséquent, tout ce que l'empereur entreprend et ce qui se passe, rédigé en rimes et élégamment écrit. D'où il ressort que, dans l'immuable Orient, depuis le temps d'Assuérus, qui se faisait lire de pareilles chroniques dans ses nuits d'insomnie, il ne s'est opéré aucun changement.

Nous remarquerons ici qu'il règne dans cette lecture une certaine déclamation, qui se produit avec emphase, avec une élévation et un abaissement de la voix, et qui doit avoir beaucoup d'analogie avec la manière dont on déclame la tragédie française. On a d'autant plus lieu de le croire, que les doubles vers persans forment un contraste pareil aux deux hémistiches de l'alexandrin.

C'est sans doute par un effet de cette persévérance, qu'après huit cents ans, les Persans aiment encore, estiment et révèrent leurs poésies. Nous avons été nous-même témoin qu'un Oriental considérait et traitait un manuscrit de Mesnevi avec le même respect qu'il eût montré pour le Coran.

Doutes.

Mais la poésie persane, et tout ce qui en approche, ne sera jamais accueilli par les Occidentaux avec un plaisir pur et complet. Il faut que l'on nous éclaire là-dessus, pour éviter que notre jouissance ne soit soudainement troublée.

Ce n'est pas la religion qui nous éloignera de cette poésie; l'unité de Dieu, la soumission à sa volonté, l'intercession d'un prophète, tout s'accorde plus ou moins avec notre croyance, avec nos idées; nos saints livres sont encore à la base de cette religion, du moins à l'état de légendes.

Nous sommes depuis longtemps initiés aux contes de ce pays, aux fables, aux paraboles, aux anecdotes, aux saillies, aux plaisanteries. Son mysticisme devrait aussi nous plaire, il mériterait du moins, par son caractère grave et profond, d'être mis en parallèle avec le nôtre, qui, à le bien considérer, n'exprime proprement, de nos jours, qu'une aspiration sans caractère et sans talent. Comme ce mysticisme se parodie lui-même, on peut en juger par ce vers :

Mon bonheur est la soif d'une soif éternelle.

Despotisme.

Mais ce que l'esprit de l'Occident ne pourra jamais accepter, c'est la soumission corporelle et spirituelle à un seigneur et maître, soumission qui dérive des temps les plus anciens, car les rois prirent, au commencement, la place de Dieu. Nous lisons sans en être fort surpris, dans l'Ancien Testament, que les hommes et les femmes se prosternent, la face en terre, devant le prêtre et le guerrier et les adorent, car ils sont accoutumés à faire la même chose devant les Elohim. Ce qui se fit d'abord par un sentiment de piété naturelle se tranforma plus tard en cérémonies de cour. De cette source dérive le *cou-tou*, la triple prosternation, trois fois répétée. On sait combien de nos ambassades aux cours d'Orient ont échoué devant cette cérémonie. En somme, la poésie persane ne peut être bien accueillie chez nous, avant que nous nous soyons fait là-dessus des idées claires.

Quel homme de l'Occident peut trouver supportable que les Orientaux heurtent neuf fois la terre de leur front, et même le livrent comme un but où l'on voudra l'envoyer?

Le jeu du mail à cheval, où le grand rôle appartient aux balles et aux battoirs, se répète souvent sous les yeux du souverain et du peuple, et même avec la participation personnelle de l'un et de l'autre. Mais, si le poëte pose sa tête, comme balle, sur la carrière du chah, afin que le prince l'aperçoive et, avec le battoir de la faveur, l'expédie plus loin à l'aventure, notre imagination et notre sentiment se refusent à le suivre, quand le poëte s'exprime ainsi : « Combien de temps encore seras-tu, sans main et sans pied, la balle du sort! Quand tu franchirais cent carrières, tu ne saurais échapper au battoir. Pose la tête sur la carrière du chah : il te verra peut-être. »

Et ailleurs :

« Il est seul le miroir du bonheur, le visage que le pied de ce cheval a foulé dans la poussière. »

Ce n'est pas seulement en présence du sultan, c'est aussi devant des amis qu'on s'abaisse aussi profondément et plus fréquemment encore.

« Mon visage était couché sur le chemin : il n'a point passé auprès.... »

« Près de la poussière de ton chemin se dresse la tente de mon espérance ; près de la poussière de tes pieds, préférable à l'onde.... »

« Celui qui foule sous ses pieds mon front comme poussière, je veux le faire mon prince, s'il revient auprès de moi. .. »

On voit par ces citations que l'un n'a pas plus de valeur que l'autre ; on en fit d'abord usage dans une digne occasion, puis on en usa et abusa toujours plus souvent. C'est ainsi que Hafiz dit en se jouant :

« Ma tête sera dans la poussière du chemin de mon hôte. »

Une étude plus approfondie confirmerait peut-être la supposition que les anciens poëtes ont fait un usage beaucoup plus réservé de ces expressions, et que ce furent seulement ceux des âges suivants, qui, s'exerçant dans la même langue et la même carrière, se sont plu à ces abus de langage, non pas toujours sérieusement, mais par forme de parodie, jusqu'à ce qu'enfin les tropes se soient perdus si loin de l'objet, qu'on n'y saurait plus imaginer ni sentir aucun rapport avec lui.

Nous terminerons en citant les paroles aimables d'Enveri, qui rend un hommage aussi agréable que sensé à un digne poëte de son temps :

« Les vers de Schedschaai sont des appâts pour le sage : cent oiseaux comme moi y volent avidement. Allez, mes vers, baisez la terre devant ce seigneur et dites-lui : « O toi, la vertu de ton siècle, tu es l'ère de la vertu ! » »

Objection.

Pour jeter quelque jour sur les relations des despotes avec leurs sujets et juger un peu jusqu'à quel point elles sont encore humaines ; pour nous tranquilliser peut-être aussi sur la conduite servile des poëtes, nous intercalerons ici une ou deux citations, qui nous feront voir comment des historiens et des moralistes ont jugé la chose. Un scrupuleux Anglais s'exprime de la manière suivante :

« Le pouvoir absolu qui, en Europe, adouci par les coutumes et les ménagements d'une époque civilisée, se transforme en gouvernements modérés, conserve toujours son même caractère chez les peuples d'Asie, et suit à peu près le même cours. Car les petites différences qui expriment la valeur sociale et la dignité de l'homme dépendent uniquement de l'humeur du despote et de sa puissance, et souvent de celle-ci plus que de celle-là. Aucun pays ne peut prospérer, s'il est continuellement exposé à la guerre, comme le furent, dès les temps les plus anciens, tous les faibles royaumes d'Orient. Il s'ensuit que le plus grand bonheur dont la multitude puisse jouir sous le pouvoir absolu découle de la puissance et de la renommée de son monarque; tout comme le bien-être qui est, en quelque mesure, le partage de ses sujets, repose essentiellement sur l'orgueil auquel un tel prince s'élève.

« Nous ne devons donc pas songer uniquement aux inclinations basses et vénales, quand la flatterie qu'ils témoignent au prince nous étonne. Ne sentant point le prix de la liberté, ne connaissant aucune des autres formes de gouvernement, ils célèbrent leur propre état, dans lequel ils ne manquent ni de sûreté ni de bien-être; ils consentent, et même ils en sont fiers, à s'humilier devant un personnage auguste, s'ils trouvent dans la grandeur de sa puissance un refuge et une protection contre un mal plus grand qui les accablerait. »

Un critique allemand s'exprime de même avec beaucoup d'esprit et de savoir.

« L'auteur, qui d'ailleurs admire l'élan sublime des panégyristes de cette période, condamne en même temps avec raison les nobles esprits qui dissipent leurs forces en louanges emphatiques et l'abaissement de caractère qui en est la suite habituelle. Mais il faut remarquer pourtant que, dans le monument élevé, avec mille ornements divers, d'une riche perfection, par un peuple vraiment poétique, la poésie panégyrique est aussi essentielle que la satirique, dont elle n'est que l'antithèse, qui se résout ensuite soit dans la poésie morale, paisible appréciatrice des mérites et des défauts humains, guide qui nous mène à la paix intérieure ; soit dans l'épopée, qui, avec une hardiesse impartiale, expose ce qu'il y a chez l'homme de plus noble et de plus excellent à côté de la vie ordinaire, non plus censurée, mais concourant à l'effet général, et, de ces objets opposés, qu'il concilie, forme une pure image de l'existence. En effet, si c'est une chose conforme à la nature humaine et un signe de sa haute origine, qu'elle embrasse avec enthousiasme les nobles actions et tout ce qui a le caractère d'une perfection sublime, et si, à les méditer, la vie intérieure se renouvelle en quelque sorte : l'éloge de la force et de la puissance, telles qu'elles se manifestent dans les princes, est aussi un phénomène magnifique dans le domaine de la poésie, et, s'il est tombé chez nous à bon droit dans le mépris, c'est uniquement parce que ceux qui s'y sont livrés n'étaient point, la plupart, des poëtes, mais seulement des flatteurs à gages. Mais qui entend Caldéron louer son roi peut-il, quand l'essor audacieux de l'imagination l'entraîne, songer à la vénalité de la louange? Ou qui donc a voulu tenir son cœur en garde contre les hymnes triomphants de Pindare? La nature despotique de la dignité souveraine chez les Persans, bien qu'elle ait trouvé, en ces temps éloignés, son corrélatif dans l'adoration vulgaire de la puissance, chez la plupart de ceux qui chantaient les louanges du prince, produisit néanmoins aussi, par l'idée d'une puissance glorifiée, qu'elle développa chez de nobles esprits, plusieurs poëmes dignes de l'admiration de la postérité. Et, de même que les poëtes méritent encore cette admiration, ils la méritent, ces princes, chez lesquels nous rencontrons la saine appréciation de la dignité de l'homme et l'enthousiasme pour l'art qui célèbre leur mémoire. Envéri, Hacani, Sahir Fariabi et Akhestegi sont les poëtes de cette époque, dans le genre du panégyrique, dont l'Orient lit encore les ouvrages avec délices, et protége aussi contre toute insulte les noms glorieux. Combien l'élan du poëte panégyrique approche de la tâche la plus sublime qui puisse être proposée à l'homme, c'est ce que prouve le passage soudain de Senaji, un de ces panégyristes, à la poésie religieuse ; d'abord apologiste de son prince, il devint le chantre inspiré de Dieu et de l'éternelle perfection, lorsqu'il eut appris à trouver au delà des bornes de cette existence l'idée du sublime, qu'il s'était contenté auparavant de chercher dans la vie. »

Supplément.

Ces réflexions de deux esprits sérieux et circonspects disposeront à juger avec indulgence les poëtes et panégyristes persans; elles justifient aussi nos premières assertions, savoir que, dans les temps dangereux, l'essentiel du gouvernement est que le prince puisse, non-seulement protéger ses sujets, mais aussi les conduire en personne contre l'ennemi. Cette vérité, confirmée jusqu'à nos jours, on trouve d'antiques exemples qui l'appuient. Nous citerons la loi fondamentale que Dieu donna au peuple d'Israël, avec son consentement général, au moment où ce peuple demande tout de bon un roi. Nous citerons ici textuellement cette constitution, qui pourrait bien aujourd'hui nous sembler un peu singulière.

« Et Samuel annonça au peuple les droits du roi qu'il demandait au Seigneur : Voici les droits du roi qui régnera sur vous : Il prendra vos fils pour conduire ses chariots, pour en faire des cavaliers, qui devront courir devant son char; il en fera des officiers qui commanderont les uns mille hommes, les autres cinquante, et des laboureurs, qui cultiveront ses champs, et des moissonneurs, qui récolteront ses blés, et d'autres, qui lui feront des armes et des chariots. De vos filles, il en fera des parfumeuses, des cuisinières et des boulangères. Il prendra les meilleurs de vos champs et de vos vignes et de vos plants d'oliviers, et les donnera à ses serviteurs; il lèvera la dîme de vos blés et de vos vignes, et la donnera à ses intendants et à ses officiers. Il prendra vos serviteurs, vos servantes et vos meilleurs jeunes gens et vos ânes, et il les fera travailler pour lui. Il prendra aussi la dîme de vos troupeaux, et vous devrez être ses serviteurs. »

Alors Samuel voulant représenter au peuple le danger d'un pareil arrangement et le lui déconseiller, le peuple s'écrie d'une voix unanime : « Non, nous voulons avoir un roi, afin que nous soyons comme toutes les autres nations; que notre roi nous juge, et qu'il marche à notre tête quand nous irons en guerre. »

Le poëte persan dit les mêmes choses.

« Il déploie sa puissance et sa protection sur le pays par sa prudence et son épée; les puissants et les protecteurs sont dans la main de Dieu. »

En général, quand on juge les différentes formes de gouvernement, on ne réfléchit pas assez que, dans toutes, quel que soit leur nom, la liberté et la servitude coexistent aux deux pôles opposés. Le pouvoir est-il dans les mains d'un seul homme, la multitude est asservie; le pouvoir est-il dans la multitude, l'individu est en souffrance : cela passe par tous les degrés, jusqu'à ce qu'un équilibre se puisse trouver, encore cela ne dure-t-il que peu de temps. Ce n'est pas un mystère pour l'homme qui étudie l'histoire, mais, dans les époques agitées, on ne peut se faire là-dessus des idées claires. En effet, on n'entend jamais plus parler de liberté que lorsqu'un parti veut opprimer l'autre, et qu'on n'a point d'autre dessein que de faire passer d'une main dans une autre le pouvoir, l'influence et la richesse. La liberté est le mot que prononcent tout bas les secrets conjurés; c'est l'éclatant cri de guerre des révolutionnaires qui agissent au grand jour; c'est le mot de ralliement du despote lui-même, lorsqu'il mène contre l'ennemi sa multitude subjuguée, et lui promet qu'elle sera délivrée à jamais de l'oppression étrangère.

Réaction.

Mais ne nous livrons pas à des généralités si décevantes; retournons plutôt en Orient; considérons comme la nature humaine, qui demeure toujours indomptable, résiste à l'extrême oppression, et nous trouverons partout que l'esprit d'indépendance, l'obstination de l'individu, font équilibre à la toute-puissance du maître : ils sont esclaves, mais non assujettis; ils se permettent des témérités sans égales. Citons un exemple tiré de l'histoire ancienne; rendons-nous à un souper dans la tente d'Alexandre : nous l'y trouvons avec les siens en altercations vives, violentes et même furieuses.

Clitus, le frère de lait d'Alexandre, son compagnon de jeux et de guerre, perd deux frères sur le champ de bataille, sauve la vie au roi, se montre habile général, fidèle gouverneur d'importantes provinces. Il ne peut approuver que le monarque prétende être dieu; il l'a vu grandir, il l'a connu indigent de services et de secours; il se plaît à nourrir un sombre mécontentement, et peut-être évalue-t-il trop haut ses services.

Les propos de table, aux soupers d'Alexandre, furent sans doute toujours d'une grande portée; tous les convives étaient des hommes distingués, instruits; ils étaient nés à l'époque où l'art oratoire brillait en Grèce du plus grand éclat. D'ordinaire on se posait, de sang-froid, des problèmes importants, choisis ou pris au hasard, et on les débattait ensemble, avec une éloquence sophistique, en se possédant assez bien. Mais, tandis que chacun défendait l'opinion à laquelle il était attaché, la boisson et la passion s'échauffaient mutuellement, et cela devait finir par des scènes violentes. Par là nous arrivons à la supposition que l'incendie de Persépolis ne fut pas la simple conséquence d'un absurde et sauvage vacarme, mais plutôt d'un de ces entretiens, dans lequel un parti soutenait que, les Perses une fois vaincus, on devait les épargner, tandis que l'autre, représentant à l'imagination des convives la conduite impitoyable des Asiatiques dans la destruction des temples grecs, parvint, en exaltant la folie jusqu'à la fureur de l'ivresse, à réduire en cendres les antiques monuments des rois. Que des femmes, qui sont toujours les plus violents et les plus irréconciliables ennemis des ennemis, aient pris part à cette œuvre, cela rend notre supposition encore plus vraisemblable.

Si l'on pouvait conserver là-dessus quelque doute, on sait, en revanche, avec une parfaite certitude, ce qui provoqua, dans le souper dont nous avons parlé d'abord, cette funeste querelle; l'histoire nous en a conservé les détails. Ce fut le débat qui se renouvelle sans fin entre la vieillesse et la jeunesse. Les anciens, avec lesquels Clitus argumentait, pouvaient invoquer une série sagement conduite d'exploits qu'ils avaient accomplis sans relâche, avec force et prudence, fidèles au roi, à la patrie et au but proposé. La jeunesse, de son côté, convenait que tout cela était positif, qu'on avait fait beaucoup et qu'on était en effet aux bornes des Indes, mais elle faisait considérer combien il restait encore à faire; elle s'offrait d'exécuter des choses pareilles, et, promettant un brillant avenir, elle sut obscurcir l'éclat des actes accomplis. Que le roi se rangeât de ce côté, c'était une chose naturelle, car, pour lui, il ne pouvait plus être question du passé. Clitus fit paraître à l'encontre son secret mécontentement, et répéta en présence du roi des médisances qu'on avait déjà rapportées à Alexandre comme ayant été débitées par derrière. Alexandre se posséda admirablement, et trop longtemps, par malheur. Clitus se répandit sans mesure en discours offensants. Enfin le roi se lève brusquement; ceux qui l'entourent le retiennent d'abord et l'on emmène Clitus. Mais il revient furieux, vomissant de nouvelles injures, et Alexandre le transperce avec la lance d'un garde, qu'il a saisie.

La suite n'est pas de notre sujet : remarquons seulement que la plainte la plus amère du roi désespéré, c'est qu'à l'avenir il vivra solitaire, comme un animal sauvage dans les bois, parce que personne n'osera plus dire une libre parole en sa présence. Ce propos, qu'il appartienne au roi ou à l'historien, confirme ce que nous avons supposé plus haut.

Dans le siècle passé, on osait encore contredire effrontément le roi de Perse dans les festins. Il est vrai qu'à la fin le convive téméraire était tiré dehors par les pieds, puis on le trainait devant le prince pour savoir s'il lui faisait grâce. En cas de refus, on l'emmenait et on le mettait en pièces.

Des historiens dignes de foi rapportent des anecdotes qui montrent avec quel entêtement et quelle obstination incroyables des favoris se comportaient envers le roi. Le monarque est inexorable comme le destin, mais on le brave. Les natures violentes tombent à ce sujet dans une sorte de démence, et l'on pourrait en citer les exemples les plus étranges.

Cependant, pour vivre et pour agir à leur guise, les natures modérées, fermes et conséquentes, se soumettent à la puissance souveraine de laquelle tout découle, faveurs et châtiments. Mais le poëte a sujet, plus que tout autre, de se consacrer au souverain qui estime son talent. A la cour, dans le commerce des grands, s'ouvre à lui une perspective étendue, dont il a besoin pour féconder tous les sujets. Là se trouve l'excuse et même la justification de ses flatteries, comme il arrive au panégyriste, qui remplit au mieux son office, lorsqu'il s'approprie toutes les ressources de la matière, pour célébrer, avec tous les charmes de l'éloquence humaine, princes et vizirs, jeunes garçons et jeunes filles, saints et prophètes, et même la divinité.

Nous louons aussi notre poëte occidental d'avoir amassé un monde d'ornements et de magnificences pour illustrer l'image de sa bien-aimée.

Observations incidentes.

La méditation du poëte s'applique proprement à la forme; l'univers ne lui fournit la matière que trop libéralement; le fond jaillit spontanément de l'abondance du cœur : tous deux se rencontrent instinctivement, et l'on ne sait pas à la fin à qui appartient véritablement la richesse.

Mais la forme, bien qu'elle réside essentiellement dans le génie, veut être saisie, étudiée, et, pour cela, il faut de la réflexion, afin que la forme, le sujet et le fond s'harmonisent, s'adaptent l'un à l'autre, se pénètrent mutuellement.

Le poëte est dans une position beaucoup trop élevée pour se faire chef de parti; la sérénité et le sentiment de lui-même sont les heureux dons pour lesquels il rend grâce au Créateur : le sentiment de lui-même, pour qu'il ne soit pas effrayé du terrible; la sérénité, pour qu'il puisse tout exprimer agréablement.

Éléments primitifs de la poésie orientale.

On trouvera dans la langue arabe peu de mots primitifs, de radicaux, qui ne se rapportent, sinon immédiatement, du moins au moyen de légères modifications, au chameau, au cheval et au mouton. Cette expression toute primitive de la nature et de la vie, nous ne devons pas même l'appeler figurée. Tout ce que l'homme énonce avec une liberté naturelle sont des relations de la vie : or l'Arabe est aussi intimement uni avec le chameau et le cheval que l'âme avec le corps; il ne lui peut rien arriver qui n'atteigne aussi ces créatures, et qui n'associe, d'une manière vivante, leur activité avec la sienne. Et nonseulement ces animaux, mais encore ceux qui, apprivoisés ou sauvages, se présentent assez souvent aux yeux du bédouin errant à l'aventure, se rencontreront également dans toutes les circonstances de la vie. Si l'on poursuit cet examen, et si l'on considère tout ce qui s'offre encore à la vue, les montagnes, les déserts, les rochers et les plaines, les arbres, les herbes, les fleurs, les rivières et la mer, et le firmament peuplé d'innombrables étoiles, on trouve que, chez l'homme de l'Orient, tout vient en pensée à propos de tout, en sorte qu'ayant coutume de relier par contraste les objets les plus éloignés, il ne se fait aucun scrupule de faire dériver les unes des autres, par les plus faibles inflexions de lettres et de syllabes, des choses contradictoires. On voit ici que, par elle-même, la langue est déjà féconde; qu'elle est oratoire, en tant qu'elle vient au-devant de la pensée; qu'elle est poétique, en tant qu'elle plaît à l'imagination.

Ainsi donc celui qui, partant des premiers tropes nécessaires, noterait ceux qui sont plus libres et plus hardis, pour arriver enfin aux plus hasardés, aux plus arbitraires, et même, en dernier lieu, à ceux qui sont mal conçus, conventionnels et absurdes, aurait une idée générale des traits principaux de la poésie orientale. Mais il se convaincrait aisément qu'il ne peut être question dans cette littérature de ce que nous appelons le goût, savoir la distinction du convenable et de ce qui ne l'est pas. Ses mérites sont inséparables de ses défauts; les uns sont en rapport avec les autres; ils résultent les uns des autres, et il faut les admettre sans éplucher ni marchander. On souffre à voir Reiske[1] et Michaelis[2] tantôt élever ces poëtes jusqu'au ciel, tantôt les traiter comme de niais écoliers.

Au reste on peut faire ici la remarque frappante, que les plus anciens poëtes, qui vivaient à la source première des impressions et qui formèrent leur langue en se livrant à la composition poétique, doivent avoir de très-grands avantages. Ceux qui paraissent à une époque déjà travaillée, au milieu de relations compliquées, montrent toujours, il est vrai, le même élan, mais perdent peu à peu la trace du beau et du louable. Car, s'ils courent après les tropes éloignés et toujours plus éloignés, cela devient déraison toute pure; il reste à peine, à la fin, la notion la plus générale, sous laquelle on pourrait tout au plus embrasser les objets, la notion, qui détruit toute intuition, et par conséquent la poésie elle-même.

1. Célèbre philologue, professeur d'arabe à Leipzig, mort en 1774.
2. Jean David Michaelis, orientaliste, professeur de philosophie à Goettingue, mort en 1791.

Transition des tropes aux métaphores.

Tout ce que nous avons dit pouvant s'appliquer aux métaphores, qui touchent de près aux tropes, il conviendrait de confirmer notre assertion par quelques exemples.

On voit le chasseur qui s'éveille en rase campagne comparer le soleil levant à un faucon :

« L'activité et la vie pénètrent mon sein; me voilà de nouveau ferme sur mes pieds; car le faucon doré, aux larges ailes, plane sur son nid d'azur; »

Ou, plus magnifiquement encore, à un lion :

« Le crépuscule du matin se changeait en vive lumière; le cœur et l'esprit furent réjouis soudain, quand la nuit, craintive gazelle, s'enfuit devant la menace du lion matinal. »

Combien Marco Polo, qui a vu ces choses et bien d'autres, ne doit-il pas avoir admiré ces métaphores!

Nous trouvons sans cesse le poëte jouant avec les boucles de cheveux.

« Il y a plus de cinquante hameçons dans chaque boucle de tes cheveux.... »

Cela est très-agréablement adressé à une belle tête parée d'une riche frisure; l'imagination ne répugne point à se figurer comme des hameçons les pointes des cheveux. Mais, quand le poète dit qu'il est suspendu aux cheveux, cela ne saurait nous plaire. Enfin, si même il est dit du sultan :

« Le cou de l'ennemi est enlacé dans les liens de tes cheveux bouclés, »

Cela présente à l'esprit une image désagréable ou n'en présente aucune.

Que nous soyons assassinés par des cils, cela peut passer encore, mais que nous en soyons transpercés, nous ne pouvons goûter la chose; qu'ensuite on compare même les cils à des balais qui balayent les étoiles du ciel, cela nous paraît trop bizarre. Et si l'on nous dit que le front des belles est le lissoir des cœurs, que le cœur des amants est un galet roulé et arrondi par des ruisseaux de pleurs, ces figures hasardées, plus subtiles que senties, nous arrachent un sourire.

Mais l'on peut trouver le poëte ingénieux, lorsqu'il veut

que les ennemis soient traités comme les matériaux des tentes

« Qu'ils soient pourfendus comme des éclats de bois, déchirés comme des lambeaux de toile, martelés comme les clous, enfoncés comme les pieux. »

Ici on voit le poëte au quartier général; le camp, tour à tour établi et levé, flotte dans sa pensée.

Ce petit nombre d'exemples, qu'on pourrait augmenter à l'infini, fait voir clairement qu'on ne peut tracer aucune limite entre ce qui serait, selon notre manière de juger, digne d'éloge ou de blâme, parce que les mérites de ces poëtes sont proprement les fleurs de leurs défauts. Si nous voulons prendre de l'intérêt aux productions de ces excellents génies, il faut nous transporter dans l'Orient, car l'Orient ne viendra pas nous chercher. Et quoique les traductions soient extrêmement recommandables pour nous attirer, nous introduire, cependant il est manifeste, par tout ce qui précède, que, dans cette littérature, la langue, comme langue, joue le premier rôle. Qui ne voudrait apprendre à connaître ces trésors dans leur source!

Si nous considérons maintenant que le mécanisme poétique exerce nécessairement sur chaque genre de poésie la plus grande influence, nous trouvons encore ici que les couples de vers rimés des Orientaux appellent un parallélisme, qui, au lieu de concentrer l'esprit, le disperse, attendu que la rime conduit à des objets tout à fait étrangers. Par là leurs poëmes prennent un air de quolibet ou de bouts-rimés, genre dans lequel on exige des premiers talents de produire quelque chose d'excellent. Combien la nation s'est montrée en cela un juge sévère, on le voit par ce fait qu'en cinq cents ans, elle n'a reconnu que sept poëtes éminents.

Avertissement.

Nous pouvons invoquer tout ce que nous avons avancé jusqu'à présent comme témoignage de nos bonnes dispositions à l'égard de la poésie orientale. Il nous est donc permis de risquer un avertissement, à l'adresse des hommes qui ont l'avantage de posséder sur ces régions des connaissances immédiates et approfondies ; nous ne dissimulerons pas que notre but est d'écarter d'une si bonne chose tout ce qui pourrait lui faire tort.

Chacun, pour juger plus facilement, a recours aux comparaisons, mais par là on augmente aussi la difficulté : car, si une comparaison, menée trop loin, vient à boiter, un jugement comparatif devient d'autant plus défectueux qu'on l'étudie plus attentivement. Sans nous égarer trop loin, nous nous bornerons à dire, dans le cas présent, que, si l'excellent Jones compare les poëtes orientaux avec les latins et les grecs, il a ses raisons ; il y est obligé par ses rapports avec l'Angleterre et les anciens critiques de ce pays. Lui-même, formé dans la sévère école classique, comprenait bien le préjugé exclusif qui ne voulait rien souffrir que ce qui nous est venu de Rome et d'Athènes. Il connaissait, il estimait, il aimait son Orient, et il désirait en introduire les productions dans la vieille Angleterre, les y faire pénétrer par contrebande, ce qui ne pouvait se faire que sous l'estampille de l'antiquité. Aujourd'hui tout cela est absolument inutile et même nuisible. Nous savons estimer la poésie orientale, nous lui reconnaissons les plus grands mérites, mais il faut la comparer avec elle-même, l'estimer dans sa propre sphère et oublier qu'il y ait eu des Grecs et des Romains.

Il ne faut pas trouver étrange que Hafiz fasse souvenir d'Horace. Un connaisseur s'est expliqué là-dessus d'une manière admirable, si bien que cette analogie est désormais exprimée et pour jamais établie. Il dit en effet :

« C'est une chose frappante de voir combien Hafiz et Horace se ressemblent dans leur manière de considérer la vie, et l'on ne peut expliquer la chose que par la ressemblance des temps dans lesquels les deux poëtes ont vécu, où, toute sûreté de la vie civile étant détruite, l'homme ne demande à l'existence que des jouissances fugitives et dérobées comme en passant.

Mais notre instante prière, c'est que l'on ne compare pas Ferdoucy avec Homère, parce qu'il y perdrait à tous égards pour la matière, la forme, la tractation. Pour s'en convaincre, il suffira de comparer l'effroyable monotonie des sept aventures d'Isvendiar avec le vingt-troisième chant de l'Iliade, où, pour célébrer les funérailles de Patrocle, les prix les plus variés sont gagnés de la manière la plus diverse par les héros les plus divers. Nous autres Allemands, n'avons-nous pas fait, par cette comparaison, le plus grand tort à nos admirables Nibelungen? Autant ils sont intéressants, quand on s'est bien identifié avec le monde où ils se déploient, et qu'on accepte tout avec abandon et reconnaissance, autant ils paraissent bizarres, quand on les apprécie avec une mesure qu'on ne devrait jamais leur appliquer.

La même chose arrive pour les œuvres d'un auteur qui a beaucoup écrit, en divers genres et longtemps. Laissons la foule ignorante louer, choisir et rejeter par comparaison : les instituteurs du peuple doivent se placer au point où une vue générale et claire seconde un jugement indépendant.

Comparaison.

Au moment où nous avons écarté toute comparaison dans l'appréciation des écrivains, on pourrait s'étonner de nous entendre parler immédiatement d'un cas dans lequel nous trouvons cette méthode admissible. Nous espérons toutefois qu'on nous permettra cette exception, parce que la pensée en appartient non pas à nous, mais à un tiers.

Un homme qui a pénétré dans les hauteurs et les profondeurs de l'Orient estime qu'aucun écrivain allemand ne s'est plus approché des poëtes et des autres écrivains orientaux que Jean-Paul Richter. Cette assertion nous a paru assez importante pour mériter une sérieuse attention. Il nous sera d'autant plus facile de présenter là-dessus nos réflexions, qu'il nous suffit de nous en référer à ce que nous avons exposé ci-dessus en grand détail.

Pour commencer par les qualités personnelles, nous dirons que les ouvrages de notre ami attestent, en général, un esprit sage, vaste, pénétrant, instruit, cultivé et, en même temps, bienveillant et pieux. Un esprit si bien doué jette, à la vraie manière de l'Orient, un regard joyeux et hardi sur le monde qui l'environne, il produit les plus singulières combinaisons, associe l'incompatible, mais de telle sorte qu'un lien moral s'y entrelace en secret, et ramène tout l'ensemble à une certaine unité.

Si donc nous avons indiqué et signalé plus haut les éléments naturels dont les plus anciens et plus excellents poëtes de l'Orient ont formé leurs ouvrages, nous nous expliquerons clairement en disant qu'ils se sont développés dans une région simple, native, et que notre ami, au contraire, doit agir et vivre dans un monde civilisé, raffiné, faussé, bizarre, et qu'il a dû, par cela même, se mettre en mesure de dominer les plus étranges éléments. Afin de rendre sensible en peu de mots le contraste entre l'entourage d'un bédouin et celui de notre auteur, empruntons à quelques-unes de ses pages les expressions dominantes :

« Traités de barrières, feuilles-suppléments, cardinaux, appendice au recès, billard, cruches de bière, bancs impériaux, siéges de session, commissaire principal, enthousiasme, queue de sceptre, bustes, cage d'écureuil, agioteur, saligaud, incognito, *colloquia*, blouse de billard canonique, copie en plâtre, avancement, apprenti forgeron, acte de naturalisation, programme de Pentecôte, maçon, pantomime manuelle, amputé, surnuméraire, boutique de bijouterie, chemin du sabbat, etc., etc. »

Si maintenant toutes ces expressions sont connues d'un lecteur allemand qui a de la culture, ou si elles peuvent être connues par le *Conversations-lexicon*, comme le monde extérieur peut l'être à l'homme de l'Orient par les caravanes de commerce et de pèlerinage, un pareil esprit doit assurément nous paraître autorisé à procéder de la même façon sur une base complétement différente.

Si donc nous accordons à notre auteur, aussi estimé que fécond, que, vivant à une époque tardive, il doit, pour se montrer spirituel, faire les allusions les plus diverses à un état réglementé, morcelé à l'infini par les arts, les sciences, la technique, la politique, les relations de guerre et de paix, et par la corruption, nous croyons avoir suffisamment confirmé l'orientalisme qu'on lui attribue.

Cependant nous ferons ressortir une différence qui existe entre la méthode du poëte et celle du prosateur. Le poëte, à qui la mesure, les parallélismes, la succession des syllabes, la rime, semblent opposer les plus grands obstacles, trouve en tout cela l'avantage le plus décidé, s'il délie heureusement les nœuds de l'énigme qui lui est proposée ou qu'il s'impose à lui-même; nous pardonnons la plus hardie métaphore en faveur d'une rime inattendue et nous admirons la présence d'esprit que le poëte conserve dans une situation si contrainte.

Le prosateur, au contraire, a les coudées franches, et il est responsable de chaque témérité qu'il se permet; tout ce qui pourrait blesser le goût lui est imputé. Or, comme il est impossible, ainsi que nous l'avons fait voir en détail, de séparer, dans cette forme de poésie et de style, ce qui convient de ce qui ne convient pas, tout dépend ici de l'écrivain qui forme cette hasardeuse entreprise. Est-ce un homme tel que Jean-Paul, chez qui l'on trouve le mérite du talent, la dignité de l'homme, le lecteur, attiré, s'apprivoise aussitôt; tout est permis et bienvenu; on se sent à son aise dans la société de l'homme bien pensant; ses sentiments deviennent les nôtres; il éveille notre imagination; il flatte nos faiblesses et affermit nos forces.

Nous exerçons notre esprit en cherchant à résoudre les singulières énigmes que l'auteur propose, et nous sommes charmés de trouver dans le sein et derrière le voile d'un monde confus et bigarré, comme derrière une autre charade, instruction, mouvement, émotion et même édification.

Voilà à peu près ce que nous pouvons alléguer pour justifier cette comparaison. Nous avons tâché d'exprimer aussi brièvement que possible l'accord et la différence; un texte pareil pourrait entraîner à des commentaires infinis.

Protestation.

Si quelqu'un regarde les mots et les expressions comme des témoignages sacrés, et s'il ne veut pas se borner à les employer à peu près comme on fait la monnaie et le papier, pour un trafic rapide et momentané, mais s'il veut les voir échanger dans la vie et le commerce des esprits comme véritable équivalent, on ne doit pas trouver mauvais qu'il nous fasse observer comment des expressions traditionnelles, dont personne ne se défie plus, exercent pourtant une influence pernicieuse, obscurcissent les vues, défigurent l'idée, et donnent à des doctrines entières une fausse direction.

Tel pourrait être, par exemple, l'usage qui s'est introduit de considérer ce titre d'*art oratoire* comme une rubrique générale, sous laquelle on veut comprendre la poésie et la prose, et les exposer, l'une après l'autre, dans leurs différentes parties.

A proprement parler, la poésie n'est pas une oraison[1], n'est pas un art : elle n'est pas une oraison, puisqu'elle a besoin, pour sa perfection, de la mesure, du chant, des mouvements du corps et de la mimique; elle n'est pas un art, parce que tout repose sur le naturel, qui est réglé, il est vrai, mais qui ne doit pas subir une contrainte artificielle; elle demeure toujours l'expression sincère d'un esprit inspiré, exalté, sans objet et sans but.

Mais l'art oratoire, dans le sens propre du mot, est une oraison et c'est un art; il repose sur une oraison claire et modérément passionnée, et c'est un art dans tous les sens; il poursuit son but et il est dissimulation, du commencement à la fin. La rubrique contre laquelle nous nous élevons dégrade la poésie, qui se trouve ainsi coordonnée ou même subordonnée à l'art oratoire et en tire son honneur et son nom.

Cette dénomination et cette division se sont établies et accréditées, parce que des livres très-estimables la portent sur leur frontispice, et l'on aura de la peine à s'en désaccoutumer de sitôt. Cet usage vient de ce que, dans la classification des arts, l'artiste n'est pas consulté. Les œuvres poétiques arrivent d'abord, tout imprimées, dans les mains du littérateur; elles sont là devant lui sous la forme de livres, qu'il a pour mission de classer et d'exposer.

Genres de poésie.

Allégorie, ballade, cantate, drame, élégie, épigramme, épître, épopée, fable, héroïde, idylle, narration, ode, parodie, poème didactique, roman, romance, satire.

Si l'on voulait essayer de ranger méthodiquement les genres de poésie que nous venons de présenter dans l'ordre alphabé-

---

[1]. On s'est vu obligé de faire un peu violence aux termes pour traduire tout ce passage. Goethe a en vue *Geschichte der schönen Redekünste Persiens* de Hammer.

tique, et auxquels on pourrait en ajouter bien d'autres encore, on rencontrerait de grandes et sérieuses difficultés. Que l'on considère plus attentivement ces dénominations, et l'on trouvera qu'elles dérivent, les unes, de caractères extérieurs, les autres, du fond, mais bien peu d'une forme essentielle. On remarque bien vite que plusieurs se groupent ensemble, qu'il en est aussi qui se subordonnent à d'autres. Pour le plaisir et la jouissance, chaque genre pourrait subsister et agir par lui-même ; mais si, dans un but historique ou didactique, on sent le besoin d'un ordre plus rationnel, il vaut la peine d'en chercher un qui nous offre ce caractère. Nous soumettons par conséquent à la critique les réflexions suivantes.

Formes naturelles de la poésie.

Il n'y a proprement que trois formes naturelles de poésie, celle qui raconte clairement, celle qui est animée par l'enthousiasme et celle qui agit en personne : l'épopée, le lyrique et le drame. Ces trois genres peuvent agir ensemble ou séparément. On les trouve souvent réunis dans le plus court poëme, et, par cette réunion même dans un étroit espace, ils produisent l'effet le plus magnifique, comme nous pouvons le reconnaître dans les plus excellentes ballades de toutes les nations. Nous trouvons aussi ces trois genres réunis dans l'ancienne tragédie grecque : ce n'est qu'après un certain laps de temps qu'ils se séparent. Aussi longtemps que le chœur joue le personnage principal, le lyrique domine ; à mesure que le chœur passe davantage au rôle de spectateur, les deux autres genres gagnent du terrain ; enfin, quand l'action se réduit à un plus petit nombre de personnages et se renferme dans le secret de la maison, on trouve le chœur incommode et gênant. Dans la tragédie française, l'exposition est épique, le milieu dramatique et le cinquième acte, qui se déroule avec passion et enthousiasme, peut être appelé lyrique.

Le poeme héroïque d'Homère est purement épique ; le rhapsode prévaut toujours ; il raconte ce qui se passe ; nul ne doit ouvrir la bouche, à qui il n'ait d'abord donné la parole, dont il n'ait annoncé le discours et la réponse. Les dialogues rompus, le plus bel ornement du drame, ne sont pas admissibles.

Mais qu'on prête l'oreille à l'improvisateur moderne qui traite dans la place un sujet historique : pour être clair, il commence par raconter ; ensuite, pour éveiller l'intérêt, il parle comme acteur ; enfin il s'abandonne à l'enthousiasme et il entraîne les cœurs. Voilà de quelle singulière façon ces éléments peuvent se combiner et les espèces de poésie varier à l'infini : c'est pourquoi il est si difficile de trouver un ordre selon lequel on puisse les classer à côté ou à la suite les unes des autres. On pourra, jusqu'à un certain point, se tirer d'affaire en plaçant, l'un devant l'autre, dans un cercle, les trois éléments principaux, et en cherchant des modèles où chaque élément règne seul. Ensuite on rassemblera des exemples qui inclineront de l'un ou de l'autre côté, jusqu'à ce qu'enfin tous trois paraissent réunis et que le cercle soit formé tout entier.

Par là on arrive à de belles observations, soit sur les genres de poésie, soit sur le caractère des nations et leur goût dans la suite des temps. Et quoique cette méthode soit faite pour l'étude, l'appréciation et l'amusement particulier, plus que pour l'enseignement, peut-être parviendrait-on à établir un schème, qui présenterait en même temps les formes extérieures, accidentelles, et ces débuts primitifs, intérieurs, nécessaires, dans un ordre saisissable. Cependant la tentative sera toujours aussi difficile qu'en histoire naturelle les efforts qu'on fait pour découvrir les rapports des caractères extérieurs des minéraux et des plantes avec leurs parties constitutives intérieures, afin de présenter à l'esprit un ordre naturel.

Supplément.

Un fait extrêmement remarquable, c'est que la poésie persane n'a point de drame. Si un poëte dramatique avait pu naître, toute cette littérature aurait pris un autre aspect. La nation est disposée au repos ; elle aime à se faire conter quelque chose : de là le nombre infini des légendes et les poèmes interminables. La vie orientale est d'ailleurs en soi peu causeuse : le despotisme n'encourage pas le dialogue, et nous voyons que toute objection à la volonté et aux ordres du maître ne se produit guère que par des citations du Coran et des passages de poëtes connus, ce qui suppose en même temps de l'instruction et une culture étendue, profonde et conséquente. Que les Orientaux ne puissent toutefois, pas plus qu'un autre peuple, se passer de la forme dialoguée, on le voit par leur estime pour les fables de Bidpaï, qu'ils ont reproduites, imitées et continuées. Les entretiens des oiseaux de Férideddîn-Attar en offrent également un bel exemple.

Livres-oracles.

L'homme, enveloppé chaque jour de ténèbres, cherchant des yeux un avenir où la lumière brille, s'attache avec ardeur à des événements fortuits pour en tirer quelque indication prophétique. L'homme irrésolu ne trouve son salut que dans la résolution de se soumettre à l'arrêt du sort. Telle est la coutume, généralement répandue, d'interroger comme un oracle quelque livre important, entre les feuilles duquel on enfonce une aiguille, et dont on observe crédulement l'endroit désigné, à l'ouverture du livre. Mais nous avons été autrefois intimement liés avec des personnes qui demandaient ainsi conseil, avec confiance, à la Bible, au Trésor de l'âme[1] ou à d'autres ouvrages d'édification, et qui bien souvent y puisèrent, dans les plus grandes angoisses, des consolations et des forces nouvelles pour toute la vie.

Nous trouvons aussi cette pratique en usage chez les Orientaux; on la nomme Fal, et l'honneur en échut à Hafiz aussitôt après sa mort. En effet, comme les sévères croyants ne voulaient pas lui faire des funérailles solennelles, on interrogea ses poèmes, et, l'endroit désigné parlant de son tombeau, que les passants honoreraient quelque jour, on en conclut qu'il fallait aussi lui faire d'honorables funérailles. Le poëte occidental fait de même allusion à cette coutume, et il désire que son petit livre puisse obtenir le même honneur.

Échange de fleurs et de signes.

Pour ne pas nous faire des idées trop favorables de ce qu'on nomme le langage des fleurs, ou en attendre quelque chose de délicatement senti, nous devons nous laisser instruire par

---

[1]. De Jean Arndt, né à Magdebourg en 1555. Ses pieux ouvrages n'ont pas cessé de servir à l'édification des âmes.

les connaisseurs. On n'a pas donné à chaque fleur une signification pour les présenter en bouquet comme écriture secrète, et ce ne sont pas les fleurs seulement qui, dans ces entretiens muets, forment les lettres et les mots : tous les objets visibles et transportables sont employés avec le même droit.

Mais comment la chose a lieu, pour produire un échange de sentiments et de pensées, nous ne pouvons nous le figurer, si nous n'avons pas devant les yeux les qualités essentielles de la poésie orientale, nous voulons dire le vaste coup d'œil qui embrasse tous les points de l'univers, la facilité à rimer, enfin un certain goût, une certaine disposition du peuple à proposer des énigmes, par où se forme, en même temps le talent de les résoudre, ce qui sera évident pour les personnes d'esprit portées à s'occuper de charades, de logogriphes et choses pareilles.

Remarquons là-dessus que, si l'un des amants envoie à l'autre quelque chose, il faut que celui-ci en prononce le nom, et qu'il en cherche les rimes, qu'il devine, dans le grand nombre possible, laquelle convient à la situation présente. Que ce travail exige une divination passionnée, cela saute aux yeux. Un exemple peut éclaircir la chose. Voici donc un petit roman qui se déroule dans une pareille correspondance.

« Les gardiens sont apprivoisés par de douces caresses, mais nous allons révéler comment nous sommes parvenus à nous entendre ; car, chère amante, ce qui nous a donné le bonheur doit aussi profiter à d'autres. Eh bien ! mouchons les lampes sombres de la nuit d'amour, et qui parviendra ensuite avec nous à bien exercer son oreille, et qui aimera comme nous, arrivera aisément à rimer le sens véritable. J'adressais à toi, tu adressais à moi, et sur-le-champ nous savions nous entendre. »

Amarante.	J'ai vu mon amante [1].
Rue.	Qui l'a vue ?
Poil de sanglier.	Un hardi guerrier.
Poil de gazelle.	Où se trouvait-elle ?
Touffe de cheveux.	Tu le sauras, si tu veux.
Buis.	Fuis.
Paille.	L'amour me travaille.

[1]. Le lecteur voudra bien accueillir avec indulgence l'imitation, d'ailleurs assez fidèle, de ces bouts-rimés.

Grappe.	Attrape !
Corail.	Sois tout mon sérail.
Noyau d'amande.	Mon cœur le demande.
Rave.	Ton cœur me brave.
Carotte.	Sous ton fouet je trotte.
Oignon.	Sois gai compagnon.
Raisins blancs.	Quels sont tes plans?
Raisin noir.	Quel est mon espoir?
Chiendent.	Railleur impudent!
Œillet.	Je suis brûlé comme juillet.
Narcisse.	Juste supplice.
Violette.	Attends-moi seulette.
Cerises.	Tu me martyrises.
Plume de corbeau.	Dans tes bras mon sort sera beau.
Plume de perroquet.	Gardons-nous des caquets.
Marrons.	Dis où nous irons.
Plomb.	Garde ton aplomb.
Couleur de rose.	Pourquoi si morose?
Soie.	Plus de joie.
Fève.	Sois mon Ève.
Marjolaine.	Tout me fait peine.
Bleu.	Je m'en soucie peu.
Vigne.	Je me résigne.
Prune.	J'en garde rancune.
Figue.	Ton babil fatigue.
Or.	Je suis ton trésor.
Cuir.	Sans adieu me fuir!
Papier.	A toi tout entier!
Pâquerette.	Conte-moi fleurette.
Viole-de-nuit.	La paix me fuit.
Un fil.	Viendra-t-il?
Un rameau.	Viens sur mon chameau.
Un bouquet.	Chez moi je fais le guet.
Liseron.	J'y serai pour le larron.
Myrte fleuri.	Je serai ta houri.
Jasmin.	Voici ma main !
Mélisse.	Sur les coussins quel délice!
Cyprès.	Je l'oublie après.
Fleurs de fève.	Tu mens ou je rêve.
Chaux.	Cœur faux.
Braise.	Le diable t'emporte en sa fournaise!

« Et si Boteinah et Dschémil ne s'étaient pas entendus de la sorte, leurs noms vivraient-ils encore, jeunes et charmants? »

Une si étrange manière de communiquer pourra bientôt être

mise en pratique entre deux personnes vives et dévouées l'une à l'autre. Aussitôt que l'esprit prend cette direction, il fait des merveilles. Voici, comme preuve à l'appui, une histoire entre plusieurs.

Deux couples d'amants font une promenade de quelques milles et passent ensemble un heureux jour. Au retour, ils s'amusent à se proposer des charades. Bientôt chacune est devinée aussitôt qu'elle tombe des lèvres de celui qui l'énonce, et même, à la fin, le mot que l'un a dans l'esprit, et qu'il veut arranger en énigme, est découvert et prononcé par l'autre, qu'inspire une véritable divination.

En énonçant et en affirmant de pareilles choses dans le temps où nous sommes, on ne doit pas craindre de tomber dans le ridicule, ces phénomènes psychologiques étant loin d'égaler ce qu'a mis au jour le magnétisme animal.

Chiffres.

Il est une autre manière, spirituelle et cordiale, de s'entendre. Si, dans la précédente, l'oreille et l'esprit sont en jeu, ici c'est un sentiment esthétique, affectueux et tendre, qui peut se comparer à la plus haute poésie.

En Orient, on apprenait le Coran par cœur, et, par la plus légère allusion, les surates et les versets permettaient aux personnes exercées de s'entendre aisément. Nous avons vu la même chose en Allemagne, où l'objet de l'éducation était, il y a cinquante ans, de veiller à ce que la jeunesse eût une exacte connaissance de la Bible. Outre qu'on apprenait par cœur des passages marquants, on apprenait à bien connaître les autres. On voyait beaucoup de personnes qui savaient, avec une grande facilité, appliquer des sentences bibliques à tout ce qui se présentait, et employer dans la conversation les Saintes Écritures. Il est incontestable que cela provoquait souvent les plus spirituelles et les plus agréables reparties, et, de nos jours encore, certains passages, éternellement applicables, reviennent çà et là dans la conversation.

C'est de la même sorte qu'on emploie les expressions des classiques, en quoi nous présentons et nous exprimons les sentiments et les événements comme se reproduisant sans cesse.

Et nous aussi, il y a cinquante ans, jeune et plein d'admiration pour les poëtes nationaux, nous rendions la vie à leurs écrits par notre mémoire, et nous faisions d'eux l'éloge le plus beau, en exprimant nos pensées avec leurs paroles éloquentes et choisies, avouant ainsi qu'ils avaient su mieux que nous-même développer nos plus intimes sentiments.

Pour en venir à notre but particulier, rappelons une manière bien connue, mais toujours mystérieuse, de communiquer par chiffres. Deux personnes conviennent d'un livre, et, composant une lettre au moyen de pages et de lignes, dont elles indiquent le numéro, elles sont assurées que celui qui la recevra en comprendra le sens aisément.

Le chant que nous allons donner ici fait allusion à une convention de ce genre. Deux amants s'accordent pour prendre les poésies de Hafiz comme instrument de leur commerce amoureux; ils désignent les pages et les lignes qui expriment leur situation présente, et cela compose des chants d'une expression ravissante; des endroits gracieusement dispersés dans l'inestimable poëte sont rapprochés par la passion et le sentiment; l'inclination et le choix donnent à tout l'ensemble une secrète vie, et les amants trouvent une douce consolation à parer leur tristesse des perles de sa parole.

« Mon cœur me demande de s'ouvrir à toi; je voudrais entendre parler de toi: c'est ce que je demande. Oh! que le monde est triste à mes yeux!

« Dans ma pensée mon ami seul réside, et nul autre que lui et aucune trace d'ennemi. Comme un lever de soleil un dessein m'est venu!

« Je veux dès aujourd'hui faire de son amour l'unique souci de ma vie. Je pense à lui, le cœur me saigne.

« Je n'ai aucune force que celle de l'aimer, le bien aimer en silence. Que devenir? Je veux l'embrasser et je ne puis. »

Divan futur.

A une certaine époque, on a distribué parfois en Allemagne des imprimés comme *manuscrits pour les amis*. Celui qui pourrait trouver la chose étrange devra faire réflexion qu'après tout, un livre n'est jamais écrit que pour les admirateurs, les amis et les adhérents de l'auteur. Cette désignation conviendrait particulièrement à mon Divan, dont la présente édition ne peut être considérée que comme incomplète. Plus jeune, je l'aurais gardé plus longtemps en portefeuille : aujourd'hui je trouve plus avantageux de le rassembler moi-même que de laisser, comme Hafiz, cette affaire à ceux qui viendront après moi. En effet, la circonstance que ce livre est mis au jour, tel que je pouvais le publier maintenant, excite mon désir de lui donner peu à peu la perfection convenable. Je vais indiquer de suite, livre par livre, ce qu'on pourrait, j'imagine, en espérer.

Le livre du poëte. Tel qu'il se présente, on y trouve exprimées avec enthousiasme les vives impressions que font sur les sens et sur l'âme divers objets et divers phénomènes; on y voit indiquées les relations particulières du poëte avec l'Orient. S'il continue de la sorte, le riant jardin pourra se voir décoré de la manière la plus agréable; toutefois, il se développerait surtout heureusement, si le poëte ne se bornait pas à parler de lui-même et de ses propres impressions, mais s'il exprimait aussi sa reconnaissance et rendait hommage à ses patrons et à ses amis, pour captiver les vivants par un gracieux langage et rappeler avec honneur la mémoire des morts.

Cependant il faut considérer que l'essor et le vol oriental, cette riche poésie qui verse la louange à pleins bords, pourrait bien ne pas être goûtée de l'Occident. Nous nous donnons une haute et libre carrière, sans recourir aux hyperboles; car une poésie pure et bien sentie est seule capable d'exprimer peut-être les qualités les plus particulières de ces génies excellents, dont les perfections ne sont bien senties que lorsqu'ils ne sont plus, quand leurs singularités ne nous distraient plus, et que les traces profondes de leur influence paraissent chaque jour et à chaque heure devant nos yeux. Le poëte a eu dernièrement le bonheur de payer affectueusement, à sa manière, une partie de cette dette dans une fête magnifique en présence d'augustes personnages[1].

Le livre de Hafiz. Si tous ceux qui parlent l'arabe et les

---

[1]. Allusion aux fêtes données à Weimar, au mois de décembre 1818, en l'honneur de l'impératrice mère Maria Téodorowna.

langues de la même famille sont nés poëtes et élevés comme tels, on peut imaginer qu'il doit se produire chez un tel peuple un nombre infini d'esprits excellents ; et, si ce peuple n'accorde, en cinq siècles, le premier rang qu'à sept poëtes, nous devons sans doute recevoir cette décision avec respect, mais il nous sera permis de rechercher sur quoi cette prééminence peut être fondée.

On voudrait réserver au Divan futur la tâche de résoudre ce problème, autant que la chose est possible. Pour nous en tenir au seul Hafiz, l'admiration et l'affection qu'il inspire croissent à mesure qu'on apprend à le mieux connaître. Le plus heureux naturel, une grande culture, une libre facilité et la pure persuasion qu'on ne saurait plaire aux hommes qu'en leur chantant ce qu'ils entendent volontiers, aisément et commodément; à quoi l'on peut même associer, dans l'occasion, quelque chose de difficile, de laborieux, de repoussant : ce sont là les mérites et les particularités que nous aimons dans Hafiz, et qui nous fournissent encore une ample matière pour de nouveaux chants sur ce poëte.

Le livre de l'amour prendrait une grande extension, lorsque six couples d'amants se produiraient, d'une manière plus décidée, avec leurs plaisirs et leurs peines, et que d'autres encore surgiraient auprès d'eux, avec plus ou moins d'éclat, du sein des ombres du passé. On pourrait, par exemple, introduire de la manière suivante Vamic et Asra, dont on ne sait pas autre chose que les noms :

« Oui, aimer est une grande vertu. Où trouver un plus bel avantage ? Tu n'es pas puissant, tu n'es pas riche, et tu es cependant l'égal des plus grands héros. Aussi bien que du prophète on parlera de Vamic et d'Asra.... Non, on n'en parlera pas, on les nommera ; toute la terre devra connaître leurs noms. Ce qu'ils ont fait, ce qu'ils ont entrepris, aucun homme ne le sait. Nous savons qu'ils ont aimé. C'est assez en dire à ceux qui s'enquièrent de Vamic et d'Asra. »

Ce livre n'est pas moins consacré aux digressions symboliques, auxquelles on ne renonce guère dans les plaines de l'Orient. L'homme ingénieux, non content de ce qu'on lui présente, considère tout ce qui tombe sous les sens comme une mascarade, derrière laquelle une vie supérieure, spirituelle, se cache avec un malicieux caprice, pour nous attirer et nous inviter dans de plus nobles régions. Si le poëte procède avec intelligence et mesure, on peut admettre la chose, y prendre plaisir et essayer ses ailes pour un essor plus hardi.

Le livre des réflexions s'étend chaque jour pour celui qui habite l'Orient, car, en ces lieux, tout est réflexion, qui flotte sans cesse entre le sensible et le supersensible, sans se décider pour l'un ou pour l'autre. Cette méditation, à laquelle on est sollicité, est d'une nature toute particulière; elle ne se voue pas seulement à la sagesse, qui élève cependant les plus fortes prétentions, elle est aussi conduite à ces points extrêmes où les plus étranges problèmes de la vie terrestre se posent devant nous hardiment, impitoyablement, et nous contraignent de ployer les genoux devant le sort, devant une Providence et devant leurs insondables décrets, et de reconnaître la résignation absolue comme la suprême loi politique, religieuse et morale.

Le livre de la mauvaise humeur. Si les autres livres grossissent, on accordera bien à celui-ci le même droit. Il faut commencer par recueillir des assaisonnements agréables, charmants et sages, avant que les éclats de la mauvaise humeur puissent être supportables. La bienveillance générale, les sentiments indulgents et secourables unissent le ciel avec la terre et préparent aux hommes un paradis en pure grâce. En revanche, l'humeur est toujours égoïste; elle ne cesse de demander ce qu'elle n'a pas obtenu; elle est envahissante, repoussante, et ne contente personne, ou tout au plus ceux que le même chagrin possède. Néanmoins l'homme ne peut réprimer toujours ces explosions, et même il fait bien de chercher à donner ainsi l'essor à son mécontentement, surtout lorsqu'on gêne ou que l'on trouble son activité. Ce livre devrait être dès à présent beaucoup plus fort et plus riche, mais nous avons laissé de côté bien des choses pour prévenir toute mésintelligence. Aussi ferons-nous observer que des manifestations de ce genre, qui semblent dangereuses pour le moment, mais qui seront reçues dans la suite tout simplement avec bienveillance et sérénité, ont été mises en réserve, pour être publiées plus tard sous le titre de Paralipomènes.

Mais nous saisirons cette occasion pour dire quelques mots des prétentions et, d'abord, de la manière dont elles se manifestent en Orient. Elles se montrent en premier lieu chez le souverain lui-même, qui semble exclure tous les autres. Tout le monde est à ses ordres, il est maître de lui-même, personne ne lui commande, et sa propre volonté crée tout ce qui l'environne, en sorte qu'il peut se comparer au soleil et même à l'univers. Toutefois c'est une chose surprenante qu'il soit, par là même, obligé de se choisir un corégent, qui l'assiste dans cet immense domaine, et le maintienne, d'une façon toute particulière, sur le trône du monde : c'est le poëte qui agit auprès de lui et de concert avec lui, et l'élève au-dessus de tous les mortels. Un grand nombre de ces talents se rassemblent-ils à sa cour, il leur donne un roi des poëtes, et montre ainsi qu'il reconnaît pour son égal le suprême talent. Mais par là le poëte est engagé, est entraîné, à penser aussi avantageusement de lui-même que du prince, et à sentir qu'il partage avec lui les prérogatives et les félicités les plus grandes. Il est confirmé dans ces pensées par les présents infinis qu'il reçoit, par les richesses qu'il amasse, par l'influence qu'il exerce. Il s'affermit tellement dans ces idées, que le moindre échec à ses espérances l'égare jusqu'à la folie. Ferdoucy, se fondant sur une déclaration antérieure du chah, attend soixante mille pièces d'or pour son Livre des rois, mais, comme il ne reçoit que soixante mille pièces d'argent, se trouvant alors au bain, il partage la somme en trois parts : il donne l'une au messager, l'autre au baigneur, et la troisième à l'homme qui sert les sorbets, et sur-le-champ il rétracte, en quelques vers diffamatoires, toutes les louanges qu'il a prodiguées au chah depuis tant d'années. Il s'enfuit, il se cache; loin de renoncer à sa haine, il la transmet aux siens, en sorte que sa sœur dédaigne également et refuse un présent considérable envoyé par le sultan apaisé, mais qui n'arrive malheureusement qu'après la mort du frère.

Si nous voulions poursuivre ces développements, nous dirions que, du trône, en descendant par tous les degrés, jusqu'au derviche du coin de rue, on trouve partout les prétentions, partout l'orgueil séculier et sacerdotal, qui, à la moindre occasion, fait une explosion soudaine.

Ce défaut, si l'on veut que c'en soit un, produit chez nous un effet très-singulier. La modestie est proprement une vertu sociale; elle dénote une grande culture : c'est une abnégation extérieure, qui, reposant sur un grand mérite intérieur, est considérée comme la plus haute vertu. Aussi voyons-nous que la foule commence toujours, quand elle parle des hommes éminents, par faire l'éloge de leur modestie, sans s'étendre beaucoup sur leurs autres qualités. Mais la modestie est toujours liée avec la dissimulation et avec une sorte de flatterie, qui est d'autant plus efficace qu'elle caresse les autres sans importunité, en évitant de les troubler dans l'agréable sentiment de leur mérite. Tout ce qu'on nomme bonne compagnie consiste dans une négation toujours croissante de soi-même, en sorte que la société finit par devenir tout à fait nulle : à moins que l'on ne sache développer le talent de satisfaire sa propre vanité en flattant la vanité des autres.

Cependant nous voudrions réconcilier les compatriotes de notre poëte occidental avec ses prétentions. Le Divan ne pouvait manquer d'offrir quelque chose de présomptueux, puisqu'il devait reproduire, en quelque mesure, le caractère oriental.

Le poëte ne pouvait tomber dans un orgueil déplaisant à l'égard des hautes classes : son heureuse position l'élevait au-dessus de toute lutte avec le despotisme. Le tribut de louanges qu'il pourrait payer aux princes ses maîtres, le monde s'y associe. Les personnes éminentes avec lesquelles il s'est trouvé en relation, on les honorait et on les honore toujours. On peut même objecter au poëte que la partie panégyrique de son Divan n'est pas assez riche.

Pour ce qui regarde le livre de la mauvaise humeur, on aurait peut-être quelque chose à y reprendre. Chaque mécontent exprime trop clairement que son attente personnelle n'est pas remplie, que son mérite n'est pas reconnu. Ainsi donc, lui aussi! Il n'est pas gêné d'en haut, mais on le blesse d'en bas et de côté. Une foule importune, souvent plate, souvent sournoise, avec ses coryphées, paralyse son activité; il s'arme d'abord de fierté et de dédain, mais ensuite, harcelé et pressé trop vivement, il se sent la force de s'ouvrir passage, les armes à la main.

Au reste nous lui accorderons aussi qu'il sait adoucir bien des prétentions, en ce qu'il les rapporte avec art et sentiment à sa bien-aimée; qu'il s'humilie et même s'anéantit devant elle. Le cœur et l'esprit du lecteur lui en sauront gré.

Le livre des maximes devrait s'accroître avant les autres; il est d'un genre très-semblable aux livres des réflexions et de la mauvaise humeur. Cependant les maximes orientales conservent le caractère propre à toute la poésie, de se rapporter fort souvent à des objets très-sensibles et très-apparents. Il s'en trouve beaucoup dans le nombre qu'on aurait droit d'appeler des paraboles laconiques. Ce genre est le plus difficile pour l'homme de l'Occident, parce que le monde au milieu duquel nous vivons semble trop sec, trop réglé et trop prosaïque. Cependant tous les proverbes allemands où la pensée se transforme en image peuvent également être ici nos modèles.

Le livre de Timour. On n'aurait dû proprement en jeter les bases que plus tard, et il faudrait peut-être laisser écouler une couple d'années, afin que l'application, qui en est trop près de nous, ne nous rendît pas plus difficile la contemplation sublime de vastes et terribles événements. On pourrait égayer cette tragédie, si l'on se décidait à faire paraître de temps en temps Noussreddin Khodscha, le plaisant compagnon de guerre et de tente du formidable dévastateur. De bonnes heures, une tête libre, seront ici les meilleurs moyens de succès. Nous allons citer, comme un petit chef-d'œuvre, une des historiettes qui nous sont parvenues.

Timour était laid, il était borgne et boiteux. Khodscha tournant un jour autour de lui, Timour se gratta la tête, car le moment était venu où il se faisait raser. Il ordonna qu'on fît entrer le barbier. Quand ses cheveux furent tondus, le barbier mit, comme d'ordinaire, le miroir dans la main de Timour, qui, se voyant dans la glace, se trouva par trop laid. Là-dessus il se mit à pleurer; Khodscha pleura de son côté, et ils pleurèrent comme cela une couple d'heures. Ensuite quelques amis consolèrent Timour et l'amusèrent en lui faisant des contes, pour lui faire oublier tout. Timour cessa de pleurer, mais Khodscha ne cessait point; au contraire, ses larmes redoublaient. Enfin Timour lui dit : « Écoute, j'ai regardé dans le miroir et je me suis vu fort laid ; là-dessus je me suis affligé de ce qu'étant souverain et possédant beaucoup de trésors et de femmes, j'étais néanmoins si laid ; voilà pourquoi j'ai pleuré : mais, toi, d'où vient que tu pleures encore, sans pouvoir t'arrêter? » Khodscha répondit : « Si, pour avoir rencontré une seule fois ta figure dans le miroir, tu n'as pu en soutenir la vue et si tu t'es mis à pleurer, que devons-nous faire, nous qui sommes appelés à voir jour et nuit ton visage? Si nous ne pleurons pas, à qui appartient-il de pleurer? Voilà pourquoi je pleure » A ces paroles, Timour faillit étouffer de rire.

Le livre de Souleika. Ce livre, d'ailleurs le plus fort de tout le recueil, pourrait être considéré comme achevé. Le souffle et l'ardeur d'une passion qui anime tout l'ouvrage n'est pas une chose qu'on voie souvent reparaître : du moins son retour doit être, comme celui d'une année de bon vin, attendu avec espoir et humilité.

Mais, dans ce livre, la conduite du poëte occidental appelle quelques observations. A l'exemple de plusieurs anciens poëtes d'Orient, il se tient éloigné du sultan. Il ose, comme frugal derviche, se comparer même au prince, car le véritable mendiant doit être une espèce de roi. La pauvreté donne l'audace. Ne pas reconnaître les biens terrestres et leur prix, en demander fort peu, ou même y renoncer, est sa résolution, qui produit la plus délicieuse insouciance. Au lieu de rechercher une possession inquiète, il donne, par la pensée, des provinces et des trésors, et se raille de celui qui les possédait et les a perdus. Mais, en réalité, notre poëte fait profession d'une pauvreté volontaire, pour se montrer d'autant plus fier qu'elle lui ait valu les faveurs et le dévouement d'une belle.

Au reste il fait gloire encore d'un plus grand désavantage : il a vu fuir la jeunesse ; l'amour de Souleika est la parure de sa vieillesse, de ses cheveux blancs ; il n'est point sottement importun, non ; comme il aime, il est sûr d'être aimé. La spirituelle Souleika sait estimer l'esprit, qui mûrit promptement la jeunesse et qui rajeunit le vieil âge.

Le livre de l'échanson. Ni le penchant immodéré pour le vin, à demi défendu, ni le tendre sentiment qu'inspire la beauté d'un jeune adolescent, ne pouvaient être oubliés dans le Divan ; mais nos mœurs exigeaient que le dernier point fût touché avec une pureté parfaite. »

L'inclination mutuelle du jeune âge et de l'âge avancé est proprement l'indice d'un rapport purement pédagogique. L'attachement passionné de l'enfant pour le vieillard n'est point un phénomène rare, mais il est rarement mis en œuvre. Que l'on observe les relations du petit-fils avec le grand-père ; de l'héritier tardif avec le père étonné et attendri. C'est dans ces relations que se développe véritablement l'intelligence des enfants ; ils sont attentifs à la dignité, à l'expérience, à l'autorité du vieillard ; des âmes nées pures éprouvent d'ailleurs le besoin d'un respectueux attachement ; la vieillesse en est émue et captivée. Si le jeune âge devine et met à profit son ascendant pour atteindre des buts enfantins, pour satisfaire d'innocentes fantaisies, la grâce nous rend indulgents pour la malice précoce. Mais rien de plus touchant que les aspirations de l'adolescent, qui, frappé de la haute raison du vieillard, éprouve un étonnement secret, et comme un pressentiment que chose pareille pourrait se développer en lui. Nous avons essayé d'indiquer des relations si belles dans le livre de l'échanson et de les expliquer ici. Cependant Saadi nous a conservé quelques exemples, dont la tendresse, évidente pour tout le monde, révèle la plus complète intelligence. Voici en effet ce qu'il raconte dans son jardin des roses : « Quand le sultan Mahmoud fit la paix à Khouaresm avec le sultan de Khattaï, j'entrai dans l'église de Kaschker, ville des Usbecs ou Tartares, où, comme vous le savez, l'école est aussi tenue. Là je vis un enfant merveilleusement beau de corps et de visage. Il tenait une grammaire à la main, pour apprendre la langue à fond, dans toute sa pureté. Il lisait à haute voix et c'était un exemple d'une règle : « Saraba Seidon Amran. » (Seidon a vaincu ou attaqué Amran.) Amran est l'accusatif (ces deux noms sont là pour désigner, d'une manière générale, des adversaires, comme nous disons Pierre et Paul). Quand il eut répété quelquefois ces mots, pour les graver dans sa mémoire, je dis : « Khouaresm et Khattaï ont enfin conclu la paix, Seidon « et Amran seront-ils toujours en guerre ? » L'enfant sourit gracieusement et me demanda de quel pays j'étais. Et comme je répondis que j'étais de Chiraz, il me demanda si je savais quelque chose par cœur des écrits de Saadi, car la langue persane lui plaisait fort.

« Je répondis : « Tout comme ton cœur s'est livré avec zèle à « la grammaire, par amour pour la pureté de la langue, mon « cœur s'est livré tout entier à l'amour que tu lui inspires, en « sorte que la vue de ta personne me dérobe la vue de ma rai-« son. » Il m'observa attentivement, comme pour chercher à savoir si ce que j'avais dit était les paroles du poète ou mes propres sentiments. Je poursuivis : « Comme Seidon, tu as pris « dans ton filet le cœur d'un amant. Il nous serait doux de te fré-« quenter, mais tu t'éloignes de nous avec aversion comme Sei-« don d'Amran. » Il me répondit, avec un embarras modeste, en vers tirés de mes propres ouvrages, et j'eus l'avantage de pouvoir lui dire de la même manière les choses les plus délicieuses, et nous passâmes ainsi quelques jours en d'agréables entretiens. Bientôt la cour se disposa à retourner en Perse. La veille du jour où nous devions partir, un de nos compagnons de voyage dit à l'enfant : « Cet homme est Saadi lui-même, que « tu désirais connaître. »

« L'enfant accourut, il se présenta devant moi avec toutes les marques du respect et de l'affection, exprimant le regret de ne m'avoir pas connu plus tôt, et il dit : « Pourquoi n'as-tu pas « voulu te découvrir à moi pendant ces jours et me dire : « Je « suis Saadi, » afin que je pusse te rendre, selon mes facultés, « l'honneur convenable, et mettre humblement mes services à « tes pieds? » Je répondis : « Quand je te vis, je ne pus articuler « cette parole et te dire : « C'est moi! » Mon cœur s'ouvrit de-« vant toi comme une rose qui commence à fleurir. » Il me demanda ensuite s'il ne me serait pas possible de m'arrêter quelques jours encore, afin qu'il pût apprendre quelque chose de moi dans l'art et la science. Je répondis : « C'est impossible, « car je vois ici des hommes excellents qui habitent entre de « grandes montagnes, mais tout mon plaisir, toute mon envie, « est d'avoir dans ce monde une grotte et d'y demeurer. » Comme il me parut là-dessus un peu triste, je lui demandai pourquoi il ne se rendait pas dans la ville, où il pourrait délivrer son cœur des liens de la tristesse et vivre plus joyeuse-

ment. Il me répondit : « Il s'y trouve, il est vrai, beaucoup
« de belles et agréables choses, mais les rues de la ville sont
« boueuses et glissantes, en sorte que les éléphants même y
« pourraient glisser et tomber, et moi aussi, à la vue des
« mauvais exemples, je ne resterais pas ferme sur mes pieds. »
Après avoir ainsi parlé, nous nous baisâmes la tête et le visage, et nous prîmes congé l'un de l'autre. Alors se vérifia ce
que dit le poëte : « Les amants, au départ, sont semblables à
« une belle pomme : la joue qui se presse contre la joue est
« rouge de plaisir et de vie, mais l'autre est pâle de souffrance
« et de chagrin. »

Ailleurs le même poëte fait le récit suivant :

« Dans mes jeunes années, je liai une amitié solide et sincère
avec un de mes égaux. Son visage était pour moi le ciel, vers
lequel nous nous tournons dans la prière, comme vers un
aimant. Sa société fut le plus précieux avantage que j'aie retiré
du commerce de la vie. J'affirme que jamais il n'exista, je ne
dis pas un ange peut-être, mais un homme comparable à lui
pour la beauté, la sincérité et l'honneur. Après avoir joui d'une
pareille amitié, j'ai fait le vœu, et il me semble juste, de ne
donner, après sa mort, mon amour à aucun autre. Son pied
tomba fortuitement dans les piéges de la destinée, et il fut entraîné dans la fosse. Je suis resté longtemps assis et couché sur
sa tombe comme un gardien, et j'ai modulé sur sa mort et sur
notre séparation bien des plaintes funèbres, qui seront toujours touchantes pour les autres et pour moi. »

LE LIVRE DES PARABOLES. Quoique les peuples de l'Occident se
soient approprié une bonne partie des richesses de l'Orient,
il s'y trouvera bien des moissons à faire encore. Pour en
donner une idée plus précise, nous ajouterons quelques explications.

Les paraboles, comme d'autres genres de poésie de l'Orient
qui se rapportent à la morale, peuvent être assez convenablement divisées en trois classes : elles sont éthiques, morales ou
ascétiques. Les premières renferment des événements et des
allusions qui se rapportent à l'homme en général et à ses conditions diverses, sans que l'on déclare ce qui est bon ou mauvais. C'est ce que les secondes font ressortir, préparant ainsi à

l'auditeur un choix raisonnable. Les troisièmes y ajoutent une invitation formelle; l'exhortation morale devient un commandement et une loi. A ces trois classes on peut en ajouter une quatrième : les paraboles de ce genre exposent les merveilleuses directions et dispensations qui découlent des insondables, incompréhensibles décrets de Dieu; elles enseignent et confirment le véritable islamisme, la résignation absolue à la volonté de Dieu, la persuasion que personne ne peut échapper à son sort une fois arrêté. On peut même, si l'on veut, ajouter une cinquième classe, qu'il faudrait appeler mystique : elle tire l'homme de la situation que nous venons d'indiquer, laquelle est toujours angoissante et pénible; elle le pousse à l'union avec Dieu dès cette vie, et d'abord à la renonciation aux biens fragiles dont la perte pourrait nous affliger. Si l'on distingue les différents buts dans toutes les allégories de l'Orient, on a déjà beaucoup gagné : autrement, on se sent toujours embarrassé dans leur mélange; on cherche d'abord une application pratique où il ne s'en trouve point, mais ensuite on découvre une signification profonde. Si l'on donnait des exemples frappants de toutes les espèces, on rendrait le livre des paraboles instructif et intéressant. Dans quelle classe faudrait-il ranger celles que nous avons données cette fois, c'est ce que nous laisserons décider au lecteur intelligent.

Le livre du Parsi. Des distractions multipliées nous ont seules empêché d'exposer poétiquement, dans toute son étendue, le culte du soleil et du feu, si abstrait en apparence, et pourtant si profondément pratique. C'est un magnifique sujet offert à la poésie. Puisse-t-il nous être donné de réparer heureusement cette négligence!

Le livre du paradis. Elle présente aussi bien d'autres places d'une merveilleuse beauté, cette région de la foi mahométane, des paradis dans le paradis, où l'on se promènerait, où l'on se fixerait volontiers. Là le riant et le grave s'entrelacent agréablement; l'habitude d'une vie glorifiée nous donne des ailes, pour nous élever par degrés jusqu'aux régions les plus sublimes. Et qui empêcherait le poète de monter le merveilleux cheval de Mahomet et de s'élancer à travers tous les cieux? Pourquoi ne célébrerait-il pas avec respect cette nuit solencelle, où le Coran tout entier fut apporté d'en haut au prophète? Il se trouve encore ici bien des trésors à recueillir.

De l'Ancien Testament.

Après m'être flatté de la douce espérance que je pourrais plus tard faire encore bien des travaux pour le Divan, ainsi que pour son commentaire, je parcours les études préparatoires étalées devant moi, inachevées et sans emploi, en feuilles innombrables; et j'y trouve un traité, écrit il y a vingt-cinq ans, qui se rapporte à des études plus anciennes encore.

Mes amis se souviendront d'avoir lu dans mes essais biographiques, que j'ai donné beaucoup de temps et d'attention au premier livre de Moïse, et que j'ai passé bien des jours de ma jeunesse à me promener dans les paradis de l'Orient. Mais j'ai aussi étudié avec ardeur et zèle les autres ouvrages historiques. Les quatre derniers livres de Moïse exigeaient des travaux minutieux, et le mémoire suivant en renferme les singuliers résultats. Qu'on nous permette de lui faire ici une place. Toutes nos pérégrinations en Orient ayant été occasionnées par les saintes Écritures, nous y revenons constamment, comme aux sources les plus vivifiantes, quoique çà et là troublées et se perdant sous terre, mais pour jaillir de nouveau pures et vives.

Israël dans le désert.

« Alors il s'éleva dans l'Égypte un roi nouveau à qui Joseph était inconnu. » Comme le roi, le peuple avait perdu le souvenir de son bienfaiteur; les Israélites eux-mêmes n'entendaient plus que comme un écho lointain des vieux âges les noms de leurs premiers ancêtres. Depuis quatre cents ans, la petite famille s'était multipliée d'une manière incroyable. Elle est accomplie, la promesse que Dieu avait faite, contre toute vraisemblance, à leur grand ancêtre. Mais quel en est pour eux l'avantage? C'est justement ce grand nombre qui les rend suspects à la race indigène. On cherche à les tourmenter, les vexer, les accabler, les détruire, et, quelque vive résistance que présente leur nature obstinée, ils prévoient cependant leur perte totale, lorsqu'on les oblige, eux, jusqu'alors peuple libre de pasteurs, à bâtir, de leurs propres mains, dans leur territoire et auprès, des villes fortes, manifestement destinées à les dominer et à les emprisonner.

Avant d'aller plus loin et de nous frayer péniblement un passage à travers des livres d'une rédaction singulière, osons même dire malheureuse, nous demanderons ce qui nous restera comme fonds, comme base des quatre derniers livres de Moïse, puisque nous trouvons nécessaire d'y relever plusieurs choses, d'en écarter plusieurs.

Le thème propre, unique et fondamental de l'histoire universelle, celui auquel tous les autres sont subordonnés, c'est toujours le conflit entre la foi et l'incrédulité. Toutes les époques dans lesquelles la foi règne sous une forme quelconque, sont brillantes, grandes et fécondes pour les contemporains et la postérité; en revanche, toutes les époques dans lesquelles l'incrédulité, sous quelque forme que ce soit, remporte une triste victoire, brillent peut-être quelques moments d'un éclat trompeur, mais elles disparaissent aux yeux de la postérité, parce que personne n'aime à se fatiguer à des études stériles.

Si le premier livre de Moïse nous a exposé le triomphe de la foi, les quatre derniers ont pour thème l'incrédulité, qui, recourant aux plus petits moyens, ne parvient pas, il est vrai, à dompter et à vaincre la foi, bien qu'elle ne se montre pas non plus dans toute sa plénitude, mais la traverse et l'arrête pas à pas, et, malgré de nombreux bienfaits, malgré de terribles châtiments, plus nombreux encore, n'est pas guérie, n'est pas extirpée, mais seulement réduite pour quelque temps au silence, et poursuit de telle sorte sa marche tortueuse, qu'une grande et noble entreprise, commencée sur les promesses magnifiques d'un Dieu national et fidèle, menace d'échouer dès son début et ne peut jamais être entièrement accomplie.

Si le triste caractère du fonds, si le fil principal, embrouillé, du moins au premier coup d'œil, et courant dans tout l'ensemble, nous fatigue et nous déplait, d'un autre côté, ces livres sont tout à fait insipides, à cause de leur rédaction profondément triste et incompréhensible. Partout nous voyons la marche de l'histoire arrêtée par d'innombrables lois intercalées, dont il est impossible d'apercevoir, le plus souvent, la raison et le but. On ne sait du moins pourquoi elles furent données à ce moment, ou, si elles sont d'une origine plus récente, pourquoi elles furent citées et intercalées à cette place. On ne voit pas pourquoi, dans une expédition si prodigieuse, qui devait rencontrer d'ailleurs tant d'obstacles, on s'efforce, à dessein et minutieusement, de multiplier le bagage des cérémonies religieuses, ce qui augmente infiniment la difficulté de la marche. On ne comprend pas d'où vient que des lois faites pour un avenir absolument incertain, sont promulguées en un temps où, chaque jour et à chaque heure, on ne sait que devenir ; où le chef, qui devrait rester ferme sur ses pieds, ne cesse de se prosterner la face contre terre, pour implorer les faveurs et les châtiments du ciel, qui ne sont accordés, les uns et les autres, que brin à brin, en sorte qu'on perd tout à fait de vue, avec le peuple égaré, l'objet principal.

Pour me retrouver dans ce labyrinthe, j'ai pris la peine de séparer avec soin ce qui est proprement le récit, que l'on voulût ensuite le considérer comme une histoire, comme une fable ou comme l'un et l'autre à la fois, comme un poëme. J'ai séparé cela des instructions et des commandements. Je comprends sous le nom d'instructions ce qui serait approprié à tous les pays, à tous les hommes civilisés, et sous le nom de commandements ce qui concerne et oblige particulièrement le peuple d'Israël. Jusqu'à quel point j'ai réussi, je me permets à peine d'en juger, car je ne suis pas maintenant en position de reprendre ces études : ce que j'ai dessein d'en exposer, je l'emprunte, selon que le moment le permet, à des papiers de dates diverses. Ainsi donc il y a deux points sur lesquels je voudrais diriger l'attention de mes lecteurs, d'abord sur l'ensemble de cette singulière expédition et son développement d'après le caractère du chef, qui ne se montre pas d'abord sous le jour le plus favorable ; ensuite sur la supposition que l'expédition n'a pas duré quarante ans, mais deux tout au plus : d'où il résulte que le chef, dont il nous fallait d'abord condamner la conduite, se trouve justifié et remis en honneur, et, en même temps, l'honneur du Dieu national sauvé du reproche d'une rigueur encore plus fâcheuse que l'obstination d'un peuple, et presque rétabli dans sa première pureté.

Rappelons-nous d'abord le peuple israélite en Egypte et sa

servitude, à laquelle devra s'intéresser la postérité la plus reculée. Du sein de cette race, dans l'énergique tribu de Lévi, un homme énergique se lève; il se distingue par un vif sentiment du juste et de l'injuste. Il se montre digne de ses violents ancêtres, dont le premier a dit : « Siméon et Lévi, les frères! Leurs épées sont des armes meurtrières. Que mon âme ne s'associe point à leurs conseils ni ma gloire à leur ligue ! car ils ont égorgé l'homme dans leur colère, et, dans leur malice, ils ont fait périr le bœuf. Maudite soit leur colère, parce qu'elle est violente, et leur fureur, parce qu'elle est intraitable ! Je les disperserai dans Jacob et je les disperserai dans Israël. »

C'est tout à fait dans cet esprit que Moïse s'annonce. Il tue en secret l'Égyptien qui maltraite un Israélite. On découvre son meurtre patriotique et il doit prendre la fuite. Celui qui, par une telle action, se montre purement l'homme de la nature, on n'a pas besoin de rechercher quelle éducation il a reçue. Qu'une princesse ait protégé son enfance, qu'on l'ait élevé à la cour, rien n'a opéré sur lui ; il est devenu un homme éminent, un homme fort, mais il est resté dur dans toutes ses relations. Et, dans son exil, nous le trouvons tel encore, énergique, prompt, résolu, insociable.

La vigueur de son bras lui gagne l'affection d'un prêtre souverain de Madian, qui le fait entrer aussitôt dans sa famille. Il apprend à connaître le désert, où il paraîtra plus tard dans l'emploi difficile de chef d'armée.

Jetons avant tout un coup d'œil sur les Madianites, chez qui Moïse se trouve maintenant. Nous devons reconnaître en eux un grand peuple, qui semble, comme tous les peuples nomades et trafiquants, encore plus grand qu'il n'est, à cause des occupations diverses de ses tribus et de son développement mobile. Nous trouvons les Madianites au pied du mont Horeb, sur la rive occidentale du petit golfe, et, de là, jusque vers Moab et l'Arnon. Nous les avons vus de bonne heure un peuple marchand, dont les caravanes se rendaient même en Égypte à travers le pays de Chanaan.

C'est chez un tel peuple que Moïse passe maintenant sa vie, mais toujours en berger solitaire et taciturne. Réduit à la plus triste situation où se puisse trouver un homme supérieur, qui n'est pas fait pour méditer et réfléchir, qui n'aspire qu'à l'action, nous le voyons seul dans le désert, sans cesse occupé en esprit du sort de son peuple, sans cesse tourné vers le Dieu de ses pères, sentant avec angoisse le bannissement hors d'un pays, qui, sans être le pays de ses ancêtres, est pourtant aujourd'hui la patrie de son peuple. Il est trop faible pour que son bras puisse venir à bout d'une si grande affaire; il est incapable de former un plan, et, s'il en formait un, il est inhabile à toute négociation, à tout discours suivi, qui serait de nature à faire accueillir sa personne. Il ne faudrait pas s'étonner que, dans une situation pareille, cette forte nature se consumât elle-même.

Cependant il trouve quelque consolation dans les rapports qu'il continue d'entretenir avec les siens par les caravanes qui passent et repassent. Après bien des doutes et des retards, il se décide à retourner et à devenir le sauveur du peuple. Aaron, son frère, vient au-devant de lui, et lui apprend que la fermentation est à son comble parmi les Israélites. Les deux frères peuvent risquer de se produire devant le roi comme représentants. Mais le roi ne se montre rien moins que disposé à laisser partir si aisément de ses États, et rentrer dans leur antique indépendance, de nombreuses tribus qui, d'abord peuple pasteur, se sont formées, depuis des siècles, dans son royaume à l'agriculture, aux métiers et aux arts, se sont mêlées avec ses sujets, et dont la masse grossière peut être employée, par corvées, à l'édification de monuments énormes, à la construction de villes et de forteresses nouvelles.

La requête est donc refusée; et, à mesure que les fléaux envahissent le pays, répétée d'une manière toujours plus pressante, elle est refusée toujours plus obstinément. Mais le peuple hébreu, soulevé dans la perspective du pays héréditaire que lui a promis une antique tradition, dans l'espoir de l'indépendance, ne reconnaît plus aucuns devoirs. Sous le prétexte d'une fête générale, on escroque aux voisins leurs vases d'or et d'argent, et, dans le moment où les Égyptiens croient les Israélites occupés de festins paisibles, sont entreprises des Vêpres siciliennes en sens inverse: l'étranger égorge l'indigène, le convive son hôte, et, sous l'inspiration d'une cruelle politique, on n'égorge que les premiers-nés, afin d'occuper l'égoïsme des cadets, dans un pays où la primogéniture donne tant de droits, et de pouvoir échapper par une prompte fuite à la soudaine vengeance. L'artifice réussit, on chasse les meurtriers au lieu de les punir. Le roi tarde à rassembler son armée, mais les cavaliers et les chariots armés de faux, ordinairement si redoutables aux fantassins, livrent, sur un sol marécageux, un combat inégal à l'arrière-garde, légère et légèrement armée : c'était, selon toute apparence, cette même troupe hardie et résolue, qui s'était déjà exercée dans l'audacieuse entreprise du massacre général, et que plus tard nous ne manquerons pas de reconnaître à ses cruels exploits et de signaler.

Une multitude, une armée, si bien munie pour l'attaque et pour la défense, avait le choix entre plusieurs chemins pour se rendre dans la terre promise : le premier, le long de la mer, par Gaza, n'était pas une route de caravane, et les habitants, belliqueux, bien armés, pouvaient le rendre dangereux; le second, quoique plus long, semblait offrir plus de sûreté et plus d'avantages. Il côtoyait la Mer Rouge jusqu'au Sinaï. De là on pouvait de nouveau prendre deux routes : l'une, qui menait au but par le plus court, s'avançait en côtoyant le petit golfe, à travers le pays des Madianites et des Moabites jusqu'au Jourdain; l'autre traversait le désert et se dirigeait sur Cadès. En suivant la première direction, on laissait à gauche le pays d'Édom, et à droite en suivant la seconde. Moïse avait probablement résolu de prendre le premier chemin, et il semble s'être engagé dans le second par le conseil des rusés Madianites, comme nous songeons à faire probablement nous-mêmes, après avoir d'abord témoigné la mauvaise humeur où nous jette l'exposé des circonstances extérieures qui accompagnent cette marche.

Le ciel pur, étincelant d'innombrables étoiles, sur lequel Abraham fut invité par son Dieu à fixer sa vue, ne déploie plus sa tente d'or sur nos têtes. Un peuple innombrable, au lieu d'offrir l'image de ces astres sereins, s'avance découragé dans un triste désert. Tous les joyeux phénomènes ont disparu; on ne voit que flammes de toutes parts; le Seigneur, qui avait appelé Moïse du buisson enflammé, marche maintenant devant la multitude dans une vapeur ardente et sombre, qui paraît, le jour, comme une colonne de nuée, la nuit, comme un météore igné. Du sommet de Sinaï, enveloppé de nuages, les éclairs et les tonnerres répandent l'épouvante, et, pour des fautes qui paraissent légères, des flammes jaillissent du sol et dévorent les extrémités du camp. La disette de nourriture et d'eau se renouvelle sans cesse, et le désir du retour agite toujours davantage le peuple mécontent, à mesure que son chef sait moins trouver des secours efficaces.

Avant même que l'expédition soit parvenue au Sinaï, Jéthro se hâte de venir au-devant de son gendre; il lui amène sa fille et ses petits-fils, qu'il avait gardés, au temps du danger, sous la tente paternelle, et se comporte en homme sage. Un peuple tel que les Madianites, qui suit librement sa destination, et qui trouve occasion d'exercer ses forces, doit être plus civilisé que celui qui vit sous un joug étranger, en lutte perpétuelle avec lui-même et avec les circonstances. Combien le chef du premier devait être capable de vues plus élevées qu'un brave homme, mélancolique et renfermé en lui-même, qui se sent né, il est vrai, pour agir et pour commander, mais à qui la nature a refusé les instruments nécessaires pour ce dangereux office!

Moïse ne pouvait s'élever à l'idée qu'un chef ne saurait être présent partout, ni tout faire lui-même; au contraire, il se rendait, par son action personnelle, ses fonctions très-rudes et très-pénibles. Enfin Jéthro lui fait part de ses lumières, l'aide à organiser le peuple, à établir des autorités inférieures, à quoi Moïse aurait dû, semble-t-il, arriver par lui-même.

Au reste Jéthro pourrait bien n'avoir pas eu seulement en vue l'avantage de son gendre et des Israélites, mais aussi le sien propre et celui des Madianites. Ce Moïse, qu'il a reçu autrefois comme un fugitif, qu'il a compté au nombre de ses serviteurs et de ses valets, vient à lui maintenant à la tête d'une grande multitude, qui, délaissant ses anciennes demeures, cherche des terres nouvelles, et partout, sur son passage, répand la frayeur et l'épouvante.

Or l'homme sage ne pouvait ignorer que le plus court chemin des enfants d'Israël était de traverser les terres des Madianites; que cette multitude rencontrerait partout les troupeaux de son peuple, en toucherait les établissements, et même en atteindrait les villes, déjà bien policées. Les principes d'un peuple émigrant ne sont pas un mystère; ils reposent sur le droit de conquête; il ne passe point sans résistance, et toute résistance lui semble une injustice; qui défend son bien est un ennemi, qu'on peut détruire sans miséricorde.

Il n'était pas besoin d'un coup d'œil bien pénétrant pour prévoir le sort auquel seraient exposés les peuples sur lesquels s'abattrait cette nuée de sauterelles. De là on peut d'abord conjecturer que Jéthro dégoûta son gendre du droit et bon chemin, et le décida à prendre par le désert. Cette opinion est fortifiée, par cette circonstance que Hobab ne quitte pas son beau-frère avant de l'avoir vu prendre le chemin conseillé, et même l'accompagne plus loin, afin de détourner plus sûrement toute la troupe des établissements madianites.

C'est seulement quatorze mois après la sortie d'Égypte que s'effectua le départ dont nous parlons. Sur sa route, le peuple nomma « Sépulcres de concupiscence » un lieu où il souffrit une grande calamité à cause de sa convoitise; ensuite ils gagnèrent Hazaroth, puis ils campèrent plus loin dans le désert de Paran. Cette marche est hors de doute. Ils touchaient déjà au terme de leur voyage; ils n'avaient plus devant eux que la chaîne de montagnes qui sépare du désert la terre de Chanaan. On décida d'envoyer des explorateurs et on avança cependant jusques à Cadès. Là les envoyés revinrent; ils rapportèrent que le pays était excellent, mais aussi les habitants redoutables. Alors éclata de nouveau une affreuse discorde, et la querelle entre les croyants et les incrédules recommença.

Par malheur, Moïse avait moins encore les talents d'un général que d'un prince. Déjà auparavant, il s'était retiré sur la montagne pour prier, pendant le combat contre les Amalécites, tandis qu'à la tête de l'armée, Josué finit par remporter sur l'ennemi une victoire longtemps balancée. A Cadès, on se trouva de nouveau dans le doute. Josué et Caleb, les plus courageux des douze explorateurs, conseillent d'attaquer; ils font appel au peuple; ils garantissent la conquête du pays; mais la description hyperbolique de races de géants armés sème partout la terreur; l'armée intimidée refuse de gravir la montagne; Moïse est de nouveau perplexe; d'abord il exhorte les Israélites, ensuite une attaque de ce côté lui semble aussi périlleuse. Il propose de marcher à l'Orient. Les plus vaillants trouvent par trop indigne d'abandonner, en ce moment désiré, un plan sérieux, péniblement poursuivi. Ils se forment en troupe et gravissent la montagne. Mais Moïse reste en arrière, le tabernacle ne se met pas en mouvement, en sorte que ni Josué ni Caleb ne peuvent décemment se mettre à la tête des plus hardis. Bref, l'avant-garde, qui n'est pas soutenue, qui agit sans ordres, est battue; l'impatience augmente. L'irritation du peuple, qui s'est déjà déchaînée si souvent, les nombreuses séditions, auxquelles Aaron lui-même et Mirjam ont pris part, éclatent de nouveau, plus violentes que jamais, et démontrent, une fois de plus, combien peu Moïse était à la hauteur de sa grande mission. Il n'est pas douteux en soi, mais c'est un fait confirmé invinciblement par le témoignage de Caleb, qu'il était possible, qu'il était même indispensable, de pénétrer par cet endroit dans le pays de Chanaan, d'occuper Hébron et la forêt de Mambré, de conquérir le saint tombeau d'Abraham, et de s'assurer par là un but, un point d'appui, un centre, pour toute l'entreprise. Quelles souffrances n'allait pas éprouver au contraire ce peuple malheureux, si l'on décidait tout à coup, si témérairement, d'abandonner le plan suivi jusqu'alors, et que Jéthro avait proposé, non pas, il est vrai, d'une manière entièrement désintéressée, mais du moins sans se rendre tout à fait coupable de trahison!

La deuxième année depuis la sortie d'Égypte n'était pas encore écoulée, et, avant qu'elle fût accomplie, on se serait vu, quoique assez tard, en possession de la plus belle partie du pays désiré; mais les habitants, rendus attentifs, avaient poussé le verrou : où se tourner maintenant? On s'était assez avancé vers le nord, et l'on dut marcher de nouveau vers l'orient, pour entrer enfin dans la route qu'on aurait dû prendre dès le commencement. Mais, de ce côté, on avait en face de soi, à l'orient, le pays d'Édom environné de montagnes : on essaya de solliciter le passage; les Édomites, bien avisés, le refusèrent nettement. Se frayer la route par la force était une imprudence: il fallut donc se résoudre à faire un détour, en laissant à gauche les montagnes des Édomites. Cette marche se fit en général sans difficulté, car il suffit d'un petit nombre de stations, Oboth, Ijim, pour arriver au ruisseau de Sared, le premier qui verse ses eaux dans la Mer Morte, et ensuite à l'Arnon. Cependant Mirjam était mort, Aaron avait disparu, peu de temps après leur révolte contre Moïse.

Du ruisseau d'Arnon tout alla plus heureusement encore. Le peuple toucha, pour la seconde fois, au terme de ses vœux. Dans une contrée qui présentait peu d'obstacles, on pouvait s'avancer en masse, vaincre, détruire ou chasser les peuples qui refusaient le passage. On marcha en avant, les Madianites, les Moabites, les Amorites, furent attaqués dans leurs plus belles possessions; les premiers furent même anéantis, ce que le prudent Jéthro avait voulu empêcher; on occupa la rive gauche du Jourdain, et l'on permit à quelques tribus impatientes de s'y établir. En attendant, suivant l'ancienne coutume, on rendit des lois, on fit des ordonnances, et l'on différa de passer le Jourdain. Au milieu de ces débats, Moïse disparut lui-même, comme Aaron avait disparu, et nous serions bien trompé si Josué et Caleb n'avaient pas trouvé bon de mettre fin à la domination d'un homme à vues étroites, qu'ils souffraient depuis quelques années, et de l'envoyer rejoindre tant de malheureux qu'il avait fait partir avant lui : voulant ainsi mener la chose à une heureuse fin, et se mettre une bonne fois en possession de toute la rive gauche du Jourdain ainsi que du pays.

On accordera volontiers que l'exposition des faits, telle que nous venons de la présenter, offre à l'esprit le progrès rapide et raisonné d'une grande entreprise; mais elle n'obtiendra pas d'abord la confiance et l'approbation, parce qu'elle présente comme accomplie en un court espace de temps, cette expédition, que la lettre de l'Écriture sainte fait durer un grand nombre d'années. Il faut donc exposer les raisons qui nous paraissent justifier un si grand écart, et, pour cela, nous ne pouvons mieux faire que de fixer notre attention sur les plaines que cette multitude avait à traverser, et sur le temps nécessaire à toute caravane pour une marche pareille; puis nous mettrons en parallèle et nous pèserons ce qui nous a été transmis dans ce cas particulier.

Nous passons sous silence l'expédition de la Mer Rouge au Sinaï ; nous laissons à part tout ce qui s'est passé aux environs de la montagne ; nous remarquons seulement que la grande multitude partit du pied du Sinaï le vingtième jour du deuxième mois, dans la deuxième année de la sortie d'Égypte. De là jusqu'au désert de Paran, elle n'avait pas quarante milles, qu'une caravane chargée parcourt aisément en cinq jours. Qu'on donne à toute la colonne le temps d'arriver chaque fois ; qu'on lui donne des jours de repos en nombre suffisant ; qu'on suppose d'autres haltes : il n'en est pas moins vrai que, dans tous les cas, les Israélites pouvaient arriver en douze jours au lieu de leur destination, ce qui s'accorde aussi avec la Bible et avec l'opinion commune. Ici on envoie les explorateurs ; la multitude avance quelque peu jusques à Cadès, où les envoyés reviennent au bout de quarante jours ; là-dessus, après quelques tentatives belliqueuses qui réussissent mal, on entame des négociations avec les Édomites. Que l'on prenne pour ces négociations tout le temps qu'on voudra, on ne pourra les étendre au delà de trente jours. Les Édomites refusent nettement le passage, et il ne pouvait nullement convenir aux Israélites de s'arrêter longtemps dans une position si dangereuse : car, si les Chananéens se fussent entendus avec les Édomites, si les premiers avaient débouché du nord et les derniers de l'orient, en sortant de leurs montagnes, les Israélites se seraient trouvés dans une fâcheuse situation.

Le récit ne fait non plus ici aucune pause ; la résolution est prise sur-le-champ de tourner les montagnes d'Édom. La marche autour de ces montagnes, d'abord dirigée vers le sud, puis vers le nord, jusqu'à la rivière d'Arnon, ne va pas non plus cette fois au delà de quarante milles, qu'on aurait donc pu parcourir en cinq jours. Qu'on ajoute les quarante jours pendant lesquels on célèbre la mort d'Aaron, il nous reste encore six mois de la seconde année pour les retards et les délais de toute sorte et pour les marches qui doivent mener heureusement les enfants d'Israël jusqu'aux rives du Jourdain. Mais que deviennent les trente-huit années qui restent?

Elles ont beaucoup embarrassé les interprètes, tout comme les quarante et une stations, entre lesquelles il en est quinze dont le récit ne dit rien, mais qui, intercalées dans le dénombrement, ont donné beaucoup de peine aux géographes. Or les stations intercalées sont dans un rapport heureusement imaginé avec les années surabondantes; en effet seize lieux dont on ne sait rien, et trente-huit années sur lesquelles on n'a aucuns détails, fournissent la meilleure occasion de se perdre dans le désert avec les Israélites.

Nous allons placer les stations du récit, qui sont devenues remarquables par les événements, en regard des stations du dénombrement, où l'on distinguera très-bien ensuite les noms de lieux imaginaires de ceux auxquels appartient une valeur historique.

Stations des Israélites dans le désert.

Récit, d'après les livres II, III, IV et V de Moïse.	Dénombrement des stations, d'après le livre IV de Moïse, ch. XXXIII.
	Raemsès [1].
	Suchoth.
	Etham.
Habiroth.	Habiroth.
	Migdol.
	Passage de la Mer Rouge.
Marah, désert de Sur.	Marah, désert d'Ethan.
Élim.	Élim. Douze fontaines.
	Au bord de la mer.
Désert de Sin.	Désert de Sin.
	Daphka.
	Alus.
Raphidim.	Raphidim.
Désert de Sinaï.	Désert de Sinaï.
Sépulcres de concupiscence.	Sépulcres de concupiscence.
Hazeroth.	Hazeroth.
	Rithma.
Cadès, dans le désert de Paran.	Rimmon Parez.
	Libna.
	Rissa.
	Kehelatha.
	Montagnes de Sapher.
	Harada.

[1]. On a conservé en général l'orthographe adoptée par Goethe.

Stations des Israélites dans le désert (Suite).

Récit, d'après les livres II, III, IV et V de Moïse.	Dénombrement des stations, d'après le livre IV de Moïse, ch. xxxiii
	Makeheloth.
	Thahath.
	Tharah.
	Mithka.
	Hasmona.
	Moseroth.
	Buejackor.
	Horgidgad.
	Jathbatha.
	Abrona.
	Ezeongaber.
Cadès, désert de Zin.	Cadès, désert de Zin.
Montagne de Hor, frontières d'Edom.	Montagne de Hor, frontières d'Edom.
	Zalmona.
	Phunon.
Oboth.	Oboth.
	Ijim.
	Dibon Gad.
	Almon Diblathaim.
Montagnes d'Abarim.	Montagnes d'Abarim, Nebo.
Ruisseau de Sared.	
En deçà de l'Arnon.	
Mathana.	
Nahaliel.	
Bamoth.	
Montagne de Pisga.	
Jahza.	
Hesbon.	
Sihon.	
Basan.	
Terres des Moabites, près du Jourdain.	Terres des Moabites, près du Jourdain.

Sur quoi nous remarquerons, avant tout, que l'histoire nous mène d'abord tout droit de Hazeroth à Cadès, mais que le dénombrement omet Cadès après Hazeroth, et ne le cite qu'après Ezeongaber, à la suite de plusieurs noms intercalés, et, par là, met le désert de Zin en contact avec le petit bras du golfe arabique. La chose a fort embarrassé les interprètes : les uns admettent deux Cadès, les autres, en plus grand nombre, n'en admettent qu'un, et cette dernière opinion semble ne laisser aucun doute.

Le récit, tel que nous l'avons présenté, soigneusement dégagé de toute interpolation, parle d'un Cadès dans le désert de Paran, et, aussitôt après, d'un Cadès dans le désert de Zin. C'est du premier que l'on expédie les envoyés, et toute la multitude s'éloigne du second, après que les Édomites ont refusé le passage à travers leur pays. Il en résulte, sans difficulté, que c'est un seul et même lieu, car le projet de passer à travers Édom était une suite de l'échec essuyé dans la tentative d'entrer par ce côté dans le pays de Chanaan; et il résulte clairement d'autres endroits que les deux déserts, souvent nommés, confinent l'un à l'autre; que Zin était plus au nord, Paran plus au sud, et que Cadès formait une étape située dans une oasis entre les deux déserts.

On n'aurait non plus jamais eu l'idée de se figurer deux Cadès, si l'on ne s'était trouvé dans l'embarras, pour promener assez longtemps les Israélites dans le désert. Cependant ceux qui n'admettent qu'un seul Cadès, et qui veulent néanmoins rendre compte des quarante années de marche et des stations intercalées, sont encore plus embarrassés, et surtout il n'est point de conceptions si bizarres auxquelles ils ne recourent pour représenter sur la carte l'expédition et rendre évident l'impossible. L'œil est en effet meilleur juge de l'absurde que le sens intime. Sanson insère entre le Sinaï et Cadès les quatorze stations apocryphes. A cet effet, il ne peut dessiner assez de zigzags sur sa carte, et cependant chaque station n'est que de deux milles, espace qui n'est pas même suffisant pour que cette immense procession pût se déployer.

Combien ne doit-il pas être populeux et fertile, ce désert où l'on trouve, à tous les deux milles, sinon des villes et des bourgades, du moins des étapes qui avaient leurs noms particuliers! Quel avantage pour le chef et pour son peuple! Mais cette richesse de l'intérieur du désert est bientôt fatale au géographe. Il ne trouve que cinq stations de Cadès à Ézéongaber, et, dans le retour à Cadès, où il doit pourtant amener les

Israélites, il n'en trouve, par malheur, aucune. Il faut donc qu'il ajoute quelques villes étranges, qui ne sont pas nommées même dans le dénombrement, tout comme autrefois on couvrait avec des éléphants les lacunes de la géographie. Calmet cherche à se tirer d'affaire par de singulières marches, qui se croisent en tous sens; il rejette vers la Méditerranée les lieux surabondants; il fait de Hazeroth et de Moseroth un seul endroit, et il amène enfin, par les plus bizarres circuits, son monde au bord de l'Arnon. Wells, qui admet deux Cadès, défigure le pays outre mesure. Nolin fait danser à la caravane une polonaise, qui la ramène à la Mer Rouge, où elle se trouve avoir à dos, au nord, le mont Sinaï. Il est impossible de rencontrer moins d'imagination, de coup d'œil, de précision et de discernement que chez ces hommes pieux et sages.

Tout bien considéré, il paraît fort vraisemblable que cet inutile catalogue des stations fut intercalé pour faire passer les quarante années problématiques. Car on lit dans le texte, auquel nous sommes resté fidèle dans notre récit, que le peuple, ayant été vaincu par les Chananéens, et se voyant refuser le passage par les Édomites, avait tourné leur pays, en suivant le chemin de la Mer des Joncs[1] du côté d'Ézéongaber. De là est venue l'erreur, qu'ils étaient en effet arrivés au bord de la Mer Rouge à Ézéongaber, qui probablement n'existait pas encore, quoique le texte parle de la marche autour des montagnes de Séir, par la route susdite, comme on dit qu'un voiturier suit la route de Leipzig, sans qu'il soit nécessaire qu'il se rende à Leipzig.

Une fois que nous serons parvenus à écarter les stations surabondantes, nous réussirons peut-être à nous défaire aussi des années superflues. Nous savons que la chronologie de l'Ancien Testament est artificielle; que toute la computation du temps peut se résoudre en cycles déterminés de quarante-neuf années, et que, pour amener ces époques mystiques, on est contraint de changer bien des dates historiques. Or, s'il manquait peut-être dans un cycle trente-six ou trente-huit ans, où pouvait-on les intercaler plus commodément que dans une

---

1. La Mer Rouge.

époque si obscure, et qui devait s'être écoulée dans une contrée inconnue et déserte?

Ainsi donc, sans toucher le moins du monde à la chronologie, la plus difficile de toutes les études, nous voulons, à l'appui de notre hypothèse, jeter un coup d'œil rapide sur sa partie poétique.

Beaucoup de nombres ronds, sacrés, symboliques, d'une dénomination poétique, figurent dans la Bible comme en d'autres écrits de l'antiquité. Le nombre sept semble voué à la création, à l'action; le nombre quarante, à la contemplation, à l'attente et particulièrement à la séparation. Le déluge, qui devait séparer Noé et sa famille de tout le reste du monde, est en croissance pendant quarante jours; après que les eaux ont été assez longtemps stationnaires, elles s'écoulent pendant quarante jours, et Noé tient fermé, tout ce temps encore, le guichet de l'arche. Moïse passe, à deux reprises, ce même espace de temps sur le Sinaï, séparé du peuple: les gens envoyés dans le pays de Chanaan y restent de même quarante jours, et le peuple entier a dû confirmer et consacrer aussi la période quadragénaire, en vivant autant de douloureuses années séparé de toutes les nations. La signification de ce nombre passe même, avec toute sa valeur, dans le Nouveau Testament: Christ demeure quarante jours dans le désert pour attendre le tentateur.

Si nous avons réussi à renfermer en un plus court espace de temps la marche des Israélites du Sinaï au Jourdain, quoique nous ayons réservé trop, beaucoup trop d'espace pour des hésitations, des retards invraisemblables, le grand chef sera pleinement justifié des reproches que nous avons dû lui faire. La manière en laquelle Dieu se manifeste dans ces livres nous sera aussi moins pénible que jusqu'à ce jour, où il se montre vraiment effrayant et terrible, tandis que, dans le livre de Josué et des Juges, et même dans la suite, on voit se reproduire un caractère plus pur et patriarcal, et que le Dieu d'Abraham apparaît aux siens avec bienveillance comme auparavant, au lieu que le Dieu de Moïse nous a remplis quelque temps d'horreur et d'effroi. Pour nous expliquer là-dessus, disons : « Tel est l'homme, tel est son Dieu. » Cela nous amène à dire encore, pour conclure, quelques mots sur le caractère de Moïse.

« C'est trop de témérité, pourrait-on s'écrier, de refuser, comme vous l'avez fait, à un homme extraordinaire les qualités qu'on a jusqu'à ce jour hautement admirées chez lui, les qualités du souverain et du capitaine. Qu'est-ce donc qui le distingue ? Par quoi est-ce qu'il légitime une si importante vocation ? Qu'est-ce qui lui donne la hardiesse de s'ingérer dans une affaire pareille, tout dépourvu qu'il est des dons intérieurs et extérieurs, s'il manque de ces qualités essentielles, de ces talents indispensables que vous lui contestez avec une témérité inouïe ? » Que l'on nous permette de répondre : ce ne sont pas les talents, ce n'est pas l'habileté pour telle ou telle chose qui font proprement l'homme d'action, c'est de l'individualité que tout dépend. Le caractère repose sur l'individualité, non sur les talents. Les talents peuvent s'associer au caractère, le caractère ne s'associe pas aux talents, car il peut se passer de tout excepté de lui-même, et nous aimons à reconnaître que l'individualité de Moïse, depuis le premier meurtre, à travers toute la suite de ses cruautés, jusqu'à sa disparition, nous offre une image imposante et pleine de dignité d'un homme qui est porté par sa nature aux plus grandes choses. Mais une telle image est complétement défigurée, quand nous voyons un homme d'action, vif, énergique et prompt, errer à l'aventure, sans dessein et sans nécessité, pendant quarante années, avec une immense multitude, dans un si petit espace, ayant son grand objet devant les yeux. Il nous a suffi d'abréger la marche et le temps qu'il y employa, pour effacer tout le mal que nous avons osé dire de lui et pour l'élever à sa véritable place.

Il ne nous reste donc plus qu'à répéter ce que nous avons dit en commençant ces réflexions : on ne fait aucun tort à l'Écriture sainte, non plus qu'à toute autre tradition, en lui appliquant les règles de la critique, en faisant voir où elle se contredit et comme quoi ce qu'il y a de primitif, de plus excellent, a été souvent voilé et même défiguré par des additions, des interpolations et des arrangements. La valeur propre, intérieure, primitive et fondamentale se manifeste avec une vivacité, une pureté nouvelle, et c'est là ce que chacun, avec ou sans réflexion, considère et saisit, c'est là qu'il puise son édification, rejetant tout le reste ou du moins le laissant tomber dans l'oubli.

Répétition sommaire.
(Deuxième année de l'expédition.)

Séjour au pied du Sinaï............................	50 jours.
Marche jusques à Cadès...........................	5
Jours de halte.......................................	5
Halte, à cause de la maladie de Mirjam....	7
Absence des envoyés................................	40
Négociation avec les Édomites.................	30
Marche jusqu'à l'Arnon.............................	5
Jours de halte.......................................	5
Deuil pour la mort d'Aaron......................	40

Ensemble, cent quatre-vingt-sept jours, c'est-à-dire environ six mois. D'où il résulte que la troupe, en comptant tout ce qu'on voudra pour les retards, les hésitations et la résistance, put fort bien arriver au Jourdain avant la fin de la seconde année.

Secours plus prochains.

Si l'Écriture sainte nous représente l'état primitif et le développement graduel d'une nation considérable, et si des hommes tels que Michaelis, Eichhorn, Paulus, Heeren, nous ont fait remarquer plus de nature et d'originalité dans ces traditions que nous n'aurions pu en découvrir nous-mêmes, nous sommes surtout redevables, pour les temps modernes, aux descriptions de voyage et aux autres documents que des hommes de l'Occident, qui se sont avancés dans les contrées orientales, ont rapportés chez eux avec jouissance, mais aussi avec fatigue et danger, et dont la publication a été une source féconde d'instruction. Nous ne ferons que mentionner entre eux quelques hommes, par les yeux desquels nous nous sommes appliqués, depuis nombre d'années, à considérer ces objets bien étranges et bien éloignés de nous.

Pèlerinages et croisades.

Les descriptions innombrables des pèlerinages et des croisades sont aussi instructives à leur manière, mais elles abusent trop notre imagination sur le véritable état de l'Orient pour qu'elle puisse en tirer quelque secours. Le point de vue chrétien, hostile et exclusif, nous resserre dans les bornes étroites où il se renferme; et nous n'acquérons, dans les temps modernes, des idées un peu plus étendues qu'en apprenant à connaître peu à peu ces guerres par des écrivains de l'Orient. Cependant tous ces pèlerins, ces croisés fervents ont droit à notre reconnaissance, parce que ce fut véritablement leur enthousiasme religieux, leur résistance énergique, infatigable, à l'invasion orientale, qui protégea et qui maintint la civilisation de l'Occident.

Marco Polo.

Cet homme admirable occupe une place éminente. Son voyage tombe dans la seconde moitié du treizième siècle. Marco Polo arrive jusqu'aux limites les plus reculées de l'Orient; il nous initie aux mœurs les plus étranges, qui nous semblent presque fabuleuses et nous jettent dans l'étonnement. Mais, quoique nous ne parvenions pas d'abord à nous faire des idées claires sur le détail, l'exposition concise de ce voyageur à larges vues est éminemment propre à réveiller en nous le sentiment de l'infini, du prodigieux. Nous nous trouvons à la cour de Koublaï-Khan, qui régnait, comme successeur de Gengis, sur des contrées immenses. Que faut-il penser en effet de l'étendue d'un empire, duquel on peut dire entre autres : « La Perse est une grande province qui se compose de neuf royaumes; » et tout le reste est mesuré à cette mesure. La résidence, au nord de la Chine, est inaccessible; le palais du khan est une ville dans la ville; les trésors et les armes y sont en monceaux; les employés, les soldats et les courtisans sont innombrables; chacun est invité avec sa femme à des banquets répétés; puis une résidence champêtre, des établissements pour tous les plaisirs, surtout une armée de chasseurs, et le divertissement de la chasse dans les plus grandes proportions; des léopards apprivoisés, des faucons dressés, ardents auxiliaires des chasseurs; des monceaux de gibier. Ajoutez à cela, durant toute l'année, des présents dispensés et reçus; de l'or et de l'argent, des joyaux, des perles, mille objets précieux en la possession du prince et de ses favoris, tandis que des millions de sujets doivent se contenter d'une monnaie fictive pour leurs échanges.

Si nous quittons la ville pour nous mettre en voyage, la suite des faubourgs ne nous permet pas de reconnaître où la ville finit : nous trouvons maisons après maisons, villages après villages, et, en descendant le cours du fleuve magnifique, une suite de lieux de plaisance. Tout est compté par journées de marche, qui ne sont pas en petit nombre.

Par les ordres du souverain, le voyageur visite d'autres contrées ; il nous fait traverser des déserts immenses, puis des campagnes riches en troupeaux ; il nous fait gravir des chaînes de montagnes ; nous mène chez des hommes de figures et de mœurs étranges, et, franchissant les glaces et les neiges, il nous fait contempler à la fin l'éternelle nuit du pôle. Tout à coup il nous transporte, comme enveloppés d'un manteau magique, dans la presqu'île de l'Inde. Nous voyons se déployer devant nous Ceylan, Java, Madagascar ; nos regards se promènent sur des îles aux noms étranges, enfin il nous signale partout mille particularités sur les races humaines, les mœurs, les contrées, les arbres, les plantes et les animaux, qui garantissent la vérité de ses observations, quand même bien des choses pourraient sembler fabuleuses. Un savant géographe pourrait seul tout classer et vérifier. Nous avons dû nous en tenir à l'impression générale, car nous n'avons point eu de notes et d'observations pour nous aider dans notre première étude.

Jean de Montevilla.

Son voyage commence en 1320, et la description en est parvenue jusqu'à nous comme livre populaire, mais, par malheur, très défiguré. On admet que l'auteur a fait de grands voyages, qu'il a beaucoup vu et bien vu, et que ses descriptions sont exactes. Mais d'abord il se plaît à labourer avec les bœufs du voisin[1], ensuite il entremêle à ses récits des fables vieilles et nouvelles, qui font perdre à la vérité même son autorité. Traduit du latin, d'abord en bas allemand, puis en haut allemand, ce petit livre en a souffert, dans les noms de lieux et

---

1. Profiter du travail d'autrui.

de personnes, des altérations nouvelles. D'ailleurs le traducteur se permet des omissions et des interpolations, ainsi que le fait voir notre Goerres, dans son inestimable travail sur les livres populaires allemands, où il montre comme on a diminué l'agrément et l'utilité de ce remarquable ouvrage.

Pietro della Valle.

Pietro della Valle naquit en 1586, d'une ancienne famille romaine, qui faisait remonter son origine jusqu'aux nobles familles de la république. A cette époque, tous les États de l'Europe se glorifiaient d'une civilisation avancée. Le Tasse vivait encore, mais réduit à un triste état; cependant ses chants agissaient sur tous les esprits d'élite. L'art des vers s'était tellement répandu, qu'il se produisait déjà des improvisateurs; tout jeune homme animé d'inclinations libérales devait être capable de s'exprimer en rimes. On se livrait sérieusement à l'étude des langues, à la grammaire, à l'éloquence et à l'art d'écrire; notre jeune homme grandissait, en cultivant avec soin toutes ces belles connaissances.

L'exercice des armes, à pied et à cheval, l'escrime, l'équitation, développèrent chez lui la force corporelle et la force de caractère, qui sont si intimement unies. Le mouvement désordonné des croisades s'était transformé en art militaire et en habitudes chevaleresques, auxquelles se mêlait la galanterie. Nous voyons le jeune homme faire la cour à plusieurs dames, les célébrer surtout dans ses vers et tomber dans une extrême affliction, quand celle dont il a désiré faire la compagne de sa vie le méprise, et se donne à un indigne amant. Sa douleur est sans bornes, et, pour se soulager, il se décide à prendre l'habit de pèlerin et à visiter la terre sainte.

Il arrive, en 1614, à Constantinople, où ses manières nobles, insinuantes, lui valent le plus favorable accueil. Il reprend ses habitudes studieuses, et se livre aussitôt à l'étude des langues orientales, acquiert d'abord une connaissance générale de la littérature, des coutumes et des mœurs turques, et part ensuite pour l'Égypte, non sans exciter les regrets de ses nouveaux amis. Il profite encore de son séjour dans ce pays pour chercher et poursuivre, avec les plus sérieux efforts, dans le monde moderne le monde antique et ses vestiges. Du Caire il se rend au Sinaï, pour honorer le tombeau de sainte Catherine, et revient de là, comme d'un voyage de plaisir, dans la capitale de l'Égypte. Il la quitte pour la seconde fois, et arrive en seize jours à Jérusalem, ce qui grave dans notre imagination la véritable mesure de la distance des deux villes. Là il honore le saint sépulcre, et il prie le Sauveur, comme il a déjà prié sainte Catherine, de le délivrer de sa passion. Les écailles lui tombent des yeux; il reconnaît quelle a été sa folie d'avoir cru la femme qu'il avait adorée jusqu'à ce jour seule digne d'un pareil hommage : son éloignement pour le sexe s'évanouit; il songe à se pourvoir d'une compagne, et il écrit à ses amis, qu'il espère bientôt rejoindre, de lui chercher une digne épouse.

Après avoir parcouru et honoré tous les saints lieux, grâce à la recommandation de ses amis de Constantinople et surtout aux services d'un capidji, qu'on lui a donné pour escorte, il s'éloigne, emportant une idée complète de l'état du pays; il gagne Damas, puis Alep, où il prend l'habit syrien et se laisse croître la barbe. Là il lui arrive une aventure importante et qui décide de son sort. Il se lie avec un voyageur, qui ne peut assez lui décrire la beauté et les grâces d'une jeune chrétienne de Géorgie, qui demeure à Bagdad avec sa famille; della Valle se sent épris d'amour, à la véritable manière de l'Orient, pour une image au-devant de laquelle il se hâte de courir. La présence de la belle augmente son amour et ses désirs; il sait gagner la mère, il persuade le père; cependant ils ne cèdent l'un et l'autre qu'avec regret à sa violente passion; se séparer de leur fille aimable et chérie leur semble un trop grand sacrifice. Enfin elle devient sa femme, et, en elle, il acquiert pour sa vie et ses voyages le plus précieux trésor. En effet, quoiqu'il n'ait entrepris son pèlerinage qu'après s'être pourvu d'un noble savoir et de connaissances diverses, et bien qu'il observe avec attention et avec succès ce qui se rapporte immédiatement aux hommes, et qu'il se soit montré, en toute occasion, un modèle dans sa conduite avec chacun, une chose lui manque, c'est la connaissance de la nature, science renfermée à cette époque dans le cercle étroit de circonspects et graves investigateurs.

Aussi ne peut-il s'acquitter que d'une manière incomplète des commissions de ses amis, qui lui demandent des renseignements sur les plantes et les bois, les épices et les drogues. Mais la belle Maani, aimable médecin de la famille, sait dire en détail comment croissent les racines, les plantes et les fleurs; comment le commerce procure les résines, les baumes, les huiles, les graines et les bois; elle sait, en respectant les usages, accroître les connaissances de son mari.

Mais cette union imprime surtout une activité nouvelle à la vie et aux voyages de della Valle. Maani, avec toute la délicatesse de son sexe, se montre d'un caractère résolu, à la hauteur de tous les événements; elle ne redoute aucuns dangers: elle les cherche plutôt et se conduit en toute occasion avec calme et noblesse; elle monte son cheval à la manière des hommes; elle sait le contenir et l'animer, et ne cesse pas de se montrer une gaie et encourageante compagne. Ce qui n'est pas moins important, c'est qu'en voyage elle se met en contact avec toutes les femmes, en sorte que son mari est bien reçu, accueilli et entretenu par les hommes, parce qu'elle sait se livrer avec les femmes aux travaux et aux occupations de son sexe.

Mais la fortune réservait au jeune couple un bonheur inconnu jusqu'alors aux voyageurs qui ont parcouru l'empire turc. Ils entrent en Perse dans la trentième année du règne d'Abbas II, qui a mérité, comme Pierre et Frédéric, le nom de grand. Après une jeunesse pleine de dangers et d'alarmes, dès le début de son règne, il voit clairement que, pour protéger son empire, il doit en reculer les bornes; il voit aussi par quels moyens il peut affermir son pouvoir au dedans : en même temps, ses pensées et ses efforts tendent à faire refleurir, en y appelant des étrangers, son royaume dépeuplé; il veut animer et faciliter le commerce intérieur, en établissant des routes et des hôtelleries. Il consacre à d'immenses constructions des revenus et des tributs considérables. Ispahan, dont il fait sa capitale, est parsemé de palais et de jardins, de caravansérails et de maisons pour des hôtes royaux; un faubourg est bâti pour les Arméniens, qui trouveront sans cesse l'occasion de se montrer reconnaissants, car, en trafiquant pour leur propre compte et pour celui du roi, ils sont assez habiles pour solder tout à la fois au prince profit et tribut. Un faubourg pour les Géorgiens et un autre pour les successeurs des adorateurs du feu agrandissent encore la ville, qui finit par devenir immense, comme une de nos modernes capitales. Les ecclésiastiques catholiques romains, particulièrement les moines carmélites, sont bien reçus et protégés; la religion grecque est moins favorisée, parce que, se trouvant sous la protection des Turcs, elle semble appartenir à l'ennemi commun de l'Europe et de l'Asie.

Della Valle avait séjourné plus d'une année à Ispahan, et il avait employé son temps sans relâche pour s'informer exactement de toutes les positions et les relations civiles. Aussi, quelle vivacité dans ses descriptions! quelle précision dans ses récits! Après avoir goûté de tout pleinement, il ne lui manque plus que de pénétrer dans la sphère la plus élevée, d'apprendre à connaître personnellement ce souverain, objet de sa vive admiration; il ne lui manque plus que d'apprendre comment on vit à la cour, à l'armée et en guerre.

Dans le pays de Mazenderan, sur la côte méridionale de la mer Caspienne, dans une contrée pourtant marécageuse et malsaine, le prince, que son activité tourmente, se bâtit encore une grande ville, nommée Ferhabad, et la peuple d'habitants commandés. Aussitôt il se construit dans le voisinage mainte résidence de montagne, sur les hauteurs disposées en amphithéâtre, pas trop loin de ses ennemis les Russes et les Turcs, dans une situation protégée par des masses de montagnes. C'est là sa résidence ordinaire, et della Valle le visite. Il arrive avec Maani et il est bien reçu; après un délai prudent, conforme aux coutumes orientales, il est présenté au roi, il gagne sa faveur, il est admis à sa table et à ses festins, où il doit surtout rendre compte des constitutions, des mœurs et des religions européennes au prince, déjà bien instruit et jaloux de s'éclairer.

On trouve en général chez les Orientaux, et particulièrement en Perse, une certaine naïveté, une certaine ingénuité de conduite, dans toutes les conditions et jusqu'auprès du trône. A la vérité, on remarque dans le rang suprême une étiquette sévère en certaines occasions, comme les audiences et les repas, mais il s'établit bientôt dans l'entourage du prince comme une liberté de carnaval, aux allures les plus divertissantes. Si le roi prend ses ébats dans les jardins et les kiosques, nul ne doit marcher en bottes sur les tapis où la cour se trouve. Qu'il arrive un prince tartare, on lui ôte une botte, mais, n'étant pas accoutumé à se tenir sur un pied, il chancelle bientôt ; le roi lui-même approche et tient le prince jusqu'à ce que l'opération soit achevée. Vers le soir, le roi préside à un cercle de cour dans lequel on fait passer des coupes d'or pleines de vin ; plusieurs sont d'un poids modique, mais quelques-unes sont rendues si pesantes par un fond plus épais, que le convive novice laisse le vin se répandre, ou même, à la grande joie du maître et des conviés, laisse tomber la coupe. On boit ainsi à la ronde, jusqu'à ce que tel ou tel, incapable de se tenir debout plus longtemps, soit emmené ou s'éclipse à propos. Au départ, on ne fait au prince aucune révérence ; l'un se dérobe après l'autre, et le souverain finit par se trouver seul. Il prête encore quelque temps l'oreille à une musique mélancolique, et à son tour il va se livrer au sommeil. On conte des histoires encore plus singulières de son harem, où ses femmes le chatouillent, bataillent avec lui, cherchent à le jeter sur le tapis, tandis que, poussant de grands éclats de rire, il ne cherche à se défendre et à se venger que par des propos insultants.

Ces joyeux récits des secrets amusements du harem royal ne doivent pas nous faire supposer que le prince et son divan soient restés dans une oisive indolence. Ce ne fut pas seulement l'inquiète activité d'Abbas le Grand qui le poussa à construire une seconde capitale sur les bords de la mer Caspienne ; il est vrai que la situation de Ferhabad était très-favorable aux plaisirs de la chasse et aux amusements de la cour ; mais la ville était protégée par une chaîne de montagnes, et assez voisine des frontières pour que le roi pût connaître à temps chaque mouvement des Russes et des Turcs, ses ennemis héréditaires, et prendre des mesures de défense. On n'avait présentement rien à craindre des Russes : l'empire, bouleversé par des usurpateurs et de faux prétendants, ne suffisait pas à sa propre défense ; les Turcs, de leur côté, avaient essuyé, douze ans auparavant, une telle défaite, dans une heureuse bataille que le roi leur avait livrée, qu'il n'eut dès lors plus rien à craindre de leur part, et qu'il fit même sur eux d'importantes conquêtes. Cependant il ne pouvait s'établir entre de pareils voisins une véritable paix ; des provocations isolées, des démonstrations publiques, tenaient constamment, de part et d'autre, l'attention éveillée.

Mais Abbas se voit maintenant obligé de faire des préparatifs de guerre plus sérieux. Conformément au plus antique usage, il convoque son armée tout entière dans les plaines d'Aderbijan ; elle s'avance, dans toutes ses divisions, troupes de pied et de cheval, avec les armures les plus diverses : à leur suite, une multitude innombrable, car chacun amène, comme pour une émigration, femmes, enfants et bagages. Della Valle amène aussi à cheval et en litière, à la suite de l'armée et de la cour, sa belle Maani et les femmes qui la servent, de quoi le prince le loue, parce qu'il se montre ainsi un homme considérable.

Un peuple tout entier, qui se met de la sorte en mouvement, ne doit manquer d'aucune de ces choses qui sont pour lui des besoins dans ses foyers : c'est pourquoi des marchands et des trafiquants en tout genre l'accompagnent, ouvrant partout des bazars momentanés, et comptant sur un bon débit. Aussi compare-t-on sans cesse le camp du roi à une ville, où l'on entretient une si bonne police et un ordre si parfait, que, dans la crainte de châtiments sévères, personne n'ose fourrager, ni faire des réquisitions, et bien moins encore se livrer au pillage : grands et petits doivent tout payer comptant. Il s'ensuit que, non-seulement toutes les villes situées sur la route se pourvoient de vivres en abondance, mais que, des provinces voisines et éloignées, les provisions et les subsistances affluent incessamment.

Mais quelles opérations de stratégie et de tactique faut-il attendre d'un pareil désordre organisé ? surtout quand on vient à savoir que tous les peuples, toutes les tribus, toutes les armes diverses, se mêlent dans le combat, et, sans alignements, sans chefs de file, sans serre-file, combattent pêle-mêle comme le veut le hasard : aussi une victoire peut-elle aisément transformer et une seule défaite fixer, pour nombre d'années, le sort d'un royaume.

Cette fois on n'en vient pas à une de ces effroyables mêlées. On avance, il est vrai, avec des difficultés inimaginables à travers les montagnes, mais on hésite, on recule, on se dispose même à détruire ses propres villes, afin que l'ennemi périsse dans des pays dévastés; les terreurs paniques, les vains bruits de victoire, se succèdent confusément; des conditions de paix, écartées avec légèreté, refusées avec orgueil, une feinte ardeur de combattre, des lenteurs artificieuses, commencent par retarder, et finissent par favoriser la paix. Aussitôt, sur l'ordre et le mandement comminatoire du roi, chacun, sans autre péril, sans autre souffrance que celles qu'il a essuyées dans la marche et la presse, se hâte de retourner chez soi.

Nous retrouvons della Valle à Casbin, dans le voisinage de la cour, mécontent que la campagne contre les Turcs ait pris une si prompte fin. Car nous n'avons pas à le considérer seulement comme un voyageur curieux, comme un aventurier poussé çà et là par le hasard : il a des desseins, qu'il poursuit sans cesse. La Perse était alors un pays fait pour les étrangers; les libéralités qu'Abbas avait répandues pendant tant d'années attiraient des esprits entreprenants; ce n'était pas encore le temps des ambassades cérémonieuses; des voyageurs habiles et courageux se font valoir : déjà l'Anglais Sherley s'était investi lui-même d'une mission, et jouait le rôle d'intermédiaire entre l'Orient et l'Occident; della Valle, indépendant, riche, noble, instruit, recommandé, s'insinue à la cour, et cherche à l'exciter contre les Turcs. Il est poussé par la même sympathie chrétienne qui animait les premiers croisés; il avait vu les pieux pèlerins maltraités au saint sépulcre; il avait même souffert avec eux, et il importait alors à tous les peuples de l'Occident que Constantinople fût inquiétée du côté de l'Orient : mais Abbas ne se fie pas aux chrétiens, qui, songeant à leur propre avantage, ne l'ont jamais secondé à propos de leur côté. Il s'est accommodé avec les Turcs, toutefois della Valle ne se relâche pas; il cherche à former une alliance entre la Perse et les Cosaques de la mer Noire. Il retourne à Ispahan, avec la pensée de s'y établir et de travailler pour la religion catholique romaine. Il attire auprès de lui, d'abord les parents de sa femme, puis bien d'autres chrétiens de la Géorgie; il adopte une orpheline géorgienne; il se lie avec les carmélites, et il nourrit même l'ambitieuse pensée de se faire accorder par le roi un territoire pour y fonder une nouvelle Rome.

Le prince reparaît lui-même à Ispahan: des envoyés affluent de toutes les parties du monde. Le souverain, à cheval, dans la grande place, en présence de ses soldats, de ses plus considérables serviteurs, d'étrangers marquants, dont les principaux se présentent aussi à cheval avec leur suite, accorde de fantasques audiences: on apporte des présents en grande pompe, mais ils sont tantôt orgueilleusement repoussés, tantôt judaïquement marchandés, et la majesté ne cesse de flotter ainsi entre la hauteur et la bassesse. Puis, tour à tour, enfermé mystérieusement dans le harem ou agissant à la vue de tout le monde, se mêlant à toute la vie publique, le chah montre une infatigable et capricieuse activité.

On remarque aussi, à tous égards, une singulière tolérance en matière de religion. Seulement il ne faut convertir aucun mahométan à la foi chrétienne: les conversions à l'islamisme, que le roi a favorisées autrefois, ne l'intéressent plus. On peut du reste croire et pratiquer ce qu'on veut. Ainsi, par exemple, les Arméniens célèbrent la fête du baptême de la croix, qu'ils solennisent dans leur magnifique faubourg, à travers lequel coule la rivière de Senderoud; le schah veut assister à cette cérémonie avec une nombreuse suite, et, même en cette occasion, il ne peut renoncer à régler, à commander. Il s'abouche d'abord avec les prêtres, et il veut savoir quel est proprement leur dessein; puis il part au galop, court deçà et delà, et commande à la procession l'ordre et la tranquillité, avec autant de précision que s'il avait affaire à ses soldats. La cérémonie achevée, il rassemble les prêtres et d'autres hommes marquants autour de sa personne, et s'entretient avec eux de diverses opinions et coutumes religieuses. Cette libre manière de penser à l'égard d'autres croyances n'est pas particulière au schah; elle se trouve en général dans les Schiites. Partisans d'Ali, qui fut d'abord frustré du califat, et qui, après y être enfin parvenu, fut bientôt égorgé, les Schiites peuvent, sous divers rapports, être considérés, parmi les mahométans, comme le parti opprimé. Aussi leur haine se tourne-t-elle principalement contre les Sunnites, qui comptent et qui vénèrent les califes intercalés entre Mahomet et Ali. Les Turcs sont attachés à cette croyance, et un schisme, à la fois politique et religieux, sépare les deux peuples. Or les Schiites, nourrissant une furieuse haine contre leurs coreligionnaires schismatiques, sont indifférents à l'égard des autres croyances, et les accueillent avec beaucoup plus de faveur que leurs adversaires particuliers.

Mais, par malheur, ces dispositions libérales sont soumises aux influences du pouvoir arbitraire. Peupler ou dépeupler un royaume est chose égale pour la volonté despotique. Abbas, errant dans la campagne, sous un travestissement, entend les mauvais propos de quelques femmes arméniennes, et se sent tellement offensé, qu'il ordonne d'infliger les plus cruels châtiments à tous les hommes du village. La frayeur et l'angoisse s'étendent sur les rives du Senderoud, et le faubourg de Khalfa, que le roi avait réjoui naguère en prenant part à sa fête, n'est plus qu'un monceau de ruines.

Voilà comme nous sympathisons toujours avec de grands peuples tour à tour élevés et abaissés par le despotisme. Nous admirons d'abord à quel haut degré de sécurité et de bien-être Abbas, monarque et autocrate, a élevé le royaume, et qu'il ait donné à cet état de choses une telle consistance, que la faiblesse, la folie, l'insouciance de ses successeurs ne parvint qu'après quatre-vingt-dix ans à ruiner complètement le royaume ; mais ensuite nous sommes obligés de signaler les imperfections de cet imposant tableau.

Comme l'autocratie repousse toute influence, et qu'elle doit veiller à la parfaite sûreté de la personne du monarque, il s'ensuit que le despote doit soupçonner sans cesse la trahison, voir partout le danger, craindre même de toutes parts la violence, parce que la violence seule le maintient sur le trône. Il est jaloux par conséquent de toute personne qui inspire à côté de lui le respect et la confiance, qui montre de brillantes qualités, amasse des trésors et semble rivaliser avec lui d'activité. Mais, sous tous les rapports, c'est le successeur qui doit surtout éveiller les soupçons. C'est déjà, chez un roi qui est père, la preuve d'un grand esprit, qu'il sache voir sans jalousie son fils, à qui la nature transmettra bientôt irrévocablement, sans le consentement du puissant arbitre, toutes ses richesses et ses conquêtes. D'un autre côté, on veut que le fils sache, avec noblesse, avec convenance et discrétion, modérer ses espérances, dissimuler ses désirs et ne pas anticiper, même en apparence, sur les destinées du père. Mais où la nature humaine est-elle assez pure et grande, assez calme et patiente, assez disposée à une joyeuse activité sous des conditions nécessaires, pour que, dans une pareille situation, le père ne se plaigne pas de son fils ni le fils de son père? Et quand ils seraient tous deux purs comme des anges, les délateurs s'interposeront, l'imprudence devient un crime, l'apparence une preuve. Combien d'exemples ne nous présente pas l'histoire! Considérons seulement le lamentable labyrinthe de famille dans lequel nous voyons le roi Hérode arrêté. Outre que les siens font planer sans cesse le danger sur sa tête, un enfant, signalé par des prophéties, excite son inquiétude et cause, immédiatement avant la mort du roi, un massacre général.

Il en fut de même d'Abbas le Grand : on lui rendit suspects ses fils et ses petits-fils, et ils donnèrent lieu aux soupçons. L'un fut mis à mort quoique innocent; l'autre, à moitié coupable, fut aveuglé « Ce n'est pas moi, dit cet infortuné, c'est le royaume que tu as privé de la lumière. »

A ce malheureux défaut du despotisme il s'en ajoute inévitablement un autre, source plus fortuite et plus imprévue encore de violences et de crimes. Tout homme est gouverné par ses habitudes; une gêne extérieure pourra seule l'amener à se conduire avec modération, et la modération devient pour lui une habitude. On voit justement le contraire chez le despote; une volonté sans frein s'exalte elle-même, et, ne recevant du dehors aucun avertissement, doit prendre un essor sans mesure. Ainsi est résolue l'énigme que nous présente un jeune prince de mérite, dont le gouvernement fut béni pendant les premières années, et qui se montre par degrés un tyran, l'horreur du monde et le fléau de sa famille, laquelle est souvent forcée de chercher à son mal un remède violent.

— Par malheur, cette aspiration à l'absolu, innée chez l'homme, aliment de toutes les vertus, devient plus terrible dans ses effets, quand il s'y ajoute des stimulants physiques. Il en résulte une extrême exaltation, qui finit heureusement par se résoudre en un complet étourdissement. Nous voulons parler de l'usage immodéré du vin, par lequel sont brisées momentanément, et avec les plus funestes effets, les faibles barrières d'une justice, d'une équité sage, que le tyran lui-même ne peut, en qualité d'homme, renier tout à fait. Qu'on applique ces réflexions à Abbas le Grand, qui, par son règne de cinquante années, était parvenu à faire dominer uniquement et sans limites sa volonté dans son vaste et populeux empire ; qu'on se représente un homme d'un caractère franc, sociable, enjoué, mais ensuite égaré par le soupçon, le chagrin, et, ce qui est le plus fâcheux, par un aveugle amour de la justice, échauffé par l'excès du vin, et, pour dire le dernier mot, tourmenté, réduit au désespoir par un mal corporel, repoussant et incurable : on doit avouer qu'ils méritèrent le pardon, sinon la louange, ceux qui firent disparaître de la face du monde un si terrible fléau. Heureuses les nations policées dont le monarque se gouverne lui-même par les nobles inspirations du sentiment moral ! Heureux les gouvernements modérés et limités, que le prince lui-même doit aimer et qu'il a sujet de soutenir, parce qu'ils allègent souvent sa responsabilité, et lui épargnent bien des repentirs.

Et ce n'est pas seulement le prince, c'est toute personne arrivée par la confiance, la faveur ou l'usurpation, à exercer une part de l'autorité souveraine, qui court le risque de franchir les bornes que la loi, l'humanité, la conscience, la religion et la coutume ont tracées autour du genre humain pour son bonheur et sa paix. Aussi les ministres et les favoris, les représentants du peuple et le peuple doivent être sur leurs gardes, de peur qu'entraînés dans le tourbillon de la volonté absolue, ils ne précipitent et eux-mêmes et les autres dans des malheurs sans remède.

Si nous revenons à notre voyageur, nous le trouverons dans une pénible situation. Avec toute sa prédilection pour l'Orient, della Valle est forcé de reconnaître à la fin qu'il n'habite pas un pays où l'on puisse former des desseins suivis ; où, avec 'es intentions les plus pures et l'activité la plus grande, on puisse bâtir une Rome nouvelle. Les parents de sa femme ne se laissent pas arrêter même par les liens de famille : après avoir mené dans Ispahan la vie la plus retirée, avec un petit nombre d'amis, ils jugent plus à propos de se retirer aux bords de l'Euphrate et d'y continuer leur vie accoutumée ; les autres Géorgiens montrent peu de zèle ; les carmélites eux-mêmes, qui devaient surtout avoir à cœur cette grande entreprise, ne peuvent obtenir de Rome ni encouragement ni secours.

L'ardeur de della Valle se refroidit et il se résout à retourner en Europe : par malheur, c'est dans le temps le plus défavorable. Il voit trop de difficultés à revenir par le désert ; il se décide à passer par les Indes : mais, dans ce temps même, des hostilités s'engagent entre les Portugais, les Espagnols et les Anglais au sujet d'Ormuz, place de commerce de la plus haute importance, et Abbas juge qu'il est de son intérêt d'y prendre part. Il se résout à combattre, à éloigner, les Portugais, voisins incommodes, à faire échouer enfin, par sa ruse et ses lenteurs, les desseins des Anglais, ses auxiliaires, et à s'approprier tous les avantages.

Dans ces conjonctures difficiles, notre voyageur est saisi par ce sentiment inexplicable, qui éveille dans le cœur de l'homme les plus ardents combats, le sentiment de la grande distance où l'on est de la patrie, au moment où, se trouvant mal à son aise à l'étranger, on voudrait retourner dans son pays et même s'y voir déjà revenu. Il est presque impossible en pareil cas de résister à l'impatience. Notre ami en est saisi à son tour ; son caractère vif, sa noble et ferme confiance en lui-même, l'abusent sur les difficultés du voyage. Son audace aventureuse a réussi jusqu'à ce jour à surmonter tous les obstacles, à exécuter tous les plans ; il se flatte encore du même bonheur, et, le retour par le désert lui paraissant impraticable, il se décide à revenir par les Indes avec sa belle Maani et Mariuccia, leur fille adoptive.

Il éprouve plusieurs désagréments, présages d'un péril futur : cependant il traverse Persépolis et Chiraz, observant, comme toujours, les choses, les mœurs et les usages, les décrivant et prenant des notes exactes. Il arrive ainsi au golfe Persique mais il y trouve, comme il aurait dû le prévoir, tous les ports fermés, tous les vaisseaux séquestrés, suivant l'usage de la guerre. Là, sur le rivage, dans une contrée extrêmement malsaine, il trouve des Anglais campés, dont la caravane, arrêtée comme lui, voulait épier un moment favorable. Amicalement reçu, il se joint à eux; il dresse sa tente auprès des leurs, et construit, pour rendre son établissement plus commode, une cabane en feuilles de palmier. Là un astre plus favorable paraît luire à ses yeux. Il n'avait jusqu'alors aucun enfant de son mariage, et, à la grande joie des époux, Maani a l'espoir d'être mère. Mais della Valle tombe malade; la mauvaise nourriture et l'air malsain exercent sur lui la plus fâcheuse influence, et, par malheur, Maani fait une fausse couche, et la fièvre ne la quitte point. La fermeté de son caractère la soutient quelque temps encore, même sans secours de médecin, puis, sentant sa fin approcher, elle se soumet avec une pieuse résignation; elle demande qu'on la transporte de la cabane de palmier sous la tente, et là, tandis que Mariuccia tient le cierge sacré, et que della Valle récite les prières d'usage, elle expire dans ses bras. Elle était âgée de vingt-trois ans.

Pour flatter sa douleur, après une perte si cruelle, il prend la ferme résolution d'emmener le corps à Rome dans la sépulture de sa famille. Il manque de résine, de baume et d'aromates, mais il trouve, par bonheur, un chargement du meilleur camphre, qui, employé avec art par des personnes expérimentées, conservera le corps.

Mais il se crée par là les plus grandes difficultés, car, dans toute la suite de son voyage, il devra calmer ou séduire la superstition des chameliers, les préjugés avares des employés, l'attention des commis aux douanes.

Nous l'accompagnons ensuite à Lahr, capitale du Laristan, où il trouve un air plus salubre, une bonne réception, et attend la conquête d'Ormuz par les Persans. Mais leurs triomphes ne lui sont d'aucune utilité. Il se voit ramené à Chiraz, et finit par s'embarquer pour les Indes sur un navire anglais. Il n'y dément point sa conduite passée: son ferme courage, ses connaissances, ses nobles qualités, lui assurent partout un accès facile et une hospitalité honorable; néanmoins il est enfin obligé de regagner le golfe Persique, et de retourner dans son pays par le désert.

Il y endure toutes les vexations qu'il a redoutées. Pressuré par les chefs des tribus, taxé par les commis aux douanes, pillé par les Arabes, partout maltraité et retardé, même chez les chrétiens, il finit néanmoins par apporter à Rome un assez grand nombre d'objets curieux et rares; mais le plus rare et le plus précieux, c'est le corps de sa chère Maani. Là, dans Sainte-Marie-d'Ara-Cœli, il lui fait de magnifiques funérailles, et, lorsqu'il est descendu dans le caveau pour lui rendre les derniers honneurs, nous trouvons à ses côtés deux jeunes personnes, une Sylvie, sa charmante fille, qui a grandi pendant son absence, et Tinatine de Ziba, que nous avons connue jusqu'à présent sous le nom de Mariuccia, l'une et l'autre âgées d'environ quinze ans. Mariuccia a été, depuis la mort de sa femme, sa fidèle compagne de voyage et son unique consolation, et il se décide maintenant à l'épouser, contre la volonté de ses parents et même du pape, qui lui destinaient de plus nobles et plus riches alliances. Il brille pendant bien des années encore, déployant un caractère hardi, bouillant et courageux, toujours poursuivi de tracasseries, de chagrins et de dangers, et il meurt dans sa soixante-sixième année, laissant après lui une nombreuse postérité.

Excuses.

On a remarqué que chacun préfère à toutes les autres la voie par laquelle il est arrivé à quelques connaissances, et qu'il voudrait l'inaugurer pour ses successeurs et les y faire entrer après lui. C'est dans cette pensée que j'ai fait connaître avec détail Pietro della Valle, parce que c'est ce voyageur qui m'a donné les premières et les plus claires notions sur la vie et les mœurs de l'Orient; et, si je ne me trompe, au moyen de ce récit, j'ai enfin donné à mon Divan une base particulière. Que ce soit pour d'autres, dans ce temps si riche en feuilles et en brochures, un encouragement à parcourir un in-folio, avec lequel ils pénétreront dans un monde remarquable, qui leur paraîtra, il est vrai, changé à la surface dans les plus récentes descriptions de voyage, mais au fond toujours tel qu'il parut en son temps à cet homme distingué.

« Qui veut comprendre le poëte se rende dans le pays du poëte ; qu'il se plaise à vivre dans l'Orient, afin que le vieux soit le nouveau. »

Oléarius.

Le nombre des feuilles de nos travaux imprimés jusqu'à ce moment nous avertit d'être plus réservé désormais et de nous livrer moins aux digressions. Aussi ne parlerons-nous qu'en passant de l'excellent Oléarius. C'est une chose intéressante d'observer en voyage les hommes de telle ou telle nation. Nous trouvons des Anglais, parmi lesquels nous avons omis à regret Sherley et Herbert, puis des Italiens, enfin des Français. Produisons ici un Allemand dans sa force et sa dignité. Par malheur, il fut associé dans son voyage à la cour de Perse avec un homme qui présente le caractère d'un aventurier plutôt que d'un ambassadeur : sous l'un et l'autre rapport, la conduite de cet homme est capricieuse, maladroite, même insensée. La droiture de l'excellent Oléarius ne s'en laisse pas déconcerter ; il nous fait des récits de voyage très-agréables et très-instructifs, d'autant plus estimables, qu'il visita la Perse peu d'années après della Valle, peu de temps après la mort d'Abbas le Grand, et qu'à son retour, il fit connaître aux Allemands l'admirable Saadi par une bonne et intéressante traduction. Nous coupons court à regret, car nous voudrions exprimer notre profonde reconnaissance pour les bons services que cet homme nous a rendus, tout comme les deux voyageurs que nous allons nommer, et dont nous ne ferons non plus qu'effleurer, en passant, les mérites.

Tavernier et Chardin.

Le premier, orfévre et joaillier, présentant, pour se faire accueillir, des marchandises précieuses et artistement travaillées, pénètre, avec une habile et sage conduite, dans les cours d'Orient, et sait partout s'arranger et se tirer d'affaire. Il s'avance dans les Indes jusqu'aux mines de diamant, et, après un périlleux retour, il ne trouve pas dans l'Occident un accueil très-favorable. Les écrits qu'il nous a laissés sont très-instructifs, et cependant Chardin, son compatriote, son successeur et son rival, traverse sa carrière et obscurcit sa réputation. Chardin, qui, dès le commencement de son voyage, doit lutter contre les plus grands obstacles, sait, à son tour, utiliser parfaitement le caractère des puissants et des riches de l'Orient, ce caractère qui flotte entre la grandeur d'âme et l'égoïsme, et tirer divers avantages du désir insatiable que ces hommes, déjà possesseurs d'immenses trésors, montrent d'acquérir de nouveaux bijoux et de l'orfévrerie étrangère. Aussi revient-il dans sa patrie non sans bonheur et sans profit.

On ne peut assez admirer chez ces deux hommes l'esprit, le sang-froid, l'adresse, la persévérance, les manières insinuantes et la fermeté; tout homme du monde pourrait les prendre pour modèles dans le voyage de la vie. Mais ils avaient deux avantages qu'il est assez rare de cumuler : ils étaient à la fois protestants et Français, qualités qui, réunies ensemble, peuvent produire des hommes d'une haute capacité.

Voyageurs plus modernes.

Il m'est impossible de mentionner ici ce que nous devons au dix-huitième et déjà même au dix-neuvième siècle. Dans les derniers temps, les Anglais nous ont fourni des lumières sur les contrées les plus inconnues. Le royaume de Caboul, l'ancienne Gédrosie et Caramanie, nous sont devenus accessibles. Qui peut s'empêcher de porter ses regards au delà de l'Indus, et d'observer la grande activité qui s'y déploie tous les jours dans un plus grand domaine? Cela ne peut manquer d'éveiller aussi en Occident le désir d'étendre et d'approfondir toujours davantage la connaissance des langues. Quand on réfléchit aux progrès que l'esprit et l'étude ont faits, en se donnant la main, pour arriver du cercle borné des rabbins hébreux aux immenses profondeurs du sanscrit, on se félicite d'être, depuis tant d'années, témoin de ce mouvement. Les guerres mêmes, qui élèvent tant d'obstacles et causent tant de ruines, ont procuré de grands avantages à la solide science.

Des montagnes de l'Himalaya jusque dans la plaine, les contrées qui s'étendent sur les deux rives de l'Indus, restées jusqu'à nos jours assez fabuleuses, nous apparaissent sans voiles et liées avec le reste du monde. Par delà la presqu'île, jusqu'à Java, nous pouvons, selon notre volonté, nos forces et l'occasion, porter notre vue sur l'ensemble et nous instruire des détails. C'est ainsi que les portes s'ouvrent l'une après l'autre aux nouveaux amis de l'Orient, pour apprendre à connaître les mystères de ce monde antique, les vices d'une constitution singulière et d'une malheureuse religion, ainsi que la magnificence de la poésie, dans laquelle se réfugie la pure humanité, la noble morale, la sérénité et l'amour, pour nous faire oublier les disputes de castes, les monstres fantastiques de la religion et un abstrus mysticisme, et pour nous persuader que du moins cette poésie conserve en elle le salut de l'humanité.

Nos maîtres.
(Les morts, les vivants.)

Il est difficile, il est presque impossible, de se rendre à soi-même un compte exact des personnes auxquelles on doit, dans le cours de sa vie et de ses études, telle ou telle connaissance, et des progrès dont nous sommes redevables à nos amis et même à nos adversaires et nos ennemis ; cependant j'éprouve le besoin de nommer quelques hommes auxquels je dois une reconnaissance particulière.

JONES. Les mérites de cet homme sont si universellement connus, et relevés avec détail en tant de lieux, qu'il ne me reste plus qu'à déclarer, d'une manière générale, que j'ai cherché dès longtemps à tirer de ses travaux tout l'avantage que j'ai pu. Cependant je veux signaler un endroit par lequel il m'est devenu particulièrement considérable.

Redevable à son éducation, véritablement anglaise, d'une si solide connaissance des littératures grecque et latine, qu'il pouvait non-seulement apprécier les ouvrages, mais encore écrire en ces langues; possédant également les littératures européennes, versé dans celles de l'Orient, il jouissait de l'inestimable avantage d'apprécier les différentes nations dans leurs mérites les plus particuliers, et de découvrir partout le beau et le bon, là où elles ont toutes entre elles une ressemblance nécessaire.

Il trouve cependant quelques difficultés à communiquer ses vues; la prédilection des Anglais pour l'ancienne littérature classique lui fait surtout obstacle, et, quand on l'observe avec soin, on s'aperçoit aisément qu'en homme habile, il cherche à relier l'inconnu avec le connu, ce qui est digne d'estime avec ce qui est estimé ; il voile sa préférence pour la poésie asiatique, et, avec une adroite modestie, il cite, le plus souvent, des exemples qu'il puisse fort bien mettre en parallèle avec des poëmes latins ou grecs hautement célébrés ; il emploie les rhythmes antiques pour faire accepter, même aux amis du classique, les agréables tendresses de l'Orient. Mais ce n'est pas seulement du côté des anciens, c'est aussi du côté national qu'il essuya bien des dégoûts et qu'il eut le chagrin de voir rabaisser la poésie orientale. C'est ce qu'il exprime clairement, avec une âpre ironie, dans un appendice qui ne forme pas plus de deux pages, *Arabs, sive de poesi Anglorum dialogus*, qu'il place à la fin de son ouvrage sur la poésie asiatique. Là il nous démontre, avec une manifeste amertume, combien Pope et Milton sont absurdes sous le costume oriental ; d'où l'on doit conclure, comme nous l'avons dit souvent, qu'il faut chercher, connaître et apprécier chaque poëte dans sa langue et dans les limites propres de son temps et de sa civilisation.

EICHHORN. J'observe avec plaisir et reconnaissance que je me sers encore, dans mes travaux actuels, de l'exemplaire que cet homme, d'un si haut mérite, me donna, il y a quarante-deux ans, de son édition de Jones, quand nous comptions encore Eichhorn parmi nous, et que nous recueillions de sa bouche d'utiles enseignements. Depuis lors je n'ai pas cessé de suivre en silence sa méthode, et, dans ces derniers jours, j'ai goûté un grand plaisir à recevoir une seconde fois de sa main, tout achevé, l'ouvrage, si important, qui nous explique les prophètes et leur temps. Est-il en effet quelque chose de plus réjouissant pour le penseur paisible, comme pour le poëte ému, que de voir ces hommes inspirés observer avec une haute intelligence le peuple agité qui les entoure, et, en distribuant les châtiments, les avis, les consolations et les encouragements, signaler les choses graves et merveilleuses qu'on voyait arriver ?

Que ce peu de mots suffise pour exprimer fidèlement ma reconnaissance et mon attachement pour cet homme respectable.

LORSBACH. C'est aussi payer une dette que de mentionner ici

l'estimable Lorsbach[1]. Il entra, déjà vieux, dans notre société, où il ne trouvait, en aucun sens, une position agréable pour lui. Cependant il me donnait obligeamment de fidèles informations sur tout ce que je lui demandais, chaque fois que cela se trouvait dans les limites de ses connaissances, limites qu'il pourrait bien avoir souvent restreintes avec trop de rigueur.

Je fus surpris, au commencement, de ne pas trouver en lui un ami bien prononcé de la poésie orientale. Et pourtant la même chose arrive à toute personne qui a voué, avec une prédilection enthousiaste, son temps et ses forces à quelque objet, et qui ne croit pas trouver à la fin la moisson qu'elle avait espérée. Et puis la vieillesse est justement le temps qui est sevré de jouissances, alors que l'homme les a le mieux méritées. Sa raison et sa vertu étaient également sereines, et je me souviendrai toujours avec plaisir des heures que j'ai passées avec lui.

De Dietz [2].

Le prélat de Dietz eut sur mes études une influence marquée, que je me plais à reconnaître. À l'époque où je m'occupais plus sérieusement de littérature orientale, le livre de Cabus[3] me tomba dans les mains, et il me parut si remarquable que j'y consacrai beaucoup de temps, et que j'engageai plusieurs de mes amis à en prendre connaissance. Je fis saluer affectueusement par un voyageur cet homme estimable, à qui je devais tant d'instruction. Alors il m'envoya son petit ouvrage sur les tulipes. A mon tour, je pris une feuille de papier satiné, sur laquelle je fis entourer d'un cadre brillant de fleurs dorées un compartiment, où j'écrivis les vers suivants :

« Comment on chemine avec prudence sur la terre, que ce soit pour s'élever au trône, que ce soit pour en descendre, et comment l'on traite les hommes et comment les chevaux, toutes ces choses, le roi les enseigne à son fils. Nous le savons main-

---

1. George Guillaume Lorsbach, conseiller du consistoire et professeur de littérature orientale à l'Université de Iéna.
2. H. Fréd. de Dietz, jurisconsulte ambassadeur de Frédéric-Guillaume II près la Porte ottomane (1751-1817). On a de lui : *Guerre entre les Russes et les Ottomans* (1768-1774); *Curiosités de l'Asie*.
3. Qui a pour auteur Kiekiavus, roi des Dilémites.

tenant par toi, qui nous l'as communiqué. Tu veux y joindre à présent une corbeille de tulipes, et, si le cadre d'or n'y mettait pas des bornes, où finirait ce que tu as fait pour nous? »

Ainsi s'engagea une correspondance, que cet homme respectable continua jusqu'à sa fin sans interruption, et d'une écriture presque illisible, au milieu des souffrances et des douleurs.

Comme je n'avais acquis jusqu'alors que des connaissances générales sur les mœurs et l'histoire de l'Orient, et que je n'en avais presque aucune de la langue, une telle amitié était pour moi du plus grand prix. En effet, ayant besoin, dans un travail déterminé et méthodique, de promptes explications, que je n'aurais pu trouver dans les livres sans y consumer du temps et des forces, je m'adressais à lui dans les cas difficiles, et il répondait toujours à mes questions de manière à me satisfaire et à m'encourager. Par leur contenu, ses lettres mériteraient d'être publiées; elles seraient en même temps un monument de son savoir et de sa bienveillance. Je connaissais son humeur sévère et bizarre, et je me gardais bien de l'attaquer d'un certain côté; cependant, comme je désirais connaître le caractère de Noussreddin Khodscha, le joyeux compagnon du conquérant Timour, il fut assez obligeant pour faire violence à ses sentiments et me traduire quelques-unes de ces anecdotes. Elles prouvent, une fois de plus, qu'un grand nombre de ces contes fallacieux, que les Occidentaux ont traités à leur manière, sont originaires de l'Orient, mais qu'ils ont perdu, la plupart, dans leur transformation, la couleur propre et le vrai ton convenable.

Comme ce livre se trouve maintenant en manuscrit à la bibliothèque de Berlin, il serait fort à désirer qu'un homme spécial nous en donnât une traduction. Le plus convenable serait peut-être de la donner en latin, afin que les savants en eussent d'abord une connaissance complète. On pourrait ensuite en faire pour le public allemand une traduction abrégée et décente.

Que les autres ouvrages de mon ami, ses *Mémoires sur l'Orient*, etc., m'aient intéressé, et que j'en aie tiré du profit, c'est ce que prouve mon présent travail. J'hésite davantage à reconnaître que son humeur querelleuse, qui n'est pas toujours excusable, m'a rendu aussi beaucoup de services. Mais quiconque se rappelle ses années d'université, où l'on se hâtait de courir à la salle d'armes, quand deux maîtres ou deux *seniores*[1] joutaient de force et d'adresse, conviendra que l'on observe en ces occasions des moyens et des défauts qui peut-être seraient restés toujours inconnus à l'écolier.

L'auteur du livre de Cabus, Kickiavus, roi des Dilémites, habitants du pays montagneux de Ghilan, qui borne au sud le Pont-Euxin, nous deviendra doublement cher, quand nous le connaîtrons mieux. Élevé très-soigneusement, comme prince héréditaire, pour la vie la plus libre et la plus active, il quitta le pays, afin de se former et s'exercer dans le fond de l'Orient.

Peu de temps après la mort de Mahmoud, sur lequel nous avons eu tant de choses glorieuses à rapporter, il arrive à Gasna; il est accueilli de la manière la plus amicale par Messoud, fils de Mahmoud, et, après l'avoir servi dans la guerre et dans la paix, il épouse sa sœur. A une cour, où, peu d'années auparavant, Ferdoucy a écrit le Schah Nameh; où une foule de poëtes et d'hommes de talent vivaient encore; où le nouveau souverain, hardi et guerrier comme son père, savait apprécier une société polie, Kickiavus put trouver dans son pèlerinage le champ le plus précieux pour faire de nouveaux progrès.

Parlons d'abord de son éducation. Son père, pour développer au plus haut degré ses forces corporelles, l'avait remis à un excellent pédagogue. Cet homme ramena à son père le jeune prince, formé à tous les exercices du cavalier: habile tireur, habile écuyer, sachant tirer en galopant, lancer la pique, manier le battoir et frapper la balle avec une merveilleuse adresse. Toutes ces épreuves avaient bien réussi, et le roi semblait satisfait; il donna les plus grands éloges à l'instituteur, mais il ajouta: « J'ai cependant une observation à te faire: tu as enseigné à mon fils tous les exercices dans lesquels il a besoin d'instruments étrangers: il ne peut chevaucher sans

---

[1] Présidents ou chefs de corporations d'étudiants.

cheval, il ne peut tirer sans arc ; que serait son bras s'il n'avait pas le javelot, et que serait le jeu sans battoir et sans balle? Tu ne lui as pas enseigné la seule chose où il n'a besoin que de lui-même, la chose la plus nécessaire, et où personne ne peut lui venir en aide. » L'instituteur resta confondu, et comprit qu'il manquait au prince de savoir nager. Cet art lui fut aussi enseigné, quoiqu'il y montrât quelque répugnance, et cette précaution lui sauva la vie, lorsque, se rendant à la Mecque avec une foule de pèlerins, il fit naufrage sur l'Euphrate, et se tira du danger avec un petit nombre.

Que son esprit eût été cultivé avec le même soin, c'est ce que prouve le bon accueil qu'on lui fit à la cour de Gasna ; tellement qu'il y fut nommé le compagnon du prince, ce qui était alors un office considérable, car il fallait être capable de rendre, d'une manière agréable et sensée, un compte satisfaisant de tout ce qui se présentait.

La succession au trône de Ghilan était incertaine, et incertaine la possession même du royaume, à cause de voisins ambitieux et puissants. Enfin, après la mort de son père, qui s'était vu d'abord détrôné, puis réintégré, Kiekiavus monta sur le trône avec une grande sagesse et une ferme résignation aux suites possibles des événements, et, dans un âge avancé, comme il prévoyait que son fils Ghilan Chah se trouverait dans une situation plus dangereuse encore que la sienne, il écrivit ce livre remarquable, où il dit à son fils qu'il lui a fait enseigner dans un double but les arts et les sciences, savoir, afin qu'il puisse gagner sa vie par l'exercice d'un art, si le sort le réduit à cette nécessité, ou, s'il n'en a pas besoin pour son entretien, afin qu'il soit instruit à fond de toute chose, à supposer qu'il se maintienne dans le rang suprême.

Si, de nos jours, cet ouvrage était tombé dans les mains des nobles émigrés qui se sont nourris souvent du travail de leurs mains, avec une résignation exemplaire, combien ne leur eût-il pas offert de consolation!

Si ce livre excellent, inestimable, n'est pas mieux connu, c'est que l'auteur l'a publié à ses frais et que la maison Nicolaï[1]

---

[1]. C. F. Nicolaï, libraire et littérateur célèbre de Berlin.

s'était bornée à le prendre en commission, ce qui est, au début même, pour un ouvrage de ce genre, un obstacle à ce qu'il entre dans le commerce. Cependant, pour que l'Allemagne sache quel trésor est ici tout prêt pour elle, nous indiquerons le contenu des chapitres et nous prions les feuilles estimables, telles que le *Morgenblatt* et le *Gesellschafter*, de publier, par avance, les anecdotes et les histoires, aussi édifiantes qu'agréables, sans oublier les grandes et incomparables maximes que ce livre renferme.

Table des chapitres du livre de Cabus.

1. Connaissance de Dieu.
2. Louange du Prophète.
3. Dieu est loué.
4. La fréquence du service divin est utile et nécessaire.
5. Devoirs envers le père et la mère.
6. Que la naissance doit être relevée par la vertu.
7. Selon quelles règles on doit parler.
8. Les dernières règles de Nuschirvan.
9. Condition de la vieillesse et de la jeunesse.
10. Règles de bienséance à table.
11. Comment il faut se comporter quand on boit du vin.
12. Comment on doit inviter et traiter des hôtes.
13. De quelle manière on doit plaisanter; comment on doit jouer aux échecs.
14. Caractère des amants.
15. Avantages et inconvénients de la cohabitation.
16. Comment on doit se baigner et se laver.
17. État du sommeil et du repos.
18. De l'ordre à la chasse.
19. Règles du jeu de paume.
20. Comment on doit marcher à l'ennemi.
21. Moyens d'augmenter sa fortune.
22. Comment on doit garder et rendre le bien confié.
23. Achat des esclaves hommes et femmes.
24. Où l'on doit acheter des biens.
25. Achat des chevaux et signes des meilleurs.
26. Comment l'homme doit prendre femme.

27. Ordre dans l'éducation des enfants.
28. Avantages de se faire et de se choisir des amis.
29. Ne pas négliger les projets et les artifices des ennemis.
30. Il est méritoire de pardonner.
31. Comment on doit chercher la science.
32. Du commerce.
33. Règles des médecins et comment on doit vivre.
34. Règles des astronomes.
35. Qualités des poëtes et de la poésie.
36. Règles des musiciens.
37. Manière de servir les rois.
38. Condition des confidents et des compagnons des rois.
39. Règles des chanceliers.
40. Ordre du vizirat.
41. Règles des chefs d'armée.
42. Règles des rois.
43. Règles de l'agriculture et de l'économie rurale.
44. Avantages de la vertu. —

Tout comme on peut se promettre de recueillir sans faute, dans un livre pareil, des connaissances étendues sur l'état de l'Orient, on est sûr d'y trouver assez d'analogies pour apprécier et juger l'état de notre Europe.

Ajoutons, pour conclure, une petite récapitulation chronologique. Le roi Kiekiavus monta sur le trône vers l'an 450 de l'hégire (1058), et il régnait encore en 473 (1080). Il avait épousé une fille du sultan Mahmoud de Gasna. Son fils, Ghilan Chah, pour qui il avait écrit son ouvrage, fut dépouillé de ses États. On sait peu de chose de sa vie ; on ne sait rien de sa mort. Voyez la traduction de Dietz, Berlin, 1811.

De Hammer.

A quel point je suis redevable à cet homme excellent, mon petit livre le témoigne en toutes ses parties. Il y avait longtemps que Hafiz et ses poésies avaient fixé mon attention, mais tout ce que la littérature, les récits de voyage, les journaux, avaient fait passer sous mes yeux ne me donnait aucune idée, aucune révélation du mérite de cet homme extraordinaire.

Mais enfin, la traduction complète de ses ouvrages m'étant parvenue au printemps de 1813, je me pénétrai de son génie avec une prédilection singulière, et je cherchai à me mettre en rapport avec lui par mes propres compositions. Cette agréable occupation m'aida à traverser des temps difficiles, et me permit à la fin de goûter, avec la plus grande douceur, les fruits de la paix que nos armes avaient conquise.

Je connaissais depuis quelques années, d'une manière générale, l'ardeur avec laquelle on fouillait cette mine[1] : le temps était venu où je devais en profiter. Cet ouvrage annonçait, sous divers points de vue, éveillait et, en même temps, satisfaisait les besoins du temps. Et je voyais se vérifier, une fois de plus, ce que j'avais éprouvé, savoir qu'en tout genre, c'est par nos contemporains que nous sommes le mieux secondés, aussitôt que nous voulons bien user de leurs mérites avec une affectueuse reconnaissance. Des hommes savants nous instruisent du passé, ils indiquent le point de vue dans lequel l'activité se déploie actuellement, ils nous montrent la route la plus directe que nous ayons à suivre. Heureusement l'excellent ouvrage de Hammer est continué avec le même zèle, et, quand même on poursuit ses recherches dans ce domaine en revenant sur ses pas, on y retrouve toujours avec un nouveau plaisir ce qu'il nous offre de tous côtés de bonne et saine nourriture.

Je dirai cependant que cet important recueil m'aurait fait avancer d'un pas plus rapide, si les éditeurs, qui sans doute ne récoltent et ne travaillent que pour les savants, avaient aussi songé aux profanes et aux amateurs, et s'ils avaient placé, sinon toujours, du moins assez souvent, en tête des morceaux, une courte introduction sur les circonstances du temps passé, sur les personnes et les lieux. Cela aurait épargné à ceux qui veulent s'instruire beaucoup de recherches pénibles qui dissipent leur attention.

Mais tout ce qui restait encore à désirer nous a été procuré, dans une large mesure, par l'ouvrage inestimable qui nous expose l'histoire de la poésie persane. Car j'avoue que, dès l'an-

---

1. Allusion aux *Foundgrouben*, titre d'un journal publié par de Hammer sur la poésie orientale.

née 1814, où les *Gœttinger Anzeigen* nous en firent connaître par avance le contenu, je réglai et je disposai aussitôt mes études dans l'ordre des chapitres indiqués, ce qui fut pour moi un avantage considérable. Et lorsque enfin parut l'ouvrage, attendu avec impatience, on se trouva tout d'un coup comme au milieu d'un monde connu, dont on pouvait saisir et observer clairement en détail les relations, tandis qu'auparavant on ne faisait que les entrevoir d'une manière tout à fait générale, à travers des couches de nuages changeants.

Je souhaite que l'on puisse être satisfait, en quelque manière, du parti que j'ai tiré de ce livre, et que l'on reconnaisse mon intention de le faire goûter aussi aux personnes qui auraient peut-être laissé de côté toute leur vie un si riche trésor.

Assurément nous possédons aujourd'hui une base sur laquelle on peut construire avec magnificence, et dans les proportions les plus vastes, l'édifice de la littérature persane, sur le modèle de laquelle d'autres littératures s'élèveront à une plus haute position et feront de nouveaux progrès. Au reste il est fort désirable que l'on continue d'observer l'ordre chronologique, et qu'on n'essaye pas d'une exposition systématique, d'après les divers genres de poésie. Chez les poëtes orientaux tout se trouve trop mêlé pour qu'on puisse séparer les détails; le caractère de l'époque, et du poëte dans son époque, seul nous instruit et nous vivifie : que l'on continue à traiter ce sujet comme on l'a fait ici.

Puissent les mérites de la brillante Schirin, de la feuille de trèfle, qui nous instruit avec une aimable gravité, qui nous charme à la fin de notre travail, puissent ces mérites être généralement reconnus!

Traductions.

Comme les Allemands font tous les jours vers l'Orient de nouveaux progrès par le moyen des traductions, cela nous engage à présenter ici quelques réflexions, qui ne sont pas nouvelles, il est vrai, mais qu'on ne saurait trop répéter.

Il y a trois espèces de traductions. La première nous fait connaître l'étranger, en se conformant à nos propres idées. Pour cela, une traduction purement prosaïque est la meilleure.

En effet, comme la prose efface complétement les particularités de chaque genre de poésie, et fait descendre à un niveau général même l'enthousiasme poétique, elle rend, dans le commencement, les plus grands services, parce qu'au milieu de nos habitudes nationales, de notre vie ordinaire, elle montre à nos regards surpris le mérite étranger, et, sans que nous sachions comment cela nous arrive, nous élevant au-dessus de nous-mêmes, nous édifie véritablement. C'est le même effet que produira toujours la traduction de la Bible par Luther.

Si l'on avait mis également les Nibelungen en bonne prose, et si on leur avait donné le cachet de livre populaire, cela aurait eu de grands avantages, et l'esprit chevaleresque, étrange, grave, sombre, terrible, nous aurait parlé avec toute sa force. De savoir si la chose est encore opportune et praticable, c'est ce qu'il faut laisser décider aux personnes qui ont fait une étude particulière de ces antiquités.

Vient ensuite une époque où les traducteurs s'efforcent, il est vrai, de se transporter dans la situation du peuple étranger, mais en se bornant à s'approprier l'esprit étranger et à l'exprimer avec leur propre esprit. J'appellerais cette époque parodique, à prendre ce mot dans son acception la plus pure. Ce sont le plus souvent des hommes d'esprit qui se sentent appelés à ce travail. Les Français suivent cette méthode dans la traduction de tous les ouvrages poétiques. On en trouve mille exemples dans les traductions de Delille. De même que le Français arrange pour sa façon de parler les mots étrangers, il arrange les sentiments, les pensées, les choses même : il exige absolument pour chaque fruit étranger un équivalent qui ait crû sur son propre terrain.

Les traductions de Wieland appartiennent à cette catégorie. Lui aussi, il avait un esprit et un goût particuliers, qui ne lui permettaient d'aborder les anciens et les étrangers qu'autant qu'il y trouvait sa convenance. Cet homme excellent doit être considéré comme le représentant de son époque; il a exercé une influence extraordinaire, précisément parce que ce qui lui plaisait se trouvait être aussi agréable et accessible à ses contemporains comme il se l'appropriait et le reproduisait.

Mais, comme on ne peut longtemps s'arrêter dans le parfait ni dans l'imparfait, et qu'une transformation doit toujours en suivre une autre, nous sommes arrivés à une troisième période, qu'on doit appeler la période suprême et dernière, savoir celle où l'on voudrait rendre la traduction identique à l'original, en sorte qu'elle pût, non pas en donner l'idée, mais en tenir lieu.

Cette méthode éprouva d'abord la plus vive résistance, parce que le traducteur qui s'attache fermement à son original sacrifie plus ou moins l'originalité de sa propre nation, et il en résulte un troisième composé, auquel le goût du public a besoin de se former d'abord.

Voss, qu'on ne saurait assez estimer, ne parvint à contenter le public qu'après que l'oreille se fut peu à peu familiarisée à la nouvelle manière. Mais, lorsque l'on considère aujourd'hui ce qui s'est fait, comme les Allemands ont passé d'une forme à l'autre, quels secours le jeune homme d'esprit et de talent trouve sous sa main au point de vue de la rhétorique, du rhythme et de la métrique; comme l'Arioste et le Tasse, Shakspeare et Caldéron nous sont présentés deux fois et trois fois en étrangers germanisés: on peut espérer que l'histoire littéraire dira sans détours qui a frayé le premier cette route au milieu de divers obstacles.

Les travaux de Hammer révèlent aussi le plus souvent une manière toute pareille de traiter les chefs-d'œuvre de l'Orient, à l'égard desquels on doit surtout recommander l'imitation fidèle de la forme extérieure. Quelle immense supériorité les parties d'une traduction de Ferdoucy que notre ami nous donne n'ont-elles pas sur celles d'un « arrangeur » dont nous pouvons lire quelques-unes dans les *Foundgrouben!* Cette manière d'arranger un poëte nous paraît la plus triste méprise que pût commettre un traducteur zélé et d'ailleurs à la hauteur de sa tâche.

Mais, comme ces trois époques se répètent et reviennent dans chaque littérature, comme ces diverses méthodes peuvent être suivies en même temps, une traduction en prose du Chah Nameh et des ouvrages de Nisami serait toujours à sa place. On s'en servirait pour la lecture rapide, destinée à donner l'idée principale: on y puiserait une notion générale du côté historique, fabuleux, moral, et l'on se familiariserait toujours davantage avec les sentiments et la manière de penser, jusqu'à ce qu'on fût en état de se les approprier complétement.

Rappelons-nous avec quels applaudissements l'Allemagne a reçu une pareille traduction de *Sacountala* : nous pouvons attribuer la fortune qu'elle a faite à cette prose générale dans laquelle le poëme a été développé. A présent, le moment serait venu de nous en donner une traduction de la troisième espèce, qui répondît aux différents dialectes, aux langages rhythmique, métrique et prosaïque de l'original, et qui nous fît goûter ce poëme comme un fruit indigène, dans toute son originalité. Comme il se trouve à Paris un manuscrit de cet immortel ouvrage, un Allemand, qui habiterait cette ville, se ferait le plus grand honneur en se chargeant de ce travail.

Le traducteur anglais du Messager des nuages (Megadhouta) est digne aussi des plus grands éloges, car la première connaissance d'un tel ouvrage fait toujours époque dans notre vie. Mais sa traduction est proprement de la deuxième époque ; elle paraphrase, elle supplée ; avec l'iambe de cinq pieds, elle flatte l'oreille des peuples du Nord-Ouest. Je suis, en revanche, obligé à notre Kosegarten de quelques vers immédiatement traduits de l'original, qui donnent un tout autre sens. En outre, l'Anglais s'est permis de transposer des scènes, ce qu'un goût exercé reconnaît d'abord et désapprouve.

Mais, pourquoi nous avons appelé la troisième époque la dernière, c'est ce que nous allons expliquer en peu de mots. Une traduction qui s'efforce de s'identifier avec l'original finit par s'approcher de la version interlinéaire et facilite extrêmement l'intelligence de l'original ; par là nous sommes amenés, poussés même, vers le texte primitif et, de la sorte, se trouve enfin accompli le cercle entier dans lequel l'étranger tend à se rapprocher de l'indigène, le connu de l'inconnu.

Conclusion définitive.

Les connaisseurs et les amis jugeront avec bienveillance à quel point nous avons réussi à relier l'Orient le plus antique et le plus mort avec le plus nouveau et le plus vivant. Une fois encore nous avons rencontré à propos certaines choses qui, appartenant à l'histoire du jour, pouvaient servir agréablement de joyeuse et vive conclusion.

Il y a quelques années, un ambassadeur persan fut envoyé à Saint-Pétersbourg avec les ordres de son roi : l'épouse du prince ne laissa pas échapper l'occasion d'envoyer de son côté des cadeaux de grand prix à Sa Majesté l'impératrice mère de toutes les Russies. Ils étaient accompagnés d'une lettre dont nous pouvons offrir la traduction à nos lecteurs.

LETTRE DE LA REINE DE PERSE A S. M. L'IMPÉRATRICE MÈRE DE TOUTES LES RUSSIES.

Aussi longtemps que dureront les éléments dont se compose le monde, puisse l'illustre femme du palais de la grandeur, l'écrin de la perle de l'empire, la constellation des astres de la souveraineté, qui a porté le brillant soleil du grand empire, le cercle du centre de la souveraine puissance, le palmier du suprême pouvoir, puisse-t-elle être toujours heureuse et préservée de tous les malheurs !

Après avoir présenté mes vœux les plus sincères, j'ai l'honneur d'annoncer que, par l'effet de la grande miséricorde de l'Être tout-puissant, les jardins des deux hautes puissances ayant de nouveau produit des roses fraîches et belles, et tout ce qui s'était insinué entre les deux nobles cours ayant été mis à l'écart par l'union et l'amitié la plus sincère, en reconnaissance de ce grand bienfait, tous ceux qui sont unis avec l'une et avec l'autre cour ne cesseront pas désormais d'entretenir des rapports d'amitié et des correspondances.

Aussi, dans ce moment, où Son Excellence Mirza Aboul Hassan Khan, ambassadeur à la grande cour de Russie, va se rendre dans la capitale de cet empire, j'ai trouvé nécessaire d'ouvrir la porte de l'amitié avec la clef de cette lettre sincère. Et comme c'est un antique usage, conforme aux maximes de l'amitié et de la cordialité, que les amis s'adressent des présents, je prie que l'on veuille bien accepter ces ornements, les plus agréables de notre pays. J'espère qu'à votre tour vous rafraîchirez par la rosée de vos bienveillantes lettres le jardin d'un cœur qui vous aime infiniment, comme je vous prie de m'honorer de vos ordres, que je m'offre d'exécuter avec le plus grand empressement.

Dieu veuille garder vos jours sereins, heureux et glorieux!

CADEAUX :

Un collier de perles, du poids de quatre cent quatre-vingt dix-huit carats.

Cinq châles des Indes.

Une cassette de carton, ouvrage d'Ispahan.

Une petite boîte à mettre les plumes.

Un meuble contenant divers ustensiles nécessaires.

Cinq pièces de brocart.

Avec quelle sagesse et quelle modestie l'ambassadeur, qui séjourne à Saint-Pétersbourg, s'exprime ensuite sur les rapports des deux nations, nous avons pu l'exposer ci-dessus à nos compatriotes, dans la suite de l'histoire de la littérature et de la poésie persane [1].

Cet homme, qui semble né ambassadeur, dernièrement, comme il se rendait en Angleterre, nous l'avons trouvé à Vienne, où l'atteignent les dons gracieux de son prince, qui veut y donner lui-même, par l'expression poétique, de l'éclat et de la valeur. Nous citerons encore ces vers, comme clef terminale de notre coupole, formée, il est vrai, de matériaux divers, mais qui, s'il plaît à Dieu, sera pourtant durable.

SUR LE DRAPEAU.

« Feth Ali Chah, le Turc, est pareil à Dschemschid ; il est la lumière du monde et seigneur d'Iran, soleil de la terre : son parasol répand sur les campagnes du monde une ombre vaste ; sa ceinture exhale le parfum du musc dans le cerveau de Saturne. Iran est la caverne du lion, son prince est le soleil : c'est pourquoi le lion et le soleil brillent sur la bannière de Dara. La bannière de soie élève jusqu'à la voûte du ciel la tête du messager Aboul Hassan Khan. Il a été envoyé à Londres par amour, et a porté bonheur et santé au seigneur des chrétiens. »

---

1. Voyez, page 661.

SUR LE RUBAN DE L'ORDRE
(Avec l'image du soleil et du roi.)

« Que dieu bénisse ce ruban du noble éclat ! Le soleil écarte devant lui le rideau. Sa parure est due au pinceau du deuxième Mani, l'image de Feth Ali Chah avec la couronne du soleil. Aboul Hassan Khan, savant et sage, est un grand envoyé du seigneur avec la cour du ciel, de la tête aux pieds, plongé dans les perles du souverain ; il a suivi du commencement à la fin le chemin du service. Comme on voulait élever sa tête jusqu'au soleil, on lui a donné le soleil du ciel pour serviteur. Un si joyeux message est d'une grande signification pour l'envoyé noble et loué ; son alliance est l'alliance de Dara, le maître du monde ; sa parole est la parole du seigneur, qui brille d'une clarté céleste. »

Les cours orientales observent, sous l'apparence d'une naïveté enfantine, une conduite et une marche particulièrement sage et rusée. Les poésies précédentes en sont la preuve.

La dernière ambassade russe en Perse trouva, il est vrai, Mirza Aboul Hassan Khan à la cour, mais non très-haut placé dans la faveur. Il s'attacha modestement à l'ambassade, lui rendit quelques services et mérita sa reconnaissance. Quelques années après, le même homme est envoyé en Angleterre avec une suite magnifique, mais, pour l'honorer d'une manière éclatante, on se sert d'un singulier moyen. On ne lui confère pas à son départ toutes ses dignités ; on le laisse partir, muni de lettres de créance et des autres choses nécessaires. Mais, à peine est-il arrivé à Vienne, que des messagers lui apportent à la hâte des marques brillantes de sa dignité, des témoignages surprenants de son importance. On lui envoie un étendard avec les insignes de l'empire, un ruban d'ordre, où brille l'emblème du Soleil, et même le portrait du prince. Tout cela l'élève à la dignité de représentant de la puissance suprême ; en lui et avec lui la majesté est présente. On ne s'en tient pas là : on ajoute à ces distinctions des vers, qui font valoir, à la manière orientale, avec des métaphores et des hyperboles brillantes, l'étendard, le soleil et le portrait.

Pour aider à l'intelligence des détails, nous ajouterons quelques observations. Le roi se dit Turc, comme issu de la tribu de Catschar, qui appartient à la langue turque. En effet toutes les tribus principales de Perse, qui composent l'armée, sont divisées, d'après la langue et la descendance, en tribus des langues turque, kourde, loure et arabe.

Il se compare à Dschemschid, comme les Persans mettent leurs puissants princes en parallèle avec leurs anciens rois, sous le rapport de certaines qualités : un Féridoun pour la dignité, un Dschemschid pour l'éclat, un Alexandre pour la puissance, un Darius pour la sauvegarde. Le roi lui-même est le *parasol*, l'ombre de Dieu sur la terre : seulement, dans les ardeurs de l'été, il a besoin lui-même d'un parasol, mais cet abri ne le couvre pas seul, il ombrage le monde entier. — L'*odeur du musc*, la plus subtile, la plus durable, la plus divisible, monte de la ceinture du roi jusqu'au cerveau de Saturne. Saturne est encore pour eux la plus élevée des planètes ; son orbite clôt le monde inférieur. Là se trouve la tête, le cerveau, du tout : où se trouve un cerveau, il y a des sens : Saturne peut donc percevoir l'odeur du musc, qui s'élève de la ceinture du roi. — *Dara* est le même nom que Darius et signifie maître. Les Orientaux ne négligent en aucune occasion de rappeler le souvenir de leurs ancêtres. — Iran est nommé *la caverne du lion*, et la chose nous semble déjà remarquable, en ce que la province de Perse qui est aujourd'hui la résidence ordinaire de la cour est en général montagneuse, et que l'on peut bien se figurer le royaume comme une caverne peuplée de lions, de guerriers. — *La bannière de soie* élève formellement l'ambassadeur aussi haut que possible, et, à la fin, on exprime un sentiment amical et bienveillant pour l'Angleterre.

Sur la deuxième poésie nous ferons d'abord observer, d'une manière générale, que les rapports de mots communiquent à la poésie persane une agréable vie intérieure ; ils se présentent souvent et nous charment par d'ingénieuses assonances.

Le ruban peut s'entendre aussi de tout espace fermé, qui, ayant une entrée, a aussi besoin d'un portier, ainsi que s'exprime l'original en disant : « dont le soleil soulève (ouvre) le rideau (la portière), » car, en Orient, la porte des chambres est souvent un rideau ; celui qui tient et qui soulève le rideau est donc le portier. Sous le nom de *Mani* est entendu Manès, le chef des Manichéens. Il fut, dit-on, un peintre habile, et il répandit surtout au moyen de tableaux ses étranges hérésies. Il est nommé ici, comme nous nommerions Apelles ou Raphaël. L'expression *perles du souverain* étonne l'imagination : les perles peuvent être aussi considérées comme gouttes, et l'on peut donc concevoir une mer de perles, dans laquelle la gracieuse Majesté plonge son favori. Si elle l'en retire, les gouttes restent attachées à sa personne, et il se trouve magnifiquement paré de la tête aux pieds. Mais *le chemin du service* a pareillement une tête et des pieds, un commencement et une fin, un point de départ et un but; et, parce que le serviteur l'a parcouru fidèlement, il est loué et récompensé. Les vers qui suivent décèlent de nouveau l'intention de relever sans mesure l'ambassadeur et de lui assurer la plus haute confiance près de la cour où il est envoyé, tout comme si le roi lui-même était présent. Nous en concluons que l'ambassade en Angleterre est de la plus grande importance.

On a dit, avec vérité, de la poésie persane que c'est une systole et une diastole continuelles : les poésies précédentes prouvent la justesse de cette appréciation. Elles s'élancent toujours dans l'infini et reviennent aussitôt dans le fini. Le souverain est la lumière du monde et en même temps le maître de l'empire; le parasol qui le préserve du soleil étend son ombre sur les campagnes du monde ; les parfums de sa ceinture montent jusqu'à Saturne, et voilà comme tout prend son essor, comme tout arrive, des temps les plus fabuleux, pour la fête du moment. Par là nous apprenons une fois de plus, que leurs tropes, leurs métaphores, leurs hyperboles, ne doivent jamais être pris isolément, mais dans le sens et l'ensemble de tout l'ouvrage.

Révision.

Si l'on considère l'intérêt qu'a inspiré, des temps les plus anciens aux plus modernes, la tradition écrite, cet intérêt se trouve surtout vivifié par cette circonstance, qu'il y a toujours quelque chose à changer et à perfectionner dans ces feuilles et ces parchemins. S'il était possible que l'on mît dans nos mains une copie reconnue sans faute d'un ancien auteur, peut-être serait-elle bientôt laissée de côté.

Il faut avouer aussi que nous pardonnons à un livre beaucoup de fautes d'impression, parce que nous sommes flattés de les découvrir. Puisse cette singularité de l'esprit humain profiter aussi à notre livre, car il est réservé à nous ou à d'autres de remédier à bien des défauts, de corriger bien des fautes : mais un petit supplément sur ce sujet ne sera pas accueilli avec défaveur.

Parlons avant tout de l'orthographe des noms orientaux, pour lesquels il est presque impossible d'atteindre à une conformité générale. En effet la grande différence des langues orientales et occidentales fait qu'il est difficile de trouver chez nous de purs équivalents pour les alphabets des premières. Comme, en outre, les langues européennes, par suite de leurs origines diverses et de leurs dialectes particuliers, attribuent à leur propre alphabet une valeur et une portée différentes, la concordance est encore plus difficile à obtenir.

Les Français ont été nos guides principaux dans ces contrées. Le dictionnaire d'Herbelot est venu à notre secours. Or le savant français a dû approprier et accommoder les mots et les noms orientaux à la prononciation et au goût national, ce qui a passé peu à peu dans l'usage allemand. Ainsi, par exemple, nous disons encore Hégire plus volontiers que Hedschra, par euphonie et par habitude.

Et que ne devons-nous pas aussi aux Anglais ! Quoiqu'ils ne soient pas d'accord sur la prononciation de leur propre langue, ils usent, comme de juste, du droit de prononcer et d'écrire ces noms à leur manière, ce qui nous jette de nouveau dans le doute et l'incertitude.

Les Allemands, qui ont plus de facilité à écrire comme ils parlent, qui se conforment sans répugnance aux sons, aux quantités et aux accents étrangers, se sont mis à l'œuvre sérieusement. Mais, comme ils ont visé à s'approcher toujours plus de l'étranger, on remarque ici une grande différence entre les anciens et les nouveaux ouvrages, en sorte qu'on trouve à peine des motifs pour se soumettre à une autorité certaine.

J'ai été heureusement délivré de cet embarras par mon aimable et ingénieux ami, J. G. L. Kosegarten, à qui je dois aussi la traduction des poésies royales données ci-dessus, et qui m'a fourni plusieurs informations. Veuille ce fidèle ami seconder, avec la même bienveillance, mes préparatifs pour un nouveau Divan !

Silvestre de Sacy.

A notre maître !... Va, donne-toi en gage, ô petit livre, avec une joyeuse confiance : ici, au commencement, ici, à la fin, oriental, occidental, A et Ω.

Maintenant nous avons énoncé le bon conseil, et nous y avons consacré un grand nombre de nos jours. Si peut-être il sonne mal aux oreilles des hommes.... soit ! le devoir du messager est de parler. Il suffit.

FIN.

RÉPERTOIRE.

Aaron, 693.
Abbas, 574, 711.
Abraxas, 533, 575.
Aboul Hassan Khan, 740.
Akhestegi, 657.
Alexandre le Grand, 574, 588, 623, 626, 633, 659, 741.
Allah, 583, 589, 598, 641.
Amralkaï, 617.
Amrou, 617.
Ansari, 637.
Antara, 617.
Asra, 546.
Attar, 640.

Balkh, 575, 623, 632, 640.
Bamian, 623.
Barmécides, 531, 624, 632.
Bastan Nameh, 637.
Behramgour, 583, 650.
Bidpaï, 627, 650, 673.
Boteïnah, 546, 578, 650, 675.

Califes, 631.
Cantique des Cantiques, 615.
Catechar, 652, 741.
Chah (voyez Schah).
Chardin, 723.
Chirin (voyez Schirin).
Clitus, 659.

Darius Ier. 624, 741.

Darius Codomanus. 624.
Delille, 735.
Derviche, 642, 643.
De Dietz, 727.
Diloram, 583, 650.
Dschami, 582, 644, 646, 650.
Dschelàl-eddin Roumi, 555, 640, 646.
Dschemil, 546, 578, 650, 675.
Dschemschild, 741.

Ebousound, 541, 542.
Eichorn, 615, 706, 726.
Envéri, 564, 639, 645, 655, 657.
Essédi, 638.

Fal, 673.
Ferdoucy, 555, 578, 637, 645, 666, 681, 729, 736.
Ferhad, 546.
Ferideddin Attar, 673.
Feth Ali Schah, 652.

Gaznevides, 637.
Gendsche, 640.
Gengis Khan, 640, 641.
Ghilan Schah, 730, 732.
Guèbres, 621.

Hacani, 657.
Hafiz, 532, 540, 642, 646, 666, 673, 677, 678, 732.

Hammer, 732, 736.
Hareth, 617.
Hatem, 571.
Hatem Thai, 571.
Hatem Zograi, 571.
Hedschra, 743.
Heeren, 708.
Hégire, 531, 743.
Herbelot, 743.
Herbert, 723.
Herder, 615.
Homère, 666, 671.
Horace, 666.
Houdhoud, 549.
Houdseilites, 618, 619.
Houris, 532, 541, 579, 606, 607, 651.

Iamblique, 611.
Icone, 641.
Iesdedachird, 637.
Iran, 574, 642, 739, 744.
Islam, 566, 629, 643, 688.
Israël, 689.
Isvendiar, 666.

Jones, 666, 725.

Kaschker, 685.
Kattaï, 685.
Khosrou Parvis, 623, 627, 640.
Khouaresm, 685.
Kickiavus, 729.
Kosegarten, 737, 744.
Koublaï Khan, 707.

Lebid, 617.
Leila, 546, 550, 640.
Lokmann, 568.
Lorsbach, 726.

Maani, 711.
Mahmoud de Gasna, 633.
Mahomet, 562, 604, 606, 609, 628.
Mani, 740, 742.
Mansour Ier, 637.
Marco Polo (voyez Polo).

Medschnoun, 546, 550, 560, 640.
Megadhouta, 737.
Mesnevi, 653.
Messoud, 729.
Michaelis, 663.
Mirza, 541.
Mirza Aboul Hassan Khan, 651.
Misri, 542.
Moallakat, 616.
Mobeds, 623, 627.
Moïse, 689.
Montovilla (Jean de), 708.
Mosaffer, 643.
Motanabbi, 578, 630.
Muley, 590.

Nibelungen, 667, 735.
Nisami, 547, 582, 640, 645, 648, 736.
Nouschirvan, 650.
Noussreddin Khodscha, 683.

Olearius, 723.
Omar, 631.
Omar-ebn-abd-el-asis, 651.

Pambeh, 602.
Parsis, 601, 620, 688.
Paulus, 706.
Pehlvi, 638.
Polo (Marco), 664, 707.

Reiske, 663.
Richter (Jean-Paul), 667.
Rodavou, 546.
Roustan, 546.
Ruth, 615.

Saadi, 582, 642, 646, 685, 723.
Sacy (Sylvestre de), 744.
Sahir Farinbi, 657.
Sacountala, 737.
Samanides, 637.
Sapor Ier, 626.
Sassanides, 583, 626.
Schah Nameh (Livre des rois), 638, 681, 729, 736.
Schah Schedscha, 555.

Schedschai, 655.
Schelâl-eddîn, 550.
Scheich (Cheick), 643.
Schiites, 716.
Schiraz, 536, 642, 643.
Schirin, 546, 623, 627, 640, 734.
Seldjoucides, 640.
Senaji, 657.
Senderoud, 602.
Sherley, 715, 723.
Smerdis, 623.
Sofi, 643.
Sunnites, 717.

Tarafa, 617.

Tavernier, 723.
Timour, 562, 568, 683.
Tus, 633, 639.

Valle (Pietro della), 709.
Vamik, 546, 679.
Voss, 736.

Wieland, 735

Yemen, 618.

Zoheir, 617.
Zoroastre, 621.

TABLE DES PENSÉES.

PENSÉES EN RIMES... Page 339

   Dieu, âme et monde.. 339

   Sentences.. 341

   Xénies... 355

      Première partie... 355
      Deuxième partie.. 360
      Troisième partie.. 366
      Quatrième partie.. 371
      Cinquième partie.. 379
      Sixième partie.. 388
      Septième partie... 398

PENSÉES EN PROSE... 403

   Maximes et réflexions... 403

      Première partie... 403
      Deuxième partie.. 414
      Troisième partie.. 423
      Quatrième partie.. 437
      Sixième partie'.. 442
      Septième partie... 457

   Pensées diverses sur l'art.. 467

      Naïveté et humour.. 469
      Aphorismes, etc.. 470
      Conseils aux jeunes artistes.................................... 474
      Théâtre allemand... 477

1. La cinquième se trouve dans le *Journal d'Ottilie*. Voyez notre tome V, pages 478 et 490.

TABLE DES PENSÉES.

Sur les sciences naturelles. Réflexions détachées
et aphorismes. .... Page 479
    Première partie.. 479
    Deuxième partie.. 484
    Troisième partie... 491
    Quatrième partie... 496
    Cinquième partie... 505

Supplément... 515

REFLEXIONS MORALES. 519
    Rapport, inclination, amour, passion, habitude............ 519
    Époques de l'esprit humain................................ 520
    Poésie orphique; commentaire.............................. 523
    Un grand danger... 527
    Philosophie de la nature.................................. 527

TABLE DU DIVAN

ORIENTAL-OCCIDENTAL, EN DOUZE LIVRES.

MOGANNI NAMEH. LIVRE DU CHANTEUR... ... ... Page 531
   Hégire... 531
   Gages de félicité... 532
   Libres pensées... 533
   Talismans... 533
   Quatre grâces... 534
   Aveu... 534
   Éléments... 534
   Créer et vivifier... 535
   Phénomène... 535
   Objet aimable... 535
   Discordance... 536
   Le passé dans le présent... 536
   Le chant et l'image... 537
   Audace... 537
   Vigoureux et hardi... 537
   Vie universelle... 538
   Une ombre noire est, etc... 538
   Pourquoi n'userais-je pas, etc... 538
   Bienheureuse ardeur... 539

HAFIZ NAMEH. LIVRE DE HAFIZ... 540
   Surnom... 540
   Accusation... 540
   Fetva. Hafiz, dans ses esquisses, etc... 541
   L'Allemand remercie... 541
   Fetva. Le mufti lut, l'un après l'autre, etc... 542
   Infini... 542
   Imitation... 542
   A Hafiz. Hafiz, s'égaler à toi, etc... 543
   Mystère évident... 543

TABLE DU DIVAN.

Signal.. Page	544
A Hafiz. Ce que veulent tous les hommes, etc...	544
USCHK NAMEH. LIVRE DE L'AMOUR.............................	546
Modèles...	546
Un couple encore...	546
Livre de lecture..	547
Oui, c'étaient là les yeux, etc........................	547
Averti..	547
Submergé...	547
Danger...	548
Bien-aimée, en un dur volume, etc..................	548
D'où me vient cette angoisse, etc....................	548
Fâcheuse consolation......................................	548
Humeur accommodante...................................	548
Salut..	549
Résignation..	549
Inévitable..	549
Mystère..	550
Profond mystère...	550
TEFKIR NAMEH. LIVRE DES RÉFLEXIONS..................	551
Écoute le conseil, etc.....................................	551
Cinq choses...	551
Cinq autres..	551
Il est doux, le regard, etc...............................	551
Et ce qui se trouve dans, etc..........................	552
Si tu passes à cheval, etc................................	552
Honore la salutation de l'inconnu, etc..........	552
On a toujours fait mille contes, etc................	552
Les marchés nous poussent aux emplettes, etc.	553
Lorsque j'étais honnête, etc...........................	553
Ne demande pas par quelle porte, etc............	553
D'où je suis venu, etc.....................................	553
L'un s'en va après l'autre, etc........................	553
Traitez la femme avec ménagement, etc........	554
La vie est une mauvaise plaisanterie, etc.......	554
La vie est un jeu de l'oie, etc.........................	554
Tu dis que les années t'ont ravi, etc..............	554
On peut toujours se présenter au savant, etc.	554
Le libéral est trompé, etc...............................	554
Qui peut commander louera, etc....................	554
Schah Sedscha et ses pareils..........................	555
Faveur suprême..	555
Ferdousy (parle)...	555
Dschelâl-eddin Roumi (parle).........................	555
Souleika (parle)..	556
RENDSCH NAMEH. LIVRE DE LA MAUVAISE HUMEUR...	557
Où donc as-tu pris ces choses, etc..................	557

On ne trouvera point de rimeur, etc. .... Page	557
L'amitié des Allemands, etc.	558
Quelqu'un se trouve-t-il heureux, etc.	558
La supériorité, vous pouvez le sentir, etc.	558
Voilà bien cinquante années, etc.	559
Si tu te reposes sur le bien, etc.	559
Comme si elle reposait sur le nom, etc.	560
Medschnoun signifie, etc.	560
Vous ai-je donc jamais donné des conseils, etc.	561
Paix de l'âme chez le pèlerin	561
C'est un défaut de se louer soi-même, etc.	561
Croyez-vous donc que de la bouche à l'oreille, etc.	561
Que l'on ait la manie française, etc.	562
Autrefois, quand on citait le saint Coran, etc.	562
Le prophète (parle)	562
Timour (parle)	562
HIKMET NAMEH. LIVRE DES MAXIMES	563
TIMOUR NAMEH. LIVRE DE TIMOUR	568
L'hiver et Timour	568
A Souleika	568
SOULEIKA NAMEH. LIVRE DE SOULEIKA	570
Invitation	570
Que Souleika fût charmée de Joussouf	570
Puisque Souleika est désormais ton nom, etc.	570
Hatem. Ce n'est pas l'occasion, etc.	571
Souleika. Enchantée de ton amour, etc.	571
Celui qui aime ne s'égare point, etc.	571
Est-il possible, ô mon amie, etc.	572
Souleika. Comme je voguais sur l'Euphrate, etc. ..	572
Hatem. Je suis prêt à l'expliquer, etc.	572
Je connais bien les regards des hommes, etc.	572
Gingo biloba	573
Souleika. Avoue-le, tu as souvent, etc.	573
Souleika. Voici le soleil! etc.	573
Viens, bien-aimée! A toi le soin de ma coiffure, etc.	574
Je demande peu de chose, etc.	574
A Souleika. Douce enfant, les tours de perles, etc.	575
Tu riais de ces feuilles ambitieuses	576
Amour pour amour, heure pour heure	577
Souleika. La foule, l'esclave et le maître, etc.	577
Hatem. Cela peut être, etc.	577
Hatem. Parle, sous quel signe céleste, etc.	578
Hatem. Comme les brillants, dont les facettes, etc.	578
Hatem. Boucles charmantes, etc.	579
Souleika. Je ne veux jamais te perdre, etc.	579
Ne permets pas à ta bouche vermeille, etc.	580
Es-tu séparé de ta bien-aimée, etc.	580

TABLE DU DIVAN.

Votre univers brisé veut toujours, etc................................ Page 580
Oh! pourquoi nos sens sont-ils si nombreux! etc..................... 580
Dans le lointain même, si près de toi, etc........................... 580
Comment pourrais-je être serein encore, etc.......................... 580
L'amante (parle)... 581
L'amante (parle encore).. 581

SUITE DU LIVRE DE SOULEIKA...................................... 581

Regarde, bien-aimée, ces riches rameaux, etc......................... 581
Souleika. Au bord de la riante fontaine, etc......................... 582
Souleika. A peine t'ai-je retrouvé, etc.............................. 582
Behramgour, dit-on, trouva la rime, etc.............................. 583
Me délecter de ton regard, etc....................................... 583
Laissez-moi pleurer, environné de la nuit, etc....................... 583
Souleika. Que signifie ce mouvement, etc............................. 584
Image sublime.. 584
Retentissement... 585
Souleika. Souffle de l'Occident, etc................................. 585
Le revoir.. 585
Nuit de pleine lune.. 586
Chiffre.. 587
Reflet... 587
Souleika. Avec quelle intime jouissance, etc......................... 588
Laisse à Alexandre le miroir du monde, etc........................... 588
Le monde est, d'un bout à l'autre, etc............................... 588
Je n'écris plus sur la feuille de soie, etc.......................... 588
Tu peux te cacher sous mille formes, etc............................. 589

SAKI NAMEH. LIVRE DE L'ÉCHANSON.................................. 590

Oui, je me suis aussi attablé, etc................................... 590
Quand je suis seul à table, etc...................................... 590
Muley le voleur en vint au point, etc................................ 590
Si le Coran existe de toute éternité, etc............................ 590
Ivres, il faut que nous le soyons tous, etc.......................... 591
On ne s'inquiète plus de cela, etc................................... 591
De quel vin Alexandre s'est-il enivré, etc........................... 591
Aussi longtemps qu'on est à jeun, etc................................ 591
Souleika. Pourquoi es-tu souvent si malgracieux, etc................. 591
Au sommelier... 592
A l'échanson.. 592
L'échanson (parle)... 592
Il nous ont fait mille reproches, etc................................ 592
Ah! petit fripon! etc.. 593
Dans la taverne, de grand matin, etc................................. 593
L'échanson. Dans quel état, Seigneur, etc............................ 593
Cette affreuse coquette, etc... 593
L'échanson. Aujourd'hui tu as bien mangé, etc........................ 594
L'échanson. Ils t'appellent le grand poète, etc...................... 594
Le poète. Viens çà, échanson, etc.................................... 594

GOETHE. — I.   48

TABLE DU DIVAN.

Saki. O maître, songe que dans l'ivresse, etc. .... Page 595
Nuit d'été. 595
L'échanson endormi. 596
Hatem. Il sommeille doucement, etc. 596

MATHAL NAMEH. LIVRE DES PARABOLES. 598

Il tomba du ciel dans l'abîme des mers, etc. 598
Le chant nocturne du bulbul, etc. 598
Foi aux miracles. 598
Echappée de la coquille, la perle, etc. 598
Je vis un jour avec surprise, etc. 599
Un roi avait deux caissiers, etc. 599
La marmite neuve disait au chaudron, etc. 599
Tous les hommes, grands et petits, etc. 600
Jésus, descendant du ciel, etc. 600
C'est bon! 600

PARSI NAMEH. LIVRE DU PARSI. 601

Testament de l'ancienne foi persane. 601
Si l'homme admire la terre, etc. 603

CHULD NAMEH. LIVRE DU PARADIS 604

Avant-goût. 604
Les hommes privilégiés 604
Femmes élues. 606
Admission 606
Ressouvenir. 607
Le poëte. Ton amour, ton baiser, etc. 607
La houri. Encore un doigt qui me presse, etc. 609
Animaux favorisés. 609
Supérieur et suprême. 610
Les sept dormants. 611
Bonne nuit! 612

NOTES ET DISSERTATIONS POUR AIDER A L'INTELLIGENCE DU
DIVAN ORIENTAL-OCCIDENTAL. 613

Introduction. 613
Les Hébreux. 615
Les Arabes. 616
Transition 620
Anciens Perses. 620
Gouvernement. 624
Histoire. 625
Mahomet. 628
Les califes. 631
Observation transitoire. 632
Mahmoud de Gasna. 633
Rois des poëtes. 636
Traditions. 636
Ferdoucy. 637

TABLE DU DIVAN.

Envéri .... Page	639
Nisami	640
Dschelal-eddin Roumi	640
Saadi	642
Hafiz	642
Dschami	644
Revue	645
Observations générales	647
Idée tout à fait générale	649
Poëtes modernes et récents	650
Doutes	653
Despotisme	654
Objection	655
Supplément	658
Réaction	659
Observations incidentes	662
Éléments primitifs de la poésie orientale	662
Transition des tropes aux métaphores	664
Avertissement	665
Comparaison	667
Protestation	669
Genres de poésie	670
Formes naturelles de la poésie	671
Supplément	672
Livres oracles	673
Échange de fleurs et de signes	673
Chiffres	676
Divan futur	677
De l'Ancien Testament	689
Israel dans le désert	689
Secours plus prochains	706
Pèlerinages et croisades	706
Marco Polo	707
Jean de Montevilla	708
Pietro della Valle	709
Excuses	722
Oléarius	723
Tavernier et Chardin	723
Voyageurs plus modernes	724
Nos maîtres	725
De Dietz	727
Table des chapitres du livre de Cabus	731
De Hammer	732
Traductions	734
Conclusion définitive	737
Révision	742
Répertoire	745

FIN DES TABLES.

www.ingramcontent.com/pod-product-compliance
Lightning Source LLC
Chambersburg PA
CBHW052036290426
44111CB00011B/1526